장수시대
장수윤리

김 용 환 저

충북대학교 출판부

저자소개

김 용 환 (Yong Hwan Kim)

경북고 · 서울대 졸, 동 대학원 석사·철학박사(89)

프랑스 파리 소르본 대학 방문교수(92-93)

캐나다 밴쿠버 U.B.C 공동 연구교수(98-99)

충북대 대학신문사 주간교수 역임(95-97)

충북대 기획연구실장 역임(97-98)

충북대 출판부장 역임(07-09)

한국윤리교육학회장(11-12)

미국 조지 메이슨 대학 공동 연구교수(13-14)

충북대 사범대학 윤리교육과 교수(87-현)

저서 및 역서

자아각성과 윤리(법인문화사, 92)

만다라-깨달음의 성세계(열화당, 98)

현대사회와 윤리담론(충북대 출판부, 06)

겨레얼을 살린 역사인물 100인(경인문화사, 08)

한류와 한사상(모시는 사람들, 09)

도덕적 상상력과 동학의 공공행복(모시는 사람들, 12)

공학인증제 실시에 따른 공학윤리와 역사(충북대 출판부, 19)

email address: sunyanan@cbnu.ac.kr

목차

머리말 _ 3

제1장 세계육리교육 _ 7

1-1. 세계윤리위상 ········· 8
1-2. 세계시민성교육 ········· 14
1-3. 장수시민성교육 ········· 21

제2장 실심감통소통 _ 33

2-1. 명재의 실심 ········· 34
2-2. 하곡의 감통 ········· 42
2-3. 혜강의 소통 ········· 51

제3장 장수윤리정립 _ 63

3-1. 장수배려윤리 ········· 64
3-2. 장수보살핌윤리 ········· 74
3-3. 장수치유윤리 ········· 78

제4장 장수생명실천 _ 91

4-1. 장수재세이화 ········· 92
4-2. 장수생명화육 ········· 101
4-3. 장수삼재소통 ········· 112

제5장 장수홍익인간 _ 118

5-1. 장수홍익가치 ········· 119
5-2. 장수풍류신명 ········· 128
5-3. 장수원만구족 ········· 141

제6장 장수생태실천 _ 153

6-1. 장수생태운동 ········· 154
6-2. 장수생태과제 ········· 160
6-3. 장수생태방향 ········· 167

제7장 장수명상습관 _ 174
7-1. 장수명상행법 ······ 175
7-2. 장수명상습관 ······ 182
7-3. 장수명상지속 ······ 201

제8장 장수안전인성 _ 217
8-1. 장수생존교양 ······ 218
8-2. 장수안전훈육 ······ 224
8-3. 장수애정역량 ······ 231

제9장 장수사회복락 _ 238
9-1. 장수사회정서 ······ 239
9-2. 장수사회장엄 ······ 246
9-3. 장수사회행복 ······ 256

제10장 장수상생평화 _ 267
10-1. 장수상생의식 ······ 268
10-2. 장수상생문화 ······ 275
10-3. 장수상생보람 ······ 283

제11장 장수시민성 함양 _ 291
11-1. 장수시민성과제 ······ 292
11-2. 장수시민성실천 ······ 296
11-3. 장수시민성향방 ······ 305

제12장 장수노인상사례 _ 315
12-1. 남명장수 ······ 316
12-2. 우암장수 ······ 320
12-3. 다산장수 ······ 325
12-4. 해월장수 ······ 332

머 리 말

고령화 사회의 장수윤리는 '노소동행(老少同行)' 개신윤리(開新倫理)로서 전개할 수 있다. 노소가 동행(同行)함으로 미래를 행복하게 여는 '노소동행(老少同幸)' 계기를 마련할 수 있기 때문이다. 배재대학에서는 제21회 노인의 날을 맞아서 '제2회 노소동행 축제'를 개최하였다. 이 축제는 지역대학과 어르신이 함께하는 고령친화 프로그램 일환으로 이루어졌다. 축제에는 어르신 150여 명이 참석하여 흥겹고 즐거운 시간을 가졌다. 배재대 콘서트홀에선 실버보건학과 학생들이 노래와 율동을 선보이는 환영무대를 선사했다. 학생들은 어르신들과 일일 손자손녀 결연의식을 맺고 세대 간 나눔의 정을 이어갔다. 특히 재즈 트리오 공연, 유등노인복지관 어르신의 댄스공연 등 문화 창달에도 기여했다. 대학생활을 겪어보지 못한 어르신들의 막연한 거리감을 해소하고 젊은 학생들이 함께 즐길 수 있는 장을 마련하고자 노소동행 축제를 앞으로 지속함으로 한국사회에서 고령친화축제로서 지속적 자리매김이 가능해졌다.

또한 한국전래 노소동행을 도상으로 표현한 것으로 대순사상 심우도(尋牛圖)를 들 수 있다. 이 도상은 동자가 소를 찾으며 노인과 동행하는 모습을 제시하고 있다. 소는 예로부터 도(道)를 표상했다. 대순사상 심우도를 활용하여 미래공창의 개신윤리가 생각이화-생명기화-생활실화의 개신윤리의 삼단계로 전개될 수 있음을 밝힌다.

먼저 개신윤리 첫째 단계, 생각 이화단계는 '심심유오(深深有悟)'로서 드러난다. 심심유오(深深有悟)는 '깊고 깊은 생각 속에 천리에 대한 깨달음이 있음'으로 생각의 이화단계를 중시한다. 일상생활에 익숙해 있던 동자가 어느 순간 인간 존재의 근원에 의문을 갖는다. 깊이깊이 감추어져 있는 이치를 찾아 감추어진 진리를 찾아 나선다. '노소합덕(老少合德)'의 이치를 생각하며 소의 발자국을 따라간다. 떠오르는 생각을 '몰라'하면서 물리치고, 구체적 감각을 일깨우고 알아차림이 이루어지면서 나이 듦의 수용과 감사함을 수반한다.

그 다음 개신윤리 둘째 단계, 생명 기화단계는 '성지우성(誠之又誠)'으로 생명력 확충의 기감(氣感)으로 드러난다. 생명기감을 느끼고 시련과 난관을 극복하며 생명실상에 몰입한다. '보은상생(報恩相生)'으로 자타상호 호혜 실천윤리로 나아가며, 상극 기운과 습관에서 벗어나 노소상생 실천윤리로 전환한다. 노소동행의 몸짓 변화를 통해 몸짓 실천으로 나아간다.

마지막 개신윤리 셋째 단계, 생활 실화(實化)단계는 노소통명(老少通明)으로 일상으로 도를 체화하는 단계이다. 피리불며 흰 소 타고 가는 동자모습에서 도를 일상으로 체화한 경지가 노소통명(老少通明)으로 밝아진다. 노소동행이 마침내 인존구현 공공세계를 실제화 한다. 동자는 처음에는 흰 소의 꼬리를 보는 단서를 얻었지만, 이제는 흰 소와 일체가 되어 신선 삶으로 전환된다. 가치 있는 것과 함께 함으로써 제대로 존재할 수 있고, 편안할 수 있다.

참살이 세상에서 선녀들은 음악을 들려주고, 불로초는 피어나고, 학들이 노니는 아름답고 평화로운 모습을 제시한다. 마침내 노인은 지상의 신선으로 바뀌고, 지상천국으로 변모한 후천선경을 실제화 한다. 이제 동자는 시공(時空)의 제약에서 벗어나서 신선(神仙)의 삶으로 전환된다. 이에 삼차연동으로 나타난 장수시대 장수윤리를 구조화할 수 있다.

참살이 과정에서 발생하는 여러 어려움을 극복하면서 부지런히 앞으로 나아간다. 이러한 수도 노력은 마침내 결실 맺어 진리표상의 흰 소와 상봉한다. 동자는 '흰 소(白牛)' 표상의 도(道)와 상봉한다. 후천개벽의 실화기제를 통해 도로써 밝아진 후천세계를 구현한다. 이처럼 노소동행의 장수윤리를 생각이화(生覺理化)·생명기화(生命氣化)·생활실화(生活實化)의 삼차 연동구조로 새 밝힘 하고자 한다. 일찍이 궁극실재를 밝힌 서양의 레이몽 파니카(Panikkar, Raimond)도 초월·내재의 상관연동 방법을 활용하였다.

레이몽 파니카는 인간의식 변화의 결정적 '카이로스(Kairos)'가 질적으로 다르지만, 함께 섞여 있거나, 다른 것과 공존하는 것으로 간주하면서, 개인의 내면차원과 궁극실재의 초월차원이 공동체의 삶을 통해 함께 병행하게 작용하는 모습에서 미래공창을 모색하였다. 파니카의 관점에서 심우도를 조망하면, '내재의 초월(immanent transcendence)'이다. '참나' 영적 감수성을 '흰 소'를 통해 개체생명 내면에서 발견하면서 동시에 초월지향으로 우주생명을 추구하기에 '내재의 초월' 방식에 속한다. 개신윤리를 통해 인존 구현 담론을 새롭게 전개할 수 있다. 상생의 생명 기운이 신인조화로 이어지고, 생활을 통한 실제화는 천지인삼재, '한' 회통으로 일상을 살릴 수 있다.

또한 윌버(Ken Wilber)의 영성자유 방법에서는 이러한 구현이 홀론(holon)으로 나타난다. 개체가 전체이면서 동시에 부분으로 홀론과 연결되어 영성차원으로 수렴된다. 윌버의 『의식의 스펙트럼』모델을 활용하고자 한다. 여섯 단계 의식수준을 장수윤리에 활용하면, 메타의 상위차원을 용이하게 열 수 있을 것이다.

제1장 '세계윤리교육' 주제로 세계윤리위상, 세계시민성교육, 장수시민성교육을 다룬다. 제2장 '실심감통소통' 주제로 명재의 실심, 하곡의 감통, 혜강의 소통을 다룬다. 제3장 '장수윤리정립' 주제로 장수배려윤리, 장수보살핌윤리, 장수치유윤리를 다룬다. 제4장 '장수생명실천' 주제로 장수재세이화, 장수생명화육, 장수삼재 소통을 다룬다. 제5장 '장수홍익인간' 주제로 장수홍익가치, 장수풍류신명, 장수원만구족을 다룬다. 제6장 '장수생태실천' 주제로 장수생태운동, 장수생태과제, 장수생태방향을 다룬다. 제7장 '장수명상습관' 주제로 장수명상행법, 장

수명상습관, 장수명상지속을 다룬다.

또한 장수시대를 맞이하여 안전인성전략을 수립하고 장수사회를 복락사회로 바꾸기 위한 실천전략과 함께 참살이 생활양식도 함께 살릴 필요가 있다. 이에 장수시대에 요구되는 장수시민성 함양의 실천방안을 모색한다. 제8장 '장수안전인성' 주제로 장수생존교양, 장수안전훈육, 장수애정역량을 다룬다. 제9장 '장수사회복락' 주제로 장수사회정서, 장수사회장엄, 장수사회행복을 다룬다. 제10장 '장수상생평화' 주제로 장수상생의식, 장수상생문화, 장수상생보람을 다룬다. 제11장 '장수시민성함양' 주제로 장수시민성과제, 장수시민성실천, 장수시민성향방을 다룬다. 제12장 '장수노인상사례' 주제로 장수남명, 장수우암, 장수다산, 장수해월에 관해 다룬다.

인간은 개체생명이면서 동시에 우주생명 사이에 존재한다. 우주생명에 다가갈수록 여러 가지 편견과 장벽은 제거되고 우주생명과 함께 존재하고 있음을 통찰하게 될 것이다. 장수시대는 우주생명과 상관 연동하는 이치를 중핵으로 삼고 장수윤리를 일상으로 실천함으로써 미래창조 가치를 구현할 수 있다. 황금 돼지해에 장수축복이 되는 비밀 열쇠를 함께 열어 장수 시대가 세상의 짐이 되지 않고, 오히려 삶의 축복이 가능한 황금시대 열기를 기대한다.

2019년 7월 23일, 대서절기에

능 혜, 김 용 환 根識

제1장

세계윤리교육

〈세계윤리위상, 세계시민성교육, 장수시민성교육을 다룬다.〉

1-1 세계윤리위상

세계윤리는 '다양한 맥락과 특수성을 가진 지구공동체 구성원들 간의 평화로운 공존을 목표로 하여 최소한의 근본적 합의점(fundamental consensus)을 모색하는 세계시민성 윤리'이다.[1] 세계윤리는 보편윤리가치나 원칙들을 모색하고 바람직한 세계의 시민얼굴을 확립하여 지구촌 문제 해결에 기여할 것이다. 세계시민으로서의 권리와 책임과 같은 보편윤리의 확립, 세계시민으로서의 공동체의식 확립, 세계시민으로서의 정체성 형성은 세계윤리위상의 주요주제가 되었다.[2] 세계윤리연구는 한편으로 상이한 주제들에 대한 이론기초의 정립에 대한 논의가 이루어져야 뿐 아니라, 또 다른 한편으로 각 주제들이 실제 삶에서 어떻게 구현되어야 하는지의 실천차원의 영역고찰이 요구된다. 세계윤리교육의 현실을 고려할 때 무엇보다 앞으로의 세계윤리 연구와 세계윤리교육은 보다 실천적이고 생활세계 방향으로 교과과정 상의 위상정립이 이루어져야 될것이다.

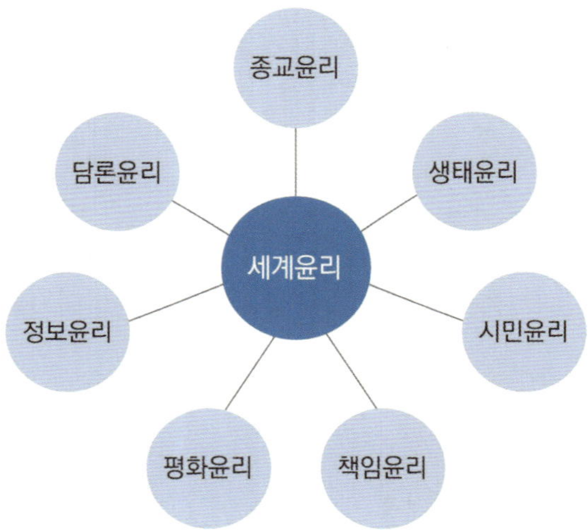

〈 세계윤리 학제기반 〉

방법으로 세계윤리 교육과 같은 학제적 기반에 근거할 것으로 생각된다.[3] 이제는 실천방향의 세계윤리교육의 필요성을 반영하여 세계윤리의 새로운 접근방안을 모색할 필요가 있다. 방법론적으로는 학제적 접근이 요청되며, 세계윤리위상을 정립하고, 실천 교육방법의 모색이라는 세 가지 관점에서 세계윤리연구가 이루어져야 할 것이다. 이를 보다 구체적으로 설명하면 이와 같다.

세계윤리실천을 위해서는 윤리의 각 영역을 종합적으로 연구하는 학제접근이 요청된다. 세계시민은 지구촌 사회에서 급증하고 있는 해결하기 어려운 지구공동체의 공공 문제들을 유의미하고 효과적으로 해결

1) Küng Hans, "the Declaration Toward a Global ethic", in *A Global Ethics* :The Parliament of the World's Religions. New York, Continuum. 1995, pp.18-19 참조.
2) 피터 싱어, 『세계화의 윤리』(서울: 아카넷, 2003), pp. 31-53
3) 세계윤리의 주요 콘텐츠와, 가치이념, 방법론이 함께 화용될 수 있는 최소한의 준거 틀로서 내용, 지향성, 방법론의 모색에 근거하여 7영역 기반이 전제된다. 앞으로 세계윤리 이슈의 확대에 따라 콘텐츠와 방법론의 학제적 확장이 지속적으로 요청되는 과제라고 할 것이다.

하기 위해 통합적 사고능력과 공공양심을 가져야 한다. 세계시민이 갖추어야 하는 도덕성은 지구공동체 구성원들에게 개인, 공동체, 국가에서 요구되는 정체성은 물론 개개인의 특수 시공을 넘어서는 공공정체성 확립을 요구한다.

시공에 머무는 정체성을 넘어서는 세대적 정체성 확립이 요청된다. 이른바 청소년 세대, 중장년 세대, 노숙년 세대 사이의 정체성 확립이 요청된다. 세계시민의 정체성 형성은 학제적인 기반을 요구하며 통합적 접근을 필요로 한다. 세계윤리는 근본적으로 학제담론에 기초한 규범화를 요청하고 있다.

세계시민이 오존층 파괴, 세계화에 따른 남북 간의 빈부격차, 이스라엘과 팔레스타인 사이의 갈등, 남녀 갈등과 연령차별, 편견, 언어차이로 인한 의사소통 왜곡을 포함한 생활갈등, 정보 불평등 등 세계차원의 문제들을 다룰 수 있는 능력을 함양하기 위해서는 여러 영역의 통합체계가 요청된다. 그 범례영역으로서 종교윤리, 생태윤리, 시민윤리, 책임윤리, 평화윤리, 정보윤리, 담론윤리 등의 여러 윤리영역에 대한 통합이해와 지식을 전제한다. 아울러 영역별 범례수준은 그 동안 담론에서 개념형성, 해석담론, 체계이론의 수준 차원을 각각 요구한 것으로 집약되었다.[4]

먼저 다양한 윤리 영역에서 공동으로 세계윤리를 모색하는 일은 윤리의 각 영역에서 이루어지는 맥락을 고려하면서도 동시에 영역간의 보편성에 대한 상이한 의미와 구현 수준에 대해 소통함으로써, 각 영역의 연구자들이 영역 의존적이면서 동시에 영역을 넘어서는 실질적 보편윤리를 이끌어낼 수 있을 것으로 기대할 수 있다.

또한 세계윤리의 이론적 기초를 재정립하여 세계윤리의 실제적 구현을 모색할 필요가 있다. 세계윤리가 지구공동체 구성원 전체에게 유의미한 실천윤리로서 자리 잡기 위해서는 보편윤리 성격을 정립해야 한다. 인권이나 자유민주주의에 근거한 보편윤리는 다원문화를 고려하지 않는 맥락을 벗어난 이론이라는 비판을 받을 뿐만 아니라 지구촌 문제를 해결하기에 실질적 지침을 제공하기 어려운 '최소한의 합의'에 불과하다거나 아니면 그렇게 탄생한 이론 역시 서구중심 이론에 불과하다는 비판을 받았다.[5]

세계윤리위상을 정립하기 위해서는 기존의 연구들이 공통적으로 주장하고 있는 다양한 문화적 맥락을 고려하는 보편윤리를 모색해야 할 뿐 아니라 이론적 기초에 근거한 '보편윤리의 실질적 내용의 탐색'을 다루는 세계윤리 정립의 도전적이며 획기적 시도가 요구된다.[6] 이러한 관점에서의 세계윤리는 지역적·문화적 맥락을 고려할 뿐만 아니라 각 윤리 영역의

4) 김용환, 「지구윤리교육의 세 가지 범례에 관한 연구」, 『국민윤리연구 46』, 2001, pp. 157-181.
5) 노찬옥, "다원주의 사회에서의 세계시민성과 시민 교육적 함의에 관한 연구" (서울대 박사학위논문, 2003), pp. 9-21.
6) 노찬옥, 『다원주의 사회에서의 세계 시민성과 시민 교육적 함의에 관한 연구』, pp. 60-65.

특수한 담론의 실정을 반영하는 보편윤리를 모색하기 위해, 문화와 각 윤리 영역의 특수성을 존중하면서도, 동시에 간 문화적 소통과 윤리 영역간의 소통을 통해, 맥락 의존성을 넘어서 보편윤리를 모색하는 맥락보편 화용론이라는 독자적인 틀을 개발할 필요가 있다.

이러한 독특한 틀에 근거하여 여러 윤리영역들에서 상호소통과 협력을 통해 보편윤리의 가능성을 모색하고, 영역별 실질적 내용을 제시함으로써, 보편윤리의 원칙이나 지침을 제시하는 정도의 추상적이며 이론적 수준에 머물렀던 세계윤리 연구한계를 뛰어 넘어서려는 시도가 가능해진다고 할 것이다.

세계윤리 위상정립 결과를 교육현장에 잘 적용하고 보다 효과적으로 활용하기 위해서는 교육현장에 실제적으로 적용 가능한 U-learning 콘텐츠 개발이 중요하다. 일반적으로 철학이나 윤리학 분야의 연구들은 순수한 사유에 머물러 정합적인 이론을 찾는 데만 집중하는 경향이 있다. 그러나 세계윤리의 정립을 위해서는 철학적 윤리학적 논의를 영역별로 고찰할 뿐 아니라 현실적으로 세계윤리가 정착시키기 위해 교육내용 개발을 시도하는 것을 연구의 주된 원칙으로 삼아야 한다. 이를 위해 환경윤리, 생명윤리, 평화윤리, 문화윤리, 정보윤리, 장수윤리와 같은 각 영역별 보편윤리의 가능성에 대한 이론적 탐색을 바탕으로 하여, 보편윤리 교육 내용을 현장에서 학습하는 방안이 함께 검토되어야 할 것이다.

이제 세계화, 정보화, 다문화가 보다 구체화되고 더욱 생활 깊숙이 영향을 미치고 있고 지구차원의 문제에 공동대처해야만 하는 상황에 놓인 시대적 요청에 부응하기 위해 기존의 윤리적 접근 방법과 달리 세계의 공공적 양심의 보편윤리를 정립함으로써 세계윤리를 확립해 나가야 할 것이다. 나아가 이에 맥락보편 화용의 원리와 세계시민적 정체성의 틀에 근거하여 실천적 방향의 세계윤리의 위상을 정립할 필요가 있다. 맥락보편 화용론을 통해 서로 다른 규범영역 사이에 매개원칙을 수용함으로써, 보편적 합의가 이루어질 수 있는지를 함께 모색할 필요가 있다.

오늘날 세계시민은 '다중 정체성(multiple identity)'을 가진 시민이라 할 수 있다.[7] 성숙한 시민이라면 이러한 다양한 정체성을 상황적 맥락에 따라 적용할 수 있으며, 다중 정체성이 발달되지 않는 시민은 도덕적으로 미성숙하며 세계시민성의 기준에 부합되지 못한다고 할 수 있다. 물론 정체성간의 조화와 균형은 결코 자연스럽고 쉬운 일은 아니다. 정체성 갈등을 어떻게 조화하고 어떤 정체성이 어떤 사안에서 우선시되어야 하는지는 실제로 세계윤리를 정립하는데 있어서 해결되어야 할 과제이다. 세계윤리위상은 이러한 정체성의 갈등을

7) Derek Heater, Citizenship: *The Civic Ideal in World History, Politics and Education* (London: Longman, 1990), pp. 325-326.

다양한 정체성간의 상호소통을 통해 세계시민 정체성이 확립되는 모델을 상정함으로써 있을 법한 다중정체성 갈등을 해결하는 관점으로 실천위상을 정립할 필요성이 제기된다.

따라서 세계시민이 확립해야 할 정체성은 다중정체성이다. 이는 사적 자아와 공적 자아의 조화이다. 또 현세대를 넘어서 과거 및 미래 세대에 반응하고 책임지는 정체성이다. 이것은 '초경계 자아(trans-boundary self)', '세대 간 자아(inter-generationally self)'로 표현된다.[8] 초경계 자아는 한 개인의 정체성을 이루는 자아, 가족, 공동체, 국가, 세계, 우주라는 위치에 근거한 경계에 의해 한정되지 않는 정체성이다. 특히 국가 정체성을 넘어서는 지구촌 의식을 요구한다. 이는 유동성, 맥락 적응을 의미하는 융통성, 상호 소통과 창조성 등을 특징으로 한다. 세대간적 자아는 현 세대의 이익, 요구, 관심에 얽매이지 않고 과거 및 미래 세대와 소통하는 정체성이다. 이러한 정체성이 확립될 때, 세계시민 책임성의 내적 기반이 마련될 수 있다.

세계화와 정보화가 초래함으로 세계는 불가피하게 하나가 되어가고 있다. 민족국가간의 경계가 허물어지고 있다는 것보다는 국가 간의 공유의 폭이 급속히 확대되어가고 있다.[9] 이러한 상황에서 살아가고 있는 오늘의 현대인은 세계시민이다. 우리의 의복과 음식은 세계 각국의 생산품으로 충족된다. 일상적 경제생활의 세계화뿐만 아니라, 우리의 눈과 귀도 세계를 향해 열려 있다. 우리는 별다른 수고 없이 지구 반대편의 관심거리들을 쉽게 알 수 있다. 심지어 전쟁의 총성이 끊이지 않는 지역의 뉴스를 자신의 안방에서 자세히 볼 수 있다. 그러나 현실적으로 종교적 절대 신념체계는 이러한 문화현장에서 상호간에 벽을 쌓는 갈등구조를 보여주고 있다.

아울러 인류 생활양식의 세계화는 전 지구적 경제 보편화와 과학기술의 눈부신 발전에 힘입은 바 크다. 그 바탕에 깔린 기술 지향적 사고는 환경과 생명의 보존보다는 인간의 경제적 활동성을 강조하며, 우리들로 하여금 경제적 산물의 향유와 기술적 유용함의 만끽으로 유혹한다. 자본주의 성장에 따른 과학혁명의 낙관적 진행은 이념을 무기로 삼아 기존의 자연생태를 파괴하였다. 이제 자연은 인간의 도구적 객체로 추락하였으며, 대상적 차원에서 자연은 인간의 착취의 대상으로 전락하였다. 그 결과 자연 자원은 지속적인 고갈상태에 직면하고 있으며, 생물종의 다양성은 축소 일로에 있다.

또한 인간 역시 이러한 관점에 더 이상 예외가 아니다. 이 세상의 낙원을 염원하는 종교전통이 다양하게 존재하지만, 현실적으로 종교적 갈등이 심화되고 기술혁명에 따른 인간의

8) Kim Tae-Chang, "Why Discuss Public-Private Issue in Today's Japan?", 金泰昌 · 矢崎勝彦 編, 『公共哲學』(東京: 東京大學出版會, 2003), pp.52-59.
9) 피터 싱어, 김희정 역, 『세계화의 윤리』(서울: 아카넷, 2003), p.28

물상화가 가속되고 있다. 기술공학 발달에 따른 생명훼손과 생태위기 현상을 극복하기 위한 종교 지도자들이 지혜를 결집하려는 노력은 21세기의 주요 화두가 되었다. 세계윤리의 성립배경에는 절대 신념체계의 벽을 무너뜨리고 상호소통하려는 시도가 관건이 된다.

1993년 9월 4일, 시카고에서 열린 세계종교의회의 대표들은 종교 역사에 있어서는 처음으로 '세계윤리를 향한 선언(Declaration Toward a Global Ethic)'을 채택하였다. 또한 1997년 9월 1일에, 전임 대통령들과 수상들의 국제행동위원회(Inter Action Council)에서 처음으로 세계윤리가 요청된다고 하였고 유엔(UN)에 "인류의 책임에 대한 세계선언(Universal Declaration of Human Responsibilities)"이라는 제안을 제출하였다. 이러한 두 선언문은 서로 분리된 문서가 아니다. 이들은 지구 윤리의 규범을 제시하기 위한 영향 있는 국제적 조직의 긴급한 요청에 대한 반응들이다. 유엔(UN)의 세계통치 위원회(Commission on Global Governance)와 문화 발전 세계위원회(World Commission on Culture and Development) 등의 두 기구에서 1995년의 보고서에서 이러한 이슈들에 대해 한 장을 할애하였다.

같은 이슈들이 다보(Davos)에서 열린 세계 경제 포럼과 유네스코에서 세계 윤리 계획에 대한 새로운 계획들을 다루어왔다. 아시아에서 이러한 이슈들에 대한 관심이 증가하고 있다. 인류책임에 대한 세계 선언은, 서언에서 밝힌바와 같이 '윤리관점에서 세계 인권선언(Universal Declaration of Human Rights)을 지지하고 토대를 보강하는 것이다. 사람들의 존엄성을 받아들이며, 그들의 분리할 수 없는 자유와 평등, 상호간의 연대성 등에 대한 우리의 헌신을 다시 새롭게 하고 강화시키고자 한다.

공동체 속에서 책임을 완수함으로서 자신들의 가치를 보여준 사람들만 그러한 권한을 즐길 자격이 있다는 것을 의미한다. 모든 인권은 정의된 바와 같이 인권을 존중할 의무와 직접적인 관계를 지니고 있다. 두 선언문의 기본 원칙은 무엇인가? 그것은 "모든 인류는 인간답게 대접받아야 한다."는 것과, 황금률인 "당신이 당신에게 하여주기를 바라지 않는 것을 다른 사람에게 하지 말라"는 것이다. 이른바 "당신이 당신 자신에게 해주기를 바라는 것을 다른 사람에게도 행하라"는 것이다. 이를 바탕으로 네 가지의 방향이 정립되었다.

① 비폭력문화와 생명존중에로 헌신. 모든 "생명을 존중하자"
② 연대성문화와 공정한 경제체제에 대한 헌신, "성실하고 정당하게 대하라"
③ 관용문화와 신뢰의 삶에 대한 헌신, "진실하게 말하고 행동하라"
④ 평등한 권리문화와 남녀협력의 헌신, "다른 사람을 존중하고 사랑하라"

이제 새로운 세계질서가 평화를 증진시키고, 자연친화적이고 다원적 세계에서 도출된다면 더 나은 질서가 될 수 있다고 확신하게 되었다. 그러나 20세기에 인류는 양차 세계 전쟁과, 대학살(Holocaust), 원자폭탄 투하로 인한 대량 생명살상 등을 경험하였다. 서로 다른 종교 간의 대화와 맥락보편 화용을 통하여 인류사에 밀어닥친 재앙을 막을 수 있는 대안이 절실해졌다. 종교 간의 대화 없이 세계의 평화가 있을 수 없다. 우리의 지구를 위한 보편의 윤리규범과 종교전통 간의 상호소통을 고려하지 않고서는 세계의 성공적인 화해와 생명존중의 질서는 유지될 수 없다.

맥락보편의 화용을 가능하게 하는 종교 간의 대화가 실질적으로 이루어져야 하며, 한국에서는 한국종교연합에서 이를 실천하고 있다. 이러한 대화가치를 세계윤리연구에서는 심층적으로 조명해야 한다. 세계윤리는 한스 큉(Hans Küng)의 지적처럼, “결코 한 종교, 한 이념이 아니라, 구속력을 행사하는 규범, 가치, 이상, 목표를 필요로 하고 있는 것[10]”이다. 기술지향 낙관주의가 여러 가지 생명훼손을 과학기술의 발전으로 극복할 수 있는 것으로 보고 있는 데 생명현상에 심각성이 발견된다. 의료기술의 발전은 인간 생명의 시작과 끝을 더욱 모호하게 만들고 있으며, 그 결과 인간 생명의 대상화를 촉진시키고 있다. 과학기술은 생명복제기술의 시도 같은 인간 생명의 시작에 대한 문제, 유전자검사와 변이 가능성, 장기이식과 이종(異種)이식 연구, 인간 대상 임상실험과 같은 인간 생명의 과정상의 문제, 뇌사 논쟁과 안락사, 그리고 임신중절과 같은 생명의 끝에 즈음한 문제를 제기하고 있다.

과학기술, 그중에서도 의료현장과 밀접한 의료기술의 발전이 불러온 이러한 각각의 문제들의 공통적 특징은 그들이 바로 인간 생명 자체를 대상화하고 있다는 점이다. 이러한 대상화된 인간생명에 대한 딜레마들은, 문제 설정 자체가 기술 지향적 낙관주의에서 출발한 바와 같이, 종종 인간의 존엄성을 위협하는 기술편승 대안을 제안하고 있다. 우리는 종교대화와 생명의 거시시각에서 이러한 점을 경계할 필요가 있다.

이러한 딜레마는 세계차원에서 후발국가로의 기술이전의 신속성 및 범국가적 차원에서 활용 가능한 의료선택의 자유라는 또 다른 관점의 문제를 안고 있다. 이와 관련하여 고려될 생명현상의 문제들로는 개인 및 특정 국민의 유전정보의 획득과 남용, 경제적으로 열악한 국민으로부터 장기이식과 임상실험, 특정 국가의 문화적 배경을 배제한 경제적 합목적성 우위의 죽음에 대한 정의, 국가별로 불균등한 의료자원과 기술수준, 국가별로 요구하는 의료기준의 차이와 그것의 악용 등을 예상할 수 있다. 이와 같은 문제는 곧 범지구적 차원에서 세계종교전통의 지혜를 집약하고 인간존엄성에 대한 재인식과 인간생명에 대한 실천

10) 한스 큉, 안명옥 역, 『세계윤리구상』(왜관: 분도출판사, 1992). p. 17.

적 차원의 딜레마 해결을 요구하고 있다.

생명의료윤리분야의 문제를 전 인류의 시대사명으로, 전 지구적 차원에서 도덕고려 대상으로 규정하는 것은 당연한 귀결이 아닐 수 없다. 종교 간의 대화와 맥락보편의 화용은 인간 존엄성에 대한 확고한 신념에서 출발해야 함이다. 또한 기술이 던져준 생명의료분야의 문제들은 그 영향에 비춰 볼 때, 당연히 범국가적 차원에서 논의해야 할 필요가 있다. 아울러 인류의 미래세대를 고려하는 장기적인 도덕적 전망 역시 준비할 필요가 있다. 생명의료분야에 대한 범지구적 영향력에 지체되지 않도록 하기 위해서라도, 결실을 맺기 위한 종교 간 대화의 지속적 유지와 보편적 합의의 도출, 생명존중의 성찰이 검토되어야 한다. 종교 간의 대화, 기술혁신 과정에서 생명존중의 가치를 세계윤리로 공유하려면 맥락보편 화용 방안으로 지속적인 연구가 필요하다. 세계윤리 위상정립은 여섯 가지 사항이 중점적으로 요청되고 있다.

1) 종교대화 운동의 유형별 맥락이해
2) 종교다원성가치에 대한 맥락보편 화용 관점에서 현실적 활용
3) 종교공존질서 구축과 절대 신념 간의 의사소통 방법과 혁신 가능성
4) 인간생명의 존엄함과 생명 존중의 책임감 재발견
5) 국제적 생명의료 윤리 정초를 위한 맥락 보편성의 체계화
6) U-learning contents의 윤리교육 활용기술 강구

1-2 세계시민성교육

기존의 국가시민성이 개별 국가의 구성원인 시민들에게 부여된 지위와 권리 또는 그들에게 요구되는 시민으로서의 자질과 태도 등으로 정의된다면, 세계 시민성의 근거는 하나의 세계 정부나 세계 국가의 출현 가능성에서 찾을 수 있을 것이다. 그러나 현실적으로 세계 시민의 관념은 공허하고 추상적인 수사에 머물 수 있으며, 하나의 주권을 지닌 세계 정부의 구상 역시 실현 가능하지도 바람직하지도 않은 것으로 보인다.[11] 따라서 세계시민성의 본질은 공허한 세계 시민의 관념이나 하나의 주권을 지닌 세계 정부의 시민들에게 요구되는 자질과 태도 혹은 그들에게 부여된 권리의 차원이 아닌 다른 차원에서 파악하고 접근하는 것이 필요할 것이다.

---

11) 변종헌, 「세계시민교육의 방향과 과제」, 『아시아교육연구』, 제2권 2호, 2001, p. 78.

오늘날 세계시민성의 이상은 이른바 세계동포주의(cosmopolitanism)에 연원한 바가 크다.[12] 그 다양성에도 불구하고, 오늘날 세계주의는 지구촌에 만연한 갈등과 대립의 불안과 불확실성 속에서 일종의 도덕적 지주의 역할을 하고 있으며, 또한 다문화주의를 뒷받침하는 사상적 기초가 되고 있다. 그 가운데 최근의 세계시민성 관념과 관련해서 주목할 수 있는 것이 '스토아(Stoa)' 학파의 세계주의이다. 스토아는 모든 사람들을 동료로 간주해야 한다고 주문하다. 그리고 한 무리가 공동 목장에서 공동의 규율에 따라 살듯이 인류에게도 하나의 삶과 질서가 있어야 한다고 주장함으로써 오늘날 회자되고 있는 하나의 세계 국가라는 관념을 표현하고 있는 것으로 보인다.[13]

또한 사람들은 두 개의 공화국, 즉 '도시 국가(city state)'와 규모가 큰 '세계 도시(cosmopolis)'의 시민으로 태어나지만, 이 둘 사이에 충성심의 갈등이 나타나게 될 때에는 도시 국가보다는 세계 도시에 대한 시민의 의무가 언제나 우세하다고 봄으로써 하나의 세계 국가와 세계 시민의 이상을 담지하고 있는 것으로 보인다.[14] 이와 같은 스토아학파 사상은 이후 세계주의 정치이론과 세계시민성의 관념을 강조한 칸트(I. Kant)나 페인(T. Paine) 등과 같은 계몽주의 사상가들에 의해 다시금 주목받기 시작하였다.[15]

애착을 갖고 있는 것은 전 세계이지 특별한 부분이 아니며, 세계가 바로 조국이라는 페인의 주장은 이와 같은 관점을 잘 보여주고 있다고 할 것이다. 칸트에게 있어서도 세계시민성의 관념은 결코 허황되거나 과장된 것이 아니다. 오히려 세계시민성은 시민법과 국제법을 보완하며 인권과 인류의 영구적 평화를 위해 불가피하다고 보고 있다. 그리고 이러한 칸트의 사상은 가족, 인종, 문화적 집단, 민족, 국가가 아닌 개인을 일차적인 관심의 대상으로 간주하는 세계주의의 중심적 교의에 반영되었다.

그 이후 세계주의의 흐름 속에서 개인은 계급, 성, 피부색, 종교, 교의 등을 이유로 차별받지 않는 존재로 간주되었다. 이를 기초로 타인에 대한 관심과 배려가 국경선에서 멈추어서는 안 되며, 개인은 국가만이 아니라 다양한 정치체의 구성원이 되어야 하고, 따라서 정치적 충성과 헌신이 마을, 지역, 국가와 세계 등으로 폭넓게 확산되어야 한다는 것이 세계주의 주장이다.[16] 그러나 세계주의의 사상적 연원이었던 스토아학파의 사상이 포용력을 결

---

12) M. C. Nussbaum, "Kant and Stoic Cosmopolitanism," *Journal of Political Philosophy* Vol. 5, No. 1, 1997, pp. 1-25.

13) H. C. Baldry, *The Unity of Mankind in Greek Thought* (Cambridge: Cambridge University Press, 1965), p. 159.

14) L. Hill, "The Two Republicae of the Roman Stoics: Can a Cosmopolite be a Patriot?" *Citizenship Studies* Vol. 4, No. 1, 2000, pp. 67-69.

15) B. Bowden, "The Perils of Global Citizenship," *Citizenship Studies* Vol. 7, No. 3, 2003, pp. 353-354.

16) T. W. Pogge, "Cosmopolitanism and Sovereignty," *Ethics* Vol. 103, No. 1, 1992, p. 58.

여하고 있다는 지적은 세계 시민의 관념과 세계시민성의 이상에 대한 이성적 판단을 요구하고 있다.[17]

스토아학파의 편협성을 문제 삼는 시각에서는 세계 도시에 대한 스토아의 애착은 진정한 시민과 친구들을 위한 것이고, 거기서 우정은 현명하고 선량한 사람들 사이에만 존재하는 것이었다고 지적한다. 따라서 스토아 사상은 본래 모든 지역의 문화적 다양성을 확대하기보다는 제국의 확장에 보다 적합한 철학이었다는 것이다. 말하자면 스토아의 세계 도시는 정복을 통해 성취된 것이라고 주장한다.[18]

세계주의나 세계 시민의 관념에 부정적인 시각에서는 오늘날 논의되고 있는 세계 시민의 개념이 세계의 중심부에 위치한, 요컨대 서구 자유 민주주의 세계의 시민을 지칭하는 것이라고 주장한다. 그리고 이때의 세계란 중심부에서 벗어난 국외자들이 서구적 가치를 인정하고 기꺼이 이에 순응하고자 할 때 합류하고 동참할 수 있는 세계를 의미한다. 결국, 세계주의는 국경을 파괴하지도 초월하지도 않는다는 것이다. 다만 세계주의에 내재된 이념적 토대는 특정 지역이나 국가, 즉 서구 세계의 이해관계를 반영한 것에 불과하다고 말할 수 있다.

세계시민성의 확장은 선의의 프로젝트가 아니다. 왜냐하면 그것은 유럽 제국의 역사와 연계되어 있는 다분히 유럽적인 관념이기 때문이다. 세계시민성의 이상은 비서구 세계를 문명의 세계로 인도하는 것이 그들의 역사적 사명이라는 서구의 오랜 그러나 왜곡된 역사와 관련이 있다는 점이다. 요컨대 유럽의 해외 식민지 건설 과정에서 세계주의는 식민지 국가를 '문명화 사명감(civilizing mission)'을 반영한 것이거나 제국주의 팽창 의도를 은폐하는 이념으로 기능한 측면이 있음이다.[19] 이것은 단일의 인류 운명 또는 하나의 인류 문화가 가능하며 또 그렇게 되어야 한다는 기본 생각에서 비롯된 것이라고 할 수 있다. 유럽관념의 확산을 위한 노력은 하나의 보편적 문화가 아니라 문화의 사멸을 의미하는 것이라는 점에서 비판받을 수 있다.[20]

세계화의 추세 속에서도 민족주의의 생명력은 지속되고 있는 것으로 보인다. 세계 경제체제의 등장이 개별 국가와 민족의 특수성을 강조하는 흐름과 모순되지 않는 가운데, 민족주의의 영향력이 유지되고 있는 것이다.[21] 이러한 맥락에서 세계 연합의 출현 그리고 세계시민성의 관념이 민족주의나 공동체에 대한 충성심을 전적으로 대체할 것으로 보이지는 않

17) A. Pagden, "Stoicism, Cosmopolitanism, and the Legacy of European Imperialism," *Constellations* Vol. 7, No. 1, 2000, pp. 5-6.
18) L. Hill, *op. cit.*, p. 72.
19) A. Pagden, *op. cit.*, pp. 3-4.
20) I. Berlin, "The Ingathering Storm of Nationalism," *New Perspectives Quarterly* Vol. 8, No. 4, 1991, p. 10.
21) L. Greenfeld, "Transcending the Nation's Worth," *Daedalus* Vol. 22, No. 3-4, 1993, pp. 47-63.

는다.[22] 즉 민족이나 국가시민성이 해체되지는 않을 것이다. 실제로 지난 세기 세계사에서 우리가 확인한 것은 다민족 국가가 여러 개의 민족 국가들로 해체되는 과정이었으며, 구소련의 붕괴 이후 그 공백을 메운 것도 역시 민족주의였다. 지구상의 많은 국가들이 관심을 갖는 것은 한 민족이나 국가의 시민성과 정체가 어떻게 규정되고 보존되며 또한 새롭게 창조될 수 있는가의 문제이다.

하나의 주권을 지닌 세계 정부의 출현은 현실적으로 어려운 문제이다. 그러나 하나의 세계 정부와 그에 기초한 보편적 세계시민성이 공허한 주장에 불과하다는 사실 때문에 국가간 상호 의존의 가능성과 필요성 그리고 지구촌 공동의 문제 해결을 위한 인류의 노력 등 지구적 의식을 지닌 시민성에 대한 요청을 포기할 이유는 없다. 왜냐하면 개별 민족 국가의 주권을 위협하거나 침해하지 않으면서 민족주의가 지닌 배타성을 희석시키는 가운데 민주적 정치 공동체의 안정과 인류의 보편가치를 지향하는 새로운 시민성의 내용을 모색하는 것은 얼마든지 가능할 수 있기 때문이다.[23]

히터(D. Heater)는 20세기 세계 시민의 개념을 다음과 같이 4가지로 구분하고 있다.[24] 첫째는 아주 막연한 수준에서 인류 공동체의 일원으로서 세계 시민이다. 둘째는 세계 정부를 건설하기 위해 구체적인 실천을 하는 세계 시민이다. 셋째는 개인이 속한 국가보다 높은 수준의 도덕 법칙에 의해 개인이 구속되어야 한다는 생각에 기초한 세계 시민 개념이다. 말하자면 국제법에 의해 규정되는 세계 시민이다. 마지막으로 세계 정부의 수립과는 상관없이 지구적 의식과 지구적 책임감을 지닌 존재로서의 세계 시민 개념이다. 이 가운데 우리에게 적절한 것은 점차 심화되고 있는 전 인류의 상호 의존 관계를 인식하고 이를 바탕으로 지구적 관심과 요구 및 필요에 따라 지구적 차원에서 생각하고 행동하는 세계시민이다.

하나의 세계 정부를 상정하는 세계 시민의 관념이 현실적으로 가능하지 않다고 할지라도, 이것이 소위 지구적 의식과 책임감을 지닌 시민 개념과 상치될 이유는 없다.[25] 따라서 지구적 의식과 책임감을 지닌 시민이 되기 위해서는 우선 특정 국가의 시민이 되어야 한다. 즉, 지구적 시민성은 개별 국가의 역사와 문화에 대한 소속감과 애착, 그리고 이를 이해하고 감사할 줄 아는 것으로부터 출발해야 한다. 그렇게 될 때 인류의 공존과 협력을 위

---

22) M. Janowitz, *The Reconstruction of Patriotism: Education for Civic Consciousness* (Chicago: The University of Chicago Press, 1983), p. 3.
23) 변종헌 역, E. 라즐로 저, 『비전 2020: 2020년 인류의 미래를 위한 새로운 제안』(서울: 민음사, 1999).
24) D. Heater, op. cit., pp. 170-76.
25) 하나의 세계 정부에 기초한 세계시민성(world citizenship) 개념과 구분해서 지구적 의식과 책임감을 지닌 세계 시민으로서의 정체성, 지위, 권리와 의무 그리고 소양과 역량을 의미하는 것으로 지구시민성(global citizenship)의 개념을 사용하였다.

해 최소한의 보편성을 추구하면서도 지역과 국가에 따른 문화적 다양성을 최대한 관용하고 존중할 수 있을 것이다.[26]

지구적 의식과 책임감을 지닌 시민이 된다는 것은 또한 지구상의 어느 한 곳에서 행해진 일들이 국경을 넘어 다른 사람과 다른 국가에 영향을 미칠 수 있다는 것을 깨닫는 것이다.[27] 이것은 세계화와는 다른 차원의 문제다. 예컨대, 대기 오염이나 환경 파괴 행위, 어류의 남획, 불평등 교역, 비윤리적 투자 등이 국가 간에 심각한 결과를 초래할 수 있다는 것을 인식하는 것이다. 산성비, 지구 온난화 등의 문제가 더 이상 한 국가만의 문제일 수는 없다. 특정 국가의 국민으로서 지구적 의식과 책임감을 지닌 시민은 지구적으로 생각하고 지역적으로 행동하는 존재이다. 이와 같은 시각을 지닐 때 자신과 다른 사람들 그리고 그들의 문화와 특수성을 무시하거나 경시하지 않으며 그 가치를 인정하고 존중하게 될 것이다.

개별 국가의 구성원으로서의 국가시민성 그리고 지구적 의식과 책임감에 기초한 지구적 시민성이 양립 불가능한 것은 아니다. 다만 국가시민성과 지구적 시민성은 건강한 긴장관계를 유지할 필요가 있다. 특정 국가의 국민으로서 요구되는 국가시민성에 매몰되거나 하나의 세계 정부에 기초한 세계시민성만을 강조하게 되는 경우에는 이러한 긴장관계가 깨질 수도 있다. 특수성이 보편성을 저해하지 않고 반대로 보편성이 특수성을 규정짓지 않는 가운데 보편성이 특수성을 가능하게 하는 상태를 유지하는 것이 필요하다. 특수성에 지나치게 기울게 되면 이기주의, 분파주의, 구획주의 등의 결과를 초래할 수 있으며, 보편성만을 강조하게 될 때는 탈 역사적인 획일화를 야기할 수 있다.

보편과 특수의 긴장관계가 완전히 사라질 수는 없으며, 이는 해로울 수도 있고 이로울 수도 있다. 하지만 지금까지 시민성에 관련된 대부분의 논의들은 이러한 긴장관계를 간과한 채 보편성과 보편적 가치의 관점에 경도되어 온 것이 사실이다. 그 결과 시민성의 토대와 방향에 있어서도 보편성에만 주목함으로써 지역 간 국가 간의 중요한 차이를 제대로 파악할 수 없었다. 이것이 시민성에 관한 얕은 이해의 배경이며, 이에 대한 대안으로 제시되고 있는 것이 이른바 '깊은 시민성(deep citizenship)'개념이다. 이 둘 사이의 긴장관계를 바람직한 것으로 이해하고 받아들일 것을 요구한다.

깊은 시민성은 보편성에 근거한 선험적 처방을 거부한다. 보편성을 우선시하고 강조할 경우에는 단일한 목표에 따라 특정 지역과 사람들을 배제할 수 있으며, 서로의 차이를 무시하는 제국주의적 획일화로 치달을 수 있다. 여기서 문제가 되는 것은 보편성 그 자체가

---

26) 노찬옥, 「세계시민교육에 대한 시안적 연구 - 세계시민의 위상과 세계시민교육의 방향 탐색」, 『시민교육연구』, 제33집, 2005.
27) B. Bowden, *op. cit.*, p. 359.

아니라 보편성의 이름으로 행해지는 오만과 편견의 결과이다. 예컨대, 다른 국가나 지역의 사람들과는 전혀 관계도 없고 의미도 없는 마치 선입관과도 같은 삶의 양식을 보편성의 이름으로 이들에게 부과하는 것이 문제라고 할 수 있다.

이러한 맥락에서 깊은 시민성의 관념은 보편성의 '선험성(先驗性)'을 비판하는 가운데 다양성과 특수성으로부터 출발하여 보편성을 향해 나아갈 것을 제안하고 있다. 보편성은 인간의 삶에 부여되는 것이 아니라 실제의 삶과 경험의 과정에서 발견되는 것이다. 진정한 보편성은 마치 서구의 자유주의처럼 주어지거나 강제되는 것이 아니라 특수한 것들로부터 드러나는 것이다. 깊은 시민성은 보편성을 부과하고 차이를 가로 막는 존재 양식을 추구하기 보다는 차이와 '타자성(alterity)'에 주목한다.[28)]

이러한 맥락에서 깊은 시민성에서 강조하는 것이 자신과 타자, 그리고 세계의 삶에 관여하는 정치적 삶의 모습이다. 자신과 타자, 그리고 세계는 서로 복잡하게 연결되어 있으며, 그 중층적이고 복잡한 관계 망을 이해하고 배려할 것을 강조한다. 깊은 시민성은 한 개인이 특정 국가의 온전한 구성원이라는 사실을 인정하는 것에서 출발한다. 이를 토대로 사회적 상상력을 발휘하고 세계를 더욱 풍성하게 할 수 있는 행위에 관여하거나 참여할 것을 요구한다. 깊은 시민성을 지니게 될 때 비로소 우리는 타인과 함께 같은 세계에 살고 또 그 속으로 들어갈 수 있는 것이다. 자신의 정체성과 타인의 정체성이 서로 연결되어 있고 서로 영향을 주고받는다는 것 그래서 자신과 타인 그리고 세계의 상호 의존성을 깨닫고 행동하는 것이 깊은 시민성이다.

깊은 시민성은 법률적 지위뿐만 아니라 특정한 개인의 행위를 통해서 드러나게 된다. 말하자면 깊은 시민성을 지닌다는 것은 개별 국가의 구성원으로서 법률에 의해 지위와 권리가 규정되고 책임과 의무를 행한다는 것뿐만 아니라 타인과 세계를 위해 무엇인가를 할 수 있고 해야 한다는 것을 의미하는 것이다. 깊은 시민성을 지닌 시민은 그가 속한 정치 사회의 안정과 복지를 위해 적극적이고 능동적으로 기여할 뿐만 아니라 관심과 배려를 이웃과 타자, 그리고 세계 속으로 확대할 수 있을 것이다. 깊은 시민성은 인위적 실체인 특정 국가의 멤버십으로는 부족하다. 현대 세계에서 깊은 시민성은 이웃, 결사체, 경제적·전문적 조직체, 직장 그리고 공동의 목표와 목적을 지닌 관련 세계의 멤버십으로 다양하게 정치화되어 있어야 한다. 또한 깊은 시민성은 도시, 국가, 국가들 사이의 연합, 세계 공동체 그리고 세계운명을 공유하는 구성원들이 지니는 시민성이다.[29)]

28) P. B. Clarke, *Deep Citizenship* (London: Pluto Press, 1996), p. 22.
29) 위의 책, p.124.

국가시민성과 지구적 시민성의 조화는 특정 공동체나 국가의 특수성과 고유성을 인정하는 가운데 진정한 보편성(the universal)을 찾아 나아갈 때 가능할 것이다. 진정한 보편의 모습은 미리 정해지거나 주어지는 것이 아니다. 특정 국가의 특정한 보편성, 즉 특수성을 인정하고 그 가치를 존중할 때 찾아질 수 있는 것이다. 21세기 세계는 사회적 격변과 상호의존성이 심화되면서 더 이상 개별 국가들이 특정한 보편성에만 함몰되어 있을 수 없는 상황으로 치닫고 있다. 더욱이 개별 국가의 특수성을 인정하면서도 인간으로서의 가치를 지닌다는 보편성을 확인하게 될 때 인류가 직면한 위기를 나와 우리 그리고 세계위기로 인식하고 이를 극복하기 위해 노력할 수 있다.

깊은 시민성은 특정한 보편이 단지 하나의 보편에 머물지 않고 진정한 보편이 될 수 있을 것인지에 대한 반성적 사고를 요구한다. 내가 속해 있는 공동체의 특정한 보편이나, 상대방이 속해 있는 또 다른 특정한 보편 어느 쪽도 다른 쪽에 대해 선험적인 우월성을 주장할 수 없다.[30] 대신 자신의 공동체에서 요구하는 시민성에 대한 애착과 자부심을 갖되, 그것이 보편적으로 수용될 수 있을 것인가를 반문하는 가운데 진정한 보편성을 향해 나아가는 것, 이것이 바로 특수와 보편 사이에서 지구시민성을 함양하고 실천하는 방식이다.

지구적 의식과 책임감을 강조하는 이른바 지구적 시민성의 구체적 가능성은 개별 국가와 사적 영역의 중간에 위치하고 있는 시민 사회의 활성화와 공동 연대 속에서 찾을 수 있다. 시민 사회는 자생적이고 자발적이며, 국가로부터 자율적이다. 동시에 법질서나 공유된 규칙의 제약을 받는 조직화된 사회적 공간이라고 할 수 있다. 나아가 목적 달성을 위해 이해관심과 열정, 의견을 표출하고 정보를 교환하며, 국가에 무엇인가를 요구하고 국가의 책임을 묻기 위해 공적 영역에서 시민들이 집단적으로 행동할 수 있는 환경을 제공하기도 한다.[31] 이처럼 시민 사회는 정부의 권한을 제한하고 시민들 가운데서 민주주의를 정당화함으로써 민주적 전환과 공고화에 있어서 결정적 역할을 한다.

21세기 시민성은 지역적이고 국가적인 차원의 정치적 영역에만 배타적으로 관련된 좁은 의미보다는 훨씬 광범위한 사회적 관심사와 전 지구적인 영역에 관련된 것으로 새롭게 규정되어야 할 것이다. 대다수 사람들은 자신의 권리만을 주장하고 사적인 영역에 함몰되어 버리는 경향이 강하다. 공동체에 대한 무관심과 국가적 공공 영역 및 국제적 공공 영역에 대한 관심의 결여가 정치적 신뢰감과 효율성의 저하 그리고 지구촌 의식의 상실로 나타나고 있다. 이러한 상황에서 범죄와 폭력의 급증, 인종주의의 만연, 가정의 해체, 사회적 불

30) 설규주, 「탈국가적 시민성의 대두와 시민교육의 새로운 방향」, 『시민교육연구』, 32집, 2001, pp. 167-168.
31) L. Diamond, "Rethinking Civil Society: Toward Democratic Consolidation," *Journal of Democracy* Vol. 5, No. 3, 1994, pp. 4-18.

평등, 환경 파괴, 인권의 침해 등이 개별 국가뿐만 아니라 전 세계적으로도 매우 중요한 문제가 되고 있다.

따라서 정보화 세계화 시대의 시민교육은 개별 국가와 전 지구적 차원 모두에서 공공 영역의 중요성을 새롭게 인식하고 이것을 재건하는 데 힘써야 한다. 이를 위해 우리는 공공영역이 물리적 공간뿐만 아니라 사회적 공간이라는 사실을 분명히 인식해야 한다. 그것이 또한 상호간의 복지를 증진시켜 줄 수 있는 행동 공간이라는 점도 확실히 해야 한다.[32]

1-3 장수시민성교육

장수시민성교육은 겨레얼의 연원을 탐색하는 홍익인간의 깊은 시민성교육을 의미한다. 홍익인간을 삼신일체 관점에서 바라보면, 삼신의 궁극관심으로 인간세상을 다스려 구하는 공공(公共)하는 도이다. 삼신은 한인(桓因)·한웅(桓雄)·단군으로, 사람의 성품과 생명과 정기에 반응하여 상통하기에 '한'이다. 사람은 삼망(三妄: 마음·기운·육체)으로 태어났기에 한과의 상통에 소홀하기 쉽다. 그런데 홍암 나철의 홍익인간 중광사상에 따르며, '감정을 억제하고(止感)', '기운을 조정하며(調息)', '욕심을 끊는(禁慾)' 수도를 실천하면, 본래 성품 자리로 돌아가서 '삼진귀일'(三眞歸一)에 이를 수 있다고 한다. 홍암 나철은 홍익인간의 깊은 사상을 삼일사상(三一思想)으로 조명하였다.

삼일사상(三一思想)은 삼신사상(三神思想)과 삼재사상(三才思想)을 축으로 구성된다.[33] 삼극사상(三極思想)은 신(神), 인(人), 물(物) 혹은 천지인(天地人)으로 보면서 그 관계를 '공시적 관점'(synchronic view)에서 조명한다. 이러한 신념체계는 만유를 주관하는 궁극 실재(ultimate reality)를 신명으로 보고, 신명과 상통하는 입장을 취한다. 따로 있으면 대립이지만 상통하면 상생이다.

이 같이 삼극사상(三極思想)은 신(神), 인(人), 물(物) 관계가 '가로 봄'(橫觀)에서 구별이 있어 대립하지만, 상통을 이루어 '두루 봄'(遍觀)이 나타나면 '한'의 공공작용을 일으키는 신명존재로 밝아지고 연결되어 '한'의 유기체를 이룬다. 삼극이 상통하면 상생하고 상생하면 더불어 행복한 홍복(洪福)을 이룰 수 있다는 관점이다.

삼신사상에서 한인과 한웅과 한검이 삼신일체(三神一體)의 관계를 이루듯, 신(神), 인(人),

32) E. Boulding, *Building a Global Civic Culture* (New York: Columbia University, Teachers College Press, 1988).

33) 유영인, 「기독교의 대종교 이해Ⅰ」, 『국학연구 8집』 (서울: 국학연구소, 2003), pp. 231

물(物)도 '한'으로 상통하면, 삼극일본(三極一本)의 상관관계를 형성한다. 삼신사상에서 보면, 홍익인간의 도(道)는 '신명이다. 삼극사상(三極思想)에서 신(神), 인(人), 물(物)의 삼극(三極)이 병렬관계를 중시한다면, 삼신사상은 신과 인간, 사물이 횡단매개로 상통하여, '신명의 일'이 인사(人事)가 되고 인간이 '신명의 일'에 동참하는 '신인합발(神人合發)이 '한'을 이룬다.

'오직 밝은이는 이 셈에 의지하여 한얼의 공화(조화, 교화, 치화의 공적)를 돕는 자라, 그러므로 큰 덕을 힘입어 보고 들음을 넓히고 큰 슬기를 힘입어 그 앎을 다하여, 큰 힘을 힘입어 그 행함을 넓히느니라.'[34]

인간은 신사(神事, 신명의 일)에 天功(천공, 한얼의 공화)으로 신명에 참여하여 홍복을 이룬다. 신명사업에 능동적으로 참여함이다. 홍복은 업생(業生)이 아니라 원생(願生)에 따른 축복이다. 삼극이 상생하는 삼일정신에서 홍익인간은 빛을 회복하여서 인간이 신공(天功)을 도우며 실천하는 실천도리이다. 삼신사상에서 홍익인간을 '신명의 도'라고 한다면, 삼극사상에서 홍익인간은 신의 공화를 돕는 '인간의 실천윤리'이다.

이는 곧 특수성과 보편성의 화용을 강조하기에 포교활동과 구국운동, 세계평화 운동은 상통하면서 역사를 새롭게 한다. 구국(救國)의 생명을 걸 때, 겨레얼은 살아나며 세계평화가 구현된다. 삼극사상(三極思想)에서 홍익인간은 성통공완(性通功完)의 횡단매개로 나타난다. 삼극을 이어주는 성통공완(性通功完)에서 '성통'(性通)은 진리 깨침이며 '공완'(功完)은 공(功)의 완성이다. 성통(性通)은 신명과 상통하여 진리를 깨달음이며, 공완(功完)은 실천궁행이다.

> 능히 나의 본연의 참함을 아는 것을 일러 "본성이 통함"이라 하고, 능히 나의 당연히 할 바를 다 행하는 것을 일러 "공적 완성"이라 하느니, 알면서 행하지 않으면 아는 것이 아니며, 알지 못하고 행함은 행하는 것이 아니니라.[35]

성통공완(性通功完)을 홍익인간(弘益人間)의 성통(性通)과 공완(功完)으로 요체를 이룬다.[36] 홍익인간은 '고신교(古神教)'의 전통이다. 성통공완(性通功完)은 삼극을 매개함으로써 극성의 대립을 상생의 화합으로 전환시켜 세계시민성교육을 가능하게 된다. 홍암 나철은 단군신앙의 근대부활을 주도한 중광교조(重光教祖)이다. 그는 홍익인간 사상의 본래적 의미를 회복시켜 실천함으로써 겨레뿐만 아니라 세계시민과 더불어 행복한 홍복차원의 장수시민성교육

---

34) "惟嚞 倚此數 而贊功化者也 故資乎大德 以博見聞 資乎大慧 以窮其知 資乎大力 以廣其行" 서일, 「會三經」, 『譯解倧經四部合編』, pp. 128.

35) 서일, 「會三經」, 앞의 책 pp. 199. "能知我本然之眞 曰性通 能行我當然之極 曰功完 知而不行 非知也 不知而行 非行也"

36) 이규행, 「배달민족 삼법수행의 도맥적 고찰」, 『대종교 중광의 인물과 사상: 대종교 重光 90주년 학술회의 자료집』(서울: 국학연구소, 1999), pp. 84. '성통공완'은 홍익인간(弘益人間)이 되어야 한다는 의미이며, '홍익인간'의 뜻은 '성통공완으로 표상되는 담론"이다.

을 보여준 인물이었다. 홍암 나철은 오대종지(五大宗旨)[37]로서 그 요체를 밝히고 있다.

이 가운데 애합종족(愛合種族)은 사랑으로 인류를 합할 것을 주문함으로써 인간 개개인이 천부적으로 소유하는 생명가치에서 출발하여 장수시민성교육 구현을 목표로 삼는다.[38] 종족간의 차이를 존중하면서 우리 모두가 생명을 지닌 인간이라는 생명존중, 모든 인간의 내재적 가치에 대한 평등성이 세계시민성의 터전이 되어야 함을 역설하고 있다.

1910년, 대종교는 단군상을 신앙대상으로 모신다. 일제는 '국조단군을 숭봉하는 항일교단'이라 명명하면서 포교를 허락하지 않고 압박을 가하게 된다. 홍암은 1914년 교도들을 이끌고 만주로 망명하여 총본사를 화룡 · 일산 · 남관 · 해림창 · 당백진 · 동경성 등지로 옮기면서 지하활동을 계속한다. 1916년 4월, 종통을 무원(茂園 金教獻)에게 전하고, 8월 15일에 구월산 삼성사(三聖祠)에서 순교삼조를 남기고 54세로 폐식에 따라 열반하게 된다.

현대다원주의 추세에서 인류문제를 해결하기 위해서는 상호 의존과 협력이 절실하다. 세계화가 심화될수록 세계는 더욱 밀접한 상호 의존 관계에 놓이며, 인류가 직면한 문제범위도 점점 지구 전체로 확대되고 파급되면서 국가의 힘만으로는 해결할 수 없는 상황이 전개되고 있다. 세계화 긍정효과는 ① 효율의 극대화, ② 자원배분의 합리화, ③ 규모의 경제이익 초래, ④ 자유무역의 실현 등이다. 세계화의 부정효과로는 ①세계경제에 대한 일부 선진국의 패권적 지배, ② 경제주체의 대외의존도 심화, ③ 비교열위산업의 퇴출, ④국가 및 계층 간 소득의 양극화 등이다.

세계화를 이끄는 나라에서는 긍정효과가 나타날 것이고 이에 이끌리는 나라에서는 부정효과도 나타날 것이다. 세계화가 확대됨에 따라 노출되는 부정적 효과는 인류에게는 일종의 재앙이 되고 있다. 세계화가 계층 간 소득배분의 불균등을 초래시키고 근로자의 생존을 위협함으로써 자본주의는 심각한 재앙을 초래할 수 있다. 세계시민성은 세계 시민으로서의 소양과 역량이 바로 세계화에 따른 새로운 규범이라고 말할 수 있다.

우리 각자는 개별성을 유지하면서도 지구적 공동성을 모색하는 세계시민이 되어야 한다는 것이다. 이런 세계시민성은 수동적 국민, 저항적 민중, 획일적인 대중과 달리, 능동적이고 참여적 특성을 나타낸다. 다른 종교, 다른 문화, 다른 가치관들 사이에서 최소한의 원칙을 지키는 장수시민성의 정립은 중시되어야 한다.

---

37) 『대종교중광육십년사』(서울: 대종교총본사, 1971), pp. 153. 홍암나철은 1909년 12월 1일, 오대종지〈경봉천신(敬奉天神) : 공경으로 한얼님을 받들 것, 정구이복(靜求利福) ; 고요함으로 행복을 구할 것, 성수영성(誠修靈性) : 정성으로 성품을 닦을 것), 애합종족(愛合種族) : 사랑으로 인류를 합할 것, 근무산업(勤務産業) : 부지런함으로 살림 경제에 힘쓸 것)〉을 발표하였다.

38) Y. N. Soysal, "Toward a Post national Model of Membership," in G. Shafir(ed.), *The Citizenship Debates* (Minnesota: University of Minnesota Press, 1998), pp. 191-195.

자기중심에서 벗어나 세계시민성을 갖춘 윤리적 휴머니즘을 지향한다. 이러한 맥락에서, 홍암 나철은 삼진귀일을 강조한다. 삼·일(三·一 ;一卽三 三卽一)의 참 이치의 성품을 궁구한다.[39] 이 수행은 지감(止感; 느낌을 그침), 조식(調息; 호흡을 고르게 함), 금촉(禁觸; 부딪침을 금함)이다. 지감이 잡념(雜念)을 없애는 공부이고, 금촉은 잡사(雜事)를 멀리하는 공부이다. 이런 대칭적 변화를 '한'으로 이어주고 '한'을 생명 근원으로 전환시키는 것이 조식이다.

지감과 금촉의 둘(二)은 변함의 다함이고 조식은 다함이 없는 '한'이기에 감, 식, 촉은 '한'이다. 즉 '삼일이치'에서 우주만유의 근본, '한'에 귀착된다. 나철은 『신리대전』 제 4장 「신교」편에서 "대종(한배검)의 이치는 셋과 하나뿐이다"("大倧之理는 三一而已")[40]라고 명시했다. 장수시민성교육은 삼망(三妄)을 돌이켜(返妄卽眞)[41] '삼진(三眞)으로 되돌아감'(三眞歸一)으로 인격성 회복을 가능하게 한다. 신명기운이 크게 발하여(發大神機)[42] 성통에 이르면 천계의 온갖 덕으로써 들어 갈 수 있는 '만덕문'(萬德門)의 광명과 상통한다.

> "셋 하나 참 이치를 힘쓰라 공부하라 십팔(十八)지경 세 길로 허망에서 참으로 가면 고통 받는 오고계(五苦界)를 아주 떠나서 사신기(四神機)를 바로 얻어 통성(通性)한 이 길 위에 만덕문(萬德門)의 광명으로"[43]

국가시민성은 개별 국가의 구성원인 시민들에게 부여된 지위와 권리 또는 그들에게 요구되는 시민으로서의 자질과 태도 등으로 정의된다. 반면에 세계시민성은 홍암나철의 삼진귀일에 의해 장수시민을 횡단으로 매개하는 데서 그 가능성을 모색할 수 있다.

현실적으로 하나의 주권을 지닌 세계정부의 구상은 실현성이 없으며 바람직하지도 않다.[44] 장수시민성교육은 국가시민성을 횡단으로 매개하는 삼진귀일에 토대를 둔다. 오늘날 세계

---

39) 『삼일신고』 '진리훈'에 인간의 천부적 性·命·精의 참함[三眞]이 출생하면서 心·氣·身이라는 3가지 망령됨(三妄)이 뿌리를 내리는 이치를 기술하고 있다. 이 뿌리에서 온전히 벗어나기 위해 세계시민성 차원의 성품을 밝히는 공부가 성통공완(性通功完)이다. 이런 공부를 통해 이르게 되는 길이 신명과 상통하는 神人合發이다. 三法修行은 대종교에서 삼망을 물리치고 '삼진으로 되돌아가서'(三眞歸一) 세계시민성을 회복하는 방법이다.

40) "大倧之理는 三一而已" 『역해종경4부합편』 63쪽, 『대종교경전』, 469쪽, 한 곬(뜻)으로 변화되어 감은 셋에 나아가는 것이고, 세 참함을 돌이킴은 하나에 나아가는 것이니, 셋에 나아가고 하나에 나아감으로써 한얼님께 합함이다.(一意化行 所以卽三也) 三眞會歸는 所以卽一也니 而三而一하여 以合于神). 『대종교경전』, 474쪽, 홍암 나철의 종교적 전환은 두일백(杜一白)도인에 의한 "이곳에 오래 머물지 말고 즉시 본국으로 돌아가 단군교를 일으켜 동포를 구하라"는 말씀에 기인한다.

41) 참함과 망령됨이 서로 맞서 세길(三途)을 지어 18경계를 이룬다. 즉 느낌(感)에는 "기쁨, 두려움, 슬픔, 성냄, 탐냄, 싫음, 숨쉼(息)에는 향내, 술내, 추위, 더위, 마름, 축축함 그리고 부딪침(觸)에는 소리, 빛깔, 냄새, 맛, 음탕, 닿음"이 있다. 안기석 외 『천부경의 비밀과 백두산족의 문화』(서울, 정신세계사 1989), 190쪽

42) 大氣는 다시 四大神機(見, 聞, 知, 行) 로 나누어서 見神機, 聞神機, 知神機, 行神機로 나뉜다.

43) 「중광가 34장」,『중광60년사』, 236쪽, 홍암은 「이세가」에서 "만덕문"(萬德門)의 용어를 사용했다. 『삼일신고』제 3장 천궁훈(天宮訓)과 「신사기」 교화편에는 만덕문 대신 문만덕(門萬德)이다.

44) 변종헌, 「세계시민교육의 방향과 과제」, 『아시아교육연구』, 제2권 2호, 2001, p. 78.

는 일종의 통치 불가능한 세계 혹은 공동체가 파편화되는 세계로도 특정 지워진다. 개인 각자가 통일감과 정체성의 위기를 겪으면서 자신의 삶에 대한 통제력을 상실하고 있다는 불안감을 반증한다. 이런 위기상황을 벗어나기 위해서는 모랭(Edgar Morin)의 주장처럼 세계시민으로서의 의식을 형성하는 것이 필요하다. 즉 과거 국민국가 시대의 국가적 가치나 자기정체성에서 벗어나 공공의 방법으로 세계 자체를 자신의 정체성과 윤리의 근거로 삼는 노력이 요구되는 것이다.

장수시민으로서의 정체성과 지구 공동체를 형성한다는 것은 어느 특정 국가의 이익이나 정체성을 추구하는 논리나 자본주의 혹은 사회주의 등으로 나누어지는 이념차원이 아니다. 각자가 자신의 정체성을 장수사회의 일원으로 규정하고 전 지구적으로 통용가능한 사람들은 '도시국가'(city state)와 규모가 큰 '세계도시'(cosmopolis)의 시민으로 태어나지만, 이 둘 사이에 충성심의 갈등이 나타나게 될 때는 세계시민성을 보여주고 있다.

장수시민성은 시민법을 보완하며 인권과 인류평화를 위해 불가피하다고 간주한다. 가족, 인종, 문화적 집단, 민족, 국가가 아닌 개인의 인격을 일차적인 관심의 대상으로 간주하는 세계주의에 반영되었다. 세계주의 흐름 속에서 개인은 계급, 성, 피부색, 종교, 교의 등을 이유로 차별받지 않는 존재로 간주된다. 이를 기초로 타인에 대한 관심과 배려가 국경선에서 멈추어서는 안 된다. 개인은 국가만이 아니라 다양한 정치체제의 구성원이 되어야 하고, 따라서 정치적 충성과 헌신이 마을, 지역, 국가와 세계로 폭넓게 확산되어야 한다.[45] 장수시민성의 이상은 비서구 세계를 문명세계로 인도하는 것이다.

동일한 운명과 문화를 공유하는 장수시민성 관점은 국가가 없는 상태의 부정적 측면에 주목한다. 말하자면 국가 없는 상태는 위험하다.[46] 예컨대 유엔인권선언이 인간으로서의 가치와 권리의 보편성을 주장함에도 불구하고, 이를 보장하고 유지할 수 있는 일차적인 책무는 여전히 국가의 몫이기 때문이다. 그러한 가치와 권리를 누구보다도 앞서 부정하거나 남용할 수 있는 것은 국가이며, 이는 자유 민주주의 국가의 경우도 예외일 수 없다.

국가없는 상태의 가장 큰 불행은 권리를 주장할 수 있는 권리 자체가 부정된다는 점이다. 권리가 없다는 의미는 생명, 자유, 행복 추구, 법 앞의 평등, 사상의 자유 등을 박탈당하는 것이 아니라, 그들이 더 이상 어떤 공동체에도 속하지 않음이다. 국가에 속하지 않는 사람들이 처하게 되는 곤경은 법 앞에 평등하지 않은 것이 아니라 그들을 위한 법이 존재하는 않는다는 것이다.[47] 많은 국가들 사이에 존재하는 하나의 국가일 때 개별 국가로서의

45) T. W. Pogge, "Cosmopolitanism and Sovereignty," *Ethics* Vol. 103, No. 1, 1992, p. 58.
46) M. Walzer, *Spheres of Justice: A Defense of Pluralism and Equality* (Oxford: Basil Blackwell, 1983), p. 32.

의미가 있듯이, 시민들도 언제나 특정 국가의 동료 시민들 사이에서만 시민이 된다. 시민 권리와 책임은 동료시민들과 그가 속한 국가의 영토적 경계, 이 두 가지에 의해서 결정되고 제약되는 것이다.[48)]

이러한 맥락에서 볼 때 하나의 주권을 지닌 세계정부는 세계시민성을 위한 필수 조건이 아니다. 국가가 여전히 구성원들에게 가장 중요한 권위의 원천이고 충성의 대상이라는 점을 고려한다면, 조만간 하나의 세계 정부가 출현할 가능성은 매우 희박하다.[49)]국가는 생태학적 · 군사적 문제에 관한 국제적 합의를 도출할 수 있는 주된 행위자다.

헤겔(G. W. F. Hegel)은 시민사회의 구성원과 시민을 구분하고 있다. 경제적 주체인 시민 사회의 구성원이 '사적 존재(private person)'로서 국경을 초월한 경제 활동을 할 수 있는 존재라고 한다면, '참여자(participant)'로서의 시민은 국경에 의해 구분되는 시민으로서의 권리와 의무의 체계에 구속되는 공적 존재이다.

따라서 공통운명을 느끼는 가운데 한 국가의 시민이 될 수 있는 것은 정치적 시민이다. 그리고 정치적 참여자의 정체성인 시민권과 시민 의식은 국가의식에서 추구될 수 있다. 아롱(R. Aron)은 '국가 시민(state citizen)'과 '경제 시민(economy citizen)'을 구별함으로써 '다국적 시민성(multinational citizenship)'의 가능성에 대해 부정적 입장을 취했다.[50)]

국경을 초월해서 하나의 경제 공동체에 속하는 경제 시민은 사적 차원으로 소속된 공동체에 대한 의무가 없다. 반면에 공적 국가 시민은 공동체를 지킬 의무가 있다. 권리와 의무의 상관관계는 국가와 국가 시민 사이에 존재하는 것이다. 따라서 유럽공동체의 시민이 될 수 있는 것은 경제 시민이지 국가시민은 아니다.

세계화의 추세에서 민족주의 생명력은 지속될 수 있다. 세계경제 체제의 등장이 개별 국가와 민족의 특수성을 강조하는 흐름과 모순되지 않는 가운데, 민족주의의 영향력이 유지되고 있다.[51)] 세계연합의 출현 그리고 세계시민성의 관념이 민족주의나 공동체에 대한 충성심을 전적으로 대체할 것으로 기대하기는 어렵다.[52)]이제는 국가시민성을 횡단 매개하여 국가 간의 상호 의존의 가능성을 살피고 그리고 지구촌 공동의 문제 해결을 위한 인류의 노력을 실천하기 위한 삼진귀일에 토대를 둔 장수시민성교육을 받아 들여야 한다.

---

47) H. Arendt, *The Origin of Totalitarianism* (London: George Allen & Unwin, 1967), pp. 295-296.
48) H. Arendt, "Karl Jaspers: Citizen of the World?" in *Men in Dark Times* (New York: Harcourt, Brace and World, 1968), p. 82.
49) P. Kennedy, *Preparing for the Twenty-first Century* (New York: Random House, 1993), p. 336.
50) R. Aron, "Is Multinational Citizenship Possible?" *Social Research* Vol. 41, 1974, p. 50.
51) L. Greenfeld, "Transcending the Nation's Worth," *Daedalus* Vol. 22, No. 3-4, 1993, pp. 47-63.
52) M. Janowitz, *The Reconstruction of Patriotism: Education for Civic Consciousness* (Chicago: The University of Chicago Press, 1983), p. 3.

정보화와 세계화의 흐름 속에서 개별 국가의 영향력이 약화되는 현상이 개별 국가들이 사라지고 하나의 주권을 지닌 세계 정부가 출현할 것이라는 사실을 의미하는 것은 아니다. 지구촌에는 상호소통과 의존관계가 심화되고 있고, 동시에 개별 국가의 경계를 초월해서 인류가 공동으로 해결해야 하는 지구촌 문제들이 많아지고 있는 현실을 생각할 때, 지구 차원에서 생각하고 행동하는 장수시민성이 점차로 증대한다고 할 것이다. 따라서 개별 국가의 존재를 인정하는 가운데 장수시민으로서의 소양과 역량을 지닌 장수시민성에 대해 논의는 현실적인 대안이 된다.

겨레얼을 지닌 장수시민성이 문화적 다양성을 최대한 관용하고 존중할 수 있는 세계시민성이다. 이처럼 지구촌 의식과 책임감을 지닌 시민이 된다는 것은 또한 지구상의 어느 한 곳에서 행해진 일들이 국경을 넘어 다른 사람과 다른 국가에 영향을 미칠 수 있다는 것을 깨닫는 것이다. 산성비, 지구 온난화 등의 문제가 더 이상 한 국가만의 문제일 수는 없다. 특정 국가의 국민으로서 지구적 의식과 책임감을 지닌 시민은 지구적으로 생각하고 지역적으로 행동하는 존재이다. 따라서 일상경험을 뛰어넘는 복합적이고 생명존엄의 사고가 필요하다.

일상 행위가 경험세계 밖에 살고 있는 사람들에게 어떤 영향을 미치고 어떤 결과를 가져올 것인가를 예견하고 성찰하기 위해 성통공완의 노력이 큰 의미가 갖는다. 개인사고와 행위를 반성적으로 검토할 수 있는 상황과 기회를 마련하는 일이 국가시민성의 횡단매개를 통한 장수시민성 함양이 주요과제가 된다. 홍암나철은 삼망상극과 '성통공완(性通功完: 인간자성을 우주본성과 상통시켜 이웃사랑을 실천하여 공덕을 완성함)'의 매개를 통한 상복(相福)을 강조한다.[53] 성통공완은 자기를 비워 타자와 함께 상통함을 요체로 한다.

홍암나철의 성통공완 과정의 치병이적을 「중광가」에서 남기고 있다.

> 일부삼인(一符三印) 거듭 운(運) 빛과 빛마다 새로운 신화(神化)
> 단촌(檀村)에 병(病)을 빌 때 사십일인(四十一人) 곧 소성(蘇醒)
> 청호(靑湖)에 비를 빌 때 절식(絶食)한 오일득우(五日得雨)
> 왕청·화룡(汪淸·和龍) 밀산(密山)골 종종영험(種種靈驗) 다신명(多神明)[54]

홍암은 성통으로 외국인을 차별 없이 관용으로 대하라고 말한다.[55] 종교 정체성과 민족

---

53) 崔東煥,『三一神誥 人物編』(서울: 智慧의 나무, 2009), p. 485. 人物이 同受三眞하니 曰性命精이니라. 眞性은 無善惡하니 上哲이 通하고 眞命은 無淸濁하니 中哲이 知하고 眞精은 無厚薄하니 下哲이 保하나니 返眞하면 一神이니라 一意化行하고 反忘卽眞하여 發大神機하나니 '性通功完'이니라

54) 羅喆, 「重光歌 51」, 앞의 책, p. 76

55) 羅喆, 「密諭」, 앞의 책, p. 53 "다른 敎人을 달리 보지 말며, 外國사람을 따로 말하지 말고"

정체성을 초월하여 관용으로 모든 모양과 차이를 벗어나서 존재의 뿌리를 함께 깨달아, 신성을 나눈 '얼의 형제'라는 의식이 자리 잡게 한다. 얼을 나눈 형제애에서 홍복은 자발성이다. 홍복관점에서 타종교는 정복과 선교의 대상이 아니라 대화와 이해의 대상이며, 타종교의 구원 가능성을 인정하기에 종교다원주의를 수용하게 된다.

성통공완은 장수시민성에 토대를 두고 종교다원주의를 수용한다. 타종교에 대한 관용을 허용한다. "대종교를 독신하는 사람이 광견익지(廣見益智)를 위하여 타종교에 참여하여도 금하지 않을 것이오."라는 선언으로 홍암 나철은 종교 정체성마저 포기하면서 타종교에 입교하는 것을 수용하였다. 홍암은 적대관계의 악인과 원수에 대한 사랑을 실천하게 된다. 원수사랑의 실천윤리를 온전히 행하려면 인간에 대한 깊은 종교성찰이 전제된다. 원수 사랑을 실천하기 위해선 이기적 요소를 넘어 신성과 상통하는 성통을 중시한다. 홍암이 원수의식(怨讐意識)을 제거하며 원수를 용서함은 성통공완(性通功完)이 장수시민성교육으로 가능하기 때문이다.

'또한 돌아보건대 이 몸이 다시 지난해에 칼을 품고 역적을 죽이려던 인영(寅永)이 아니라 이에 오늘날 정성을 열어서 원수를 돌이키는 철이 되고 또 이 마음이 다시 옛날에 열을 맛보면서 한나라만 사랑하는 치우친 생각이 아니라 이에 이 날로써 어짊을 같이 하야 온 세상을 구원하는 한 길을 가졌거늘 오히려 교를 믿으므로 알지 않고 억지로 구속하는가!'56)

홍암의 원수까지 사랑한 성통공완은 『참전계경』에 잘 나타나 있다. '밝은이의 사람사랑은 착한 이를 사랑하고 또한 악한이도 사랑하므로 악을 버리고 착함에 나아가도록 권한다. 사람의 성냄을 가라앉혀 남에게 혐의를 맺지 않게 하고 사람의 의혹을 해결하여 남에게 돌아가지 않게 하며 사람의 미혹을 인도해서 스스로 깨우쳐 얻게 한다.'57)

홍암나철은 성통공완의 방안으로 「참전계경」의 「애인(愛人)」정신을 살리고자 하였다. 한나라의 국권을 침탈한 상대를 향해서도 의분을 접고 용서하고, 천신을 욕되게 함도, 종문을 더럽힘도, 중생을 빠뜨림도 다 자신의 허물로 돌리며 오히려 자신의 도덕적 결단과 각성을 촉구한다. 성통공완은 관용을 넘어서서 악인마저 도덕질서에 대한 깨달음으로 인도하는 공덕으로 나타난다. 홍암나철은 목숨을 건 치병 이적과 관용을 넘은 악인 사랑의 공덕 쌓기로 나타났으며 최종으로 만인의 죄를 대속하면서 자신의 목숨마저 끊었다.58)

홍암 나철이 대종교와의 만남을 통해 변모된 후에 터득한 성통공완은 그의 죽음으로써

---

56) 羅喆, 「與日日本總理大隈抄」, 앞의 책, pp. 78-79

57) 「參全戒經 愛人 條」, 『大倧教 經典』, 앞의 책, p. 326, '哲人之愛人은 愛善人 亦愛惡人 勸去惡就善. 平人慍 勿結嫌於人 決人惑 勿轉致於人 導人迷 自得於己'

58) 羅喆, 「離世歌 三章」, 『弘巖神兄朝天記』, 앞의 책, pp. 60

마침내 널리 퍼지게 되었다. 그는 홍복상화의 한울공경에서 시작하여 성통공완으로 목숨을 거두면서, 위로는 천조를 대신하여[59] 제천의식을 봉행하였다. 성통공완을 위한 폐기법(閉氣法)의 순명으로 수행경지에 이름으로써, 모든 형제자매의 고통과 죄악을 한 몸에 안고 한오리 목숨을 거두는 애인의 극치를 보여줌으로써 홍암은 몸소 성통공완에서 자타수용의 홍복가치를 몸소 실천하였다.

홍암의 순명에 대하여 김교헌은 "공적을 마치고 성품을 통하여 곧 한울에 조화하는 길을 지었도다. 천추에 꽃답고 빛나니 해와 별이 환하게 밝고 사해(四海)를 울려서 놀라게 하니 새 · 짐승이 슬피 울도다."라고 애도하였다.[60] 정구이복(靜求利福), 애합종복(愛合種福), 경봉천복(敬奉天福)의 상복을 매개로 '상생동복(相生同福)'의 사해동포의 성통공완이 중시된다.

삼망의 고통문제를 해결하려면 진실과 은혜를 상기하는 상생자세가 요청된다. 성통으로 밝히고 타자를 살피고 은혜로움을 베푸는 과정에서 홍익홍복이 가능하다. 홍암나철은 마음을 오로지 하여 도를 닦음이 먼저이고, 말과 글로서 덕을 기르는 것이 그 다음이라고 하였다. 덕은 항상 새롭게 함양하여 실행하는 데 있고, 이웃 사랑으로 시작하여 인류공동의 최고선으로 이어진다.

홍암나철의 애합종복(愛合種福)은 인류종족 사이의 사랑을 말한다. 애합종복은 다양한 꽃들이 대자연속에서 아름다운 조화를 이루듯이, 각 지역의 풍토에 맞게 행복하게 사는 길이다. 자력수행과 공공복리의 사회활동을 이루면 한배검에 대한 경봉천복으로 나아간다.

홍암나철은 『백두산천제문(白頭山天祭文)』에서 이르기를, '국조 한배검에 대한 불경불성이 망국의 노예종족으로 고통 받는 원인이며 그 결과이다.'고 하였다.[61] 한배검을 받들어 공경한다는 것은 대황조의 가르침을 받들어 행하는 것과 같다. 이 가르침에는 천지인의 이치를 깨닫는 천복으로 말미암아 홍익홍제가 이루어진다는 것이다. 한배검의 기운은 하늘로부터 부여받은 각자의 밝은 씨알이다. 그 씨알은 원래의 나이며 나의 밝은 성품으로 각자의 머리 골속(新府)에 들어 있다. 경봉천복의 길을 추구하면 스스로 성통이 열려 내재적 신성을 밝히는 것이다.

또한 홍암나철의 신리대전(神理大全)에서는 "한얼님은 한임과 한검이시니 한임은 조화의 자리에 계시고 한웅은 교화의 자리에 계시니라"고 하여 한얼님은 환인(桓因) 환웅(桓雄) 환검(桓儉)으로 자리매김 한다. 아울러 "한임은 조화의 자리에 계시고 한웅은 교화의 자리에 계시고 한검은 치화(治化)의 자리에 계시니라"하여 환인 환웅 단군 삼위신이 큰 권능을 가

59) 羅喆, 「恭告教徒文」, 앞의 책, pp. 56
60) 金教獻, 「上號表」, 앞의 책, pp109
61) 『大倧教 重光 60年史』 p.185.

지고 더 위가 없는 자리에서 만물을 다스리고 있음을 나타내고 있다. 이른바 삼위상통을 강조하였다. 삼진귀일로 발전하여 한얼님 신앙을 새로 일으킨 뒤에 현대에 통용될 수 있는 장수시민성 교육체계를 갖추어가고 있음을 의미한다.

삼법 수행이 천성을 밝히는 길이라고 한다면, 이웃사랑은 더불어 행복을 구현하는 길이며, 한배검의 공경은 홍익홍제의 천복과 융화하는 길이라고 할 것이다. 홍암나철은 인간의 내면에서 출발하여 타자와의 상통으로 성통공완에 이르고 마침내 인류의 영성회복이 가능하다는 것을 제시하였다. 홍암나철은 의식전환의 혁명을 주도하면서 단군사상의 중광을 통해 반상의 구별을 없애는 사회개혁을 시도했다. 밝은 달빛이 고요한(靜) 물위에 비치나 물의 청탁(淸濁)에 따라 그 빛이 다르고, 바람이 불면 수면이 움직이어 물위에 떠있는 밝은 달이 제대로 보이지 않는다. 지감과 금촉을 통한 조식이 고요함의 극치에 이르면 내면이 명경지수(明鏡止水)처럼 밝아진다. 안정(安靖)은 내적 평화와 타자의 행복을 추구하는 동시에 추구하는 경천애인(敬天愛人)과 천성천복(天性天福을)의 새 밝힘의 길로 이어진다고 할 것이다.

이기배타의 탐욕과 자리이타 원력은 마음에 따른다. 홍암 나철의 성통공완의 존재론적 사유는 인간의 본성적 자발성에 근거한다. 본성에 의지하여 자동과 타동을 함께 매개하여 자타이익을 함께 나누는 상복(相福)을 취한다. 자기가 하고 싶은 일에 몰입하는 것은 본성이 좋아하는 기호와 일치함이다. 홍복구현으로 홍익홍제(弘益弘濟)의 인류평화에 기여하며, 홍복매개로 세계시민성의 가치를 실천할 수 있다.

홍암나철은 조천(朝天)하기 전에 소운(小雲) 황병욱에게 도감(道鑒)으로 전한 수행을 권면하는 글에서, "자성구자 항재이뇌(自性求子降在爾腦)"를 믿음의 근본으로, 「지감·조식·금촉(止感調息禁觸)을 성(誠)의 근원으로 역설하였다. 그리고 장수시민성 교육차원에서 사해동포주의를 표방하였다. 박애주의를 넘어 인간에 대한 근원적 이해가 온전히 실천될 수 있는 사상이다.

신명상통의 인간관은 국가, 문화, 사회적 계급, 성, 인종을 초월하여 자성으로 함께 나눈 얼의 형제로 존재의 근원을 공유하는 유기체로 바라봄이다. 신명상통은 국가, 문화, 계급, 성, 인종의 차이의 갈등을 극복하고, 세계 만민이 얼의 형제로 일체 될 수 있는 논리이다. 홍암은 만민을 얼의 형제로 보는 세계시민성을 확인할 수 있다.

> 상제(上帝)께 호소(呼訴)하야 천국(天國)을 새로 열어
> 한나라 한신교(神教)로 큰지구(地球)를 통할(統轄)케
> 대소강약(大小强弱) 너나를 한집에 일체애합(一體愛合)

한세계(世界) 한도(道)빛에 천민동락(天民同樂) 만만대(萬萬代)[62]

장수시민성은 얼을 나눈 하늘의 백성(天民)으로 같이 기쁨을 나누고(同樂) 하나 되어 사랑으로 합할 수 있음을 말한다. 홍암의 신명상통은 신명의 인격완성인 수행과 신명의 대아완성이다. 홍암나철은 홍복실현의 과정에서 뭇사람(衆人), 밝은 이(哲人), 신인(神人)으로 나눈다. 뭇사람은 삼망(三妄)으로 착하고 악함과 맑고 흐림과 후하고 박함을 서로 섞어서 가달길(境途)에서 맘대로 달리다가 나고 자라고 늙고 병들고 죽는 괴로움에 빠지고 인간이다. 밝은 이(哲人) 중인(衆人)은 반망즉진(反忘卽眞)의 방편인 삼법(三法: 止感, 調息, 禁觸)을 통해 삼진(三眞: 性命精)을 회복한 사람이다. 신인(神人)의 밝은 이(哲人)는 삼신기행(三神機行: 通性, 知命, 保精)으로 삼신성(三神性: 大德, 大慧, 大力)을 이룬 존재이다. 성통공완(性通功)으로 귀일조천(歸一朝天)하는 존재이다.[63] 홍암 나철의 중광운동은 직·간접적으로 활동하는 항일독립 운동가들에게 정신적 지주역할을 담지(擔持)하였다. 홍암 나철의 행보는 대내비운이 겹친 구한말 격동기의 근대 종교사는 물론 세계 종교사에서도 세계시민성 함양의 단초를 제공하였다. 홍암나철이 이끈 중광운동은 21세기에 회자(膾炙)되는 메타종교[64]운동으로 1세기 전에 태동시킨 세계시민성의 동인(動因)이다. 홍암 나철은 인류를 사랑하는 장수시민성을 제창했다. 일본인에게 남긴 유서, 「여일본총리대외서」와 「여조선총독부사내서」를 보면, 홍암 나철은 고대 신도(神道)사관의 맥을 이은 대종교의 정당한 입장과 겨레의 정체성을 당당하게 설명하였다.

홍암나철의 역사의식은 대륙사관이다. 홍익중광에서 나타나듯이 고령사(古靈祠)에서 민족의 밝은 위인들의 신위(神位)를 모시며, 민족사의 빛나는 위업을 계승하였다. 단군역사를 조명하면서 동조동근의식에 대한 홍암 나철의 고취는 민족의 정체성과 자부심을 심어주었다. 아울러 경봉천신에서 드러나듯이 이교의 성현에 신의를 가지고 경외하는 마음을 주문함은 삼진귀일의 세계주의 이념에 뿌리를 둔다.

홍암 나철의 홍익인간의 깊은 시민성 함양에 토대를 두고 있는 장수시민성교육 가치는 새 시대 범례를 반영하고 있다. 한민족과 세계인류를 상통시켜 영성차원에서 함께 바라보는 홍복의 횡단매개 사상이라고 할 것이다. 그러므로 홍암 나철의 인류에 대한 사랑을 전개한 '애합종족'사상은 타자를 이어주고 매개하고 살리는 가운데 홍익인간의 깊은 시민성 차원의 장수시민성 가치를 덕성차원으로 인류애구현으로 표방한 사상이라고 말할 수 있다.

62) 나철, 「중광가54」, 앞의 책, pp. 77
63) 삼신기행(三神機行: 通性, 知命, 保精)의 관점에서 분류한다.
64) 메타종교(Meta-Religion)에 대해서는 김진, 『종교문화의 이해』(울산대 1998), 216-224쪽 참조.

홍암의 철학을 핵심을 담고 있는 저술은 1911년에 지은 「신리대전(신理大典)」이다. 홍암은 이 저술을 삼신사상에 근거해 서술하고 있다. 대종교의 삼신사상의 하나는 신인 체(體)가 수와 물리적으로 분화되지 않고 일체(一體)로 유지된다고 보는 삼신일체(三神一體) 사상이라고 할 것이다. 삼신을 섬기는 일, 단기(檀祈 : 댕기)드리는 일, 저고리에 동정을 다는 일은 이 사상에서 비롯된 풍습이다. 아기가 태어나는 것은 삼신이 점지한 것이라고 하여 세 줄로 표시한다. 댕기는 아기가 난 지 사흘이면 머리털에 색실로써 매는 것이다. 한배검이 내려온 '백두산(한울메)'을 기리고자 누구나 웃옷의 깃 위에 흰 동정을 달아 입는다.

'나-삼신영성'의 인과관계를 맺으면 근원적 생명력의 활성화로서 장수시민성의 공공작용이 이와 같이 이루어진다. 먼저 '나-삼신영성'의 관계는 직접적으로 작용하여 개체생명에 우주생명의 공공작용으로 인과구시(因果俱時: 생명세계의 인과법칙)의 영성을 꽃피운다. 또한 '나-삼신영성' 관계는 현재성으로 나타난다. 그 관계는 현재와 단절되지 않고 눈앞에서 마주보고 생생하게 느끼는 우주생명 존재로서 감통된다. 그 관계는 현재에 충실할 때 존재의 무한한 변화가능성을 염두에 둔다. 진여관계에 있어서 가능태는 현실태의 숨 쉼과 연관된다. 그리고 '나-삼신영성' 관계는 상호적 관계이다. 상호적 관계는 모든 존재를 수단이나 도구가 아니라 인격존재로 보고 있음에 요체가 있다. 현대사회에 나타나는 인간소외는 다른 존재를 대상과 수단으로만 바라보는데 있다. 관계의 상호호혜를 일상으로 구현하면 인격적 만남으로 인간소외현상을 극복할 수 있다. 이처럼 관계의 상호성을 통해 우리는 주변으로부터 배울 수 있고 대상에 상관없이 모든 존재와 삼신영성으로 공공작용을 가능하게 함으로 장수시민성을 심화시켜 나갈 수 있다.

제2장

실심감통소통

〈명재의 실심, 하곡의 감통, 혜강의 소통을 다룬다.〉

2-1 명재의 실심

명재 윤증(明齋 尹拯; 1629-1714)은 명리를 추구하지 않고 진솔한 삶을 살았다. 그는 명분보다 실용을 숭상하고 이론보다 실천을 중시하였다. 그의 이러한 학문적 태도를 일컬어 실심실학으로 말한다. 그는 임진왜란과 병자호란으로 말미암은 사회적 혼란을 치유하고 마음가짐을 올바로 갖추고자 자기성찰과 마음치유를 겸한 존심성찰을 중시하게 되었다. 명재의 실심사유는 퇴계 이황이 주자 학설을 계승하여 도심을 사단으로 인심을 칠정으로 대대하여 도심을 천리로 인심을 인욕으로 나눈 것과 구별된다.

퇴계 이황이 이기호발에 입각하여 인심도심으로 이원화하였다면, 명재는 율곡의 기발이승일도에 착안하여 도심·인심·인욕의 삼층으로 나누었다. 도심은 우주생명의 천성이고, 인심은 개체생명의 육체적 욕구인 데 반해, 인욕은 그 욕구를 절제하지 못해 과불급으로 치닫는 욕심 상태이다. 명재는 본심으로 일원화 하고, 본심의 주체성을 강조하고자 실심을 내세웠다.

명재는 주자와 같이 객관적 대상의 이치를 구하기보다 객관적 대상에서 실심의 도덕적 주체성을 확보하고자 허위·가식을 배격하고, 구체적 현실에서 실공(實功)을 이루며 현실의 난국을 타개하고자 실학을 표방하였다. 사람으로서 실심이 없다면 우주생명의 천리에 어긋나는 것이고, 자기에게 덕이 미치는 것을 실덕(實德)이라고 한다면 남에게까지 미치는 것이 실학이다. 그의 실학은 『초학획일도』와 『제위학지방도』에 반영되어 있다.

명재가 제시한 실학은 학구적 지식의 축적을 말하는 것이 아니라 일상생활의 몸가짐을 바르게 함이다. 대상의 의미를 깊이 이해한다면, 몸으로 실천하는 방법을 강구하는 바른 몸가짐이 되어 실생활에 충실한 가운데 마음과 몸으로 체득하려고 노력하기에 입지(立志)와 무실(務實)을 함께 중시한다. 명재에게 무실은 개인수양뿐만 아니라 사회의 모순과 부조리를 일소할 수 있는 열쇠이다. 우주생명을 자각하고 완성하려는 생명노력은 실심을 매개로 실학을 완성하는 결실로 나타난다. 따라서 명재에게 '실(實)'은 천리와 인욕, 공(公)과 사(私)를 이어주고 매개하는 횡단매개의 원리라고 할 것이다.

명재는 예학으로 계통을 수립하는 분수(分數)의 실천행위와 함께 조화를 도모하는 융합(融合)을 함께 중시함으로써 허례허식에 빠져 인욕에 사로잡힘을 경계하며, 일심이 실하지 않으면 만사가 거짓이며 일심이 실하면 만사가 참이 된다고 주장하였다.

명재에게 있어서, 이기(理氣)는 서로 섞일 수 없고, 그렇다고 서로 나눌 수도 없는 상관연동의 관계이다. 그런데 일심의 운용에 있어서는 의리의 공(公)과 형기(形氣)의 사(私)로 나뉜다. 악의 발생에 있어서 명재는 본래 악하기 때문에 발생기는 것이 아니라 인욕에 있어

지나치거나 미치지 못하는 데서 생기는 것이라고 보았다. 명재에게 공심(公心)은 실심으로, 당연히 욕구할 바를 욕구하는 우주생명의 지혜이지만, 그렇지 않은 것을 욕구하게 되면, 인욕으로 전락한다.

명재가 꿈꾸는 이상사회는 실심실학에 근본을 두고, 무실로 의로움과 옳음의 우주생명 천리를 이루며 이로움과 그릇됨으로 점철된 인욕을 퇴치하는 사회이다. 개체생명이 우주생명의 이치를 구현하는 명재의 실심실학에서 인심도심이 공매하는 한사상의 맥을 발견할 수 있다. 명재는 공의 의리를 바탕으로 사적 일에 있어 그 효용성을 고려하여 공공실천을 이루고자 하는 무실역행으로 일이관지(一以貫之) 하였다.

선인(先人) 윤선거(尹宣擧, 1610~1669)의 학문도 내실을 추구한 것이기에 명재학풍은 명리보다 내실 추구의 가학(家學)에 연원을 두었다고 할 것이다. 명재의 실심실학은 심성도야에서 출발하여 덕성을 함양하고 성현경전에서 실천방향을 모색하여 존심성찰 정성으로 원대한 실학으로 나아갔다. 그의 실심실학은 경세치용과 이용후생의 실학파를 태동하는 교두보가 되었다. 이처럼 명재의 실심실학은 개체생명의 실현이자 사회질서의 구현이고, 우주생명의 융화이다. 실학은 천리 인식과 실천을 강조한다. '지경'(持敬)이 실심의 수양이며, '궁리'(窮理)는 사물의 이치를 연구하여 구체적 사물과 사건을 처리하는 데 이용하려는 것이다. 실학은 지경(持敬)과 궁리로써 매사를 처리함에 천리와 부합하도록 실천하는 것을 말한다.[65]

또한 실학은 실용적 생산능력을 강조한다. 성리학자들은 실용적 생산 활동을 중시하였다. 그런데 당시의 학자들은 산업생산과 관련된 지식이 없었을 뿐만 아니라, 행정적으로도 생산능력이 없었다. 또한 애민사상(愛民思想), 의리(義利) 문제 등에 대하여 얼핏 보게 되면 최고경지에 오른 것 같지만, 실제적으로는 구체적 '사공'(事功)의 방법이나 이치에 대해서는 모른다고 평가할 수 있다. 그들은 과거시험을 위한 공부만 했을 뿐 실제적 정사(政事)를 수행할 수 있는 능력이 부족하여 백면서생과 같았다.[66]윤증은 용(用)을 말하게 되면, 체(體)는 그 안에 있다고 주장하면서, 수기(修己)와 사회적 개신(開新)을 공공차원으로 생각하여 실학을 펼쳤다.[67]

명재는 당시 정치적 최대 현안이자 학문적 논쟁의 대상인 '예송'(禮訟)[68]에 대해서도 개

65) 『明齊遺稿』卷 23, 「答李伯邵 甲戌元月二日」135a-530b, '爲學無他, 只持敬窮理兩端, 而持敬則只收斂身心而已. 窮理則逐日遇事接物, 每事求合於天理而已'.

66) 『明齊遺稿』別卷 3, 「擬與懷川書」辛酉夏○辛酉以後往復 a_136_535a. 參考.

67) 『明齊遺稿』卷 16, 「答李君補」

68) 이동희, 「명재 윤증의 유학사적 위상」, 『명재 윤증의 학문과 사상』, 2009 충남대 유학연구소 국제학술대회 발표문, p.29. 조선중기 禮學이 일어나게 된 것은 朱子의 『朱子家禮』가 조선상황에서 실천하기 어려웠고, 儀禮의 大綱만 설명하고 세부항목에 대한 구체적 실천방법이 제시되지 않았기 때문이다. 양반계층의 기득권 유지와 양반계층의 자기정당화의 요구가 "變禮"이다.

방적이었다. 당시 진행된 예송은 복제(服制)의 문제가 아니라, 이학(理學)의 철학적 원리와 종법(宗法)과 연계되어 최고 권력, 왕권의 정통성에 대한 논쟁에 해당한다. 이는 왕권을 견제(牽制)함으로써 신권(臣權)을 강화하려는 서인과, 왕권을 옹호함으로써 서인을 견제하려는 왕과 남인의 대립이었고, 권력을 놓고 목숨을 건 정치적 논쟁이었기에, 명재는 '이'(理)의 무위를 강조하면서 '이발'(理發)을 거부하였다.[69]

명재는 치열하게 전개된 상례(喪禮)에서의 복제(服制)문제는 사소한 문제인데도 서로 자신이 옳고 상대는 그르다고 비난하는 것은 이치에 맞지 않고, 가소(可笑)의 일로 생각하였다.[70] 명재는 복제(服制)는 종사(宗社)의 안위(安危)와는 상관이 없음에도 종통(宗統)·적통(嫡統)을 거론하면서 상대를 멸족(滅族)시키려고 하는 것은 공심(公心) 없는 사적(私的) 분노라고 개탄하였다.[71] 명재의 이러한 입장은 율곡이론을 이어받은 것이다. 일찍이 율곡은 조제론(調劑論)을 펴면서 붕당의 화합을 중시하였으며, 동인과 서인 모두가 진정한 사림 혹은 선비라고 보았다. 명재는 율곡의 이러한 사상을 이어서 노론과 남인의 화해를 주창하였다.

명재의 이러한 실학정신은 결국 당시 명분과 주자의 '종본주의'(宗本主義)를 주장하던 송시열 등 노장파와 대립을 초래하였고, 결국 서인은 우암을 중심으로 한 노론과 명재를 중심으로 한 소론으로 분열하게 되었다.[72]명재는 스스로 부친, 윤선거(尹宣擧)로부터 가르침을 받은 가전(家傳) 전통을 갖고 있으며, 우암계통이 아님을 스스로 천명한다. 따라서 명재에 대한 부정적 평가의 원인이 된 배사(背師)의 문제는 정치적 이해득실에서 비롯한 것이라고 할 것이다.[73]

1680년(숙종 6)에 경신대출척(庚申大黜陟)으로 서인이 정권을 잡은 뒤 노장파인 김익훈(金益勳, 1619~1689. 號 光南) 등이 '남인역모설'(南人逆謀說)을 조작하며 남인을 과격하게 숙청(肅淸)하고자 하였다. 이에 대하여 소장파, 한태동(韓泰東, 1646~1687. 號 是窩)과 조지겸(趙持謙, 1639~1685. 號 迂齋)은 경신대출척에 참여했던 훈척(勳戚)들이 서로의 맹서를 빙자(憑藉)하고 서로의 교제(交際)에 의지하면서, 공로를 내세워 왕의 총애를 내세우며, 외람되게 행동하였다. 특히 김석주(金錫胄)·김기만(金基萬)·민정중(閔鼎重) 등 세 명의 행동이 매우 방자하고, 김익훈에 이르러서는 극에 이르렀다고 하면서 탄핵을 받게 되었다.[74]

---

69) 『明齊遺稿』卷 24, 「與梁得中擇夫」, '有爲理理無爲之意 而形容之說耳'

70) 『明齊遺稿』卷 9, 「上炭翁 四月」a_135_210b '三年之禮, 雖同異互爭, 至於十年, 或彼是此非, 或此是彼非, 亦何大害之有也 非欲請變三年之見, 而爲期年之見也.'

71) 『明齊遺稿』卷 9, 「上炭翁 辛丑五月八日」a_135_208b. '服制一事, 何與於宗社安危 而彼疏三擧·宗統·嫡統之說者, 直欲置人於滅族之地, 而以快一時之私忿, 其亦憯矣'

72) 西人의 老·少分黨의 원인은 尹拯의 父親인 尹宣擧에 대한 宋時烈의 불성실한 碑文의 개작, 丙子胡亂 때 尹宣擧의 江都事件 등에 대한 송시열의 비난 등이다. 이러한 여러 논쟁이 尹拯의 背師論으로 전개된다.

73) 李離和,「朝鮮朝 黨論의 展開過程과 그 系譜」,『韓國史學』8, 1986, p.64.

우암을 중심으로 하는 노장파는 삼척(三戚)과 김익훈을 옹호하였으며, 명재를 비롯한 소장파는 이들과 함께 우암을 공격함으로써 서인은 노론과 소론으로 분열하였다. 특히 명재는 붕당의 편을 가르기가 지나쳐 단지 당이 다르다는 이유로 당시 전체 인재의 반이라고 할 수 있는 남인을 몰살시키려는 것은 망국의 근원이라고 성토하였다.[75]그리고 명재는 현실을 개혁하고 나라를 바로잡기 위해서는 최고 권력자인 왕의 역할이 무엇보다 중요하다고 보았다.[76] 조선은 왕권과 신권이 상호견제를 통해 균형을 추구하였다. 왕권이 강하다고는 하지만 비정상적 정치적 격변기마다 왕권의 수립에 공을 세운 훈척(勳戚)들은 자신의 공을 내세워 왕권을 견제하고, 중종반정이후 등장한 사림들은 도학정치를 내세워 왕권을 견제하고 '신권'(臣權)을 강화하였다. 명재가 왕의 역할을 강조한 것은 세력이 커진 노론세력을 견제하기 위한 측면이 있었다.

그러나 왕조국가에서의 왕의 역할은 정치적 비중이 클 수밖에 없다. 왕의 역할이 사회개혁에서 중요하지만, "법을 집행할 때 공정성을 잃어서 후회하거나 원망을 사는 일이 없어야 한다."고 했다.[77]여기서 명재가 말하는 실학은 천리(天理)를 정확히 인식하고, 의리를 분별하여, 구체적 정사(政事)와 생산 활동이 가능한 지식과 능력을 의미한다. 실학은 '실사구시(實事求是)' 정신의 구현에 그 특징이 있다고 할 것이다.

명재가 말하는 '실'(實)의 의미도 여러 개념을 포함하고 있다. 『명재선생유고(明齋先生遺稿)』에는 '실'(實)에 관한 의미를 구체적으로 언급하지는 않았지만, 명재가 말한 '실'(實)의 의미와 부합하는 개념을 '천리'(天理)라고 추론할 수 있을 것이다. 명재는 천리를 '이기론'의 이(理)로 설명하였다. '능연'(能然) · 필연은 사물 · 사건이 일어나기 전의 '이'(理)이며, 당연은 사물 · 사건 자체에 있는 '이'(理)를 말하며, 자연은 사물 · 사건의 '이'(理)를 일관해서 말한 것이다. 주자가 말한 '소이연'(所以然)의 '소이'(所以)를 능연(能然) · 필연(必然) · 당연(當然) · 자연(自然)과 합하여 '소이능연'(所以能然) · '소이필연'(所以必然) · '소이당연'(所以當然) · '소이자연'(所以自然)으로 이해할 수 있다. '소이'(所以)는 이유 · 원인의 뜻이기 때문이다. 그러나 '소이연'(所以然)은 자연보다 앞선 개념이 아니다. 왜냐하면 자연 · 소이연은 사리를 일관한다고 할 수 있지만, 그렇게 된다면, 능연 · 필연 · 당연은 설자리가 없게 된다.[78]

---

74) 『肅宗王朝實錄補闕正誤』卷 14, 肅宗 9年 癸亥 閏六月 二八日 戊辰. '士流與勳戚, 從古不相容, 豈故爲乖離哉 勳戚者憑帶礪之誓, 依日月之際, 負功恃寵, 往往而踰濫, 庚申後三戚橫肆, 至益勳極矣.'

75) 『肅宗王朝實錄補闕正誤』卷 14, 肅宗 9年 癸亥 閏六月 二八日 戊辰. 至若西南朋黨之弊, 實爲亡國根柢. 而此非一時言議之乖爭, 實百餘年來祖孫父子世世傳守之論, 則不可以黨於南而盡錮半國之人.

76) 『明齊遺稿』卷5 「辭別諭求言疏」五月 a_135_128c '智之所共見. 然危可使安, 亂可使治, 唯人主可以造命, 則轉移之機, 豈外於人主之一心'

77) 『明齊遺稿』권 28, 「與子行敎」 '凡百祥審, 俾無尤悔極可'

78) 『明齊遺稿』卷 25, 「答鄭萬陽葵陽 九月二十二日」a_136_008d '理字訓義, 其目有四. 能然 · 必然者, 理在事先, 當然者,

천리는 의로움이며, 왕도이다. 명재는 “부의자천리야(夫義者天理也), 리자인욕야(利者人慾也), 순호천리자(純乎天理者), 왕도야(王道也), 잡호인욕자(雜乎人慾者), 패술야(霸術也).”[79]라고 하였다. 의리가 곧 천리며, 이익은 인욕에 해당한다. 사람이 천리에 순응하면 왕도이며, 인욕에 섞이면 패도가 된다는 의미이다. 천리는 인심의 중절(中節)이다. 명재는 “인심지중절자(人心之中節者). 내천리야(乃天理也). 불중절자위악(不中節者爲惡).”[80]라고 하였다. 인심은 도심과 구별되는 인간의 수양되지 않은 ‘마음’(心)이다. 따라서 인심에 따른 행위가 때로는 악이 될 수도 있음을 말한다. 명재는 ‘욕기소당욕’(欲其所當欲)의 범위 내에서 정욕(情慾)의 합리성을 말하였다.[81]

욕망이 절도에 어긋나게 하는 것은 인심이 아니라 인욕에 해당한다. 인심에 따른 행동이 절도에 맞으면 그것이 ‘순선’(純善)으로 천리이다. 여기서 절도란 ‘일이나 행동의 원칙’을 의미한다. 예는 천리로부터 나와서 인정에 뿌리를 두기에 인정의 동일함이 천리의 소재(所在)에 해당한다.[82] ‘실(實)’의 개념은 ‘천리’이다. 천리는 ‘도덕적 의리’ ‘능연 · 필연 · 당연 · 자연’이며, ‘인심의 중절’이다. 실심에서의 ‘심’은 어떤 개념인가? 성리학에서 ‘마음’(心)을 설명하는 이론은 복잡하다. 형이상학적 ‘이기론’으로 마음(心)을 설명할 때, 이기의 개념과 상호관계 등에 대한 이해가 다양하고 복잡하다. 명재는 율곡의 이기(理氣)에 의존하여 ‘마음’(心)을 설명한다.[83]

‘마음’(心)은 모든 이치를 갖추고서 만사에 대응하지만, 그 형체는 기로써 이루어진다. ‘마음’(心)을 ‘기(’氣)라고 해도 된다. 또한 ‘기’(氣)로 이루어진 ‘마음’(心)이 신명한 기능을 유지하는 것은 ‘기’(氣)와 함께 ‘이’(理)를 갖추고 있기 때문이다. 이러한 ‘마음’(心)의 기능이 ‘허령지각’(虛靈知覺)이다. ‘마음’(心)의 기능은 지각기능과 시비 · 선악의 판단기능이다. 지각기능에서 가장 중요한 것은 정확하고 객관적인 판단이라고 할 수 있다. 정확하고 객관적인 판단기능을 가지기 위해서는 “어떤 편견이나 선입견에 치우치지 않는 공정성”이 있어야 한다. 공정성이 ‘허령’(虛靈)이다. 명재는 객관적이고 정확한 ‘지각’(知覺)이 되기 위해 ‘마음’(心)의 허령과 지각이 하나여야 한다고 한다.[84]

政就事而直言其理. 自然則貫事理而言之, 可謂備盡無蘊. 而朱子又加所以然一句, 未知所以然, 當在自然之後耶 但此一句, 包括四者, 有所以能然, 所以必然, 所以當然, 所以自然. 其妙雖驗於事後, 而其實則貫上貫下, 又自然二字亦然. 自能然 · 自必然 · 自當然 · 自所以然而施之. 四者無所處而不當. 以此推之, 自然 · 所以然, 皆可以貫事理言也, 至於能然 · 必然 · 當然三者, 則推不能去. 未知如何’

79) 『明齊遺稿』別卷 3, 「擬與懷川書」 辛酉夏○辛酉以後往復 a_136_535a

80) 『明齊遺稿』卷 22, 「與金載海叔涵 六月二日」 a_135_498d

81) 『明齊遺稿』卷 25, 「答鄭萬陽葵陽」‘以道心使人心云者’

82) 『明齊遺稿』卷 15, 「答羅顯道」 ‘人情之所同然 卽天理之所在也’

83) 『明齊遺稿』卷 25, 「答鄭萬陽葵陽 乙酉九月九日」a_136_003c, ‘心固具衆理應萬事, 而若乃其形則氣也. 氣之上具理, 則以心爲氣, 有何病也? 雖以心爲氣, 自不害爲神明不測. 氣具理, 故神明不測耳’

‘허령’은 ‘마음’본질이다. ‘허령불매’(虛靈不昧)는 ‘마음’의 본체가 ‘맑고 고요하며 지각기능을 완전하게 갖추어 활동함’이다. ‘도심’과 ‘인심’, ‘사단’과 ‘칠정’은 모두 이 허령한 지각으로부터 비롯된다. ‘도심’과 ‘인심’, ‘사단’과 ‘칠정’이 발로하는 과정에 대한 ‘이기론’ 해석은 율곡의 ‘기발리승일도설’(氣發理乘一到說)에 나타난다. 율곡의 ‘이통기국’(理通氣局)도 본질과 현상의 관계를 설명한 이론이다. 율곡의 견해는 ‘지일즉동기’(志壹則動氣), ‘기일즉동지야’(氣壹則動志也[85])라고 말한 맹자표현을 정확히 드러낸 것이다. 명재는 퇴계의 ‘이기호발’(理氣互發)설은 기와 형기(形氣)가 다른 것처럼 오해한 문제로, 형기도 기(氣)이다.

명재는 인심과 도심이 한 ‘마음’(心)이며, 한 ‘마음’(心)이 실심이라고 판단했다.[86] ‘순선’(純善)인 ‘사단’(四端)을 ‘마음’에 보존하고 못하는 것은 인심과 도심이 따로 있는 것이 아니라 한 마음의 양태가 서로 다르기 때문이다. 하나 뿐인 ‘마음’이 실심(實心이며, 굳이 그것을 도심과 인심으로 분리해서 두 ‘마음’이 있는 것처럼 말할 필요는 없다. 또한 명재는 인심과 도심은 하나인데 도심이 인심을 통제한다는 것도 이치에 맞지 않다고 보았다.[87]

유일(惟一)은 『서경(書經)』〈대우모(大禹謨)〉의 “인심유위(人心惟危), 도심유미(道心惟微), 유정유일(惟精惟一), 윤집궐중(允執厥中)”에서 나오는 말을 인용하여 성리학의 ‘마음’ 수양(修養)의 종지를 설명하였다. ‘정일’(精一)의 ‘정(精)’은 인심과 도심이 서로 섞이지 않도록 정밀하게 살피는 것이며, ‘일(一)’은 ‘본심의 바름’을 전일(專一)하게 지키는 것이다. 인심에도 유일이 있고 도심도 유일이 있으면 정일(精一)의 의미가 다를 수 있다. 그리고 중용의 ‘중’(中)도 인심과 도심의 ‘중’(中)이 따로 있을 수가 있다.

‘본심의 바름’이 과불급(過不及)이 없는 인심(人心)이며, 이는 곧 도심(道心)이므로 하나의 ‘실심’(實心)만 있을 뿐이라는 것이다. 중용도 인심이든 도심이든 하나의 중용(中庸)이 있을 뿐이다. 공부는 하나 뿐인 ‘실심’(實心)이 허령한 지각기능을 완전하게 유지할 수 있도록 하는 데 있다. 이에 명재는 실심을 모든 공부의 근원으로 보고 ‘실심(實心)이 있어야 실공(實

84) 『明齊遺稿』卷 22, 「與金載海叔涵 庚寅閏七月十六日」 a_135_502b ‘蓋心之虛靈知覺, 一而已矣. 道心人心四端七情, 俱從虛靈知覺中出. 氣發理乘四字, 已直截打開. 而理通氣局四字, 又所以曲暢旁通, 無有窒礙, 至於氣或用事者, 孟子所謂氣壹動志一句盡之矣. 今何必苦苦說出在形之氣一義, 乃於氣之中, 必分作兩氣, 必以附合於互發之說耶’ 『明齊遺稿』卷 24, 「與梁擇夫」a_135_541c

85) 『孟子』公孫丑 上 ‘志壹則動氣, 氣壹則動志也. 今夫蹶者趨者, 是氣也, 而反動其心.’

86) 『明齊遺稿』卷 25, 「答鄭萬陽葵陽 乙酉九月九日」 a 136_003c ‘但‘以道心使人心’云者, 似未穩. 蓋其放出者, 雖是形氣之使然, 收回者, 雖是性命之良能. 然放者是心也, 收者亦是心也. 知其放而欲求之, 則心便在, 如操舍存亡之云耳. 心則一也, 非以此心求彼心也. 今謂以道心而求人心, 則若有兩樣心, 以此求彼者然. …… 操心治心之要, 不出敬字, 而若謂敬所以命心, 則不是矣‘

87) 『明齊遺稿』卷 24, 「答朴喬伯 十月二十七日」a_135_535d ‘人心道心圖. 分書惟一者. 終爲未安. 若謂人心也有惟一, 道心也有惟一, 則中亦然矣. 精則察夫二者之間而不雜, 一則守其本心之正而不離. 旣曰本心之正, 則人心之無過不及者, 卽所謂本心之正, 本心之正, 卽道心也. 何可分屬於人心道心耶? 若果分屬而後可, 則非惟一也.’ 惟一, 『書經』「大禹謨」의 ‘人心惟危, 道心惟微, 惟精惟一, 允執厥中’ 心學宗旨.

功)이 있으며, 실공(實功)이 있어야 실덕(實德)이 있어서 밖으로 드러나는 행동이 모두 진실이 된다.'[88]고 하였다.

그에게 '실심'은 "신명하고, 허령하며, 순선(純善)한 마음"이다. 신명과 같이 최고로 밝은 정신, 객관적이고 공평하며, 순선(純粹)하고 선(善)한 마음"이라고 말할 수 있다. 사실 사람이 이러한 마음을 가진다면 사실의 시비, 도덕 판단의 시비가 분명하여 갈등과 싸움은 해소 될 것이다. 태어나면서 기품(氣稟)이 청명(淸明)하고 순수(純粹)하면 그 성품에 실심을 갖추게 된다.

실심은 한갓 고요히 앉아 있기만을 바라는 것이 아니라 함양(涵養) 노력이 중시된다. 이 본령(本領)이 없으면 마음자리가 어지럽고 흔들리게 되니, 일을 처리하는데 경솔하고 조급하게 된다. 윤리실천이 사회실천의 시급한 과제(急務)인 반면에, 일을 처리하는 '물사'(物事) 영역은 사회실천의 중요한 대단(大端)을 형성한다. 정심 · 성의의 내면적 수양과 개물성무의 사회적 실천 두 영역으로 각각 대응하여 구조적 관계로서 파악하고 있음이다.

실심은 구조적으로 정심 · 성의와 같은 내면수양을 '실지를 밟아' 실천으로 행하는 것, 혹은 그러한 수양결과를 의미하며, 실사는 개물성무의 사회실천을 '실지를 밟아' 행하는 것이다. 실심은 실학본체에서 내면수양으로 '실사구시'(實事求是)하는 가운데 실심 주인공을 깨치며, '개물성무'(開物成務)의 태도로 사회적 실천을 지향하는 응용이다. 실심은 실천하려는 마음의 주인공을 파악하여야 된다. 실심은 이론적 실천양식을 끊임없이 자문하는 탐구정신이다. 이론측면에서 실사는 인식기반을 현실경험의 실증적 토대의 사유이다.

"지금 학자는 입만 열면 성선을 말하지만 성(性)이 선함을 어찌 아는가? 어린아이가 우물에 빠짐을 보고 측은한 마음을 가짐은 진실로 본심이라 하겠으나 만일 장난감을 보고 탐내는 마음이 생겨 고쳐 생각할 사이도 없이 태연하게 탐하는 행동을 한다면 어찌 본심이 아니라고 하겠는가?" 반문하며 심성의 선악을 탐구하며 선험적인 판단보다 현실경험과 실증을 높이 샀다. 실심은 이론실천 양식의 종착에 해당하는 실덕(實德)을 중시하는 정신이다. 실사구시를 위한 실심으로 허구세계로 전락되는 것을 경계한다. 명재실심은 실덕(實德)에 그 생명력을 갖는다.

실천양식으로서 실심(實心)→ 실공(實功)→ 무실(務實)의 구조는 독특하지만, 동북 샤머니즘을 공유하는 문화기저에 깔려 있는 삼수분화와 상관 연동된다.[89] 삼수 분화는 하나(1)에

---

88) 『明齊遺稿』別卷 3, 擬與懷川書 辛酉夏○辛酉以後往復 a_136_535a. 細註 '夫有實心而後有實功, 有實功而後有實德, 有實德而後發於外者, 無往而不實. 所謂天德 · 王道, 只在謹獨者也. 不然則反是. 夫心之實與不實, 不獨已自知之. 人無不知之理, 縱今人未之知, 後世無不知之理, 所謂誠於中而形於外者也. 然則豈非可懼之甚者乎?'

89) 우실하, 『도교와 민족종교에 보이는 '3수 분화의 세계관」, 『도교문화연구』(서울: 한국도교문화학회, 2006), 제24집, pp.100-101.

서 셋(3)으로 분화되고, 셋이 각각 셋으로 분화되어 아홉(9)이 생겨난다. 3은 '변화의 계기수'가 되고, 9는 '변화의 완성 수'가 되며, 9의 자기 복제수인 81(9x9=81)은 '우주완성의 수'를이다.[90] 명재는 실천지향을 위해 삼수분화를 설명하였다.'선비는 현인이 되기를 희구하고, 현인은 성인의 되기를 희구한다. 뜻을 세운 후에 인재가 될 수 있다.'[91] 실심을 세워야 실공(實功)으로 나아갈 수 있다.[92]

지경(持敬)과 궁리(窮理)에 근거하여 실공(實功)을 쌓은 연후에 실덕(實德)이 있고, '실덕(實德) 이 있은 후에는 밖으로 드러나는 것이 진실하지 않은 것이 없다.'[93] 명재실천 학문은 내실(內實)과 내수(內修)에 힘써 실심(實心)을 함양하고 발휘하는 실천적인 수양학문이다. 명재는 독서 궁리의 학문방법을 제시하고, 입지를 수기의 기반으로 한다. 입지가 서면 실심이 서고, 실심이 서면 실공에 힘쓸 수 있고, 실덕에 이를 수 있다는 무실(務實)의 이론이다.

명재의 일심과 본심에 대한 강조는 본원적으로 인간의 마음은 성인과 보통 사람에 차이가 없으며, 후천적 수양을 통하여 성인의 경지에 이를 수 있다는 주장을 담고 있다. 이는 윤증의 인간론에서 평등사상의 기조를 이루고 있다. 지행합일의 전인교육은 시대를 막론하고 중시된다. 이는 인간평등 구현으로서 인류사회의 공공지표이다. 인간이 인간다워야 함은 기본적 요체이다. 명재는 격물과 성의를 함께 공부해야 한다고 보았다.[94] 당시는 대학의 공부, 격물 · 치지 · 성의 · 정심 · 수신 · 제가 등을 상호 분리된 항목으로 생각하면서 따로 공부하는 것이 관행이었다. 격물이 완전하게 달성되어 표리가 분명하고 지식이 종합적으로 완성되어야 진심(盡心)과 지천(知天)이 될 수 있기에, 격물만으로 부족한 형국이었다. 격물과 성의(誠意)를 병행하여야 지식과 실천이 겸비된다.

실제로 격물은 사물의 이치를 인식하는 것이며, 성의는 격물에서부터 평천하까지 공부와 수양을 수행하는 마음가짐이다. 명재는 '성'(誠)의 의미를 '마음(心)에서 발동하는 것을 정대(正大)하게 함'과 동시에 '스스로 만족하여 자신을 속이지 않고자 하는 것(無自欺)'으로 풀이하였다. 성의로써 '치지'(致知)의 공부를 해야 한다고 하였다.[95] 동시에 그는 기질을 변화시켜 사욕(私慾)을 이겨야 한다고도 주장하였다. 무실은 입지(立志)에서 시작된다. 입지는 군

---

90) 우실하, 『전통 문화의 구성 원리』(서울: 소나무, 1998), p.12.

91) 『明齊遺稿』卷 23, 『答李延大體乾」, '先立此志, 然後可以有爲'

92) 『明齊遺稿』卷 18, 『與柳和仲」, '實心米立 實功難進'

93) 『明齊遺稿』卷 3, 『擬與懷川書」 '實德以後發於外者無住而無實'

94) 『明齋遺稿』卷 15, 「答羅顯道 丁丑正月二十六日」 a_135_344b '今以學者日用言之, 日間有面前多少事, 格致誠正修齊, 只可隨分着力. 安有今日格物而明日誠意之理哉? 若其"表裏精粗無不到, 全體大用無不明," 則卽盡心知天地位, 豈易及之耶只是初學者, 必求至此地位, 故說得十分耳. 如謂誠意, 則當說到誠意之極處. 故言'心廣體胖', 是誠意之極功也. 今若'以爲必心廣體胖而後可下正心工夫', 則不亦誤耶?'

95) 『明齋遺稿補遺』 書「答李壽翁(閏八月廿一日)」 a_135_027c '如上文釋誠意, 曰'實其心之所發'者, 正釋誠意也. '欲其必自慊而毋自欺'者, 並及意誠也.

자나 성인이 되려고 결심이다. 인식적·윤리적·사회적 역할은 '심통성정'(心統性情[96])에 나타난다. 心統性情(심통성정)은 '마음은 성정(性情)을 다스린다.' 또는 '마음은 성정을 거느린다.'는 의미이다. 마음은 몸의 중심에 위치하고, 성품의 성(性)은 양기로 표현하며, 뜻의 정(情)은 음기로 표현된다. '성선'(性善)은 천명으로 주어진다.[97]

2-2 하곡의 감통

성리학이 고착되던 17세기 상황에서 명재(明齋) 윤증(尹拯: 1629-1714)과 하곡(霞谷) 정제두(鄭齊斗: 1649-1736)[98]는 사제 관계 사이면서 인척이다. 양명학에 침잠한 정제두를 아끼는 처지에서 명재는 성리학을 바탕으로 정제두의 학문을 비판했다. 서로 오간 편지는 명재가 보낸 9통과 하곡이 보낸 10통이 남아 있다. 이 과정에서 명재는 단호히 양명학을 비판했고, 하곡은 양명학에 대한 확고한 의지를 다져가면서 서로 아끼고 격려해 주었다. 이 과정이 하곡에게는 자신의 학문을 체계화하는 계기가 되었다.

양명학에 대한 비판과 반론이 본격으로 이루어진 것은 하곡에 이르러서였다. 그가 살던 시기 는 광해군을 몰아내고 인조가 왕에 오른 정치 격변기를 거치면서 집권세력으로 등장한 서인(西人)들이 침체한 사회구조를 재개편하기 위하여 성리학 일변만을 강조하던 정치 격동기였다. 도통의 순수성을 지킨다는 명분론을 바탕으로 청에 대한 복수심을 담보로 북벌정책을 펼쳤으며, 학문 순수성을 지키기 위해 이단을 배격해야한다는 논리를 앞세웠다. 1680년, 서인들의 독 지배를 강화하기 위하여 남인들을 몰아 낸, 경신대출척(庚申大出陟)이나 1683년, 서인들이 남인의 숙청을 놓고 강경파와 온건파로 갈린 노소 분당(分黨)이 이에 해당한다. 그 과정에서 윤휴는 성리학에 반대했다는 이유를 들어 죽임을 당하였다.

명재는 같은 서인이면서도 스승, 송시열과 적대 관계에 있었다. 그 갈등은 아버지인 윤선거가 죽었을 때 송시열과 반목하던 윤휴에게서 조문(弔文)을 받은 일과 송시열이 써 준 묘갈명(墓碣銘)에 윤선거에 대한 비방이 담긴 일에서 시작이 되었다. 명재 스스로 우암의 덕행과 학문을 비하는 「신유의서(辛酉擬書)」를 써서 완강하게 등을 지는 상황에 이르다. 두

96) 『朱子語類』卷53, "橫渠云 '心统性情', 此说极好"
97) 『中庸』, '天命之謂性'
98) 1649(인조27) 서울 반석방 출생, 어머니는 호조판서 이기조의 딸, 정몽주의 후손, 조부는 우의정 정유성, 최명길형의 손자사위, 21세(1669, 현종10) 과거 공부 그만 두고 학문 연구에 전념함, 34세(1682, 숙종8) 박세채(朴世采)에게 하직 편지 보내며 주자학 비판하고 양명학 거론함. 41세(1689, 숙종15) 안산 추곡으로 은거, 61세(1709, 숙종35) 강화도 하곡으로 이주, 63세(1711, 숙종37) 『心經集義』저술하고 79세에 최종적으로 수정함. 88세(1736, 영조12) 강화도 하현에서 별세.

사람의 이 같은 대립을 '회니(懷尼)' 논쟁이라고 부른다. 그 뒤 명재는 남인에 대한 처벌 문제를 놓고 노론의 영수, 송시열과 반목한다. 하곡과는 스승과 제자로 지냈으며 하곡의 부인이 자신의 육촌이었기 때문에 인척 관계이다. 명재에게 실심(實心)을 강조한 부분이 많은 것도 하곡의 양명학과 관계가 깊었기 때문이다.

명재가 실심과 실공을 중시한 이유는 실천의 '행(行)'을 중시한 데서 찾을 수 있다. 유학은 '수기치인(修己治人)의 학'이다. 치인하지 않는 수기는 공허하다고 할 것이다. 유학자들은 불교와 도교가 해탈과 양생에 치중하면서도 치인을 도외시한다고 비판하였다. 치인은 실천 행위를 통해서 이루어진다. '인(仁)'이든, '사단(四端)'이든, '충효(忠孝)'든, 이들은 실제적인 실천 행위가 수반되어야 생명력을 발휘한다. 올바른 실천을 위해서는 올바른 앎이 전제되어야 한다. 그러나 문제는 알고 있으면서도 실천하지 않음이다. 알면서도 실천하지 않는다면 아무리 좋은 가치관이라고 하더라도 관념유희에 불과하다. 17세기 당시의 성리학은 지식이 부족한 시대는 아니었다. 오히려 지식과 지식에 대한 앎이 넘쳐날 지경이었다. 그럼에도 지식과 앎을 중시하는 주지주의 경향이 지배적이었다. 앎을 중시하되 실천하지 않음으로써 유학의 궁극 목적, 치인은 제대로 구현될 수 없었다. 그 주된 이유는 실천을 이끌어내는 실심의 부재에서 비롯된 것이라고 말할 수 있다.

명재가 학문적 유연성을 가지면서도 성리학의 틀을 벗어나려 하지 않았다면, 정제두는 과감하게 그 틀을 벗어나 양명학을 자신의 학문으로 삼았다고 평가할 수 있다.[99] 하곡은 이이와 성혼으로부터 윤증으로 이어지는 '실심(實心)'을 중시하는 '무실학(務實學)'을 계승한다. 다른 한편 양명학을 수용하여 통섭과 자득(自得)을 바탕으로 명재와 다른 '이기론'과 '심성론'을 주장하면서 자신의 독창적 심학사상을 체계적으로 수립하였다. 이에 명재가 학문적 유연성을 가지면서도 주자학의 틀을 벗어나려 하지 않았다면, 하곡은 과감하게 그 틀을 벗어나 양명학을 자신의 학문의 틀로 삼았다고 할 것이다.

하곡의 사상은 성리학의 권위주의 학풍에 대해 '학문의 진실성'이라는 관점에서 비판하고, 성리학이 주자를 배우는 것이 아니라, 주자를 핑계 대고, 견강부회하며 주자의 위엄으로 사사로운 계책을 이루려한다고 비판했다. 양명학에 관심 갖는 것은 성인의 뜻을 찾아 실지를 얻고자 함이었다. 송시열(宋時烈)과 서신으로 경전의 뜻과 의리 문제를 논하였고, 박세채와 스승 윤증에게서 양명학의 가치를 논하였다. 하곡은 당시의 성리학자들이 기(氣)도 없고 물(物)도 없는 '허(虛)'를 리(理)로 삼았다고 비판한다. 이러한 공허한 '허리(虛理)'는 능동적 작용이 없을 뿐만 아니라 현실세계를 벗어나 외재적이고 초월적이어서 기(氣)와 이분

99) 김교빈, 「明齋尹拯과 霞谷鄭齊斗의 交遊」, 『시대와 철학』 21권1호 (한국철학사상연구회, 2010), p. 59.

(二分)된 것으로 생명력 없는 문제를 씨름한다고 할 것이다.[100]

허리에 대한 비판을 근거로 하곡은 '실리(實理)'와 '실심(實心)'을 제안하였다. '실리'의 입장에서 볼 때, 성(誠)은 자연만물이 스스로 생성되고 양육되는 원인이라면, 도(道)는 만물화생(萬物化生) 원리가 스스로 작용하는 원인이다. '실심'의 입장에서, 성은 사람의 마음이 스스로 근본으로 삼는 것이고, 도는 사람이 주체적으로 실천해야 함의 당위성으로, 이는 '성실하지 않으면 사물이 없다'(不誠無物)는 말에 대한 해석이다.[101] 그런데 하곡에게 실리와 실심은 서로 다른 두 영역이 아니라 하나의 영역으로 통합된다. 실리는 우주자연의 근원이며, 세계창조의 생명력이다. 마음의 순일한 본체는 우주자연의 순일한 본체로서의 실리와 다르지 않다.

인간의 '실심'은 마음실리로서 주된 공능은 '감통(感通)'이다. 하곡은 사물세계의 감통을 '감열(感悅)'과 '감기상(感氣相)'이라고 한다면, 인간감통은 '감성(感誠)'이라고 칭한다. 진실(眞實)하고 무위(無僞)한 본체로 정의되는 '성(誠)'은 둘이 되지 않으며 느껴서 통하는 '감통(感通)'의 도(道)이다. 어떠한 일에 마음을 지극히 전일(專一)하면, 그 정성됨이 흔들리지 않는다. '성(誠)'은 진실하게 다른 존재물과 감통하여 진실로 둘이 아닌 하나가 되는 것으로, '감성(感誠)'이란 '실심'과 '진정(眞情)'으로 감통하는 것이다.

실심(實心)이 '생리(生理)'이자 '양지(良知)'이다. 하곡은 '양지가 마음의 본체이고 양지 작용으로서의 '성애측달(誠愛惻怛)'하는 것이 '인(仁)'이라고 한다. 이는 왕양명의 '양지체용일원설(良知體用一源說)'에 근거한다. 양지는 생각하거나 살피는 것 같은 단순한 지각(知覺) 작용을 의미하는 것이 아니라, 심체(心體) 차원에서의 지(知), '생리(生理)'이다. 생리는 감응을 통해 마주한 상황에 따라 불쌍히 여기거나 부끄러워하거나 미워하거나 옳고 그름을 분별할 줄 아는 도덕 판단과 행위를 올곧게 할 수 있음을 의미한다. 이는 곧 '양지'요 '인(仁)'이다.[102] 하곡은 "측은지심(惻隱之心)은 사람의 생도(生道)이며, 양지 또한 생도이다. 양지는 측은지심의 본체로서, 측은해할 줄 아는 까닭에 양지라고 할 뿐이다"[103]고 주장하였다. 측은하게 여기는 마음도 양지이고 측은해하는 마음 본체도 양지이다.

양지는 선천적 도덕적 자각능력과 능동적 실천능력을 모두 함축하기에 '체용일원'이라고

---

100) 「霞谷集」 권9(『韓國文集叢刊』 160), 存言中, p. 248, "故彼虛之爲理, 以雖無有明火, 而本自常有火之理, 雖無有水流, 而本自常有水之理, 每離物而論理, 謂雖無物而有其理, 以無物者爲之理而求之."

101) 「霞谷集」 권12, 中庸說, '中庸雜解', p. 343, "誠者自成而道自道也. 誠有以實理言, 有以實心言. 以實理則誠者物之所以自成, 道者理之所以爲用.(以應誠者物之終始之解"

102) 「霞谷集」 권1, '與閔彦暉論辨言正術書', p. 20, "良知之誠愛惻隱處, 便是仁, 其言良知者, 蓋以其心體之能有知者之全體名之耳, 非知以念 察識之一端言之也. 蓋人之生理能有所明覺, 自能周流通達而不昧者, 乃能惻隱能羞惡能是非. 無所不能者, 是其固有之德而所謂良知者也, 亦卽所謂仁者也."

103) 「霞谷集」 권1, '與閔彦暉論辨言正術書', pp. 20-21, "惻隱之心, 人之生道也, 良知卽亦生道者也. 良知卽是惻隱之心之體."

말할 수 있다. 이러한 양지가 곧 생리인바, 양지와 생리는 각각 별개로 존재하는 것이 아니라 본래 하나이다. 이 양지가 실은 실심이요, 실심이 곧 양지로서, 실심양지의 주된 기능은 바로 측은하게 여기는 작용 같은 '통각(痛覺)'으로, 통각이 '감통(感通)'의 근거가 된다고 할 것이다.

통각과 감통의 주체로서 '실심양지(實心良知)'가 있기 때문에, 하곡은 '능히 측은(惻隱)하고 수오(羞惡)하며 능히 백성을 사랑하고 만물을 사랑하며 능히 '중화(中和)'를 이루어 천지를 자리 잡게 하고 만물을 길러 내게 한다고 보았다. 이 모두 양지양능이 아닌 것이 없다."[104]고 했다. 인간은 양지와 양능의 통합체로서의 실심양지가 있기에, 만물과 감통을 통해 측은해하거나 부끄러워해야 할 때 측은해하거나 부끄러워할 수 있고, 백성과 만물을 사랑할 수 있다는 것이다. 양지를 근거로 '실(實)'을 세우는 일에 초점을 맞추는 경세론(經世論)에서는 시세 변통(變通)과 변법(變法)에 능하다고 할 수 있다.

성리학자들이 인간 내면의 본연지성(本然之性)을 말하면서도 기질지성(氣質之性)에 의한 차별을 강조했다면, 화곡은 양지(良知) 본체가 마음에 본질적으로 존재한다고 보고 보편적 마음에 기초한 주체성을 강조하면서 동시에 평등의식을 부각시켰다. 하곡은 신분적 차별이 매우 엄격한 신분적 봉건체제에서 '가장 좋은 법은 공적으로나 사적으로나 천민을 없애서 사내종과 계집종을 두지 않는 것이다.'라고 하거나 '국가 소유의 천민을 없애자.', '개인 소유의 천민들이 생겨나는 것을 끊어 없애자.'고 하였다. 여성인권과 관련 '쫓아낸 부인들에게 개가(改嫁)를 허용하는 등[105] 신분적 차별의식을 없애야 한다는 등의 '인간 해방론'을 주장하였고, 남녀의 차별의식마저도 탈피해야 한다고 하였다. 이 주장은 백성의 고통을 외면할 수 없는 마음에서 비롯된 것이다.

근대 동아시아 사상에서 '주체성'과 '실심'은 송나라의 신유학에서 등장하였다. 정이(程頤)는 마음의 주체의식을 기르는 '경(敬)'의 방법과 학문을 진전시키는 대상탐구 방법으로 '격물치지' 방법을 정립하였다. 주체의식의 정립 없는 대상 탐구는 실제로 불가능하기에, 하곡은 '경(敬)'을 좀 더 진지하게 파악하였다. 또한 주희(朱熹)는 정이(程頤)의 주체성 원리를 계승 발전시켰다. '거경(居敬)'과 '격물궁리(格物窮理)' 방법은 상호 필수적으로 간주하되, 심성에 대한 격물탐구가 필수적이라고 인식하기에 이르렀다.

아울러 단순한 감각으로서의 '인심(人心)'과 도덕적 당위준칙 자각으로서의 '도심(道心)'의 갈등 상황에서, 당위준칙에 대한 자각을 최종적인 근거로 도덕적 동기와 의무를 함께 중시

104) 「霞谷集」 권1, '答閔誠齋書', p.30, "吾人之能惻隱羞惡, 能仁民愛物, 以至能中和位育也, 無非其良知良能."
105) 「霞谷集」 권22, 箚錄(一), 〈罷公賤〉 p.550, 〈絶罷私賤所生〉 p. 552, 〈公私賤法〉 p.555.

하는 책임주체 윤리학에 기여하였다. 양명(陽明) 왕수인(王守仁, 1368~1661)은 정희와 주희의 '주체' 철학을 계승하고, 도덕 원리를 외부 대상에서 찾으려는 주희의 '격물'을 비판하면서 내적 '양지(良知)'를 본체로 삼아 시비선악과 당위준칙을 직관적으로 자각할 수 있다고 판단하였다. 이를 통해 주희학설을 실천적으로 대중화시키는 데 기여하였다. 그는 '지행합일'(知行合一), '정좌법'(靜座法), '치양지'(致良知) 등의 원리를 거론하였다. 그의 사상을 통해 일관하는 것은 사물의 이치는 실상 마음이며 마음 이외에서 그것을 찾을 수 없다는 '심즉리'(心卽理)를 주장함으로 서양의 버클리(George Berkeley)와 같이 주관적 관념론자 입장에 섰다.

하곡은 '주체성'과 '실심' 정신을 계승하여 주자학과 양명학을 독창적으로 결합시켰다. '양지'를 중심으로 삼되 지각이론을 변경하여 성리학에서 말하는 지각을 일반인지 작용으로 수용하되, 그것을 마음 본체, '양지'의 발현 현상으로 인식하였다. 양지는 본체로서 시비선악을 즉각 판단할 수 있고, 사물이치나 법칙을 인식할 수 있었다. 이러한 관점은 서로 대척지점에 서 있던 성리학과 양명학을 통용시키게 된 것이다. 존재론의 성리학 비판을 통해 실천 중심 심학으로 이행하면서 악의 가능성을 상정함으로 도덕 수양의 새 길을 모색하였다. 살아 움직이는 생명원리로서 '생리'와 외물에 다가가서 이치를 묻는 지각대상으로서의 '물리'는 구분된다.

하곡은 남의 고통에 감통하는 측은지심을 양지(良知) 또는 인(仁)이라고 하였다. '성의정심(誠意正心)' 공부를 강조하고 미발지중 양지 본체를 현실에 알맞게 실현시키는 '실(實)'의 작용을 체용일원의 관점에서 체계화 하였다. 이후에는 위당 정인보(爲堂 鄭寅普, 1893~1950)가 양명학을 '실심실학(實心實學)'으로 이해함으로써 조선 성리학자들에 대한 비판적인 기반을 제공하였으며, 민중들을 쉽게 각성시킬 수 있는 새 길을 마련하였다고 할 것이다. 이를 통해 하곡사상은 계승되어 시비선악을 주체적으로 판단하고 실천하는 새 길을 열어준 계기가 되었다.

하곡은 『家法』에서 이와 같이 주장하였다. '아들은 반드시 친애하고 어루만져 기르며 구체적으로 지목하고 가르치며, 실(實)을 가지고 거짓이 없게 하라. 또한 오직 보고 듣는 바를 부정한 것으로 하지 말고, 무릇 익히고 행하는 것은 방일하고 사치하여 욕심대로 하지 못하게 하라.'

'부모가 친히 가르치고 독려하거나 책망하지 말고 스승을 얻어서 그에게 이를 맡겨라. 오직 일이 있기 전에 가르쳐 달래고, 혹은 그릇됨을 엄하게 금하여 두려워하여 감히 생각도 내지 못하게 할 것이며, 잘고 번거롭게 훈계하지 말라. '정의(情意)를 모두 통하게 하여 털끝만큼도 서로 어긋나고 막힌다는 생각이 없도록 하라.'이다.

시대한계로, '서얼을 눌러서 사당에 들어가 적손과 같이 하지 말도록 하라. 비첩의 무리는 천대하고, 첩의 예로는 대하지 못한다. 아들은 처가살이를 하지 못하며, 딸은 반드시 시집을 보내며, 모든 며느리는 한집에서 살게 하라. 남녀종과 첩 등은 반드시 몹시 눌러서 친숙하고 믿음으로써 한집안에 끼지 못하게 하라. 무릇 양반은 한 무리가 되고 뜻을 같이 하며, 비첩은 비록 친하더라도 한 마디 말도 그 사이에 끼지 못하게 하라.

주인을 높이고 노비를 누를 것이다. 아이들은 비록 어리고 노비는 비록 어른이라도 반드시 주인에게 좌장과 사령을 주관케 하라. 하인을 부리되 평일에는 굶주리고 추운 것을 구휼하여 은혜와 의리를 잘 갖추어서 정성과 신으로 대접하여 은혜가 있도록 할 것이며, 죄가 있을 때는 법을 세우기를 엄하게 하여 용서치 말 것이며, 이를 가법으로 세울 것이다.' 라고 하였다.

'어떤 사물이든 본성을 지니지 않은 존재가 없다고 말한 것은 죽은 재나 마른나무 같은 물건도 하늘로 받은 목숨을 지니고 있기에, 본성으로 보아 주재할 수 있어서 통섭하지 못할 것이 없다. 죽은 재나 마른나무 이치에서 본다면, 죽은 것이기에 이미 생리와 끊어진 것이다.'106)

하곡의 『유교(遺敎)』도 전해온다. 이에 따르면, '아이들이 이미 장성하였으면 곧 집안을 맡게 할 것이나 인사(人事)가 미성(未成)하면 반드시 어진 스승을 가까이 하고, 여러 부형(父兄)들에게 가르침을 받아서 유지하게 하면 허물은 면할 수 있다. 사람을 후하게 장사지내도록 하게 한 것은 죽은 사람에게 보탬이 되는 것이 아니니 빚을 내고 구차히 구하여 갖추려는 것은 바른 도리가 아닌 것이다.'고 하였다.

또한 '곡하는 여종은 예에 없는 일이니 쓸 수 없고, 묘 자리를 정하거든 곧 장례를 지내고, 행상 할 때는 마땅히 짧은 수레를 만들어 사람이나 소아 말이 끌게 하여 인부를 쓰지 말고, 만장과 삽도 쓰지 말 것이며, 명정은 작은 분홍 천을 쓰고, 묘제는 마른 제물을 써서 간략함을 좇고, 집에 재산이 있고 없는 것에 따라서 하되, 애경(愛敬)을 정성 다함이 제례 종지다.'라고 하였다.

아울러 시대적 한계를 드러낸 것으로, '부인은 비록 현철하더라도 가사는 남자가 주관할 것이다. 남편이 죽으면 자식을 따르는 것은 자기 맘대로 함이 없도록 하려는 까닭이다.' 등이 전해온다. 맹자가 자연에 대해 천지의 기라고 표현한 것과 달리 사람에 대해서는 천지의 원기 또는 정기라고 표현함으로써 같은 기에도 차이가 있음을 밝혔다. 특히 하곡은 '호연지기(浩然之氣)'를 강조함으로써 이기일원의 관점에 서 있다고 말할 수 있다. 하곡은 전체

106) 「霞谷集」 권8, 〈存言〉 p.286.

적 측면의 생기와 부분적 측면의 생리를 이와 같이 구분하였다. '한 덩어리 생기의 근원과 한 점 신령하게 비치는 정이 하나의 실이다. 이는 마음에 집을 지어 중극(中極)에 둥글게 뭉친 것이다.'[107)]

하곡이 호연지기를 강조한 이유는 현실과 무관한 관념차원에 머물기를 꺼려하였기 때문이다. 그는 현실 비판과 현실 참여를 통해 현실에 접근하고자 노력하였다. 그는 '양지(良知)'를 근거로 내실을 꾀하는 가운데 시세(時勢)의 변통(變通)과 변법(變法)에 능한 편이라고 할 것이다. 하곡은 발동자체는 기이지만, 그 원인은 '이(理)'라고 간주하였다. 발하는 '이(理)'의 영통성도 실상은 기에 근거한 것이라고 간주하였다.

하곡은 '이(理)'를 물리, 생리, 진리로 나누었다. 기는 조통(條通), 생기, 호연지기로 나누었다. 따라서 신체의 변화에 따른 발전가능성에 주목하면서 고정불변의 세계보다 끊임없이 움직이고 변화하는 세계에 관심을 집중하였다고 할 것이다. 생리에서 출발하여 진리를 추구함에 있어, 사람은 능동적인 생활양식을 중시했다고 할 것이다. 결국 하곡은 천지만물과 인간을 구분하여 조통과 물리의 세계와 달리 생기와 생리에 기반을 두고 진리추구의 능동성을 발휘할 필요성을 역설하였다고 할 것이다. 선의지를 통해 도덕세계를 구현하듯이 생리와 생기에 기반을 두며 도덕적 능동성을 발휘하는 것이 사람의 능동적 생활양식이라고 할 것이다.

하곡 저술, 『심경집의(心經集義)』[108)]도 전해온다. 주자의 주장처럼, '성인도 인심이 없을 수 없고, 어리석은 사람도 도심을 가지고 있기에 정일 공부를 실천하여 도심이 몸을 주재하고 인심이 복종하는' 마음공부 제창이 『심경(心經)』을 편찬한 의도이고 하곡은 이에 대한 주석서를 집필한 것이다.

37조목의 표제 경문이 있으며, 명나라 초기의 황돈 정민정(篁墩 程敏政, 1445~1499)이 『심경(心經)』에 관련된 각종 자료들을 더 발췌하고 보완하여 서명을 『심경부주(心經附註)』라고 하였다. 퇴계가 평생 존신한 저작으로 조선시대 무수한 주석서를 양산하였다고 할 것이다. 하곡은 '존덕성(尊德性)'과 '도문학(道問學)'은 수레의 두 바퀴이자 새의 두 날개임을 강조하였다. 일찍이 주희가 성즉리(性卽理)를 바탕으로 '도문학(道問學)'을 중시하였다면, 육구연은 심즉리(心卽理)를 바탕으로 존덕성(尊德性)을 강조하였다고 할 것이다.

---

107) 「霞谷集」 권1, 〈答閔言揮書〉 p.29.

108) 『心經集義』는 經上 10장과 經下 14장으로 구성됨. 37조목에서 31조목을 표제 경문과 주문에 배치하고 그 외의 6조는 다른 註를 통해 의리를 밝혀 聖學의 구체적 공부 방안 제시하였다. 경(敬)과 예(禮: 밖을 제어하여 안을 기르는 것)공부를 중시하는데 이는 양명학과는 다른 하곡 정제두 사상의 특성이고, 그의 주경 공부는 신독 공부에서 나온 것으로 치양지 공부의 계신공구와 상통한다. 양명학은 즉물궁리 쪽을 비판하고, 명명덕이 성의이며, 성의가 격물치지라고 간주하였다.

송의 시대, 이학(理學) 사명이 불교의 심학을 극복하고 이학(理學)을 정립하는데 있었기에 거경과 궁리를 제창하면서도 상황에 따라 궁리의 측면을 강조한 것으로 이해할 수 있을 것이다. 하곡의 '경(敬)'공부는 상제를 마주대하듯이 경외심을 유지하는 것에 그 요체를 두었다.

하곡이 강화도로 들어가 양명학을 강론하여 많은 문인들을 배출하면서'강화학파(江華學派)'가 형성되었다. 강화학파는 인간의 천부적 양지(良知)를 근거로 하여 심학에 역점을 두었다. 그들은 왕수인의 철학사상에 이론 근거를 두었지만 시문학과 훈민정음 그리고 사학 등 폭넓게 연구하여 인간의 주체적 사관 확립에 역점을 두었다. 아울러 노예사상으로부터 인간해방을 추구하고자 하였으며 천문(天文), 지지(地誌), 의약, 역법(曆法) 등 '실용(實用)'과 '실사(實事)에 역점을 두어 대의명분론이나 허위의식에 사로잡히지 아니하였다. 이를 통해 백성들 삶에 도움될 수 있는 학문연구에 주력하였다고 할 것이다.109)

참다운 인간이 되기 위한 수양의 주체는 '실심(實心)'이다. 수양은 실심으로 편협한 이기심, '자사념(自私念)'을 극복하는 것을 의미한다. 그러나 현실은 실심의 학이 아닌 빈 학문으로서 '허학(虛學)'이 지배한다. 실심이 없는 빈 학문은 자아사념을 제거하는 것이 아니라 오히려 자아의 사념을 옹호하고 미화시키면서 자사념을 조장한다.

자사념은 인간행위조차 진실행위가 아니라 자신의 이익만을 최대화하고자 하는 거짓된 행위로서 '가행(假行)'을 이끌어 낸다. 실심이 없는 빈 학문은 자아사념을 키우고 자아사념은 거짓된 행위를 만들어 냄으로써 자신의 이익만을 극대화하는데 문제가 있다. 이러한 자사념을 조장하는 빈 학문은 많은 문제를 야기한다. 서로 간에 살육을 일삼으면서도 경전에 담긴 성인의 말로 이를 미화시키고, 당쟁을 일삼으면서도 '도의(道義)'에 관한 옛 가르침에 의탁하여 자신들의 이익을 정당화시킨다.

실심감통의 뿌리를 거슬러 올라가면, 성혼이나 이이에 연결된다. 하곡에 이르러 '개방성', '주체성'과 '창조성'을 읽을 수 있다. 성리학의 관념적 유희의 차원에 머물지 않고, 실심으로 시대문제를 진단하고 백성들의 고통을 감통하면서 권도(權道)를 통해 문제를 해결하고 백성들을 고난으로부터 구제하고자 제도개혁고 함께 몸소 실천하려는 도덕적 능동성을 발휘하였다. 여기서 백성에 마음을 열고, 주체적 자각을 장려하면서 시대적인 물줄기를 창조성을 전화하려는 노력에서 '애민의식'을 읽을 수 있다.

'실심(實心)'은 허위와 가식과 이기심이 제거된 천부의 진실의 마음이다. 이는 곧 공자의 '인(仁)', 이이가 말하는 '성(誠)', 왕수인이 말하는 '양지'이다. 실심의 주된 공능(功能)은 현실을 터럭만한 보탬이나 덜어냄 없이 있는 그대로 바라본다는 것이다. 또한 실심은 시중(時

---

109) 劉明鍾, 『韓國의 陽明學』(동화출판사, 1983), pp. 166-167.

中)과 권도(權道)의 주체로서 사태의 시비를 정확하게 판단한다는 것이다. 아울러 실심은 개혁과 사태 해결을 위한 실천적인 주체로서 적극적인 실천행위를 일상의 평상심으로 이끌어낸다는 것이다. 게다가 실심은 감통주체라는 것이다. 실심이 있을 때만 피차(彼此)와 내외(內外) 간극(間隙)이 없이 백성들의 고난과 고통을 자기 자신의 아픔으로 느낄 수 있다는 것이다.

상대로서 아프기에 백성의 아픔을 외면할 수 없고, 외면할 수 없기에 제도의 개혁이나 실체적 실천행위를 수반하여 백성을 고통으로부터 구제하고자 애쓰게 된다는 것이다. 허위와 가식과 명분과 형식에 얽매인 기득권 세력들을 비판하고 백성들과 감통하면서 실사구시의 제도개혁에 앞장서면서 백성을 고통으로부터 구제하고자 노력하였다. 실심양지의 기능은 '감통(感通)'으로 생명살림에 해당한다. 실심양지 불통은 생명의 단절이다. 비록 몸이 노쇠하더라도 실심감통을 살리며 지속하면, 성숙으로 가는 길이 열리게 된다.

따라서 하곡의 노년철학은 실심양지의 주요 기능으로서 '감통(感通)'을 일상으로 살리는데 관건이 있다고 할 것이다. 아울러 하곡의 주체성 사상은 노년철학에서 노년기의 주체적 성찰과 배려의 실천이 중요한 과제라고 할 것이다. 특히 왕양명이 성인 가르침의 정수를 얻었다고 본 것도 실심양지의 공능 기능이 노년기의 성숙으로 나타날 수 있음에서이다. 그의 학문의 요체는 심학으로 인간주체의 심성을 해석함에 둔다. 하곡철학은 실리 실심으로 실사에 임하는 것으로, 도덕적 실천문제를 인간의 주체성으로 집약시킨데 기여했다고 할 것이다. 이는 노인이 사회복지 대상이라기보다 주체적 실천역량을 발휘하여 황금기 노년으로 주체적으로 살 수 있음을 역설한 것이라고 생각된다.

하곡은 양명학에 심취하였다. 당시 도학은 정통주의 신념에서 양명학을 이단으로 배척했지만, 하곡은 확고한 신념으로 양명학의 이해를 체계화시키고 조선의 양명학파를 확립하였다. 하곡은 당시 성리학의 권위주의 학풍에 대해 회의적이었다. 특히 박세채는 「왕양명학변(王陽明學辨)」을 지어 양명학을 비판하고, 하곡에게 양명학을 버리도록 종용하였다. 하곡은 '학문하는 것은 성인의 뜻을 찾아 실지로 얻고자 할 뿐이라고 하며 결연한 자세를 보여주었다.

민이승과는 여러 차례 만나서 토론을 벌이거나 서신을 통해 조목별로 심즉리(心卽理) · 치양지 · 지행합일 · 친민(親民) 등 양명학 문제들에 관해 논의하였다. 또한 민이승에게 왕수인의 글을 초록하여 제시하기도 하고, 「양지체용도(良知體用圖)」와 「여명체용도(麗明體用圖)」를 그려서 양명학의 심성론과 양지의 도상표현을 시도하였다. 이(理)가 마음과 일치되어 마음 밖에 이가 따로 존재할 수 없기에, 공허하지 않고 실실하게 있게 된다고 하였다. 「양지체용도」에서는 중심 원 속에 마음의 성과 인의예지(仁義禮智), 마음 본원과 양지 본체를 동일시하였으며, 바깥의 가장 큰 원은 천지만물이자 마음을 가리킨다고 하였다.

또한 심(心)·성(性)·정(情)의 관계도 성은 양지 본체이고, 정은 양지 작용이며, 마음은 양지 전체라고 이해하였다. 지행합일설에 대해서 지와 행을 둘로 나누어 놓는 것은 물욕에 가려진 것이고, 양지 본체에서 보면 지행이 하나이다.

하곡은 노년기에도 생리에 대한 주체적 자각으로 인간의 존엄성을 구현할 수 있다고 보았다. 따라서 노인의 경우에도 생리 속에 밝게 깨닫는 능력을 통해 인의예지를 확충해 갈 수 있음을 말한다. 노인이 될수록 말 수가 적어지지만 일단 뱉은 말은 실천에 옮기게 됨을 후학의 존경을 잃지 않게 된다. 앎이 진실하면, 행동으로 옮기게 되고, 이 둘은 실은 나뉠 수가 없다는 것이다. 노숙년에 이를수록 성숙과 지혜로 자신을 진리세계로 열어갈 수 있다는 것이다. 선인견과 편견, 집착을 내려놓아야 된다.

하곡은 공자의 절사(絶四)에서 나타나듯, '인(仁)'에 접근하려면, 노년기의 실천사항으로 '무의(毋意)', '무필(毋必)', '무고(毋固)', '무아(毋我)' 정신을 살리는 지혜가 필요하다고 여겼다. 다시 말하면, '무의'로서, 억측이나 편견을 갖는 일이 없고, '무필'로서 기필코 해야 한다는 일이 없으며, '무고'로서 무리하게 고집부리는 일도 없고, '무아'로서 자신만을 내세우려는 일 없음의 일상실천이다. 노인이 자기 마음대로 억측하지 않고, 반드시 그럴 것이라고 우기지도 않고, 자기 고집도 부리지 않고, 아집도 부리지 않음을 중시한다. 이를 묶으면, 노인의 성숙과 지혜에 포함된 겸손미덕을 살림이라고 할 것이다.

2-3 혜강의 소통

혜강 최한기(惠崗 崔漢綺, 1803 ~1877)는 소통을 횡단매개로 존재론적 신기(神氣)를 인식론적 추측으로 이어주고 매개하면서 대기운화와 통민운화 상관 작용을 인식하게 하였다. 이를 통해 세계시민 평화정신으로서 세계시민성 함양의'조민유화'(兆民有和)에 이르기까지 적극적으로 지구촌 사회의 소통윤리(疏通倫理)를 개진하였다. 마음이 대기운화, 천지운화의 기를 본받을 때, 유행이치는 신기 속에 자신의 형체를 드러낸다. 혜강의 '신기'가 존재론적 심체(心體)라고 한다면, '통'은 심체에 이르는 인식론적인 횡단매개의 작용을 말한다. 이러한 인식론적 '통'을 횡단매개로 삼아 '신기'의 심체는 광대무변하고 무량하게 작동하여 '능히 있음'과 '능히 없음'을 두루 통섭(統攝)한다. 이러한 통섭을 통하여 '추측'은 신기와 '통'의 횡단매개로 작용한다.

"하늘이 낸 사람의 형체는 모든 쓰임새를 갖추고 있는데, 이것이 신기를 통하는 기계(器械)이다. 눈은 색을 알려주는 거울이고, 귀는 소리를 듣는 대롱이고, 코는 냄새를 맡는 통(筒)이고, 입은 내뱉고 거둬들이는 문이고, 손은 잡는 도구이고, 발은 움직이는 바퀴이니, 통틀어 한 몸에 실려 있는 것이요, 신기는 이것들의 주재이다. 빛이 눈을 통해야 천하의 빛이 모두 신기의 용(用)이 되고, 소리가 귀를 통해야 천하의 소리가 모두 신기의 용이 되고, 냄새와 맛과 모든 촉감은 모두 입과 코, 손과 발로 통해야 사물운동이 모두 신기의 용이 된다."[110)]

혜강에 따르면, 이목구비는 한갓 그 외형만을 이야기하는 것이 아니며, 이는 이목구비를 통하여 이루어진 신기의 이목구비이다.[111)] 몸이 지닌 감각기관들이 행하는 구체적인 활동들은 모두 몸의 신기가 움직이는 쓰임이다. 대개 사람 몸의 신명한 '기'는 오직 통찰과 물들임의 능력이 있을 뿐이요, 이 밖에 형태를 가지고 말할 단서는 없다. 몸의 감각기관들은 몸이 접하는 경험을 통해 인정과 물리를 거두어 신기에 물들이고, 다시 그것을 내어놓을 때에도 몸을 통하게 된다. 이처럼 혜강은 관념이 아닌 몸과 사물이 직접 부딪치는 사정이 인정(人情)과 물리(物理)를 터득해가는 경험의 시초가 된다.

사람신기는 물들임의 능력이며, 사람의 몸이 지닌 여러 가지 감각기관은 대상 사물을 접함으로써 사물 속에서 인정과 물리를 획득한다. "인정과 물리는 여러 감각기관(諸竅諸觸)을 통하여 밖에 있는 것을 거두어 모아 생기는 것이다."[112)] 혜강에게 이치는 내 몸이 직접 만지고 느낄 수 있는 유형의 사물을 통해서 얻어지는 물리이다. 그가 "열력(閱歷)하고 경험하며 추이(推移)하고 변통하는 것이 모두 형체에 근원하여 사물에서 끝나는 것이니, 만약 발용의 근원을 닦아 밝히지 아니하면 어찌 발용의 끝을 정돈할 수 있겠는가?"[113)]라고 했다.

"하늘이 물건을 내심에 제각기 형질을 갖추게 하였는지라, 빛은 눈에 통하고 소리는 귀에 통하고 맛과 냄새는 입과 코에 통하니, 이것이 다름 아닌 형질의 통이다. 이 형질의 통을 따라 추측의 통이 생기는 것이다."[114)] 형질통은 외부에서부터 들어오는 직접적 사물의 특징과 느낌들을 내 몸으로 받아들이는 것을 뜻하며, 추측통은 이러한 경험으로부터 습득된 형질통에 근거하여 비교하고 헤아리는 것을 뜻한다. 형질통을 따라 추측통이 생기게 되는 것은, 감각의 헤아림을 통하고 난 후 추상적 헤아림이 가능하다는 것이다.

---

110) 『神氣通』序 : "天民形體 乃備諸用 通神氣之器械也 目爲顯色之鏡 耳爲聽音之管 鼻爲嗅香之筒 口爲出納之門 手爲執持之器 足爲推運之輪 總載於一身 而神氣爲主宰 色從目通而天下之色 皆爲神氣之用 聲從耳通而天下之聲 皆爲神氣之用 臭味諸觸 具通於口鼻手足 而事物之運動 皆爲神氣之用."

111) 『神氣通』序 : "耳目口鼻 豈徒爲耳目口鼻 必有函體之神氣 通於耳目口鼻 爲神氣之耳目口鼻 推達於天地人物所同之聲色臭味 內外相應 彼此參驗."

112) 『神氣通』1-43, 「收入於外發用於外」 : "人情物理 從竅通 而得來於外"

113) 『神氣通』序 : "閱歷經驗 推移變通 源於形體 委於事物 若不修明發用之源 何以整頓發用之委哉?"

114) 『神氣通』1-36, 「通之所止及形質通推測通」 : "天地生物 各具形質 色通于目 聲通于耳 味臭通于口鼻是乃形質之通也. 從其形質之通 而推測之通生焉."

> "모든 빛깔은 어떻게 분별할 수 있는가 하면 눈이 있으므로 분별할 수 있는 것이니, 만약 이 눈이 없으면 모든 빛깔을 분별할 수 없다. 모든 소리는 어떻게 분별할 수 있는가 하면 귀가 있어 분별할 수 있는 것이니, 만약 이 귀가 없으면 모든 소리를 분별할 수 없다. 냄새 맡는 것과 코, 맛보는 것과 입, 말하는 것과 혀, 잡는 것과 손, 걷는 것과 발, 촉감을 느끼는 것과 피부가 모두 그렇지 않은 것이 없다. 체질은 이미 이렇게 통달하는 도구를 소유하고 있고, 또 만물은 각각 형상과 색채를 드러내고 때에 따라 변동하여 은미한 실정과 모습을 남김없이 나타내고 있어, 어떤 것이나 통할 수 있는 도(道) 아닌 것이 없으니, 이는 하늘이 통을 위해 갖추지 아니한 것이 없는 것이다."[115]

혜강은 감각기관이 통하면 형질통은 더욱 밝아진다는 것을 강조한다. "보는 바를 가지고 듣는 바를 증험하면 보는 바가 더욱 밝아지고 듣는 바를 가지고 보는 바를 증험하면 듣는 바가 더욱 밝아지게 된다."[116]는 것이다. 한 몸 속의 상호소통은 한층 더 복합적이고 구체적인 형질통을 이루어내기 때문이다.

형질통은 내 몸의 감각기관과 대상사물과의 객관적 상호작용 속에 통을 이루어간다. 이러한 나의 형질을 매개로 한 형질통의 습득에서부터 대상의 인정, 물리를 파악해가는 추측통으로, 다시 추측과 증험과 변통을 거듭 통하여 남김없이 두루 통하는 통의 궁극인 주통(周通)에까지 이르는 것이 통의 처음과 끝이다. 추측은 내 몸의 신체적 동기와 사물과의 경험적 동기의 다양한 연관 속에서 운화의 본성을 결합시킨다. 즉 내 몸의 신기와 사물의 물리가 결합되면서 운화의 본성을 드러낸다. 그리하여 보고 들은 경험의 많고 적음과 멀고 가까움에 따라 분별하고 헤아리는 것의 차등이 생기며, 내 몸의 감각기관이 진취하는 정도에 따라 민첩하게 통달하여 기미를 살피고 나타나지 않은 것까지 보는 경지에 이른다.[117]

이러한 추측은 선천적으로 주어지는 것이 아니라 거듭된 경험을 통해서 형성된다. 사람은 추측을 통하여 지식과 경험을 확충시키게 된다. 사람은 하늘과 다른 특수한 능동적 기능인 추측작용을 통해, 경험적 사물에서부터 실증적 근거를 끌어내고 증험을 통해 현재의 인정과 물리를 적합하게 변통시켜갈 수 있는 존재이다. "사람이 하늘(天)으로부터 품수 받은 것은, 일단의 신기와 기가 통하는 여러 구멍(諸竅) 및 사지로서, 활용할 수 있는 것은 이들 뿐 달리 다른 것은 없다. 어릴 때부터 장성하도록 얻은 지각과 사용한 추측은 모두

---

115) 『神氣通』1-19, 「九竅無增減」: "諸色 何以得辨 從目而得辨 若無此目 不可以辨諸色矣 諸聲 何以得辨 從耳而得辨 若無此耳 不可以辨諸聲 臭之於鼻 味之於口 言之於舌 持之於手 步之於足 觸之於皮 莫不皆然也 質旣有此通達之具 又有萬物之各呈形色 而隨時變動 畢露隱微之情態 無非可通之道 則是天使之通 無不備也."

116) 『神氣通』1-28, 「諸竅互通神氣益明」: "夫聽之在耳 而所聽者 神氣也 視之在目 而所視者 神氣也 聽視雖異路 神氣則一也 以所視 證於所聽 則所視益明 以所聽 驗於所視 則所聽益明."

117) 『神氣通』1-47, 「明生於神力生於氣」: "可見分開商量 隨其閱歷見聞多寡遠近而有差等. 又可見諸竅諸觸 隨其所進通達敏捷 察於機微 覩於未形."

스스로 자신이 얻은 것이지, 하늘(天)이 내게 준 것이 아니다. 선(善)과 불선(不善)은 그 자신이 스스로 선택한 것이며, 이루고 이루지 못하는 것은 자신의 노력에 달려 있다.[118)]

형질통은 감각기관을 통하여 외부로부터 들어오는 경험을 나의 신기가 받아들이며 다양한 사물의 특징과 느낌들을 내 몸으로 받아들이는 것을 뜻하며, 추측통은 이러한 형질통을 따라 비교하고 헤아리는 것을 뜻한다. 이는 감각적 인식을 통하여 논리적 인식으로 변화해 나가는 모든 과정을 포함하는 것이라고 할 것이다.

> "형질의 통을 근거로 추측의 통에 도달하려면 나의 주관을 가볍게 여기고 대상의 사물을 주장하는 객관성이 깊어야 거의 많이 하늘과 사람을 통할 수 있게 되어 잘못이 적다.[119)]

추측통의 변증법적 순환 과정은 먼저 내 형체에서부터 근원하며 사물에서 익혀지고 다시 사람들 속에 드러나면서 확장되어간다. 추측의 인식은 필연적으로 증험이라는 행위를 통해 사람들과의 만남에 노출된다.

> 자주 전에 얻은 것의 어긋나고 섞인 것을 알게 되면, 미룸이 점점 정치하게 되고 헤아림도 점점 익숙하게 된다. 스승과 벗의 말은 운화에 질정해보고 견문한 일도 운화에 검증한다. 추측이 여기에 이르러 성실과 광명을 얻게 되면, 박학 · 심문 · 신사 · 명변 · 독행(博學 · 審問 · 愼思 · 明辨 · 篤行)이 모두 이 추측 가운데서 이루어지며, 격물 · 치지 · 성의 · 정심 · 수신 · 제가 · 치국 · 평천하가 다 이 추측 가운데서 통달되는 것이다.[120)]

혜강은 이 추측의 항목으로 다섯 가지를 들고 있다. 첫째, 추기측리(推氣測理)로서 이는 '기'를 횡단매개로 '이'를 추측한다. 둘째, 추정측성(推情測性)으로 '정'을 횡단매개로 '성'을 추측한다. 셋째, 추동측정(推動測靜)으로 '동'을 횡단매개로 '정'을 추측한다. 넷째, 추기측인(推己測人)으로 자기 자신을 횡단매개로 삼아 다른 사람을 추측한다. 다섯째, 추물측사(推物測事)로 사물을 횡단매개로 일을 추측한다. 마음은 사물을 추측하는 거울이다. 마음은 순담(純澹)하고 허명(虛明)하여 한 가지 사물도 그 속에 없지만, 견문열력이 오래 쌓이어 습염

---

118) 『神氣通』1-7, 「知覺推測皆自得」: "人之所稟於天者 乃一團神氣 與通氣之諸竅四肢 則須用之具 如斯而已 更無他分得來者矣 自孩至壯盛 所得之知覺 所用之推測 皆自我得之 非天之授我也 善不善 任其人之擇取 成不成在其人之用力."

119) 『神氣通』1-37, 「質通推測異通」: "然則因形質之通 而達之于推測之通 主我者輕 主物者深 庶幾通天人而少差謬."

120) 『人政』4-102, 「敎推測」: "前日之一事誤解 今日因他究解 而覺得前非 累次自覺前得之差錯 推漸精而測漸熟 師友之言就質於運化 見聞之事 考驗於運化 推測到此 得其誠實光明 博學審問愼思明辨篤行 括盡於推測之中 格致誠正修齊治平 通達於推測之中."

(習染)이 이룩되면 추측이 생긴다.

그가 말하는 견문·열력·습염이 바로 이러한 경험이 된다. 따라서 추측은 경험을 토대로 이루어지는 인식작용이다. 추(推)에는 원인이 있고, 측(測)에는 반드시 쓰임(以)이 있다. 원인과 쓰임이 없다면 추측은 성립되지 아니한다. 인과관계를 따라 원인을 캘 뿐 아니라, 그로부터 유추하여 아직 경험하지 않은 범위의 분야까지 예측하려는 것이 바로 최한기가 말하는 추측이다. 이른바 다섯 가지 추측의 사례가 제시된다.

(1) 이기의 관계에서 기가 중심이고 이는 종속에 불과하다.
(2) 동정의 문제에서 세계의 근원은 운동 변화한다.
(3) 지행의 문제에서 선행후지(先行後知)이다.
(4) 가치문제에서 상대주의가 중시되며 시공에 따라 선악기준이 적용된다.
(5) 천인문제에서 천인(天人)은 분리된다.

혜강의 인식론에서 모든 인식은 경험에서 출발한다. 진리는 경험으로 확인되어야 하기 때문에 검증 조건을 중시한다. 인식에 있어서 능동적 역할 중시하며, 실천의 문제도 중시된다. 처음에는 '한 몸'을 통섭하고, 더욱 나아가 통민(統民)에 이르고, 그 가운데를 중심으로 삼아 대기운화를 통섭함으로써 대동사회의 위대한 '한'과 소통하여 통섭한다. 최한기의 '통'은 인식주체와 인식객체 사이의 막힘이 없는 '한'의 소통을 전제하고 있다고 말할 수 있다. '통'으로 '개신(開新)하는 소통과정에서 두 가지 통로를 마련하고 있다.

첫째, 무위회통(無違會通)의 '통'이다. 존재론적 신기를 인식함에 있어 최한기는 '어그러짐이 없는(無違)' 관계의 '통'과 서로 감응하여 '딱 들어맞는 것'(適宜)으로 아우르는 것을 상합상응(相合相應)의 '통'이라고 말한다. 이 방향으로 횡단 매개하는 과정에서, 육합공간(六合空間)을 벗어난 관념들은 '통'의 담론에서 배제된다. 최한기는 패란(悖亂)을 막는 '통'의 회통 방법을 강조하면서 이렇게 밝히고 있다.

> '국가의 정령(政令)이 멀고 가까운 모든 백성들의 실정을 '통'하면, 장차 잘 다스려 평화를 이룰 모양이 생기고, 친근하고 인식한 자들의 사사로운 정리만 '통'하고 멀고 가까운 모든 백성의 억울한 사정을 가려 막으면 장차 혼란을 조성할 조짐이 생기게 된다. 사람의 몸에 있는 신기가 하늘과 사람의 상도(常道)를 '통'하면 장차 현인이나 성인의 무리가 될 것이고, 자기 일신의 사사로운 음욕(淫慾)에 '통'하여 천지의 상리(常理)를 해치면, 장차 패란(悖亂)의 무리가 될 것이다.
>
> 그렇기 때문에 '통'한다면 명목이야 같을 수가 있겠지만 통하는 실지 내용은 자연히 몇 갑절 서로 차이가 나게 마련이다. 그 연유는 통하는 것의 멀고 가깝고 넓고 좁은 차이가 마침

내 우열과 선악의 사다리(横斷媒介)가 되기 때문이다. 무릇 천하의 모든 인물의 신기를 통하면 나의 신기는 참여하여 증험(證驗)하는 힘이 완전히 갖추어지고 자세히 고찰하여 체험하는 것에서 부족함이 없어서 천하의 신기를 통합하여 회통할 때 천하의 교화를 바로 이룰 수가 있게 된다.'[121]

'통'은 인체(人體)와 인체가 지닌 감각기관(感覺器官)을 '신기(神氣)'가 통하는 횡단매개의 인식작용을 가능하게 한다. 이목구비(耳目口鼻) 등이 모두 음(音)·색(色)·미(味)·향(香)로서의 신기와 통하는 통로(通路)인 셈이다.

둘째, 지행합일(知行合一)의 '통'이다. 최한기의 지성적 실천방향은 지행합일의 개신의 소통에 요체가 있다. 이른바 관념과 실천의 소통을 가로막는 장벽의 해소이며, 앎을 실천에 이어주고 횡단매개의 회통이다. 최한기는 후세 사람이 성실한 도리를 따르지 않을까 걱정하면서 군자가 하늘의 이치를 따르고 사람의 도리를 다함은 모두 성실(誠實)에서 나온 것이라는 생각하였다.[122] 그는 『대학』의 명덕이 천인운화를 갈고 닦는 절차탁마임을 밝히고 있다.[123]

최한기의 '통'에 근거한 횡단매개의 개신방향은 성실, 탁마에 근거하여 내면적 수양에 근거한 외적 실천이 수미쌍관(首尾雙關)의 '한'을 이루는 데 요체가 있다. 사회실천으로 이어지지 아니하고 공공철학 정신이 나타나지 않음으로 개인행복과 공공행복이 더불어 횡단매개 되지 않음을 병폐로 보아, 최한기는 해와 달을 가리면서 방안 등불을 켜는 것과 다를 바가 없는 모순이라고 말한다.[124] '통'의 말미에나 가능한 '득통(得通)'은 논리적 합리성이 아니라 행동하는 지성이다.

실천이 수반되지 아니하는 앎은 사이비 지식이다. '통'에 이르지 아니하는 지식은 과감하게 폐기할 것을 강조한다. 그는 또한 '알지 못하는 것은 모른다고 해야 하는 것이 바로 아는 것'이라고 역설한다. 성의와 정심뿐만 아니라 천하의 백성과 두루 '통'하여야 비로소 '득통'에 이른다고 할 것이다. 혜강은 개인적 인식의 차원인 추측은 결국 사회 속의 소통이라는 실현의 차원 속에서 그 의미를 드러낼 수 있다고 판단하였다.

변통이 추측으로부터 연역되고 추측이 변통으로부터 연역되는 것은 논리적인 절차가 아니다. 변통이 추측에서 도출되고 추측이 변통 속에 실현되는 변증법적인 상호작용 속에서 그 양자는 이원적 구조로 분리될 수 없는 인식과 실현의 상호불가분 관계를 맺고 있다. 사

121) 崔漢綺, 『神氣通』 券一, 「體通」 〈通有大小遠近〉
122) 崔漢綺, 『神氣通』 券一, 「體通」 〈通有邪正〉
123) 崔漢綺, 『氣學』 券二, 3.
124) 崔漢綺, 『神氣通』 券一, 「體通」 〈通不通極致〉

람들과의 변통 속에서 비로소 나의 추측은 활동적이 된다. 변통 없이는 인간의 추측구조가 제대로 밝혀질 수 없고, 추측 없이는 변통이 의미원천을 드러낼 수도 없다.

내 몸의 감각기관을 떠나서 이루어진 추측의 사유가 관념의 벽을 넘지 못하는 것처럼, 변통의 소통구조 속에 들어서지 못한 추측 역시 추상의 담 속에 갇혀있을 수밖에 없다. 그리하여 혜강은 변통의 공부야말로 추측의 이치를 드러내고 증험하는 것이라고 보았다.

> 만물이 유행하는 이치는 자연의 법칙이 있으므로 더하거나 덜할 수 없으나, 추측하여 생긴 이치에는 상황에 따라 합당한가 합당하지 않느냐 하는 차이가 있으므로 변통할 수 있다[125]

혜강이 변통이라는 맥락 속에 개인적인 추측을 이입시키는 이유는 내 몸의 주관성을 사람들 속의 보편성 속에 이입시켜 소통시킴으로써 최대한의 객관성을 확보하고자 하는 시도이다. 통과 불통은 스스로 단정하고 스스로 만족해 할 수 없는 것이다. 반드시 남에게 증험함으로써 그 불통을 통하게 해야 하며, 그래도 석연치 못하거든 또 사물에 증험하여 천인의 신기가 상통함에 어긋남이 없어야 한다. … 비록 선한 것과 올바른 것에 대해서도 또한 통한 것을 스스로 믿어서는 안 되고 반드시 타자와 사물의 신기에 증험해야 하는 것이니, 더욱이 한 모퉁이가 합하였다거나 어느 한 때에 응하였다는 것을 가지고서 스스로 증험한 것으로 믿어서도 안 된다."[126]

여기서 혜강은 통의 조건을 두 가지로 제시하고 있다. 그것은 '타자[人]'에게 통하는 것과 '사물[物]에게 통하는 것이다. 혜강은 나의 추측이 타인을 통하여 또 사물을 통하여 증험되고 받아들여진 상태를 '선'이나 '득(得)'의 상태로 이해한다. 그렇지 못할 때 개인의 추측은 변통되어야 하는 것이다. 즉 혜강이 말하는 변통이란 삶의 복잡한 이치를, 그것이 형성되고 소통되는 삶의 문맥 안에서 객관적으로 받아들이려는 시도에 다름이 아니다.

> "남이 통하는 것을 내가 통하지 못하면, 나의 신기에 편벽되고 막힌 것이 있는 것을 증험할 수 있으니, 통하느냐 통하지 못하느냐 하는 것은 제 마음대로 단정하거나 만족할 수 있는 것이 아닌 것이다.[127]

---

125) 『神氣通』1-26, 「理由氣通」: "流行之理有自然之則不可增減 推測之理有宜不宜焉可以變通."

126) 『神氣通』1-29, 「物我證驗」: "通與不通 豈可自斷自足 必須驗之於人 以通其所不通 猶未釋然 又須驗之於物 … 善者得者亦不可自信其通 必也驗之于人與物之神氣 不可以一隅之合一時之應 自信其驗."

127) 『神氣通』1-29, 「物我證驗」: "人之所通 我不能通之 可驗我之神氣有所偏蔽. 我之所通 人不能通之 亦可驗人之神氣有所偏蔽. 通與不通 豈可自斷自足."

세계의 본질과 정체를 응시하려는 혜강의 시선은 존재자, 존재자들의 집합이라는 실체적 관점을 벗어나서 연관, 사이, 틈들의 조직망에로 향해있다. 즉 세계는 천리, 물리, 사리 즉 이치의 연관의 망이다.[128] 이런 연관의 망 관점에서 혜강을 해석하면서, '천리와 물리는 승순(承順)의 대상이라면 사리(事理)는 변통의 대상'[129]이다.

승순은 '순순히 따른다.'는 축자적 의미로서『주역』「계사전」하 1장의 '천지의 위대한 덕을 생(生)이라 한다.'라는 언명처럼, 우주의 쉼 없는 운행과 생명창조 활동에 응한다는 의미이다. 그러나 변통의 경우, 혜강이 부여한 독특한 의미 맥락들을 함께 숙고해야 한다. 혜강은 변통을 이렇게 정의한다.

> 먼저 때와 형편이 같지 아니함을 살피고 다음으로 사물의 마땅한 바를 살펴서 조치하되 옛 사람들과 같거나 다른 것에 구애되지 말고 오로지 현재의 사람들의 형편, 사태의 정황에 적합하게 하는 것. 이것이 진정한 변통이다.[130]

혜강이 말하는 진정한 변통은 동일성과 차이를 변별하는 감각에서 출발한다. 우선 시간의 차이로서, 옛날과 지금, 과거와 현재, 이때와 저때가 다르다는 점에서 현재의 시간만이 갖는 독자성을 주목할 수 있어야 한다. 다음으로는 공간의 차이를 숙지해야 한다. 모든 공간은 각각의 특이점으로써 질화(質化)되어 있어서 상호 환원 불가능한 독자성을 지닌다. 심지어 같은 공간이라 하더라도 안과 바깥, 경계, 문턱 등등이 고유맥락으로 규정된다. 같은 장소에서 같은 유형의 사고가 일어났다고 해서 같은 사건으로 취급될 수 없듯이, 사건자체는 아무리 사소한 것이라 하더라도 일회적인 것으로 고유한 것인 한에서 역사성을 지닌다. 이 차이들은 사리의 본질에 속하는 것이라 할 수 있다.

그러나 변통을 위해서는 이러한 사리의 차이성뿐 아니라 천리와 물리의 동일성에 대한 첨예한 감각이 요청된다. 여기서 동일성이란 법칙이나 원리의 보편성, 객관성, 제일성(齊一性)을 말한다. 변통은 천리와 물리의 동일성과 사리의 차이성을 화해시키도록 주선하는 것이다. 동일성의 보편적인 원리를 구체적이고 개별적인 상황에 적합하게 적용시킬 수 있도록 조정하는 것이다.

천차만별의 인간사에 대응하는 천차만별의 원리나 법칙 같은 것은 없다. 그것들은 결국 제한된 보편적 법칙들의 범주 안에서 해결의 접합 지점을 찾아내야 한다. 변통은 그러한

---

128)『神氣通』3-42,「變通在初及公私之分」참조.

129) 손병욱, "혜강 최한기의 기철학에 관한 연구"(정신문화연구원 한국학대학원 : 석사학위논문, 1982), p.44.

130)『神氣通』3-42,「變通在初及公私之分」: "先察時勢之不同 次及事物之攸宜 不必拘於前人之同異 惟摘宜於當今之人情物理 是眞變通也."

접합 지점을 찾는 인간능력이다. 그리하여 혜강은 변통의 도는 천지의 신기에 있는 것이 아니라 오직 인사(人事)의 주선(周旋)에 달려 있다고 강조한다.131) 변통은 사람사이의 가장 적합한 바를 만드는 과정이다. 해야 할 도덕적 당위를 찾는 요동이다. 변통은 천지의 신기에 있는 것이 아니라 오직 사람사이의 일에서 두루 미치는 것에 달려있다.

개별사례들은 만남의 구체적 사태에서 현재의 사람들의 형편, 사태정황에 적합하게 하는 것이 변통에 해당한다. 최한기는 변통의 세 단계로 '통'의 등급이 가능하다고 보았다.

> '세 가지 등급이 있으니, 일을 하기 전에는 대개의 범위를 '통'하는 것이고, 일을 실천하는 도중에는 점진의 '통'이 있으며, 일이 지난 뒤에는 증험의 '通'이 있다. 그러므로 어찌 범위에 통한 것을 가지고 스스로 만족하여 그 뒤에 따르는 증험의 '통'을 소홀히 여기면서 혼자서 기뻐할 수 있단 말인가?'132)

최한기는 '한' 몸의 범위만 깨달을 수 있는 사람과 여럿에 대해 점진적 참작을 할 수 있는 사람, 그리고 실제 삶에 적용하여 실천할 수 있는 사람은 다르다고 한다. 이에 따라 그는 각자의 제한된 범위를 벗어나지 말 것을 주문하게 된다.133) 하등의 사람이 제 한 몸 잘 간수하지 못하고서 교접이나 통민(統民)에 '통(通)'하려고 한다면 지극히 위험한 발상이 된다는 것이다. 그러나 하등은 영원히 하등이 아니며, 개신한다면 상등으로 개신할 수 있게 된다. 개신의 '통'은 바로 자신의 '하나'의 몸에 대한 작은 깨달음을 얻고, 이를 검증하고 확대하는 점진의 과정으로 개신하여 열린 '통'으로 새로워져야 한다. 편견 없는 '위대'한 '통'으로 나아가면 '한'에 득통한다. 여기에는 대강의 의미의 '한'으로 변통되는 유연성이 전제되고 있는 것이다. 최한기는 이러한 변통을 이렇게 정의한다.

> '이미 알아서 지나친 것은 물러나게 하고 미치지 못하는 것은 나아가게 하는 것이 변통이다.'134)

일신운화의 통에서 객관세계에 대한 인식관계로의 개신, 나아가 교접운화로의 개신이 이루어져야 하고, 이러한 개신의 과정에서 직접사물을 통하여 검증하는 증험의 단계를 거치지 않으면 진정한 득통에 이를 수가 없다는 것이다. 이는 서구 인식론과 상통하는 것으로 일체의 초경험적 실체개념을 인정하지 아니하려는 실증주의 자세를 보여주는 것이다.

---

131) 『神氣通』3-42, 「變通在初及公私之分」.
132) 崔漢綺, 『神氣通』 券一, 「體通」 〈通有始中終〉
133) 崔漢綺, 『推測錄』 券一, 〈三等之實功〉
134) 崔漢綺, 『氣學』 券二, '是爲眞知旣知之 而退基過 進不及是乃變通也'

1836년, 혜강은 자신의 대표작 『신기통(神氣通)』 『추측록(推測錄)』에서 서양물리학의 '파동' 개념을 처음으로 소개하면서 상황과 관련된 사실검증을 중시하였다. 그는 이 세상은 '기(氣)'로 가득히 차있고 그 기가 진동하여 사방으로 퍼져나가는 것을 '소리'로 보았다.

> "체득하고 체득하지 못한 것은 그 말과 행실을 보면 알 수 있다. 체득한 이는 자세한 말이나 대강 하는 말이 다 그 규칙에 맞고, 법도를 따라 제작하는 것은 한결같이 마땅함을 얻지만, 체득하지 못한 이는 이와 달라서 혹은 처음에는 틀리다가 나중에는 맞기도 하고 혹은 처음에는 맞다가 나중에는 틀리기도 한다."135)

공부는 일신이 일회적으로 완성해낼 수 있는 어떤 과제가 아니다. 사람 개개인의 지각은 스스로 획득하는 것이라, 보는 관점에 따라 주장이 같지 아니하고, 주장에 따라 통하는 것이 또한 다른 것이다. "몸은 홀로 나 한 사람의 몸만이 아니라 억조(億兆)의 몸이 있고, 마음은 홀로 나 한 사람의 마음만이 아니라 억조의 마음이 있기에, 억조의 마음을 통합해서 중정(中正)을 뽑아내어 마음의 법을 삼고, 억조의 몸을 통합해서 인도를 집대성하도록 수신에 힘써야 한다."136)

이러한 공부는 감각과 형질을 따라 추측으로 나아가고 끊임없는 변통 속에서 심화되고 고양되면서 내 몸의 직접적 체인을 통해 이루어져간다. "비록 성인의 훌륭한 깨우침이라도 다만 체인한 것을 형용하여 말한 것일 뿐 내가 실제 눈으로 볼 수 있는 것은 아니다. 그러므로 배우는 이는 자기가 직접 체인하는 것으로써 최고의 공부를 삼아야 한다.137)

체인은 두루 통함, 즉 주통(周通)으로 나아간다. 주통의 본체는 신기가 하늘과 사람을 통하는 데 있고, 주통의 작용은 신기가 경험한 이치에 있다. 두루 통함과 두루 통하지 못함은 명백한 차이가 생긴다. 그것은 익힘과 쓰임에 통하거나 통하지 못한 차이, 연구하고 사색한 것에 통하고 통하지 못한 구별, 일을 처리하고 사물을 대함에 통하거나 통하지 못한 구분 등인데, 이러한 차이는 다만 기질의 차이 때문이 아니라, 공부를 잘하고 잘못한 것의 차이에서 기인하는 것이다.138)

주통규모는 이것과 저것을 서로 통하여 쓰게 하고, 앞과 뒤를 서로 미루어 쓰게 하며,

---

135) 『推測錄』4-3, 「靜須自認」: "體認與未得體認 可從其言行而知之 體認者 詳言略言 皆中其規 循度制作 具得其宜 未得體認者 多反于此 或始違而終合 或始合而終違."

136) 『人政』10-39, 「只知身心」: "身非獨一人之身 有億兆之身 心非獨一人之心 有億兆之心 統合億兆心 而抽拔中正以爲心法 統合億兆身而集成人道以爲修身."

137) 『推測錄』4-3, 「靜須自認」: "雖聖人之善諭 只是說道體認之形容 不是自我之目覩也 學者以自己體認 爲極功."

138) 『神氣通』3-25, 「周通」: "夫以不克周通者 比諸周通者 先自神氣之習用 有通與不通之異 次於硏究思索 有通與不通之殊 終至於處事接物 有通與不通之判 是非獨氣質之有異 功夫有得失之不同."

옛날과 지금의 행함을 적실하게 미루어 통하게 하거나, 이미 통하고 있는 것조차 따져보고 미루어서 불변의 실용을 통하게 한다.[139] 결국 주통(周通)의 본말(本末)은 모든 통을 얻어 그 도를 밝히고, 모든 통을 사용하여 그 실질을 경험하고, 모든 통을 전하여 후세 사람들을 이루어주는 것으로,[140] 이것은 인식과 실현이 하나로 꿰어진 궁극적인 깨달음의 실천단계가 이루어짐을 의미한다.

운화는 '활·동·운·화(活·動·運·化)'의 4가지 양상과 개인·사회·우주의 3단계로 통하고 추측은 인간·사물·우주 사이를 '통'하게 한다. 운화단계 중 보편가능성과 처방성의 원리가 함축된 것이 대기운화(大氣運化)이다. 감각기관을 통하여 경험과 열력을 쌓고 '추측'으로 미루어 헤아리고, 기의 '조리(條理)' 중 특히 유행지리(流行之理)로서 보편가능성이 높은 '운화', 즉 대기운화를 파악하여 그것에 승순(承順)해야 한다는 이치이다.

'통심'의 인간상은 세 가지 개신방향을 상정한다. 첫 번째 '통심'의 개신은 '통'에 근거하여 인지·정의·행동적 영역에 대한 횡단매개이다. 심기 중심의 기학은 도덕적 지식, 정의, 습관화 등의 현대적 개념을 함축하면서도, 또한 인지·정의·행동의 세 영역이 통합적으로 연결되는데 무리가 없다. 혜강 기학 체계에서 인지적 영역은 행동적 영역과 전혀 분리되지 않으며, 오히려 행동적 영역과 함께 인지적 영역이 시작된다.

그것은 선행후지(先行後知)와 추측 개념으로서 드러난다. 또한 최한기의 사유가 몸을 부정하지 않는다는 것은 정의적 영역이 부정되지 않음을 아울러 시사한다. 그리고 이 때 심득(心德) 혹은 감통(感通) 용어로 대변되는 심기는 세 영역이 통합되는 곳이며, 응변(應變)과 체용(體容)을 통해 실천적으로 드러난다.

두 번째 '통심'의 개신은 자율성과 사회성에 대한 횡단매개이다. 특히 최한기의 '미루어'(推) '헤아린다는'(測) 추측의 개념은, 개인적 측면에서의 선택의 자유와 관계되며 사회적 측면에서의 기준제시가 조화롭게 접합되는 지점이다. 여기서 미룸은, 근본적이면서도 조민유화(兆民有和)의 '대형체(大形體)'로 표현되는 거대한 오륜(五倫)을 배우고 습염하는 처방성 장치를 뜻한다.

그리고 헤아림은, 선택의 자유 및 행동의 일관성과 연결되어 보편가능성으로 그 영역을 확장시키는 장치이다. 또한 이런 추측의 공효(功效)로 드러나는 통민운화는 사(私)와 협(挾)을 공(公)에 매개하여 공공(公共)으로 '활사개공'(活私開公)하는 모습을 보여준다. 여기서 도

139) 『神氣通』3-24, 「周通有虛實」: "語其周通之本則在神氣之通語天人. 語其周通之用則在神氣所驗之理. 通於此者 推用於彼 通於前者 推用於後. 古今人所未言所未有者. 推得於古今人所行之中以通其用. 古今人所已言所旣有者 推得於沿革損益之中. 以通其所不變之實用 皆是周通之規模也."

140) 『神氣通』3-26, 「周通源委」: "得諸通而明其道 用諸通而驗其實 傳諸通而成後人 是謂周通之源委也."

덕적 자율성과 사회적 공공성의 접점을 이루는 추측의 올바른 방향성을 제시하는 처방의 개념이 심기로 드러난다.

세 번째 '통심(通心)'의 개신은 도덕적 주체성과 타자지향성의 횡단매개다. 최한기의 신기 개념은 올바른 주체성의 성립에 중요한 의의를 제공한다. 통심과 추측이라는 기제를 통하여, 몸과 마음이 아우러지는 장소가 바로 신기 개념이다. 이 때 처방의 방향으로서, 최한기는 교접을 통한 타자 지향성을 설정한다. 선과 악의 개념은 타자와의 관계에서 형성된 것이다. 그리고 여기서 주체성과 타자지향성을 함께 아우르는 것이 바로 '통'의 횡단매개를 통하여 수립된 주체성으로서의 심기 개념이다. 이런 심기는 부드럽고 유화(柔和)상태로서, 윤기운화라는 윤강(倫綱)이 정립된 '통심'의 공동체를 횡단매개 한다.

교접운화와 통민운화 중심으로 '윤기운화'(倫氣運化)와 '조민유화'(兆民有和)라는 세계윤리의 소통기준을 수립해 가는 과정에서, 혜강은 '통'의 횡단매개 원리에 의해 주체성·자율성과 함께 사회성, 타자까지도 '한'의 경험지평으로 획득하게 하는 '통'의 횡단매개 원리는 마침내 '한'의 인격통합에 이른다. 스마트폰 사이버 공간 속에서 혜강의 소통이 대세가 되고 있다. 소통의 편의성을 얻는 대신에 육체가 담보되는 인간소통을 상실할 위험에 처해있다.

우리의 생활세계 지평, 타자들의 공간, 삶을 응시하던 메타 공간 들이 인터넷 시대의 소통에서 밀려나고 있다. 다시 말하면 인간 정서의 따뜻함과 간절함이 매몰되고 있다. 혜강의 사유에서 운화(運化)는 기의 통(通)에 대한 사유이다. 하늘과 인간과 대지의 조우를 통해 소통을 새롭게 이해할 필요가 있다. 특히 혜강의 신기 통은 사이버 공간 속에서 소외된 소통을 상통시키고 관계를 변통시키며 어우러짐을 넓힐 수 있다. 결국 혜강의 소통에서 오프라인과 온라인이 두루 통하는 총체적 연관망의 복원을 통해 육체와 대지가 긴밀하게 순환하는 진정한 소통의 실천적 비전을 오늘에 살려갈 필요성이 있다고 할 것이다. 특히 노인철학에서 이러한 따뜻하고 간절한 소통기제를 살리는 것이 주요한 과제가 되고 있다.

제3장

장수윤리정립

〈팔공산 동화사 돌다리를 건너면, 장수표상 약사대불을 만난다.〉

3-1. 장수배려윤리

고령화 사회(Aging Society, 高齡化社會)는 65세 이상 인구가 총인구를 차지하는 비율이 7% 이상을 말한다. 65세 이상 인구가 총인구를 차지하는 비율이 14% 이상을 고령사회(Aged Society)라고 하고, 65세 이상 인구가 총인구를 차지하는 비율이 20% 이상을 '초고령사회(post-aged society)'라고 한다. 한국의 고령자 고용촉진법시행령에서는 55세 이상을 고령자라로 규정하고 있으며, UN은 65세 이상의 인구가 총인구에서 차지하는 비율이 7% 이상일 때, 고령화 사회라고 본다. 인구의 고령화 요인은 출생률 저하와 사망률 저하에 달려 있다.

평균수명이 긴 나라가 선진국이고 평화롭고 안정된 사회를 상징하는 의미에서 장수(長壽)는 인간의 소망이지만, 반면에 고령에 따르는 질병 · 빈곤 · 고독 · 무직업 등에 대응하는 사회경제적인 대책이 고령화 사회의 당면과제라고 말할 수 있다. 통계청이 발표한 '2018 고령자 통계'에 따르면, 지난해의 65세 이상 고령자는 738만1000명이다. 외국인을 포함한 전체 인구(5163만5000명)의 14.3%다. 전체 인구 중 14% 이상으로 '고령 사회'가 된 우리나라는 빠르게 '초고령사회'로 진입하고 있는 실정이다. 성별로는 65세 이상 고령자 중 여자의 비중은 57.3%로 남자 42.7%보다 14.6%p 많지만, 지속적으로 여자 비중은 감소하고 남자 비중은 증가해 2060년에는 그 차이가 4.6%로 적어질 것으로 전망된다.

고령화 사회에 접어들면서 노인 참살이도 심각해지는데 노인복지에 대한 이야기가 대두되고 있다. 노인심리상담사 자격증을 취득하고 노인문제를 상담 쪽으로 일하는 사람이 늘어나는 추세에 있다. 노인문제의 상담에 있어 문명충돌(the clash of civilization, 文明衝突)에 대한 이해가 요청된다고 할 것이다. 문명충돌론은 1993년, 하버드대학교의 교수, 새뮤얼 헌팅턴(Samuel Phillips Huntington)이 『대외 관련(Foreign Affairs)』지에 게재한 논문에서 제기한 공산권이 몰락한 이후의 세계를 예측한 이론으로, 향후 국제관계에서의 대립은 국민국가를 단위로서 이념이나 경제를 둘러싸고 일어나는 것이 아니라 여러 문명(civilizations)간에 문화적(cultural)인 문제를 둘러싸고 일어난다는 주장이다. '문명충돌론'은 문화의 공통성보다 차이점, 융합이나 상생보다 마찰과 대립의 측면을 부각시킨 비관주의 견해이다.

당시는 세계 각지에서 인종분쟁이 다발하였고, 아시아 제국의 경제 성장이 위기감을 초래하였다. 헌팅턴의 논의는 이슬람권이나 유교문화권을 서양(the West)으로의 위협이라고 받아들인 그의 주장에 공감하는 사람들이 많았다고 할 것이다. 1996년에 펴낸 새뮤얼 헌팅턴의 저서, 『문명의 충돌 : 세계 질서의 재편(The Clash of Civilizations : Remaking of World Order)』에서 냉전 종언과 함께 국제정치의 심각한 분쟁이 문명들 간의 충돌이라고 하였다. 헌팅턴이 문명권을 구분하는 1차 기준은 종교이며, 이에 따라 기독교권, 정교권, 이슬람권, 유교권, 불교권, 힌두권 등이 설정되고 있다. 이외에 라틴 아메리카권, 아프리카권(비이슬람), 일본권 등도 설정되어 있다.

그는 '이념은 가고 이 자리를 문명이 차지한다면서 이념갈등이 문명갈등으로 부활되고 그 중심에 기독교 서구문명 대한 이슬람 및 아시아 유교문화권의 충돌이 있을 것이라고 하였다. 그러나 이슬람과 동아시아 지역의 유교를 민주주의에 대한 중대한 장애물로 규정하는 등 서구중심주의 시각을 나타내고 있어 비판을 받았다. 이슬람과 중국 등 비기독교 문명권을 '위협'으로 간주하는 기독교 문명권의 시각을 곳곳에서 드러내고 있으며, 9대 문명권에 포섭되지 않는 독자적 민족·종족들의 존재를 무시하고 있으며, 문명 충돌 이외의 갈등 요인들을 제외하는 한계점을 노출하였다. 맨해튼으로 대표되는 미국이 문명충돌의 현장이었던 동시에 문명융합의 장소였다.

미국패권이 다른 서유럽국가들의 패권처럼 쇠퇴하지 않았던 이유는 미국이 과거 패권 국가들의 성취를 흡수해냈기 때문이다. 분노와 슬픔에 포효하는 미국시민들이 문명충돌론을 넘어 오늘의 미국을 있게 한 문명융합에 기초하여 이슬람문명권 전체를 적으로 만들지 않았기 때문이다. 그것은 반인륜 범죄를 인류사회에서 추방하는 응징으로, 미국이 인류와 함께 승리를 거둘 수 있는 새로운 길을 모색하기 때문이다.

노인 문제를 문명충돌의 시각에서 바라본다면, 좌우 반구는 뇌 충돌로 나타나지만, 뇌량(腦梁)으로 서로 이어지고 융합을 모색하기도 한다. 뇌의 양반구가 지구의 양반구를 닮았다고 상정할 때, 지구는 우랄-알타이 산맥을 뇌량으로 해서 동서가 각각 우뇌와 좌뇌 특징을 보인다고 할 것이다. 동양 안에서도 중국과 한국은 각각 좌뇌와 우뇌의 특징을 보인다고 할 것이다. 단군담론에서 호랑이는 서양의 외향적 특징을 나타내고 곰은 동양의 내향 특징을 그대로 보여주고 있다. 4차 산업문명의 대두와 함께 이 문제는 노인 배려차원에서 다시 부각되고 있다.

일본의 가마타 토지(鎌田東二, 현 죠지대학 교수)의 '옹동론(翁童論)'은 가족 간의 친밀하게 오고 간 이야기를 말한 것이다. 오랜 기간 숙고를 통해 신화, 민담, 전설, 개인체험을 통해 아이와 노인을 관찰하고 내면을 깊게 들여다보고 내린 담론이다. '옹(翁)'은 노인이고 지혜나 예지의 상징이며, '동(童)'은 아이이며 생명과 힘이다. 가마타 토지는 아이를 처음 접했을 때를 회상하며, 처음 낳자마자 아들모습을 보았을 때, 할아버지 모습과 닮았고, 둘째 날엔 울고 있는 모습이 원숭이 같았다고 회고한다.

가마타 토지 교수는 조부모가 손자가 된다거나 다시 태어난다거나 하는 일본 민담과 전설을 소개한다. 조부를 닮은 손자는 친밀한 유대감을 보여준다. 동시에 신기하고 신비한 체험은 예민해진다. 자신의 아이를 원숭이처럼 본 것이다. 아이가 할아버지 모습을 연상하는 풍습은 혈통중시 사상이 내재되어 있음이다. 일본에서는 3세대와 1세대의 연관성을 '환생'으로 믿는 민속학적 전승이 이루어지고 있다.

일본문화 속에서 아이와 노인은 사회적 약자이면서 배려대상이다. 아이와 노인은 신(神)에게 가까운 존재로 서로간의 상보적인 존재로 묘사되고 있다. 불교적 윤회와 일본신도의 경향이 얽혀져, 노인 속에 아이 마음 있고, 아이 속에 노인 마음이 있다는 것이다. 노인이 말하고 행동하는 것에서 아이의 순진하고 천진한 모습을 발견하고, 아이가 말하고 행동하는 것에서 성숙되고 배려 깊은 마음을 읽을 수 있다는 것이다. 실은 인간 속에 두 아이가 있다고 말할 수 있다. 하나는 겉 아이, 또 다른 하나는 속의 아이다.

겉 아이는 늙어가지만 속의 아이는 지속된다. 아이와 노인은 약하고 행동반경의 제약이 있고 감수성이 뛰어나다. 자연과 사물변화에 민감하게 반응한다. 아이와 노인은 화려한 꽃에 감탄하고 더위에 민감하고 낙엽을 아쉬워하며 눈보라에 속수무책이다. 아이와 노인은 연약하며 사라질 것들에 대해 민감하게 반응하며, 자연흐름에 내맡기며 순응한다. 아이와 노인은 끈질긴 생명력으로 미래로 나아가려하고, 강한 자들에게서 피해 받지 않으려고 조심한다.

아이는 스스로 커갈 수 없기에 어른들의 태도에 민감하게 반응한다. 예쁜 짓을 하며 자신을 보살피는 부모에게 스스로를 어필한다. 노인도 자신을 해치거나 불이익을 받지 않으려고 주변인들의 마음상태를 유심히 관찰한다. 정서적으로 노년기는 제2의 유년기라고 할 정도로 자기중심적이며, 타인에게 매우 의존적인 모습을 보이기도 한다.[141]

그런데 자세히 살펴보면, 아이는 노인에게 거리낌 없이 대한다. 노인도 아이 보는 눈동자에 따스함이 스며있다. 아이는 노인의 늙음이나 힘없음, 노인을 혐오하는 의식에서 벗어나 노인 그대로 자연스럽게 대한다. 아이는 젊은 사람과 늙은 사람의 차이를 두지 않고 자연 그대로 그들을 바라본다. 긍정적 시각이다. 그래서 할아버지와 할머니를 편견 없이 대한다. 반면에 조부모들도 그들의 자식보다 손주에게 아낌없이 애정을 쏟는다.

지혜로운 사람들은 아이와 노인의 신체적 변화와 정신적 특성을 헤아린다. 아이와 노인에 관련된 민속학적 이야기에 매료기 된다. 그들의 영성을 인정한다. 아이와 노인에게는 영성이 존재하며 본능적이면서 경험적인 통찰력은 예민한 감수성처럼 독특한 위상을 차지한다. 아이의 발상에서 천재적인 창조력을 찾게 되고 노인의 경험과 지혜에서 대처 능력과 거시적 미래를 예견한다. 그들을 소외하고 혐오하는 이들은 그런 자연이치를 알지 못하며, 물질문명의 인류역사 속에서 인간가치를 저버리는 행위를 서슴없이 행한다.

---

141) 충북대 유럽문화연구소, 『100세 시대의 노년』(청주: 충북대 출판부, 2019), p.191

문명이 사회를 진보하게 만든다는 견해에 동의하지만, 문명의 눈으로 노인과 아이를 다르게 재단하는 시각에 우려를 나타낸다. 아이와 노인을 문명적 시각으로 재단하려는 의견에 동의하지 않는다. 하지만 그 의도는 이해할 수 있다. 문명사적으로 아이와 오인에 대한 시각이 작동하며 부정적으로 재단하고 있음이다. 과학기술과 정보기술이 도움을 주지만, 4차 산업혁명에 따른 상이한 시각은 인간존엄 가치를 훼손하고 있다는 사실에 경악을 금치 못한다.

물질문명이 가진 미시적이고 협소한 미래가 아니라 통찰력 있고 고유한 초능력과 대처방안으로 아이와 노인의 문제를 만나게 된다. 아이와 노인에게서 인간에 대한 사랑, 인간에 대한 사명, 인간에 대한 축복이 어떠한 것인가를 성찰하고 내재한 영성가치에 경이감을 드러낸다. 물질문명이 가진 혜택과 가치와 구별되는 다른 차원에서 아이와 노인의 문제는 살펴보아야 한다. 물질문명과 과학기술은 초능력을 말하고 포스트-휴먼을 주장한다. 요란하고 시끄럽게 확실한 진보를 지나치게 부각시키고 포장한다.

그러나 인류는 진정으로 가치 있는 것을 포기하면서 현란한 포장지에 현혹할 만큼 영성적으로 무지하지 않다. 물질문명이 가진 편리함의 이익보다 인간 공동체의 가치를 선호하며 우선시하는 공동체의 미풍양속을 상기하면서 아이와 노인의 동행에서 행복의 미학을 탐색한다. 세계를 지배하는 엘리트층 또는 소수 특권에 국한된 문명과 결별하려는 움직임에 암묵적으로나마 동의하였다. 아이와 노인은 이러한 문명에서 소외된 상태임을 받아들인다.

앞서 언급한 가마타 도지(鎌田東二) 교수는 동양일보에 게재한 기고문에서 '옹동론'을 자세히 설명하였다.[142] 이 내용에 의하면, 독일에서는 고령이 되어도 계속 춤추는 댄서를 '봄의 제전' 등에서 등용했다. 일본의 이와테현(岩手縣) 히라이즈미시(平泉市)에 있는 천태종(天台宗) 모쓰지(毛越寺)의 '연년(延年)의 춤'에서는 노녀(老女)의 탈을 쓴 스님이 왼손에 부채를, 오른손에 방울을 들고 때때로 그 방울을 울리면서 반신을 구부려 축복의 춤을 춘다.

연극평론가의 와타나베 다모쓰(渡邊保)는 일본의 '기예'에는 늙음을 연기하는 방법론이 있어 그것은 본명, 예명(藝名), 역명(役名)의 '세 가지 나'를 하나로 아우른다고 했다. 와타나베 다모쓰와 대담한 90세의 인간문화재인 일본 무용가 하나야기 도시나미(花柳壽南)는 '100세가 되어도 앉아서 춤출 수 있는' 무용세계를 보여줌으로 참가한 구미 연구자들에게 충격을 주었다.

교토대학(京都大學)의 종교철학자 우에다 시즈테루(上田閑照)는 가와이 하야오(河合隼雄)와의 대담에서 두 어린이론을 전개했다. 우에다에 의하면, 우리 속에는 항상 두 어린이가 있다. 하나는 겉의 어린이고, 또 하나는 속의 어린이다. 겉의 어린이는 나이에 걸맞게 변화해

---

142) http://www.dynews.co.kr/news/articleView.html?idxno=449891.

가지만 속의 어린이는 변함이 없다. '세살 버릇 여든까지 간다.'는 속담을 우에다 식의 통찰로 바꾸었다. 우에다와 다른 점은 어린이 안에도 노인이 내재되고 노인 안에도 어린이가 내재된다는 점이다.

태내기억(胎內記憶, intrauterine memory)이나 전세기억(前世記憶)을 가지는 아이들 연구가 진척되고 있다. 소아과 의사인 이케가와 아키라(池川明)는 태내기억을 가지는 아이들이 이구동성에 하는 말이 '세상의 도움이 되기 위해서 태어났다'는 것이었다. 그리고 약 20년 전의 아이들은 하나같이 '어머니를 돕고 싶다. 내가 태어나는 것으로 어머니가 행복해지니까'라고 말했는데 요즘은 '지구를 구하기 위해 태어났다'고 말하는 아이들이 늘어나고 있다.

어린아이가 독특한 방식으로 표현하는 이야기세계에 어른도 노인도 귀를 기울여야 할 것이다. 어린이는 감수성과 생명의 말을 가지고 있다. 그것에 대해 노인은 경험과 지혜의 말을 가질 수 있다. 그것에 의해 인생경험과 생로병사에 관한 생사관적 통찰을 포함한 노인이야기에 귀를 기울여 역사의미와 예지를 짐작한다. 어린이와 노인의 이야기하는 힘은 미래에 희망과 통찰을 준다. 미국 원주민은 7대 앞을 생각하면서 행동하는 문화를 가진다고 하는데 그렇게 역사를 꿰뚫고 연결시키는 눈길과 의사를 가져야 할 것이라고 한다.

야스퍼스가 말한 차축시대는 인간의 보편적 정신과 인간을 하나로 통합하는 데 기여했다고 말했다. 실제로는 이성적 분별적 자아가 두드러지게 등장한 시기라고 할 것이다. 남성원리가 확고해지는 시기이자 여성원리가 퇴각하는 시기였다고 할 것이다. 공자는 초자연적인 실재로 부정했기에 자기는 서술했을 뿐 새로 지어낸 것은 아니라고 고백하였다. 또한 캅은 차축시대의 등장과 함께 합리성이 '개체적 자아'를 형성하는 데 기여했다고 한다. 개체적 자아는 자유 없이는 죽음을 달라는 주장으로 개체 자체가 궁극적 존재였다. 합리성-개체성-자아-자유는 칼 융(Carl Jung)의 표현을 빌리자면, 결국 '남성 원리'에 속하는 것이다. 중국의 한족(漢族) 문명은 그리스 문명과 인도 문명과 함께 차축 시대를 표상하는 문명이 되었다.

한반도의 경우, 영호남을 가르는 뇌량은 섬진강이고 화계장터는 뇌량의 중심부와 같다. 고양이가 기쁠 때 꼬리를 내리지만, 개는 그 반대이듯이 뇌의 한쪽은 자유민주주의를 주창하고 뇌의 반대쪽은 사회 공산주의를 선호한다. 지능지수는 좌뇌가 감성지수는 우뇌가 관장한다. 미래공창을 위해서는 양자를 통찰하되 문명의 갈등을 극복하고 재세이화의 내인의 포함 관계를 이룰 필요가 있다. 이성이 감성과 갈등을 빚어내듯이 동서도 서로 갈등 양상을 노출시킨다. 뇌 속에 양 뇌는 조화를 이루어야 하지만, 억압하려는 '양단(兩斷)' 현상이 나타난다. 좌뇌는 오른손을 제어하고 우뇌는 왼손을 제어한다.

좌뇌 특성이 강한 서양이 동양을 멸시하는 이유는 동양의 우뇌 특징 때문이다. 동양에 개인주의가 발달하지 못한 이유를 들어, 에드워드 사이드(Edward Said)는 '오리엔탈리즘'이라고 간주하였다. 황제와 치우의 대결 상황은 궁극적으로 동아시아에서 벌어진 동서 문명충돌이라고 할 것이다. 황제는 치우가 재세이화나 홍익인간 같은 이념을 표방한 것에 반감을 품어 동방에 대한 서방으로서의 자의식을 가졌다. 황제 이후 양단에 대한 책임을 황제가 부담하게 된 것이다. 좌뇌와 우뇌는 어느 것이 중심이 될 수 없다. 상호 프랙털 작용을 한다. 본원으로 되돌아가 동북아의 평화를 모색해야 한다.

노인철학에서는 홀로그램의 뇌를 되살려야 한다. 양단 중심으로서 영성 문명이 되어야 한다. 만리장성이 인위적으로 만들어놓은 중국의 뇌량이라면, 백두대간은 한반도의 뇌량에 해당한다. 중국의 동서 쌍벽과 한반도의 동서 쌍벽은 대칭을 이룬다. 백두대간의 동쪽 신라의 경우에는 음양오행을 받아들였지만 2수 문화를 3수 문화로 소화함으로써 서부와는 달리 삼수문화의 원형을 지켜 보존할 수 있었다.

노인철학에서는 좌우 뇌가 뇌량을 통해 상보적이어야 됨을 말한다. 자연학의 관점에서 문명의 충돌과 뇌의 충돌 양상이 닮았고 이성과 감성이 영성 문명을 통해 미래공창으로 이어질 수 있음을 의미한다고 할 것이다. 오리엔탈리즘에서 슬픔의 배려에서 아픔으로, 아픔의 돌봄에서 영성치유로 나아가는 방향을 모색할 수 있다.

나이 듦의 과정에서 두려운 것으로 흔히 세 가지를 거론한다. 이른바 병듦, 궁핍, 그리고 고립이다. 이 세 가지 요소는 노인이 불행을 느끼게 하는 근본요인이 되고 있다. 노인도 마찬가지로 불행보다 행복을 염원한다. 병듦은 유전적 요인, 건강을 지키려는 노력저하, 음식물 섭취문제, 정신적 스트레스, 운동 부족 등 여러 요인이 있다. 무엇보다도 걷기를 소홀히 함으로 병듦에 쉽게 노출되는 경향이 높다. 미국 앤더슨 병원에서는 경미한 암환자가 중증의 다른 암환자를 돌보는 자원봉사를 주요 프로그램으로 활용한다. 봉사활동을 하면 암세포를 죽이는 '자연 살해세포(Natural killer cell)'가 급증하는 효과를 검증했기 때문이다. 그래서 봉사하는 경증 암환자의 치료에 획기적으로 도움이 된다고 여겼다.

직장을 퇴임하고 특별히 할 일이 없어 고립감을 느끼는 사람들이 많다. 적어도 1주일에 1회 이상 봉사하는 행위는 자신의 건강과 행복을 위해 필요조건이 되고 있다. 남을 위해 봉사하는 일은 봉사자 자신에게 즐거움과 행복을 선사한다는 의미를 내포한다. '꽃보다 할배' 시리즈를 통해, 노년 출연자들이 삶에 대한 긍정태도, 학구열정, 도전정신, 겸손함을 나타내기에 젊은이들에게 할아버지들이 호감의 대상이 되었다. 직진을 일삼는 '순재' 할아버지는 안내역을 맡은 이서진을 힘들게 하였다. 부인이 정성스레 싸준 반찬통을 계단 오르기가 벅차다고 발로 차버린 '투들이 일섭' 할아버지는 윤리적 감수성이 결핍된 인물로 남녀노소를 막론하고 보는 사람들로 하여금 짜증을 자아냈다. 경우에 따라서 노인이니까 그러려니 하는 태도들도 실상은 노인을 열등한 타자로 경멸하는 태도라고 할 것이다.

문화적 이정표로서 노인의 문화적 청사진은 급격하게 소실되어 간다. 이는 노인 스스로의 문화적 정체성 상실이기도 하지만, 급격한 문명축의 변화에 따라 노인은 이정표 없이 살다가 죽는 존재로 인식되면서 문화적 실종의 대명사가 되고 있다. 동일시 할 수 있는 문화적 정체성은 소실되고 말았으며 동일시 할 수 없는 타자로서의 노인 이미지는 청소년층, 중장년층에서 만든 금기 대상으로 여겨져 경로가치마저 상실하는 지경에 이르렀다고 할 것이다.

현대의 지배적인 노인담론은 주로 '중년의 끝없는 연장' 선상에서 노인을 묘사하면서, '80세 청춘의 비밀', '95세 단축 마라톤 완주성공인', '철인 할머니' '오토바이족의 젊은 노인' 등 성공적 노화 모델로 부각시키거나 문화적 각본으로 사용하기에 대다수 노인들은 상대적 박탈감을 느끼게 되었다.

노인의 문화적 정체성 위기에 대처하는 방안으로 우리는 노인윤리 실천전략을 상정할 수 있다. 노년기를 문화적 정체감의 혼란 없이 의연하게 대처하는 전략으로서는 무엇보다도 대중의 지혜를 모색하는 방안이 요긴할 것이다. 오늘날의 현대인은 건강과 행복, 장수를 최고의 가치로 인식하는 경향이 높아지고 있다. 행복은 개인 각자의 몫이지만, 나이 듦에 수반된 행복의 가능성에 회의를 품고 있는 사람들이 많아지는 추세이다. 일반적으로 나이 듦의 행복은 노년기의 적극적인 삶을 영위하려는 태도와 무관하지 않다. 특히 노년경험과 지혜를 바탕으로 사회의 기여도를 높이고, 고립에서 벗어나 젊은이들과의 소통이 점차로 강조되는 추세이다.

흔히 장수시대 또는 백세 인간시대를 맞이하여 새로운 노년기를 모색하는 것이 주요과제가 되고 있다. 장수시대를 맞이하여 노년기 생활의 주요변수로는 재화, 시간, 친구, 취미가 환경적 요인으로 거론된다. 먼저 최소한 경제력이 필요하다. 노년기의 생활의 여유자금은 준비해두어야 된다. 장수시대라고는 하지만, 쏜살같이 흘러가는 시간의 조절도 중요한 노년관리 대상이다. 그리고 소극적 삶의 주기에서 소중한 친구와 교제함으로 활력을 회복할 수 있다. 보다 적극적으로 만나기 위해 즐거운 친구를 구축함에 소홀함이 없어야 된다. 아울러 노년기에 몰입할 수 있는 취미가 있어야 할 것이다. 몰입할 수 있는 취미와 여유가 있다면, 노년기 활동은 황금기로서 자리매김도 가능하다. 이제 노인답게 정체성을 확립하고 새롭게 자산을 관리하며, 고정관념이나 전통 생활양식에서 벗어나 적극적으로 노년기를 보내는 자세가 요청된다.

고령화 사회 장수윤리는 노소동행(老少同行)의 개신윤리(開新倫理)로서 전개할 수 있다. 노소가 동행함으로 함께 행복한 동행(同幸)을 가능하게 하였다. 배재대학에서는 제21회 노인의 날을 맞아서 '제2회 노소동행 축제'를 개최하였다. 이 축제는 지역대학과 어르신이 함께하는 고령친화대학 프로그램의 일환으로 이루어졌다. 대학생활을 겪어보지 못한 어르신들의 막연한 거리감을 해소하고 젊은 학생들이 함께 즐길 수 있는 장을 마련하고자 노소동행 축제를 앞으로 지속함으로 한국사회에서 고령친화 대학축제로서 지속적으로 자리매김하게 될 것이다.

또한 한국전래 노소동행을 도상으로 표현한 것으로 대순사상 심우도(尋牛圖)를 들 수 있다. 이 도상은 동자가 소를 찾으며 노인과 동행하는 모습을 제시하고 있다. 소는 예로부터 도(道)로 비유되었다. 앞서 언급하였듯이, 대순사상 심우도 자료를 활용하여 미래공창의 장수윤리가 생각이화-생명기화-생활실화의 개신윤리의 삼단계로 전개될 수 있음을 밝힌 바 있다.

먼저 개신윤리 첫째 단계, 생각 이화단계는 '심심유오(深深有悟)'로서 드러난다. 심심유오(深深有悟)는 '깊고 깊은 생각 속에 천리에 대한 깨달음이 있음'으로 생각의 이화단계를 중시한다. 동자가 소나무 밑에서 고민한다. 일상생활에 익숙해 있던 동자가 어느 순간 인간존재의 근원에 의문을 갖는다. 깊이깊이 감추어져 있는 이치를 찾아 감추어진 진리를 찾아 나선다. 노인 속에 소년 이미지가 소년 속에 노인 이미지가 함께 하기에 '노소합덕(老少合德)'의 이치를 생각하며 소의 발자국을 따라간다. 이 과정에서 우주생명의 이치에서 자신의 감각을 새롭게 알아차릴 수 있다. 오만가지 생각에서 벗어나 우주생명 차원으로 감각에 깨어난다. 이를테면, 발바닥을 알아차리지 못하다가 생각을 멈추고 발바닥에 집중하면 땅과 맞닿은 발바닥을 알아차릴 수 있다.

그 다음 개신윤리 둘째 단계, 생명 기화단계는 '성지우성(誠之又誠)'으로 생명력 확충의 기감(氣感)으로 드러난다. 생명기감을 느끼고 시련과 난관을 극복하며 도(道)를 찾고자 생명실상에 몰입한다. '보은상생(報恩相生)'의 관점에서 자타상호 호혜의 실천윤리로 나아가며, 생명기화에 몰입하고 상극의 기운과 습관에서 벗어나 노소상생의 실천윤리로 전환한다. 이 경우 보다 나은 행동으로 전환한다. 이 행동은 보살핌의 실천이다. 가까운 이웃으로서 노인에게 다가서며 그 시련과 난관을 직시하고 몸짓으로 구체화함으로써 마침내 보살핌으로 이어간다.

마지막 개신윤리 셋째 단계, 생활 실화(實化)단계는 노소통명(老少通明)으로 일상으로 도를 체화하는 단계이다. 피리를 불며 흰 소를 타고 가는 동자 모습에서 도를 일상으로 체화한 경지가 노소통명(老少通明)으로 밝아진다. 나이 듦은 긍정적 노화로서 성숙을 의미하지만, 부정적 노화로서 몸의 불편함을 수반한다. 몸의 불편함이 병으로 이어진다. 여기에 심신의 치유가 함께 요청된다. 몸이 아픈 것보다 우울증에 따른 마음이 고립무원에 빠지는 경향이 높다. 고독은 스스로 치유하는 좋은 계기로 작용하지만, 고립은 우울증으로 이어져 경우에 따라 자살로 마감하기도 한다. 따라서 치유는 노인이 안녕하게 존재하여 참살이가 되게 하는 것이다.

흔히 말하는 인사로서 '안녕하십니까?'는 밤새 우여곡절을 겪더라도 다음 날이 새 날로 이어지는가의 문제의식이 담겨있다. 목에 있던 숨이 아침에도 이어지는가는 생명존재의 차원이다.

이처럼 노소동행은 참살이 차원의 인존구현 공공세계를 실제화 함이다. 동자는 처음 흰 소의 꼬리를 보았지만, 마침내 흰 소와 일체가 됨으로써 참살이 차원의 신선의 삶으로 전환된다. 여기서 소년으로 표시되는 동자는 시공(時空)의 제약에서 벗어나 신선(神仙)의 삶으로 전환된다. 이에 삼차연동으로 나타난 개신윤리의 전개과정을 구조화할 수 있다. 또한 동자는 '흰 소(白牛)' 표상의 도(道)와 상봉한다. 후천개벽의 실화기제를 통해 도로써 밝아진 후천세계를 구현한다. 결국 도를 깨닫는 노인은 이제 개체생명의 한계에서 벗어나 우주생명의 고향으로 복귀함을 수용하고 감사한다.

노소동행으로 개신하는 장수윤리를 생각이화(生覺理化) · 생명기화(生命氣化) · 생활실화(生活實化)의 삼차연동 구조로 새 밝힘 할 수 있다. 영성을 '흰 소'를 통해 개체생명 내재차원에서 발견하면서 동시에 우주생명을 초월차원에서 추구하기에 '내재의 초월' 방식이라고 할 것이다. 개체가 전체이면서 동시에 부분으로 홀론과 연결되어 영성차원으로 수렴된다. 월버의 『의식의 스펙트럼』 모델을 활용한다.[143] 여섯 단계 의식수준을 개신윤리 분석에 활용하면, 메타의 상위차원을 용이하게 파악할 수 있다. 노소동행으로 개신하는 장수윤리를 밝히고자 대순사상 심우도를 참고하고자 한다. 대순사상 심우도는 진리를 깨달아가는 수도과정을 동자가 소를 찾아가는 모습에 비유한다. '심심유오'는 깊고 깊은 생각 속에 천리 이치에 대한 자각이 있음을 의미한다. 이 이치는 생각 깊이 배려하는 배려윤리의 단서를 모색할 수 있다.

심우도의 1폭, '심심유오도(深深有悟圖)'는 나무 밑에서 한 동자가 앉아서 무언가를 생각하는 그림으로 인생문제를 고민하다가 근원적 생명력을 찾아 나서는 모습이다. 조선 시대 하서(河西) 김인후(金麟厚, 1510~1560)의 천명도(天命圖)는 정지운의 천명도[144]와 유사하다. 천지인 셋으로 나누어 천명을 풀이했다. 천지가 부모이고 천지 사이에 생명체가 태어나 살아가는 천리의 천명을 그렸다. 하늘은 '천원지방(天圓地方)'이고, 그 외곽은 십이지로서 시간과 방위를 나타낸다. 첫째 원은 수화목금토의 오행, 둘째 원은 원형이정과 성(誠), 셋째 원은 음양을 표시하고 있다.

첫째와 셋째의 원은 흑백이 섞여있어 음양기를 나타낸다. 둘째 원은 백색으로 원형이정을 묘사한다. 첫째 원처럼, '리'를 기에 함께 둔 것은 '이(理)'와 기가 떨어질 수 없는 '불상

143) 켄 월버 지음, 조옥경 · 김철수 옮김, 『켄 월버의 신』(서울: 김영사, 2016), p.82-3. 월버는 개인적 차원과 문화적 차원은 '상관적 교환(relational exchange)'의 패턴으로 묶여 있다고 말한다.

144) 이정환,「퇴계 천명도설과 천명도에 대한 철학적 · 도상적 재검토」『퇴계학보』제135집, p.44.

河西의 天命圖

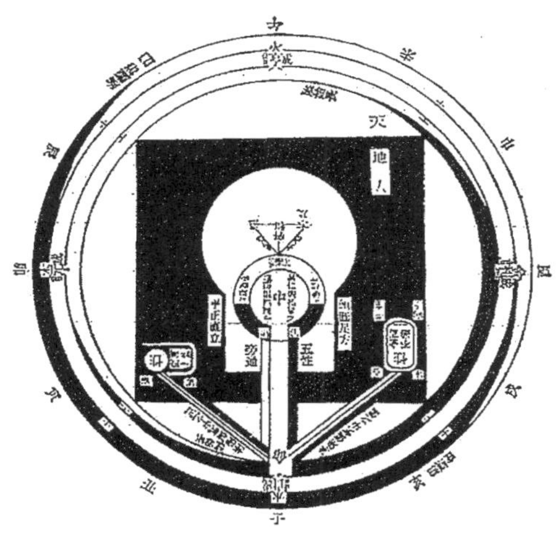

리(不相離)'를 표현하면서, 둘째 원에서 '리'를 기와 구분하여 백색으로 나타냄으로, 서로 섞이지 않는 '불상잡(不相雜)'으로 나타낸다.

수화목금으로 배치하되 토를 중심으로 표상한다. 음양은 생명실상을 표현한다. 음양의 관점은 (陰)과 양(陽)으로 이루어져 만물의 소멸·성장·변화, 우주와 인간생활의 생성소멸을 해석하는 기제가 되었다. 아울러 원형이정은 '시작(元)'과 '통합(亨)', '수행(利)'과 '완성(貞)'의 덕으로, 생명 창조성과 순환성을 드러낸다. 창조와 순환은 우주생명으로 현상을 유지하는 수단이자 생명지속의 목적을 드러낸다.145) '원형이정'은 성에 근거한다. 하서는 '성(性)' 대신 '중(中)'을 내세웠다. '성'을 '중'으로 표현함은『중용』원리를 심성에 적용했음이다. '중'은 음양기에서 음양이 섞이지 않음을 드러내고자 '중' 밖에 또 다른 칠정의 원을 그려서 구분하였다.

또한 칠정이 음양기의 영향을 받고 있음도 나타냈다. '중'은 '이(理)'지만, 음양기가 매개된 '정(情)'에 속한다. '정'에 사단은 없고, '중'의 바깥 원에 위치하여, 희(喜)·노(怒)·애(哀)·락(樂)·애(愛)·오(惡)·욕(欲)의 칠정을 드러낸다. 애(愛)·락(樂)·노(怒)'는 흰색 '양', '희(喜)·애(哀)·오(惡)는 검은 색 '음'으로, '욕(欲)'에 둘러싸여 있기에 욕망에 사로잡혀 영혼을 식민지화 한다. 이에 '몰라 몰라 정말 몰라'를 만트라로 사용하여 하늘천리와 만난다.

'성'을 '중'으로 매개함으로 '정'에 의한 '성'의 실현은 '중'을 살려 공공작용의 '화(和)'를 어느 정도 이루는가에 달려 있어, '공(公)'과 '사(私)'의 균형적 공공작용을 중시한다. 하서는 선악을 '정'의 중절 여부로 보아 사단과 칠정을 '리(理)'와 '기'로 나누지 않았다. 칠정을 사단과 구분하지 않음은 욕망이 중절되지 못하거나 한쪽으로 쏠리기 쉽기 때문이다. 이처럼 '음양합덕'의 이치로서 제 3 생명을 어떻게 창발(創發)하는가를 살필 수 있다. 제 3 생명이 '한'의 이치로 충만하면, '한'은 인격화되어 최고 존재자로까지 추앙을 받는다.

더 이상 상대를 적대시 하지 않고, 자신의 존재성을 확보하는 요건으로 상대를 인정함으로 음양의 상관연동 관계는 합덕의 '대대(對待)' 관계로 발전한다.146) 대대관계 이치에 관

145) 최봉근,「退溪 天命圖를 통해 본 理의 生命性」,『국학논총』제 7집, 2008.
146) 최영진,『유교사상의 본질과 현대성』(서울: 성균관대학교 출판부, 2003), p.51.

한 생각이화의 자각이 존재한다. 대대관계는 '상반성(相反性)'을 매개로 균형과 조화를 성취하는 가운데 각성이 드러난다.

하늘과 땅은 상호주체이면서 동시에 상호객체이다. 대립을 이루는 객체가 없다면, 주체로서 그 기능을 발휘할 수가 없다. '대대'는 '서로 대립하면서(對) 서로를 기다리는(待)' 상태를 말한다. 자신과 반대되는 성질을 가진 타자를 서로를 위해 필요로 하는 관계이다. 대대관계에서 한 걸음 더 나아가 서로 필요로 하는 것을 주고받는데 이를 음양합덕이라고 한다. 이를 위해 '몰라 몰라 정말 몰라' 만트라를 활용한다. 대대관계로서 음양합덕은 일반합덕과 질적으로 다르다. 명덕을 바탕으로 각양각색의 재능을 합한다. 합덕의 상대는 수시로 바뀔 수가 있다. 여러 상황에서 합덕으로 일을 이룬다.

노소동행으로 단련함도 음양합덕의 이치에서 비롯한다. 남자와 여자, 선각자와 후각자, 상사와 부하, 스승과 제자뿐만 아니라, 노인과 아이의 동행은 노소합덕 관계로 발전한다. 노소합덕의 노력을 경주하면, 정신안정이 이루어진다. 살아가는 데는 의식주를 비롯한 여러 활동상황에 재화가 요청된다. 넉넉하면 정신적 안정도 함께 갖추어진다. 노인과 소년이 상호 배려를 실천한다. 배려윤리는 노소합덕(老少合德) 이치를 살리는 윤리이다.

배려윤리는 노소동행을 상호배려 관점에서 바라보고 실천함을 의미한다. 중장년층에서는 공정성과 보편성을 정의윤리로 삼아 실천한다. 반면에 상대적으로 사회약자로서 노소는 동행을 통해 상호배려 실천하면서 동반자관계를 형성함으로 노소가 서로를 마주보면서 상호 보완한다. 따라서 '배려윤리(the ethics of considering)'는 노소동행에서 상호배려의 실천지향으로 나아감을 의미한다. 자신의 감각을 알아차림으로 타자로서 노인의 존재에 대한 알아차림이 배려의 실천으로 이어진다.

〈 노소동행 〉

3-2. 장수보살핌윤리

나이만 든다고 훌륭한 노인일 수 없다. 노인이라도 계속 정신적 성숙단계를 오르면서 깨달음을 깊이 해야 한다. 이상적인 노년 상태에서 삶을 즐기고 가정과 사회와 세상을 위해 보람된 일을 하려면 일정한 조건을 갖추어야 한다. 『도마복음』에서도 『도덕경』에서도 갓난아기란 자연적인 육체적 갓난아기라기보다 영적으로 새로 태어나서 영적으로 갓난아기가 된 사람, 그리하여 남녀, 선악, 미추, 시비 등의 이분법적 사고에서 벗어나 만물이 하나임을 새롭게 깨달은 사람이라 보아야 할 것이다. 연대기적으로 햇수를 많이 보낸 늙은이들은 나이를 아무리 많이 먹었어도 그런 나이 먹음만으로는 완전한 경지에 이르기에는 부족하다. 영적으로 새로 태어난 사람에게서 이분법적 사고를 초월하여 '일중다(一中多)'와 '다중일(多中一)', 상입(相入) 상즉(相卽)의 원리에 따라 모두 하나 됨을 깨닫기 위해 배워야 한다는 이야기다. 그래야만 참 나를 발견한 삶을 살 수 있는 노인이 된다는 것이다.

『장자』에서는 완전한 인간, 자유로운 인간이 되기 위해서 거쳐야 할 과정을 이야기한다. 먼저 오상아(吾喪我). 내가 나를 여읨이다. 지금의 자아 중심주의적 내가 죽고 새로운 나로 다시 태어난다는 것이다. 또한 심재(心齋)이다. 마음을 굶긴다는 뜻이다. 이것도 내가 가진 일상적 의식을 없애고 새로운 의식으로 대체한다는 뜻이다. 그리고 좌망(坐忘)이다. 앉아서 잊어버린다는 뜻이다. 이들이 일상적인 의식을 변화시킨다는 '의식의 변화(transformation of consciousness)'를 말한다. 우리가 노년으로서 참된 인간으로 완성되기 위해서는 의식의 변화를 거쳐야 한다.

참 나를 깨닫지 못했다면, 만물일체라는 것을 실감하지 못했다면, 완전한 의식변화를 이루지 못했다면, 노인으로서 할 수 있는 일이 무엇인가? 완전한 깨달음에 이르러 거창하게 역사와 사회를 바꾸는 일에 공헌할 수 있다면 좋겠지만 그렇지 않아도 연륜에 따라 얻은 작은 지혜를 활용하여 작은 일을 통해 공공(公共)에 봉사할 수 있다는 자각도 중요하다고 볼 것이다. 여러 병원시설에 가보게 되면, 나이 많은 할머니나 할아버지들이 안내를 맡아 자원봉사의 모습을 볼 수 있다. 비록 이들이 완전한 성인의 경지에 이르지는 못했을지라도 어느 정도는 노년에 이르렀지만, 건강한 상태로서 새로운 몸 보살핌의 윤리를 실천하는 사람들이라 말할 수 있을 것이다.

심우도의 '성지우성도'는 정성에 또 정성을 더하기에 이를 윌버 관점에서 바라보면, '실존수준'이다. '성지우성(誠之又誠)'은 '정성하고 또 정성하다'라고 말하는 데, 이는 수도함에 있어 더욱 더 나아가 끊임없이 지극정성을 다함을 뜻한다. 일상생활에서 서로 싸우는 것처럼 보일지라도 실제로는 일거수일투족이 천리(天理)와 이어지고 연결된다고 할 것이다.[147]

생명기화 차원에서 닦고 또 닦아 생명실상을 깨달음으로 드러내고, 인간 사이는 수평관계의 상생을 이루어 수직적 신인조화와 더불어 대순(大巡)의 일원(一圓)을 이루어 진여실상을 감득한다. 아울러 자기본위의 이기성에서 벗어나 동반자 본위의 생각으로 상생으로 나아가 원만하게 구족함으로 그 기운이 보다 밝아진다.

147) 오구라 기조, 『한국은 하나의 철학이다』, (서울: 모시는사람들, 2017), p. 24.

해월 최시형도 그의 법설, '성경신(誠敬信)'에서 천도를 이행하는 바른 길은 오직 정성과 공경과 믿음의 셋에 달려있다고 했다. 사시 차례가 있음으로 만물이 생성하고, 예와 지금이 길고 멀음에 이치와 기운이 변하지 아니하니, 이는 천지의 지극한 '정성이 쉬지 않는 도(至誠無息之道)'이다. 사시(四時)는 하루의 주야조석이며 일 년의 춘하추동이다. 천지 정성으로 인하여 만물이 생겨나고 번성해하며 예부터 지금에 이르기까지 그 이치와 기운이 바뀌지 않는 것은 하늘과 땅의 지극정성의 쉬지 않는 도가 있음이라고 할 것이다.

상생은 실천으로 구현되며 그 방향성은 자유에서 평등으로 나아간다고 할 것이다. 상생을 바탕으로 노소동행 가치를 지속적으로 향유하기 위해 노소가 '동반자(partner)'로 거듭나는 사회로 바뀌어 나간다. 차별적폐를 제거하고자 '보살핌의 윤리(the ethics of caring)'를 통해 상부상조한다. 보살핌을 실천하고자 '괜찮아, 괜찮아 지금은 괜찮아'를 만트라로 사용하여 우주생명으로 충전한다. 상생은 동반자 이익을 고려하고 동반자 고통을 헤아리고, 자신의 안위 대신에 동반자를 향해 보살핌을 우선함으로 동반자와 상통하며 생명기화를 소중히 여기고 보살핌을 중시한다. 또한, 상생은 자신의 욕망을 누르고 타인의 삶을 올바르게 꾀하는 동반자 본위의 생명기화를 실천한다. 상생으로 노인과 소년, 부자와 빈자 사이에 있었던 폐단과 적폐가 사라져야 삶의 자유와 평등을 향유하는 '공공행복(公共幸福)'의 단초(端初)를 마련할 수가 있다.

심우도의 도를 실행함은 개인적 안위나 개인 영달에서 벗어나 사회적이고 우주적인 일에 관여하여 공공작용에 동참함을 의미한다. 이제 노소동행이 일상생활에서 가능한 실천변화를 기감으로 살려간다.

노소동행은 중장년층에 종속된 노소우대에서 벗어나 노소동행으로 말미암아 상생존재로 대우하는 인식전환이 요청된다. 노소합덕(老少合德)이 육체적 노쇠(老衰)와 유약(幼弱)에 대한 배려라고 말한다면, 보살핌의 노소조화(老少調和)는 노숙(老熟)에 근거한다고 말할 수 있다. 흔히 나이 듦을 중장년을 기준으로 보면, 노쇠함이지만, 연령에 맞는 아름다움이 있기 마련이다. 노숙의 아름다움은 '내려놓음'의 미학이자 '흘러감'의 미학이다.

'내려놓음'은 아프다고 해서 노심초사하기보다. 한 번 내려놓고 지켜봄이 성숙함에 가깝다고 할 것이다. 병원에 가게 될 때마다 의사들이 많이 변했음을 느낀다. 1980년대는 의사들은 환자 얼굴을 대면하고 환자가 말하는 증상의 설명에 귀를 기울였다. 대면에 의한 '대화 치료(Dialogical Therapy)'가 이루어진 편이다. 그러나 2010년대는 의사들은 환자 얼굴을 들여다보거나 환자 스스로의 증상설명에 귀를 기울이지 않고 오로지 컴퓨터 화면을 바라보면서 사전에 검사한 결과수치를 살핀다. 실제로 거의 환자와 대화를 하지 않고, 별다른 설명 없이 약국에 가서 약을 타가라고 마감한다. 이른바 '수치치료(Numeral Therapy)

로 바뀌었다고 할 것이다. 게다가 과다약물을 처방받게 되면 노년환자의 경우에는 자연치유력이 치명적인 타격을 받는다. 그래서 참살이 생명살림의 치유가 요청된다고 할 것이다.

참살이 생명살림의 치유는 의사의 기준에 근거하여 수치를 재단하지 아니하고, 환자 개개인의 독특성을 반영하여 수치를 살피되, 현재 노인환자 자신의 기분을 살피기 위해 환자와의 대화를 회복할 필요가 있을 것이다. 사람은 없고 수치가 사람을 대신한다면 진료시간도 단축되어 편리하겠지만, 수치중심의 치료는 환자 자신에 대한 보살핌에서 멀어진다. 다시 말하면, 장수를 위한 보살핌윤리의 실천 차원에서 노인환자와 대면하고 노인환자의 현재 상태를 정확하게 파악하는 것이 중요하다고 할 것이다. 물론 자연과학적 접근에서 확증된 수치자료를 감안하는 것이 필요하겠지만, 환자 자신은 거들떠보지도 않고 수치를 맹신하는 태도는 보살핌의 실천윤리 차원에서 개선될 사항이다.

현대의 과학수준에 환자의 생명 실상에 대한 이해를 보완하는 태도가 참살이 태도이다. 참살이 생명살림의 관점에서, 인간은 생명기운이 뭉치고 사라짐에 따라 시시각각으로 바뀌게 된다. 보살핌의 실천윤리에서 살아 움직이는 생명기운의 변화를 감지하는 것이 무엇보다도 중요하다고 할 것이다. 생명기운은 살아 움직이도록 하는 힘으로 느낄 수는 있지만 보거나 만질 수는 없는 일종의 흐름이다.

'생기(生氣)'에 대한 인식이 전제되고 생명기화의 정도와 수준에 대한 가늠이 요청된다고 할 것이다. 나이가 듦에 따라 여러 가지 사정으로 살려는 의지로서 생기(生氣)가 약해지고 무엇을 적극적으로 하려는 의기(意氣)가 꺾일 수 있다. 또한 생명을 이어가는 힘으로서 기력(氣力)이 쇠잔하기에 최우선으로 기운보강이 절대적이라고 할 것이다. 보살핌 윤리의 실천으로는 기력을 보강시켜주는 의사소통이 중요하며, 수치치료보다 대면치료를 우선시한다.

제약회사에 편승하여 고강도 약물을 단기간에 과량으로 투사하면, 중장년기와 달리 노년기 환자에게는 치명적 독이 되어 재생의지를 꺾고 마침내 사망에 이르게 할 수 있음에 유의할 필요가 있다. 전문가로서 의사가 내 뱉는 참살이의 격려 한 마디는 독이 숨어 있는 다량의 약물보다 보살핌의 윤리 차원에서는 장수에 효과를 발휘하게 될 것이다. 우선 노인 당뇨병 환자에게서 가장 고려되어야 할 사항은 환자의 생활습관이다.

노인의 당뇨병 관리는 일반적으로 약물치료에만 의존하는 경우가 많다. 실제적으로 혈당관리에는 약물치료뿐만이 아닌 식습관 관리도 중요하다. 식습관은 노인 환자들의 혈당 조절과 밀접한 관련이 있다. 노인의 상당수는 식사를 잘 하지 못한다. 혈당을 관리하기 위해서는 규칙적이고 적절한 양의 식사가 동반되어야 한다. 식사가 충분하지 못하면 저혈당 증상을 겪을 수 있는데, 노인에게 저혈당 증상은 훨씬 더 위험할 수 있다. 따라서 규칙적이고 충분한 식사를 할 수 있도록 식습관이 개선되어야 한다.

식사량에 맞춰 당뇨투약 조절되어야 한다. 노인은 젊은 사람과 같은 강도의 운동을 하기 어렵다. 체력뿐만 아니라 퇴행성관절염, 심혈관질환 등 동반되어 있는 질환이 있기에 운동 능력의 차이가 크다. 노인은 이러한 개인의 상황에 맞춰 알맞은 운동을 선택하고, 체력적 부담이 가지 않는 범위 내에서 운동량과 시간 빈도 등을 조절해야 한다.

무릎이 안 좋은 노인 환자라면 무리한 운동을 선택하는 것보다 가벼운 산책이나 수영, 자전거 운동 같은 관절에 무리가 가지 않는 운동을 선택하는 것이 바람직하다. 체력이 약할수록 몰아하기보다 짧게 여러 번 반복적으로 실시하는 것이 좋다. 무엇보다 노인이 즐겁고 쉽게 즐길 수 있는 운동을 선택해서 꾸준하게 하는 것이 중요하다고 할 것이다. 노인에게는 약의 부작용 중 하나인 저혈당 증상이 위험하게 나타날 수 있으므로 적절한 약 종류와 용량을 정하는 것이 중요하다. 일상에서 혈당을 측정하는 습관, 자가 혈당 측정습관이 도움이 된다.

3-3. 장수치유윤리

지난 세월을 살아오면서 사람들은 많은 아픔을 겪게 된다. 몸의 아픔, 마음의 아픔, 그리고 영혼의 아픔이다. 장수를 위한 치유윤리에서는 몸의 치유, 마음의 치유, 영혼의 치유가 점진적이고 단계적으로 이루어져야 된다. 결국 노화의 부정적 모습이 불편함으로써 상태인데, 이는 세 가지 양상으로 나타난다. 그런데 이 고통의 원인은 '불통(不通)'이다. 몸의 불통, 마음의 불통, 영혼의 불통이다. 몸의 불통은 의사와의 대화로써 해결할 수 있다. 영혼의 불통은 심령 또는 성령과의 소통이 전제된다.

허준(許浚: 조선중기의 한의학자 1546-1615)은 『동의보감』에서 '통하면 안 아프고 통하지 않으면 아프다(通卽不痛 不通卽痛)'이라는 명언을 남겼다. 몸이 통하면 몸은 아니 아프고, 마음이 통하면, 조화를 이룬다. 영혼이 통하면 깨달음이 나타난다. 결국 영혼이 통하면 우주생명과 자기 자신 사이의 소통이 이루어진다는 것을 깨닫게 된다. 흔히 이것을 '기통(氣通)'이라고도 말한다. 사람을 '성명(性命)'의 존재라고 할 때, 목숨의 차원에서 기통의 근간이 되고, 숨쉬기가 목숨의 열쇠를 쥐고 있다. 그런데 본성의 차원에서 영성은 개체생명이 우주생명과 소통하는 여부가 관건이 된다. 이는 생사초월의 자리이다. 다시 말하면, 숨쉬기를 통한 목숨 유지여부가 생사문제로서 중시된다면, 본성에 대한 깨달음은 생사초월의 자리이기에 이를 동시에 활연관통하지 않으면, 장수를 위한 치유윤리로서는 한계점이 드러난다고 할 것이다.

생명체 안에서 생각하면, 죽은 기를 밖으로 배출하고 천지에 충만하고 살아있는 기를 흡입하는 것이 숨쉬기로서 '기통(氣通)'이다. 이것이 잘 이루어지면 치유윤리를 일상으로 살릴 수 있다. 반면에 이것이 제대로 이루어지지 않으면 병통이 된다. 생명탄생은 천지의 목숨이 개체생명으로서 자신의 목숨이 되어 삶을 시작하는 것이고, 그것이 끝나면 자신의 목숨이 천지 또는 우주생명의 목숨으로 돌아가게 된다.

개체생명에게는 생사파도가 일어난다고 말하겠지만, 천지의 우주생명 차원에서는 생사, 상극 갈등에서 벗어나 안심(安心) · 안신(安身)의 경지에 이를 수 있음을 파악할 수 있다. 결국 생사일여의 마음으로 업의 고통을 받는 개체생명으로서 거친 소를 자연스럽게 놓아두더라도 저절로 생사초월의 진여실상으로 가는 길을 발견하는 것이 생명치유의 요체라고 할 것이다.

깨달음을 이루어 활연관통(豁然貫通) 하면, 삼계가 투명하게 되어 도통(道通)에 든다. 노소동행 치유윤리는 생활실천으로 이어진다. 윌버 관점에서 보면, 개체생명을 벗어나 '초개아(超個我) 수준'에 이르렀음을 의미한다. '도지통명도(道之通明圖)'는 도가 밝아진 후천세상이 도래함을 암시한다. 동자가 신선으로 바뀌면서, 소가 갇혀 있던 공간에 소녀를 표상하는 선녀들과 더불어 하는데, 불로초는 주변에 장엄하게 피어나고 학들도 함께 노닐게 되어 많은 깨달음의 결실이 풍요롭게 이루어지니 이를 '후천개벽'이라고 한다. 몇몇의 성자 출현이 아니라 주위를 보면, 많은 생명들이 영성차원을 깨달아 더불어 새 세상을 열어 감이다. 이처럼 도를 통해 밝아지는 나이 듦은 후천 개벽의 새 세상을 열 수 있다.

공자가 자각한 40대의 '불혹(不惑)'은 중장년이 되는 시기로서 전환기라고 말할 수 있다. 대다수 논어 풀이에서는 이를 '미혹하지 않는다.' 또는 '뚜렷한 자기소신을 확립한다.'로 해석한다. 노년기와 대비시켜 해석하면, 오히려 '스스로의 배움을 프레임에 가두어 고정하지 않는다.'고 해석할 수 있다. 다시 말해, 영혼의 탈식민지화 또는 영혼의 탈영토화를 통해 명실상부한 자기형성을 이룩하는 전환기라고 뜻매김할 수 있다. 흔히 '자기 자신'이라고 할 때, 그 사람의 몸과 마음을 지칭하는 뜻이다. 자신은 몸의 차원, 자기는 마음의 차원으로 40대가 되면, 몸의 자신에서 벗어나 자유로운 마음의 자기로 전환한다는 의미로 새길 수가 있다.

그렇게 될 때 스스로 우뚝 설 수 있는 자기가 특정의 이념이나 사상의 테두리에 갇혀있지 않고 거기서 벗어날 수 있고 아무것에도 얽매이지 않는 활짝 열린 자기로 일어선다는 의미이다. 청소년의 시기가 지나고 중장년의 시기에 몸의 한계의식에서 벗어난 마음의 활달함으로 대비될 수 있음을 말한다. 이런 상태에서 나이 듦의 50세는 하늘의 명하심을 제대로 체감, 체험, 체득하는 단계가 되는 것이다. 닫힌 마음으로는 하늘의 뜻에 이를 수 없다. 하늘의 뜻과 상통하면, 천지인삼재의 다양, 다중, 다층의 소리를 듣고 판단한다.

프레임에 닫힌 사고에서 프레임에서 벗어난 유연한 삶의 태도를 나타내게 되는 것이다. 나이 듦은 내공이 깊어가고 무르익어 마음이 원하는 바에 따라 행동하더라고 사람의 법도에 어긋나지 않게 된다. 공자는 이러한 내공의 깊이를 '종심소욕불유구(從心所慾不踰矩)'라고 한다. 그 뜻을 새기면, '하고 싶은 대로 하여도 법도를 어기지 않는다.'이다. 공자가 나이 70세에 이른 경지를 나타내는 말로써, 70세를 '종심(從心)'이라고 한다.

그 뜻은 마음에 하고 싶은 대로 좇아 살아도 탈이 없고 무방하게 된다는 뜻으로, 『논어』 「위정(爲政)」 편에 나오는 말이다. 공자가 그리는 노인상은 장로(長老) 또는 숙로(宿老)로서 경험이 많고 사물을 잘 헤아리는 노인으로서 성숙한 경지를 염두에 둔 노인상이다. 그 이전, 50대의 하늘의 명하심으로서 '천명(天命)'은 개체생명을 벗어나 우주생명의 근원적 기운을 감지한 상태라고 말할 수 있다. 이 순간에 이기심을 벗어난 생명실상에 접근함으로 사실보다 깊은 차원의 진실을 포착한다.

개체생명에게 하늘의 명령하심은 개체생명 배후에 생사를 초월한 우주생명이 함께 한다는 일종의 지혜발견이다. 이 지혜는 우주전체가 한 생명으로 관통하며, 생명공동체의 공통의무가 생명살림에 있기에 사람이 근본적으로 너그럽고 어질게 치유윤리를 실천해야 함을 의미한다. 지천명은 초로인생의 경계선에서 자각하여 너그럽고 어진 노인의 삶을 그 이전 시기와 결별하면서 새 출발해야 함을 뜻한다.

나이 듦은 육체적 노쇠함으로 가는 것이라고 알고 있지만, 실은 자기 자신에 대한 재점검을 통해 자기라는 틀을 깨고 타자와 잘 통하는 자타상화(自他相和), 타자 생명을 살리는 자타상생(自他相生), 타자와 더불어 행복한 자타공복(自他共福)을 성취함으로 나아간다. 공자가 50세에 자각한 지천명(知天命)의 도덕적 깨달음은 영성체험의 출발점으로 노인도 정신적으로 성숙해야 되는 도덕적 의무감을 강조한다. 이를 통해 비로소 세상의 존경을 받을 수 있음을 뜻한다.

노화의 괴로움을 내세우면서 자신의 몸에 대한 집착을 일삼게 되면, 고집스러운 노인의 이미지로서 '꼰대'라는 용어 당사자가 되어 세상의 비웃음으로부터 노인은 결코 자유로울 수가 없다. '꼰대'는 원래 권위적 사고를 가진 어른이나 선생님을 비하하는 학생들의 은어이다. 최근에는 꼰대 짓을 하는 사람을 통칭하는 의미로 사용되고 있다. 그 어원에 대해서는 영남 사투리, '꼰데기'와 프랑스어 '콩트(Comte)'에서 유래됐다는 주장이 회자되고 있다.

닫히고 막힌 하늘과 땅을 다시 열고 상통하게 만들고 인존구현의 생활실화로 지상에 낙원이 펼쳐짐으로써 개체생명은 화합하고 '우주심 수준'에 도달하여 인간 존엄을 일상생활에서 '평상심의 도'로써 살려간다. 이는 곧 노소동행의 평범함에서 밝은 진리가 깃들 수 있음을 드러낸다고 할 것이다. 이제 4차 산업혁명에 따른 도술문명 시대가 열리면서 새로운 차원의 청명(淸明)의 세상이 다가온다.

법리에 맞게 다스리고 원망과 억울함이 제거되면서 불로불사하고 빈부차별이 없으며 마음대로 왕래가 가능하고 지혜가 밝아져 과거와 현재, 미래뿐만 아니라 시방세계에 통달하고 삼재재앙이 사라져서 상서가 무르녹는 지상 선경을 목전에 두고 있다. 개체생명이 우주생명과 둘이 아니라는 '불이(不二)' 자각을 어떻게 할 것인가는 노인이 숙년이 되어 성숙하고 밝아지는 요체이다.

노년기의 깨달음이 깊어지면 원인·결과가 수직적이거나 기계적이지 않고, 창발적(創發的)이거나 복합적으로 전환이 이루어진다. 요약하면, 선형(線型)에서 비선형(非線型)으로의 전환이라고 할 것이다. 복잡한 피드백의 공공작용으로 얽혀있는 인드라 유기체의 생명그물은 노소동행의 상호의존 기제로 드러난다. 일찍이 보조국사 지눌은 깨달음을 해오(解悟)와 증오(證悟)의 두 차원에서 이해할 수 있다. 공적영지 자성의 본래 면을 밝히는 것을 '해오(解悟)'라고 한다면, 자성의 근본작용이 원만한 깨달음의 실천으로 이어지는 각행은 '증오(證悟)'이다. 보조국사 지눌이『수심결』에서 밝힌 것처럼, 먼저 깨달음의 돈오가 선행될 때, 진실한 수행으로서 점수가 가능하다고 할 것이다.

후천세상은 후천에 펼쳐지는 지상선경에서 신선들이 사는 사회를 말한다. 신선은 무병장수하고 지혜가 충만하며 용력을 발휘하고 활연관통하기에, 인존을 구현하며 개벽의 생활실화(生活實化)를 가능하게 한다. 안심안인 생활치유를 위해서 일상으로 '편안해, 편안해 여기는 편안해'의 만트라를 활용한다. 상처받은 내면세계를 위한 치유는 심리치료와 달리, 마음에 상처받은 노인 스스로 자신의 '내면아동'을 발견하고 자각하여 발견한 아동을 통해서 '내면 노인'을 '내면 소년'으로 되돌리고 치유함으로써 상보상생의 인격변화를 수반할 수 있다.

아직 치료되지 않은 '내면 아동'과 '내면 노인'은 상처로 인해 지속되는 대인관계와 가족관계, 그리고 학대, 폭력, 중독 등의 고통에서 벗어나 동반자의 도움으로 생활치유가 이루어져야 된다. 노소동행에 근거한 내면 치료는 '치유윤리(ethics of healing)'로 나아가 건강한 심리상태를 치유하고 인간의 존엄을 회복하는 길잡이가 될 것이다. 크고 밝고 충만한 '마하반야바라밀'을 음송하여 진여자성의 청정성을 회복하는 정신치유가 시급하다고 할 것이다.

치유윤리에서 중심을 차지하는 것은 노인 스스로의 자각에 토대를 둔 영성치유의 문제이다. 바람직한 노인의 이미지로서 성호 이익(星湖 李瀷 : 1681-1764)의 부정적인 이미지와 다산 정약용(茶山 丁若鏞 :1762-1836)의 긍정적인 이미지로 나누어 볼 수 있다.

성호는 '노인의 열 가지 좌절'에 관해 말하면서, '낮에는 꾸벅꾸벅 졸고 밤에 잠에 들지 않고, 문상으로 곡할 때는 눈물이 없다가 웃을 때는 눈물이 나온다. 30여 년 전 일은 대부분 기억하는데 목전의 일은 금방 잊어버린다. 고기를 먹으면 뱃속에 들어가는 것이 없고 모두 이빨 사이에 끼여 있으며, 흰 얼굴은 검어지고 검은 머리는 도리어 희어진다'라고 개탄해 마지않았다.

반면에 다산은 71세 때, '노인의 통쾌한 일'이라는 시에서, 노년의 유쾌한 일은 여섯 가지로 말하고 있다. '노인이 되어 대머리가 되고, 이가 모두 빠지며, 눈이 어둡고, 귀가 먹으며, 마음 내키는 대로 미친 듯이 시를 휘갈기며, 때때로 벗들과 바둑을 둔다. 대머리가 되어 머리를 감거나 빗질하는 번거로움이 사라지고, 이가 빠져 치통이 달아났으며, 눈이 어두워 책을 보거나 학문연구를 하지 않아도 된다. 귀가 먹어 세상의 온갖 소리를 듣지 않아도 된다.'

성호의 노년 이미지와 다산의 노년이미지는 오늘의 한국사회에 그대로 전승되고 있다. 명분론은 성호에 가깝고, 대전환을 이루기에 다산이 가깝지만, 노인에 대한 심정은 압도적으로 성호에 가깝다고 할 것이다. 언제부터인가 새로운 노년층에 대한 대우가 각광 수준이다. 새로운 노년 세대라고 하거나 활동적인 노인층이라는 용어가 사용되기도 한다. '젊은 노년층'이라는 이미지 조작을 완성한다.

노년의 독자적 생명가치가 중장년층에 대한 상대적 박탈감으로 등장한다. 나이 듦의 깊은 뜻을 있는 그대로 살피기보다는 청춘의 상실과 삶의 퇴화 쪽으로 이동하면서, 그 틀에서 젊음을 유지하려 노력하거나 창춘회복을 바람직한 노인상의 판단기준으로 고정시키려는 경향도 나타나는 추세이다. 젊은 노년이 아니라 노년다운 노년이 노년기를 보내야 수많은 사람들의 귀감이 될 수 있다. 노년기를 맞이하여 청소년과 중장년과 함께 더불어 행복해질 수 있는 길이 될 것이다.

노인이 자신의 연령층을 회피하면서 청소년이나 중장년에 맞추다 보면, 결국 초라해질 것이고는 삶의 질도 퇴락하게 될 것이다. 노화 과정은 긍정적인 1차 노화와 병적 노화에 해당하는 2차 노화로 나뉜다. 치유는 흔히 2차 노화에 한정하지만, 1차노화 역시 의료치료 대상이 된다. 노화가 의료대상이 된다는 사실은 노화를 일종의 질병으로 간주한다는 의미이기도 하다. 전통적 의료분야보다도 제약과 미용 분야가 일찍부터 노화를 통제하고 관리하는 방안을 다양하게 모색해왔다. 이른바 나이 듦을 회피하려는 태도는 이러한 노화 기피의 사회현상과 밀접하게 연관되어 있다.

노화 방지를 위한 나이 듦의 조기 회피 현상은 노인을 병적 존재로 간주하는 일종의 사회적 편견이다. 나이 듦을 사회봉사로 승화시키는 노인층이 존재하기에 세대 간의 갈등은 나이 듦을 거부하는 일종의 사회적 편견이라고 말할 수 있기 때문이다. 오히려 나이 듦을 인정하고 적극적으로 신선 양생에 몰입하는 편이 보기에도 아름답다고 할 것이다.

신선으로서 양생은 정신을 양육하여 통전체험에 이르는 양신(養神) 양생과 신체를 돌보아 건강을 유지하는 양형(養形) 양생으로 나뉜다. 이는 '제생의세(濟生醫世)'로 발전하여 의술을 통한 기층구제(基層救濟)가 되면서, '선천인'에서 '후천인'으로 근본적 탈바꿈이 가능하다. 환골탈태(換骨奪胎)를 위해서는 주문봉송과 상관 연동으로 내면치유가 지속적으로 일어난다. 노인과 아동이 서로 상통하여 함께 밝아짐으로 내면치유가 실제적 생활에서 이루어지는 사례가 증가되고 있다. 이러한 치유는 세대 간의 갈등뿐만 아니라 노년 세대 내부에서의 갈등을 치유할 수 있는 관건이 된다.

심우도는 진리를 깨달아가는 수도 과정을 동자가 소를 찾아가는 모습에 비유한 도상이다. 이 글에서는 개신윤리가 생각이화-생명기화-생활실화의 공공작용의 세 단계로 이루어짐을 밝혔다. 노소동행은 인간관계의 상반되거나 대립한 관점에서 벗어나서 공적 상황과 사적 상황을 함께 아우르며 공공차원의 보살핌을 다중으로 생활 차원에 수렴할 수 있다. 이를테면, 노소동행의 독서 활동은 밝은 사회운동으로 확대시킬 수 있다. 노소동행 독서 활동에 근거한 노명(老明)의 생활 지혜는 노소통명(老少通明)으로 자리매김하게 된다.

'조용하게' 이루어지는 노소합덕 배려윤리에서, '따뜻하게'로 전환되는 노소상생(相生)의 보살핌 윤리로 이어지고, 다시 '환하게' 밝아지며 깨끗하게 노소통명 치유가 이루어진다. 이에 노소합덕(老少合德)을 조용한 배려윤리라고 한다면. 노소상생(老少相生)은 따뜻한 보살핌의 윤리가 될 것이며, 노소통명(老少通明)은 밝아지는 치유 윤리로서 그 효과를 발휘하기에 노소동행은 삼차원 상관 연동의 효과를 나타낼 수 있다. 노소동행을 통해 노소 각자는 인격 존재로서 배려하는 다양한 방법을 생활을 통해 구체화 할 수 있다.

이를 통해 고령화 사회 노년층의 삶이 황혼에서 벗어나 황금기의 축복으로 전환되면, 미래의 공감전망으로 이어질 수 있다. 이 전망은 노동을 유일하게 간주함으로써 삶의 목적을 생존에 귀결시킨 편견을 타파할 수 있다. 노인철학에서 노인이 '잘 있음'에 대한 사유를 경주한다. 사회 인식과 노인 스스로 자각적인 대응방식으로서 생활양식이 치유윤리의 요체라고 할 것이다.

'사회인식'은 사회가 노인을 어떻게 생각하는지에 대한 인식을 의미한다. 은퇴한 남성 87명을 대상으로 은퇴 후 적응 유형을 분석한 라이카드(Reichard)에 따르면, 노년기 적응을 잘 하는 유형은 '성숙형(matured type)', '방어형(armored type)', '은둔형(rocking-chair)'으로 나이 듦을 수용하는 편이다. 반면에 적응을 잘하지 못하는 유형으로는 '분노형(angry type)'과 '자학형(self-haters type)으로 나이 듦을 제대로 받아들이지 못하는 단점이 있다고 할 것이다.[148]

‘성숙형’은 은퇴 후 변화된 자기 자신을 현실 그대로 받아들이고, 감사하는 생활태도로 자기통합이 원만하게 이루어진다면, ‘방어형’은 나이 듦의 불안을 방지하기 위해 나름대로의 적극적인 활동을 통해 자신의 기능을 강화하려고 노력한다. ‘은둔형’은 복잡한 대인관계를 정리하고 수동적인 삶의 태도에 만족을 나타내게 된다. 반면에 ‘분노형’은 자신의 늙음에 대해 분노를 남에게 돌리며 과거에 집착하는 모습을 나타낸다. ‘잔학형’은 자신의 무력감에 대해 자책하고 의기소침하여 우울증을 수반하기도 한다.

이러한 사회적응의 유형에서 나타나듯이, 노인 스스로 주체적이며 자각적인 대응방식을 모색할 필요가 있다. 먼저 몸의 보살핌을 요청하는 양로인식에 대해서는 보편설계의 자각적 생활양식을 요청한다. 노인을 바라보는 일반적인 시선은 사회생활을 영위하기 어려운 노인을 보호하고 몸으로 보살펴야 된다는 입장이다. 집단적으로 노인을 보호하는 시설을 양로원이라고 한다. 양노 대신에 노인복지라는 말을 사용하기도 한다. 노인을 양로하는 데는 물질적 복지만으로는 충분하지 않으며 봉양하는 정신자세가 함께 필요하다. 오늘날 노인복지로서 양로는 노인공경이 사라진 복지로서 그 한계점이 드러난다.

또한 사회에 팽배한 혐노인식에 대해 ‘정리정돈’하는 자각의 생활양식이 요청된다. 혐노가 노인을 버리는 기로(耆老) 현상으로 나아간다. 노인 스스로 자각하고 활성화하는 활로인식에 대해서 자원봉사의 자각적 생활양식이 요청된다. 노인으로 배려하는 행동을 실천하고 현실을 직시하며 평안을 유지하는 유형이다. 감사하는 자세로 일관하며 자기통합을 원만하게 꾀한다. 아울러 경로인식의 경우, 사회적 존경을 받기에 자각적인 허심겸손의 생활양식이 바람직하다고 할 것이다. 노인은 네 가지 유형으로 집약된다. 주체적이며 자각적인 접근을 통해 노인 스스로 자발적이며 철학 하는 삶이 중시되며 노인이 어떻게 여생을 보내야 행복한 삶을 향유할 것인가에 관심을 둔다.

양로인식(養老認識)과 보편설계 생활양식

만약 노인이 되어서 노화를 스스로 없애려고 하거나 젊음에 집착하면 할수록 괴로움이 가중될 것이다. 신체적인 변화뿐만 아니라 심리적 변화가 수반되면서 상실감은 가족이나 국가의 보살핌을 요청하게 된다. 노인을 보호하고 보살피는 사회적 복지를 양로라고 말할 수 있다. 흔히 노인에게 필요한 최소한의 생활비가 얼마이며, 의료비가 얼마나 필요한지를 점검하면서 물질적 요인에 우선권을 둔다. 나이 듦에 따라 신체적으론 경제적으로나 사회적으로 상실되어 가는 노인을 보살피는 양로에 있어 문명발달에 따른 편리한 시설 활용을

148) Reichard, Livson and Peterson, *A Stusy of 87 Older man*, NY, 1962, pp. 72-7.

되짚어볼 수 있다.

이는 편리함을 담보로 하는 '보편설계(universal design)'의 생활양식의 변화를 요청한다. 낭만을 유지하고 꿈꾸며 사랑하며 취미활동에 전념하기 위한 보편설계에는 사회봉사를 포함한다. 내가 먼저 베풀고 봉사하면, 양노대상이 되어 보살핌을 받더라도 불편하지 않도록 시설을 갖추도록 해야 될 것이다.

보편설계에는 7가지 원칙이 존재한다. 공정한 사용, 사용의 유연성, 간단하고 직관적인 사용, 지각할 수 있는 정보, 오류에 대한 허용 오차, 낮은 신체노력, 접근을 위한 크기와 공간을 함께 고려하면서 설계한다. 무장애 디자인에서 출발한 보편설계는 노인을 위한 디자인이라는 개념을 넘어 다양한 능력과 인간의 전체 생애주기를 고려한 디자인으로 발전하였다.

장애나 자유롭지 못한 신체능력을 사람마다 누구나 가지고 있는 개성으로 보는 시각이다. 사람의 다양한 개성을 존중하듯이 나이 듦에 다른 변화를 자연스럽게 수용한다. '보편설계'에는 인간을 평등하게 포용하는 환경을 새롭게 창조하려는 정신이 깃들어 있다. 인류의 평균수명이 장수로 나타나면서 생존율을 높이는 광범위하고 보편적인 디자인에 관심을 고조시켜왔다. 모든 사람이 적응할 수 있으며, 신체 부자유자들의 어려움을 보조할 수 있는 기술능력 증대에 따라 이러한 핵심적인 배려사항을 시설 디자인에 반영한다.

특히 노인들이 이용하는 데 장벽이 없도록 개선에 충실하기에 현대의 노인들은 보편설계에 대한 관심이 날로 커지고 있다. 보편설계에는 8가지 목표를 설정한다. 몸에 맞고, 편안하며, 자각하며, 이해하고, '웰니스(Wellness)', 사회적 통합, 개성화, 문화적 타당성을 목표로 내세운다. 앞의 네 가지 요소는 인체측정, 역학, 지각 인식에 관한 내용이다. 또한 '웰니스'는 인간성과 사회적 통합, 개성화, 문화적 타당성은 사회적 참여의 결과를 뜻한다.

보편설계에는 노인의 안위를 배려하는 포괄적 보살핌의 환경구축이 중심 개념을 이룬다. 봉양하는 마음 없이 양로인식을 갖게 되면, 세대갈등으로 이어져 혐노인식으로 바뀌게 된다. 청년층의 80%가 '국민연금 등 공적연금을 노후에 필요한 만큼 받지 못할 것'이라고 보고, '고독사(孤獨死)'의 가능성이 현재 노인층에 비해 2배 이상 많다. 이런 상태가 지속되면 노인이 되는 것 자체를 불안해하는 '노화공포증'이 나타날 것이다. 세대 간에 '남'에게 '자기' 비용을 전가하면서 세대갈등과 노인혐오가 한국 사회에 어른거려 혐노인식으로 바뀐다.

혐노인식(嫌老認識)과 정리정돈(整理整頓) 생활양식

노인이 되면 몸도 쇠약해지고, 일자리 구하기도 힘들며, 인지능력 등이 점차로 떨어지게 되어 있다. 또한 젊은 사람에 비하여 기억력과 판단력도 예전 같지 않다. 최근 여러 가지 사회쟁점에 비추어보면, 노인에 대한 불신과 폄하 분위기가 훨씬 팽배해지고 있다고 할 것이다. 노인에 대한 부정적 사회 인식은 노인세대들을 더욱 무능하고 의존적으로 만들게 한다. 노인에 대한 부정적 인식이 만연한 사회풍토가 노년기 적응과 발달에 부정적인 영향을 미친다는 사회현상을 일컬어 '사회쇠약증후군(社會衰弱症候群)'이라고 일컫는다.

노인에 대한 부정적 사회인식이 팽배한 가운데, 노인 스스로 고집을 피우고 양보하지 않으며 불평과 불만을 배설물처럼 늘어놓기가 쉽다. 더욱이 칭찬과 격려의 말과 담을 쌓고 다른 세대와 소통하려는 의지를 발휘하지 않으면, 노인은 점차로 혐노대상으로 전락하고 만다. 특히 젊은 세대에서 공유하는 새로운 사상을 비하하고 자신이 인식하는 내용을 중심으로 지나치게 부각시키면, '꼰대'라는 비판을 면할 수가 없을 것이다. 무엇보다도 사회쇠약증후군이 나타나면서, 노인 스스로는 꼰대로 자처하기 쉽고 노인과 구별되는 청소년 세대, 중장년 세대 사이의 갈등이 증폭되면서, 사회적으로 혐노인식이 점차로 늘어나게 될 것이다.

그 대안은 어른의 미덕을 살리는 길을 강구하는 것이다. 이를테면, 어른의 겸손함이 아름다움이 되고 그 아름다움은 혐오를 추방할 수 있기 때문이다. 젊은이들의 사생활에 대해서 묻지도 않고 따지지 않는 것이 중요하다. 그들 인생을 간섭하는 것은 바람직하지 않다. 게다가 젊은이들을 어린애 취급하는 것은 쉽게 혐노인식을 조장한다. 이에 노인도 스스로 행복하기 위한 사회적 책임을 분담해야 될 것이다.

빈곤과 노화 문제를 슬기롭게 극복해 나가기 위한 노인 자신의 책임의식을 모색해야 한다. 국민건강보험공단의 자료에 따르면, 60~80대 여성들은 우울증 환자가 급증한다. 80세 이상 여성 노인들은 지난 5년 동안 우울증 환자가 연평균 8.2% 증가하는 추세이다. 노년기는 정상적인 사회적응 과정이며, 살아내야 함을 자각하기에, 나이 들었다는 사실은 객관적인 현실이다. 그저 나이를 바라보기만 한다면, 실제로 노년기 내부에서 일어나는 변화는 무궁무진하다고. 성숙과 밝음으로의 변화로서 포착된다.

'정리정돈'에서 정리는 불필요한 것을 선별해서 유용한 것을 가지런히 하는 것을 말하며, 정돈은 한 곳에 정연하게 두는 것을 말한다. '정리'를 위해서는 불필요한 품목의 제거가 전제된다. 또한 품종별, 양부별, 사용빈도 등에 따라 구분해 놓을 필요가 생긴다. 그리고 한번 보아 수량 등이 확실하며, 출입하기 쉬운 상태에 있도록 한다. 반면에 정돈을 위해서는 두는 장소가 결정되어 있기에 흩어지지 않도록 모으는 일이 중요하다. 이를 통해 작업을 방해하는 일이 없도록 하는 것이 중요하다. 결국 불요불급한 물품을 처분하고, 필요한 물품을 두는 장소, 두는 방법을 작업에 적합한 방법으로 색채를 살려 정하며, 노인의 안전통로와 작업상면의 확보를 위해 정돈한다. 이상과 같이 정리정돈은 언제나 일상생활과 일체로 이루어지며,

일상생활 가운데 실시하고 지키지 않으면 안 된다고 할 것이다. 이렇게 정리정돈하면, 긍정적으로 자신을 관조할 수 있으며, 다른 세대의 부러움을 살 정도가 될 수 있다.

정리전돈이 안되면 불행한 사태에 직면한다. 한국보건사회연구원이 OECD 30개 회원국의 공공사회 복지지출의 데이터를 분석한 결과, 한국의 노인 빈곤 비율은 압도적으로 1위를 차지하고 있다. 그런데도 국내총생산에서 노인에게 돌아가는 복지지출 비중은 최하위 권역으로 쳐져있다. 한국의 국내총생산 대비 노인복지지출 비중은 1.7%이다. 1.1%를 기록한 멕시코 때문에 꼴찌를 면했지만, OECD평균의 6.8%에 비하면 4분의 1수준에 불과하다. 한국 노인 소득이 매우 불평등한 데다 국가가 노인에 대한 복지지출도 적게 하다 보니까, 가난한 노인들이 대체로 불행하다고 자조(自嘲)하는 편이다.

정리정돈이 안된 상태에서 야기되는 '노인학대(老人虐待, elder abuse)'가 일어난다. 이는 노인 가족 또는 타인이 노인에게 신체적 · 언어적 · 정서적 · 성적 · 경제적으로 고통이나 장해를 주는 행위 또는 노인에게 필요한 최소한의 적절한 보호조차 제공하지 않는 방임이나 유기를 포함한다. 나이 든 사람은 행복할 책임이 있다는데 누가 그 책임을 져야 할 것인가?

개개인 노력만으로 풀기 어려울 때, 국가나 사회의 도움이 필요하다. 100세 노인이 건강하며 멋있게 늙고, 인생의 황금기를 즐길 수 있도록 생태환경 변화가 요청된다. 따라서 인생 주기를 살펴 노년기를 준비해야 된다. 인생에서 나이 드는 것은 나무의 나이테와 같다. 하루하루 원숙해지고 밝아진다면, 노년기는 황금기일 수도 있다. 나이 먹는 것은 괜찮은 여정이며, 새로운 탐험에 속한다. 질병은 감각 쾌락이 지불하는 이자라고 할 것이다. 잘못된 식습관과 운동부족으로 병든 일상에서 벗어나야 한다.

아울러 사회적 고립을 극복해야 할 것이다. 노인거주시설에 대해서도 적극적 생각을 할 필요가 있다. 나이가 들어도 곱고 밝게 마음먹은 사람은 사랑받으며 공경의 대상이 된다. 무엇보다도 곱게 나이 드는 방법은 마음을 넓게 가지는 것이다. 형편이 된다면, 병든 이웃과 소외된 이웃을 위해 자원봉사 마음으로 넓히는 것이 주요 해결방책이다. 여기에 맞는 노인수칙이 있다면, 그것은 스스로 정리정돈을 생활실천 하는 자각과 주체의 길이다. 집안과 주변 환경을 솔선하여 깨끗이 해야 할 것이다.

UN과 '세계노인 학대 방지망(INPEA)'이 노인에 대한 부당한 처우를 개선하고 노인혐오에 이어서 노인학대의 심각성을 널리 알리기 위하여, 2006년부터 매년 6월 15일을 '세계노인 학대인식의 날(World Elder Abuse Awareness Day)'로 정하였다. '노인 학대'는 신체적 · 정서적 · 언어적 학대 및 유기 · 방임으로 인한 소외를 포함한다.

세계노인 학대인식의 날에는 세계 각국에서 세미나, 캠페인 등 행사를 진행한다. 2006년 제1회는 UN 본부가 있는 뉴욕에서 개최되었고, 2007년 제2회는 '세계노인 학대방지망

(INPEA)'이 위치한 스위스 제네바에서 WHO 주관으로 열린 바 있다. 우리나라는 중앙노인보호전문기관과 보건복지부의 협력으로 2006년부터 노인에 대한 부당한 처우를 개선하고 사회적 인식 개선을 위한 기념식을 연다.

활로인식(活老認識)과 자원봉사(自願奉仕) 생활양식

노인 스스로에 대해 좀 더 깊이 수용하며 있는 그대로 '지금 여기'의 노인이 될 수 있을 때 활기를 회복하고 좀 더 효율적으로 남을 도울 수 있다. 활로 인식의 기본 태도는 내가 내 속에 들어 있는 생각이나 감정을 직시하고, 항상 내가 하고 싶은 대로 기능할 수 없는 사람이라는 사실을 수용하는 것이 중요하다.

노인이 완전히 노인 자신을 수용할 때까지 변화되기가 어렵고, 자신에게서 벗어날 수 없다는 사실을 깨닫기가 쉽지 않다. 노인 자신이 활기를 회복하기 위해서는 사람과 관계가 진실해야 한다는 것이다. 진실한 관계는 생명력이 있고 의미 있는 활기참으로 이어진다. 그래서 노인의 여러 태도 가운데 나이 듦, 그대로 인정하는 것이 효과적이라고 할 것이다. 이를 근거로 다른 사람을 이해하려고 노력하는 것이 가치가 있다. 다른 사람의 말을 들을 때, 첫 반응은 그것을 이해하기보다는 즉각적으로 평가하고 판단하는 것이다.

노인 스스로 타자를 이해하고, 그의 틀 속에서 공감하여 들어가도록 허용하는 것은 쉬운 일이 아니다. 노인을 이해하는 것은 그들을 변호하는 것이며, 노인 자신의 두려움, 기괴한 생각, 비극적 느낌, 실망을 받아들이도록 하는 것이다. 사람이 이러한 감정들을 이해할 때 비로소 그들 속에 있는 감정을 받아들일 수 있다.

그 후 그들은 감정뿐만 아니라 노인 스스로 활기차게 변화하는 것을 발견하게 된다. 이 변화는 자원봉사로 이어질 수 있는 용기를 가능하게 한다. 자원봉사는 노인 스스로 자원하는 봉사활동이다. 봉사활동은 사회 또는 남을 위하여 자신을 돌보지 아니하고 몸을 움직여 행동하는 것이다. 봉사활동을 하면 그만큼 행복하다.[149] 자원봉사는 자신이 원해서 하는 경우로서 많이 할수록 행복감으로 이어진다.

자원봉사와 타원봉사의 차이는 지속성에서 드러난다. 봉사활동에서도 강조되는 요소가 지속성이다. 자신이 원하는 경우보다 지속성을 강조함에 방점을 둔다. 자신이 원해서 한번만 자원봉사 활동을 다녀온 경험도 지속성이 없으면 의미가 퇴색된다. 국가에서 주최하는 국제행사나 올림픽의 경우, 자원봉사라고 하기는 어려울 것이다. 또한 유명 인사가 이미지

149) Thoits, P. A., & Hewitt, L. N. (2001). Volunteer work and well-being. *Journal of health and social behavior*, 115-120.

관리를 위해 실시하는 봉사는 돈벌이나 선거에 도움이 되는 것이기에 노이즈 마케팅 수준으로 직접 노인의 행복과 연계되지 아니한다.

특히 자원봉사라는 미명으로 무임금 노동이 자행된다는 비판도 있다. 노인이 자원봉사를 실천하기 위해서는 부단히 새로운 사람과 만나야 할 것이다. 아울러 언어절제도 요청한다. 덕담을 하되 장광설은 금물이라고 할 것이다. 아울러 생활 활력소가 되는 유모개발도 필요하다. 활기찬 노인으로서 자기 역할을 다하면, 사람들에게 평안을 선물할 것이다.

자원봉사 결과는 그 사람이 하는 일이 얼마만한 효과를 주느냐에 따라 달라지기에 재능기부라고 말한다. 별다른 기술이 없는 사람도 청소, 정리, 짐 나르기, 배달 같은 것을 해주면 기부행위가 된있다. 자원봉사는 보편적으로 생각하기에 무보수로 하는 것이지만, 그렇지 않은 사례도 있다. 국경 없는 의사회는 경력이 풍부한 의사를 자원봉사의 형태로 고용하면서 연 2,000만원의 연봉을 제공하였다.

상황에 따라 차이가 나겠지만, 자원봉사를 내세워 무임승차하려는 생활양식은 노인 스스로 천대받도록 하는 결과를 야기하기 쉽다. 청소년 세대나 중장년 세대와 달리 노숙년 세대의 자원봉사는 일종의 포기와 체념의 생활양식에 가깝다. 되지 않는 일로 속을 끓이면, 심신이 함께 지쳐서 노인으로서 노약한 신체를 버티고 유지하기가 쉽지 않을 수 있기 때문이다.

경로인식(敬老認識)과 허심겸손(虛心謙遜) 생활양식

노화는 생명체가 겪는 자연스러운 변화로서 상실감을 수반한다. 노인이 주체로 감당하기에는 한계가 있다. 주체로서의 노인이 지식으로 존경받지는 못한다, 노인이 존경받는 경로대상이 되기 위해서는 지혜로운 인격을 갖추어야 한다. 변화하는 존재를 가상으로 보고 불변의 이데아를 추구한다면, 노인이 행복에 도달하기는 어려울 것이다. 오늘날 경로사상이 퇴색되는 이유는 전통적 가치관이 사라지고 있기 때문이다.

인간가치가 생산력에 달려있다고 말한다. 노인은 생산력을 상실한 무용지물로 대하기 쉽다. 생산 없이 소비만 하는 존재라면, 존재가치를 상실하기 때문이다. 또 다른 이유는 과학기술의 급진적인 발달로 인하여 오랜 경험으로 쌓인 지식과 지혜는 이제 쓸모없는 휴지가 될 것이다. 노인이 가진 지식도 천시를 받고 쓸모없는 인간으로 간주되면서 노인은 존경대상에서 멀어진다.

그러나 이러한 변화가 괴로울지라도 나이 듦은 자연스러운 현상이고 사회변동은 거역할 수 없는 진실이기에 나이 듦을 '지금 여기'에서 그대로 수용하는 자세가 필요하다고 할 것이다.

'허심겸손(虛心謙遜)' 생활양식은 나이 듦을 자연스럽게 받아들이는 양식으로 '지금 여기'

를 살아가는 태도이다. 이 태도는 나이가 들어가지만, 마음을 비우고 겸손하며, 평상심을 유지하게 한다. 아름답고 성숙한 노인으로 나이 듦은 존경의 대상으로 자리매김할 수 있다. 이는 곧 떳떳한 노년기의 주인공으로 살아가는 기본적인 생활양식으로 멋진 꿈을 설계하는 요인이 된다.

또한 허심겸손 생활양식은 나이 듦의 현재성을 적극적으로 수용하고 과거에 집착하거나 미래에 대해 걱정하거나 두려워하지 않는 것이다. 이러한 태도는 나이 듦에 대한 이해를 심화시켜 자신을 변화하는 생성 존재로서 자각하는 것이 요체이다. 나이 듦을 인식하지 못한다. 이러한 착각은 노인 자신을 본래적이지 아니하게 하는 존재 양식에 묶어두는 폐단을 초래한다.

특히 노인은 죽음을 두려워하지 않고 죽음 너머 영성 밝음 또는 초월로 가는 새로운 삶의 양식을 받아들임으로써 죽음의 장벽으로부터도 근원적으로 벗어나게 준비할 필요가 있다. 경로인식 대상으로서 노인은 스스로를 자각하여 불변하는 실체가 아니라 우주생명과 교감하면서 끊임없이 변화하는 존재임을 스스로 깨닫는 것이 무엇보다 중요한 요소라고 할 것이다.

모든 인간은 출생으로부터 성장, 성숙 그리고 노화를 겪는다. 이 변화를 노인들은 두려워하고 거부하는 경향이 크다. 피부 탄력이 현저하게 사라지면 검버섯이 생긴다. 흰머리가 무성하고 머리카락도 현저하게 빠진다. 이런 변화가 두려워서 염색하거나 성형수술도 불사한다. 나이 듦을 추함으로 성급한 일반화를 꾀하고 아름답게 가꾸려고만 한다면, 나이 듦은 아름다움에서 오히려 멀어지는 역설을 낳을 것이다. 노인들도 근본적으로 긍정적인 방향성을 가지고 있다. 노인으로서 노인 스스로 표현하는 감정을 이해하고, 민감하게 사람으로서 생각을 수용할 때, 어떤 방향으로 움직이는 경향이 있음을 발견하게 된다.

노인이 이해받고 수용될수록, 더욱 노인으로서 꾸미기 쉬운 거짓된 태도를 버리고 점점 더 긍정적 방향으로 나아간다. 노인은 방어 가면을 벗어 던지고, 숨겨진 측면을 충분히 인지한다. 가면 뒤의 숨은 경험을 발견한다면, 이것은 노인의 또 다른 모습이다. 유기체로서 우리는 존경하는 노인 모습을 발견한다. 노인 스스로 개방적이며, 삶의 초월을 직감하고, 상관 연동하는 유기체로 자신을 성찰하며, 평가 중심이 자신의 내부에 있음을 수용한다. 또한 삶을 변화시키는 과정으로 자신의 경험에서 새로운 자기 자신을 발견할 수 있다. 나이 듦에 수반되는 노인의 성숙과정이 존재한다. 노인 치유윤리는 이러한 사회 인식을 반영해야 보다 구체적으로 적용할 수 있을 것이다.

치유를 위해 상담에 임하는 노인 내담자는 연령이 많으며, 상담자보다 경험의 폭이 넓다. 노인상담에서 내담자와 상담자의 나이 차이는 치료관계에서 전이와 역전이가 발생하며, 이는 상담과 치료에 중요한 영향을 미친다. 내담자에게서 나타나는 전의 내용은 다양한데, 치료가 진행될수록 내용의 의미와 드러나는 양식이 달라질 수 있다.

제4장

장수생명실천

〈장수재세이화, 장수생명화육, 장수삼재소통을 다룬다.〉

4-1 장수재세이화

우리는 이미 노소동행 개신하는 장수윤리를 생각이화(生覺理化) · 생명기화(生命氣化) · 생활실화(生活實化)의 삼차연동 구조로 새 밝힘 했다. 영성을 '흰 소'를 통해 개체생명 내재차원에서 발견하면서 동시에 우주생명을 초월 차원에서 추구하기에 '내재의 초월' 방식이다. 개체가 전체이면서 동시에 부분으로 홀론과 연결되어 영성으로 수렴된다. 윌버의 『의식의 스펙트럼』 모델을 활용할 수 있다.[150] 노인과 아이 동행은 노소합덕으로 발전한다. 노소합덕의 노력을 경주하면, 정신안정이 이루어진다. 넉넉하면 정신안정도 함께 이룬다.

노인과 아동이 배려를 실천함으로 장수재세이화에 접근한다. 배려윤리는 노소합덕(老少合德)의 이치를 살리는 윤리이다. 배려윤리는 노소동행을 상호배려 관점에서 바라보고 실천함을 의미한다. 중장년층에서는 공정성과 보편성을 정의윤리로 삼아 실천한다. 반면에 상대적으로 사회약자로서 노소는 동행을 통해 상호배려 실천하면서 동반자관계를 형성함으로 노소가 함께하면서 서로를 마주 보고 상호보완의 장수윤리를 전개할 수 있다.

생명의 오대원소

오래 살수록 세상을 이화세계로 만들기 위해 노력하는 것이 인간으로서 아름다운 모습이다. 자연은 중성, 양성, 음성을 조화시킨 것이 우주생명이다. 이는 곧 영성, 역동, 은폐의 모양으로 작동하는 데, 이는 품성에 따른 것이다. 이 품성은 지(地), 수(水), 화(火), 풍(風), 공(空)이라는 오대(五大) 원소의 진동을 통해서 다양한 비율로 드러난다. 죽음에 임한 존재는 이 다섯 가지 진동을 활용해서 물질 속성을 향유한다.

그 진정한 본질을 깨닫고 그것을 현명하게 작용하는 이화의 법을 터득한다면, 장수향유자로서 궁극 자유에 이를 수 있다. 인간의 좋은 예지계 품성은 차분함을 표출한다. 어두운 암울 품성은 활동 저하와 무기력을 표출한다. 그리고 활동 품성은 역동성 함유함으로 활동적 선이나 악으로 다양하게 자신을 표출한다. 장수자는 명상의 차분함을 통해 크리슈나 중추, 미간에서 지각하는 의식에서 인간 본성을 인도하는 5가지 진동의 존재를 느낄 수가 있다.

물질 거울은 물질 대상만을 반영하고, 육체 작동처럼 마음이나 지성을 반영할 수는 없다. 인도 경전에서도 육체는 선한 품성과 악한 품성을 지닌 모든 신과 악귀 순례지이고 성소라고 말한다. 육체는 모든 지식의 축도이다. 그 안의 그리스도 의식 중추에는 이상적 내

150) 켄 윌버 지음, 조옥경 · 김철수 옮김, 『켄 윌버의 신』(서울: 김영사, 2016), p.82-3. 윌버는 개인적 차원과 문화적 차원은 '상관적 교환(relational exchange)'의 패턴으로 묶여 있다고 말한다.

관의 거울이 있다. 이 속에서 자연의 모든 물리적이며 정묘하며, 유체품성과 진동이 지각된다. 이마에 숨겨져 있는 제삼의 눈이라는 마법 거울을 통하여 인간은 한얼을 볼 수 있고 창조계의 모든 정묘하고 거친 힘을 볼 수 있다. 모든 사람과 우주의 과거와 현재, 그리고 미래 운명은 이 거울에 틀림없이 비칠 것이다.

영안이 개안될 때 그리고 영혼이 내적 거울을 들여다보고, 사람은 자신에 대해서나 자신의 미래에 대해서 알기 위하여 점성학(占星學) 지식에 의존할 필요는 없을 것이다. 위대한 경전의 필자들은 서책의 공부로는 궁극 지식을 직접 창출할 수 없다는 것을 알고서 자기수양의 길을 따르고 내적 눈을 들여다봄으로써 얻은 지식의 길을 따랐다. 다섯 개의 진동(지, 수, 화, 풍, 공)이 발현한 덕분에 인간의 육체, 유체, 영체에서는 원소들의 진동에 의한 많은 변화가 일어난다.

이런 식으로, 지각하는 자아와 그를 둘러싼 감각 대상 사이에는 경험을 통해 많은 변화가 수반된다. 명상으로 다섯 개의 영적 중추 또는 '신경총(神經叢)' 중의 한 쪽을 개방하면, 그는 자신의 호흡 흐름과 호흡의 길이와 호흡의 방향에서 명확한 변화를 이룰 수 있다. 이는 명상으로 어떤 중추가 개방되었는지를 정확히 나타낸다. 각각 중추는 특징적 색깔, 맛, 형체를 지니고 있다. 호흡 흐름에서 변화가 일어남을 앎으로써 색깔, 맛, 형체를 경험함으로써, 구도자는 자신이 어떤 중추와 접촉하는 데 성공하였는지를 확인할 수 있다.

명상할 때 미저골(尾骶骨) 신경총에서 '흙의 진동'이 발현되면, 호흡은 콧구멍의 어느 쪽 끝에도 닿지 않고 콧구멍 통로(通路)의 정중앙을 따라 약 30인치(76센티미터) 가량 흐르는데, 그 길이는 폐에서 육체 외부의 지점까지 한 호흡이다. 달콤한 액즙이 목구멍에서 느껴지며 달콤한 액즙에 대한 애착이 생겨난다. 마음은 노란색들을 지각하고 이 색깔들에 애착한다. 그리스도 의식 또는 크리슈나 중추에서는 노란색 사각 형상이 지각된다. 지각하는 구도자의 마음이 순결하다면, 위에서 언급(言及)한 흙의 진동에 대한 경험은 20분 동안 유지된다. 천골(薦骨) 신경총에서 물의 진동(水)을 지각하는 동안, 호흡은 콧구멍의 밑동을 따라서 흐르며, 그 진로 길이는 10인치(25센티미터) 가량이다. 이 경우 씁쓰레한 맛이 목구멍에서 경험된다.

마음은 흰색을 지각하고 그 색깔을 보고자 하는 욕구가 커진다. 미간에 있는 그리스도 의식 중추에서는 흰색의 반달을 보게 된다. 순결한 마음을 지닌 사람은 물의 진동을 16분간 지각한다. 요추(腰椎) 신경총에서 불의 진동(火)이 발현하는 동안, 호흡은 콧구멍의 위쪽을 따라서 흐르며, 그 진로는 길이가 10인치에 달한다. 목구멍에서 쓴맛이 경험되며 쓴맛에 대한 애착이 커진다. 마음은 혈홍색(血紅色)을 지각하고 혈홍색에 애착하게 된다. 미간에 있는 그리스도 의식 중추에서는 혈홍색의 삼각형상을 지각하게 된다. 구도자의 마음이 순수하면, 이 불의 진동 상태는 12분 동안 지속된다.

흉추(胸椎) 신경총에 공기 원소(風), 즉 생명력이 체류하는 동안, 호흡은 콧구멍의 측면을 따라 흐르고 그 진로는 그 길이가 20인치에 달한다. 목구멍에서 신맛이 경험되고 신맛에 대한 욕구가 커진다. 마음은 파란색을 지각하고 파란색에 대한 욕구가 커진다. 그리스도 의식 중추에서는 고동치는 파란색의 둥근 공이 지각된다. 마음이 순결해진 구도자는 이 생명력의 진동을 8분 동안 지각한다. 경부(頸部) 신경총에서 에테르 진동(空)을 지각하는 동안, 호흡은 어떤 힘도 전혀 들지 않고서 콧구멍을 통하여 흐른다. 목구멍에서 매우 쓴 맛이 경험되고 그 맛에 대한 애착이 커진다. 청회색(青灰色)이 마음에 들어오고 마음은 그 색깔에 애착하게 된다. 영안중추에서는 빛나는 광점(光點)들이 점점이 박혀있는 청회색이 지각된다. 마음이 순결해진 구도자는 이 진동하는 에테르 상태를 4분 동안 유지할 수 있다. 언급한 원소 진동들은 육체의 여러 신경총과 신경절(神經節)에 우주생명에 안치된 의식의 주요 상태들인데, 이들은 상대적으로 영구적인 질료이며, 물질과 더불어 창조된 것이 아니고, 우주적 미망(迷妄)에 영향을 받는 동안에는 파괴되지 않고, 영속하는 한얼 안에서 평형을 이룬다.

우주생명 완벽성

연못에 반영된 달의 형상이 흘러드는 산들바람에 일렁이는 것처럼, 우주생명 진동(프라크리티, 즉 우주적 자연)의 미망으로 일렁이는 바다에 반영되어 있는, 언제나 존재하고, 언제나 의식하고, 언제나 새로운 지복(至福), 즉 우주생명 의식도 불완전한 우주적 자연으로 발현하면서 왜곡)되어 나타난다. 신의 내적인 영적 본성은 완벽하고, 언제나 존재하고, 언제나 의식하고, 언제나 새로운 지복이지만, 그분의 외적 본성은 우주자연과 미망의 마야에 반영되어 있듯이 불완전성이 가득 차 있는 것으로 나타난다. 우주생명은 완벽하다.

모든 자연은 불완전하다. 인간으로서의 개체 생명은 자연에 감춰진 '우주생명의 완벽성(para-prakrti)'과 미망의 창조로 인한 '자연의 명백한 불완전성(apara-prakrti)' 사이의 전쟁을 늘 관찰하게 된다. 자연은 경이롭지만 그럼에도 모순으로 가득 차 있다. 그것은 마치 감춰진 완벽성이 불완전한 자연을 통하여 자신을 표출하려는 것처럼 보인다. 산들바람이 연못 위로 흘러드는 것을 멈추면, 그 연못에 반영된 달의 형상은 원래의 일그러지지 않은 모습을 취한다. 마찬가지로, 미망의 폭풍이 명상에 의하여 마음의 바다에서 제거되면, 그에 반영된 우주생명의 일그러지지 않은 형상은 명상하는 구도자에게 지각 가능한 것이 된다.

보통 사람의 마음에는 다음과 같은 영원한 의문이 떠오른다. : 우주생명이 완벽하다면,

그분에게서 방사되어 나오는 우주적 자연이 불완전하게 나타나는 것은 왜 그런가? 그 해답은 다음과 같은 사실에 있으니, 산들바람에 일렁이는 연못에 반영된 달은 겉모양으로만 왜곡되어 보이고 실제로는 그렇지 않은 것처럼, 미망적인 자연에 반영된 완벽한 우주생명은 불완전성이란 미망을 발현하는 것처럼 보인다.

실제로 우주생명의 인격체는 발현되지 않은 상태로서 우주생명 창조 이전과 발현된 이후까지 언제나 한결같이 완벽에 가깝다고 할 것이다. 앞선 구도자는 미망과 모순으로 가득한 자연의 불완전한 상태에 집중하지 않고, 자신의 주의를 우주생명의 완벽한 본성에 집중되어 있게 한다. 구도자에게 밝혀지는 바와 같이, 우주생명은 자신의 내적 본성에서 불멸이고, 완벽하고, 순수 지혜이다. 그분은 언제나 새로운 지복, 언제나 의식하는 존재이다. 자연에 표출된 바로서의 우주생명은 미지수이고, 신비롭고, 포착하기 어렵다.

구도자에게 밝혀지는 바로서의 우주생명은 친밀하고, 사교적이고, 형언할 수 없을 정도로 사랑스러우며, 인간의 모든 불행을 제거하는 데 의식적이고 직접적인 관심을 둔다. 우주생명으로 하여금 자신의 일에 관심을 두게 하려면 명상하면서 잔인하고 냉담하고 몰인정한 자연영역을 초월해야 한다. 방탕한 구도자는 물질욕망의 수렁에서 방랑을 멈추고 불멸로 귀가해야 한다.

극락조(極樂鳥)는 명상을 한 다음에 감성이라는 자신의 작은 새장으로 돌아오고 싶어 한다. 편재하는 새는 명상에서나 더욱 광대한 우주공간 지각에서 약간의 비행(飛行)을 한 다음에 육체라는 자신의 작은 새장으로 돌아오고 싶어 한다. 위대한 영혼도 자신의 최후의 날이 다가올 때, 새장에서 오래 살다가 내쳐지는 작은 새가 그러는 것처럼, 육체에 대한 일시적 애착을 느낀다. 그 새는 잠시 날아다니다가 갑자기 자신이 길을 잃었다고 느끼면서 이같이 말한다. "오, 저는 어디에 머물러야 하나요? 저는 새장으로 돌아가야 합니다." 편재하는 새는 온 우주 공간에 자신의 집을 가지고 있지만, 육체라는 작은 새장을 사랑하고 있었기에 자신의 진정한 보금자리에 대해서는 잊어버리고, 다가오는 해방의 날에도 새장으로 돌아가고 싶은 욕구를 품는다. 우주 공간은 우주생명의 임재로 살아있다. 많은 사람은 육체 의식이 없다는 것이 허무만을 의미한다고 생각한다. 그렇지 않다. 그와 반대로, 깊은 명상 중에는 우주 공간이 자신의 육체로 느껴질 수 있다.

명상의 깊이가 깊을수록, 우주 공간에서의 의식의 전개도 커진다. 세상에 속하는 사람들은 우주생명을 잊고서 빵만을 추구하는데 그럼으로써 끝없는 비통을 겪는다. 명상으로 우주생명의 왕국과 내면의 언제나 새로운 지복을 추구하는 사람들은 건강, 번영, 그리고 모든 욕구의 완전한 충족이 자신에게 더해진다는 것을 발견하게 된다. 돌이켜 듣는 것으로 선(禪, dhyāna)이 이루어진다. 구체적으로는 '마하반야바라밀'을 염하고 그 소리를 듣는 데 집중하는 것이다. 사람들의 마음은 한 곳에 집중하면 그것만 보인다. 수행함에 크고 밝고 충만한 '마하반야바라밀'을 염하고 듣는 데 초점을 맞추면, 번뇌는 자연히 사라지게 된다.

영안(靈眼)

유계(幽界), 그리스도 의식으로 편만(遍滿)한 우주와 그 너머 영원의 세계를 보려면, 인간 영혼은 육안의 물질 한정적 시각을 철수해서 유안(幽眼), 그리스도 눈, 우주생명 눈의 망원경을 통하여 그것을 관통하여야 한다. 육안은 전 세계의 작은 구역만을 볼 수 있다. 그러나 두 육안의 시각이 단일한 것이 되고 의식이 유백색(乳白色) 파란 유안에 있는 별, 형이상학적 우주의 도해에서 두 육안 바로 위에 있는 작은 흰 별로 표상된 것을 관통하면 시각이 확대되는데, 구도자는 자신의 유체와 다른 유계 환시(幻視)를 보게 된다.

인간의식이 유안을 관통한 다음, 그리스도 눈 안에 있는 더 큰 흰 별로 묘사된 것으로, 즉 그 빛과 지혜로 온 창조세계에 편만해 있는 그리스도 지성의 별로 달려 들어갈 때, 비로소 그는 온 지구에서 뿐만 아니라, 태양계와 성운들과 은하수에 퍼져 있는 그리스도 의식을 함께 느낄 수 있다. 그리고 그는 영원한 허공에서 헤엄치는 이 모든 천체가족을 실제로 만나 볼 수도 있을 것이다.

유안과 그리스도 눈을 관통하고 나면, 인간 의식은 우주생명 의식의 눈, 가장 큰 구체에 포함된 가장 큰 흰 별로 표상된 것을 통과하여 영원한 편재, 흰 불꽃이 톱니처럼 나 있는 바깥쪽 고리로 표상된 것으로 날아든다. 영혼은 두 육안을 통하여 작은 육신과 그 주위의 제한적인 지구 환경만을 지각한다. 육안과 불자로서의 자각, 우주 눈은 영혼으로 하여금 모든 은하와 영원에 있는 영원한 왕국을 볼 수 있게 매개한다. 명상 중에 보이는 유안(幽眼)은 "영안(靈眼)"이나 "제삼의 눈"이나 "단안(單眼)"이라고 일컬어진다. 이 눈은 또한 "동방의 별", "지혜의 별", "지혜의 동굴", "침묵의 동굴", "평화의 동굴"로도 언급되는데, 이것은 수행자가 자신의 유체를 그쪽으로 철수해서 은밀하게 사는 내적 평온의 동굴이라고 할 것이다.

예수는 자신의 세례자 요한이 자신에게 세례를 베풀었을 때, 영안에서 별 같은 "하늘에서 내려오는 비둘기"처럼 보았다. 중앙에 있는 작은 별은 "비둘기"의 입을 상징하고 그 두 "날개"는 파란 빛과 황금색(黃金色) 빛을 상징한다. 영안은 황금색 고리로 둘러싸인 유백색 파란 빛의 중심에서 고동치는 흰 별로 이루어져 있다. 영안은 인체에 있는 성령, 성스러운 진동과 우주 에너지의 축도라고 할 것이다.

황금색 고리는 우주 에너지를 표상한다. 파란 빛은 그리스도 의식을 표상한다. 파란 굴을 관통해 들어가면 그리스도 눈과 우주 눈에 있는 흰 별의 굴들로 들어갈 수 있는데, 그 광선에 의해서 구도자는 물질의 장벽을 관통해서 절대자에게, 즉 한얼의 순수한 언제나 새로운 축복이라는 발현되지 않은 세계에 도달한다. 육안은 영안의 정확한 '물현체(物現體)'인데, 영안은 이 같이 세 요소를 표상하고 있다. 중앙의 작은 별, 육안의 동공(瞳孔)에 해당하는 것으로 오각형의 흰 별은 무한성으로 통하는 문이다. 또한 별을 둘러싼 암청색(暗靑色) 원, 육안의 홍채에 해당한다. 이 파란 원은 영혼의 빛의 반영이다. 파란 빛을 둘러싼 황금색의 하얀 후광, 육안의 흰자위에 해당하는 것임. 이 황금 고리는 우주 에너지의 빛, 즉 자연의 빛이다.

작법수행 또는 한얼의 홍-소 수행으로 무호흡 상태가 되고, 심장박동을 임의로 통제하고, 모든 에너지와 집을 오감의 전화들에서 철수할 수 있기 전에는 영안의 별에 들어갈 수 없다. 진보한 사람은 자신의 육체, 땅, 돌, 나무, 모든 동물 생명체, 별, 우주생명 부분이 영안의 별에 있는 능력으로 통제된다고 말할 수 있다. 감각기관을 통한 생명력의 외부 유출을 내부로 역전시켜 영안으로 향한다.

경험하는 첫 번째 상태는 근육과 척추를 통하여 근질근질하는 전기적 감각으로 이루어져 있다. 두 번째 상태는 두 눈이 미간의 초의식 중추에 저절로 고정됨에 따라서 느껴지는 강렬한 쾌감으로 이루어져 있다. 세 번째 상태는 미간에서 느껴지는 시원하고 따스한 감각으로 이루어져 있고, 두 귀를 막지 않았는데도 들리는 옴 소리가 수반되는데 그 소리는 육체의 표피에서 그리고 육체와 척추의 내피(內皮)에서 전체적으로 느껴진다.

네 번째 상태는 영안에서 극광(極光)처럼 회전하면서 증가하는 흰 빛을 보는 것으로 이루어져 있는데, 눈을 감거나 뜬 상태에서도 보인다. 그다음, 호흡이 사라지고 생명력의 활동이 신경과 눈과 세포핵으로부터 철수할 때, 그 전류는 더욱 깊어지고 무한으로 투사되면서 영안의 중심에 암청색 굴을 만들어낸다. 내부로 향한 생명 전류의 탐조등은 바닥이 없는 무한성의 가슴으로 퍼져 들어가면서 영혼이 통과해야 할 희미한 빛의 끝없는 굴을 드러내주기 때문에 이 전류는 파랗게 보인다.

육안을 통해 보면 자신의 육체가 생명바다에서 분리된 하나의 생명 파도로 보인다. 반면에 영안을 들여다보면 한얼바다가 생명파도를 이루고 있음을 알게 된다. 그런 까닭으로 예수는 다음과 같이 말한 것이다: "그러므로 네 눈이 단일하면 너의 온몸은 빛으로 가득 찰 것이요"(마태복음 6:22). 성서가 우리에게 말해주는 바에 의하면, 목자들과 현자들은 한 별을 보았고 예수 그리스도를 보기 위하여 그 별을 따라갔다고 한다. 어떤 별도 하늘에서 지상으로 내려와서 예수가 태어난 곳으로 들어가지 않았다. 현자들이 보고 인도를 받은 것은 영안에 있는 별의 빛이었다. 그 빛이 그들을 아기 예수에게로 이끈 것이고, 아기 예수의 몸에 그리스도 의식을 발현하게 된 것이다.

그 인도하는 별은 우리의 분별력으로도 해석될 수 있으며, 우리의 양 떼 같은 생각을 올바른 인생행로로 귀로에 오르게 하여 지혜의 우리로 이끌어 주는 목자로도 해석될 수 있다. 영혼의 영적 의식은 영안의 별 뒤에 감춰져 있으며, 내면에서 무한성을 본다. 자아로서의 영혼의 물질 의식은 그 별을 넘어선 외부 세계를 여행하며 연수에 머무르고 감각의 통로들을 통하여 육체와 물질세계를 관찰하는데, 그 물질세계는 형체와 공간과 시간 등의 제한을 받는다. 마음이 그 주의를 외부 세계로부터 철수해서 영안의 별로 들어간다면, 마음은 무한성의 왕국만을 지각할 것이다. 영안 외부에 머무를 때, 여러 차원의 물질 진동계만을 지각한다.

영안 수신과 방송

이 지상계의 진실한 환시는 물론이고 정묘한 유계 우주를 구성하는 빛나는 유계 힘과 은하들의 환시(幻視)도 볼 수 있는 영안이 개발되어야 한다. 의지력을 증가시킴으로써, 그리고 그 힘을 미간에 집중함으로써, 영안을 정신적 유체 방송국으로 변환할 수 있다. 영안의 별을 관통할 수 있는 진보된 수행자는 자신의 의식을 다른 사람의 영안으로 투사할 수 있다. 유계나 물질계에 있는 친구나 친척에게 유용한 사념 진동을 그들 영안을 통하여 보낼 수 있다.

직관을 적용하면 영안과 심장은 라디오 같은 수신국이 되고, 의지력을 집중하면 영안과 심장은 유체 방송국이 된다. 음성, 음악, 노래는 에테르를 통과한다. 마찬가지로 생각은 우주생명 의식의 에테르를 돌아다닌다. 라디오가 없으면 에테르로부터 어떤 소리도 캐낼 수 없는 것처럼, 영안이라는 "라디오"가 없으면 감각기관은 촉각(觸覺), 후각(嗅覺), 미각(味覺), 청각(聽覺), 시각(視覺)의 감각을 기록할 수 없다. 영안은 두 기능을 실행하게 되는데, 하나는 라디오 수신 장치 역할이고 다른 하나는 방송국의 역할이다. 심장을 통하여 영안으로 들어가는 직관은 영안을 수신국으로 변환한다. 직관과 정감은 영안과 동조해서 오감을 수신하도록 하거나, 또는 에테르를 통과하는 어떤 전갈이나 생각을 수신하거나, 먼 지역 사건 "영상(映像)"을 수신한다.

모든 청각, 후각, 미각, 촉각의 진동은 집중에 의하여 영안에서의 가시적인 시각적 환시로 변할 수 있다. 미래에 발생할 사건의 진동하는 사념(思念)은 인과응보 법칙작용 때문에 지금 에테르에 존재할 수 있다. 이 섬세한 진동이 직관으로 동조된 심장을 통과하고 영안으로 중계된다면, 그것들은 무수한 생명 원자 모습으로 진동하면서 미래의 명확한 도안, 형체, 또는 환시로 조직되고 배열된다고 할 것이다.

진보한 경우에는 에테르로부터 구현되거나, 또는 잠재의식으로부터 구현된 다채로운 빛과 작은 심상들을 보게 된다. 먼 곳에 있는 사람들의 진동 형상, 그들의 육체와 그들의 사념 지각의 전자적 진동은 에테르를 통과하고 있다. 가슴 속에서 이런 사람들에 대해서 생각하고 직관적으로 그들을 표상함으로써, 영안에서 그들의 형상을 구현할 수 있는데, 영안은 고성능 사진기처럼 작동해서 감각기관을 통하여 들어오고 에테르와 육체 기공(氣孔)을 통과하는 진동을 촬영한다. 직관은 영안의 유백색 파란 빛과 별의 개폐기를 열고서 거친 진동이나 정묘한 진동의 어떤 것이든지 원하는 것을 직접적인 형상으로서 촬영한다.

마음의 눈

눈을 감고 잠자는 데 익숙하다. 그러다가 눈을 뜨면 물질 현상을 보는 데 익숙하다. 그러나 영적 시각은 반개(半開)한 눈을 수반한다. 눈이 완전히 감긴 것도 아니고 완전히 뜨인 것도 아니다. 이 상태의 눈은 미간의 초의식 중추에 고정되고, 아래 눈꺼풀은 눈을 반쯤 감기 위해서 위로 당겨진다. 물질적 사물을 바라보고 있을 때, 우리의 눈은 4분의 3가량 열린다. 우리가 뭔가를 응시할 때, 눈은 동그래지고 완전히 뜨인다. 잠재의식 상태에 있는 동안에는, 눈은 완전히 감기고 안구는 아래로 향한다.

어린아이들의 눈은 잠자는 동안 보통 초의식 중추 쪽으로 위로 향한다. 성장하면서 자신의 시각을 주위에 있는 물질계에 더욱 집중하게 되면서, 그들의 안구는 잠들었을 때 아래로 향한다. 그러나 죽음을 맞이하면, 영혼과 생명력이 연수를 통하여 무의식적으로 빠져나가면서 동물과 사람의 안구는 위로 향한다. 영안 또는 단안(單眼)의 한 눈은 실제로는 연수의 반영된 빛이다. 일반적인 시각을 지닌 두 탐조등 전류가 영안에서 합쳐지면 신을 원하는 욕구가 생성되고 의식은 초의식 상태로 고양된다.

동일한 두 탐조등 전류가 아래로 물질에 집중되면 물질적 사물에 대한 욕구가 생성되고 의식은 잠재의식 상태로 끌려 내려간다. 연수는 눈의 두 전조등으로 전류를 투입하는 생명력의 개폐기이다. 두 안구가 위로 향하고 그 시선이 미간에 고정될 때, 두 안구는 초자연적으로 움직이지 않게 된다. 그렇게 되면 두 눈의 두 평행 탐조등 전류는 한곳에 집중되면서 단안의 시각을 창출하는데, 그것은 연수에 있는 빛의 반영이다.

이 빛이 이마에서 보일 때 그리고 이 빛이 오랫동안 움직이지 않고 남아 있을 때, 또는 원하는 만큼 오래 이 빛이 남아 있도록 유지될 수 있을 때, 비로소 물질에 작용하는데 익숙한 눈의 시각 전류는 역전되어 처음에는 미간에 집중되며, 그다음에는 연수로 전이된다. 영적 시각에는 어떤 차원이 다로 전제되는 것이 아니다. 우리는 종종 미간에서 빛을 본다고 잘못 생각하는데, 실제로는 우리는 연수에서 그 빛을 보고 있는 것이라 할 수 있다.

출입문과 창문이 모두 밀봉되어 있어서 밖을 전혀 내다볼 수 없는 커다란 방의 한계 내에서 여러분이 태어나고 자란다면, 그 방은 여러분에게 자신의 유일한 세상으로 보일 것이며, 그 방은 파악할 수 있는 최대공간을 의미할 것이다.

그러나 자신이 그 방에 유폐되어 지낸 지 20년 후에 그 방의 벽 너머에 광대한 공간이 있다는 말을 듣는다면, 자신은 웃으며 그 말을 믿으려 하지 않을 것이다. 그 방의 작은 창문 하나가 갑자기 열린다면, 자신은 바깥의 광대한 하늘을 보고는 분명히 매우 놀랄 것이다. 달걀 껍데기 아래의 노른자위에서 사는 병아리에게는 그 껍질 안의 공간이 그에게 존재하는 공간 전체이다. 그러나 병아리가 껍데기를 깰 때, 그 병아리는 더 큰 세계로 나온다.

자신은 인간 병아리로서 세상이라는 노른자위에 살고 있고 별이 총총히 박힌 하늘이라는 파란 껍질로 둘러싸여 있다. 이 세상을 유폐하는 하늘과 이 세상은 존재하는 공간으로서는 가장 큰 공간이라고 여러분은 생각한다. 그러나 자신이 하늘의 껍질을 뚫고서 하늘에 계신 우주생명 영토(領土)를 들여다볼 수 있다고 한다면, 광활한 우주공간에서 무수한 태양계와 항성계가 수많은 세계를 거느리고 먼지 입자처럼 겹겹이 싸여서 떠다니는 모습을 볼 수 있을 것이다.

흔히 노인의 '자아(ego)'는 의식적으로 생각하는 나 자신에 대한 이미지 즉 내가 느끼며 생각하는 '나'이다. 이 자아는 의식적 지각, 기억 사고 감정들로 이루어져 있으며 의식을 지배하게 된다. 때문에 자아는 실제로는 내 가능성의 한 조각이지만, 자신이 주체라는 착각을 가지게 된다. 이를테면, 젊은 시절의 경험 내용에 집착하는 자아감을 떨치기가 쉽지 않다.

반면에 자기(self)는 자아가 의식하지 못하는 자신 내면의 잠재성. 자기는 집단무의식 속에 존재하는 핵심적 원형으로써 모든 의식과 무의식의 주인이며 모든 콤플렉스를 끌어들여 조화시키고 통일성 안정성을 유지하는 역할을 한다. 따라서 자아는 '일상적인 나', '경험적인 나'인데 반하여, 자기는 '본래적인 나', '선험적인 나'로서 '참 나'로서 인식하기도 한다.

경험 이전, 경험과는 상관이 없는 것을 경험을 통해서 알 수 있는 것은 아니다. 우리는 자신이 어떤 생각을 품고 있다는 사실을, 그런 생각이 자신의 마음 안에 존재하고 있다는 사실을 인정 할 수 있을 만큼 충분히 객관적이지 못한다. 진정한 의미와 자기실현은 중년 이후에 시작된다. '자기 자신'이라는 개념에서는 '본래적인 나'와 '일상적인 나'를 혼용하여 인식하는 경우이다. 개인은 의식적으로나 무의식적으로 자기 자신의 한 측면을 페르소나로 강조하기도 하고 생애 동안 많은 페르소나들을 사용하는 데 여러 개를 동시에 사용하기도 한다. 노인의 자기화는 좋은 인상을 주거나 자신을 은폐시키기 위해 인습역할을 활용했던 가면을 벗고, 자기의 참 모습으로 되돌아감이다.

4-2 장수생명화육

장수생명 화육은 홍익인간의 가치를 살림을 의미한다. 한단고기에 배달한웅께서 한인께 천명을 받아서 태백에 내려오셔서 신시를 여실 때 한인에게서 받은 것이다. 한민족의 세 가지 핵심정신은 광명개천(光明開天), 홍익인간(弘益人間), 재세이화(在世理化)이다. 제세이화의 보살핌은 세상을 제대로 살피어 이치대로 보살피라는 의미이다. '광명개천(光明開天)'은 자신의 마음을 천지의 우주생명 광명으로 밝혀 역사를 형성함을 의미한다.

'홍익인간(弘益人間)'은 널리 인간세계를 이롭게 함이다. 그리고 '재세이화(在世理化)'는 우주 삼라만상의 이치에 어긋남이 없이 세상을 이치대로 교화함을 의미한다. 우리민족은 하늘의 법리로 되어가는 이치와 인간관계는 같은 것이다. 이를 바르게 실천하려면 나 자신을 큰 지혜로 밝혀 세상의 이치에 맞게 인류를 널리 이롭게 하는 것이다. 개체보다 한 덩어리로 생각하여 나보다 우리에 더 도움이 되려는 생각, 우리를 더 중요하게 생각하는 마음들을 가져야 한다." 홍익인간은 '나' '너'보다는 '우리 모두'를 보살핌이 되는 어울림의 조화사상이다. 자기 자리에서 참 공부를 하면서 귀를 기울이면 알 수 있고 동행이 필요하리라 생각한다. 보살핌을 위해 의식을 깨워주는 것으로 물심양면을 살릴 수 있다. 이는 곧 수 직관계가 아닌 수평관계로의 탈바꿈이 일어나야 됨을 뜻한다.

우주생명의 효율적인 충전 방법은 잠들지 않고 정적인 상태로 뇌파를 최대한으로 내린다. 스트레스나 무리한 육체의 과로는 에너지를 감소시킨다. 뇌파의 하강으로 외부에너지가 내부로 유입되며, 명상 시 고요하고 집중된 호흡 멈춤은 진공 시에 기운을 축적시킨다. 생각과 의식으로 심상명상으로 파동의 증폭을 원하는 방향으로 유도하여 축적할 수 있다. 태양광식은 태양의 파동광자를 눈과 송과체를 통하여 심장으로 연결 충전한다. 뇌파 하강으로 외부와 기운통로 개로 마음정화를 한다.

자신의 작은 육체를 자주 바라볼 때마다, 여러분은 자신이 몇 척 정도의 형체에 갇혀있다고 그리고 그만큼의 체중이 나가는 존재라고 생각할 수밖에 없다. 이런 관념은 여러분을 육체에, 그 육체의 고난에, 가난과 병고와 무지(無知)의 한계에 여러분을 속박하는 것이다. 한얼은 벽 없는 우주공간의 무궁한 방이고, 명멸(明滅)하는 별들과 천체 광명의 무수한 등불로 장식되어 있다.

단군사상의 삼태극성은 '한'의 삼원구조가 되어 신명욕망·문명욕구·혼명요구의 얼개를 이루면서 한얼을 세세토록 매개함을 강조한다. 한얼의 태교정신을 이어받아 조선시대 사주당 신씨가 집필한 『태교신기』는 태교실천을 위한 생활의 실천을 구체적으로 제시한다. 주원유잉의 홍익극성이 전통태교의 7태도를 통하여 임산부가 지켜야 할 실천 콘텐츠는 모성

태교에 관한 것이다. 임신부가 주의해야 할 언행과 마음가짐, 금기사항 등을 세세하게 이르고 있다.

먼저 장수생명 임신을 하고자 할 때도 때와 장소를 가리도록 했다. 태교의 구성요건에는 과학태교지침이 임신단계에 따라 구체적으로 지원되는 태교, 남편과 가족이 공동으로 수행하는 태교, 태아성장이 로맨틱한 이벤트로 이어지는 태교, 가족기쁨과 주변친지의 덕담이 기록으로 보존되는 태교로 발전할 것을 요건으로 한다. 한얼태교는 홍익인간이념을 구현하고, 겨레얼을 오늘에 살려 훌륭한 자녀를 태교하는 실천화용의 콘텐츠를 구축할 필요가 있다.

먼저 촉각토대촉진이 중시된다. 이는 엄마의 사랑과 태아의 피부자극으로 촉발된다. 초음파검사를 하면서 자궁 속 태아의 모습을 살펴보면 태아도 자신의 피부를 자극하는 것이 발견된다. 3차원초음파에서 엄마의 자극에 반응하여 태아가 자신의 손가락을 빠는 것이 자주 발견되었다. 산모감정이 태아에게 전달된 결과로서 태아는 자기 스스로 손가락을 빨게 되는 것이다. 자궁 속의 태아는 스스로 손가락을 빨아 자신의 피부를 자극하는 것이 입증된다.

자궁 속에서부터 피부자극이 중시되는 이유는 태아의 뇌 발달과 연결되기 때문이다. 임신부가 행복한 기분을 유지하면 태아도 행복하며, 이는 임신부와 태아는 탯줄로 연결되어 있기 때문이다. 태아의 감수성과 기억력을 높이는 방법으로서 규칙적인 생활리듬이 중요하다. 태아는 모체를 통하여 명암을 느끼고 밤낮을 구별하게 되는데 산모가 규칙적인 생활을 하지 않으면 태아의 생활리듬도 깨어져 버리기 때문이다. 습관은 그대로 태아에게 전달되어 태아의 정상적인 생활주기를 가져와서 결국 태아의 뇌 발달을 촉진시킨다.

후각토대촉진은 양수냄새를 기억하는 태아를 통해 입증된다. 태아는 자궁 속에서 느꼈던 냄새를 기억한다. 텍사스 암스트롱 연구소의 미클리(Mickley) 박사팀이 연구한 결과로서 '뇌 연구'라는 학술잡지에는 신생아가 어머니 특유의 체취(體臭)를 기억하고 태어남이 입증한다. 태아가 어머니의 맥박소리처럼, 적어도 자기가 10개월 동안이나 생활했던 양수 냄새를 기억하고 태어난다. 이러한 태아의 놀랄만한 후각이 태어난 후 1주일정도가 지나면 서서히 사라지고 극히 일부 능력만 남게 된다.

셋째, 미각토대촉진은 태아도 맛을 느낀다는 사실로 미루어, 태교에서 미각이 중시된다. 태아가 느끼게 되는 미각은 임신부가 섭취하는 음식물에 대한 간접적인 감각으로 생각된다. 인체실험으로는, 임신부에게 일정량의 포도당을 먹인 후 태아의 반응을 관찰한 결과 임신부에서 포도당 투여 후에 모체심박동은 물론, 태아심박동, 태동 모두가 증가함이 드러났다. 임산부가 섭취한 포도당이 자신에게 즉, 태아에게 필요한 영양분이기 때문이다. 이를 통해 태아심박동의 증가와 태동의 증가는 상관성이 있는 것이다. 감각 중에서 미각(味覺)은, 맛의 분자구조를 뇌에서 판별하는 것인데, 태아가 혈액을 타고 들어온 포도당을 느끼고, 심장박동수가 증가되고, 태동도 증가되는 것이다.

넷째, 청각토대촉진이 태교에서 중시된다. 청각은 섬세한 태아의 청력으로 입증된다. 태아에서는 소리가 어떻게 전달되는가? 태아에게 외부의 음향이 전달되는 경로는 청각경로와 진동경로이다. 청각경로는 외부의 음향을 귀를 통하여 듣게 되는 것이고, 진동경로는 소리의 진동을 느낀 후 뇌를 통하여 그 느낌이 전달되는 것이다. 만삭임신에서는 청각경로가 진동경로보다 다소 우세한 것으로 나타났다. 태아는 자궁 내에서 들을 수 있는 청각능력이 있을 뿐 아니라, 그 소리를 듣는 경로도 태어난 후의 신생아와 마찬가지다.

임신 5-6개월 이후 태아는 상당한 범위까지 들을 수 있고 또 소리를 구별할 수 있는 능력까지 갖춘다. 들을 수 있음은 뇌의 기능이 있다는 것이며, 뇌의 기능이 있음은 기억할 수 있다는 뜻이다. 엄마의 목소리뿐만 아니라 태아는 시끄러운 소리, 불쾌한 소리, 짜증나는 소음들을 모두 구별한다.

다섯째, 시각토대촉진이 중시된다. 이는 태아도 볼 수 있음이다. 임신 5-6개월까지는 태아의 뇌 세포가 성숙되지 않아서 이러한 감각을 느낄 수 없으나, 뇌 세포의 조직화가 시작되는 임신 24-26주 이후에는 태아도 시각을 포함한 오감을 모두 느끼게 된다. 이는 자궁외부의 여러 환경에 민감하게 반응하는 태아행태를 면밀하게 관찰한 결과 얻어진 결과이다.

태아감각은 임신부의 감각과 약간의 차이가 있다. 태아가 느끼는 오감 중에서 시각, 청각, 미각, 후각의 네 가지는 태아가 직접 느끼며, 나머지 한 가지, 즉 촉각은 간접으로 느낀다. 일반적으로 시각 · 청각은 임신 6개월, 미각 · 후각은 7개월 만에 제대로 반응한다. 한얼태교는 주원유잉의 홍익극성을 태교정신으로 삼아 전통적 7태도와 현대태교의 요건을 충족하면서 현대적 태교 프로그램으로 고안되었다. 태아의 오감의 토대촉진과 태교과정을 고려, 교감 · 명상 · 음식 · 율동 · 응답 · 태담 · 환경태교의 칠 영역 실천화용 콘텐츠를 구성한다.

인체절기에 따라 콘텐츠를 선택, 교감 · 명상태교는 조석으로 활용함이 중요하고, 율동 · 음식태교는 상황필요성을 감안하여 임산부 특이상황에 따라 응용하는 것이 바람직하다. 응답 · 태담 · 환경태교는 태아 · 예비아빠 · 임산부가 혼연일체 되어 태교환경을 구축한다. 인체절기와 태교주제, 심신 준비상태를 사전에 숙지하며 전반적 태교흐름을 이해하고, 수시로 임산부와 태아의 상호의존성을 점검하여 단군사상의 홍익극성을 태교로서 구현한다.

먼저 교감태교는 태아와 만남을 심정적 교감으로 설정하여 심정태교를 함이다. 교감내용 가운데 기억될 내용은 태교일기장에 메모하고 장차 아기가 성장한 후 선물로 남기도록 배려한다. 교감태교는 임산부의 희망과 사랑이 듬뿍 담겨 태아와의 주기적인 교감이 이루어지도록 한다. 명상태교는 임산부의 마음의 휴식을 취하고 한얼을 모시고 양육 · 체득하는 심정으로 임한다. 이를 통하여 임산부가 마음을 비워가는 정도에 비례하여 한얼의 밝고 맑은 얼이 다섯 감각에 영향을 주어 균형 잡힌 감성전달이 가능해지게 된다.

율동태교는 요가원리에 기초하여 임산부의 체질에 기초한 율동을 말하며, 이를 꾸준히 함으로써 태아에게 도움을 줄 뿐만 아니라 임산부에게도 건강한 몸과 정신을 유지할 수 있게 된다. 피곤을 느껴서 눕거나 쉬고 싶을 때일수록, 율동으로 심신을 가다듬는 태교가 중시된다. 음식태교를 통하여 태아에게 균형 잡인 영양분이 섭취되도록 배려한다. 이는 바로 태아의 체질을 형성하는 근간이 되기 때문에 시기별 요구하는 영양소에 대한 정보가 중요하다. 응답태교를 통하여 태아의 응답에 심정적인 교류를 꾀한다.

응답태교는 인격교류에 근거한 태교를 말하며, 아기가 말하려고 하는 내용을 임산부 스스로 점검하여 이에 응답하는 자세로 몸과 말과 뜻에 있어 아기와 합일해 가는 심정교류의 전달이 중시된다. 성공적인 태교가 되려면 아기의 질문에 답하려는 성실한 자세로 순간순간 닥쳐오는 불안을 극복하는 응답태교에 관심을 모은다.

이와 병행하여 태담태교를 실천화용하여 재미있는 동화와 생동적인 이야기를 들려줌으로써 예비아빠와 태아가 교감하고, 환경태교를 통해 예비엄마로서의 건강 상태와 태아발육정보를 숙지해 나가면서 미래의 출산에 대비하게 된다. 이처럼 한얼태교는 단군사상의 주원유잉의 홍익극성을 현대 감성문화에 맞도록 효율적으로 구축함으로써 현대태교를 위한 문화콘텐츠로 활용할 수 있을 것이다. 청주의 사주당 이씨는 생명의 탄생에 대해 주의력을 갖고 태교함으로 장수생명의 홍익인간 가치를 선도적으로 구현할 수 있음을 말한다.

거지는 자신이 요구하는 것만큼의 거지로서의 동냥만 얻고 우연한 시혜(施惠)를 통해서 받는다는 것이 법칙이다. 그러나 신성한 아들은 자신의 생득권(生得權)을 얻는데, 그것은 신의 편재하는 왕국 전체와 그 안의 모든 피조물로 구성된다. 예수는 "내 왕국은 이 세상에 속한 것이 아니다."라고 말하였다. 그는 세상의 모든 부자보다 더 부유하였다. 그는 오병이어(五餠二魚)로 5천 명을 먹일 수 있었고, 다른 기적을 행할 수 있었다. 예수는 물질적 풍요를 창출할 수 있었는데, 그는 우주생명을 소유하였고 그를 소유함으로써 모든 것을 소유하게 된다. 예수가 "여우도 굴이 있고 공중의 새도 둥지가 있는데, 인자는 머리 둘 곳이 없도다."(마태복음 8:20)라고 말했을 때, 예수는 거주할 집이 없다는 것을 한탄하고 있었던 것이 아니다.

그는 어떤 둥지나 집에 갇힐 수 없는 자신의 편재하는 영혼에 대해 말했다. 그는 광대한 영원의 영역에 그리고 우주 공간의 모든 작은 점에, 모든 곳에서 살았다. 모든 곳에서 살았기에 그는 영원한 지혜와 의식이라는 자신의 머리를 작은 공간에 유폐할 수 없었다. 결국 무한자기를 향해 새로운 순례를 하게 되는 것이다. 해월 최시형도 그의 법설, '성경신'에서 천도를 이행하는 바른 길은 오직 정성과 공경과 믿음의 셋에 달려있다고 했다. 사시 차례 있음으로 만물이 생성하고, 예와 지금이 길고 멀음에 이치와 기운이 변하지 아니하니, 이는 천지의 지극한 '정성이 쉬지 않는 도(至誠無息之道)'이다.

사시(四時)는 하루의 주야조석이며 일 년의 춘하추동이다. 천지 정성으로 인하여 만물이 생겨나고 번성하며 예부터 지금에 이르기까지 그 이치와 기운이 바뀌지 않는 것도 하늘과 땅의 지극한 정성이 쉬지 않는 도가 있기 때문이다. 상생은 실천으로 구현되며 그 방향성은 자유에서 평등으로 나아간다고 할 것이다. 상생을 바탕으로 노소동행 가치를 지속적으로 실천하기 위해 노소가 '동반자(partner)'로 거듭나는 사회로 바뀌어 나간다. 차별 적폐를 제거하고자 '보살핌의 윤리(the ethics of caring)'를 통해 상부상조한다.

보살핌을 실천하고자 '괜찮아, 괜찮아 지금은 괜찮아'를 만트라로 사용하여 우주생명으로 충전한다. 상생은 동반자 이익을 고려하고 동반자 고통을 헤아리고, 자신의 안위 대신에 동반자를 향해 보살핌을 우선함으로 동반자와 상통하며 생명기화를 소중히 여기고 보살핌을 중시한다. 상생은 자신의 욕망을 누르고 타인의 삶을 올바르게 꾀하는 동반본위의 생명기화를 실천한다. 상생으로 노인과 소년, 부자와 빈자 사이에 있었던 폐단과 적폐가 사라져야 삶의 자유와 평등을 향유하는 '공공행복(公共幸福)'의 단초(端初)를 이룰 수 있다.

심우도의 도를 실행함은 개인적 안위나 개인 영달에서 벗어나 사회적이고 우주적인 일에 관여하여 공공작용에 동참함을 의미한다. 이제 노소동행이 일상생활에서 가능한 실천변화를 기감으로 살려간다. 노소동행은 중장년층에 종속된 노소우대에서 벗어나서 노소동행으로 말미암아 상생존재로 대우하는 인식전환이 요청된다. 노소합덕(老少合德)이 육체 노쇠(老衰)와 유약(幼弱)에 대한 배려라고 말한다면, 보살핌의 노소조화(老少調和)는 노숙(老熟)에 근거하여 생명기화에 초점을 둔다고 할 것이다.

신성한 생득권리

자신은 필멸의 거지에서 신성한 아들로 자신의 신분을 바꿔야 한다. 자신은 우주생명의 형상대로 태어난 신성한 자녀로서 권리에 대한 자각에 의해 자신에게 속하는 것을 애걸하기보다는 요구하여야 한다. 잃어버린 우주생명의 왕국을 먼저 추구하여야 한다. 필요하고 원하는 모든 물질적인 사물과 영적인 것들이 자신의 신성한 '생득권(生得權)'으로 풍부해질 수 있다. 필멸이자 거지로서 빵과 돈을 먼저 추구하고 있었다.

그런 까닭에 이런 것들을 확보하는 일에 있어서조차 큰 고생을 겪은 것이다. 우주생명을 발견하고 나면, 빵과 여타의 것들은 자발적인 노예처럼 저절로 여러분을 찾아온다. 이것이 욕구를 충족시킬 수 있는 확실한 방식이다. 다음 기법은 자신의 필멸의 한계를 공략해서 자신의 의식을 우주생명 차원의 영원한 왕국의 왕으로 생명의 주임임을 자각하게 만들 것이다. 곧고, 팔걸이 없는 의자(椅子)에 걸쳐진 모직(毛織) 담요에 똑바로 앉는다. 심란한 지구 전류로부터 자신의 육체를 절연하기 위하여 담요가 자신의 발아래까지 깔려야 한다. 양손은 넓적다리와 복부가 만나는 지점에 손바닥을 위로 하여 넓적다리에 올려놓는다. 두 눈을 감고 자신의 발아래 수백만 마일을 내려다보고 있다고 상상한다. 마음으로 수백만 마일을 위로 날아오른다.

마음으로 수천만 마일을 가시화하고, 수천만 마일을 자신의 앞으로 심상화한다. 마음으로 자신을 영원의 방으로 표상한다. 그 안에 태양계 및 항성계, 세상, 여러분의 육체를 포함한 모든 것이 떠다니고 있다. 이 영원의 방이 지복으로 차 있다고 느낀다. 언제나 행복하고 언제나 살아있는 영원의 방이라고 숙고한다. 작은 육체 벽의 내면을 마음의 눈으로 표상하면서 그것을 지각하려고 노력한다. 그것 위에는 두뇌가 있으며, 등에는 척추가 있고, 몸통 안쪽에는 폐, 심장, 간, 췌장, 내장 등이 있다는 것을 이해한다.

하늘에 있는 우주공간의 광대한 방이 우주생명의 육체라는 것을 느끼고, 우주생명 안에는 구불구불한 뇌수가 은하수에 바짝 위치해 있다고 느낀다. 해와 달을 두 눈으로서 보고, 온 세상의 모든 피조물의 사랑을 심장으로서 지각한다. 모든 생명을 자신의 순환계로서, 성운을 내장으로서 본다. 강같이 많은 별을 우주생명체의 세포들로서, 하늘을 피부로, 산을 뼈로 바라본다. 마음은 온 인류의 축적된 마음이며, 자신의 가슴은 모든 이의 가슴을 품고 있고, 자신의 생명은 모든 피조물의 결집된 생명이며, 자신의 사랑은 모든 생물의 모든 사랑의 총합에 대하여 명상한다.

영원한 빛으로 통하는 길

두 눈을 감고서 자신을 지구라는 노른자위에 앉아있는 영혼-병아리로 생각하라. 그 병아리는 하늘이라는 껍질을 깨고서 자신의 무한한 아버지의 왕국으로 들어가려고 한다. 하늘의 흰 껍질의 일부를 자신 앞에 표상한다. 그다음 그 안에 50척(15미터) 되는 입구를 가진 큰 황금빛 굴을 표상한다. 마음으로 이 굴에 들어가면서 우주적 활력의 임재(臨在)를 느낀다. 황금빛 굴을 통하여 100마일을 여행하는데 금방 끝날 것이다. 그 끝에 이르면 자신은 파란 굴로 들어가는 너비 25척(尺)의 통로를 보게 될 것이다.

이 파란 굴을 통하여 1,000마일을 마음으로 순식간에 여행하면서 자신이 그리스도 지성에 둘러싸여 있다는 것을 느낀다. 파란 굴의 끝에서 오각형의 은빛별을 바라본다. 그 별은 무한성으로 들어가는 5척 관문이다. 우주의 언제나 새로운 지복에 젖어든 여러분의 정감은 이 은빛 관문을 통과하여 백만 마일이나 되는 은빛 길을 따라서 순식간에 여행한다. 황금빛 굴과 파란 굴에서 나와서 은빛 관문을 지나 여행하면서 능력과 지성과 언제나 새로운 기쁨을 느낄 때, 빛의 광대함으로 들어간다.

살아 있고, 기쁨에 차 있으며, 언제나 확장하는 은색 빛의 광대함을 자신 앞에서 바라본다.의 육체, 마음, 영혼을 그 빛에 몰입시키고, 언제나 지복에 차 있고 지성을 갖춘 은색 빛의 이 견실하고 밀도 높은 광대함 속으로 융합시킨다. 그 빛과 함께 계속 확장한다. 위로, 아래로, 앞으로, 뒤로, 모든 방면으로 똑같이, 무제한으로 그 무한한 빛이 하나라는 것을 느낄 때까지 융합한다. 이러한 영원의 표상에서 두 개의 방을 본다. 하나는 공간이 없는 영원한 허공이며 초월적인 성부(聖父)의 영역인데, 성부는 언제나 존재하고, 언제나 의식하고, 언제나 새로운 지복이다.

한얼아들

사람은 "한얼 아들"이다. 우주합중국에 살고 있으며 가정은 모든 인종의 사랑과 모든 생물의 사랑이다. 피부색은 순결이다. 오, 우주적 왕의 아들이다. 지구의 대기권은 대류, 성층, 중간, 열권 4개의 층으로 이루어져 있으며 중력이 미치는 범위는 중간권부터 감소하여 열권(100㎞ 정도)부터 작용하지 않음. 영혼이 지구로 들어올 때 기억이 지워지는 원리도 에너지의 파동이 낮은 지구의 파동(10HZ 내외)의 영향을 받는다.

예전의 파동을 회복하여 넓은 범위의 주파수대를 만들어야. 영혼의 에너지파동이 낮으면 지구의 중력이 작용하는 빛의 장막 터널(성층권)에 갇히면 4차원, 요정들과 일반 하층 영혼세계에서 벗어나지 못하는 과학원리가 있다. 영적 깨달음이 없이는 이 한계를 벗어나는데 한계가 있다는 말로 영혼 자체의 무게는 모든 사람이 같겠지만 나의 영혼의 주파수가 다르다는 것. 주파수가 높으면 중력의 끌어당김에서 벗어날 수 있는 상태로 된다.

무당이 굿을 할 때 작두 위에 오를 수 있는 것은 그 순간 기운이 실려서 무게감을 덜 느끼듯 이와 같이 파동이 고주파로 되는 것과 같은 원리로 보면 될 것입니다. 대자연은 한 치 오차 없이 운행되는 원리이기도 하다. 요즘 후천을 사는 일부존재에 대해 윤회가 더 이상 없다는 것은 후천의 운행 도수에서 이루어지는 자연현상이 크게 작용하여 기본적인 공부만 하여도 각성할 것으로 판단한 예측에서 나온 것이다.

사랑의 실행으로 나의 마음 에너지와 대자연의 기운이 자연스럽게 연결되어 나의 마음에너지가 충전되어 영혼이 가볍게 되는 원리가 가능한지에 대한 예상을 하고 있다. 이런 중력과 관계에서 나의 의식 파동이 극대화되는 원리에 합치되는 경우에는 가능하다고 판단되나 깊은 의미도 모른 채 행하기만 하면 된다는 생각은 참으로 위험천만하다. 선천의 말씀으로는 불가한 것은 아니나 다시 원하지 않는 윤회하기 쉽다.

한얼은 언제나 존재하고, 언제나 의식하고, 언제나 새로운 기쁨이다. 시간에 대한 인간의 관점에서 보면, 그분은 기쁨이고, 기쁨이었으며, 언제나 기쁨일 것이다. 한얼에게는 현재 시제만 있는데, 한얼 의식은 인간 의식과 달리 죽음과 망각의 방해를 받지 않는다. 한얼은 언제나 의식한다. 잠잘 때 활동을 멈추는 인간 의식과는 달리, 신성한 초월의식은 활동을 멈추는 일이 전혀 없다. 한얼은 인간 의식처럼 교차하는 각성 의식과 잠재의식이 없으며, 영속하고, 유쾌하고, 활동적이면서 비활동적인 각성 상태를 자신의 내부에 겸한다.

한얼은 황홀한 지복(至福)으로 존재한다. 그러나 지복의 존재를 즐길만한 다른 존재가 없었다. 그래서 자신을 세 위상으로 분할하였는데, 아는 자, 아는 행위, 아는 대상이 그것이다. 즉 즐기는 자, 즐기는 과정, 즐기는 대상이다. 이 삼위일체는 상대성 법칙, 즉 우주 미망으로 이루어졌다. 한얼은 하나이면서 불가분이므로 의도적으로 그리고 자발적으로 자신을 여럿이 되도록 상상한다. 한얼은 독자성과 자족성이라는 품성을 지니고 있다. 한얼이 자신을 여럿으로 창조하고자 하는 외관상 욕구는 진정한 욕구는 아니다. 그 욕구를 충족하는 것이 필수적인 것도 아니다. 창조가 한얼에게 물었다면, 그분은 불완전한 존재가 되었을 것이다. 그분은 아는 자, 아는 것, 알려지는 것으로 자신을 분화한다.

동시에 자신을 통하여 여럿의 개체생명 의식으로 드러내면서 자신의 전능한 지복의식을 공유한다. 그 여럿은 개별적이고 독자적 노력으로 그 지복을 발견한다. 한얼은 한의 의식을 갖고 있는데, 그것은 지복 의식이다. 그러나 육체에 갇힌 개별 영혼들로서 한얼은 고체, 액체, 기체, 에너지, 정감, 생각을 상대화하여 다른 사물을 비추어 본다. 이것은 환각이다. 고체, 액체, 기체, 정감은 여러 형태의 의식에 지나지 않기 때문이다. 이런 것들은 모두 꿈속에서 복제되거나 지각된다. 한얼이 꿈꿀 수 있는 상상력은 무한하다.

한얼에서 나오는 것은 어떤 것이든지 한얼의 본질 품성을 지니고 있으므로, 우주미망, 즉 사탄은 한얼이 자신을 유한존재로 보이게 만들고자 의식적으로 상상하는 것이며, 무욕의 욕구, 유한성을 꿈꾸는 무한한 우주의 꿈은 한얼에게 영향을 주지 않는다. 우리에게 죽음으로 보이는 것은 한얼에게는 영원한 우주 연극의 한 측면이다. 무한자를 유한하게 보이게 만드는 미망 의식적 힘, 사탄은 무한자를 유한자로 끊임없이 변형시켜나가는 독자성을 부여 받았다. 생물체와 무생물체는 자신이 우주생명 바다의 살아있는 파도이므로 불변하고 본질적으로 불멸이라는 것을 깨닫기보다 사탄 미망, 우주법칙에 의하여 자신이 우주생명의 꿈에서 분리되고 격리되어 있다고 믿게 된다. 개체생명의 영혼들은 더욱 미혹되어서 자신의 덧없는 존재 상태에 애착을 느끼게 된다. 그러한 애착은 무지에서 발생하는 것이며, 모든 고통의 실제 원인인 악이므로, 무지한 애착에서 생기는 고통 또한 악이다. 악은 보통 선의 반대어라고 하는데, 도덕적 의미만으로는 한정할 수 없다. 〈미 · 추〉, 〈길 · 흉〉, 〈행 · 불행〉 등도 〈좋다 · 나쁘다〉의 구별에 포함된다. 도덕적 의미에 한정시킨 〈좋다 · 나쁘다〉를 의미하는 것으로서 생각할 수 있다.

미망의 최면마법

유한존재는 무한자의 전지한 눈으로 자신이 경험하는 피상적이고 표면적인 변화를 주시하는 대신에 우주적 미망, 즉 사탄의 미혹하는 눈을 통하여 이 변천 상태를 바라보기 시작하였다. 모든 유한한 사물이 무한자와 동조를 이루며 활동한다면, 평범한 필멸로 공포, 질병, 또는 죽음을 경험하지 않을 것이다. 그 대신 그들은 자신에게 암시되는 환각으로서, 최면적 몽환 상태에서 일어나는 것으로만 경험할 것이다. 최면에 걸린 사람에게 보거나 느끼라고 암시된 것을 그가 실제로 보거나 느끼는 것은 아니라는 것을 국외자가 그에게 믿게 할 수 없다. 꿈꾸는 사람은 꿈꾸고 있다는 것을 알지 못한다. 그래서 사탄, 즉 미망의 최면마법에 걸린 사람들은, 질병, 부조화, 전쟁 같은 모든 악은 우주적 미망으로 창조된 환각일 뿐이다.

그 미망에서 생긴 현학적 상상력으로 창조된 환각뿐이라는 것을 알지 못한다. 호랑이는 왜 인간의 적이고, 인간은 호랑이의 적인가? 고양이는 왜 쥐를 잡아먹고, 큰 물고기는 작고 힘없는 물고기를 삼키는가? 모기는 왜 인간의 피를 빨아먹기만 하는 데 만족하지 않고 독을 체내에 주입하기까지 하는가? 지진과 돌발 사고는 왜 일어나는가? 돌발적인 기근과 전염병은 왜 인간을 찾아오는가? 무한자에 의하여 유한한 사물을 독자적으로 창조할 능력을 부여받은, 의식적인 우주적 미망, 즉 한얼의 무욕의 욕구는 신성하게 부여받은 자신의 상상력을 통하여 만물을 무한자로부터 끌어내기 시작하였다. 이리하여 척력(斥力) 법칙이 진화되었다.

모든 무기물에 있는 생명과 의식은 더욱 높은 차원의 형체로 끊임없이 진화하고 있는데, 흙에서 광물질로, 광물질에서 나무로, 나무에서 동물로, 동물에서 인간으로, 그리고 인간에서 초인(超人), 즉 신명을 깨달은 사람으로 끊임없이 진화하고 있다. 이상기후, 역전된 계절, 자연재해, 질병, 부도덕, 즉 우주미망과 그 영향 아래 작용하는 인간 지성에서 생겨난 온갖 무지 등과 같은 지구의 변화에도 불구하고, 진화와 환생이라는 신성한 법칙은 무기물과 유기물을 우주 의식으로 다시 전환하려는 노력을 늘 기울이고 있다. 사탄 미망과 신의 힘 사이의 끊임없는 전쟁은 인생과 만물의 도처에서 드러난다.

사탄미망은 자신의 오도된 독자성을 통하여 신을 감추고 자신을 찬미하라고 말한다. 자연은 인간에게 질병을 일으키는 해로운 세균과 다른 시련을 창출한다. 자연은 호랑이에게 살생본능을 창출한다.

자연의 여러 다양한 부조화와 불화를 창출한다. 신의 능력은 자연적인 죽음이나 변화의 법칙을 통하여 유한의 영향을 받는 영혼들을 무한자유로 풀어주려고 끊임없이 노력하고 있다. 자기방어 욕구와 이 욕구에서 생긴 잔인성, 그리고 식량으로 삼기 위한 살생 욕구가 미망법칙에 의하여 암시되어 있다.

그것은 무한하고, 현명하고, 자애로운 우주생명의 본성에서 벗어나서 유한하고, 비합리적이고, 해로운 것이 되었다. 우리는 신의 형상대로 만들어졌지만, 사탄 미망은 우주가 인간과 만물에 부여한 독자성을 이용하였다. 질병, 고통, 죽음을 우주몽이 지속되는 동안에 무지나 상상에서 생긴 꿈의 실체로서만 인정하는 대신에 영원히 실재하는 것으로 믿는 것은 사탄미망의 능력을 강화하는 것이다.

우리가 깨어 있을 때 죽음과 질병의 경험에 대한 상상은 질병과 죽음의 미망인 상상과는 다른데, 미망인 상상은 이 경험을 우리에게 실제적인 것으로 보이게 한다. 꿈속에서 자신의 꿈의 두개골을 꿈의 벽에 부딪치는 사람은 자신이 다쳤다고 생각하지만, 그는 깨어나면 곧 그것이 꿈이었을 뿐이라는 것을 안다. 그리고 어떤 사람이 가만히 앉아서 자신의 두개골을 벽에 부딪친다고 상상한다면, 그 일 또한 그를 다치게 할 수 없다.

그러나 어떤 사람이 자신의 두개골이 그저 꿈의 두개골이라고 생각하면서 벽에 부딪힌다면, 그 두개골은 틀림없이 깨질 것이다. 한얼을 보는 사람만이 두개골이나 벽이 실제가 아니라는 것을 알 수 있고, 따라서 다칠 수 없다. 죽음과 질병은 우주적 사탄의 꿈의 암시에 영향 받는 사람에게는 실제적이다. 사람은 자신의 의식과 우주의식이 하나가 되었을 때만 물질을 미망으로, 또는 "동결된" 우주의식으로 지각할 수 있다.

육체의 질병을 치유하는데 약물과 다른 물질적 방법에 지나치게 의존하는 것은 우주의식의 무제한의 치유력을 이용하는 대신에 제한적인 도움에 전적으로 의존하는 나쁜 습관으로 연결된다. 음식과 화학물질은 육체에 간접적으로만 도움이 된다. 신성한 힘이 육체에 직접으로 도움을 주고 또한 음식의 화학물질이 육체에 유익하게 작용하도록 함으로써 간접적으로 도움을 준다. 우리는 우주생명의 직접적인 도움에 더욱 의존해야 되고 어리석게 화학물질에 신뢰를 두는 일은 없어야 될 것이다. 결국 우주생명에 가까워질수록 신성한 힘을 끌어당겨 충분히 자신의 꿈으로 활용할 수 있게 된다. 미망과 진화와 환생이라는 법칙 사이의 줄다리기에서 이기게 하려면, 점진적인 진화를 강화하는 올바른 생각과 올바른 행위의 법칙에 대하여 명상한다.

사람은 선천적인 변화와 후천적인 변화를 단지 영혼의 여러 경험으로 간주하여야 한다. 질병은 육체적, 정신적, 영적 조화의 법칙이 깨진 결과로 간주하여야 하며, 그 법칙이 깨지면 육체가 교란되고 영혼의 평화가 교란된다. 질병은 처벌이 아니라 위험에 대한 경고로 취급되어야 한다. 질병은 자신의 무지에 의한 그릇된 행위의 결과이므로, 미망 원인은 물질적 법칙과 영적 법칙을 올바로 적용함으로써 근절되어야 한다.

정신적 과민성을 떨쳐버린다. 자신은 모든 경험을 꿈의 경험이라고 말할 수 있어야 하는데, 그것은 깊은 꿈을 꾸는 사람에게만 실제적이고, 지혜의 깨달음을 얻은 사람에게는 비실제적이다. 필멸의 꿈을 꾸는 사람에게 질병과 죽음이 존재하지 않는다고 말하는 것은 자신을 당혹하게 만들고 결과적으로 미혹하게 하는 것이다. 그는 먼저 명상을 통하여 우주생명으로 깨어나는 법을 터득해야 된다. 『금강경』의 핵심사상을 4구의 형식으로 나타난다.

제1구게는 '범소유상 개시허망 약견제상비상 즉견여래(凡所有相 皆是虛妄 若見諸相非相 卽見如來)'이다. 무릇 형상이 있는 것은 모두가 다 허망하다, 만약 모든 형상을 형상이 아닌 것으로 보면, 곧 여래를 보리라 한다.

제2구게는 '불응주색생심 불응주성향미촉법생심 응무소주 이생기심(不應住色生心 不應住聲香味觸法生心 應無所住 而生其心)'이다. 응당 색에 머물러 마음을 내지 말며, 응당 성 · 향 · 미 · 촉 · 법에 머물러서 마음을 내지 말 것이요, 응당 머문바 없이 그 마음을 낼 지니라 한다.

제3구게는 '약이색견아 이음성구아 시인행사도 불능견여래(若以色見我 以音聲求我 是人行邪道 不能見如來)'이다. 만약 색신으로써 나를 보거나 음성으로써 나를 구하면, 이 사람은 사도를 행함이라. 능히 여래를 보지 못하리라.

제4구게는 '일체유위법 여몽환포영 여로역여전 응작여시관(一切有爲法 如夢幻泡影 如露亦如電 應作如是觀)'이다. 일체의 함이 있는 법, 현상계의 모든 생멸의 법은 꿈과 같고, 환상과 같고 물거품과 같으며 그림자 같으며, 이슬과 같고 또한 번개와도 같으니, 응당 이와 같이 관할지니라고 한다.

이치답게. 이치와 같이. 실답게 본다는 것이 바로 상을 봄이다. 상(相)은 물질적인 형체 형색이다. 모양은 모양이 아닌, '비상(非相)'으로 생주이멸(生住異滅)을 계속한다. 모양이 모양 아닌 줄 알면, 모양 그대로가 실상이다. 모양이면서 모양 아니고, 모양 아니면서 모양인 이치를 노인에게 적용하면 마음을 잘 다스리고 잘 생활할 수 있고 장수생명을 바르게 화육하게 된다. 화육해야 업이 맑아지고 깨달음의 단계로 나아갈 수 있다.

4-3 장수삼재소통

'천지인삼재'는 삼원 오행을 두고 말함이다. 이는 기의 소통관계를 사람과 지구와 하늘을 연관시켜서 일컫는 것으로, 지구에서 보면 기의 소통이 하늘에서 내린 기가 먼저 사람에게 내려져서 사람에게 내려진 기는 땅으로 내려지고, 또 땅에서 발산하는 기는 사람에게 들어가서 사람에게서 기가 하늘로 발산하는 관계를 두고 "천지인"이라 한다. 천지인이란 말은 순서가 바뀐 것으로서, 바른 것은 기의 소통순서에 따라 "천인지"라는 말을 쓰는 것이 맞는 말이라고 할 것이다.

인간에게는 자유 선택 능력이 있다. 인간을 장악하려는 두 힘이 언제나 존재하는데, 바로 사탄과 신(神)이다. 먼저 신의 목소리를 들어라. "나는 이것을 해야만 해. 나로선 어쩔 수 없어."라는 말은 절대로 하지 마라. 자유선택권이 있다는 것을 명심하라. 악한 행실을 좋아한다고 생각하는 것은 미망(迷妄)이다. 누구도 자신을 해치고 싶어 하지 않는다. 자신은 다른 사람을 보살피는 것보다 더 많이 자신을 사랑한다.

다른 사람들을 위하여 희생하지 않으려고 할 때 자신을 위해서는 희생하려고 할 것이다. 그런 까닭에 여러분은 자신에게 실제적이고 지속적인 이득이 되는 것을 해야만 한다. 자신에게 슬픔을 가져다주는 행위는 어떤 것이든지 실행해서는 안 된다. 행위의 법칙은 자신에게 자유선택권을 준다. 자신은 악의 영향을 받을 필요가 없다. 그릇된 행위는 자신의 의식에 흔적을 남기는데 그것은 궁극적으로 근절되어야 한다. 세상에는 선과 악이 공존할지라도, 자유선택권이 인간의 구원자이다. 동물에게는 자유 선택권이 없다. 그들은 선도 모르고 악도 모른다.

그들은 약간의 지성을 갖고 있지만, 주로 본능에 의한 삶을 산다. 그들은 더 높은 형체로 진화한다. 그러나 인간에게는 독특하게 자유 선택 능력이 부여되어 있다. 인간이 수용하기로 선택하지 않는 한 어떤 것도 그에게 영향을 미칠 수 없다. 독을 마시지 않는 독으로 죽지 않을 것이다. 자신이 증오를 육성하지 않는 한 자신은 그 보답으로 다른 사람의 증오를 느끼지 않을 것이다. 질투하지 않는 한 자신은 질투심의 인과응보, 다시 말해 카르마의 결과를 받지 않을 것이다.

노소통명(老少通明) 실화단계

동자는 선천 상극의 갈등에서 벗어나서 안심(安心)·안신(安身)의 경지에 이르렀다. 거친 소를 자연스럽게 놓아두더라고 저절로 가야 할 길을 가는 모습이다. 정각(正覺)을 이루고 활연관통(豁然貫通)하면 삼계(三界)를 투명(透明)하여 도통(道通)에 든다. 노소동행 개신윤리는 마침내 생활실천으로 이어진다. 윌버 관점에서 보면, '초개아(超個我) 수준'에 이르렀음이다. 이에 '도지통명도(道之通明圖)'는 도가 밝아진 후천세상이 도래함을 의미한다. 동자가 신선으로 바뀌면서, 소가 갇혀 있던 공간에 소녀를 표상하는 선녀들과 더불어 하는 데, 불로초는 주변에 장엄하게 피어나고 학들도 함께 노닐게 된다.

닫히고 막힌 하늘과 땅을 다시 열고 상통하게 만들고 인존구현의 생활실화로 지상에 낙원이 펼쳐짐으로써 개체생명은 화합하고 '우주심 수준'에 도달하여 인간존엄을 일상생활에서 '평상심의 도'로써 살려가며 노소동행의 평범함에서 밝은 진리세계를 드러낼 수 있다. 도술문명의 시대가 열리고 청명(淸明)의 세상이 된다. 법리에 맞게 다스려지고 원망과 억울함이 사라지면서 불로불사하며 빈부차별이 없고 마음대로 왕래하고 지혜가 밝아져 과거와 현재와 미래의 시방세계에 통달하고 삼재의 재앙이 사라져서 상서가 무르녹는 지상선경을 이룬다. 인간의 존엄을 생활을 통해 구현한다.

인존구현(人尊具現) 생활실화

후천세상은 후천에 펼쳐지는 지상선경에서 신선이 사는 사회이다. 신선은 무병장수하고 지혜가 충만하며 용력을 발휘하고 활연관통하기에, 인존구현 개벽의 생활실화(生活實化)가 구현된다. 안심안인 생활치유를 위해 '편안해 편안해 여기는 편안해'의 진언을 사용한다. 상처받은 내면세계를 위한 치유는 심리치료와 달리 사람 마음에 상처받은 노인은 자신의 '내면아동'을 발견하고 아동은 '내면노인'을 치유함으로 인격변화를 야기한다.

아직 치료되지 않은 '내면아동'과 '내면노인'의 상처로 인해 지속되는 대인관계와 가족관계의 학대, 폭력, 중독 등의 고통에서 벗어나 동반자 도움을 생활을 통해 받는다. 노소동행에 근거한 내면치료는 '치유윤리(ethics of healing)'로 나아가 건강한 심리상태를 치유하고 인간존엄을 회복하는 길잡이가 될 것이다. 이를 통해 진여자성의 청정성을 회복하는 정신치유가 이루어진다. 신선양생은 정신을 양육하여 통전체험에 이르는 양신(養神) 양생과 신체를 돌보아 건강을 유지하는 양형(養形) 양생으로 나뉜다.

이는 '제생의세(濟生醫世)'로 발전하여 의술을 통한 기층구제(基層救濟)가 되면서, '선천인'에서 '후천인'으로 근본적 탈바꿈이 가능하다. 환골탈태(換骨奪胎)를 위해서는 주문봉송과 상관연동으로 내면치유가 지속적으로 일어난다. 앞서 언급한 바와 같이, 노인과 아동이 서로 통해서 함께 밝아짐으로 내면치유가 실제 생활에서 이루어진다.

심우도(尋牛圖)는 진리를 깨달아가는 수도과정을 동자가 소를 찾아가는 모습에 비유한 도상이다. 이 글에서는 개신윤리가 생각이화-생명기화-생활실화의 공공작용의 세 단계로 이루어짐을 밝혔다. 노소동행은 인간관계의 상반되거나 대립된 관점에서 벗어나서 공적 상황과 사적 상황을 함께 아우르며 공공차원의 보살핌을 다중으로 생활차원에 수렴할 수 있다. 이를테면, 노소동행의 독서활동은 밝은 사회운동으로 확대시킬 수 있다. 노소동행 독서활동에 근거한 노명(老明)의 생활지혜는 노소통명(老少通明)으로 자리매김한다.

'조용하게' 이루어지는 노소합덕 배려윤리에서, '따뜻하게'로 전환되는 노소상생(相生)의 보살핌 윤리로 이어지고, 다시 '환하게' 밝아지며 깨끗하게 노소통명 치유가 이루어진다. 이에 노소합덕(老少合德)을 조용한 배려윤리라고 한다면. 노소상생(老少相生)은 따뜻한 보살핌윤리가 될 것이며, 노소통명(老少通明)은 밝아지는 치유윤리로서 그 효과를 발휘하기에 노소동행은 삼차원 상관연동의 효과를 나타낼 수 있다. 노소동행을 통해 노소 각자는 인격존재로서 배려하는 다양한 방법을 생활을 통해 구체화 할 수 있다. 이를 통해 고령화 사회의 노년층의 삶이 황혼에서 벗어나 황금기의 축복으로 전환되면, 미래의 공감전망으로 이어질 수 있다.

자업자득

인간행위는 선한 결과나 악한 결과로 이어질 것이다. 선덕(善德)과 악덕(惡德)은 모두 활동에서 꽃피운다. 그러나 주기는 행위로 시작하지 않는다. 생각은 행위보다 훨씬 중요한데 행위를 선동하는 힘이 생각이기 때문이다. 상념 창조계가 물질 창조세계에 선행한 것과 마찬가지로 생각은 행위에 선행한다. 악화가 되거나 부정적인 생각은 사람을 꾀어서 나중에 후회하게 할 행위를 행하게 하지만 긍정적이고 고양적인 생각은 사람의 행위와 그 결과에서 향상이 이루어진다. 서양의 윤리학에 의하면, 자신의 행위가 악하기 전까지는 악하지 않은 것으로 간주되며, 행위가 선하기 전까지는 선하지 않은 것으로 간주된다.

그러나 인도에서는 악한 생각과 감정을 품는 것은 악한 것으로 간주된다. 행위, 즉 카르마의 법칙에 의하면, 우리는 우리가 뿌린 대로 거둔다. 이것은 운명론이 아니다. 자신은 행위이전에는 자유롭지만, 자신이 행위 한 다음에 그 행위의 결과가 자신이 원하든 않든 따라올 것이니 이는 곧 카르마 법칙이다. 그릇된 성향을 자극하는 책이 있는데 그 책이 자신에게 좋지 않다는 것을 자신이 알고 있다는 사실에도 불구하고 자신이 그 책을 읽는다면, 그런데도 자신은 그 책을 읽은 결과를 거두게 될 것이다. 알겠는가? 자유인이지만, 어떤 행위를 행하면, 그 행위의 결과를 거두게 될 것이다. 자신을 구원하고 싶어 하지 않는다면, 누구도 구원할 수 없다. 자신이 물질적 차원에서만 살기로 선택한다면, 자신은 물질적인 사람이 되는 것이고 영적인 사람이 되지 않을 것이다. 선택의 자유가 있다. 악을 차버린다. 어떤 일로 괴로움을 당할 때마다 명상한다.

그러면 언젠가 "나는 자유인이다."라고 말할 수 있을 것이다. 자유에의 길은 다른 사람들에 대한 봉사를 통하는 것이다. 행복에의 길은 명상을 통하고 신과 동조를 이루는 것이다. 심장이 다른 사람들에 대한 사랑으로 고동치게 하고, 마음이 다른 사람들의 필요를 느끼고, 직관이 다른 사람들의 생각을 느낀다. 자아의 장벽을 부순다. 이기심을 추방한다. 육체 의식으로부터 자신을 해방한다. 자신을 잊는다. 이 환생의 교도소를 마침내 추방해 버린다. 자신의 심정을 모든 이에 녹아들게 하고, 온 창조세계와 일치된다.

유혹회피

유혹은 행복을 약속하지만 슬픔을 주기 때문에 나쁜 것이라고 확신한다면, 미망이 자신을 장악할 수 없다. 유혹은 매혹적이다. 그 점에는 의문의 여지가 없다. 우리의 감각기관이 온통 외부를 향할 때 유혹이 힘을 발휘한다. 두뇌에서 눈으로, 귀로 그리고 사실상 모든 감각기관으로 흐르는 전류가 있는데, 그 전류는 그 감각기관들을 통하여 외부로 흐르면서 물질 우주와 접촉하고 그를 지각하게 된다.

우리는 우리의 감각적 지각력이 외부로 흘러나가게 하는 사물을 언제나 좋아한다. 악이나 유한한 유혹이 유혹적인 것은 여러분에게 비교 대상이 없기 때문이라는 점을 명심한다. 유혹이 압도하도록 허용하면, 자신의 지혜(智慧)는 포로가 된다. 유혹을 추방하는 가장 빠른 길은 처음부터 "안 돼"라고 단호하게 말하고 그 특정 환경에서 빠져나오는 것이다.

그 다음 나중에 차분함과 지혜가 돌아올 때 그에 대한 해결책을 모색한다. 유혹당하는 것을 회피하는 최상의 길은 신의 지복(至福)에 몰입해서 다른 모든 행복이 그 숭고한 상태에 비하면 부차적인 것에 지나지 않도록 하는 것이다. 순간에 불과한 가짜 행복을 맛보기 위하여 왜 악이 자신을 파멸하게 두어야 하는가?

의지력을 나쁜 습관의 속박에서 해방되어 있게 한다. 악한 습관을 선한 습관으로 대체한다. 그러고 나서 선한 습관이 풍부해지면, 자신은 자유로워질 것이고 악과 싸울 수 있다. 억지로 선해지려고 하지 않는다. 자신에게 성실할 필요가 있다. 선해지기 위해서 이성(理性)과 자유선택권을 발휘할 필요가 있다. 마찬가지로, 자신이 아이에게 선을 강요한다면, 기회가 생기는 대로 그는 하지 말라고 제지당한 일을 가장 먼저 하려고 들 것이다. 아이에게는 어떤 것이 왜 잘못인지를 알려주는 것이 필요하지만, 다른 사람의 의지력이 그를 강제해서는 안 될 것이다.

인과응보

악의 존재를 부정하는 사람들은 기분 내키는 대로 무슨 짓이든 계속하지만, 인과응보의 법칙을 인식하는 사람은 이런 미망에 빠질 가능성이 없다. 우주생명은 자신에게 선을 행하라고 말하고 있고 사탄은 자신에게 비행을 저지르라고 영향을 미치고 있다. 악의 존재를 부정하는 것은 미망에 휩싸이는 것이다. 자신의 모든 죄와 실수는 순수한 영혼을 일시적으로 가리는 덮개일 뿐이다. 신이 여러분을 빛으로 만들었기 때문에 어둠은 자신에게 존재할 수 없다. 문제는 여러분이 영혼의 빛을 가린다는 점이다. 우주생명의 자녀이다. 자신은 언제나 타오르는 엑스선 빛이다.

현생에서 가끔 우리는 질병과 곤경의 희생자가 되지만, 스스로가 그 원인 제공자가 되었다는 것을 깨닫지 못한다. 자신에게 발생하는 어떤 일에 대해서도 자신의 탓으로 돌리지만 걱정하지 않는다. 자신은 스스로 문제를 해결할 수 있다. 선행을 행함으로 명상의 심령으로 과거 악행의 카르마 씨앗을 태워버릴 수 있다. 인생에 지루함을 느끼고 유혹에 굴복하는 것은 잘못이다. 명상하면, 자신은 인생을 알게 될 것이다. "오 수 세기를 거친 포도주(葡萄酒)여, 당신이 저의 가슴에 무지의 마개로 오래 밀봉되어 있다는 것을 저는 발견하였습니다. 제가 갈증을 느끼며 한 모금 한 모금 당신을 마실 때, 저는 제 가슴의 병(甁)을 들여다보고 아직 손도 대지 아니한 당신을 발견합니다."

우주생명은 지루하게 하지 않다. 이 세상의 어떤 것도 우주생명과 분리되면 자신을 만족시킬 만큼 충분한 기쁨을 주지 못할 것이다. 그러나 우주생명과 상통한다면 욕구충족에 있어 충분하다는 것을 발견한다. 자신이 무지하게 정열에서 추구하고 있는 사랑을 우주생명에게서 발견할 수 있다. 자신이 세상에서 추구하고 있는 지속적인 평화(平和), 능력, 번영을 우주생명에게서 발견할 것이고, 다른 어떤 것도 만족시킬 수 없을 때 우주생명이 만족시킬 수 있다.

좋은 벗

어떤 사람들은 선행의 씨앗에 수행이라는 물을 적게 주는 바람에 씨앗이 말라 죽는다. 어떤 사람들은 더욱 신경을 써서 씨앗에 물을 주지만 보호용(保護用) 울타리를 치지 않는다. 그래서 그 씨앗도 곧 죽어버린다. 씨앗에 울타리를 치는 것은 매우 중요하며, 좋은 교우(交友)는 그 울타리이다. 우리가 어울리는 사람들은 우리의 환경에서 중요한 부분을 차지한다. 그리고 환경은 우리에게 매우 강한 영향을 미친다. 환경은 의지력보다 강하다. 그러므로 자신은 친구를 신중하게 선택하라. 좋은 교우는 자신의 행위와 생각을 올바른 방향으로 자극할 것이다.

그리고 자신의 선한 행위와 선한 생각은 씨앗처럼 발아할 것이다. 그것들이 충분히 풍부해지면, 자신의 환경에서 악한 씨앗이 자라날 여지가 없어질 것이고, 그리하여 악한 씨앗은 죽어버릴 것이다. 자신은 모든 사람의 환심을 살 수 없지만, 힘닿는 한 다른 사람들의 환심을 사려고 노력하여야 된다. 무엇보다 중요한 것은 우주생명의 환심을 사는 것이다. 그것이 모든 사람의 환심을 사는 것보다 더 좋다. 유리(琉璃)된 집에서 살고 있고 모든 사람이 관찰하고 있다는 것을 명심한다. 자신을 향상하게 시키려고 노력한다. 비판(批判)하는 사람이 있으면, 자신의 허물을 보려고 노력하면서 자신의 행실을 개선하려고 한다. 아첨 받지 않도록 하고 다른 사람들에게 아첨하려고 하지도 않는다.

자신의 사랑과 친절로 그들을 차지할 수 없다면, 아첨은 별 효과가 없을 것이다. 아첨은 영혼에게는 독이다. 자신의 양심(良心)은 우주생명의 속삭임이다. 그것은 우주생명의 목소리이다. 자신이 우주생명에게 귀를 기울이면, 악과 그 영향으로부터 구원받을 것이다. 자신은 우주생명의 자녀라는 것에 대하여 자부심(自負心)을 품을 수 있다. 그분은 높은 곳과 낮은 곳에서 빛나고 있고, 백인과 흑인에서 빛나고 있다. 우주생명 영광을 갖는 것이 더욱 좋을 것이다. 우주생명 안에서 죽는 영생이 최고 이상이다.

노인이 되면 몸의 주기에 대한 자각을 할 필요가 있다. 이는 곧 마음의 결을 스스로 자각하며 살아가는 모습이라고 할 것이다. 그 목표는 생명의 자유지점이다. 몸을 객관화 한다는 것은 몸 자체에 충실해야 하는 것인데, 또 순결한 마음의 결을 가지려면 몸을 관조해야 하는 역설적인 상황을 감내해야 한다. 노년기가 황금기일 수 있는 근거는 이러한 감내와 무관하지 않다. 이에 따라 나이 듦은 성숙으로 가는 길이며, 생각 차원에서 보다 넓고 깊어진다는 것이다. 생각 차원을 다듬기만 해도 노년기가 황금기라는 자각에서 긍정과 자유를 찾을 수 있다. 심우도에 나타나있듯이, 백발노인과 동자는 함께 살아가되 보다 넓고 깊은 차원을 열어 가면, 너무나 평화로운 무릉도원을 일구어 갈 수가 있다. 마음의 결을 일구어 감으로써 몸이 경험하는 죽음의 숙명성과 병듦의 아픔을 극복할 수 있다. 결국 개체생명이 우주생명으로 통하는 길에 해당하는 도가 열리면 동자를 노인이 부르면 가까이 다가오고, 그 이전보다 상쾌한 새 목소리를 경험한다고 할 것이다. 젊어서 살기가 바빠 들리지 않던 새소리, 바람소리도 더욱 분명하게 들을 수 있고, 보지 못했던 것도 볼 수 있게 된다. 마음을 비우면 비로소 보이는 것들이 많아지는 셈이라고 할 것이다.

제5장

장수홍익인간

〈장수홍익가치, 장수풍류신명, 장수원만구족을 다룬다.〉

5-1. 장수홍익가치

장수홍익가치는 널리, 높게, 깊게 사람을 사랑하는 실천 가치를 말한다. 21세기에 홍익인간의 '널리 사랑함'은 세계시민성 함양과 연결된다. 다문화 사회가 되어가는 한국에서도 멀리 세계에 나아가 살면서 한민족이 아닌 사람도 널리 사랑함을 의미한다. 또한 홍익인간의 '높게 사랑함'은 그 사랑이 닿을 곳에 삼신이 함께한다는 자각을 중시한다고 할 것이다. 한인과 한웅과 한검은 삼신일여를 이룬다. 삼위이면서 일여이다. 군사부일체를 이루듯이 조화의 한인과 교화의 한웅과 치화의 한검은 조물주의 군주, 가르침의 스승, 생명 살림의 어버이의 뜻을 담고 있다. 그리고 홍익인간의 '깊이 사랑함'은 장수시민선 함양과 연결된다. 장수시대 수명이 늘게 됨으로 늙어 감은 사회적 책임의식이 깊어 감으로, 그만큼 성숙하고 밝아진다.

겉보기에 단단한 육체는 움직이는 분자들로 만들어진 세포들의 결합체이다. 이 세포 분자들은 소용돌이치는 원자(原子), 양성자, 전자들로 만들어져 있다. 창조의 기본 질료인 전자양성자 에너지에서 만들어진 것으로, 우주생명의 반(半) 지성적 불꽃으로 구성되어 있다. 여러 종류의 대뇌 조직, 신경 조직, 결합 조직, 골 조직, 근육 조직 및 장기를 형성한다. 무형의 힘이 세포들을 생물학적으로 배열해서 일부 세포들이 뼈를 형성하고, 조직된 골격(骨格)이 되고, 그에 살이 달라붙는다. 단단한 물질인 육체는 작은 공간을 차지하지만, 육체는 본질적으로 응결된 우주생명 의식으로 만들어져 있다.

육체의 운동은 잠재의식, 현재의식, 초월의식, 그리스도의식, 우주생명의식 같은 의식의 여러 운동에 의하여 내적인 영혼(靈魂)의 원천으로부터 끊임없이 범람함으로써 회춘하게 된다. 외적 또는 물질적인 측면에서 육체는 화학물질, 산소, 햇빛의 끊임없는 유입으로 보강된다. 육체의 화학적 운동은 우주 의식의 내적 원천으로부터 전적으로 나오는 활력으로 충전되고 활기를 유지하는 것이 가능하다. 육체는 운동으로 유지되므로 운동 없이 살 수 없다.

육체는 음식, 햇빛과 같은 외적인 원천에서 추출된 힘들에 의하여 우주생명 의식 같은 내적인 원천에서 추출된 활력에 의하여 생명춤을 계속 추어야 한다. 물질본성은 변화이다. 한얼본성은 불변이다. 육체는 유년기에서 성년기로 그리고 노년기로 점진적으로 변화한다. 그리고 퇴화하여 죽는다. 이 모든 기간에 육체 조직은 세포 성장과 세포 붕괴의 연속적인 단계를 통과한다.

육체의 세포들은 끊임없이 붕괴한다. 이러한 '붕괴'는 인간이 두려워하고 싫어하는 어떤 운동 변이를 의미한다. '젊음'의 육체 운동은 육체에서 생명이 살아 움직이게 하는 원천으로부터의 힘을 보강함으로써 안정될 수 있다. 죽음은 일시적인 육체 상태의 정지일 뿐이며,

그 이후에는 영혼, 자아, 카르마의 활력의 내적 운동이 새 육체에서 물질현현의 운동으로서 재등장할 수 있다.

영혼은 환생과정을 이용하여 에너지와 화학물질의 필수적인 진동을 새롭게 수집하고 그것들을 새로운 육체로 변환시킨다. 진화한 영혼은 육체의 원자 진동을 바꿈으로써 쇠퇴경향을 중지시킴으로써 낡은 육체를 회춘시킨다. 영적으로 진화한 사람은 강한 전자 활력의 실로 육신 의상을 원하는 형태로 재조정함으로써 개조도 이루어질 수 있다. 우주생명의 편재하는 에너지는 항상 육체로 흘러들고 있지만, 개체생명은 그것을 제대로 의식하지 못한다. 무한한 우주생명 원천으로부터 완벽한 건강을 받는 법을 터득할 필요가 있다. 물질적 원천은 작은 전지 같아서 빨리 닳게 된다.

그러나 무한한 우주생명 원천은 무한한 발전기라서 기력(氣力), 행복, 능력을 혼에 계속 불어넣고 있다. 그런 까닭으로 무한한 우주생명 원천에 가능한 한 많이 의지하는 것이 좋다. 생각이화에서 생각이 실체라는 진리를 확신하는 것이 필요하다. 많은 사람은 마음이 육체의 산물이라고 추정한다. 육체 장기의 구조적 설계와 지적 배열을 살펴보면, 인체는 마음의 산물이라는 점이 분명해진다. 마음은 육체를 지배하는 주요 요소이다. 병고, 노령, 죽음과 같은 인간한계의 생각을 마음에 암시하는 일은 피하고, '한얼 발현(發現)인 육체는 젊은 한얼이다.'라고 생각한다.

두뇌며, 감정이며, 모든 살아있는 세포 지각인 마음은 인체를 기민하게 하거나 침울하게 할 수 있다. 마음은 왕이고, 그의 모든 세포 신민(臣民)은 그들의 군왕(君王)의 기분에 정확하게 맞추어서 행동한다. 우리는 매일 마음에 공급하는 심리학적 식단의 영양효능을 고려한다. 극소수 사람만이 미망의 혼수상태에서 깨어나서 인생에는 뭔가가 더 있음을 깨닫는다.

방울뱀은 신사이다. 그는 물기 전에 딸랑거리는 소리를 낸다. 그러나 질병은 종종 자신의 존재를 알리지 않다가 갑자기 자신을 덮친다. 건강이 자신에게 미소 짓고 있었는데 잘못된 생활을 통하여 건강을 발로 차버린 경우가 종종 있다. 집 안을 청소하거나 차에서 사무실까지 걷는 것으로 충분한 운동이 될 것으로 생각하겠지만, 재미없는 일과로 생각하므로 충분한 운동이 되지 못한다.

모든 일은 최상의 결과를 얻기 위해서 심정을 다하여 즐겁게 해야 한다. 새로운 것들을 창조하느라 마음을 분주하게 유지할 필요가 있다. 무한한 능력이 자신의 지휘를 기다리고 있기에, 진지하게 추구한다면 반드시 그 길을 발견하게 될 것이다. 장수윤리를 새롭게 정립하는 것도 새로운 즐거움이다. 바다는 어떤 파도이든지 자신의 품에서 계속 밀어 올림으로써 그 파도가 형태를 보유할 수 있도록 도울 수가 있다.

인간은 또한 자신이 필멸의 형체라는 파도의 배후에 있는 불멸을 지니고 영속한 바다,

우주생명에 대한 생각으로 젊고 활력 넘치는 형체로 계속 발현해 주기를 요청함으로써 젊음을 보유할 수가 있다. 두통이나 다른 어떤 통증이 있을 때마다, 에너지를 우주생명의 근원적 지점으로 유도함으로 우주생명의 전기 에너지가 몸을 타고 흐르고 있다는 생각을 유지할 필요가 있다. 여기서 홍익의 넓고 깊은 우주생명 가치를 확인할 수 있다.

의암 손병희가 삼일운동 제의에 적극 찬의를 표현한 것은 동학혁명의 전통으로 보아 독립운동을 일으켜야 한다는 압력을 받았을 뿐만 아니라 스스로도 오랫동안 독립운동의 기회를 기다리고 있었기 때문이다. 1919년 1월 20일경의 회합은 삼일운동을 본격적으로 준비하기 시작한 시기였다. 여기서 의암은 독립운동을 대중화할 것, 독립운동을 일원화할 것, 독립운동의 방법은 비폭력적일 것 등을 당시 참여한 권동진, 오세창, 최린 등과 합의하였다. 권동진과 오세창은 천도교 내부의 일을 맡고, 최린은 천도교와 외부의 관계를 맡는 것으로 분담하고, 의암은 이종일을 불러 중요한 특별 임무를 부여하였다.

그는 당시 천도교의 인쇄소, 보성사의 사상이었다. 의암은 그에게 비밀리에 독립선언서를 인쇄하고 배포할 것을 당부하였다. 완성된 독립선언서가 오세창을 통해 이종일에 넘겨지고 원고가 발각되지 않고 인쇄되는 일은 전적으로 이종일에 달려있었다. 이종일은 2월 20일부터 보성사에서 독립선언서를 인쇄하기 시작하였다. 25일까지 1차로 2만 5천장을 인쇄하고 27일 자정까지 1만 장을 더 인쇄해야 했다. 그러나 종로경찰서의 신철(申澈), 조선인 형사의 갑작스러운 방문을 받고 발각직전의 위기를 설득과 회유로 가까스로 넘겼다.

3월 1일, 파고다 공원에서 읽기로 한 독립선언서발표 장소를 2월 27일에 태화관으로 변경하였다. 넓은 장소에 많은 사람이 운집할 경우 일본 경찰의 발포로 많은 인명이 희생될 것을 우려하여 사전에 장소변경을 결정하게 된 것이다. 3월 1일, 이른 아침부터 독립선언서를 군중에게 배포하고, 12시까지 의암의 집에 있던 나머지 독립선언서도 거의 배포하였다.

오후 2시 태화관에서 열린 독립선언식의 식순이 끝난 뒤 민족대표들은 축배를 든 다음 총독부에 대해 독립선언식을 거행하고 있다는 뜻을 전화로 통고하였다. 의암은 이종일에게 독립선언서를 직접 인쇄하고 배포한 당사자로서 민족대포를 대표해서 낭독하도록 주문했다. 20분 뒤 일경 15명이 들이닥쳐 태화관을 포위하였다. 이때 한용운이 이렇게 외쳤다.

"오늘 우리의 모임은 곧 독립만세를 고창하여 독립을 쟁취하자는 취지입니다. 이것은 우리가 앞장서도 민중이 뒤따라야 되는 것입니다. 우리는 신명을 바쳐 자주독립국이 될 것을 기약하고자 여기 모인 것이니 정정 당당히 최후의 일각, 최후의 일인까지 독립 쟁취를 위해 싸웁시다."라고 외쳤다. 이어 민족대표들은 대한독립만세를 삼창한 다음, 의암을 선두로 일경에 연행되었다. 한용운은 자유와 비폭력 정신으로 평생토록 일관했기에 그의 정신은 독립선언서 말미의 공약 삼장에 잘 나타나 있다. 일경에 연행되어 가는 동안에도 이종일은 이승훈, 나용환 등과 함께 도로에 독립선언서 2, 3백장씩 던지면서 '대한독립만세'를 외쳤다. 그 결과 의암 손병희, 만해 한용운, 이종일에게는 징역 3년의 옥고를 치르게 되었다. 의암 손병희는 대한민국임시정부를 태동시켜 민주공화정치를 우리나라의 법통성이 존재하도록 만든 장본인이었다.

그는 삼일운동으로 서대문형무소에 자진 구금, 기소되었다가 고문으로 사경을 헤매다가 석방되었지만 1922년 5월 19일 새벽 3시 상춘원에서 환원, 순국하였다. 대한민국임시정부의 대통령으로 추대되었지만 취임하지는 못하였다. 그는 천도교의 지도자일 뿐만 아니라 삼일운동을 진두지휘한 민족의 지도자라고 할 것이다. 대한민국임시헌장은 임시정부의 주권적 근원이 삼일운동에 있음을 명시하고 있다.

의암 손병희는 삼일운동을 통해 독립선언만을 목적으로 한 것이 아니라 정부수립을 염두에 두었다. 또한 그는 천도교의 신(神)과 성(聖)을 밝힘에 우리 스스로 천권을 누릴 자격이 영각을 통해 있으며, 신권을 부여받아 우리 모두가 삼일정신에 근거한 성권을 행사할 수 있다고 했다. 다시 말하면, 인간의 권리는 인권이 아니라 삼일정신에 근거한 신권이고 성권이 되어야 한다는 것이다. 독립선언서에서 대한독립도 '순천응인(順天應人)'이며, 삼일정신의 '천인합응(天人合應)'으로부터 대한독립건설과 세계대동이 가능하다고 보았다. 실제로 단단한 물질의 육체는 매우 작은 공간을 차지하지만, 육체는 본질에서 응결된 우주생명 의식으로 만들어져 있으므로, 육체는 잠재적으로 광대하고 편재(遍在)한다.

육체운동은 잠재의식, 현재 의식, 초의식, 그리스도 의식, 우주생명 의식 같은 의식의 여러 운동에 따라 내적인 영혼의 원천으로부터 끊임없이 범람함으로 회춘한다. 외적 또는 물질적인 측면에서 육체는 화학물질, 산소, 햇빛의 끊임없는 유입으로 보강된다. 육체의 화학적 운동은 우주 의식의 내적 원천으로부터 전적으로 나오는 활력으로 충전되고 활기를 유지하는 것이 가능한데도 이 물질적 힘들로 활동이 유지되어야 한다는 것은 마야의 이상 현상이다. 육체는 운동이므로 운동 없이는 살 수 없다. 육체는 음식, 햇빛과 같은 외적인 원천에서 추출된 힘들에 의하여 그리고 우주 의식과 같은 내적인 원천에서 추출된 활력에 의하여 생명의 춤을 계속 추어야 한다. 물질의 본성은 변화이다. 한얼의 본성은 불변이다. 육체는 태어난다.

육체는 유년기에서 성년기로 그리고 노년기로 성장하는 동안 점진적으로 변화한다. 그다음 육체는 퇴화하고 죽는다. 이 모든 기간 육체 조직은 세포 성장과 세포 붕괴의 연속적인 단계를 통과한다. 육체의 세포들은 끊임없이 붕괴한다. 이것은 육체의 분해를 의미하지 않는다. "붕괴"는 인간이 두려워하고 싫어하는 어떤 운동 변이를 의미할 뿐이다. 그럼에도 우리는 "젊음"이라고 불리는 활력의 변화하고 춤추는 파도를 좋아한다.

"젊음"이라 불리는 이 일정한 육체 운동은 육체에서 생명이 살아 움직이게 하는 두 원천으로부터의 힘으로 보강함으로써 더욱 안정될 수 있다. 죽음은 운동의 영원한 정지가 아니다. 죽음은 일시적인 육체 상태의 정지일 뿐이며, 이후에는 영혼, 에고, 카르마의 활력의 내적 운동이 새로운 육체에서 물현의 운동으로서 재등장할 수 있다. 보통 영혼은 환생의 과정을 이용하여 에너지와 화학물질의 필수적인 진동을 새롭게 수집하고 그것들을 새로운 육체로 변환한다고 할 것이다.

진화한 영혼은 때로는 육체의 원자 진동을 바꿈으로써 그리하여 분해를 향하는 육신의 자연적 경향을 중지시킴으로써 낡아빠진 육체를 회춘시킨다. 영적으로 진화한 사람의 전능한 영혼은 강한 전자 활력의 실로 육신의 의상을 원하는 형태로 재조직함으로써 낡은 육체를 완전히 폐기하는 대신에 개조할 수도 있다. 스승들만이 이런 일을 할 수 있고, 그런 능력을 지닌 사람들 가운데서도 소수만이 그 능력을 사용하고자 선택한다. 대체로 그들은 탄생, 죽음, 환생의 정해진 법칙을 받아들인다. 우주생명의 편재하는 에너지는 항상 육체로 흘러들고 있지만, 그것을 의식하지 못한다. 온 자연은 우주생명에 경의를 표하며, 그분의 능력은 내부에 있다. 문제는 연결을 이루지 못한다는 것이다.

직접 우주생명으로 살고 있고 다른 모든 능력은 그 능력이 없으면 실패할 것이라는 점을 깊이 있게 자각하고 실천하는 것이 장수홍익가치이다. 음식, 산소, 햇빛은 제한된 범위에서 건강을 부여할 수 있다. 무한한 원천으로부터 완벽한 건강을 받는 법을 알아야 한다. 물질적 원천은 작은 전지와 같아서 빨리 닳기 때문이다. 그러나 무한한 원천은 무한한 발전기라서 기력(氣力), 행복, 능력을 영혼에 계속 불어넣고 있다. 그런 까닭으로 무한한 생명력의 근원적인 원천에 가능한 한 많이 의지하는 것이 중요하다고 할 것이다.

에너지 원천의 마음

첫 번째 단계는 여러분이 신으로부터 증대된 능력과 기력을 받을 수 있는 법칙을 배워서 가동하는 것이다. 생각이 실체라는 진리를 확신하는 것이 필요하다. 여러분이 보는 모든 것은 신의 의식의 어떤 형태이거나 표현이다. 그분은 이 지구를 만들기 전에 이 지구를 생각해낸 것이다. 많은 사람은 마음이 육체의 산물이라고 추정한다. 육체 장기의 구조적 설계와 지적(인 배열을 살펴보면 인체는 우월한 마음의 산물이라는 점이 분명하게 드러난다. 마음은 육체를 지배하는 주요 요소이다. 병고, 노령, 죽음과 같은 인간적 한계의 생각을 마음에 암시하는 일은 언제나 회피하여야 한다. 그보다는, 마음에 다음과 같은 진리를 늘 들려주어야 한다. "나는 무한자인데 육체가 되었다. 한얼의 발현인 육체는 언제나 젊은 한얼이다."

두뇌이며, 감정이며, 모든 살아있는 세포의 지각인 마음은 인체를 기민하게 하거나 침울하게 할 수 있다. 마음은 왕이고, 그의 모든 세포 신민(臣民)은 그들의 군왕의 기분에 정확하게 맞추면서 행동한다. 우리가 우리의 일상적인 식단의 영양가에 상당한 관심을 두는 것처럼, 우리는 매일 마음에 공급하는 심리학적 식단의 영양가 차원의 효능을 고려하여야 한다. 우리는 대부분의 사람이 반(半) 의식 상태에서 삶을 영위해 가는 모습을 보아왔다. 일하고, 밥 먹고, 잠자는 것이 그들의 주요 관심사이다.

그들은 지상에 와서, 생계를 유지하느라 허덕대다가, 가족을 부양하기도 한 다음, 미지의 심연으로 뛰어든다. 극소수 사람만이 미망의 혼수상태에서 깨어나서 인생에는 뭔가가 더 있음을 깨닫는다. 깨어나는 사람들은 올바른 생활방식을 발견하려고 노력한다. 방울뱀은 신사이다. 그는 물기 전에 딸랑거리는 소리를 낸다. 그러나 여러분에게 있는 질병은 종종 자신의 존재를 알리지 않다가 갑자기 자신을 덮친다.

젊은 시절에 인생을 아름답게 가꾼다. 그러나 젊은이들은 그 대신에 질병의 씨앗을 파종하고 있을 가능성이 높다. 건강이 자신에게 미소 짓고 있었는데 자신이 잘못된 생활을 통하여 건강을 발로 차버린 경우가 자주 있다. 집 안을 청소하거나 차에서 사무실까지 걷는 것으로 충분한 운동이 될 것으로 생각하겠지만, 대부분은 그런 일을 마지못해서 또는 재미없는 일과로 하므로 충분한 운동이 되지 못한다. 하는 모든 일은 최상의 결과를 얻기 위해서 온 심정을 다하여 즐겁게 해야 한다.

미소를 띠고 있는 사람은 젊어 보일 수 있지만, 얼굴에 수심(愁心)을 띄고 있는 사람은 상당히 늙어 보일 수 있다. 노년기일수록 육체 기계를 보살펴야 한다. 세월이 흘러감에 따라 많은 사람이 자신을 포기하기가 쉽다. 언제나 흥미를 유지하라. 새로운 것들을 창조하느라 마음을 분주하게 유지한다. 무한한 능력이 자신의 지휘를 기다리고 있으므로, 진지하게 추구한다면 반드시 그 길을 발견할 것이다. 바다는 어떤 파도이든지 자신의 품에서 계속 밀어 올림으로써 그 파도가 형태를 보유할 수 있도록 도울 수 있다. 인간은 또한 자신의 필멸 형체라는 파도의 배후에 있는 불멸의 능력을 지닌, 불변하고 영속하는 바다에 그 젊고 활력 넘치는 형체로 계속 발현해달라고 요청함으로써 젊음을 보유할 수 있다. 두통이나 다른 어떤 통증이 있을 때마다, 에너지를 그 지점으로 유도한다.

우주생명 에너지가 자신의 육체를 결집하며, 개체생명 의지를 우주생명의 영성에너지와 연결하는 법을 알아야 될 것이다. 이 에너지를 유도하려면, 환부(患部)를 중간 정도로 천천히 긴장시킨다. 그 긴장을 유지하면서, 에너지로 그 부위를 충전하는 동안 1에서 10까지의 수를 센다. 그다음 이완하라. 아홉 회를 반복한다. 공복(空腹)의 상태나 거의 공복일 때 하루에 세 번 이 수련한다. 방전된 전지는 발전기로부터 충전될 수 있는 것처럼, 어떤 육체 부위에 긴장을 유지하는 것은 그 부위를 충전한다.

그러나 모두 시간이 걸린다. 생명력은 만병통치의 엑스선이며, 그것이 없으면 어떤 치유도 불가능하다. 걷는 동안에 천천히 숨을 들이쉬면서 마음속으로 1에서 12의 숫자를 센다. 숨을 참으면서 12회를 센다. 그다음 숨을 내쉬면서 1에서 12까지의 숫자를 센다. 자신이 산책할 때마다 이 수련을 24회 한다. 피부의 민감도와 태양광선의 강도에 좌우되는데, 일주일에 두 번 삼십(三十) 분간의 일광욕을 하되, 매일 십 분 내지 삼십 분 하면 더욱 좋다. 그렇지만 이것을 과도하게 하지는 않는 것이 좋다.

과도하게 햇볕에 그을리는 것은 좋은 것보다 해로운 것이 더 많다. 손을 움직일 때마다 전류를 생성하고 있는 것이며, 주위의 에테르는 우주의 빛으로 채워진다. 그것을 보지 못한다는 것이 그것이 존재하지 않는다는 것을 의미하는 것은 아니다. 생명을 주고 있는 것은 빛이다. 선원이 한 명도 없는 배가 무전기로 가동될 수 있는 것처럼, 육체라는 배도 신이 육체로 계속 쏟아붓는 에너지의 라디오 광선으로 가동된다. 손가락은 굉장한 물건이다.

손가락은 자신의 안테나이고 손가락으로 흘러들어오는 에너지를 매우 자주 느낄 수 있다. 이 에너지를 감지하는 실험을 해보자. 손과 팔을 이완시켜라. 이제 손과 팔에서 어떤 에너지도 느끼지 못하지만, 다음과 같은 방법을 실행하자마자 손과 팔에 흐르는 에너지를 느낄 것이다. 이 힘은 언제나 자신의 내부에 있었지만, 에너지 충전 체조를 수행할 때를 제외하고는 그것을 지각하지 못한다.

육체와 마음과 의지를 연결하는 법을 터득하여 손과 팔에 모일 수 있도록 하는 것이 중요하다. 발과 눈에도 똑같이 할 수 있지만, 그것은 더욱 진보된 발달이 있어야 될 것이다. 눈을 감는다. 팔에 집중한다. 팔에서 어떤 에너지를 느낄 수 있는가? 느낀다고 해도 약간만일 것이다. 팔을 전혀 긴장시키지 말고 완전히 이완시켜서 옆구리에서 늘어져 있도록 한다. 이제 약간의 에너지가 양팔을 통하여 부드럽게 흐르고 있는 것처럼 느끼고 있다. 두 눈은 여전히 감은 채로 이완을 지속한다.

이제 양손을 들어 올리고 마음속으로 의지력을 사용하여 양손을 통하여 에너지를 보낸다. 자신의 손과 팔을 통하여 흐르는 엄청난 양의 에너지가 존재한다는 것을 느낀다. 그것을 좀 더 강하게 느낀다. 이제 팔을 떨어뜨리고 이완한다. 이것은 정신적인 또는 상상의 과정일 뿐이다. 다시 양팔을 들어 올린다. 먼저, 의지를 계속 사용하여 한 손으로 반대편의 쳐든 팔을 문지르면서 전기력으로 자신의 팔을 "전지(電池)"로 충전한다고 느낀다.

이제 손을 치우고 쳐든 팔에서 전류를 느낀다. 그다음 팔을 천천히 내린다. 자신은 첫 번째 운동에서 상상으로만 했던 것보다 훨씬 강한 전류를 느꼈을 것이다. 이제 이완하라. 이어서 다음의 실험을 해본다. 양손을 앞쪽으로 움직여서 서로의 둘레를 회전시킨다. 양손을 더욱 빨리 회전시킨다. 아직 전류를 느끼지 못하지만, 손은 곧 전류로 찰 것이다. 마음을 그 전류에 집중하면서 전류가 연수(延髓)로부터 손으로 들어간다고 생각한다. 양손을 점점 더 빨리 계속 회전시킨다. 집중하는 것을 중단하지 않는다.

이제 양팔과 양손을 앞으로 들어 올리고, 그다음 뻗은 팔을 천천히 내리면서 그 팔에서 전류가 흘러나와서 아픈 사람에게, 에너지를 보내주고 싶은 사람에게 들어간다고 표상한다. 양손을 천천히 옆으로 내리면서 완전히 이완되어 있게 한다. 이 운동이 더 강력하다는 생각이 들게 한다. 확신이 들면, 눈을 감고서 그 과정을 반복한다. 전류가 자신의 팔과 손과 손가락을 통하여 흘러나가는 것을 느낀다. 손바닥을 마주 대고 빠르게 비빈다. 두 눈을 감고서 자신의 손에서 그리고 자신의 육체 주위에서 에너지를 느끼도록 집중한다. 팔을 불멸의 에너지로 충전하는 데 집중한다. 긴장하지 않는다. 완전히 이완되어 있다.

이 에너지가 자신의 팔과 손의 전체 길이를 따라서 흐르고 있다. 팔과 손은 잊어버리고 전류만을 느낀다. 이제 손을 앞으로 들어 올린 다음 천천히 내린다. 아픈 사람을 생각하고서 그 사람에게 전류를 보낸다. 이제 굉장한 전류가 흐르는 것을 느낀다. 그 전류가 얼마나 강력한지를 체험할 수 있을 것이다. 그 힘을 부정하기는 어려울 것이다. 전류는 연수를 통하여 육체로 흘러들어온 다음 미간으로 흘러들어 가고 척추를 통하여 마침내 팔과 손으로 흘러 들어가게 된다.

『직지』 상권, '황벽 희운 선사 조(黃蘗 希運禪師條 · 中國祖師 項)에서, "당장에 무심하면, 마음의 본바탕의 깨달음 불성(佛性)이 저절로 나타나리니 큰 태양이 허공에 떠올라 시방을 비추어서 아무런 걸림(障碍)이 없는 것과 같다"[151]고 단정(斷定)하였다. 이는 앞에서 언급한 고요한 눈동자를 잃지 않는 대목과도 상통한다. 오로지 자기가 '보고 듣고 느껴서 아는 것(見聞覺知)'만을 자신의 마음으로 삼기에, 그 견문각지에 뒤덮여 자기 자성의 본래 면목을 못 볼 수가 있을 것이다.

황벽 희운 선사는 '구름에 가려진 태양과 같은 본래마음을 볼 수 있는 방법은 오로지 당장 무심하면 된다.'는 처방을 고려시대 발간된 『직지』를 통해 제시했다고 할 것이다. 한얼이 진동하는 창조계로 드러날 때, 궁극 원인은 모두 창조에 들어있는 지성으로서 조물주 한얼이 된다고 할 것이다. 조물주 한얼은 삼일정신의 첫 번째 반영이 되며, 교화주 한얼은 삼일정신의 두 번째 반영이 된다. 세상진동을 반영하는 치화주 한얼은 삼일정신의 세 번째 반영이다. 조물주의 한얼은 모든 창조를 초월한 지성에 해당하고, 교화주의 한얼은 삼일정신 내면의 지성이라고 할 것이며, 치화주의 한얼은 생명살림 진동자체이다. 이 셋은 셋이면

151) 「直指」 卷上, '但直下無心 本體自現 如大日輪昇於虛空 徧照十方 更無障碍'

서 동시에 한으로 돌아가기에 삼신일여라고 말할 수 있다. 삼신일여는 삼신일체라고도 하는 데, 대종교(大倧教)의 신관(神觀)을 이루고 있다. 『삼국유사』 고조선조에는 한인(桓因)·한웅(桓雄)·단군왕검(檀君王儉)의 삼신이 부·자·손 관계로 나타난다. 대종교에서는 삼신관계를 '세검 한몸(三神一體)'이다. 『삼일신고(三一神誥)』와 『신사기(神事記)』·『신리대전(神理大全)』에 따르면, 시공성(時空性)을 초월한 유일무이한 절대 신(神)으로서 한얼(天帝)이 신앙의 대상이다.

한얼은 한님이다. '한'은 '하늘'이라는 뜻이며, '크다'는 뜻이고, 짝이 없는 '하나'라는 뜻이다. 따라서 대덕(大德)·대혜(大慧)·대력(大力)을 두루 갖추고 있다고 할 것이다. 대덕으로 '한얼도리(神道)'를 베풀어 만물을 만들고 번성하게 한다. 대혜로 '한울 이치'를 밝혀 만물을 가르쳐서 두루 깨달아 잘 살 수 있게 한다. 대력으로 '한울나라(天國)'를 열어 만물을 다스려 서로 다투지 않고 잘 살게 하는 세 가지 자리(三位)를 차지한다. 따라서 한얼은 군사부 일체의 정신을 그대로 반영하고 있다고 할 것이다.

한님이 차지하는 세 자리의 이름이 따로 있다. 먼저 만드는 자리를 '한인(桓因)'이라 하고, 가르치는 자리를 '한웅(桓雄)'이라 하며, 다스리는 자리를 '한검(桓儉)'이라고 한다. 그 자리를 나누면, 세검(三神)이요, 합하면 한님이다. 이에 따라 '세검 한 몸이신 한님(三神一體天帝)'라고 부른다. 또한 이 한님을 우리 민족의 시조신으로 모실 때는 '한배검(天祖神)'이라고 부른다.

한배검은 한님으로서의 본자리에 있으면서 여러 가지 몸으로 변화하여, 창조·조화 자리에서 '한 아비(天父)'도 되고, 교화 자리에서 '한 스승(天師)'이 되며, 치화의 자리에서 '한 임금(天君)'도 되니, 군사부 일체도리가 체(體)와 용(用)의 관계로 설명될 수 있다.

'한님(天帝神)'의 경우이건 '한배검(國祖神)'의 경우이건 나누면 셋이요, 합하면 하나라는 신의 자리가 정해진다. 이들은 항시 상호보족으로 작용하며, 불가분리 위상(位相)을 차지하고, 우주만물을 지배한다. 1은 3의 몸이 되고, 3은 1의 작용이 된다. 삼신을 섬기는 일은 아기가 태어나는 것을 삼신이 점지한 것이라고 하여 삼 줄을 매달아 표시한 데서도 드러난다. 댕기는 아기가 난 지 사흘이면 머리털에 색실로써 매는 것을 말한다. 한배검에게 명과 복을 비는 것이라 하여 댕기를 '드린다.'라고 말한다. 또한 한배검이 내려온 백두산을 기리고자 누구나 웃옷의 깃 위에 흰 동정을 달아 입는다고 할 것이다. 이처럼 삼일정신은 체용정신이다.

5-2 장수풍류신명

장수풍류신명은 장수풍류의 뿌리가 삼일정신의 신명에 두고 있음을 말한다. 삼일정신을 교화원리로 구체화시킨 것은 삼일신고이다. 교화원리로서 삼일정신은 태어나 성장하면서 교육받고 사람답게 되는 원리로서 홍익인간 정신의 요체를 이룬다. 삼일신고의 다섯 장은 삼일신의 몸체, 조화, 교화, 치화, 진리의 공공작용을 순서대로 제시하고 있다. 삼일신고 첫째 장, 「천훈(天訓)」에서는 삼일신의 존재를 '한울'로서 밝히고 있다. '한울'은 형상이 없다. 또한 한울은 한 덕과 한 지혜와 한 힘을 지니고 무수히 많은 세계를 주재한다.

한울에 나타난 삼일의 신, 한얼은 모든 것을 포용하고 모든 곳에 있는 존재로서 밖이 '허허(虛虛)'로 그 몸체는 비어 있다고 할 것이며, '공공(空空)'으로 그 속도 비어 있기에 이치로 보아서도 비우고 또 비우는 이치라고 할 것이다. 이를 원문에서 살펴본다. '푸르고 푸른 것이 한울이 아니고 검고 검은 것도 한울이 아니다. 한울은 형태없고 시작 끝도 없으며 위아래도 동서남북도 없으며 텅 빈 가운데 있지 않은 것이 없고 담기지 않은 것이 없다.152)

또한 삼일신고 둘째 장의 한얼님 조화 「신훈(神訓)」에서는 한얼 조화의 덕성과 공공작용을 다룬다. 삼일신의 한얼님은 한울을 생성하고 만물을 창조하는 조화신으로 공공작용을 일으킨다. 이에 한울이 아닌 한얼의 신(神)이며 모든 피조물의 최상위에 존재한다. 아울러 한 덕과 한 지혜와 한 힘을 갖추고 조화의 능력을 드러낸다. 한얼이 한울로 비침은 무수한 세계를 조화하는 능력을 발휘함이다. 밝고도 밝음은 물질계에서 빛나는 모습이며, 신령하고 신령함은 정신계에서 한얼의 성스러운 모습을 말함이다.

조화신을 추론하거나 헤아려 볼 수 없다. 한얼성품으로 그의 씨를 구할 수 있다. 머리에 한얼 성품이 깃들어 있기에, 자율성과 창조성을 겸비하게 된다. 이를 살펴본다. '한얼은 더 없이 높은 자리에 계시며, 큰 덕과 큰 자비와 큰 능력을 갖고 하늘을 낳고 무수한 세계를 맡아 다스린다. 만물을 창조하며 티끌만 한곳까지도 빠짐없이 밝고 또 밝고 신령하고 또 신령하여, 감히 이름을 붙이거나 해량할 수조차 없다. 목소리로 간절히 기도하더라도 그 모습을 보여주지 않지만, 성품으로부터 생겨난 것을 찾고자 애써 노력하면 항상 뇌에 내려올 것이다.'153)

삼일신고 셋째 장의 한얼의 교화, 「천신국(天神國)」에서는 한얼 공공작용을 다룬다. 한울

---

152) 天訓: 蒼蒼非天 玄玄非天 天無形質無端倪 無上下四方 虛虛空空 無不在 無不容
153) 神訓: 神在無上 一位有大德大蕙大力 生天主無數世界 造甡甡物 纖塵無漏 昭昭靈靈 不敢名量 聲氣願禱 節親見 自性求子 降在爾腦

이 한얼 나라이기에 이곳에서 교화한다. 온갖 착함과 덕의 공공작용을 통해 한 길상과 한 광명을 나타내고 밝은 이들과 함께 하는 교화의 주, 한얼은 온갖 착함을 쌓고 온갖 덕을 갖춘다. 성품이 통하고 공덕을 쌓은 이를 '성통공완'이라 하여 이들이 올라가는 곳이다.

이를 원문에서 자세하게 확인한다. '한울이 한얼나라로 한울궁전이 있어 온갖 착함으로 아름다운 보석 계단을 만들고 온갖 덕으로 강한 쇠붙이 문을 만들었다. 한얼이 머무르고 계신 이 곳은 여러 신령들과 밝은이들이 호위하고 받들며 한 길상과 한 광명이 빛나는 곳으로 도를 깨달은 밝은이가 조화롭고 영원한 즐거움을 얻는 곳이다.[154] 예부터 철인을 숭상해온 것을 알 수 있다.

아울러 삼일신고 넷째 장의 한얼의 치화, 「세계훈(世界訓)」에서는 무수한 별들의 크고 작음과 즐겁고 괴로운 모습은 우주가 다양한 형태로 다스림을 받는 모습을 보여주고 있다. 이곳의 한얼은 치화주로서 여러 세계를 조성하고 칠백 세계를 거느리면서 동시에 동식물을 거느리는 모습으로 드러나고 있다고 할 것이다. 이를 원문에서 확인한다. '너희는 빽빽이 늘어진 별들을 보라. 무진장하며 크고 작으며 밝고 어두우며 고통스럽고 즐거우며 모두가 똑같지 아니하다. 한얼이 온 세계를 빚으시고 스스로 태양세계 사자에게 칠백세계를 다스렸다. 지구가 스스로 크다고 여기겠지만 한 알의 탄자에 불과하며, 땅 속의 불을 통해 바다와 육지가 조성되었다. 한얼은 기로써 그 바탕을 이루지만 햇볕과 지열에 의해서 쪼이고, 날고, 헤엄치고, 심은 것들이 모두 함께 번식한다.[155]

삼일신고 다섯째 장의 내용의 「진리훈(眞理訓)」에서는 교화핵심 내용을 진리로 훈시한다. 진리로서 교화함은 성품(性)과 생명(命) 그리고 정기(精)의 세 원리로 교화함을 말한다. 따라서 이러한 삼일정신 원리를 일상으로 실천하여 진리 세계와 일치 할 것을 주문한다. 이를 원문에서 확인한다. '사람과 만물이 모두 세 가지 참을 받았으니, 이름 붙여 성품(性), 생명(命), 정기(精)라고 한다. 사람은 이를 온전히 가지고 있지만, 다른 만물은 치우치게 가지고 있다고 할 것이다.

참 성품은 착함도 악함도 없기에 상철(上哲)로 통하여 한울과 하나 되는 '덕군(德君)'이고, 참 생명은 맑거나 탁함이 없기에 중철(中哲)로 알아서 지혜롭게 만물을 대하는 '지군(智君)'이며, 참 정기는 두텁고 얇음이 없기에 하철(下哲)로서 보존하는 '용군(勇君)'이다. 성품, 생명, 정기의 조물원리가 삼일 원리이며 이를 깨치게 되면, 한얼과 상통한다.[156]

---

154) 天宮訓: 天神國 有天宮 階萬善 門萬德 一神攸居 羣靈諸哲 護侍 大吉祥 大光明處 惟性通功完者朝永得快樂

155) 世界訓: 爾觀森列星辰 數無盡 大小明暗苦樂) 不同 一神 造羣世界 神勅日世界使者 轄七百世界 爾地自大 一丸世界 中火震盪 海幻陸遷 乃成見象 神呵氣包底 煦日色熱 行翥化游栽物 繁植

156) 眞理訓: 人物 同受三眞 曰性命精 人 全之 物 偏)之 眞性 無善惡) 上哲 通 眞命 無淸濁 中哲 知眞精 無厚薄 下哲 保返眞 一神

그런데 무리는 미혹하여 세 가지 망령됨으로 존재한다. 성품과 마음, 생명과 기운, 육신과 정기가 한 몸이면서 서로 맞섬을 의미한다. 달리 말하면, '심기신(心氣身)'이 '신기정(神氣精)'에 맞서게 된다. 이 가운데 마음이 성품과 맞서기에 선악으로 나뉘는데, 선하면 복되고 악하면 재앙을 초래한다. 기운은 생명과 맞서기에 청탁으로 나뉘는데, 맑으면 장수하고 탁하면 단명한다. 육신은 정기와 맞서기에 후박으로 나뉘는데, 후덕하면 귀하고 냉대면 천박하다.157)

무리의 망령됨에 세 길 있어 이름 붙이면, '느낌과 숨 쉼과 부딪힘'의 열여덟을 이룬다. 느낌은 기쁨과 두려움 슬픔과 노여움 탐욕과 싫음이요, 숨 쉼은 향기와 악취 한기와 열기 건조함과 축축함이요, 부딪침은 소리, 형상, 냄새와 맛 음탕과 나와 남과 충돌이다.158) 중생의 무리는 선악 청탁 후박을 분간하지 못하고, 열여덟 경계에 휩쓸리며 무너지는 삶, 오랜 낙담, 병으로 몰락하며 고통을 받게 된다. 밝은 이는 '희구애노탐염희(懼哀怒貪厭喜)'를 끊고, 분란한열진습(芬爛寒熱震濕)을 조절하고, 성색취미음저(聲色臭味淫抵)를 금하여 이를 굳건히 지킨다. 느낌을 멈추고 숨 쉼을 고르게 하며 부딪힘을 금해서 거짓을 참으로 돌이키고, 크고 신비로운 신기(神機)를 발휘하며 성품이 통하여 일을 이루는 것을 일컬어 '성통공완(性通功完)'이라 한다.159)

과학자는 창조과정을 빅뱅(BIGBANG)으로 설명한다. 비 오는 날 우레 같은 천둥번개는 자연의 창조원리를 보여준다. 번개는 빛의 정신계로서 양기(陽氣)의 전하이며, 천둥소리는 음기(陰氣)의 전하이다. 이때 고열로 벼락을 맞게 되면 타버린다. 고열로 바람(沖:충: 양기와 음기를 잇는 매개로 한얼, 천존 또는 상제)이 일어난다. 우주생명은 본성의 빛과 생명, 그리고 기운으로 존재하며, 개체생명의 인간은 정신(神)과 생명(氣), 그리고 육신(精)으로 존재한다. 여기서 삼일원리는 우주생명과 개체생명의 상관 연동이 원만함을 의미한다.

현대인의 시각에서 바라보면, 삼일신고는 인간이 '영혼육(靈魂肉)'을 갖추고 있음을 말함이다. 영성자각은 영(靈)을 알아차림이다. 이는 양심과 직관으로 도달하는 견성(見性)이기에 성통공완이 근간을 이룬다. 이러한 성통공원은 지성과 감정, 의지의 세 요소로 이루어져 혼의 '자아'를 알아차림과는 구별이 된다. '참 나'와 구별되는 '자아'는 '혼(魂)'으로 자신을 알아차림이기 때문이다. '육(肉)'은 신체로서 영혼을 감싸는 외피이다. 육신을 위해서는 음식의 에너지를 제대로 섭취해야 한다.

---

157) 惟衆 迷地 三妄 着根 曰心氣身 心依性 有善惡善福惡禍 氣依命 有淸濁淸壽濁殀 身依精 有厚薄厚貴薄賤
158) 眞妄 對 作三途 曰感息觸 轉成十八境 感 喜懼哀怒貪厭 息 芬爛寒熱震濕 觸 聲色臭味淫抵
159) 衆 善惡 淸濁 厚薄 相雜 從境途任走 墮生 長肖 病 歿 苦 哲 止感 調息 禁觸一意化行 返妄卽眞發大神機 性通功完 是

음식에너지

음식은 응결된 원자 에너지일 뿐이다. 위장과 내장에 대한 화학력, 생명력, 정신력의 작용은 음식을 에너지로 바꾼다. 생명의 육체 파도를 외적으로 유지해주는 것은 이 에너지이다. 수백만의 사람은 기분 내키는 대로 아무거나 먹는다. 소수의 사람만이 식이(食餌)의 법칙에 따라서 살고 과학적으로 육체를 보살핀다. 올바른 식이요법은 활력을 구축하는데 매우 중요하다. 견과류(堅果類) 가루, 당근 가루, 과일 액즙(液汁)을 풍부하게 먹는 것이 이로울 것이라는 점을 나는 반복하지 않을 수 없다.

일주일에 하루 오렌지 과즙(또는 다른 무가당 과즙으로 단식하면서 그날 적당한 하제를 복용하는 것은 육체 세포들을 굳건하게 만들고 질병에서 해방되게 하는 데 도움이 될 것이다. 한 달에 삼 일간 오렌지 과즙(果汁)으로 단식하면서 단식하는 동안 매일 하제를 복용하면 거의 모든 독소가 배출될 것이며 노년까지 육체를 강하고, 건강하고, 젊게 유지하는 데 큰 도움이 될 것이다. 오렌지 과즙은 고기와 기름진 음식을 섭취하면서 생기는 육체의 산(酸)을 중화하기 때문에 매우 좋은 편이다.

가장 중요한 것은, 인간은 우주생명 의식의 원천에서 나오는 무한한 공급에 더욱더 의존해야 하고 육체적 에너지의 다른 원천에는 가급적 덜 의존해야 한다. 최고 형태의 회춘은 명상을 통하여 인간 의식과 우주생명 의식을 합일하는 것이다. 육체에서 명상의 평화로운 여파를 간직함으로써, 이 덧없는 삶의 환각적인 변화에 기만당하는 대신에 우주생명의 영생을 믿음으로써, 그리고 전생들의 가변적인 경험의 파도와 현생에서의 유년기(幼年期), 청년기(靑年期), 노년기(老年期)의 지각의 파도의 저변을 이루는 불멸의 지복-신의 바다를 느낌으로써, 영혼은 영혼에서 뿐만이 아니라 육체에서도 영속적인 회춘을 발견할 수 있다.

육체가 한얼과는 격리된 창조물이 아니라 우주 의식에서 진동하는 전류로서 부침을 거듭하는 일단의 파도라는 것이 판명되자마자, 원한다면 한얼의 영속적인 회춘 능력이 육체에 주입)될 수 있다. 형이상학자들은, 육체는 단순한 전자기파가 아니며 신성한 지성의 바다에 떠다니는 의식의 잔물결이라고 말한다.

매일 명상, 올바른 사고, 올바른 활동으로 육체의 기력, 마음의 기력, 전능한 영혼의 지각을 증가시켜야 한다. 그리하여 여러분은 육체, 마음, 영혼을 신이 군림하는 영원한 능력의 사원으로 만들 것이다. 육체는 성장(成長), 유지(維持), 화학적인 변화, 분해와 같은 변화를 거친다. 육체의 모든 변화는 음식으로 유지되어야 한다. 음식을 먹을 수 없으면 자신이 죽을 것으로 생각하지만, 그렇지는 않다.

어떤 것도 그것 없이는 살 수 없으리라 생각하는 것이 있으면 여러분은 그 생각을 없애야 한다. 습관에 매이지 마라. 여러분은 불멸자처럼 처신하는 법을 배우기 위하여 그리고 세상에 지나치게 동일시되지 않는 것을 배우기 위하여 여기 지상에 있는 것이다. 사실 남자도 아니고 여자(女子)도 아니며, 영혼이다. 음식에 대한 필요를 초월해 있는데 그것을 깨닫기만 하면 된다. 균형 잡힌 식사를 해야 하지만, 전적으로 음식 차원에서만 살아서도 안 된다. 선조가 식사를 했기 때문에 우리도 식사를 한다. 육체는 소박한 음식으로 가장 잘 유지된다. 육체를 영성으로 변화시키는 데는 과일이 좋다고 할 것이다.

어떤 단백질도 먹지 말라는 뜻이 아니라 단백질과 고기를 너무 많이 먹는 사람들은 감각 차원에 갇히게 될 것이라는 뜻이다. 너무 많은 음식은 탐욕을 생성하며, 그 탐욕은 이 변화의 차원에 처박혀 있게 할 것이다. 우리가 현생을 마치고 떠날 때, 우리는 이 세상에 대한 어떤 생각도 무한한 세계로 가지고 가지 않도록 명심하여야 한다. 더욱더 에너지를 직접 섭취(攝取)하는 삶을 사는 것을 배워라.

음식에만 전적으로 의존하는 것이 아니다. 이 원리를 수행하는 데서 진보하면 할수록, 에너지의 원천으로서 음식에 의존할 필요성이 더욱 줄어들 것이라는 점을 알게 될 것이다. 육체는 영적 에너지에 의해서 직접적으로 활력을 받고 부양(扶養)된다. 그런 까닭에 예수가 다음과 같이 말한 것이다: "사람은 빵으로만 사는 것이 아니요, 신의 입에서 나오는 모든 말씀으로 사느니라."

우주생명에 동조하고 진리에 대한 올바른 생각의 망치로 미망의 못을 친다면, 여러분은 미망을 극복할 수 있다.

"나는 영속적인 젊음이다. 나는 영원한 기쁨이다." 등과 같은 불멸성의 생각을 대용함으로써 모든 필멸의 생각을 분쇄하라. 필멸의 한계 족쇄를 부수고 해방될 수 있다는 것을 자신의 의식으로 깨달을 수 있도록 이 진리가 여러분에게 보내졌다. 여러분의 육체가 기능을 중지할 때가 올 것이다.

물질계로 돌아가서 물질계의 매력에 지배되지 않도록 영혼을 고무시킬 수만 있다면, 그 영혼은 자신의 자연적인 불멸성의 성분을 되찾을 수 있고 지상계의 필멸 의식으로부터 자신을 해방할 수 있다. 오직 한 형태로 되어 있는 생명을 본다면 여러분은 어떤 죽음도 보지 못할 것이다. 정녕 어떤 죽음도 존재하지 않을 것이다. 그러므로 생명의 광대한 바다에 집중한다면, 여러분은 살고 죽고 하는 수억 명의 사람들을 보지 못할 것이다. 변화에 주목하고 변화를 일으키는 대상에는 주목하지 않기 때문에 미혹되는 것이다. 육체에 사소한 문제가 생기면, 여러분은 죽을지도 모른다고 즉각 두려워한다. 죽음이라 불리는 변화에 대한 두려움은 형언할 수 없는 인간 불행 원인이다.

성자(聖者)들이 신에 대한 모든 얘기를 들려주었지만, 정작 신을 아는 데 필요한 노력을 기울이는 사람은 거의 없다. 그분을 몸소 알아야 한다. 모든 성자는 여기에 지금도 있다. 영적으로 발달할 때 그들을 볼 수 있다. 나에게 실제적인 것만큼이나 그들은 나에게 실제적이다. 그러므로 명상, 일, 올바른 식사, 선행 등을 통하여 여러분 육체의 모든 세포에 신의 생각을 주입하라. 그것이 불멸로 통하는 길이다. 우주 의식에는 삶과 죽음이 없다. 바다는 절대로 죽지 않는다. 물론 파도는 변하지만, 그들조차 불멸하는데, 그들이 바다의 품에 파도로 남아 있든 심해로 가라앉든, 그들은 근본적으로는 여전히 바다의 일부이기 때문이다.

그러므로 이런 점에서 보면 인체도 불멸이다. 모든 것은 불멸이다. 형태만이 필멸, 즉 변화하는 것이다. 인간 형태는 본질로 항상 변하고 있다. 언젠가 여러분이 죽을 것으로 생각하는 것은 어찌 된 일인가? 그것은 의식이 그 변화를 설명할 수 없기 때문이다. 여러분의 육체는 매일 변하고 있다.

그러나 육체에 무슨 일이 일어나도 자신의 의식을 보유할 수 있을 때, 자신이 변함없다는 것을 알게 될 것이다. 그러므로 의식보유가 불멸로 통하는 길이다. 고통, 죽음, 질병 같은 그 어떤 것이 인생에 닥치더라도, “나는 두렵지 않아.”라고 말할 수 있다면, 극복할 것이다. 어떤 상황에서도 자신의 의식을 보유할 수 있다면, 불멸을 알게 될 것이다. 우주생명은 언제나 존재하고, 언제나 의식하며, 언제나 새로운 기쁨이고, 그분의 형상대로 만들어져 있다.

이 세상의 모든 부(富)로도 신이 백합에 옷을 입힌 것만큼 인간에게 옷을 입힐 수 없다. 우주생명에게 의지한다. 그러면 그분의 자력(磁力)의 옷을 입게 될 것이다. 무한자의 빛이 자신과 함께한다. 불멸이라는 목표를 향하여 흔들림 없이 전진한다. 우리는 함께 우주생명을 사랑하고, 우리는 함께 우주생명을 마시고, 우리는 모두 우주생명에 취하게 될 것이다. 우주생명을 제외한 어떤 것도 자신을 만족시킬 수 없으며 불행을 완전히 해소할 수 없다.

분리된 조각인 자신의 영혼은 완전해지기 위해서는 완전체를 발견하여야 한다. 만족에 대한 갈망은 신 안에서 완벽한 만족을 발견하여야 한다. 지식에 대한 욕구는 우주생명의 지혜를 들이킴으로써 그 갈증을 달래야 한다. 평화는 우주생명의 평화로서 완전해질 수 있다. 실존은 신의 불멸성으로만 불멸이 될 수 있다. 의식은 우주의식과 합일할 때만 부단한 것이 될 수 있다. 기쁨은 신의 기쁨과 결합할 때만 무궁(無窮)하고 언제나 유쾌한 기쁨이 될 수 있다.

모든 존재의 인생 목표는 평화, 만족, 안전, 의식적 지식, 불멸성을 획득하는 것이다. 우리 내면에 묻혀있는 이 완전성에 대한 갈망에 우리 내면의 우주생명 형상이 들어있다. 이 완벽한 우주생명 형상들이 인생에서 자신을 발현하고자 노력하고 있다. 우주생명을 알려면, 자신의 의식 내부에서 그분을 경험하여야 한다. 우주생명을 아는 최상의 방법은 인도의 위대한 스승들과 요기들이 발견하고 이용하던 가장 신속한 깨달음의 방법들을 수행하는 것이다.

다양성과 통일성

다양성은 자연의 법칙이다. 통일성은 무한자로 이어진다. 우리는 불일치(不一致)와 다양성에 의하여 세상을 슬픔, 전쟁, 죽음이 난무하는 아수라장으로 만든다. 영혼들을 진리로 합일하는 이상적인 삶은 행복, 평화, 불멸성으로 통하는 길이다. 개인적 이기심, 산업적 이기심, 정치적 이기심, 인종 우월주의의 격렬한 감정, 종교적 교조의 배타적인 상업주의는 계속 인류를 분열시키고 전쟁으로 망가지게 하였으며, 그 결과 경제 불황, 무지(無知), 대규모 불행을 초래하였다고 할 것이다.

우리가 보다시피 사람들의 생활에 나타나는 영적(靈的) 재능과 과학적 또는 물질적 재능의 조합을 개발하는 것은 어느 국민에서든지 최고 유형의 다재다능한 인간을 창출하게 될 처세술이다. 인생의 육체적 측면과 영적 측면을 골고루 조화롭게 개발하는 올바른 생각과 행위(行爲)의 원리를 채택함으로써 균형 잡힌 육체적, 정신적, 도덕적, 영적 품성을 갖춘 완전한 초인이 된다.

사람들은 선천적 영향과 후천적 영향에 따라서 자신의 포부를 세우고 자신의 욕구를 형성한다. 유전뿐만이 아니라 국가적 특성, 사회적 특성, 가족적 특성, 취향 습관이 자녀의 인생을 형성한다. 자녀는 처음에는 어디서나 거의 똑같다. 그러나 그들이 자라면서 가족적 특성과 사회적 특성이 그 영향력을 발휘하기 시작하면, 각각의 자녀는 국민성과 민족성을 드러내기 시작한다.

신은 특별 문명, 심성, 국민성의 조합을 통하여 자신의 진리를 표출함으로써 올바른 처세술을 진화시키려고 노력하고 있다. 나라마다 국민성에서 최상을 수집하고 흡수하는 것이 처세술에 대한 최상의 정보를 제공할 것이다.

인도의 스승들은 태곳적부터 현재에 이르는 모든 문명에서 표출된 사상과 행동의 최상 자질을 획득하였을 뿐만 아니라 모든 종교에 구현된 최고 이상을 발현하였다는 점에 주목하는 것이 중요하다. 올바른 처세술은 모든 국민성에서 최상의 것을 공부하고 위대한 성자들의 개인 생애를 공부하는 것에서 발견될 수 있다. 진리를 지각할 때마다 두려움 없이 그 진리를 따르라. 가족과 국가를 깊이 사랑해서 모든 국가의 국민을 사랑하고 봉사하는 것을 배우고 인종이나 종교를 불문하고 모든 사람에게서 신을 발견하는 것을 배운다.

인간이 만든 모든 사원의 신을 숭상하면서 내면 깊숙한 침묵의 사원에 있는 그분에게 경배하고 그분과 접촉하는 것을 배운다. 아침과 밤에 최고의 과학적 집중과 명상 방법을 수행한다. 감각기관과 그들의 덧없는 쾌락의 노예가 되지 마라. 감각기관이 봉사하도록 하는 것을 배우고 지속적인 영적 기쁨을 발견하라. 자연과 인간의 전 진화과정은 미망에서 투사

(投射)된 파도인 인간 생명이 한얼의 한 바다와 재결합하도록 하게 하려면 무지의 폭풍을 진정시킬 필요가 있음을 보여준다.

세계통일조성

과학자들, 정치인들, 사업가들, 사회사업가들은 독특하면서도 제한적인 방법에 의하여 무의식적으로 그리고 간접적으로 세계 통일성으로 나아가는 길을 닦고자 노력하고 있다. 과학적 종교, 철학, 행동윤리의 옹호자들은 모든 형태의 지혜 정원에서 진리의 꽃송이를 수집하고 우월한 품성의 꽃무늬 의상(衣裳)으로 인간 영혼들을 장식하려고 의식적으로 노력한다. 그렇게 준비를 마친 그들은 온전한 자유를 주는 궁극적 지혜의 낙원에 들어갈 수 있다. 과학은 자신의 귀중한 발명품들을 통하여 물질적 안락을 제공함으로써 인간을 직접으로 돕고 있다.

간접적으로, 바로 그 동일한 과학이 인간에게 교조적인 종교의 일부 오해를 교정하는 데 일조하며 자연에서 발견되고 종교에서 언급되는 많은 기적을 과학적으로 설명하는 데 일조하고 있다. 과학이 관찰한 바에 의하면, 1파운드의 물의 진동이 추위로 변화되면, 그 물은 얼음으로 응고되며, 그 얼음은 물처럼 섞이거나 일반적인 고체처럼 가라앉는 대신 물 위에 뜬다. 이 현상은, 예수가 물 위를 걸었을 때 그는 성자들과 현자들에게 알려진 정신적 방법을 사용함으로써 자기 육체의 원자(原子) 진동의 조율을 변화시켰다는 과학적 상상을 시사한다. 이런 방식으로 그는 자기 육체가 물속으로 가라앉는 대신 수면 위에 머물게 할 수 있었다.

모든 인류를 통일성과 보편적 행복의 저택으로 초대하려면, 보편적으로 유용한 모든 물질적, 도덕적, 종교적 과학, 즉 산업적, 정치적, 사회적, 형이상학적 과학이 자신의 역작들을 병합하여야 한다. 이 과학들은, 이 지구에 거주하는 15억 인구(人口)의 각자가 만능이고 완전한 세계 시민이 되게 해줄 만한 위생(衛生), 평화, 번영, 교육의 국제 법칙, 그리고 완전한 도덕률(道德律)과 응용심리학적 법칙과 영적 법칙을 위한 이상적인 표준을 수립할 수 있었다.

작고 고립된 생명과 여러분의 이 작은 육체를 잊어버리고, 지금부터 자신을 인류가족의 일원으로, 우주 생명의 한 파도로 간주하라. 그리고 생명의 바다라는 사실에 대하여 명상하라. 눈을 감고 명상하라. 의식이 별들을 통하여, 하늘의 모든 부분을 통하여 그리고 미소한 전자들에서도 퍼져나가는 모습을 보아라. 의식을 모든 곳에 편만한 그 우주 의식 바다의 한 파도로 보아라. 가계와 국적을 잊어버려라. 자신을 인류 가족의 일원으로 인식하라. 우주생명 자녀의 한 명이고 다른 모든 영혼도 우주생명의 자녀라는 점을 명심하고 언제나 느끼도록 한다.

개체생명 의지는 영성을 통해 우주생명과 이어지고 매개된다. 개체생명이 우주생명과 상관 연동된다는 사실은 언제나 기쁨이 가능하다는 사실을 상기시켜 준다. 모든 사람이 추구하고 있는 것은 무엇인가? 언제나 존재하고, 언제나 의식하고, 언제나 새로운 기쁨이다.

우주생명은 영원히 존재한다. 자신이 존재함을 영원히 의식한다. 그리고 언제나 새로운 기쁨이다. 모든 사람은 행복을 추구하고 있다. 그리고 행복을 의식하고 싶어 한다. 그리고 그 행복이 영원히 지속하기를 바란다. 우리는 모두 언제나 존재하고, 언제나 의식하며, 언제나 새로운 이 기쁨을 발견하려고 노력하고 있다. 그러나 자연에는 이와 비슷한 것이 있는가?

우리가 추구하는 기쁨은 우리 영혼의 어딘가에 묻혀 있는 것 같으며, 우리가 차분하고 어떤 욕망에도 교란되지 않을 때만 지각될 수 있는 것 같다. 욕망은 생각과 정감(情感)이 교란되고 불안한 상태이다. 물동이를 갖고 있는데 그 물을 출렁이게 하면, 그 물의 교란된 수면에 반영되는 분명한 형상을 얻지 못할 것이다. 그러므로 우리를 행복하게 해줄 것으로 믿어지는 외부 사물에 대한 욕망으로 마음이 동요되면, 우리는 우리 내부에 이미 들어있는 행복을 시야에서 놓치고 말 것이다.

명상만이 언제나 증가하고, 언제나 새로우며, 감응하는 이 기쁨을 벌어들인다. 어떤 사물을 얻을 때까지만 그것을 원한다는 것을 조만간 깨달을 것이다. 그다음 다른 무언가를 찾기 시작할 것이다. 그러나 영혼의 기쁨을 발견하면, 여러분은 욕망의 미로를 통하여 추구하고 있던 그 "다른 무언가"가 그릇된 쾌락을 위한 것임을 알게 될 것이다. 자신은 영혼이 이 언제나 새로운 기쁨, 신의 것이기도 한, 이 기쁨에 싫증이 나는 일은 절대로 없을 것이다.

그 기쁨을 제외한 다른 모든 것에 싫증을 낼 것이다. 우주생명이 매 순간 너와 함께 있다는 것을 네가 깨달을 수 있다면, 참신한 기쁨의 샘이 자신의 것이 될 것이다. 영혼에 들어있는 이 기쁨과의 합일을 획득한다면, 우리자신이 신성하다는 것을 알게 된다. 우리 자신에 이미 들어있는 그 기쁨을 재산, 명예, 돈, 지위에서 추구한다지만, 제대로 발견하지 못한다. 우리는 행복을 발견하려고 외부를 향하여 노력하다가 죽는다. 명상의 내적 노력이 시들지 않는 기쁨이 존재한다는 증거를 부여한다.

우주생명 명상

똑바로 앉아 한얼명상으로 홍-쏘 기법(技法)을 수행한다. 호흡을 관찰함으로써 심장을 차분하게 하고, 심장이 차분해지면, 에너지가 감각기관에서 철수하며 그러면 주의는 해방되어 집중하고자 하는 어떤 것에도 두어질 수 있다. 호흡을 관찰함으로써 자신을 호흡에서 분리한다. 육체 의식의 상태에 있을 때 말고는 생명이 호흡에 의존하지 않는다는 것을 깨닫는다.

호흡은 영혼을 육체에 매어두는 끈이다. 매일 죽는 법을 알 때, 즉 호흡의 끈을 풀어서 육체로부터 에너지를 의식적으로 해방하는 법을 알 때, 한얼과 하나가 된다. 호흡이 저의 영혼을 육체에 매어두는 끈이라는 것을 안다. 무호흡 상태에서 저의 영혼은 해방되어 육체 내부에서든 육체를 초월해서든 편재(遍在)와 합일한다는 것을 발견한다.

호흡의 폭풍이 마음의 호수에 감각과 생각의 파문을 일으키게 되면, 현존의 왜곡 형상을 본다. 호흡의 폭풍을 멈추고 깊은 침묵에 잠겨 있을 때, 해방된 주의를 사용해서 옴으로서의 우주생명에 대하여 명상한다. 모든 소리를 차단하기 위하여 귀를 막는다. 옴 소리를 들으면, 그것이 다른 유체소리와 다르다는 것을 알게 된다. 옴 소리는 유체소리를 초월해 있다. 처음 육체 소리가 들리고, 다음 유체소리가 들리고, 다음에는 우주음이 들린다. 그 의식에 계속 머문다. 영안을 통하여 온 우주를 볼 수 있다. 그 진동을 "성령(聖靈)"이라고도 부른다. 결국, 성령, 그리스도 의식, 우주의식의 상태를 경험하지 않고는 우주생명에 도달할 수 없다. 원자에서 스미어 나오는 옴 소리를 들으면, 의식은 우주 의식과 융합된다.

눈을 뜨는 수행

눈을 뜨고 명상의 탐조등을 주위의 모든 것을 꿰뚫어 볼 것처럼 투사한다. 자기 자신을 자신의 육체만큼이나 큰 기쁨과 빛의 구체(球體)로서 바라본 다음, 그 안에 여러분의 육체를 용해하라. 그것을 잊어버린다. 이제, 착실한 명상의 능력으로 이 감미롭게 빛나는 기쁨의 구체의 원주를 계속 확장해서 도시, 세계, 태양계 및 항성계, 온 우주공간 등 모든 것을 그 안에 용해하라. 자신은 이 빛과 기쁨의 구체이며, 그 안에서 모든 사물이 용해되고 그 안에서 모든 사물이 다시 나타난다.

진리는 처음에는 부드러운 이슬처럼 우리의 의식에 들어온다. 그러나 우리의 명상이 점차 깊어지면서 그것은 변해서 바다 같은 홍수가 되고 필멸 의식 수렁을 침수시키고 쓸어가 버린다. 그런 까닭에 자신은 가르침 받은 네용을 일상에서 적용해야 될 것이다. 자신은 신성한 존재의 불꽃이라는 자신의 참모습을 깨닫도록 한다. 변화는 종종 환영받을 일이긴 하지만 언제나 확실하게 자신에게 행복을 가져다주지 않는다.

요령 없고 분별없는 변화를 일으킬수록, 곤경은 더욱 많아질 것이다. 가끔 바다에서 수영하는 것은 즐거운 일이지만, 너울거리는 해면에 머물러 있어야 한다면, 육체는 곧 부서질 것이다. 불필요한 변화, 또는 변화를 위한 변화 요동에 항상 휘말린다면, 행복할 수 없다. 물론 육체는 수많은 필요한 변화를 겪게 되어 있다. 예를 들면, 걸음을 옮길 때마다 300개의 근육이 움직여야 한다. 육체의 동작을 일으키는 이 구동 장치는 무게가 80파운드나 되는데, 60파운드의 근육과 20파운드의 뼈로 이루어져 있다.

구동 장치의 근육 이외에도 팔이나 다리를 한번 움직이는데 144개의 근육을 사용한다. 그리고 이런 모든 변화의 각각 육체의 에너지 중앙 저장소, 두뇌에서 에너지를 끌어 쓴다. 대부분은 이 모든 변화로 말미암아 자연히 피로해지는데, 그들은 육체의 에너지를 간직하는 법을 모르기 때문이다.

죽음을 맞이하여 영혼이 떠나간 후에도 정녕 육체는 살아 있다. 죽은 직후에 육체의 어떤 부위들을 얼음에 넣어둔다면, 며칠간은 그 부위들에 생명이 남아 있을 것이다. 어떤 것도 진실로 죽는 일은 절대로 없다. 생명의 진동 주파수에서 차이가 날 뿐이다. 진동 주파수에서의 이 차이가 우리가 삶과 죽음이라고 부르는 반대되는 양상을 만들어내는 것이다. 동일한 형태의 생명이 살아 있는 육체와 이른바 죽은 육체에 모두 존재한다는 것을 깨달아야 한다. 그렇다면 왜 사소한 육체를 돌보느라 그토록 많은 시간을 소비하는가? 자신의 영혼이 무한한 본성을 지니고 있음을 이해하는 현인은 언제나 미소 짓는다.

부유하든 가난하든, 건강하든 병약하든, 살아 있든 죽었든, 불변의 출생하지 아니한 자와 하나임을 알아라. 끊임없이 다음과 같은 진리를 홀로 복송하라: “나는 불변자이고, 나는 무한자이다. 나는 부러질 뼈를 가진 사소한 필멸의 존재가 아니고, 사멸할 육체가 아니다. 나는 불사불변의 무한자이다.” 자신의 세속책무를 돌보아야 하지만, 그것들에 매여서는 안 된다. 모든 별이 품에서 고동칠 때까지 의식을 확장한다. 존재 내부에서 우주 공간의 끝없는 대기를 느낀다. 천체들이 온통 박혀있는 자신의 근육을 뻗는다.

불변에 집중하고, 영원자의 합일을 깨닫는 데 집중한다. 평범한 사람은 밤낮으로 우울하거나 행복하고, 또는 기쁘거나 무심하다. 인생에 무슨 일이 일어나더라도, 스스로는 언제나 행복해야 할 것이다. 그렇게 하려면 변화무쌍한 덧없는 인생과의 동일시에서 벗어나서 내부에 있는 불변의 신성의식을 다시 일체화하여야 한다. 변화에 집중하지 않아야 된다. 그리고 인생에 무슨 일이 닥치든 그에 영향 받지 않도록 한다. 영혼 의식의 금강석(金剛石)을 닦는다. 그것이 함께 걸어가는 길을 안내할 것이다.

영혼이 인생에서 실체가 되도록 한다. 의식을 확장하는 길은 물질적 변화에 방해받지 않도록 해야 한다. 무슨 일이 일어나도 행복을 유지한다. 자신이 갖고 있거나 갖고 있지 않은 것에 대하여 걱정하지 마라. 끊임없는 변화는 행복을 주지 못한다. 나는 언제나 영혼 지각의 심오한 곳으로 데려갔다가 데리고 나온다는 것을 눈치를 챌 것이다. 그렇게 해서 자신의 경험과 이런 심오한 사상을 연결(連結)할 수 있을 것이다.

주변의 모든 것을 신성한 영혼으로 즐긴다. 심오한 영적 지각으로부터 나온 창조세계를 불멸의 것으로, 한얼이 다양하게 투사된 것으로 보기 때문이다. 한얼은 언제나 존재하고, 언제나 의식하며, 언제나 새로운 지복(至福)이다. 의식(意識)의 사다리는 네 단계로 이루어진 가운데 우주의식, 삼일의식, 영혼의식, 자아의식으로 드러난다. 자아는 영혼이 육체의식과 감각적 집착(執着)으로 내려선 마지막 단계의 의식이라고 할 것이다. 영혼은 망각상태에 있을 때 육체 새장을 자신의 자아로 간주하고 육체의 모든 한계를 자신의 것으로 착각한다. 이 상태의 영혼은 스스로 자아라고 한다.

삼일의식은 자기표현의 한얼 반영의식이다. 우주생명은 창조 안에서는 물론이고 창조를 초월해서도 자신을 표현하는 한얼의식이기에 한얼과의 상관연동을 중시한다. 삼일의식은 우주생명에 대한 깨달음으로 세상의 슬픔을 자기 자신의 것으로 감지한다. 그는 삼일정신을 통해 한정된 고투(苦鬪)로서 인욕하고 견뎌낸다. 모든 이가 삼일의식으로 자신을 일으켜 세울 수 있다. 지상에서 고투가 끝나면, 우주생명의 자성으로 돌아가는 데, 일곱 단계를 설정한다.

윌버(Ken Wilber)의 『아트만 투사』와 『육안 · 심안 · 영안』에 따르면, 의식의 스펙트럼은 축약된 일곱 사다리로 이어진다. 먼저 '태고(Archaic)' 단계는 신체, 감각, 지각과 동작을 포함한다. 이것은 장 피아제(Jean Piaget)의 감각운동지능, '아브라함 마슬로우(Abraham Maslow)'의 생리욕구, 제 1 · 2 차륜, '땅의 자리', '물의 자리', 생명력(elan vital)과 상관연동 된다.

두 번째의 '마술(Magic)'의 단계는 심상, 상징, 조악, 혹은 최초이면서 최하위의 이지적인 결실을 포괄한다. 이는 응축(condensation), 전위(displacement), '상념 전능'을 드러내는 의미에서 '마술적'이다. 이것은 피아제(Piaget)의 '전 조작(pre operational thinking)'의 사고, 제3 차륜, 불의 자리이다. 이것은 또한 로렌스 콜버그(Lawrense Kohlberg)의 '전 인습적 도덕성', 마슬로우(Maslow)의 '안전욕구'와 상관연동 된다.

세 번째의 신화(Mythic) 단계는 마술 단계보다는 진보된 것이지만, 아직 분명한 합리성이나 가설-연역적 추론능력은 없다. 장 겝서(Jean Gebser)는 이 차원을 '신화적'이라고 했다. 이것은 피아제의 구체적 조작(concrete operational thinking) 사고, 제4 차륜의 바람 자리, 베단타 의식(意識)과 대승불교의 상념의식으로서 '오구의식과 육식(六識)마음(manovijnana) 수준이다. 이는 마슬로(Maslow)의 소유욕구, 콜버거(Kohlberg)의 인습단계와 상관연동을 이룬다.

네 번째의 합리적 단계는 피아제(Piaget)가 말하는 형식적 조작사고(formal operational thinking), 명제이거나 가설-연역의 추론, 제5 차륜의 공(空), 의식의 몸과 상념의식의 절정이다. 콜버거(Kohlberg)의 인습이후 도덕성, 마슬로(Maslow)의 자기존중 욕구와 상관연동 된다.

다섯 번째의 심혼(Psychic) 단계는 켄타우루스 영역(the Centaur)과 하위 정묘영역이다. 초현상이 일어날 수 있음이지만 '심혼'을 '초상적(超常的, paranormal)라고 할 수 없다. 오로빈도(Aurobindo)처럼, 발달한 수준의 심혼을 지칭한다. 그것의 인지 구조는 '비전논리

(vision logic)' 혹은 통합논리, 제6 차륜의 지혜자리이다. 또한 이 단계는 대승불교 칠식, 마나 사량식(思量識, 7識)과 베단타의 지성(知性, vijnanamayakosha) 수준이다. 이것은 마슬로우(Maslow)의 자기실현 욕구, 제임스 브로톤(James Broughton)의 통합단계와 상관연동 된다고 할 것이다.

여섯 번째의 정묘(Subtle) 단계는 원형(archetypal), 오로빈도(Aurobindo)의 개오(開悟, illumined mind), '말나식'과 '이성의 몸'의 절정수준, 내밀한 의미로서 직관, 플라톤적 이데아의 보고(寶庫), 진언으로서 종자 '만트라(bija-mantra)', 제7 차륜의 정수리가 열리는 시작단계, 마슬로우(Maslow)의 자기초월욕구의 시작 등과 상관연동 된다.

일곱 번째의 인과(因果, Causal) 단계는 모든 수준의 비현현(非顯現)의 기저이며 여여(如如)로서 성장, 최상 의미에서의 영(Spirit) 폴 틸리히(Paul Tillich)의 '존재의 기저Ground of Being)', 제7 차륜과 그 너머의 베단타지복(至福, anandamayakosha), 그리고 아라야식(일체종자식一切種子識, 業識, 8識, alayavijnana) 등과 상관연동 된다.

육체는 영혼이 거하는 성소(聖所)이다. 혼으로 예배하면 영성자각이 도구화 되어 자신의 욕망을 믿음의 대상에 의탁함으로 말미암아 구걸하는 행위로 전락하게 된다. 육체는 '혼'의 판단에 따라 작용하지만, 혼은 '영'에 안착해야 비로소 영혼육의 신비가 풀리고 성통공완으로 이어진다. '텅 빈' 원을 무극이라 한다면, 그 중심의 일자(一者)는 태극이다. 그리고 테두리 원주의 수많은 점들은 혼으로서의 '자아'이다. 따라서 평소 알고 느끼는 '자아'에 대해 판단중지할 때, 비로소 '참 나'의 영성을 바로 알아차릴 수 있다. 무극을 '멸진정(滅盡定)'이라 한다면, 태극은'사선정(四禪定)'이다. '자기 자신'에서 '자기'는 본성을 말하고, '자신'은 자아를 말한다. 본성자리를 깨닫는 방법이 성통공완이기에 개체생명으로서는 참회를 수반한다.

참회는 고요하고 또렷한 진심에서 우러나와 애절하듯 자기에게 돌아가는 과정이기에, 극진한 절실함을 수반한다. 『법화경』에서 "제법여래 상자적멸상(諸法從如來 常自寂滅相)"이라는 구절이 있다. 세상의 모든 법이 '적멸상(寂滅相)'으로 생각 끊어진 그 자리에서 나왔기 때문에 돌아가는 그 길은 참회를 수반한다. '생사(生死)'에는 모양 · 이름 · 시간 · 공간 · 인과의 다섯 장애가 가로놓인다. 이 다섯 장애로 말미암아 분별하는 세상을 만들게 되고, 다섯 장애에 의해 태어나서 죽게 된다. 한 생각이 일어나면 다섯 장애가 함께 일어나고, 한 생각 사라지면 다섯 장애도 같이 사라진다. 이와 같이 마음을 일으키면 모양과 이름에 걸리고, 마음이 사라지면 모양과 이름도 사라진다.

신체를 끌고 다니는 한 물건이 있기에, 이를 일컬어 성품 · 정신 · 영성 등으로 다양하게 부르게 된다. 성품은 텅 비어 맑고 깨끗해서 죽고 살아가는 살림살이와 무관하다고 할 것이다. 영성의 '참 나', 한얼을 성품으로 살리게 되면, 몸뚱이는 빌린 자동차에 불과함을 깨닫게 되고 평등구현의 새 길을 모색할 수 있다. 생각을 끊어버리면 상대의 마음과 평등해진다. 생각과 감정, 오감세계를 끊는 것이 한얼영성 자각의 요체이다. 지행합일을 외면하고 획득한 지식을 진리라고 믿으면, 질병과 불행, 무지의 삼중고(三重苦)로 말미암아 고통을 받는다.

개체생명의 육신을 우주생명의 에너지로 변환하는데 삼일정신이 요청된다. 전기, 또는 순수 에너지는 질병에 걸리거나 상해를 입을 수가 없다. 생명력 다발을 온전히 깨닫는 삼일정신을 통해 영성의 불멸성을 자각한다. 개체생명이 '영·혼·육'으로 구성되어 있지만 성통공완으로 영성을 깨닫게 됨으로써 마침내 삶과 죽음의 고통으로부터 벗어날 수 있다. 영성의 한얼은 우주생명력의 자력(磁力)을 발휘한다. 한얼은 모든 것에 깃들어 있고 자신의 내부에 대단한 인력을 발휘한다. 한얼에서 빚어진 모든 것들은 개체생명 상태라고 할지라도 인력을 발휘하게 된다.

한에는 한 다발처럼 크다(大), 한판처럼 하나(一)의 뜻만 있는 것이 아니라 '한얼'처럼 으뜸(元), '한배'처럼 하늘(天), '한고비'처럼 최고(最), '한가위'처럼 중앙(中), '한결같이' 처럼 계속성(繼), '한 모금'처럼 짧다(短), '한평생'처럼 오랜(久), '한없이' 처럼 모두(多), '한겨레' 처럼 뿌리(根), '한검'처럼 임금(王), '환하다' 처럼 밝다(明), '대한민국'처럼 나라(韓), '한 켤레'처럼 양면(兩), '한밤중'처럼 시간(時), '한 바퀴'처럼 둥글다(圓), '한마음'처럼 동일(質)하다, '한 아름'처럼 양(量), '한 많은' 처럼 원한(恨)의 뜻이 내포되어 있다.

5-3. 장수원만구족

우주생명과 인체

나이 듦은 노화이다. 노화의 과정은 일차적인 '정상 노화(normal aging)'와 이차적인 병적 노화로 나뉜다. 이차적인 병적 노화는 의료대상이 되기에 일종의 질병이라고 할 것이다. 2차 노화에서는 의료계의 역할이 증폭된다. 의료계는 병원, 제약과 뷰티를 포괄한다. 아울러 2차 노화인 질병에 대해 적극적으로 노화를 통제하고 관리할 수 있는 방안을 모색해왔다. 나이 듦에 대하여 주기적으로 회피하려는 현상, '나이 듦의 조기 회피(early anti-aging)'라고 부른다. 나이 듦과 노년 세대의 불화는 인간 자신의 불화임을 의미한다.

이러한 측면에서 이루어지는 치유는 어떠한가? 그것은 약물인가 엑스선인가 안마인가, 아니면 마음인가? 이런 것들에서 하나라도 해당된다면, 그것들은 왜 모든 질병을 치유하지 못하는가? 약물이나 마음은 죽은 사람의 질병을 치유할 수 있는가? 왜 그렇지 못한가? 치유방법의 전부 또는 일부가 효과를 발휘할 수 있게 해주는 유일 불변의 궁극적 힘은 생명력이기 때문이다. 하나의 치유방법은 어떤 환부(患部)에서 비활성의 생명력을 발흥시키거나 자극해서 질병을 "박멸"할 수 있느냐에 따라서 우월한 것이 되거나 열등하게 된다고 할 것이다.

모든 질병의 진실(眞實)하고 직접적인 치유재료는 생명 에너지이며, 모든 치유방법은 실제로는 그 생명 에너지를 발흥시키기 위한 간접적 방식이다. 인간이 전기력 또는 '기(氣, prana)'로 충전되는 전지라는 개념은 인도의 현자들이 수 세기(世紀) 전에 해설한 사실과 일치하며 오늘날 현대과학 연구로도 확인된다. 모든 병증에서 치료하는 것은 생명 에너지, 즉 우주적 전기력이다. 이 점을 이해하는 것은 원대한 의의를 지니는데, 이 점을 이해하면 자연적인 식사를 덜 중요한 듯이 여기게 되지는 않을 것이다.

반면에 모든 것을 포용하는 불멸의 힘 또는 우주생명과 자신의 생명이 동일하다는 의식(意識)이 인간의 마음에 수립되고, 생명은 음식과 같은 외적인 원천에 전적으로 의존한다는 잘못된 믿음이 분쇄되기 때문이다. 그러므로 인간의 운용방식(運用方式, modus operandi)은 신경과 근육과 뼈에 의해서만 이루어지는 것은 아니라고 볼 수 있다. 죽은 사람도 이런 것들은 갖고 있기 때문이다.

죽은 육체와 살아있는 육체의 차이는 이 우주 생명력의 부재(不在)나 존재이다. 살아있는 사람은 생명 에너지가 육체의 전구에서, 즉 귀, 눈, 모든 감각기관에서 그리고 위장(胃臟), 간(肝), 두뇌 같은 모든 장기에서 빛을 발하고 있으므로 살아 있는 것이다. 육체적 치유를 초래하기 위해 생명 에너지를 직접, 또는 신속하게 일깨우는 방법을 "생명 요법(療法)" 또는 "내적 생명력의 광선(光線)에 의한 직접적 치유"라고 지칭할 수 있다.

온갖 형태(形態)의 근육 운동에서 집중은 근육에 두어지지 근육에서 움직이는 힘에 두어지지는 않는다. 운동신경을 통하여 근육으로 들어가는 이 힘은 무엇인가? 촉각, 후각 등의 감각을 두뇌로 전달하는 감각신경 속의 힘은 무엇인가? 심장의 압출기를 가동하고, 횡격막을 움직이고, 위장에서의 소화액 분비와 내장의 연동운동을 통해서 소화과정을 수행하는 힘은 무엇인가? 생명 에너지이다.

질병의 치유가 발휘될 수 있는 것은 의지로 육체의 어떤 부위(部位)에 이 역동적인 생명력을 집중하고 유도함으로써 이루어지는 것이며, 생명력이 작용(作用)하는 대상인 수동적 매체에 집중함으로써 이루어지는 것은 아니다. 힌두 경전과 인도의 고대 아리안 계통의 과학자-현자들은 오래전에 모든 물질은 의식을 지닌 우주 광선에 의하여 생명으로 충전된다는 이론을 공표하였다.

이런 추론에 부합되는 것으로서 인체가 자동차의 전지와 비슷하다고 말할 수 있다. 인체의 27조(兆) 개의 세포는 모두 두뇌의 주요한 전지에 의존하는 작은 전지들이며, 그 주요

전지는 연수(延髓)로부터 충전된다. 자동차 전지가 그 생명을 위하여 두 가지 원천인 화학물질과 충전에 의존하는 것처럼, 육체 전지도 생존을 위해 다음과 같은 두 원천에 의존한다.

첫째, 음식, 물, 햇빛, 산소라는 화학물질이다. 둘째, 생명력과 의식의 충전이다. 이 항(項)은 생명을 유지하는데 불가결의 주된 조건에 해당하지만, 첫째 항은 부차적이라고 말할 수 있다. 화학물질과 물을 죽은 전지에 넣어도 그 전지는 소생하지 않을 것이다. 마찬가지로, 죽은 사람을 햇빛에 노출되고, 그의 위장에 좋은 음식을 채우고, 그의 폐에 산소를 불어 넣는다고 해도, 소생하지 않을 것이다. 그의 육체 전지는 죽은 것이다. 비록 음식이 육체적 생존에 필수적 요소라고 해도, 생명 자체는 어떤 미지의 우주적 원천으로부터 정자로 직접 충전된다. 이 생명 전기가 저하(低下)되기 시작하면 음식은 별 소용이 없게 된다. "실행 가능한 온갖 위생규칙과 식이 규칙을 따르지만, 그런데도 내 건강은 좋지 않습니다."라고 말하는 사람들이 있다.

그런 사람은 자신의 육체 전지를 내면으로부터 충전하는 것을 배운 바가 없을 것이고, 자신의 건강을 외적(外的) 원천에만 의존한 것이다. 화학물질은 죽어가는 전지를 도울 수 없다. 전지는 충전을 받지 않으면 기능할 수 없다. 전지생명을 구성하는 것은 화학물질에 반응하는 전기이다. 마찬가지로, 우주적 전기력은 인간 생명의 직접적인 원천이다. 이 힘이 음식과 산소와 햇빛을 살아있는 에너지로 변환한다. 이 힘은 굉장한 지성을 지니고 있는데, 이 지성은 이 힘이 음식물을 뼈 조직, 신경조직, 지방조직, 상피조직 등 여러 형태의 육체조직으로 변환하게 해준다.

생명력이 부족하면, 음식은 생명을 지탱할 힘을 잃는다. 인류가 영적으로 그리고 정신적으로 진보하면, 그는 음식 성분(成分)의 변환으로 에너지를 받는 이런 간접적인 방법에 더는 의존할 필요가 없어질 것이다. 인간의 미래음식은 내면으로부터 또는 자연으로부터 직접 흡수(吸收)하는 광선이 될 것이다. 전기와 광선은 고체나 액체보다 본질상 더 섬세하므로 치유에는 더욱 정묘한 힘이 된다. 이런 더욱 섬세한 힘들은 육체의 전자적 성분에 영향을 주고 잘못된 진동 상태를 조화시키는데, 약물은 너무 거칠어서 도달하지 못하는 것들이다. 생명 에너지의 광선은 병든 세포들의 세균으로 교란된 원자 구성물에 침투할 수 있는데, 약물과 체액은 침투할 수 없는 곳이다.

예수께서 "누군가가 나에게 손을 댔도다. 나에게 효능이 나간 줄을 내가 아노라."(누가복음 8:46)라고 말했을 때가 "효능"을 생명력이란 의미로 사용한 경우이다. 생명 에너지가 예수에게서 나가서 그에게 손을 댄 사람의 병을 박멸한 것이다. 그다음에 그는 치유된 여자에게 "너의 신념(信念)이 너를 치유하였노라."(누가복음 8:48)라고 말하였다. 그녀는 자기암시로 자신을 치유하였다는 뜻이다. 사용될 수 있는 치유방법은 다양하게 존재하고, 치유의 한 형태로 자신의 팔에서 생명력을 느낄 수 있을 것이며, 자신의 팔과 손을 통하여 흐르는 전류를 느끼면서 그 전류를 의식적으로 사출하는 법을 배울 수 있을 것이다(강좌 139).

누군가를 향하여 생명 전류를 보내고 있을 때 육체에서 그 전류를 느낄 수 있다면, 치유력에 대한 신념을 갖게 될 것이다 치유력을 보내고 싶은 사람을 생각한다. 미간에 집중하고서 마음으로 다음과 같이 말한다. "하늘에 계신 아버지, 저는 당신의 의지로 의지하겠습니다. 저의 의지는 당신의 의지입니다. 오 아버지, 당신의 편재하는 의지로, 저는 저의 온 심정을 다하여, 저의 온 영혼을 다하여, 이 사람이 치유되기를 의지합니다."

이렇게 말하면서 전류가 여러분의 미간을 통하여 돕고자 하는 사람의 미간으로 들어가고 있다고 생각한다. 자신의 영안에서 자신의 치유희망 대상자의 영안으로 전류를 보내고 있다고 느끼도록 한다. 더 깊이 집중한다. 그러면 미간에서 열을 느낄 것이다. 이 열을 느낀다는 것은 자신의 의지력이 발달하고 있다는 증거가 될 것이다.

더욱 깊이 집중한다. 마음속으로 다음과 같이 말한다. "당신의 의지로 저는 우주 에너지의 섬광(閃光)을 보냅니다. 아버지, 그것은 거기 있습니다." 이것은 15분에서 20분 정도 수행할 필요가 있을 것이다. 이것을 행하는 동안, 자신의 의지력은 현저하게 발달한다.

의식치유

1. 낮이나 밤에, 명상 전이나 후에, 위에 나온 다짐을 복송한다. "과학적 치유다짐(Scientific Healing Affirmations)"에서 유용한 가르침과 유용한 다짐을 발견하게 될 것이다.

2. 의지력으로 생명 에너지를 환부로 매우 천천히 보낸다. 이것을 거듭 행한 다음, 치유의 에너지가 과학적으로 건강을 회복시키는 것을 느낀다. 호흡에 대한 지각을 초월할 때까지 홍-쏘를 수행한다. 그다음 자신을 우주 진동, 옴에 동조하고, 증가하는 강렬한 의지와 최고의 헌신으로 미간에 집중하면서, 다음과 같은 확신을 의식적으로 깨닫게 해달라는 기도와 함께 우주 진동에 띄워 보낸다.

3. "오 성스러운 진동이여, 당신은 저입니다. 당신은 저입니다. 저의 영혼은 당신의 것이고, 당신의 한얼은 저의 것입니다. 당신은 완벽합니다. 당신은 모든 것을 갖고 있고, 저는 당신의 자녀입니다. 그러므로 저는 모든 것을 갖고 있습니다. 저는 모든 것을 갖고 있습니다. 저는 모든 것을 갖고 있습니다.

가장 달콤한 헌신, 저의 사랑과 최고의 흠모라는 저의 꽃다발을, 저는 당신 앞에 바칩니다. 당신 앞에 바칩니다. 저의 것은 바로 당신의 것입니다. 당신의 것은 바로 저의 것입니다. 저는 기도합니다. 사랑으로 기도합니다. 당신은 저의 것이 되어주소서. 당신은 저의 것이 되어주소서."

4. "당신은 저입니다. 당신은 저입니다. 당신은 지복(至福)이고, 저도 지복입니다. 당신은 평화(平和)이고, 저도 평화입니다. 당신은 온전하고, 저도 온전합니다. 당신은 완벽하고, 완벽함은 저의 것입니다. 당신은 지복이고, 저도 지복입니다. 저도 지복입니다. 저도 지복입니다."

5. "당신은 능력이고, 저도 능력입니다. 당신은 언제나 안녕하고, 저도 안녕합니다. 저도 안녕합니다. 저는 당신의 아들입니다. 그러므로 저는 현명합니다. 아버지, 당신은 모든 것을 갖고 있습니다. 저는 당신의 자녀입니다. 그러므로 저는 모든 것을 갖고 있습니다. 당신은 행복합니다. 저는 당신의 자녀이므로 행복한 자녀입니다. 저희는 당신의 자녀입니다. 저는 모두가 행복하기를 바랍니다."

모든 신(神)의 신에게, 모든 신령의 신령에게 절대적인 신앙을 둡니다. 자신과 다른 사람들을 치유할 무한의 힘을 부여하기 위해서 그분의 힘이 생각과 기도와 확신의 바로 뒤에서 작용하고 있다는 것을 언제나 의심 없이 믿는다. 모든 일에서 그분이 내부에서 작용하고 있다는 것을 인식한다. 그러면 언제나 자신과 함께 하는 그분을 유지하게 될 것이다.

음영(吟詠)치유

육체적, 정신적, 영적 질병을 치유하는 데 각각 사용될 수 있는 치유법이 많이 존재한다. 약물(藥物), 주사, 안마(按摩), 신경 조정 또는 척추(脊椎) 교정(矯正)에 의한 것, 다짐, 상상, 의지, 또는 신념에 의한 것 등 여러 종류의 치유법에서 진동 치유법이 중요한 것이다. 진동 치유법은 생명 에너지의 진동을 창출해서 환자(患者)들에게 직접적으로 보내면 그 효과를 감지할 수 있을 것이다.

이것은 내적으로 의지력으로 충전된 에너지를 마음속으로 투사하는 힘으로, 또는 외적으로 음영(吟詠)진동, 인간 육성의 음송(吟誦), 생기(生氣)를 돋구는 말, 문구, 초의식이 배어있는 다짐으로 이루어진다. 육체적 질병이나 근심이나 영적 무지를 가창(歌唱), 음영, 음송으로 물리치료와 관련해서 사람은 고음(高音)에서 저음(低音)으로, 속삭임으로, 내적 음영으로, 잠재의식 음영으로, 초의식의 음영으로 음송하는 법칙이 있다. 의미가 충만한 큰 소리의 말을 깨달은 경험으로 변환하는 방이고, 말의 진리가 영혼의 깨달음이 될 때까지 큰 소리로 말한다.

그리고 마음속으로 음영함으로써 말의 진리를 소화 흡수한다. 그보다 더 좋은 것으로는 평화로운 초의식 상태를 먼저 유치하는 것이고, 그리고 그 상태로부터 마음속으로 또는 속삭임으로 또는 큰 소리로, 원하는 대로, 음영하는 것이다. 마음으로 하는 음영은 개인들에게 가장 좋다. 귀에 들리도록 하는 음영은 저음에서 고음으로 진행하거나 그 반대도 되는

데 집회가 좋다

소음은 인간의 신경계에 영향을 주어서 매체를 약화시키는데, 생명력은 이 매체를 통하여 육체의 모든 주요 기관 순환계, 두뇌 등에 공급된다. 신경계가 퇴화하면 혈액 에너지와 열량 공급은 저하되고, 육체의 집은 병균에 노출된다. 조화롭고 영혼을 고무시키며 영혼을 위안하는 소리, 초의식 영혼의 힘, 의지력, 신념이 배어있는 음영은 신경계 조직의 생명력을 발흥시킴으로써 맥이 풀린 신경계의 조직을 각성시킨다.

그러므로 목소리를 진동시키는 외적 방법은 육체와 마음과 영혼의 모든 부조화 상태를 치유할 수 있다. 진지(眞摯)하고 친절한 말, 영감이 깃든 노래, 영혼을 위안하는 지혜(智慧)의 목소리는 많은 슬픔을 몰아내었고 감수성 있는 사람들을 지속적인 기쁨의 빛으로 밝혀준다.

음영으로부터 가장 많은 혜택을 추출하기 위해서는 복창(復唱)의 법칙을 이해해야 한다. 어떤 서양인들은 힌두 음영에서 변화하면서 더욱 깊어지는 확신을 파악하지 못하고 단조롭게 복창되는 가사만을 듣는다. 물론 가사의 의미를 이해하지 못하고 감정과 깨달음이 심화되지 못하면서 가사를 복창하는 것은 소용이 없다. 한 구절만을 즉흥적으로 복창하는 것도 괜찮은데, "오 아버지, 저를 치유하소서."라든가 "당신이 제 안에 있으므로 저는 안녕합니다."와 같이 생각나는 구절을 사용하면 된다.

그 구절을 활기 있게 복창한다. 낮은 목소리에서 큰 소리로, 큰 소리에서 속삭임으로, 그리고 마지막으로 속삭임에서 내적 다짐이 되도록 복창하라는 것인데, 깊이가 다르게 변화하는 영혼 감정으로 그 구절을 복창하고 있다는 것을 자신이 느낄 때까지 한다. 자신의 발언(發言) 의미를 마침내 자기 존재의 모든 섬유에서 깨달을 때까지 하라는 것이다. 이것은 귀에 들리는 음영과 마음으로 하는 음영을 통하여 자신의 다짐과 합일하는 것이다. 초의식에 도달(到達)하고 영혼의 내적이고 직관적인 확신에 도달하는 순간, 쇄도(殺到)하는 에너지가 척추를 통하여 쏟아져 들어오고 육체로 들어갈 것이다. 그 전류의 진동이 심신과 영혼을 치유하고, 육체적 병균을 박멸(撲滅)하고, 정신적 공포를 무력화시키고, 영혼 무지를 태워서 재로 만들 것이다.

힌두교의 탄트라 경전에서 우리는 모든 신비 주문(呪文)과 '근원적인 언어(seed words)'는 음송자의 영혼에서 소생되어야 하고, 바라던 결과를 창출하기 위하여 활력을 부여받고 정확하게 음송되거나 음영되어야 한다는 충고를 발견한다. 깊은 감정 없이 만트라나 주문을 복송하는 것만으로는 결과가 창출되지 못한다.

"아버지가 그대 안에 있습니다. 그대여 안녕하소서."와 같은 치유의 다짐이 효과를 발휘하려면 자신 안에서 아버지를 느낀 사람이 발성해야 한다. 다른 사람을 치유하기 전에 자신의 치유력을 고려한다.

어떤 사람이 한마디의 말을 하였는데, 환자가 치유될 때가 있다. 그런 경우에는 환자의 감수성과 치유자의 능력이 치유의 성공에 필수적인 완벽한 균형을 이룬 것이다. 신의 능력인 치유력이 자신의 내부에 있을지라도 환자의 반응이 없으면 그 치유력은 기능을 발휘할 수 없다. 신을 깨달은 스승은 반응이 없는 사람에게 치유를 창출할 수 있지만, 훨씬 더 어렵다. 그리고 스승만이 그 치유를 가능하게 해줄 카르마 환경을 알 수 있다.

마음은 육체의 주인이자 창조자이지만, 반항적인 육체는 마음에 복종하지 않을 것이다. 사람이 이미 자기 마음을 육체 과정에 예속시켰을 때, 그 예속된 마음은 치유할 수 없다. 예속되지 않은 사람은 마음이 한 번 더 자신의 힘을 인식하도록 해야 한다. 그런 사람의 마음을 자신의 확신과 자아실현으로 개간할 때, 그 사람이 채비를 갖추도록 하는 것이다. 그다음에 자신의 치유력을 도입한다. 치유력은 생명력의 각성에 의존한다. 정신적 암시에서 치유자의 의지는 환자의 상상에 강제되며, 그것은 환자를 그의 정신적 혼수상태에서 일깨우며 그의 생명력을 흥기 시킨다.

그렇게 일깨워진 생명력은 치유를 창출한다. 정신적 치유과정은 육체에서 각기 다른 정도의 생명력을 일깨운다. 생명력을 즉각적으로 일깨울 수 있는 정신력은 즉각적인 치유를 창출할 것이다. 그러나 보통은 만성적인 질병 의식에서 생겨난 잘못된 정신적 습관에서 환자의 마음을 깨우치는 데에는 오랜 시간이 걸린다. 그것이 드디어 마음에서 말소될 때, 치유가 즉각적으로 일어난다. 그러나 만성적인 질병 의식이 극복되기 전까지는 정신치유는 즉각적으로 이루어질 수는 없다.

자신이 다른 사람들을 치유하기를 원한다면, 자신은 먼저 자기 육체를 극복해야 한다. 자신이 여전히 육체적 병환이나 상해의 시련과 고난에 압도될 수 있다면, 자신은 자신을 치유하고자 하면서 동시에 그것들을 정신적으로 초월하는 것을 배워야 한다. 불쾌한 감각이나 고통스러운 감각 그리고 근육 쇠약이나 신경 쇠약의 시련에 둔감해질 정도로 매우 강한 마음을 갖는 것이 필요하다. 자신은 한얼의 생명으로 살고 있지만, 육체를 점유하게 되었을 뿐이라는 진리가 자신의 의식에 배어있어야 한다. 자신은 육체에 머물기 때문에 육체에 호의를 보이는 것뿐이라고 느끼도록 한다.

자신은 무한한 한얼이다. 자신은 육체의 새장에 갇혀있을 수 없고 결코 그렇게 되지 않을 것이다. 자신의 지식은 편재(遍在)한다. 자신은 낙원의 일부이다. 영원(永遠)의 날개는 온 우주 공간에 펼쳐져 있다. 자신이 육체에 갇혀있다고 꿈꾸고 있을 뿐이다. 실제로는 새장에 갇힌 적이 없다. 지금 새장에 들어있지 않으며 앞으로도 그럴 일은 없다. 어떻게 자신이 이 작은 육체라고 생각하게 되었는가? 영혼이 육체와 자신을 동일시(同一視)할 때, 영혼은 미망(迷妄)의 과정에 종속(從屬)되게 된다. 이 진리를 아는 것만큼 자신에게 중요한 것은 없다.

특별치료

사소한 도발에도 화나는 성향이 있다면, 큰 의미를 지닌 다짐을 발견해서 홀로 음송(吟誦)하는데, 분노와 거친 말씨의 성향이 자신의 잠재의식에서 사라질 때까지 복송한다. 스스로 신과 같은 삶을 살아라. 그러면 자신의 인생행로에서 마주치는 사람은 자신과 교제하는 것만으로도 도움을 받을 것이다. 자신을 비판하고 혁신한다. 이것이 큰 문제가 도사리고 있는 곳이다. 평화와 조화 속에서 살고 싶다면, 신성한 차분함과 평화를 다짐하고, 사랑과 선의에 해당되는 생각만을 보낸다. 분노는 신체에 해독을 끼치므로 화내지 않는다. 마주치는 사람들을 이해하려고 노력하라. 어떤 사람이 화를 돋우려고 할 때마다 마음속으로 다음과 같이 말한다.

"나는 화를 내기에는 너무나 편안(便安)하다. 나는 분노의 병에 걸리고 싶지 않다." 화가 났을 때 가슴에 분노를 품고서 "나는 평화이다. 나는 평화이다."라고 다짐한다면, 앵무새 같은 외침은 아무 의미가 없을 것이며, 평화를 신장(伸張)하는 대신에 더 많은 분노를 발달시킬 것이다. 부유할 리 없다는 믿음을 지니고서 "나는 부유하다"라는 다짐을 하면, 가난한 상태에 머무르게 될 것이다.

부정적인 생각이 의지를 계속 마비시킬 것이고, 무력하게 만들 것이고, 바라던 결과를 산출해 줄 올바른 운용방식을 개시할 수 없을 것이기 때문이다. "번영의 다짐은 대체 무슨 소용이 있겠는가?"라고 생각하면서 기계적으로 다짐한다면, 당연히 어떤 긍정적인 결과도 나오지 않을 것이다. 다짐 수행을 할 때 중얼거리는 말로 시작하거나 마음속으로만 발음하는 것이 더욱 좋지만, 깊고 점증하는 정신력과 신념으로 해야 한다. 집단다짐은 큰소리로 또는 작은 소리로 시작할 수 있지만, 얼마 동안만이라도 마음속으로 음송한다.

그 다짐의 말이 자신을 대신해서 자신의 사명을 수행하도록 에테르 속으로 보내지는 생각의 진동 전령으로 바뀔 때까지 해야 한다. 집단다짐에서는 한 사람이 한 문장을 택해서 그것을 복송하는 것이 좋은데, 가능하다면 그 의미를 설명하고, 상응하는 의미에 일관된 주의력을 기울이지 않고서는 기계적으로 발음하는 말은 효과가 없다.

교회 성가대의 대원들은 알건 모르건 일반적으로 주로 음악에 집중하고 청중을 매혹한다는 기쁨에 집중하면서 노래를 부른다. 그들은 노래 또는 성가가 바쳐지는 대상인 신에 대해서는 정말로 깊이 생각하지 않는다. 그러므로 집단 합창에서는 참가자들이 노래를 기계적으로 큰소리로만 쏟아내면서 음량으로 감정을 생각 없이 흉내 내는지 지휘자는 살펴보아야 한다. 신에 대한 노래의 가사는 헌신 없이 불려서는 절대 안 된다. 그보다는, 노래에 담긴 헌신적인 생각이 노래하는 사람의 의식에 충만해야 하며, 그동안 노랫소리는 주님에 대한 사랑으로 증가하는 자신의 따스한 생각을 온순하게, 부드럽게, 조용히 따르면 된다.

다짐을 하려면, 먼저 척추를 곧게 펴고서 차분하게 앉아라. 의식적 마음이 산만해지는 것을 중단하라. 공상을 즐기는 잠재의식적 마음을 진정시켜라. 깊은 명상으로 전능한 초의식을 간구하라. 그다음 여러분의 다짐을 단호하고 큰 소리로, 또는 속삭이는 소리로, 또는 마음속으로 행하라. 큰소리로 하든 속삭이는 소리로 하든 마음속으로 하든 반복해서 하는 모든 다짐에는 점증하는 헌신과 집중이 배어 있어야 한다.

거듭해서 "우주생명"을 발음하고 있는 동안 영화 보러 갈 생각을 하는 것은 주님의 명호를 헛되이 부르는 것이다. 한 번이라도 헌신을 다하여 "우주생명"을 부르고 그분의 명호를 매번 복송할 때마다 헌신을 증가시키는 것은 여러분이 신의 지각의 헤아릴 길 없는 심연에 도달할 때까지 염력의 바다로 더욱 깊이 잠수한다.

인간의 미래음식은 우주 에너지의 다양한 광선이 될 것이다. 우주 광선, 전자(電子), 원자(原子), 공기(空氣)는 육체의 여러 구멍을 통하여 흡입될 것이다. 사람이 항상 자기 마음을 미간(그리스도 의식 중추)에 집중하고 있으면서 거기서 영안을 보고 육체를 기력으로 충전하라고 영안에 명령한다면, 그렇게 될 것이다. 이렇게 수행하면, 노화(老化)를 멈추게 될 것이다. 고도로 진보된 요기들은 큰 혀의 끝을 "작은 혀"의 목젖에 연결함으로써 대뇌(大腦)와 연수(延髓)로부터 에너지를 끌어낼 수 있다.

온몸을 두꺼운 파란색 비단(緋緞)이나 담요로 덮고 연수를 태양에 노출함으로써 태양으로부터 에너지를 끌어낼 수 있다. 뒤통수에 집중하고서 그곳이 점점 더 따뜻해지는 것을 느껴라. 에너지가 두뇌에 저장되고 육체로 분배되는 것을 느낀다. 일광욕을 하면서 일광욕을 받는 육체의 모공을 통하여 햇빛을 들이킨다.

광선에 대한 집중은 아무 생각 없이 일광욕하는 것보다 백배는 더 좋은 결과를 가져다준다. 의자에 허리를 곧게 펴고 앉아라. 눈을 감아라. 숨을 재빨리 내쉬고서 콧구멍을 통하여 매우 천천히 숨을 들이마시기 시작하는데, 두뇌, 폐, 심장, 척추, 위장, 복부(腹部), 넓적다리, 다리, 팔 등이 공기로 채워지고 있다고 생각한다. 또한 재빨리 숨을 들이쉬면서 산소의 원자력으로 온몸을 채울 수 있다. 잠을 자는 동안 생명력은 눈과 혀와 코와 피부와 귀의 감각의 전화 수화기로부터 차단된다. 전화벨 소리는 잠든 사람의 두뇌에 도달할 수 없으므로 그는 전화벨 소리를 듣지 못한다.

교환원에 해당하는 지성은 다른 전화들과 함께 청각신경의 전화를 무의식적으로 차단한 것이다. 마음대로 잠들 수 있는 사람은 마음대로 무의식적인 감각의 이완, 즉 감각의 전화들로부터의 생명력 차단을 이룰 수 있고, 소음이 두뇌로 들어오지 못하게 한다.

청각신경을 통해서 끊임없이 전달되는 소음에서 벗어나는 데는 잠이 좋은 방법이긴 하지만, 잠은 무의식적이고 수동적인 방법이다. 진정으로 고요해지기를 원할 때마다 잠자고 싶은 사람은 없을 것이다. 교환원인 지성이 작동하고 있는 오감의 전화들로부터 생명력을 차단하는 것을 배우면, 여러분은 감각적 자극이 두뇌로 흘러 들어가게 해주는 매체를 정말로 제거하는 것이다. 기계적 전화는 동일한 전선을 따라 전갈을 주고받는다.

그러나 육체의 집에는 기능 면에서 서로 완전히 분리된 두 종(種)의 전화기가 있다. 감각신경 또는 수신(受信) 전화를 통하여 촉각(觸覺)과 미각(味覺)과 청각(聽覺)과 후각(嗅覺)과 시각(視覺)의 전갈은 교환원인 지성에 의하여 두뇌로 수신된다. 또 다른 교환원인 의지력은 운동신경이라 불리는 또 다른 신경망을 통하여 눈의 움직임과 콧구멍의 팽창과 귀의 움직임이나 혀의 움직임이나 육체의 어떤 근육의 전갈을 전달한다.

완전한 근육의 이완을 통해 어떤 근육도 긴장되지 않도록 하는 것이 중요하다. 특히 정적(靜寂)에 의하여 운동신경과 그에 연결된 근육으로부터 생명 에너지를 제거할 수 있다.

근육과 운동신경으로부터 생명력을 철수하는 것은 완전한 감각적 이완이 아니다. 왜냐하면, 오감의 전화들이 차단되지 않았기 때문에, 근육이 이완되어 있을 때에도 여전히 보고, 맛을 느끼고, 듣고, 냄새 맡고, 그리고 촉각을 느낄 수 있기 때문이다. 그렇다면 과학적으로 그리고 의식적으로 다섯 개의 신경 전화들로부터 생명력을 차단하는 것이 어떻게 가능할 것인가?

감각의 전화들에 있는 생명력을 통제하는 심장이라는 발전기를 침묵시키면 된다. 잠이 들면 자신의 심장 활동은 느려지는데, 이것은 오감의 전화들로부터 그리고 운동신경으로부터도 생명력을 철수시키는 데 도움을 준다. 심장은 근육과 세포들과 오감의 전화들의 발전기 또는 생명이다. 심장이 뜻하지, 않게 멈추면, 우리는 죽는 그러나 고대 인도의 요기들은 죽음을 초래하지 않고도 차분함에 의해서 마음대로 심장에서 에너지를 차단하는 것이 가능하다.

그리하여 사람은 마음대로 죽거나 살 수 있고 죽음을 극복할 수 있다. 평범한 사람이 죽으면, 그의 육체는 무력한 상태로 남아 있고, 그는 달아난 생명력을 그 육체로 불러들일 수 없다. 그러나 성(聖) 바울은 힌두 요기들처럼 심장 통제를 배우면 매일 "죽을 수 있다"라는 것을 알았다. "우리의 주님이신 그리스도 예수 안에서 내가 가진 우리의 기쁨으로 단언하노니, 나는 날마다 죽노라"(고린도전서 15:31). 날마다 죽기 위해서는 신의 현존(現存) 의식 속에서 날마다 살아야 한다. 마음대로 살고 죽는 것을 배우는 사람은 육신으로부터 자유로워진다.

신체를 끌고 다니는 한 물건이 있기에, 이를 일컬어 성품 · 정신 · 영성 등으로 다양하게 부르게 된다. 성품은 텅 비어 맑고 깨끗해서 죽고 살아가는 살림살이와 무관하다고 할 것이다. 영성의 '참 나', 한얼을 성품으로 살리게 되면, 몸뚱이는 빌린 자동차에 불과함을 깨닫고 평등구현의 새 길을 모색할 수 있다. 생각을 끊어버리면 상대마음과 평등하다. 생각과 감정, 오감세계를 끊는 것이 한얼영성 자각의 요체라고 할 것이다. 지행합일을 외면하고 획득한 지식을 진리라고 믿으면, 질병과 불행, 그리고 무지의 삼중고(三重苦)로 말미암아 고통을 받는다.

개체생명의 육신을 우주생명의 에너지로 변환하는데 삼일정신이 요청된다. 전기, 또는 순수 에너지는 질병에 걸리거나 상해를 입을 수가 없다. 생명력 다발을 온전히 깨닫는 삼일정신을 통해 영성의 불멸성을 자각한다. 개체생명이 '영 · 혼 · 육'으로 구성되어 있지만 성통공완으로 영성을 깨닫게 됨으로써 마침내 삶과 죽음의 고통으로부터 벗어날 수 있다.

영성의 한얼은 우주생명력의 자력(磁力)을 발휘한다. 한얼은 모든 것에 깃들어 있고 자신의 내부에 대단한 인력을 발휘한다. 한얼에서 빚어진 모든 것들은 개체생명 상태라고 할지라도 인력을 발휘하게 된다. 삼일정신으로 나아가는 힘은 '영성 자력'이다. 이것은 고양(高揚)되면서도 확장시키는 힘이며, 이 방사선 영향권에 들어오는 사람들은 의식을 증폭시키는 힘을 갖고 있다.

고도로 발달한 영성 자력을 지닌 사람들에게 가까이 다가가거나 그들에게 동조하면, 그 의식이 확장됨을 감지할 것이며, 분별력과 직관(直觀)이 예리하게 각성됨을 알아차릴 것이다. 오관 감각은 유한한 물질에 이끌리지만, 알아차림의 직관은 영성을 만족시키는 행위로 이어져 한얼에 이끌린다. 영성은 분별력과 직관력을 통합시키고 심신의 힘을 모아 조화로운 행위를 유도한다. '영성 자력'에 의하여 모든 선한 인간의 경험들과 올바른 친구들을 사랑하던 사람들을 자신에게 이끈다. 또한 창조적이고 빛나는 힘들을 끌어들이고, 밝은이를 초청한다.

또한 그는 모든 지혜 광선들을 자신에게 끌어들인다. 백회(百會)는 천문으로 우주와 관통하는 큰문이다. 혼백이 드나드는 곳이며 백회부위의 뇌를 '골수 바다'라고 하여 생명력과 연관된 골수를 관장하기에 골수가 충실하면 몸이 가볍고 튼튼해진다. 생명력과 의식이 촉각(觸覺)과 후각(嗅覺)과 미각(味覺)과 시각(視覺)과 청각(聽覺)의 다섯 전화(電話)들로부터 차단될 때, 주의를 산만하게 만드는 감각(感覺)과 수반된 생각들 그리고 기억들의 산만한 생각들에서부터 벗어난다.

그리고 감각기관의 다섯 신경전선으로부터 생명력을 의식적으로 차단할 수 있다. 규칙적으로 행함으로, 감각이 일으키는 생각들이 더 이상 마음을 교란시킬 수 없게 된다. 차분하게 앉아 호흡을 관찰하는 한얼기법 수행으로 횡격막과 순환계와 폐 등 모든 육체 활동을 차단하거나 정지시킬 수 있다. 육체의 외부와 내부에서 움직임이 일시적으로 정지될 때 세포들의 퇴화는 멈추고 어떤 정맥혈도 생기지 않는다.

정맥혈이 축적되기를 멈추면 심장은 느려진다. 심장은 더 이상 검고 탁한 정맥혈을 정화하고자 폐로 보낼 필요가 없다. 심장이 혈액을 압출(壓出)하는 일을 할 필요가 없으면, 심장을 압출하는데 사용되던 에너지의 유입은 감소될 것이다. 이런 일이 일어날 때 생명력은 잠잘 때처럼 근육과 오감전화로부터 철수하여 대뇌로 물러날 수 있게 된다. 이 때 생명력은 시각과 청각과 미각과 후각과 촉각으로부터 차단되고, 감각들은 두뇌의 주의를 끌 수 없다.

그리하여 감각들과 생각들의 교란으로부터 해방된 주의력은 자신이 선택하는 생각의 어떤 물질적 대상이나 영성 대상에 집중할 준비가 갖추어진다. 매일 밤 잠잘 때 심장을 진정시킴으로써 무의식으로 집중을 수행한다. 호흡 관찰의 한얼기법으로 의식적으로 심장을 진정시킴으로써 집중을 수행한다. 심장박동이 느려질 때 두려움과 공포를 느낄 필요도 없다. 심장을 진정시키는 것은 자연스러운 일이 되기 때문이다. 나이가 지긋한 사람의 심장은 산만한 아동기와 격동적 청년기와 활동적 중년기를 거친 다음이기에 자연적으로 차분해진다.

한얼은 언제나 존재하고, 언제나 의식하며, 언제나 새로운 지복(至福)이다. 의식(意識)의 사다리는 네 단계로 이루어진 가운데 우주의식, 삼일의식, 영혼의식, 자기의식으로 드러난다. 자아는 영혼이 육체의식과 감각적 집착(執着)으로 내려선 마지막 단계 의식이라고 할 것이다. 개체생명 차원으로 흘러내린 의식과 에너지로 밝아진 감각(感覺)은 이 세상을 중시하게 되고, 자아를 생명원천으로부터 거리가 먼 것으로 간주한다. 영혼은 망각상태에 있을 때 육체 새장을 자신의 자아로 간주하고 육체의 모든 한계를 자신의 것으로 착각한다. 이 상태의 영혼은 스스로의 신체를 자아라고 한다. 자아가 자기 자신의 불멸로 전환할 때, 그것은 영성발견의 요체라고 할 것이다. 따라서 삼일정신이 장수삼재 소통을 통한 노인치유의 새 길이라고 말할 수 있을 것이다.

삼일정신은 민생민본(民生民本)으로 홍익인간을 높인다. 국민의 목소리에 귀 기울일 때 국론은 통합되며, 국민의 생명 · 안전 · 재산 · 행복도 보호받을 수 있다. 또한 삼일정신은 신뢰회복으로 홍익인간을 높인다. 공직자가 공공(公共) 가치와 국가 · 민족의 장래를 위해 맡은 바 소임을 다할 때, 어떤 내우외환(內憂外患)도 이겨낼 수 있다.

삼일정신은 미래창조로서 홍익인간을 높인다. 우리나라가 짧은 기간에 산업화 · 민주화 · 세계화를 달성하고 재외 동포가 175개국을 무대로 경제 · 교육 · 문화 영토를 확장해 나가고 있다. 안으로는 국민생활의 균등한 향상을 기하고 밖으로는 항구적인 세계 평화와 인류공영에 이바지함으로써 새로운 한민족 공동체, 한반도의 '열린 통일' 실현에 이바지할 것이다. 아울러 삼일정신은 가치공유로서 홍익인간을 높인다. 한 · 중 · 일 3국은 과거사에 매몰되지 말고 화합 · 번영을 위한 가치공유에 적극 나서야 한다. 한 · 미 · 일과 한 · 중 · 러 관계는 자유 · 민주 · 홍익의 가치로 수렴되어야 한다. 앞으로 한국인만의 3 · 1운동이 아니라, 세계인이 공감하는 3 · 1운동으로 승화시켜야 한다.

제6장

장수생태실천

〈장수생태운동, 장수생태과제, 장수생태방향을 다룬다.〉

6-1. 장수생태운동

생명체와 무생물을 포함하고 있는 자연은 생명체들 사이와 생명체와 무생물체들 사이의 교환을 생산해내는 상호작용을 하는데 이것이 생태체계를 구성한다. 생태계의 파괴는 인류의 삶을 파괴하는 일이다. 배려의 장수생태운동은 인간이 생태계에서 살아가는데 수반될 내용들을 되짚어보고 탐구하여 생활에 적용하는 운동이다.[160] 생태계는 인류의 하루하루 생활과 직결되어 있기 때문이다. 산업화가 덜 이루어진 시기에는 이산화탄소 밀도 증가와 그에 따른 온도상승이 완만하게 진행됐으나, 최근 들어 이산화탄소 배출량과 대기 중 축적량이 급증하면서 온도가 급상승할 것이란 예측이 나타난다.[161] 지구온난화의 문제는 전문가들이 예상했던 정도보다 세 배 정도나 빨리 진행되고 있다는 보고도 나타났으니 지구생태문제가 그 심각성이 두드러져가고 있음이다.

■ 교토의정서와 아시아태평양 기후협력 비교

교토의정서

- **목표:** 지구온난화를 막기 위해 각국의 온실가스 배출량을 의무적으로 감축
- **현황:** 유럽연합 주도로 1997년 채택 이후 세계 140개국이 참여해 2005년 2월 발효
- **특징:** 지구온난화의 주범이 온실가스냐는 논란 여전+핵심 배출국 불참으로 실효성 의문
- **내용:** 37개 선진국 2008년부터 2012년까지 1990년 대비 평균 5.2% 감축
  2013년부터 의무 감축 대상 국가는 2007년까지 추가 협상을 통해 결정

아태 기후협력

- **목표:** 친환경적 에너지기술을 개발, 이를 전세계로 이전 · 확산해 온실가스를 감축
- **현황:** 미국 주도로 한국 일본 호주 중국 인도 등이 참여 2005년 7월 결성, 1월 11일 첫 각료회의
- **특징:** 온실가스 주요 배출국 대거 참여
  6개국 이산화탄소 배출량은 전세계 배출량의 47.99%
  미국(20.6%) 중국(14.5%) 인도(5.5%)
- **내용:** 청정 석탄 및 차세대 원자로 등 새로운 청정기술 개발과 이의 확산을 통한 자율적인 규제

〈 세계일보 〉

국제기후변화의 보고에 의하면, 1997년 12월 기후변화협약에 따른 온실가스 감축 목표에 관한 의정서인 교토의정서가 채택된 이후 2005년 2월 16일부터는 그 내용이 발효되기 시작하였다. 현재 이 의정서의 대상 국가들은 오스트레일리아, 캐나다, 미국, 일본, 유럽연

160) Andrew Light, "The Case for a Practical Pluralism", in Andrew Light and Holmes Rolston III eds, *Environmental Ethics*, Blackwell Philosophy Anthologies, 2003. p. 231.
161) 조선일보, 2005. 1. 25.

합(EU) 회원국 등 총 38개국이며, 의무이행 내용들은 2008~12년 사이에 온실가스 총배출량을 1990년 수준보다 평균 5.2%를 감축하는 것으로 되어있다.

이 같은 협약은 지구온난화를 이대로 방치하면 10년 뒤 지구에 대재앙이 올 수 있기 때문이다. 이산화탄소(CO_2)의 과다배출은 지구온난화를 가속하고 있어서 현 상태로 10년간 지속한다면 엄청난 기상이변 등 재앙이 올 수 있다는 경고한다. 생태계의 자정 능력(assimilative capacity)이란 생태계에 위해나 변화가 발생할 때 생태계가 스스로 변화에 적응하고 균형을 유지하여 영향을 줄일 수 있는 능력이다.

더 나아가 원래의 상태로 회복할 수 있는 능력을 포함하는 개념이다. 자정 능력의 상실은 지구 스스로가 환경적인 한계상황에 직면해 있음이다. 이제는 절대 인간이 주인이고 자연 및 기타 주변의 모든 생태계는 인간의 목적에 봉사하기 위해 존재한다는 장수시대 이 문제는 사회 운동으로 전개하여 생태계와 함께 공존해야 한다는 배려의 사고가 필요한 때다. 우리 인류에게는 자연적 환경과 사회적 환경에 대한 철저한 조사와 그 결과에 근거한 인간의 생태환경에 대한 배려의식의 전환이 필요하며 이러한 배려의식의 전환이 없이는 생태계 위기는 계속될 수밖에 없다.[162] 이러한 의미에서 환경문제들에 대한 분석과 그 해결을 위한 노력은 지구를 위한 우리 인류들의 역할과 사명의 방향을 분명하게 결정하고 배려하는 일이라고 생각된다.[163]

생태환경과 위기

생태학(ecology)은 그리스어의 집이나 삶의 장소를 의미하는 'oikos'로부터 유래하였는데 생태학은 원래 가정에서의 유기체들(organisms)을 연구하는 것이었다. 생태학(ecology)은 유기체들의 관계나 환경과 유기체들과의 관계 연구 혹은 살아 있는 조직들과 환경 간의 상호 관계를 연구하는 과학이었다. 그러므로 생태학은 유기체 그룹들과(groups of organisms) 대지(land)나 해양, 물과 같은 자연들의 구조와 기능을 연구하는 것이다.

인류는 자연의 한 부분으로 이해되고 있다. 가장 넓은 의미에서 생태학은 살아 있는 환경에 대한 과학(the science of the living environment), 혹은 단순히 환경 생물학(environmental biology)이라고 할 수 있다.[164] 생태학을 생물적 요인과 비생물적 요인간의 상호작용(interaction)을 연구하는 학문이라고 정의하기도 한다.[165]

---

162) 구승회, "환경윤리와 생태철학: 중간결산과 전망", 철학 문화연구소 편, 『철학과 현실』1999년 가을호, pp. 167-182.
163) 구승회, 『생태철학과 환경윤리』, 동국대학교출판부, 2001. pp. 216-217.
164) 위의 책, p. 4.

이러한 생태학이 오늘날 더욱 관심의 대상이 되는 이유는 생태계의 파괴가 인류의 장래를 어둡게 한다. 생태계 파괴가 인류에게 중대한 위협으로 나타나게 되었고, 이러한 생태계의 보존을 위한 노력을 이제 더 이상 미룰 수 없는 지경에 이르렀다. 생태계의 자연스러운 순환은 이제 더 이상 기대할 수 없는 상황에 이르렀으며, 지구의 자정능력을 초과하는 수준에 도달하였다. 지구촌 파괴의 원인은 우리 인간이 자연을 아끼고 사랑할 줄 모르고 자연을 착취 수탈하고 파괴를 일삼기 때문에 생긴 공공 업보이다.

생태학적 위기를 극복하기 위해서는 올바른 인간관에 대한 이해와 미래 사회의 구조에 대한 새로운 비전이 요구된다. 생태학자, 킨젤바흐(Ragnar K. Kinzelbach)는 우리가 당면하고 있는 생태학적 위기는 근본적으로 인간의 내면세계의 위기를 해결하지 않고는 불가능하다고 지적한다. 그는 생태학적 위기는 바로 인간의 위기이며, 이러한 위기의 내면에는 인간의 잘못된 생각이 자리 잡고 있다고 하였다.[166]

인류는 유사 이래로 실제적인 의미에서 지속으로 생태학에 관심을 가져왔다. 원시사회에서도 모든 개인들은 살아남기 위해서, 예를 들어 자연의 힘이나 자기 주변의 동·식물들과 같은 환경들에 대해서 확실한 지식을 필요로 했다. 생태학도 서서히 등장했다. 그리스의 히포크라테스나 아리스토텔레스와 같은 철학자들의 저작에서 만물들은 자연 속에서 생태적인 것이었다. 그러나 그리스에는 생태학이란 말은 없었고, 생태학이란 용어는 1869년 독일의 생물학자인 에른스트 해켈(Ernst Haeckel)이 처음 쓰기 시작했다.

생물학과 구별되어 생태학이란 용어가 사용되는 것은 1900년경부터, 생태학은 아직도 연구해야 할 분야가 많이 남아있는 젊은 학문이라 할 수 있다.[167] 생태학은 살아 있는 유기체의 습성, 생활양식 및 그 주변 환경과의 관계를 다루는 학문으로서, 그 연구대상은 유기체로서 동식물을 비롯한 박테리아에 이르기까지의 생물체만 해당되는 것이 아니라 주변의 무기물체로서, 돌, 흙, 물, 공기와 모래에 이르기까지 우리를 둘러싸고 있는 지구촌의 모든 물체들까지를 포함한다. 그렇다면 왜 지금 생태환경 문제가 이렇게 관심의 영역으로 자리하게 되었는가? 그 이전에는 우리 인류가 생태환경에 노출되지 않았다는 말인가? 인류가 지구상에 나타나면서 지구 생태환경에 노출되었던 것이 사실이다.

이제껏 그것이 문제로 인식이 되지 않았던 것은 지구 생태환경이 우리 인류가 생태환경에 미치는 영향들을 충분히 인내해 낼 수 있을 정도로 자정능력을 지니고 있었기 때문이다. 이제는 지구가 자정능력을 상실하고 있다. 자정능력이란 무엇인가? 지구의 자정능력이

---

165) 박석환 · 곽동희 · 이태진 · 장관순 · 정문식 · 허우명 공저, 『환경생태학』, 2002, 신광문화사. p.3.

166) 진교훈, 『환경윤리』 민음사, 1998. pp.26-27.

167) Eugene P. Odum, *Fundamentals of Ecology,* second edition, W.B. Saunders Company, 1959. pp.3-4.

란 인류가 생태환경을 오염시켰어도 그 오염된 부분을 다시 정상으로 되돌릴 수 있는 능력이라고 할 수 있다. 다시 말해 원 상복귀가 가능한 능력이다.

자정 능력을 상실했다면 이것은 간단한 문제가 아니다. 자정 능력 상실은 이제껏 인류가 이 지구에 대해서 아무런 노력 없이도 누릴 수 있었던 특혜가 사라지고 있다는 것을 뜻한다. 배려하는 장수생태 운동이 없이는 생태환경의 파괴로부터 오는 여러 가지의 환경적인 재앙을 피할 수 없다는 의미이다. 이제 지구 생태환경에 대한 이해와 이를 보존하기 위해 생태 친화의 삶을 살도록 노력해야 할 것이다.

인구성장문제

지구 인구는 1999년을 기점으로 60억을 초과했다. 사실 지구의 인구는 대략 1,800년까지 10억에 이르지 못했었다. 그러나, 지금의 성장률을 유지한다면, 지구의 인구는 21세기의 중간인 50년 안에 90억이 될 것이다. UN에 의하면 2006년 현재 지구에 사는 65억의 인구 중에 단지 1/5 만이 적절한 음식과 집, 그리고 안전한 식수를 사용하고 있다고 한다. 또한 세계의 1/5의 인구가 하루에 1$ 미만으로 살아가고 있다. 약 11억의 인구가 마실 물이 부족하며, 오염된 식수와 부적절한 물의 공급이 개발도상국가의 모든 질병의 10%의 원인이 되고 있다.

매일, 영양실조와 관련된 여러 가지 질병으로 19,000명의 어린이들이 죽어가고 있다. 어린이 사망률은 개발도상국이 선진국에 비해 10배 이상이나 된다. 전쟁, 국내 정치적인 분쟁, 그리고 가뭄과 홍수와 같은 자연 재해는 인구증가에 의한 스트레스를 더욱 악화시키고, 그래서 더욱 굶주림의 원인이 된다. 모든 사람들은 기본적인 건강관리와 깨끗하고 충분한 식수와 안전한 하수시설, 좋은 영양과 기본적인 교육을 받을 수 있어야 한다. 인구과잉은 현재와 미래를 포함하여 우리 모두의 안전과 평화에 위협이 아닐 수 없다.[168]

자원남용문제

자원이란 어떠한 필요에 봉사하는 것들을 의미한다. 석탄, 기름, 그리고 기타의 화석연료들은 재생 불가능한 자원들이다. 재생 불가능한 자원들은 사용할수록 고갈된다. 이러한 자원들이 인류의 남용 때문에 고갈상태로 치닫고 있다. 또한, 지구상의 여러 종(species)이 생존의 위협을 받고 있다.

예를 들어, 대서양의 대구(cod), 북 대서양산의 대구류(haddock), 남아프리카의 밴댕이

---

168) Donald. G Kaufman., pp. 34-36.

류 (pilchard), 태평양 연어(salmon), 킹크랩(king crab)등을 포함한 상업적 가치가 있는 어류들에 대한 지나친 남획은 종(species)들을 거의 멸종위기로 몰아가고 있다. 1996년 지구상에서 4,630 종(species)의 포유류(mammals)가운데에서 25%가, 9,675 종(species)의 조류(birds) 가운데에서 11%가 사멸(extinction)의 위기에 처해 있다.169) 인류의 근원적인 생존은 다른 종(species)들의 궁극적 삶에 의존하고 있다.170)

그러므로 우리 인류는 다른 종들이 절멸하지 않도록 관심을 가져야 한다. 또한, 직접적인 탐험이나 공해(pollution)에 의해서 해양체계가 위협을 받으며, 아름답고 섬세한 해안지역들은 개발하려는 사람들에 의해 훼손되고 있다. 토양체계(land systems)는 위험에 처하고 있다. 전문가들의 추정에 의하면 인간의 활동들은 10%의 땅의 표면을 숲이나 방목장으로부터 사막으로 바꾸어 놓았으며, 25%는 위험에 처해있다.

자원사용은 앞으로 수십 년 동안 저개발 국가들의 번영하고자 하는 욕구로 말미암아 가파르게 상승할 것으로 예측된다. 발전한 국가들이 더 많은 자원을 소비한다. 미국은 세계에서 가장 많은 기름(gas)을 소비하는 국가이다. 요즈음, 더욱 심각한 것은 저개발 국가들이 선진 국가들을 닮아가고 있다.171) 소비흐름은 점차 선진국에서 후진국으로 확대되며, 과다소비 모습이 닮아가는 점이 자원낭비를 더욱 부추기고 있는 추세에 있다.

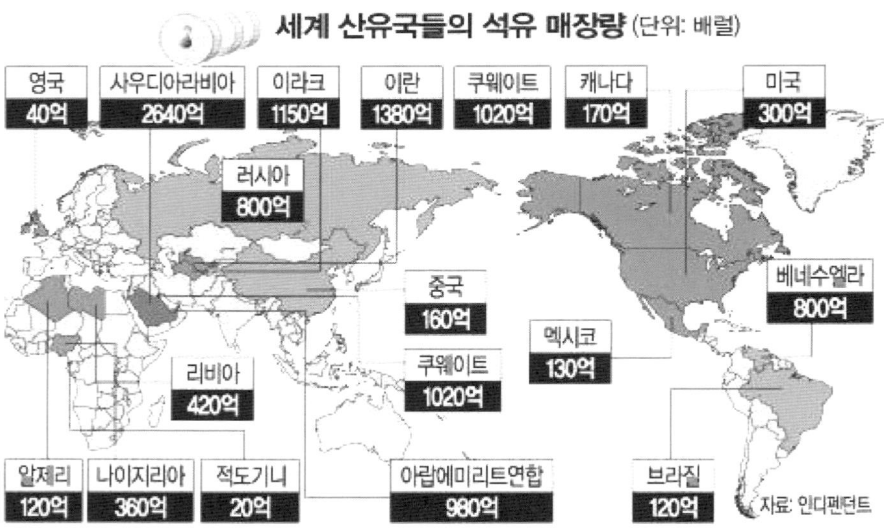

〈 2008 , The Independent 〉

169) Johannesburg Summit, 26. Aug - 4. Sep 2002. brochure.

170) Douglas H. Strong & Elizabeth S. Rosenfield, "Ethics or Expediency: A Environmental Question." Shrader-Frechette, Kristin S. eds,, *Environmental Ethics*, The Boxwood Press, CA. 1981. p.10.

171) Donald. G. Kaufman., p. 35.

공해확산문제

〈 쓰레기매립장 〉

오염 중에는 공기와 물, 그리고 토양의 오염이 그 주종을 이룬다. 심각한 공해문제는 선진국서만 나타나는 것은 아니다. 가난하고 인구가 조밀한 저개발 국가들도 공해로 시달리고 있다.

많은 공해문제는 지구 것이며, 국가 간의 협조에 의해서만 해결할 수 있다. 환경문제들은 자연체계와 문화체계 사이의 상호작용으로부터 생성된다. 환경문제들을 해결하기 위해서 자연과학과 사회과학, 인간과 예술에 관련된 것들이 함께 동원되어야 한다.[172] 물론 여러 나라들이 공해를 줄이기 위한 거대하고, 장기적인 계획을 가지고 있다.

대기 오염의 주요 원인이 되는 아황산가스 등의 황산화물은 석탄의 사용 및 고유황유 등의 산업 자원화가 주요 원인이다. 수많은 차량이 내뿜는 질소산화물은 황산화물과 아울러 산성비 원인이다.[173] 대도시에서 하루에 쏟아내는 쓰레기는 수 백 톤에 이르고 있다. 원자력 발전소의 폐 연료 등의 핵폐기물은 인류의 새로운 불안이 되고 있다. 현대사회 폐기물이나, 썩지 않는 쓰레기들은 생태위기 문제이며 환경호르몬의 문제는 인류의 근심거리이다.

지구온난화 문제

지구온난화의 문제는 어제오늘의 문제는 아니나, 2007년에 들어와서 심각한 수준에 이르고 있다. 이산화탄소 배출량의 증가와 가축의 분뇨 등의 부패에서 나오는 메탄 등은 지구의 온난화를 가중하는 원인들이 되고 있다. 2007년 들어서 온난화의 정도는 그 속도가 3배나 빠르게 진행되고 있다.

북극과 남극, 알래스카의 빙하가 녹아내리는 속도는 해마다 빨라지고 있어서 해수면의 높이가 해마다 높아진다. 이러한 해수면의 상승은 인류가 살아가는 육지면적을 축소할 뿐만 아니라 기존의 대도시들도 물에 잠기는 일을 초래할 것이다. 기후 협약에 서명하지 않은 나

---

172) Donald G. Kaufman, Cecilia M. Franz., pp.34-36.
173) V Bhaskar & Andrew Glyn, eds., *The North The South*, United Nations Press, Tokyo, New York, Paris, 1995. p. 11.

라들이 있다는 것은 안타까운 일이 아닐 수 없다. 지구온난화의 문제는 우리 인류 전체의 문제로서 다가온다.

살아가려면 석유와 석탄을 써야하는데, 환경오염이 점점 심해진다니 석유를 대신할 에너지를 찾아야 한다. 대체 에너지가 필요하다. 신재생에너지는 친환경적이고, 고갈되지 않는 특징을 가져서 자원에너지의 단점을 보완한다. 그 밖에 대중교통 이용, 화력발전소를 극소화시키고 녹지면적을 확대하여 이산화탄소를 흡수해야 한다,

탄소 배출 등에 대한 규제를 강화하여 이산화탄소의 절대적인 배출량을 줄이 필요가 있다. 또한 노후 경유차에 대한 "운행 법규" 등의 제정을 통해 매연을 매출하는 차에 대한 규제도 필요할 것이다. 아울러 과도한 프레온 가스를 유발하는 관련 제품 등의 판매를 줄이고, 보다 친환경적인 요소를 가미한 관련 제품 판매, 사용을 장려하여야 할 것이다. 태양 방사선이 온도 상승에 영향을 준다거나, 오존층이 감소하는 것이 영향을 준다거나 하는 가설이 있지만, 온실효과 이외에는 뚜렷한 과학적 합의점이 존재하지 않는 상태이다.

온실가스의 배출량을 줄이기 위해서는 에너지 절약, 폐기물 재활용, 환경 친화적 상품 사용 등을 생각해 볼 수 있다. 국제 사회는 지구 온난화에 따른 기후 변화에 대응하기 위해, 1992년 6월 유엔환경개발회의(UNCED)에서 기후변화협약(UNFCCC)을 채택하였다. 그리고 1997년 12월 교토의정서를 채택하여 2005년 2월에 발효시키는 등 온실가스 배출량을 줄이고 기후변화에 대처하기 위해 많은 노력을 경주하고 있다. 지구온난화가 가속되면 이 생물 다양성이 영향을 받는다. 북극곰을 생각할 수 있으며, 인간도 그 영향권에서 벗어날 수는 없다.

6-2. 장수생태과제

환경문제의 연구는 우리에게 환경문제 해결에 대한 미래지향적이고 목표 지향적인 방법을 제시하고, 건전한 환경관리를 실천하게 하며, 자연체계가 파괴되는 것을 최소화할 수 있게 한다. 그렇게 하는 것은 바로 우리로 하여금 자연체계와 다른 종(species) 들을 보호하는

자연의 관리자의 윤리(stewardship ethic)를 연습하게 하는 것이다.174) 일반적으로, 환경문제의 연구는 원천적으로 사회과학의 연구로부터 발달된 문제해결 모델들에 의하여 추진된다. 이 모델들은 순수한 자연과학적인 방법들과는 다르다. 그 방법들은 인간에 의해 일어난 문제들에서 출발하며, 그 문제에 적절한 인간의 가치관들을 설명하는 방법을 취한다. 따라서 환경문제들은 해결하기가 쉽지 않은 것이다. 그럼에도 과학적인 방법과 환경문제 해결 모델들은 두 가지 모두 지속 가능한 사회(sustainable society)를 위해서 유용한 것들이다.

환경문제해결모델의 5단계는 ① 문제를 확인하고, 진단하는 단계 ② 목표들(goals)과 목적들(objectives)을 설정하는 단계 ③ 연구의 방법을 고안하고(design), 실시하는(conduct) 단계 ④ 대안적인 해결방안을 제안하는 단계(propose alternative solutions), ⑤ 이행하고(implement), 감시하고(monitor), 그리고 선택된 해결방법을 재평가하는 단계이다.175) 이러한 단계는 환경문제를 해결하기 위한 모델을 제시할 때 항상 고려해야할 과정이다.

인류에게 21세기는 정보 · 통신 · 생명공학 · 환경 등의 신기술의 시대가 될 것 같다. 하루가 다르게 신기술이 대두하지만, 또 다른 측면에서는 하나뿐인 지구의 자연환경은 하루가 다르게 파괴되어가고 있는 것도 사실이다. 환경파괴의 심각성을 인류가 깨닫기 시작한 것이 바로 「브룬트란트 보고서」, 「리우선언」이며, 「의제21」의 채택, 「지속 가능한 발전」의 채택 등인 것이다.

이제 인류는 환경주의와 발전주의 사이에 나타난 명제인 자연보호와 성장의 지혜로운 결합을 만들어내야 할 것이다. 지구적인 차원의 체계적 사고와 생태적인 시각으로 지구를 바라보아야만 우리가 목표로 하는 「지속 가능한 발전」을 이룰 수 있는 것이다. 세계환경개발위원회(WCED)는 「지속 가능한 발전」을 성취하기 위한 구체적인 환경정책을 추진하여야 할 것이다.

이러한 지속 가능한 발전은 인간의 필요와 자연의 요구를 함께 연결하고자 하거나, 인간의 발전을 안내하려고 한다면 비인간적(nonhuman)인 자연을 함께 고려해야 하며, 마찬가지로 사회적 그리고 생태적 가치를 고려해야 한다. 이러한 과제에 부응하기 위해서는 몇 가지의 주요 과제가 고려되어야 할 것이다. 첫째, 「지속 가능한 발전」은 인간의 건전한 번영을 책임져야 하며, 그것과 더불어 인간의 자율성을 확실하게 보장해야 할 것이다.

둘째, 그것은 과거와 현재를 연결해 볼 때, 공동체의 복지를 형성할 수 있어야 한다. 셋째, 그것은 생태체계(ecosystem)의 생존능력을 보존하고 증진하는 것이어야 한다. 이제는 인류가 이뤄놓은 과학 · 기술을 자연생태계와 인간에게 친화적인 방향으로, 그리고 윤리적

174) Donald G. Kaufman, Cecilia M. Franz, *BIOSPHERE 2000.*, Kendall/Hunt Publishing Co., 1996. pp. 34-36.
175) Donald G. Kaufman., pp.34-35.

인 방향으로 유도할 수 있는 균형의 틀을 마련해야 한다. 이러한 노력 중의 하나는 전 세계의 국가와 민족, 이익단체, 개인들이 함께 「지속 가능한 발전」을 적극적으로 추진하는 것이다. 세계지속 가능한 발전정상회의(WSSD)와 같은 기구들이 본연의 임무에 충실해야 하며, 그곳에서 제안된 여러 가지 정책들을 국가, 민간기업, 개인 그 누구라도 맡은바 책임을 정말로 잘 수행할 때 결실을 얻게 된다.

더욱 중요한 것은 환경윤리학의 올바른 정립이다. 환경윤리학은 좁은 의미의 자연환경 보전만이 아니라 인간의 환경에 대한 인식과 태도 및 자연에 대한 새로운 자세까지를 포함하는 개념이다. 인류 모두가 환경윤리학에 근거한 자연보호 사상으로 무장하고, 그것을 완전히 생활화하여 하루하루를 살아갈 수 있어야 한다. 이러한 노력으로 이루어지는 지구사회는 생명의 존엄성이 존중되는 사회일 것이며, 생태효율이 높은 생산 및 소비체계를 구축할 수 있을 것이며, 환경 친화적인 생산과 소비를 원활히 하고 있을 것이며, 자율과 책임에 의한 환경보호 실천이 나타날 것이다. 자연과 인간이 공생하는 지구환경을 만드는 일, 그것이 바로 「지속 가능한 발전」을 가능하게 만드는 것이다.

생태윤리교육

일반적으로 도덕교육의 경우 통합적인 접근법은 세 부분으로 구성되어 있다고 볼 수 있다. 즉, 덕을 아는 것(knowing), 느끼는 것(feeling), 그리고 행동하는 것(acting)이다. 리코나(Thomas Lickona)는 효과적인 도덕교육을 위해서는 도덕적으로 아는 것과 느끼는 것 그리고 행동하는 것이 통합되어야 한다고 주장한다.

나아가서 지난 20여 년간의 가장 중요한 윤리적인 발전은 인격교육과 깊은 관련을 지니고 있다고 지적한다. 아리스토텔레스는 훌륭한 인격을 올바른 교육의 삶이라고 정의하고 다른 사람들과의 관계와 자신과의 관계에서 올바른 교육은 이뤄진다고 보고 있다. 현대 철학자인 노박(Michael Novak)은 인격을 종교적인 전통이나, 문학적인 이야기들, 그리고 현인들과 역사적으로 내려오는 상식적인 사람들의 모든 덕들과 조화된 것에서 찾고 있다. 그러나 모든 사람들은 약점을 지닌다. 따라서 인격은 도덕적인 앎과 도덕적인 감정과 도덕적인 행동들이 내적으로 관련된 세 부분으로 인식된다.

지속가능한 발전을 위한 생태윤리 교육도 도덕교육의 인식 틀에서 그 유형을 가져올 수 있다고 본다. 지속가능한 발전을 위한 좋은 인격(good character)은 잘 이뤄진 생태윤리 교육에서 가능하다고 본다. 더 나아가서 효율적인 생태윤리 교육은 학교생활의 모든 영역에서 의도적이며, 능동적이고, 포용적인 접근이 될 수 있다. 리코나(Thomas Lickona)의 좋은 인격

모델(Components of Good Character Model)을 생태윤리 교육의 인식 틀로서 원용하여 훌륭한 모델을 끌어낼 수도 있다. 그의 모델을 고려할 때, 무엇보다도 환경윤리에 대한 이해(knowing), 느낌(feeling) 그리고 행동(acting)을 고려한 모델을 구성하는 것이 필요하다.

(1) 생태윤리의 필요성에 대한 이해(Knowing the need for the eco-systemic ethics)

① 생태적인 이해(Awareness of Ecosystem) :일반적으로 환경윤리는 인간과 자연과의 관계를 체계적이고 포괄적으로 설명하는 것이다. 따라서 환경문제의 이해는 우리의 지구를 보존하는 첫걸음이 된다. 일반적으로 모든 연령층으로부터의 환경적인 실패는 바로 환경적인 문맹에 기인한다. 오늘날 환경적인 위기를 안다는 것은 환경윤리 교육에서 중요한 부분이 된다.

② 생태적인 가치를 알기(Knowing eco-systemic values) : 생태적인 가치는 환경정책의 기초 및 정당화와 관련이 깊다. 그것은 인간과 다른 종(species)간의 현재와 미래에 관련된 철학, 법률, 경제학 그리고 다른 원리들로부터 함께 협조하게 하며, 더욱 현실적인 정책적 문제들(issues)과 기본적인 원리나 가정들과의 관계를 명백히 한다. 생태적인 가치는 지속가능한 미래와 지속가능한 발전, 그리고 지속가능한 사회들의 가치를 포함한다. 생태윤리 교양은 이들 가치들을 아는 것을 요구한다. 가치를 아는 것은 다양한 상황에서 그것을 적용할 수 있는 방법을 아는 것이다.

③ 전망을 지니기(Perspective-taking) :전망을 지닌다는 것은 다른 사람들의 견해(viewpoint)를 취할 수 있는 능력을 의미하며, 그들이 보는 것처럼 어떠한 상황을 볼 수 있고, 그들이 어떻게 생각하고 반응하고 느낄 것인가에 대해 상상할 수 있도록 한다. 그것은 생태적인 판단을 위한 필수적이다.

④ 생태적 추론(Ecosystem's reasoning) : 생태적 추론이란 그것이 생태적으로 되는 방법을 이해하는 것과 왜 우리는 생태윤리를 고려해야 하는가에 대한 것들도 포함된다. 어린이들이 생태적 추론을 발전시킨다면, 그들은 유익한 환경적 추론을 익히게 되고 이를 통해서 그들은 어떠한 일을 하는 것과 그만두는 일에 대해서도 추론할 수 있게 된다.

⑤ 결정하기(Decision-making) : 생태적인 문제에 의하여 개인의 방법을 생각하게 만든다는 일은 바로 반성적인(reflective) 의사결정의 기술인 것이다.

⑥ 자각(Self-knowledge) : 자각이란 획득하기 가장 어려운 도덕적인 지식으로서 인격적인 발전을 위해서는 꼭 필요한 것이다. 생태적인 사람이 된다는 것은 우리 자신의 행동을 되돌아 볼 수 있고, 그것을 비판적으로 판단할 수 있는 능력이 요구되는 일이다.

(2) 생태 정서(Eco-systemic feeling)

정서적인 측면은 지적인 측면과 마찬가지로 생태적인 행동을 위해서 중요하다. 따라서 다음의 정서적 생태적인 삶의 내용은 훌륭한 인격을 위한 교육을 할 때 관심을 끌게 된다.

① 생태적인 양심(Eco-systemic Conscience) : 양심은 두 가지 측면을 지니고 있다; 인지적 측면으로서(a cognitive side)—무엇이 옳은 것인가를 아는 것과 정서적인 측면으로서 옳은 일을 하도록 의무감을 느끼도록 하는 일이다. 개인적으로 생태적인 가치에 전념하게 된다는 것은 발전적인 과정이며 그 과정은 학생들의 생태윤리 교육에서 가장 중요한 도전중의 하나라고 볼 수 있다. ② 생태적인 자부심(Eco-systemic Self-esteem) : 건전한 자부심을 지니게 되면 자신을 높게 평가한다. 연구에 의하면, 높은 자부심을 지닌 어린이들은 낮은 자부심을 가진 어린이들보다 동료들의 압력에 더욱 잘 견뎌내고, 자신의 판단에 잘 따를 수 있는 능력을 지니고 있다고 한다. 물론 높은 자존심이 바로 인격을 의미하는 것은 아니다. 교육자로서의 우리들 도전 중의 하나는 젊은이들이 자연을 보호하고, 생태환경을 보호하려는 책임감과 같은 가치와 자신들의 보호 능력에 대한 신뢰에 근거한 긍정적 자부심을 느끼게 하는 것이다.

③ 생태적인 감정이입(Eco-systemic Empathy) : 감정이입이란 다른 사람의 상황을 동일시하거나 상상적인 경험을 하는 것을 의미한다. 그것은 전망을 취하는 것의 정서적인 측면이다. 환경윤리 교육자로서 우리들의 임무 중의 하나는 자연을 사랑하고 환경을 보호하려는 일반화된 감정이입을 발전시키는 것이다. 역시 우리는 살아있는 것들에 대한 감정이입이 필요하다.

④ 생태적인 선에 대한 사랑(Loving the eco-systemic good) : 인격의 최고의 형태는 선에 대해 순전하게 매혹된 것을 포함한다. 선을 사랑하게 될 때 선을 행하는 것에 대해 기쁨을 느낀다. 여기에서 환경적인 선은 바로 환경을 보호하는 행동이다. 환경에 관련된 것들을 행동으로 옮긴다.

⑤ 생태학적인 자기통제(Eco-systemic Self-control) : 감정은 이성을 압도할 수 있다. 이것은 바로 자기통제가 왜 필요한 도덕적인 덕인가를 설명하는 이유 중의 하나이다. 생태환경 통제는 역시 방종을 제어하는 데에 필요하다.

⑥ 생태적인 겸손(Eco-systemic Humility) : 겸손은 자기인식의 효율적인 측면이다. 파괴된 생태환경을 볼 때에 우리 자신들은 굴욕감을 느끼게 된다. 이것은 바로 우리가 생태환경을 보호해야 한다는 것을 의미한다. 양심, 자부심, 감정이입, 생태적 선을 사랑하는 것, 자기통제, 겸손 - 이러한 것들은 우리의 도덕적이고 생태적인 자신들의 정서적인 측면이다.

(3) 생태적 실천(Eco-systemic action)

생태적인 실천은 좀 더 확대해보자면 인격의 서로 다른 두 부분의 결과다. 만일 어떤 사람들이 생태적인 지식과 정서를 지니고 있다면 그들은 환경에 관하여 옳다고 알고 느끼는 것을 실천에 옮기고 싶을 것이다. 무엇이 사람들을 도덕적으로 행동하도록 혹은 사람들을 그러한 행동을 지속하도록 하는 것을 알기 위해서는 우리는 인격의 세 가지 측면에 대한 관찰이 필요하다 : 능력(competence), 의지(will), 그리고 행동(habit)이다. 역시 생태윤리 교육에서도 인격의 세 가지 측면에 대한 고려가 필요하다.

① 생태적인 능력(Eco-systemic Competence) : 생태적인 능력은 효율적인 생태적인 행동을 위해서 생태적인 판단과 감정을 지닐 수 있는 능력이다.

② 생태적인 의지(Eco-systemic Will) : 생태적인 상황에서의 올바른 선택은 일반적으로 어려운 일이다. 선(good)의 존재는 자주 의지의 진실한 행동과 우리 생각에 우리가 해야만 하는 일하기 위한 생태적 에너지를 요구하게 된다. 그것은 이성적인 통제 아래 정서(emotion)를 지키기 위한 의지가 필요하다. 의지야말로 생태적인 용기의 핵심이다.

③ 생태적 습관(Eco-systemic Habit) : 훌륭한 인격을 지닌 사람은 진실하고, 충성스러우며, 용감하고, 친절하며, 공정하고 반대편 방향으로 유혹되지 않는다. 그들은 습관의 힘에 의해서 올바른 행동을 한다. 역시 생태적으로 선한 행동은 그에게 지속가능한 사회를 위한 훌륭한 방어자가 되게 한다. 생명체와 자연을 사랑하는 것은 지속가능한 사회를 위한 좋은 습관이다. 생태적인 좋은 습관은 사람들로 하여금 자연의 보호자가 되게 한다.

효율적인 생태윤리 교육은 환경에 관하여 알고(knowing), 느끼고(feeling), 행동하는 것(acting)이 필요하다. 또한, 효율적인 생태윤리 교육은 학교와 가정과 사회가 협동해야 한다. 따라서 효율적인 생태윤리 교육은 복합적인 접근(multiple approach)이 필요하다. 영국이나 미국, 캐나다 등에서 실시하고 있는 환경캠프(The Environmental Camp)가 보다 효율적인 생태윤리 교육의 예가 될 수 있다고 생각된다. 한마디로, 생태윤리 교육은 지속가능한 사회를 위해서는 필수적이며, 자연을 사랑하는 일은 바로 우리 자신을 사랑하는 것이요, 우리의 미래세대들을 사랑하는 것이다.

생태윤리학은 인간의 자연에 대한 도덕적인 가치 판단을 탐구하는 학문으로써 자정능력(assimilative capacity)을 상실한 지구를 살리기 위한 근원적인 연구라고 할 수 있다. 생태계의 자정 능력이란 생태계의 환경에 위해나 변화가 발생할 때 그 변화에 적응하고 균형을 유지하여 영향을 줄일 수 있는 능력이며, 더 나아가 원래의 상태로 회복되어 가는 능력이라고 볼 수 있다. 지구의 생태적 위기를 극복하기 위해서는 그 원인에 관한 정확한 탐구와 이에 대한 대응책이 함께 강구되어야 한다. 이제는 절대 인간이 주인이고 자연 및 기타 주변의 모든 생태계는 인간의 목적에 봉사하기 위해 존재한다는 그릇된 시각이 아니라 인류와 모든 생태계가 함께 공존해야 한다는 열린 사고가 필요한 때다.

21세기의 과학과 공학의 시대에 사는 우리 인류에게 생태윤리학은 환경파괴에 직면한 인류가 보다 쾌적한 삶을 유지하기 위하여, 환경 친화적인 규범을 설정하고, 그 가능성과 타당성을 탐구하는 윤리학의 한 분야이다. 이를 위해 기왕의 규범윤리학의 이론과 원칙을 확대하여 동물보호, 자연보호, 환경보호의 원칙을 세우고, 더 나아가서 올바른 생태윤리적 의사결정을 위한 환경윤리 교육의 이론적 토대를 만들어 가는 윤리학의 새로운 연구 영역으로서 생태철학은 환경윤리의 형이상학적 배후, 자연관 및 세계관, 생태 환경문제의 철학적 전제를 탐구하는 것이라고 할 수 있다.

사실 독일의 오토 키네(Otto Kinne) 박사와 우크라이나의 게나디 폴리카포브 (Gennady Polikarpov) 박사가 국제생태윤리학학회를 창립한 것이 1998년의 일이니, 국제적인 연구의 분위기도 아직은 갈 길이 먼 수준에 있다. 생태윤리학은 우리가 공학 현장에서 올바르게 생각하고, 느끼며, 올바른 행동을 하도록 하는 데 방향타가 될 수 있으리라 생각한다.

그 방향타는 우리 민족의 삼일운동에 나타나 있다. 삼일운동의 전개양상은 독립선언서의 비력 무저항주의 원칙에 따라 평화시위 형태를 나타냈다. 이는 오늘날의 생태운동과 무관하지 아니하다. 노동자들이 시위에 참가하면서 스트라이크 등의 격렬한 시위로 바뀌었으며, 농촌으로 파급되면서 운동양상은 폭력적 저항의식으로 변모하였다. 농민들은 장날을 이용하여 장터에서 만세시위를 벌이는 한편, 봉화나 농악대를 앞면에 내세우며, 농기구나 무기로 무장하고 헌병주재소, 토지회사, 친일지주 등을 습격하는 무력시위를 감행하였다.

삼일운동은 민족대표 33인의 역량부족과 일본의 1차 세계대전 승전국이라는 입장 등이 반영되면서 민족해방을 성취하는 데 실패하였다. 그러나 장기적 관점에서는 민족해방운동을 고취하고, 민족 해방운동사에서 혁명전통을 수립하는 데 크게 기여한 바가 크다고 할 것이며 삼일정신의 가치를 세계만방에 드높였다고 말할 수 있을 것이다. 삼일운동은 각계각층을 포섭하여 민족역량을 결집하는 구심점이 되었으며, 계몽운동 계열과 의병투쟁 계열을 단일 민족운동세력으로 일원화함으로써 민족해방 운동의 원형을 제공하였다.

삼일운동은 대한민국 임시정부와 수많은 독립군 조직의 탄생을 가능하게 했다. 삼일운동은 공화정을 채택하는 데 영향을 미쳤으며 군주주권을 부정하고 국민주권에 근거한 대한민국 임시정부의 시발점이 되었다. 삼일운동은 개혁운동의 조류와 혁명투쟁의 조류를 결집한 반제국주의 민족해방 운동으로 근대 민주공화정치 사상이 자리 잡는 기틀이 되었으며, 그 이후 계급투쟁과 결합하여 만주지역 독립군의 대일항쟁으로 전환되었다.

아울러 삼일운동은 동서 문화가 합류된 한국 근현대 정신과 철학을 담고 있으며 유영모와 함석헌이 닦은 씨알사상에 삼일정신은 깊게 담겨 있다. 씨알사상은 서양과 동양의 전통 철학을 비판적으로 검토하여 창조적으로 종합한 사상이다. 따라서 삼일운동은 씨알의 영성 철학이 뒷받침된 21세기 시민운동으로 계승되어 생명과 평화의 공동체를 이어주고 매개하면서, '삼일운동의 정신철학'으로 발전하였다고 할 것이다. 이러한 씨알의 영성철학은 현대 생태운동과도 상관연동 되어 있다고 할 것이다.

6-3. 장수생태방향

장수생태와 지속가능발전

레오폴드가 일찍이 「대지윤리: Land Ethics」를 논의한 이래, 미세문제를 포함하여 21세기에 있어서 관심 있는 주제는 장수생태문제이다. 더 나아가 장수생태문제는 「지속가능한 발전」을 핵심 주제로 삼게 되었다. 장수생태문제가 「지속가능한 발전」의 성공여부를 가늠하는 기준이 되고 있음이다. 인류에게 닥친 과제중의 하나가 바로 장수생태문제이다. 1983년 12월 유엔총회는 지구사회 주요 문제를 다루기 위한 "세계환경개발위원회(WCED: World Commission on Environment and Development)" 설립을 결의하였다. 당시 노르웨이 수상이던 브룬트란트 (Gro Harlem Brundtland) 여사를 위원장으로 선출하였다. 1987년 3월 WCED는 인류가 나아갈 전략 보고서, "우리 공동의 미래 (Our Common Future)"를 발표하고, 인류의 지속적 발전 개념으로 「지속 가능한 발전」(sustainable development)을 제시하였다.

「지속 가능한 발전」에 관한 개념을 처음으로 정립한 브룬트란트(Brundtland) 보고서가 1987년 발표된 이후 1990년대를 전후로 세계 각국은 환경정책의 궁극적 목표를 지속 가능한 사회의 건설에 두고 이를 위한 다양한 노력을 경주하였다. 보고서는 「지속 가능한 발전」을 "미래세대가 그들의 요구(needs)를 충족시킬 수 있는 능력을 저해함이 없이 현세대 요구(needs)를 충족시키는 발전"이라고 정의함으로 장수생태문제 의식을 반영한다.

1992년 리우 지구정상회담은 이러한 「지속 가능한 발전」의 개념을 세계 각국의 환경정책의 기본방향으로 자리 잡는 계기가 되었다. 리우회의를 계기로 UN산하에 지속가능발전위원회(United Nations Committee on Sustainable Development: UNCSD)가 설치되고 이 위원회가 각 국가에 국가보고서의 제출을 촉구함에 따라 각국은 국가지속발전위원회(National Committee on Sustainable Development: NCSD)를 구성하는 등 장수생태와 연동된 지속 가능한 사회를 만들기 위해 실질적이고 체계적인 정책을 모색하고 있다.[176] 「지속 가능한 발전」은 인간이 모든 문제 해결의 중심이며, 후세대를 배려해야 한다는 개념에 기초하고 있다.

지속 가능한 발전은 현 세대에서의 자원과 환경 개발이 과도하게 이루어져 후세대의 후생을 위협하지 않도록 진행되는 개발이며, 세계 각국이 정치·경제·사회 등 정책수립 시 가장 우선적으로 고려할 기초 개념이다. 리우회의에서 채택된 「의제 21 (Agenda 21)」은 21세기 지구 환경보전을 위하여 각국 및 국제 사회가 이행해야 할 분야별 실천 방안을 구체적으로 제시하며, 총체적이고 장기적인 지속가능 발전 관점에서 접근한다. 즉 「의제 21」은 정치·경제·사회·문화 등 이행해야 할 사항을 체계적으로 정리하여 지속가능한 발전 실현을 위해 실천할 과제들을 전문 및 4개 부문 40여장에 걸쳐 할당한다.

유엔은 「의제 21」 이행의 실효성을 위해 1993년에 경제사회이사회(ECOSOC: Economic and Social Council) 산하에 지속개발위원회(CSD: Commission on Sustainable Development)를 설치하여 지구환경문제에 대한 유엔의 총괄적 관리 체계를 구축한 바 있다. 1993년 6월에는 제1차 유엔지속개발위원회가 개최되어 「의제 21」의 효과적 이행을 위한 연차별 평가계획을 확정하였으며 각국의 「의제 21」이행과 관련한 국가보고서 제출에 관한 사항에 대하여 합의하였다. 1997년도에 개최된 제19차 유엔환경특별총회에서는 1992년 리우회의 이후의 5년간의 진전사항을 검토하고, 향후 세계 각국과 국제기구의 「의제 21」 이행의 강화를 위한 향후 5년 작업계획을 채택하였다. 리우회의 이후 10년이 되는 2002년에는 환경정상회의를 재개최하여 「의제 21」 추진실적을 종합 점검한다는 데 합의한 바 있다.

〈 「의제 21」의 구성 및 주요 내용 〉[177]

분 야 별	내 용
전 문	서 문
제1부: 사회 · 경제부문	- 빈곤퇴치, 소비행태 전환, 보건, 인간정주, 인구문제
제2부: 자원보존 및 관리	- 대기, 토양, 산림, 생물다양성, 해양, 폐기물관리
제3부: 주요그룹 역할강화	- 지속가능한 개발과 여성, 민간단체, 과학기술계, 노동계
제4부: 이행수단 부문	- 재원, 기술, 능력형성, 국제제도, 국내체계

밀브래스(Lester W. Milbrath)는 그의 저서 『지속가능한 사회(Envisioning a Sustainable Society: Learning Our Way out)』에서 과거 성장 위주 사고, '지배적인 사회적 패러다임

176) 문정호, "지속가능한 정책발전" 지속가능발전위원회 " 2000.12.2. pp. 6-7
177) 김종천, 환경부 국제협력관. "지속가능한 발전 정책의 추진현황과 과제"

(DSP: Dominant Social Paradigm)'에서 장수생태지향 사상가들에 의해 제안된 '새로운 환경패러다임(NEP: New Environmental Paradigm)'으로의 전환을 촉구한다. 물론 그는 새로운 환경패러다임으로의 변화가 「지속가능한 사회」의 주요방향이라고 주장하였다.178)

장수생태 문제는 환경문제 해결에 대한 미래지향적이고 목표 지향적인 방법을 제시한다. 또한 그러한 요구조건을 충족시키는데 도움을 주는 건전한 환경관리를 실천하며, 자연체계가 파괴되는 것을 최소화할 수 있게 한다. 이 길은 장수생태에 대한 문제의식으로 자연체계와 다른 종(species) 들을 보호하는 자연 관리자의 윤리(stewardship ethic)를 연습하게 한다.179)

세계환경개발위원회(WCED)는 「지속 가능한 발전」을 '미래세대의 요구를 충족시킬 수 있는 능력을 저해하는 것이 없이 현재세대의 요구를 충족시키는 것'이라고 정의하였다. 미래세대에 대한 배려는 「지속 가능한 발전」의 논의에서 중요하다. 미래세대의 문제는 내일의 문제이기 때문이다. 미래세대에 대한 책임의 문제가 사실 생태윤리학의 출발점이다.180)

「지속 가능한 발전」이 몇 가지의 하위 목적들 사이에서 혹은 그것을 지지하는 이익단체들 사이에서 일어날 수 있는 잠재적인 갈등을 해결하기 위한 출발점이 되는 것을 알 수 있다.

(i) 증가하는 혹은 최대화하는 현세대들의 인간복지 문제에 대한 접근이다.
(ii) 충분한 기회를 유지하기 위해 미래세대 복지의 실현을 방해하지 않는다.
(iii) 환경의 질과 자연자원의 유효성의 보존 및 개선이다.
(iv) 생물과 유전적 다양성의 보존, 자연체계와 종(種)들의 특별한 실례(實例) 등에서 「지속 가능한 발전」은 주요 과제이다.

생산, 소비, 그리고 의사결정 등의 방식에 있어, 「지속 가능한 발전」은 잠재적이며, 철저한 변화를 요구하고 있다는 것을 깨닫는 것이 중요하다. 지속적 발전은 일반적이고 보다 장기간의 정치지원을 얻는 것이 중요하다.181)

이 주장은 지속적 발전은 정치적 지원 없이는 하나의 구호에 그치기 쉽다는 것을 의미하

---

178) Lester W. Milbrath, *Envisioning a Sustainable Society: Learning Our Way Out*. 이태건, 노병철, 박지운 역, 『지속가능한 사회』 인간사랑, 2001. pp.211-219.
179) Donald G. Kaufman, Cecilia M. Franz, *BIOSPHERE 2000.*, Kendall/Hunt Publishing Co., 1996. pp. 34-36.
180) Robin Attfield, 2nd edition, *The Ethics of Environmental Concern*, The University of Georgia Press, 1991. p.89.
181) Bergh. Jeron, C.J.M. Van Den, *Ecological Economics and Sustainable Development*. 1996. pp.4-8.

는 것으로 보인다. 캐나다의 마니토바 주(Manitoba State)의 위니펙 시(Winnipeg city)에서 제시하는 지속가능 발전원리는 이와 같다.[182)]

〈지속 가능한 발전을 위한 원리들〉

(ⅰ) 환경과 경제적 결정의 통합(Integration of Environmental and Economic Decisions) : 인간의 건강을 포함하는 환경적 영향을 적절히 반영한 경제결정이 추진되어야 한다.

(ⅱ) 책임(stewardship) : 환경과 경제를 현재와 미래세대의 이익을 위해 경영해야 한다. 현재와 미래 세대의 이익을 위해서 환경과 경제를 돌봐야 한다는 것을 인식해야 한다. 오늘의 결정과 내일의 영향은 균형을 이루어야 한다.

(ⅲ) 책임의 분담(shared responsibility) : 모든 거주자는 환경과 경제의 계속적인 유지를 위한 책임을 인식해야 하며, 이러한 책임은 의사결정과 행동에 있어서 협력과 개방된 협조의 정신으로 이뤄져야 한다.

(ⅳ) 예방(Prevention) : 우리는 환경(인간의 건강을 포함하여)과 정책, 프로그램, 그리고 의사결정의 경제적 영향을 예견하고 방어할 수 있어야 한다.

(ⅴ) 보호(conservation) : 중요한 생태과정과 생물적 다양성, 그리고 환경의 생명 유지 장치(life-support system)를 보호해야 한다. 지속적인 분야에서의 재생 가능한 자원의 수확, 그리고 우리의 재생 가능한 자원과 재생 불가능한 자원의 현명하고 효율적 사용이 필요하다.

(ⅵ) 낭비의 최소화(waste minimization) : 우리 사회의 생산물들을 줄이고, 재사용하고, 재순환하는 일에 노력해야 한다.

(ⅶ) 강화(enhancement) : 장기적 생산능력, 질, 자연체계의 능력을 강화해야 한다.

(ⅷ) 회복과 재생이용(rehabilitation and reclamation) : 우리는 손상되고 파괴된 환경을 유용하게 복구하는 데 노력해야 한다. 회복과 재생이용은 지난날 파괴된 것에 대한 개선을 요구한다. 미래의 정책과 프로그램, 그리고 발전은 회복과 재생이용이 고려된 것이어야 한다.

(ⅸ) 과학적이고 기술적인 혁신(scientific and technological innovation) : 건강과 경제성장을 포함하는 더 진전된 환경의 질을 위해서 연구하고, 발전시키며, 기술이행이 필요하다.

(ⅹ) 지구적 책임(global responsibility) : 지구적으로 생각하고 지역적으로 행동해야 한다. 지구적 책임이란 환경에는 경계가 없다는 것이며, 여러 지역과 나라들에는 생태학적인 독립성이 존재한다는 말이다.

182) Canada, Manitoba State. Winnipeg City: *Manitoba Round Table for Environment & Economy,* 1994.

이상은 장수생태의식 반영의 '지속적인 발전(sustainable development)'으로 환경 체계의 능력을 수행하는 과정에서 인간의 삶의 질을 개선하자는 것이다. 결국, 지속적인 발전(sustainable development)은 자연, 인간, 재정적 그리고 물리적인 모든 자원을 관리하는 것에 의하여 인간의 잠재적인 자원과 동시에 부(富)의 최대화를 도모하는 것이며, 공동선(common good)을 실현할 수 있도록 추구하는 것이다.[183] 지속적인 발전은 지속적인 자원의 사용을 전제로 하는데, '회복될 수 있는(renewable)' 자원의 사용은 그것들의 회복능력을 초과하지 않게 사용해야 한다. 회복 불가능한 자원을 사용하는 것은 적절하지 않다. 회복 불가능한 자원은 그 공급이 한정적이다. 회복 불가능한 자원은 그것을 재순환(recycling)하고, 보존(conservation)하고, 그리고 대체(substitution)하여 고갈되지 않도록 해야 한다. 지속 가능한 발전과 안정상태의 경제는 인간들이 소비문화를 보존의 문화(culture of maintenance)로 바꿀 때 비로소 장수생태의식을 낳을 수 있다.

세계지속가능발전 세계정상회의 (WSSD) 개최

세계지속가능발전세계정상회의(WSSD)가 2002년 8월 26일에서 9월 4일까지 남아프리카의 요하네스버그(Johannesburg)에서 열렸다. 이 회의에서는 지속가능 발전을 위한 정치적 선언문과 지속가능 발전을 위한 이행계획이 채택되었고, 동반의식/이니셔티브 사업을 제안하였다. 본 회의에서는 WSSD에 참가하는 각국 대표, 민간단체 및 국제기구 대표들이 주제별 상호 관심사에 대해 토론하였다. 움베키(Mbeki) 남아공 대통령(WSSD 의장)이 참석한 개회식을 시작으로 유엔 사무총장이 제시한 지속가능 발전을 위한 5대 과제(보건, 생물 다양성, 농업, 물/위생, 에너지) 및 여러 영역 관련 주제(재정 · 무역 · 교육 · 과학) 등 사전에 설정된 6개 주제들이 논의되었다. 회의 결과는 이와 같다.

① 요하네스버그 선언문채택 (정치적 선언문)

* 향후 각국의 정부정책에서 '지속가능성'을 고려하는 계기가 됨.
* 경제, 사회, 환경을 고려하는 지속가능 발전에 대한 정치의지 확인하였음.

② 동반의식/주도권 사업 확대

* 앞으로 유엔사무국에서 계속적으로 제안을 받고, 수정하는 것으로 함.

③ 이행계획서 채택

* 10개장 153개의 협의 문안에 대한 협상을 마치고 9월 4일 채택하였다. 이 회의에서

183) Donald G. Kaufman, Cecilia M. Franz, *BIOSPHERE 2000.*, Kendall/Hunt Publishing Co., pp. 34-36.

주로 논의되었던 쟁점별 문안 협상 결과는 이와 같다.

① 현재 이행 계획을 실천하는 데 각국이 공통으로 차별화된 책임이 있음을 인식하고, 지속가능 발전을 위한 윤리중요성과 더불어 「의제 21」의 이행에서 윤리의식을 고려해야 한다.

② 빈곤퇴치: 빈곤퇴치를 위한 세계 연대 기금 설립

③ 지속가능하지 못한 소비 · 생산 패턴 변경

④ 에너지 분야의 합의

⑤ 자연자원보전 · 관리에 관한 합의

⑥ 군소 도서국가의 지속가능 발전을 위한 합의

⑦ 이행수단의 합의

⑧ 아프리카의 지속가능 발전을 위한 합의

교토의정서의 내용에 대한 선진국들의 비준 거부 등을 포함하여 해결할 문제는 산적해 있다.

「지속 가능한 발전」을 위한 환경교육

「의제 21」에는 36장에 교육에 관한 내용들이 상세하게 제시되어 있다. 교육, 홍보 및 훈련은 실제로 「의제 21」의 분야와 관련되어 있지만, 기본적 수요충족, 능력형성 자료와 정보, 과학, 주요 그룹의 역할에 관한 분야와 밀접하게 관련되어 있다. 교육쇄신 방향은 이와 같다.

(1) 교육정책

「의제 21」에 나타난 교육정책의 방향은 정규교육을 포함한 교육, 공공인식 및 훈련은 인간과 사회가 잠재력을 완전하게 발휘할 수 있게 하는 하나의 과정으로 인식되어야 한다는 것을 강조한다. 환경과 개발 문제를 해결하는 데 있어서 지속가능한 발전을 촉진시키고 사람의 능력을 향상시키기 위해서는 교육이 매우 중요하다는 것을 강력히 못 받고 있다. 정규교육과 비정규교육은 양자가 모두 사람들이 지속 가능한 발전에 관심을 가지고, 그것에 기여하는 생활 태도를 갖도록 변화시키는 데에 필수 불가결한 것이라고 지적하고 있다. 이것은 학교의 정규교육 이외의 비정규 교육, 즉 가정교육, 사회교육 및 기타의 일반적인 교육도 지속 가능한 발전에 필요한 교육들임을 의미한다.

「의제 21」은 교육이 사람들에게 환경과 윤리의식, 가치 및 생활태도, 지속 가능한 발전과 일치하는 기술과 행동을 구비함을 중시하며, 의사결정 과정에의 효과적인 대중 참여를 위해서도 교육이 매우 중요하다고 지적하고 있다. 환경윤리 교육이 지속 가능한 발전을 위해서 그 밑바탕이 될 수 있음이다.

(2) 교육목표

교육목표에서는 각 국가, 지역 및 국제기구는 그들의 수요, 정책 및 계획에 따라서 사업수행을 위한 우선순위와 일정을 밝혀야 된다고 강조하였다. 교육목적에서는 기초교육을 강조하면서 다음과 같은 목표를 제안한다. 소년, 소녀의 최소한 80% 이상에 대해 초등교육을 시키며, 최소한 1990년 수준의 절반 정도로 성인의 문맹률을 감소시키고, 여성들의 부족한 기본 교육을 보완하며 여성들의 교육수준을 남성의 수준까지 끌어올리는 데에 노력을 집중한다. 즉 교육수준의 향상 없이는 지속 가능한 발전은 이룰 수 없다는 것을 강조한다.

(3) 정책수단

정책수단으로는 각 국가와 지역 및 국제기구는 그들의 수요, 정책 및 계획에 따라서 사업수행을 위한 우선순위와 일정을 밝혀야 한다는 것을 강조하면서 이 같은 정책수단을 제안한다. 모든 국가는 접근이 용이한 정책수단을 활용하여 형평의 촉진, 교육수단 및 교육범위의 확대, 지원정책의 개발, 자원의 동원 등이 잘 이뤄져야 한다. 이러한 목적을 달성하는데 장애가 되는 경제, 사회적 그리고 성적인 차별을 시정하기 위해 국제협의의 강화를 통한 국가적 전략을 마련하고, 기초교육 수요에 대응하기 위한 정책을 포함해야 한다. 각국 정부는 앞으로 3년 이내에 모든 단계의 교육에서 공동 해결 과제로써 환경과 개발을 조화시키는데 목표를 둔 전략을 준비하거나 새롭게 보완하도록 매진해야 한다. 우리나라는 환경부를 비롯한 정부기관이 있으며, 대통령 직속으로 지속가능발전위원회를 구성해서 지속가능한 정책자문을 맡고 있다.

(4) 실행방법

각국 정부가 실행에 옮기기 위해 결정하는 구체적 전략과 계획에 의해 좌우될 것이다. 특수한 상황에 부닥쳐 있는 국가에 대해서는 적절한 대책을 통하여, 환경과 개발에 관련된 교육, 훈련 및 홍보를 위해 더 많은 지원이 있어야 할 것으로 본다. 지속 가능한 발전을 위한 교육의 쇄신은 하루아침에 이루어질 수 있는 일이 아니다. 더구나 세계 각국의 사정이 다르고, 각각의 투자의 우선순위를 어디에 두느냐에 따라서 각국의 사정은 다를 수 있어서 그 효율성은 누구도 장담하기는 쉽지 않다.

제7장

장수명상습관

〈장수명상행법, 장수명상습관, 장수명상지속으로 이루어진다.〉

7-1. 장수명상행법

장수명상행법 실시는 척추를 곧게 하며, 양손은 손바닥을 위쪽으로 하여 넓적다리 위에 둔다. 장수명상행법의 만다라 기법은 4단계로 이루어진다.

① 평화명상: 안심과 평화의 나래를 펼치는 명상

'만다라(깨달음의 영성세계)' 중심으로 들어가서 평화로움이 꽃처럼 피어나는 것을 느낀다. 비둘기가 나래를 펴는 모습으로 평화로움이 주변으로 확장됨을 느낀다.[184] 올리브 원 주변으로 펼쳐짐을 느낀다. 원 중심과 주변을 상관 연동으로 느끼며 사랑의 시선으로 원주 언저리까지 충만함을 느낀다. 가슴 언어로 "몰라, 몰라, 정말로 몰라" 반복하여 읊조린다.

---

184) Davis Fontana & Lisa Tenzin Dolma, *Mandala Sourcebook* (Massachusetts, Fair winds,2014), p.224.

② 십자명상: 금빛의 원형 십자가를 펼치는 명상

만다라 중심으로 들어가면서 영성의 강력한 힘을 느끼면서 금빛 장미가 여덟 꽃잎으로 피어남을 느낀다.[185] 물질의 수평과 영성의 수직이 함께 만나는 금빛의 원형십자가를 느낀다. 열 두 광선으로 사방으로 확산되는 다이아몬드 광선이 주변으로 확산되는 삼중의 원형 십자가를 느낀다. 주변의 열여섯 꽃잎의 장미가 만개함을 바라보면서 영성의 원만구족을 느낀다. 가슴의 언어로 "괜찮아, 괜찮아, 이제는 괜찮아"라고 반복하여 읊조린다.

185) 위의 책, p.271.

③ 분수명상: 영성성소에서 생명력이 분수를 뿜는 명상

만다라 중심으로 들어가면서 시간과 공간의 굴레에서 벗어남을 느낀다. 땅, 물, 불, 공기의 사대원소가 생명력 고동으로 파동 치는 것을 느낀다.[186] 영성이 자성청정으로 자리 잡고 있음을 느낀다. 중앙 분수가 끊임없이 근원적 생명력의 물줄기를 뿜어내면서 신성한 생명력의 물방울 되어 원주의 언저리까지 충분하면서 풍요롭고 광대무변(廣大無邊)하게 적심을 느낀다. 가슴의 언어로 "편안해, 편안해, 참으로 편안해"라고 반복하여 읊조린다.

186) 위의 책, p.147.

④ 경청명상 : 영원한 옴 진동을 듣는 명상

만다라 중심으로 들어가면서 우주경영의 자세로 금빛 옴 진동 소리를 듣는 경천명상을 한다. 삶과 죽음을 상징하는 다윗별이 삼각형과 역삼각형으로 겹친 속에서 생사원융 회통을 느낀다. 여섯 마리 새가 펼치는 날개를 따라 자유로운 비상을 느낀다.[187] 섬광이 원주 언저리에 퍼지는 것을 바라보며 생각이 행동으로 이어져 여섯 삼각형 육바라밀이 성취됨을 느낀다. 가슴의 언어로 "옴, 옴, 아모가, 옴"이라고 반복하여 읊조린다.

187) 위의 책, p.187.

알아차림의 한얼명상, 홍-쏘기법

눈을 완전히 감거나 반개(半開)하고서 미간(眉間)에 있는 영안(靈眼)의 자리에 시선(視線)을 집중한다. 그 고요함과 집중의 중추(中樞)로부터, 숨이 들어오고 나가는 자연스러운 흐름을 내적으로 관찰한다. 숨을 들이쉬거나 내쉬기 위하여 정신적인 의지나 힘을 어떤 식으로든 사용하지 마라. 다른 사람이 숨 쉬는 것을 그저 바라보는 것처럼 숨 쉬는 일과는 분리된 것처럼 느낀다. 숨이 들어올 때, 마음속으로 "홍"(song)이라 하고 음송하면서 동시에 오른손의 집게손가락을 손바닥 쪽으로 구부려라. 숨이 나갈 때, 마음속으로 "쏘"(saw)하고 음송하면서 집게손가락을 손바닥에서 편다.

집게손가락을 움직이는 것은 들숨과 날숨을 구별(區別)하는 데 도움을 주기 위해서일 뿐이다. 우리는 보통 들숨과 날숨 중 어떤 것이 일어나고 있는지 알아차리는 데 익숙하지 못하기 때문이다. 마음으로 들숨과 날숨을 구별하는 데 어려움이 없다면, 각각에 맞는 올바른 단어(들숨에는 "홍", 날숨에는 "쏘")를 음송하는 데 어려움이 없다면, 집게손가락을 움직이는 것은 필요 없어진다. 마음속으로 "홍"과 "쏘"라는 단어를 음송할 때 혀가 움직여서는 안 된다.

우주의 모든 소리는 상이한 정신적 상응(相應)과 정신적 효과를 갖고 있다. "홍"과 "쏘"는 들숨과 날숨의 진동과 각각 연결된 성스러운 산스크리트 음송 단어이다. 들숨에는 "홍"을 그리고 날숨에는 "쏘"를 마음속으로 반복하는 것은 마음을 뚜렷하게 진정시키는 효과를 지니고 있고 그리하여 들숨과 날숨을 관찰하는 이 수련이 집중하는 데 도움을 줄 것이다. 정확하게 그리고 지속적으로 수행하면 의식이 차분해진다. 정체가 영혼이라는 것을 깨닫는다.

홍-쏘 기법을 아침과 저녁의 명상시간에 행하고, 여가가 나거나 또는 버스나 전철을 타고 가는 도중이거나 또는 특별한 일없이 앉아있는 경우에는 언제든 어디서든 이 기법을 수행할 수 있다. 공개 장소에서 홍-쏘를 수행할 때에는 손가락을 움직이거나 눈을 감거나 시선을 영안에 고정하거나 하는 일은 하지 말고, 그저 호흡을 관찰하면서 마음속으로 들숨이 들어올 때에는 "홍" 그리고 날숨이 나갈 때는 "쏘"하고 음송한다. 눈을 뜨고 전방의 어떤 특정 지점을 차분하게 응시한다. 눈동자의 산만한 움직임은 마음에 있는 생각의 산만함을 반영한다. 눈동자가 다양한 대상이나 장면에서 일어나고 있는 것을 바라보고 있으면, 이 시각적 지각이 산만한 생각을 더욱 일으킨다. 누워있을 때는 쉽게 잠드는 경향이 있긴 하지만, 한가한 시간이 나서 누워 있는 경우에도 원한다면 홍-쏘를 수행한다.

일반적으로 홍-쏘 기법은 허리를 똑바로 세운 정확한 명상 자세로 수행한다. 집중기법을 수행하기에 가장 적합한 시간은 네 개의 시간대가 하루에 있다. 이른 아침은 봄이고, 정오

(正午)는 여름이며, 이른 저녁은 가을이고, 자정(子正)은 겨울이다. 하루의 이 네 가지 자기적(磁氣的) 계절에는 육체에 네 가지 변화가 발생한다.

수련과 기법들은 생명 전류와 우주생명 의식으로 육체에 활력을 불어넣어 주고 육체를 자화(磁化)시킴으로써 네 개의 변화하는 주기들이 육체에 미치는 영향을 중화(中和)한다. 이 전류는 변화를 억제하고 세포들의 붕괴 과정을 유보한다. 만족할만한 과학적 결과를 얻기 위해서는 하루의 이 네 시간대에 불변을 산출하는 이 기법을 수행하는 것이 가장 좋다. 오전 5시~6시, 오전 11시~12시, 오후 5시~6시, 그리고 오후 10시~12시(또는 오후 11시~12시)에 명상한다.

홍-쏘 수행의 목적은 의식적 수동성을 획득하기 위한 것이고, 주의를 감각적 속박에서 해방하기 위한 것이다. 마야, 즉 우주적 미망의 마법에 걸린 인간은 자신을 육체와 동일시하는데, 육체가 공기가 있는 대기 속에서 살고 그 대기를 필요로 하는 것은 물고기가 수중(水中) 환경(環境)이 있어야 하는 것과 마찬가지이다. 호흡은 영혼을 육체에 묶는 끈이다. 사람이 숨 쉴 필요를 초월하는 것을 배우면, 그는 천사들이 사는 천상계로 승천한다. 들숨과 날숨 과정을 관찰하면서 자신의 호흡이 자연스럽게 느려지고 심장과 폐와 횡격막의 상대적으로 격렬한 운동이 호흡으로 차분해진다.

육체에서 가장 과로를 하는 장기는 심장인데, 심장은 하루에 약 18톤의 혈액을 압출하고 다른 장기들이 다 쉬는 밤에도 쉬지 못한다. 홍-쏘 기법은 심장을 휴식(休息)시키는 과학적인 방법이다. 이 기법의 수행은 수명을 늘리고 엄청난 양의 생명 전류를 해방해 주며, 생명 전류가 온몸에 분배되게 하고, 모든 육체 세포를 충전하고 부흥시키고 갱신시켜서 세포 붕괴를 방지해준다. 경탄할만한 한얼명상, 홍-쏘 기법은 인도의 영적 과학이 세상에 가장 크게 공헌한 것 중의 하나이다. 수명을 늘리는 법을 가르쳐주며, 육체 의식을 뛰어넘고 자신을 불멸의 한얼로써 깨닫게 하는 간단하면서도 실용적인 방법이다. 잠잘 때 감각적 이완을 경험한다. 죽으면 심장의 활동이 멈추기 때문에 완벽한 이완이 저절로 일어난다. 심장박동을 통제하는 것을 배울 수 있는 사람은 성(聖) 바울이 했던 것처럼("나는 날마다 죽노라." — 고린도전서 15:31) 그리고 이 홍-쏘 기법을 수행하여 심장의 활동에 대한 통제권을 획득한다.

인도의 많은 요기가 했던 것처럼 의식적인 죽음을 경험할 수 있다. 고대로부터 인도의 위대한 요기들은 자발적으로, 명예롭게, 그리고 기꺼이 육체에서 떠나는 법을 알고 있었다. 그들은 자신의 육체 사원에 대한 임대 기간이 만료될 때 죽음에 의하여 거칠게 내쳐지거나 갑작스럽게 죽음의 습격을 받거나 하지 않았다. 심장이 휴식을 취하면 호흡은 불필요하게 된다. 그러면 생명 에너지는 심장과 감각신경들에서 척추와 두뇌로 철수한다. 이것은 오감의 전화들을 차단하는데, 외부 세계로부터 끊임없이 들어오는 이 오감의 전화들의 전갈은 보통 에고를 늘 교란하고 주의가 분산되게 한다.

한얼명상, 홍-쏘 기법 수행으로 감각의 차단이 이루어지면, 감각들은 생각을 일으키는 것을 중단하고, 그 생각은 이어서 연관된 생각에 의하여 잠재의식적 마음을 일으키는 것을 중단한다. 이렇게 되면 주의는 주의산만으로부터 과학적으로 해방되며, 진보된 집중과 명상 수행으로 나아갈 채비를 갖춘 것이 된다. 우주생명을 사랑한다는 것은 지복(至福) 속에서 충족(充足)될 것이다. 그 기쁨보다 더 위대한 것은 발견하기가 어렵다고 할 것이다. 자신이 우주생명을 알고 사랑한다면, 다른 모든 것이 보태질 것이다. 우주생명은 개체 없이 존재할 수 있지만, 개체생명은 우주생명 없이 존재할 수 없다.

생명력 충전

생명력(生命力)은 감각신경과 운동신경의 전화들에 있는 전기력으로서 에고와 지성(知性)이 감각신경을 통하여 시각(視覺)과 청각(聽覺)과 미각(味覺)과 촉각(觸覺)과 후각(嗅覺)의 감각들을 받아들이고 운동신경을 통하여 반응(反應)의 자극을 전달하는 것을 가능하게 해준다. 생명력의 통제는 에고가 신경의 전화들로부터 전기 에너지를 차단하는 데 도움을 주며 그리하여 산만함을 일으키고 주의(注意)를 예속시키는 감각들의 침입을 방지하는 데 도움을 준다. 오감(五感)의 전화들에 있는 생명력을 통제하는 것은 집중을 과학적으로 수행하는 것이다.

정액은 육체의 가장 소중한 조직과 에너지로 형성된다. 한 방울의 생식력(生殖力) 있는 화학적 액체는 여덟 방울의 혈액이 농축된 정수(精髓)와 그 혈액의 수천 개의 혈구에 담겨 있을만한 전기 에너지가 담겨 있다. 생식의 각 세포는 농축된 전지(電池)로서 소우주적 지성을 담고 있다. 육체로부터 이들 정신적 축전지(蓄電池)와 유체 축전지를 제거는 것은 육체와 마음의 활력(活力)을 약화하고 호흡을 극히 산만하게 만든다.

생식력의 화합물에는 주둔한 병사들처럼 생명과 지성을 지닌 수천 개의 원자들이 박혀있다. 성적 유혹이라는 적의 꾐에 넘어가서 어리석게도 육체로부터 이들을 몰아내는 것은 에너지와 정신력으로 구성된 이 병사들을 잃는 것이고 어둠과 질병과 허약과 공포와 근심과 불만과 우울증과 요절의 희생자가 되는 것이다.

마음은 호흡과 생명력과 정력과 육체의 모든 기능을 통제하는 관리자이다. 마음의 인도(引導)하는 힘이 없다면, 육체의 모든 기능은 가동을 멈출 것이다. 마음 통제는 육체의 모든 기능의 통제로 이어진다. 그러나 마음이 자신의 고유한 힘을 알고 마음 자체와 관련해서 호흡과 생명력과 활력의 상대적 힘을 알기 전까지는 마음은 육체의 모든 기능을 통제할 수 없다. 호흡과 생명력과 정액을 조화시킴으로써 마음 통제를 획득하려는 사람은 통제된 호흡과 에너지와 활력의 도움 없이 마음 통제를 획득하려는 사람보다 더 빨리 자유를 구현한다.

초월은 자신에서 돌아와 자기 되기이다. 자신을 개체생명이라고 한다면, 자기는 우주생명이다. 홍-쏘를 유지하는 가운데 자신이 자기와 연결된 것을 알아차리며, 자신 초월의 자기실현의 명상이 이루어지도록 한다. 실제로 자기를 얼마만큼 유지하는가는 자기실현 영성지표를 활용할 수 있다. 이 기준점은 요가난다(P. Yogananda)가 자기실현 명상회를 조직하면서 개발했다. 자기실현 상태가 자아초월의 길임을 제시하였다. 이는 심리학자, 아브라함 매슬로우(Abraham Maslow)가 주장한 '절정 경험'과 상통한다고 할 것이다.

자기실현명상에서는, 통속적인 자아실현 개념이 시대에 뒤떨어진 것임을 보여주었다. 우리가 뇌의 잠재력을 지속적으로 개발하면 지능이 청소년기 후에도 계속 성장할 수 있는 것처럼, 지속적으로 진정한 자기로 돌아가는 경험을 한다면 노인의 자기실현도 성숙에서 원만으로 나아갈 수 있다. '절정 경험'을 하면 나이에 상관없이 더 높은 자기실현 수준으로 성장할 수 있다. '절정 경험'은 자기실현명상을 통한 초월경험과 연관성을 보여준다.

'자기실현명상(Self-Realization Meditation)'은 스스로의 숨쉬기를 알아차림으로 초월을 일상에서 '절정 경험'으로 체화한다는 점을 고려한다면 초월명상이 자기실현 구현에 뚜렷한 효과를 보이는 것이 전혀 놀라운 일이 아니라고 할 것이다. 몸의 자신에서 영성의 자기실현은 처음부터 분리된 것이 아니라 자기 자신에게 이미 갖추어진 것이기에 나이 들어 고독할수록 집중적인 체화가 가능하다고 말할 수 있다.

7-2. 장수명상습관

명상은 우주적 공급의 기지인 우주생명 의식과 의식적으로 동조하는 것과 관련해서만 적용)되는 특별한 형태의 집중이다. 이 방법에 숙달하면, 주의력으로 성취할 수 있고, 성취해야 하는 모든 것을 궁극적으로 획득할 수 있을 뿐만 아니라 자신의 운명을 통제할 힘을 개발할 수 있고 실패와 질병(疾病)을 예방할 수 있다. 이 방법은 충실하고 끈기 있는 수행을 통하여 초의식(超意識)의 능력으로 인간 능력을 보강하고 부흥시키고 강화하는 법을 가르쳐준다. 명상은 의식의 모든 껍질을 걷어내서 신의 언제나 새로운 기쁨의 샘이 드러나게 하는 곡괭이이다. 산만한 감각기관으로부터 마음을 의식적으로 철수하거나 완전히 이완시키는 명상은 우주생명을 알 수 있는 길이다. 명상하는 것을 제외(除外)한 다른 모든 일을 할 수 있더라도, 생각이 고요하고 마음이 우주생명에 동조될 때의 기쁨에 필적할 만한 것은 결코 발견하지 못할 것이다. "당신이 묘사(描寫)하는 것과 같은 그런 기쁨이 존재(存在)하는지를 내가 어떻게 알 수 있지요?"라고 묻는다면, 그에 대한 증언이 이렇다. 매일 명상을 깊게 그리고 착실하게 수행하면, 언제나 존재하고 언제나 의식하고 언제나 새로운 기쁨이 자신의 내면에서 점증적으로 발현(發現)한다는 것을 발견할 것이다. 그리고 수행을 하다 보면, 그 기쁨은 활동하거나 고요한 가운데 있거나 똑같이, 잠을 자는 동안에도, 여러분에게 머물러 있을 것이다. 그 기쁨이 여러분이 무슨 일을 하든 항상 여러분을 올바른 행위로 인도하고 여러분의 기도에 응답할 것이다. 몸소 그것을 실연하여야 한다.

우주생명의 기쁨을 발견하면, 다른 이득을 위한 모든 욕구는 비교적 감소할 것이다. 여러분의 의식은 확장될 것이다. 거슬리는 시련 가운데서도 굳건하게 버틸 수 있을 것이다. 명상에서 발견할 지복(至福)은 온 세상이 나서서 꾀어내도 그것을 포기하게 할 수 없을 것이다. 그 신성한 기쁨 속에서 다른 모든 것을 즐길 것이다. 예수는 이것을 경험하였기 때문에 다음과 같이 말할 수 있었다: "사탄아, 내 뒤로 물러서라!" 물질적 욕망이라는 사탄의 유혹)은 그가 느끼는 기쁨 앞에서 자빠진다.

인간으로서의 존재는 아무리 유쾌한 것일지라도 거품 하나의 웃음일 뿐이다. 신 안에서는 그것은 환희(歡喜)의 바다가 된다. "오 우주생명이시여, 당신은 바다이고, 작은 웃음의 거품인 저는 환희의 바다가 되었습니다!"

이 기쁜 지각을 집중과 명상의 올바른 방법에 의해서만 발견할 수 있다. 방문을 찾기 위하여 방의 천장을 쳐다보고 있으면, 올바른 방법을 채택해서 벽에서 방문을 찾아볼 때까지는 몇 년을 두고 찾아보아도 결코 발견하지 못할 것이다. 신은 그를 통하여 신에 대한 깨달음과 신과의 합일로 통하는 신성한 교류 또는 명상기술을 가르쳐 준다. 예수가 "나를 통하지 않고는 아무도 아버지에게 나아갈 수 없느니라."라고 말했을 때, 그는 내면의 그리스도 의식에 대하여 말하고 있었다.

명상할 때 오는 기쁨은 언제나 새로운 기쁨에 찬 그 신의 존재에 대한 증거이다. 나는 이것을 안 다음부터 잠이 몰려올 때 자주 다음과 같이 말한다. "저리로 꺼져라, 이 거친 도취 제야! 나는 이 기쁨을 너의 무의식에서 잃고 싶지 않아." 명상을 자주 수행하면 온몸은 변화한다. 실제로 우주생명과 접촉하면 모든 것이 조화롭게 되고, 모든 것이 평화의 바다로 녹아들기 때문이다. 그러나 여러분이 그 지고의 힘을 충분히 의식하려면 명상을 성실하게, 착실하게, 그리고 지속적으로 수행해야 한다.

명상하는 습관형성

가장 중요한 약속, 즉 명상하고 우주생명을 찾겠다는 자신의 약속을 완전히 무시하면서 자신의 덜 중요한 약속들을 우상시하는 오래된 나쁜 습관, 자기 만족적이고 완강(頑強)하게 버티는 자신의 나쁜 습관을 깨트려라. 비록 다른 사람들이 종종 쓸모없는 천박한 일이나 이른바 중요한 약속에 자신이 휘말려 들게 하는 도구가 될지라도 자신의 행위에 대해서는 어떤 사람도 책임지지 않을 것이다. 잠자는 형상(形象)이여, 깨어나라! 자신과의 가장 중요한 약속, 즉 자신을 알고 자신의 영혼을 알기 위한 약속을 지킬 수 있게 해줄 올바른 법칙을 알기 위한 노력과 결의(決意)를 다져라.

"나는 내일 우주생명의 존재에 대해 명상하겠다."라는 말은 하지 않는다. 그 내일은 오지 않을 것이다. 명상을 오늘 시작한다. 오늘 수행은 내일 더 깊이 명상하겠다는 욕구를 자극하겠지만, 오늘의 태만은 자신의 열망을 약화시킬 것이다. 어제 명상한 것보다 오늘 더 깊이 명상하라. 그리고 내일은 오늘 명상하는 것보다 더 깊이 명상하라. 한가한 시간이 생기면 그 대부분을 명상하는 데 사용하라. 멍하니 있지 말고 우주생명에 대해 생각한다. 명상의 점증하는 지복으로서 우주생명을 추구하고, 그분을 가슴에서 고동치는 끝없는 기쁨으로서 느낀다.

나쁜 습관과 사소하고 쓸모없는 허영의 약속의 꾐에 빠져서 우주생명과의 접촉을 밀쳐내는 일이 없도록 한다. 우주생명을 먼저, 마지막에, 그리고 언제나 알려고 추구한다. 그분을 먼저 발견하면, 그분을 통하여 자신이 갈망하는 모든 것을 발견할 것이다. 오래 더 깊게 명상하고 다짐하면, 가슴 속에서 점증하는 기쁨을 더 깊게 느끼고 의식하게 될 것이다. 그러면 우주생명이 존재한다는 사실과 그분은 언제나 존재하고, 언제나 의식하고, 편재(遍在)하며, 언제나 새로운 기쁨이라는 사실을 알게 될 것이다. 그러면 다음과 같이 요구할 수 있다: "아버지, 지금, 오늘, 수많은 나날, 모든 내일, 매 순간, 잠들었을 때, 깨어 있을 때, 살았을 때, 죽었을 때, 이승에서, 저승에서, 저의 가슴에서 의식적으로 응답하는 기쁨으로서 저와 함께 머물러 주소서."

한두 번 마음의 방송을 한 다음 바로 일어나지 말고, 지속적인 열성(熱誠)으로 가슴의 점증하는 허기(虛飢)로 지속한다. 그리고 자신의 온몸에서 터져 나오는 기쁨의 점증하는 전율을 느낄 때까지 신과 잃어버린 합일을 되찾아서 간직하기 위하여 전술(前述)한 다짐을 끊임없이 마음속으로 찬미한다.

명상 후에 증가(增加)하는 기쁨은 우주생명이 가슴 헌신(獻身)으로 동조된 라디오를 통하여 응답했다는 증거이다. 깊은 명상 동안에 호흡이 차분해지면, 매우 즐거운 평화의 상태가 창출된다. 그러나 강한 자아의식 때문에 육체의 생각이 돌아오고, 변덕스럽고 거친 호흡이 되살아나면서 물질적인 욕망과 감각적 주의산만을 일으킨다. 물질적 욕망의 왕이 과거의 나쁜 습관으로부터 지지를 받지 못하면, 에고가 그를 성원(聲援)하고 강화하러 온다. 감각적 쾌락과 명상의 쾌락을 똑같이 즐기는 사람들은 오랫동안 어디에도 도달하지 못할 것이다. 비록 육신을 극복할 수 없더라도 한결같이 명상해야 한다는 점은 명심한다. 왜냐하면, 그제야 감각기관의 열등(劣等)한 쾌락과 영혼의 우월한 쾌락을 비교할 수 있는 감각이 생길 것이다.

감각기관을 극복하는 데 실패하고 명상도 포기하는 사람들은 영적 쇠퇴(衰退)의 거의 절망적인 경우(境遇)가 된다. 명상 후에 감각적 기쁨의 기억 때문에 산만한 상태로 내던져지면, 그는 내적인 기쁨도 감각기관의 덧없는 쾌락도 느끼지 못한다는 것을 갑자기 발견하고서 내적 불편과 당혹감을 크게 느낀다. 명상의 깊은 동굴에서 느껴지는 언제나 새로운 축복의 지복을 표상(表象)함으로써 극복될 수 있다. 과학적인 방법들을 사용하면 생각도 효과적으로 침묵시킬 수 있다. 호수(湖水)에 움직임이 있는 물결을 잠재울 수 있다. 그만큼 그 안에 비친 달의 분명한 반영을 볼 수 없다.

산만한 생각이나 육체적 움직임이 남아 있는 한, 자신은 내면의 목소리를 들을 수 없고 또는 내적인 눈으로 볼 수 없다는 점을 명심하라. 바꿔 말하면, 우주생명은 자신의 사원(寺院)에 들어가지 않을 것이다. 내적으로 그리고 외적으로 고요해진 육체 사원에 헌신과 사랑과 영감(靈感)의 빛이 비추어지면, 우주생명은 들어오도록 설득될 수 있다. 그것은 곧 진정한 환시(幻視)와 진정한 직관이 각성(覺醒)하리라는 것을 의미하는 것이다.

물질미망에서 벗어남

명상은 물질(物質)의 백일몽(白日夢)과 그것의 모든 악(惡)으로부터 자신을 영구적(永久的)으로 치유(治癒)하고 자신이 순수한 한얼임을 깨달을 수 있게 하는 진정한 만병통치약이다. 자신의 내면에 침묵의 사원을 건설하기 전까지는, 환경이 자신을 둘러싸는데 사용한 습관의 성벽을 무너뜨리기 전까지는, 결코 우주생명의 영광을 보지 못할 것이고, 진정한 평화와 지속적인 기쁨을 결코 가지지 못할 것이다.

'위대 한 자(偉大者, the Great One)'를 만나면, 어둠은 영원히 사라질 것이다. 진리의 힘은 여기 이 가르침 안에 있다. 그러므로 자신이 확고한 노력을 기울이기만 한다면, 인생 여로를 절대 공포와 불확실성(不確實性) 속에서 초조하게 걷지 않아도 될 것이다.

준비자세

1. 침대 가장자리에 앉아서 발을 바닥에 내려놓거나 팔걸이 없는 푹신한 의자에 앉거나 침대 위에 책상다리로 앉거나 한 다음, 동쪽을 향하여 똑바로 앉는데 척추를 곧게 하고, 가슴은 펴고, 복부는 들이밀고, 어깨는 뒤로 젖히고, 턱은 바닥에 평행(平行)으로 하고, 손은 손바닥을 위로 하여 복부에 가까운 넓적다리에 올려놓아라.
2. 홍-쏘 기법(技法)의 실제 수행으로 들어가기 전에 여러분의 소원이나 집중의 목적과 부합(符合)하는 각성 기도를 올리도록 한다.
3. (a) 천천히 숨을 들이쉬면서 1~20까지의 수(數)를 센다.
   (b) 숨을 참고 1~20까지의 수를 센다.
   (c) 다음 숨을 천천히 내쉬면서 1~20까지의 수를 세어라. 이것을 6~12회 반복(反復)한다.
   (d) 숨을 들이쉬고 온몸을 긴장(緊張)시킨 다음 주먹을 꽉 쥔다.
   (e) 온몸의 긴장을 풀면서 숨을 내뱉어라. 6회 반복한다.

편하게 느껴지는 어떤 횟수이든지 이 수련의 세 부분을 각각 실행하는 동안 동일한 횟수를 유지한다. 들숨을 쉬는 동안 1~15까지 센다면, 숨을 참는 동안에도 1~15까지 세고, 날숨을 쉬는 동안에도 1~15까지 세어라. 이 수련을 할 때 수를 세는 속도는 대략 1초에 2회 정도여야 한다.

4. 다음 숨을 한 번 더 들이쉬고 재빨리 내쉰 다음, 불편함 없이 지낼 수 있는 한 오래 숨을 쉬지 않고 유지한다. 그리고 호흡이 들어오기를 마음속으로 기다린다. 호흡이 저절로 들어오면 마음속으로 "홍"이라고 말하고, 호흡이 저절로 나가면 마음속으로 "쏘"라 말한다. 눈을 완전히 감거나 깜박임 없는 반개(半開) 하고서 시선을 미간을 향하여 위로 그리고 내부로 부드럽게 치떠서 고정한다.

5. 이 기법을 10분에서 30분 동안 깊이 수행한 다음에 천천히 그리고 완전히 숨을 내쉰다. 폐에서 가능한 한 모든 호흡을 몰아낸 다음 불편함 없이 지낼 수 있는 한 오래 그 무호흡의 상태를 즐겨라. 3회 반복한다.

그다음에는 호흡을 잊고 평화를 느끼면서 기도하거나 침묵 속에 앉아 있다. 일주일에 한 번 또는 적당한 아무 날에라도 아침이나 밤에 세 시간의 명상을 한다면, 큰 진보를 이룰 것이다. 홍-쏘 기법을 수행할 때 두 눈이 부드럽게 미간에 집중되도록 하는 데 익숙해져야 한다. 그렇지만 두 눈에 힘주지 아니한다. 만일 이 위치에 눈을 유지하는 것이 익숙하지 않다면, 얼마 동안은 눈을 반개하고 수행하되 대부분의 시간은 눈을 감고서 수행한다.

침대에 누워서 쉬고 있을 때에는 호흡을 관찰하면서 마음속으로 홍-쏘를 음송한다. 그렇지만 이 기법을 정식으로 수행할 때에는 적절하고 똑바른 명상 자세로 해야 한다는 점을 명심한다. 여가 시간에 홍-쏘를 많이 수행하면 할수록 그 결과는 더욱 좋아질 것이다. 규정 시간 외로 수행을 많이 하면 여러분은 훨씬 좋은 결과를 얻게 될 것이다.

의식적으로 호흡을 관찰하면 무슨 일이 발생하는가? 심장과 폐와 횡격막(橫膈膜)은 점차로 차분해질 것이고, 그것들의 근육은 길고 깊은 침묵 동안에 궁극적으로 평소의 끊임없는 움직임을 자제할 것이다. 그렇게 되면 세포 붕괴의 통상적인 과정은 몸 전체에서 중지된다. 그러면 더는 심장이 정맥혈을 폐로 압출할 필요가 없어진다. 심장이 혈액을 압출하지 않으면, 폐도 산소를 받아들이기 위해서 팽창할 필요가 없게 되고, 그러면 호흡은 흐름을 멈춘다. 일시적으로 여러분은 연수를 통하여 들어오는 우주생명 에너지에 의하여 직접으로 살게 된다.

홍-쏘 수행을 시작하기 전에 체내의 독소를 배출하는 것은 언제나 좋은 계획이다. 먼저 들숨과 날숨 수련을 수행함으로써 요기는 정맥혈에 있는 탄소를 태워버리고 세포 붕괴는 부분적으로 중지된다. 이 들숨과 날숨의 기법을 오랫동안 깊이 수행한 다음에 숨을 한번 뱉어버리면 한동안은 숨을 다시 들이쉬고 싶은 욕구가 생기지 않는다는 것을 알게 될 것이다. 그러면 산만한 상태의 직후에 무호흡을 시도하는 경우보다 오래 무호흡 상태에 머물 수 있다.

죽음은 그저 비자발적인 완전한 이완이다. 생명이 인체로 들어오는 통로(인 연수는 심장을 통제한다. 이어서 심장은 시각과 청각과 촉각과 미각과 후각의 모든 오감의 전화들을 통제하는 개폐기(開閉器)이다. 감각들은 자체적 힘으로 두뇌(에 도달할 수는 없다. 눈과 코와 귀와 피부와 혀에서 나오는 감각적 전갈은 감각신경들의 전화선을 타고 두뇌로 전달된다. 걸려오는 "호출(呼出)"의 소음이 중지되면 생각이 일어나지 않으며, 생각이 일어나지 않으면 연관된 기억의 생각이 두뇌를 괴롭히지 않게 된다.

이완된 명상 자세로 똑바로 앉아서 홍-쏘를 수행하면, 세포 붕괴와 노폐물 생성이 근육과 사지에서 느려진다. 이 기법으로 감각신경과 운동신경과 근육과 사지와 심장에서 에너지가 철수하는 순간, 어떤 감각적 인상들도 두뇌의 교환대에 기록될 수 없으므로 교환원 주의를 교란할 수 없고 그 주의를 꾀어낼 수 없다. 이때가 바로 자신의 주의가 어떤 문제나 창의적인 사상이나 신에 집중할 수 있도록 해방되는 때이다. 주의산만의 대상으로부터 주의를 과학적으로 해방한 다음 어떤 하나의 대상 또는 우주생명에 집중하는 것을 단련한다. 감각의 전화들로부터 자신의 주의를 해제시켜서 우주생명에게 돌리는 형태의 집중 방식이 바로 "명상"이 된다.

돈 벌려고 돈에 집중할 수 있지만, 우주생명에 대해서 집중하는 것이 명상이다. 명상에 대한 추가적인 가르침과 미지의 우주생명에 대하여 명상하는 법은 보완될 수 있다. 위대한 인도 스승들은 폐가 약한 사람들이 격렬한 호흡 수련을 하는 경우에만 경고하였다. 그들은 일반적인 구도자들에게는 어떤 종류의 호흡 수련에 임할 경우 자격 있는 선생의 지도를 따를 것을 촉구하였다. 그러므로 위궤양이 있는 사람들이 샐러드를 먹을 수 없다고 해서 샐러드가 모든 사람에게 금기시되어서는 안 되는 것처럼, 폐 질환이 있거나 현저하게 허약한 폐를 갖고 있어서 호흡 수련을 해서는 안 되는 사람들이 있다고 해서 건강한 호흡 수련이 모든 사람에게 알맞지 않은 것으로 비난되어서는 아니 될 것이다. 호흡 수련은 모두 위험하다고 말하면 웃어넘길 수 있다.

모든 사람은 폐가 좋건 나쁘건 하나의 영속적 '호흡 수련'을 수행할 것을 자연으로부터 명받고 있다. 물론 격렬한 호흡 수련은 위험하다. 외형상 튼튼한 폐라도 선천적인 약점이 존재한다면 문제를 일으킬 수 있기 때문이다.

한얼명상, 홍-쏘 기법

한얼명상, 홍-쏘 수련을 할 때에 호흡이 억지로 들어오거나 나가게 하지 않는다. 자연스럽게 호흡하면서 들숨과 날숨을 그저 관찰하면서, 즉 의식하면서, 마음속으로 "홍"과 "쏘"를 음송(吟誦)한다. 호흡이 폐에 남아있든 흘러나가든 호흡이 자연스럽게 다시 흐를 때까지 언제나 기다린다. 수행목적은 호흡이 흐르지 않을 때의 간격을 자연스럽게 늘리기 위한 것이라는 점을 명심한다. 마음속으로 "홍"을 음송하면서 호흡이 자연스럽게 들어오고 금방 흘러나가지 않으면, 기다리면서 그 무호흡 상태를 즐긴다. 호흡이 다시 나가면, 마음속으로 "쏘"를 음송한다.

호흡이 나가서 밖에 머무르면, 호흡이 다시 흘러들어오고 싶어 할 때까지 그 무호흡 상태를 즐겨라. 그다음에 호흡이 흘러들어오면 "홍"을 음송한다. 들숨과 "홍"이라는 내적 음송의 수행을 적절하게 시작하는 계기로서 처음에는 일부러 호흡을 뱉어내야 한다. 평소 호흡에서는 여러분은 숨을 들이쉬는지 내쉬는지 거의 의식하지 못한다. 일정한 율동에 따라 음송하려고 호흡을 조절하지 아니한다. 흘러들어오고 흘러나가는 호흡의 자연스러운 욕구(欲求)를 내적 음송이 따르게 한다. 호흡이 흐르지 않을 때의 간격에 집중하라. 그러나 이 조용한 무호흡 상태를 억지로 늘리려고 하지 않는다.

호흡을 관찰함으로써 영혼이 호흡과 육체에 동일시한 것을 형이상학적으로 말소(抹消)한다. 호흡을 관찰함으로써 자신의 에고를 호흡에서 분리하고 자신의 육체가 부분적으로만 호흡에 의하여 유지된다는 것을 알게 된다. 홍-쏘 수행을 하기 전에 육체를 긴장시켰다가 이완시키고 호흡을 뱉어낼 때, 움직임을 멈추고 그 결과로 근육의 세포 붕괴 과정을 멈추지만, 심장과 폐와 횡격막 등의 내부 장기들의 세포 붕괴 과정을 멈추지는 못한다. 홍-쏘 수행 동안에 여러분이 호흡을 관찰함에 따라 호흡은 율동적이고 차분해지며, 심장은 고요해진다. 산만하고 불안한 마음은 심장의 활동을 증가시키며, 고요한 마음은 심장의 활동을 차분하게 만든다. 어떤 감정의 격앙도 심장의 활동을 증가시킨다. 들썩이는 호흡도 심장의 활동을 증가시키는 반면에 고요한 호흡은 심장을 차분하게 만든다.

호흡을 차분하게 관찰함으로써 호흡과 마음이 차분해지게 만든다. 차분한 마음과 호흡은 심장과 횡격막과 폐의 움직임을 느리게 하고 고요하게 만든다. 이완하고 호흡을 토해냄으로써 근육과 내부 장기들에서 움직임이 일제히 멈추면, 보통은 심장을 통하여 혈액을 압출하는데, 이것은 24시간마다 18톤에 달하는 중량을 운반한다는 것을 의미한다. 소비되는 생명 에너지는 척추로 물러나서 대신에 수백만 개의 육체 세포에 배분된다. 이 에너지는 세포들을 충전시키고 그들의 붕괴를 막아서 그 세포들을 자급적 전지처럼 만든다.

그 세포들은 세포 붕괴의 손상을 수리하기 위한 산소나 음식 화학물질이 필요하지 않으므로 생명을 유지하기 위해 그것들을 요구하지 않는다. 그리고 외부 장기들과 내부 장기들에서 세포 붕괴가 저지되면 혈액은 불순물을 축적하지 않는다. 그렇게 되면 혈액은 호흡으로 흡입된 산소에 의하여 정화되기 위해서 심장과 폐로 압입(壓入)될 필요가 없다. 호흡 관찰로써 움직임을 제거하고 체내에서 정맥혈 생성과 증가를 방지하면, 이 같은 두 가지를 성취한다.

1. 호흡에 의한 생존 필요성이 감소된다.
2. 심장박동 수가 감소한다.

인간이 우주생명 에너지에 더욱 의존하고 빵 또는 호흡에 덜 의존하며 살 수 있고 심장을 통제할 수 있을 때, 그의 육체 전지는 내적으로 우주 에너지로 충전될 것이고, 생명의 외적인 원천(음식, 액체, 그리고 기체)에 너무 많이 의존할 필요가 없게 될 것이다. 이제 홍-쏘 기법 수행의 가치에 관하여 다음과 같은 사항을 확인할 수 있다.

a. 육체 세포들이 생명력으로 흘러넘치게 해준다.
b. 외부 장기들과 내부 장기들의 세포 붕괴를 멈춰준다.
c. 심장박동을 늦추고 이 생명 기관에 휴식을 준다.
d. 심장을 진정시킨다. 그러면 심장은 촉각(觸覺)과 후각(嗅覺)과 미각(味覺)과 청각(聽覺)과 시각(視覺)의 오감(五感) 전화들에 있는 에너지를 차단한다. 심장은 감각기관들의 이차적(二次的)인 배전반(配電盤)이다. 연수는 핵심 배전반이다.
e. 육체를 호흡에의 예속에서 해방한다.

f. 호흡을 최소한으로 감소시킨다. 그러므로 이 기법을 반복적(으로 사용하는 것은 육체의 집에 오래 머무르고 싶어 하는 사람의 장수(長壽)에 기여한다. 생명력과 의식이 오감의 전화들로부터 철수할 때, 시각과 청각과 후각과 미각과 촉각의 감각들은 신경의 전화선을 통하여 두뇌에 도달할 수 없다.

감각들이 두뇌에 기록되는 것이 중지될 때 그 감각들로부터 초래되는 생각 및 연관된 관념이 중지된다. 그때야 비로소 마음 또는 주의(注意)는 해방되어서 어떤 특정 대상 또는 우주생명에 대하여 명상할 수 있게 된다. 좋은 폐를 가지고 있지만 자신의 육체에 충분한 산소를 공급하지 못하고 있다는 느낌이 들면, 다음의 수련에서 유익함을 얻을 것이다:

1. 힘을 부드럽게 주어서 입으로 "후, 후"하는 '기식음(氣息音)'을 내면서 두 번의 짧은 날숨을 쉬도록 하라. 이렇게 내쉬면 폐에서 유독한 이산화탄소가 제거된다.
2. 콧구멍을 통하여 공기(空氣)를 들이마시면서 1에서 20까지 천천히 센다.
3. 숨을 참고 1에서 20까지 센다.
4. 천천히 내쉬면서 1에서 20까지 센다. 이상을 12회 반복하는 것을 한 번으로 해서 하루 세 번 행한다. 세는 숫자는 개인적으로 편하게 느끼는 정도와 폐활량에 따라서 20회 정도로 실시한다.

한얼명상 행법실천

1. 척추(脊椎)를 똑바로 하고 명상(瞑想) 자세(姿勢)로 앉는다. 양손은 손바닥을 위로해서 복부(腹部)와 만나는 넓적다리에 편안하게 올려놓아야 한다. 이 자세는 상체(上體)가 앞으로 기우는 것을 예방(豫防)할 수 있게 해 준다.
2. 눈꺼풀은 완전히 감거나 반개(半開)하고서 눈을 치켜떠서 시선(視線)이 미간(眉間)의 이마에 있는 그리스도 의식(意識) 중추(中樞), 즉 영안(靈眼)에 집중하도록 한다.
3. 다른 사람이 숨 쉬는 것을 관찰(觀察)할 때 느끼는 것과 동일(同一)한 초연함으로 호흡이 계속해서 들어오고 나가는 것을 내적(內的)으로 관찰한다. 즉 호흡을 지각할 뿐이다. 조금이라도 호흡의 흐름을 조절(調節)하려고 해서는 안 되고 그저 주시(注視)하기만 한다. 이 수행(修行)은 육체(肉體)로부터 아상(我相) 의식을 떼어내서 영혼처럼 말없는 입회인(立會人)이 되도록 하는 데 기여한다.
4. 호흡이 들어올 때 마음속으로 또는 들리지 않게 "훙"이라고 음송(吟誦) 한다. 호흡이 다시 나갈 때 마음속으로 "쏘"라고 음송하라. "훙"과 "쏘"는 각각 들숨과 날숨에 유체 진동의 연결 관계를 갖는 성스러운 산스크리트 음송 단어이며, 문자적으로 옮기면,

'자신은 우주생명 자기'이다.

5. 호흡이 저절로 흐름을 멈추는 경우가 발생할 때마다 무호흡 상태에서 느끼는 평화에 집중하면서 평화를 즐기도록 한다.

한얼명상 실천핵심

1. 명상 자세를 안락(安樂)하게 취한 다음 조금도 움직이지 말고 앉아 있다. 근육(筋肉) 하나도 움직여서는 안 된다. 육체의 각 부분(部分)을 의식적으로 이완(弛緩)시키려고 노력(努力)하라. 수행을 하는 동안 내내 육체가 정말로 이완되어 있는지 수시로 마음 속으로 점검 한다.
2. 홍-쏘를 시작(始作)하기 전에, 다음 호흡 수련을 6회에서 12회 수행한다. 20을 셀 때까지 숨을 들이쉬고, 20을 셀 때까지 숨을 참고, 20을 셀 때까지 숨을 내쉰다. 만일 20이란 숫자를 세기가 너무 길다고 여기면, 그보다 적은 숫자로 호흡을 들이쉬고, 참고, 내쉬어라. 세는 숫자를 얼마로 하든 숨을 들이쉬고, 참고, 내쉬는 숫자는 똑같아야 한다.
3. 앞의 문단(文段)에 기술(記述)되어 있는 호흡 행법을 수행한 다음에는, 숨을 들이쉬고 온몸을 긴장시켰다가 내뱉으면서("후, 후-"하는 이중 날숨으로 호흡을 배출하는 것) 이완하라. 이 수련을 6회 반복한다. 이것은 홍-쏘 집중기법을 수행하는데 훌륭한 준비이다.
4. 신명과 영성 스승에게 가슴에서 우러나오는 기도를 한다.
5. 마음을 차분하게 유지하는 것이 성공적인 수행에 기본이다.
6. 눈을 감고 있는 채로 또는 반개한 채로 집중 기법의 수행을 하는 동안 줄곧 시선이 위쪽을 향하도록 하라. 시간이 흐르면서 눈은 시선을 아래로 떨어뜨리는 경향(傾向)이 있기 때문에 이 점을 직접 점검할 필요가 있다.
7. 집중기법을 시작하기 전에 숨을 내뱉는다. 그리하여 들숨과 음송 단어(單語) "홍"으로 호흡이 시작될 수 있도록 한다.
8. 만일 들숨에 "홍"을 그리고 날숨에 "쏘"를 음송하는 것을 기억하기 어렵다면, 이 같은 수행이 도움이 될 것이다. 호흡이 들어올 때 오른쪽 집게손가락을 손바닥 쪽으로 구부리고, 호흡이 다시 나가면 그 손가락을 원래의 이완된 위치로 펴라. 손가락을 물리적으로 약간 움직이는 것은 행법 자체와 무관하다. 이는 "홍"과 "쏘"를 음송하는데 순서를 유지하기 위한 기억용이다.

9. 호흡을 차분하게 관찰한다. 호흡이 들어오든 나가든 또는 전혀 흐르지 않든 개의치 않는다. 정신적 의지나 힘을 사용하지 아니한다.
10. "훙"과 "쏘"는 마음속으로 음송한다. 수행하는 동안 혀나 입이나 목구멍을 움직이지 않는다. 이 부위들을 쉽게 움직일 수 있으므로, 그렇게 하지 않도록 주의할 필요가 있다.
11. 음송은 들어오고 나가는 호흡의 자연스러운 충동을 따른다. 호흡이 음송에 일치(一致)하도록 조절하지 않는다. 무의식적으로 이런 경향이 나타난다.
12. 자신이 하고 있는 일에 예민한 주의를 기울여라. 즉 호흡과 음송에 집중하고, 이 수련을 정확(正確)하게 수행할 때 나타나는 평화 느낌에 집중한다.
13. 호흡이 들어오고 나갈 때의 휴지기 동안에 무호흡의 평화를 즐긴다. 절대로 간격을 억지로 만들거나, 의지를 발휘해서 간격을 늘리지 아니한다.
14. 최상(最上)의 결과를 위해서 오랫동안 수행한다.
15. 수행을 끝낼 때 폐(肺)에서 모든 숨을 뱉어내고 불편함을 느끼지 않을 만큼 오래 무호흡 상태를 향유한다.

한얼소리명상

1. 허리를 꼿꼿이 하고 앉아라. 적당한 높이의 지지대를 구해서 그 위에 팔꿈치를 올려놓아라. 몸을 앞으로 기울이거나 구부정하게 하지 않고 양손의 엄지손가락을 양쪽 귀에 쉽게 갖다 댈 수 있을 정도의 높이면 된다.
2. 양 엄지손가락으로 이주(耳珠, 귓구멍의 앞에 있는 돌기)를 단단히 누른다.
3. 눈꺼풀의 바깥쪽 가장자리를 누를 수 있도록 양 새끼손가락을 갖다 대고, 눈동자가 산만하게 움직이지 않도록 지그시 누른다.
4. 다른 손가락들은 이마에 댄다.
5. 눈을 완전히 감거나 반개(半開)하고서 시선을 미간(眉間)에 집속(集束)하고 시선이 거기에 고정되어 있게 한다.
6. 마음으로 "옴, 옴"하고 음송한다. 소리를 내서도 안 되고, 중얼거리거나 혀를 움직여서도 안 된다.
7. 에너지의 흐름이 강하고 소리의 포착에 익숙한 오른쪽 귀의 안에서 나는 소리를 듣는다.
8. 어떤 소리이든 큰 소리에 집중한다. 각기 다른 소리들이 섞여서 나는 소리가 들릴 것이다.

9. 한 번에 가장 큰 소리에 집중한다. 계속 듣다 보면 다른 소리들이 부각될 것이다. 각기 다른 소리들이 부각될 것이고 드러나는 소리에 귀를 기울인다.
10. 마음의 옴 음송과 미간 응시는 자동으로 이루어지도록 한다. 눈동자가 차분해지고 고요해지면, 6중추에서 빛을 주시한다. 수행 도중에 유체 음, 또는 옴 소리에 집중하는 것이 중요하다. 이 행법을 수행한 다음 영안을 본다. 오른쪽 귀 안에서 나는 소리를 듣는데 모든 정신적 노력을 완전히 바친다.
11. 옴 소리를 들을 수 있으면, 강력한 바다처럼 휘몰아치는 커다란 대양소리로 바뀌지만, 다른 소리에 귀 기울이지 말고 옴 소리에 집중하여 일치한다.

핵심사항

1. 가능하다면 이 명상 기법을 수행하기 위한 팔걸이를 마련하거나 그런 T형 팔 받침대를 손수 조립하고 가로대에 어떤 적당한 부드러운 재료를 덧댄다. 옴 명상 기법을 수행하는 동안에 팔꿈치를 받쳐주는 받침대는 똑바른 자세를 유지하는 데 도움이 된다.
2. 양손으로 지탱하지 않는다. 똑바로 앉아서 양팔을 이완시킨다. 그렇게 하지 않으면 양손과 양 전완(前腕)이 금방 피로해지므로 옴 소리에 집중하기보다 자신의 육체적 불편에 더 집중하게 될 것이다.
3. 이 옴 명상 기법을 수행하기 전에 집중기법을 수행한다. 차분해지고 내향화한다. 그러면 옴에서 흘러나오는 소리들을 듣기가 훨씬 쉬워질 것이다.
4. 듣는 것이 어떤 진동이든 경건(敬虔)하게 그리고 긴장감 없이 그 소리와 하나가 되게 한다.
5. 강도 높은 정신적 노력은 옴과의 합일이라는 높고 높은 상태에 도달하는 데 필요하다.

예를 들어, 오렌지에 대해 말하려면, 그것이 무엇인지 먼저 정확하게 알아야 한다. 우주생명도 무엇인지 먼저 알아야 한다. 오렌지 맛에 대해서 생각해 본다. 그 맛을 알겠지만, 잘 익은 오렌지를 내가 몸소 맛보기 전에는 그것이 얼마나 달콤한지를 말할 수 없다. 전기가 능력(能力)을 지니고 있다는 것을 알지만, 전기는 전구(電球)로 들어갈 지성을 갖고 있지는 못하다. 누군가가 전기를 거기에 집어넣는 것이다. 우주생명은 영성으로 인도하는 자리이다.

영성은 만물(萬物)에 깃들어 있다. 지구와 천체들은 그 지배를 받는다. 모든 것이 우주영성의 직접적 지휘와 지배를 받는다. 인체를 원소들로 분리해 보면, 인체는 약국에서 값싸게 살 수 있는 한 줌의 화학물질로 구성되어 있다. 그러나 누가 그런 원소들을 아름다운 생체로 결합하였는가? 그리고 코는 왜 코처럼 생겼고 다리처럼 크고 성가시게 생기지 않았는가? 만물의 저변에 있으며 만물을 다스리는 광대하고 무한한 지성, 즉 우주생명 영성에 의하여 그런 것들이 결정되고 초래되는 것이다. "당신은 어디 있나요? 제가 꽃을 바라보고 있으면 당신이 은밀하게 숨어서 모든 곳에서 생명의 바늘로 당신의 창조 융단을 짜고 있는 모습을 봅니다."

우주생명은 가장 바쁜 존재이지만, 지복 영성에 취해 있다. 우주생명은 만물의 내부에 들어 있다. 우주생명은 씨앗에 꽃의 설계도를 감추고 있고, 장미의 아름다움을 통하여 신의 무한한 아름다움이 우리를 지켜본다. 우주생명은 우주영성이다. 그는 전자들을 꽃, 나무, 별 등과 같이 여러 물질적 발현으로 분리된다. 물질 측면에는 그 우주 지성의 독창성, 질서 있는 지휘와 통제증거가 있다.

우주생명과 합일은 의식의 지속적인 확장으로 이루어지는 자기실현 과정이다. 의식에는 네 상태가 있다. 첫째, 자신의 외부 세계만을 인지하는 일반인 상태. 둘째, 영성교류와 명상에 의해서 내면의 우주생명의 현존을 깨닫는 상태. 셋째, 자연에서든 자기 내면에서든 우주생명을 임의로 느끼거나 볼 수 있는 상태. 넷째, 모든 곳에서 우주생명과 중단 없는 합일을 이루는 상태이다. 이는 곧 '무차별 삼매(nirbikar samadhi)'이다. 고체, 액체, 기체, 빛이라는 네 장막이 우리에게서 우주생명을 차단한다. 그 장막들을 걷어내고 모든 곳에서, 모든 것에서 우주생명을 발견할 수 있을 것이다.

한얼명상습관

우주생명에게 도달하기 위해서는 명상이 필요하다. 마음의 호수로부터 감각의 파문을 제거하자마자, 우주생명의 거룩한 지복이 영혼에서 터져 나온다. 그의 지복은 이미 거기에 있지만, 내면에 숨어 있다. 명상하면 할수록 우주생명의 끝없는 기쁨을 더욱더 느낄 것이다. 세속적 욕망의 파문이 존재하지 않게 되자마자, 달덩이 같은 얼굴을 주시할 것이다. 명상은 우주생명이 존재한다는 증거를 가져다준다. 노년기에 들수록 명상습관을 형성하는 것이 중요하다. 이것이 영성차원의 영속적인 행복을 발견하는 길이기 때문이다.

우주생명이 영혼에 심어놓은 기쁨은 세속적 유혹의 모든 꾐보다 훨씬 매혹적이다. 그런 까닭에 다음과 같이 몰입한다. "우주생명이시여, 당신은 어떤 세속적인 유혹도 넘어설 만큼 매혹적이라는 것을 깨닫게 하소서." 명상의 본질은 신경에서 생명 전류를 철수하는 것이다. 그렇게 할 때, 감각은 두뇌에 도달해서 지각뿐만 아니라 연관된 생각을 일으킬 수 없다. 집중과 명상은 두 측면을 지니고 있다. 교란 대상에서 주의(注意)를 해제하는 것과 한 번에 하나의 대상에 그 주의를 집중하는 것이다. 처음에는 주의를 하나의 사물에 머물게 할 수 없다. 만일 임종할 때 깊은 명상상태, 영혼 지각 상태를 간직할 수 있다면, 의식으로 떠날 것이며, 죽음에 따른 아무 변화도 느끼지 않는다.

쥐덫에 걸린 쥐의 심장은 극심한 공포 때문에 평소보다 두 배나 빨리 뛴다. 차분한 나폴레옹과 웰링턴 공작 심장은 분당 50회 정도만 뛰었던 것으로 전해진다. 어린이들의 심장박동은 성인들의 심장박동보다 훨씬 빠르다. 그들의 산만함이 그 원인이다. 그들의 감각의 전화들은 언제나 외부의 자극으로 바쁘다. 어린이들은 자신을 진정시키는 것이 힘들다는 것을 알지만, 노년기에 들면 그들은 더욱 차분해지고 심장박동은 더욱 느려진다.

보통 심장은 하루에 18톤의 혈액을 압출한다. 근심하면, 그것은 심장을 괴롭히는 것이 되고, 그러면 심장은 더욱 빨리 뛴다. 과로에 시달리는 불쌍한 심장은 주인이 잠든 동안에도 쉴 수 없으므로 학대(虐待)를 당하는 노예이다. 그러므로 심장은 충분히 일했다 싶으면 이와 같이 말한다. "당신은 나쁜 주인이었소. 이제 나는 나의 직무를 관두겠소." 심장이 일하기를 거부하면, 육체라는 기계 전체를 버려야 한다.

집중기법을 수행하는 동안 심리적으로 무의식이나 수동적인 잠재의식의 상태가 되지 않도록 해야 한다. 또한, 생리적으로 볼 때, 심장박동을 비정상적으로 멈추려는 노력으로 숨을 힘들여 참는 방법을 사용해서는 안 된다. 그런 방식으로 심장박동을 중지시키는 것은 불가능하다. 그러나 홍-쏘 행법으로 명상하면, 심장은 평온하게 되며 폐는 정맥혈로부터 해방되므로 심장이 일할 필요가 없어진다. 심장은 대단히 차분해지기에 휴식(休息)하고, 오감은 점차로 통제할 수 있다.

영혼은 개체로서 한얼이기에 개화할 기회만 주어진다면 한얼의 모든 성취와 충족을 발현할 수 있다. 물질욕망이 발달한 것은 가변적인 물질과 오랫동안 지속해서 접촉했기 때문이다. 욕망은 언제나 기쁜 영혼의 자유를 방해하고 침식하며 자아를 꾀어 변덕스러운 심리상태의 불안정한 파도 위에서 춤을 춘다. 불안정한 심리 상태로는 (1) 슬픔 (2) 거짓 행복 (3) 무관심 (4) 불안한 마음이다. 앞에 나온 네 가지를 떨쳐버리려고 할 때마다, 그 짧은 틈에 자신을 다시 이끄는 것은 현혹적이고 수동적 평화이다. 마음은 번갈아 나타나는 이 네 가지 심리 상태로부터 보호받는다. 주위의 어떤 얼굴이라도 쳐다보면 그 얼굴의 주인이 그런 기분에 지배당하고 있는지를 알 수 있다. 네 가지 불안정한 정신 상태의 하나에라도 사로잡혀 있는 사람의 얼굴은 차분한 상태를 유지하는 경우가 거의 없다. 슬픔과 쾌락과 무관심, 그리고 현혹적이고 일시적인 평화의 영역인 물질생활의 소용돌이로 뛰어들기 전에. 지복(至福)의 바다에서 헤엄치는 법을 익히도록 한다.

자신은 슬픔이나 행복(幸福)에 시달리지 않으면 무관심의 상태로 가라앉는다. 자신의 주위를 돌아보면 지루한 상태를 나타내고 있는 얼굴들을 많이 발견할 수 있다. 무관심한 사람에게 “당신은 슬픈가요?”라고 물어보면, “아니오.”라고 대답할 것이다. “당신은 행복한가요?” 하면, “아니오.”라고 대답할 것이다. “그렇다면, 무슨 문제라도 있나요?”라고 물어보면, “아니, 그저 지루할 따름입니다.” 슬픔을 생성하는 욕망의 춤이 만들어내는 정신적 교란으로부터 영혼을 보호하라. 불행을 만들어낼 뿐인 물질적인 것들은 자신에게 필요하지 않다는 것을 깨닫는다. 진정한 행복과 지속적인 평화, 즉 지복을 발견할 때까지 영혼내면을 탐구함으로써 욕망에 대한 예속에서 벗어나는 것을 배운다. 그리하면, 곧 “지복의 억만장자”가 될 것이다.

집중을 하는 동안 주의산만으로부터 주의를 해방해 두는 것이 필요하다. 일반적 사람은 집중하려고 정말로 노력할 때도 그 마음이 산만하다. 그가 어떤 생각의 대상에 주의를 집중하려고 해도, 그의 마음은 새어나가서 상상할 수 있는 다른 모든 것에 “집중”한다. 그렇게 주의가 산만한 대상에 의하여 무의식적으로 예속되면, 집중하려는 노력은 빈약한 결실을 맺는다. 생명력의 첫 번째 기능은 두뇌에 에너지를 공급(供給)하는 것이다.

사방에 가득한 우주생명 에너지는 연수(延髓)를 통하여 두뇌로 들어간다. 생명 에너지는 또한 연수로부터 심장과 폐와 횡격막과 같은 육체의 모든 기관과 모든 세포로 전달된다. 생명력은 세포들에 직접 에너지를 공급하고 세포들의 기능을 활성화하는 전기적 힘이다. 연수를 통하여 육체로 흘러들어오는 생명력은 육체 전지를 생명으로 충전(充電)시켜 준다. 호흡과 음식과 햇빛은 에너지의 보충적인 원천일 뿐이다. 활성화하는 생명력으로 그것들을 분해하면 육체 전지에 추가적인 전기력이 생성된다.

자동차의 전지가 방전되어서 작동되지 않는다면, 외부의 원천으로부터 전기를 새로이 충전시키는 방법으로서만 그 전지는 다시 활성화될 수 있다. 마찬가지로 죽은 육체 전지는 우주적 원천으로부터 생명력의 신선한 충전을 받을 경우 소생할 수 있다. 축전지는 전기로 충전되고 축전지의 양극판(陽極板)과 음극판(陰極板)의 물리적 특성과 전해질이 변하지 않는다면 무한정 사용할 수 있다. 마찬가지로 육체는 고차원적 훈련에 의하여 지적 생명력만으로 유지될 수 있는데, 그 생명력은 충전용 전기처럼 작용하고 또한 육체 전지의 물리적 성질들의 열화를 방지한다. 가사(假死)에 빠진 인간과 동물이 척추(脊椎)의 에너지와 정신적 에너지로 무한정 생명을 유지할 수 있다.

생명력 자체가 생명을 유지해 주는 유일한 본질이라는 점을 보여준다. 필멸의 생존에서는 육체의 생명 에너지는 그 원천인 무진장 우주 에너지에서 직접 끌어다 쓰는 대신에 음식에서 에너지를 추출(抽出)해서 사용하며, 따라서 음식으로 생명을 유지하는데 의존한다. 음식은 육체에 생명력이 존재하게 하는 원인이 아니며, 그것은 필멸의 생명이 존재하는 데 필요한 조건 중의 하나일 뿐이다. 빛이 없으면 책을 읽는 것은 불가능하다. 읽을 거리가 빛으로 바로 바뀌는 것은 아니다. 마찬가지로 음식이 없으면 생존은 일반적으로 불가능하다. 음식은 생명창조 원인은 아니다. 육체는 환생습관을 거치는 동안 생명을 유지하기 위하여 음식과 호흡에 의존하는데 익숙해졌다. 육체가 생명력으로 사는 훈련을 많이 받을수록, 육체는 음식과 산소에 의존할 필요성이 준다.

호흡기능

호흡의 기능은 육체에 산소를 공급하는 것이다. 폐의 벽을 통과하여 혈액 속으로 녹아 들어간 산소는 노폐물을 운반하는 탁한 정맥혈을 활력을 주는 붉은 동맥혈(動脈血)로 바꾼다. 호흡은 기, 즉 생명력의 흡입을 통하여 간접적으로 육체에 에너지를 공급하는데, 기는 산소에 고도로 농축되어 있다. 산소 원자들을 생명력으로 “분해”함으로써 육체는 생명력으로 충전된다. 정맥혈의 양이 늘어날수록, 호흡의 필요성도 커진다.

체내에 정맥혈이 존재하지 않는다면, 노폐물을 생성하는 육체 조직들의 활동을 막음으로써 육체 세포들에 휴식이 주어질 때 호흡할 필요성이 없어진다. 이러한 이유로 힌두 스승들은 심장에 있는 생명력의 통제를 가르쳐서 체내에서의 세포 붕괴를 멈춤으로써 결과적인 무호흡 상태를 산출하도록 하였다. 정맥혈을 만들어내는 원인인 세포 붕괴를 저지하면, 심장기능은 당분간 불필요하다. 체내에 노폐물을 적게 생성하는 순수한 음식들만을 먹음으로써 에너지 충전 체조와 집중기법, 과학적 기법들을 수행함으로 달성한다.

육체 조직의 세포 붕괴를 방지한다는 것은 심장이 불순이 적재된 정맥혈을 폐로 압입(壓入)해서 정화할 필요도 없고, 육체 조직을 부양(扶養)하기 위하여 산소가 적재된 붉은 혈액을 보낼 필요도 없다는 것을 충분히 확인할 수 있다. 체내에서의 붕괴 과정이 정지되면, 폐로 압입될 정맥혈도 없어지고, 심장은 자연스럽게 그리고 완전히 진정된다. 이렇게 하여 심장을 차분하게 만들면, 폐에서의 정맥혈의 부재 그리고 육체 조직의 가사 상태가 공기에서 혈액으로 흡수되는 산소가 남아 돈다는 것도 알수 있다. 호흡은 불필요하게 된다.

홍-쏘 행법은 그 수행자들로 하여금 호흡을 없앰으로써 호흡의 신비를 풀 수 있게 한다. 호흡을 적절하게 조절하는 사람들, 즉 홍-쏘 기법과 같은 과학적인 기법을 수행함으로써 마음대로 호흡을 없앨 수 있는 사람들만이 자기실현을 획득할 수 있다. 호흡을 없앨 수 있다면, 육체적 생명을 통제할 수 있고, 생명을 연장할 수 있으며, 그 생명을 초월하여 현생(現生)에서 영혼의 각성을 얻을 수 있다. 호흡을 없앤다는 것은 숨 쉴 필요를 전혀 느끼지 않고 편안하게 존재한다는 것이다. 호흡을 없앤다는 것은 폐에 공기를 밀어 넣거나 억누른다는 것을 의미하는 것이 아니다. 호흡관찰은 호흡을 통제하기 위한 예비단계이다.

의식은 호흡이라는 육체의 불수의(不隨意) 기능과 의식은 구별된다는 점을 점차 깨닫게 되고, 호흡의 기능에서 의식을 분리한다. 호흡 통제를 획득한 요기는 그 다음 의식이 그의 생존에서 실제적인 유일한 것이라는 점을 인식할 수 있다. 우리 존재의 신성한 본성을 깨닫게 하는 대신에 육체에 우리 자신을 동일시(同一視)하도록 잘못 인도하는 미망을 이해할 수 있다. 우리 존재의 신성한 본성은 '삿치타난다(sat-chit-ananda)'이다. 다시 풀이하면, '영원한 실존과 영원한 의식과 영원한 기쁨'이다.

어떤 문제나 일요 설교에 집중하려 할 때 어떻게 하면 성공할 수 있느냐고 묻는다면, 대부분의 사람은 주의산만의 대상으로부터 마음을 돌리라고 말할 것이다. 그러나 이런 방법으로는 거의 성공하지 못한다. 특정한 일에 대하여 생각하지 않으려고 열심히 노력할 때마다 마음은 고집스럽게 그것에 골몰하기 때문이다. 집중하려고 노력하고 있을 때 끈덕지게 울리는 전화벨로부터 마음을 돌리려고 하는 것은 거의 쓸데없다. 이것은 전화벨이 울릴 때 소리의 보고가 청각신경에 있는 생명력에 의하여 두뇌로 전달되기 때문이다. 듣고 싶어 하지 않더라도, 청각신경을 타고 침투하는 벨 소리는 두뇌에 기록되기 마련이다. 집중을 시도하는 동안 심란하게 하는 전화벨 소리에서 주의를 돌리려고 다른 것을 생각하는 것은 비과학적이라고 할 것이다.

습관적으로 강력한 집중을 하는 습관을 지닌 사람은 전화벨 소리가 들리지 않을 만큼 마음을 내면 깊숙이 돌릴 수 있다. 그러면 리 같은 의문이 생긴다. 전화벨 소리의 진동이 그의 고막을 때리더라도 그 소리가 정말로 들리지 않게 하는 깊은 집중을 하는 사람에게는 어떤 생리적인 변화가 일어나는 걸까? 영성과 청각신경의 전화로 흘러드는 생명력 사이에는 불가분의 관계가 존재한다는 것이다.

교환원 영성을 선택하면, 그는 기분전환이나 과학적 이완으로 전화벨 소리를 차단해서 그 소리에 방해받지 않도록 할 수 있다.

1. 전화 소리가 자신의 청각신경 전선을 타고 전달되어서 자신의 두뇌에서 울리고 있음에도 그녀는 다른 일을 하느라 정신적으로 너무 바쁜 나머지 전화 소리를 듣지 못할 수도 있다. 이와 같은 기분전환으로 그녀의 주의는 소리를 인식하지 못한다.
2. 그녀는 교환대 앞에서 잠이 들 수 있다. 그러면 그녀는 전선을 타고 들어오는 전갈을 알리는 벨 소리를 듣지 못할 것이다.
3. 그녀는 간단히 전선에서 들어오는 전류를 차단해서 벨을 울리는 전기 자극이 전달되지 않도록 방해할 수 있다.

결국 전화벨 소리를 듣지 않으려는 이같이 몇 가지 조치를 취하는 것이 과학적이라는 사실을 깨닫게 될 것이다.

1. 기분 전환에 의하여 자신의 청각 전화의 교환대 신호에 주목하고 있는 지성의 주의를 해제할 수 있다. 그러나 이 방법에 의하면 그는 자신의 두뇌에 도달하는 심란한 벨 소리의 실제원인을 제거하지 못한다.
2. 잠, 즉 "무의식적인" 감각 이완과 근육 이완에 따라 벨 소리가 두뇌에 들어오지 못하게 막을 수 있다. 잠의 잠재의식적 상태에서, 생명력은 근육(筋肉)으로부터 이완되고 촉각과 후각과 미각과 시각과 청각의 오감(五感)의 전화선으로부터 벗어난다.
3. 감각기관으로부터 생각과 생명력을 과학적으로 차단할 수 있다. 특별한 집중기법인 홍-쏘 행법이다.

성서와 인도경전

"사람은 빵으로만-고체 음식과 액체 음식과 산소로만 살 수는 없고 생명을-유지할 수 없고, 하느님의 입, 머리 뒤쪽의 두개골 밑동에 있는 연수, 그 연수를 통하여 우주 에너지가 육체 하강에서 쏟아져 나오는 모든 말씀은 생명 에너지로 사느니라."(마태복음 4:4).

음식을 에너지로 변환하는 생명 에너지가 생명을 실질적으로 부양해 주는 것이다. 인도경전에 의하면, 미래 음식은 거의 전적으로 우주생명 에너지가 될 것이다. 인간의 육체와 마음과 영혼전지가 소모되면, 그 전지들은 우주 에너지에 의하여 직접 충전될 것이다. 무호흡의 상태를 획득하면 이 같은 중요한 결과가 나타난다.

1. 심장은 고요해지고 오감의 전화들로부터 에너지를 차단한다.
2. 육체 기계장치의 소음(騷音)이 멈춘다.
3. 내부 장기들의 세포 붕괴 과정이 멈춘다.
4. 육체는 연수를 통하여 들어오는 우주 에너지로 산다는 것을 깨닫게 된다.
5. "빵"이나 호흡으로 사는 것이 아니라 우주의식으로 산다는 것을 안다.
6. 영혼은 육체의 속박(束縛)과 호흡에의 예속으로부터 해방된다.

심호흡이 필요하지 않을 때

음식에 굶주려 있다면 식사가 필요하다. 자신이 산소에 굶주려 있다면 심호흡(深呼吸)이 필요하다. 그러나 뱃속에 이미 음식이 차있으면 계속 먹을 필요가 없는 것처럼, 신선한 과일과 채소를 많이 먹고 녹말을 최소한으로 먹는 올바른 습관 때문에 혈액 속에 불순물이 최소한으로 들어있다면 계속해서 숨 쉴 필요는 없다. 많은 사람은 자신의 체내에 노폐물이 많이 들어있기 때문에 거칠게 숨을 쉰다.

차분한 사람들은 숨을 적게 쉬지만 산만한 유형의 사람들은 대체로 녹말과 고기를 지나치게 많이 먹기 때문에 풀무처럼 숨 쉬는 경향이 있다. 그들의 생명력과 마음은 호흡의 물리적인 기능으로 그리고 육신의 육중함과 산만함으로 끊임없이 분주해진다. 육체를 움직이지 않으면 근육과 몇몇 장기에서의 세포 붕괴는 부분적으로 억제될 수 있지만, 동화활동과 순환 활동과 배설 활동과 다른 활동들은 내부 장기에서 여전히 진행된다. 무호흡과 내부 장기들의 이완은 마음을 해방해서 영혼에 집중할 수 있도록 해준다.

호흡은 영혼을 육신에 묶어두는 끈과 같다. 폐가 완벽하게 건강할지라도 불쾌감을 느낄 정도로 폐에 숨을 참는 것은 매우 어리석은 짓이다. 산소 공급이 소진되면, 갇힌 이산화탄소는 헛되이 탈출할 길을 찾는다. 산소 공급이 소진되었으므로, 밀려오는 탁한 혈액은 정화될 수 없고 그리하여 폐의 모세관에 계속 쌓이므로, 모세관은 계속 팽창하여 터질 지경이 되는 것이다.

그 결과는 질식하는 고통이 된다. 허약하거나 병든 폐에 억지로 숨을 참는 것은 명백하게 해롭다. 폐가 약한 사람들은 육체를 똑바로 유지(維持)함으로써 적절한 호흡이 이루어지도록 하는 데 그저 집중해야 한다. 그들은 심호흡을 시도하기 전에 치유되어야 한다. 그런 사람들은 폐가 튼튼해지기 전에는 심호흡이 불필요하다. 모든 사람은 척추를 언제나 똑바로 유지함으로써 정확한 호흡이 이루어지도록 한다.

폐에 숨을 두고, 너무 오래 참음으로써 자살할 수는 없다. 가득 채워진 폐로부터 심장을 향하여 정맥혈이 역류할 때 심장은 고동치면서 그 생명 전류(電流)를 급박(急迫)하게 연수(延髓)로 되쏘아 보내는 현명한 장치를 자연이 마련해 두었다. 연수는 충격을 받고 무의식을 생성한다. 그러면 호흡은 다시 저절로 개시된다. 숨을 참음으로써 폐와 심장을 해칠 수 있다. 탁한 정맥혈이 폐를 수용 한도까지 채웠을 때, 그 정맥혈은 폐동맥을 통하여 심장으로 밀고 들어가려고 한다. 이것은 심장의 통증이나 심장 판막(瓣膜)의 누설을 초래할 수 있고, 또는 과도하게 팽창된 폐에 손상을 초래할 수 있다. 폐에 숨을 오랫동안 참으라고 하거나 격렬한 호흡 수련을 수행한다면. 그것은 억지와 무리수를 두는 것이라고 말할 수 있다.

업(業)과 호흡은 상관연동을 이룬다. 업은 사계절처럼 스스로 돌고 순환되는 이치와 같다. 하늘에 달과 별과 태양이 있으므로 밤낮이 스스로 순환하는 이치와 같다. 호흡도 이와 같다. 그런데 받아야 할 업은 반드시 받고, 갚아야 할 업은 반듯이 갚아야 하는 이치와 같다. 봄이 올 때 세상이 봄을 받아야 하는 이치와 같다. 호흡도 규제하지 말고, 들숨과 날숨을 지켜보는 이치와 같다. 비유하면, 겨울이 올 때 죽음을 받아야하는 수많은 곤충들과 미물들은 죽음을 받아야 하는 이치와 같다. 이것은 곤충의 업이다.

업은 업의 성질, 이치, 본성이 업이다. 그런데 업에 주체가 있는 것이 아니다. 업을 구성하는 주인공은 없다. 왜냐하면 업은 하나의 성질이며 하나의 이치이다. 자연의 성질, 자연의 이치, 자연의 섭리, 자연의 본성과 같다. 업을 이해기 위해서 업에 주재자가 없다는 것을 이해해야 한다. 호흡도 호흡의 주재자가 실상은 없다는 것을 이해해야 한다. 업을 유한세상 이면에 존재하는 시작과 끝으로 간주해서는 아니 될 것이다. 무루(無漏)를 덮고 있는 유루(有漏)의 모습과 형상이다. 업은 생겨나고 없어지는 것이기에 무한에 유루의 현상모습과 같다.

업은 무한에서 끝없이 생겨나고 끝없이 없어지는 파도 같은 유루의 모습이다. 갑자기 업의 출현이 이루어지는 것은 아니다. 바다에 파도가 일어났다 사라지고, 사라졌다 일어나며, 다시 일어나고, 다시 사라지는 파도이치와 같다. 저 하늘에 흰 구름이 나타났다 사라지고, 사라졌다 나타나고, 또 다시 나타나고, 또 다시 사라지는 구름이치와 같다. 결국 업은 바다위의 파도처럼, 하늘위의 흰 구름처럼 나타나고 사라진다. 업은 행위로부터 나타나지만, 갚으면 사라진다. 이는 호흡이 나타나더라도, 고요하면 사라지는 이치와 같다.

7-3. 장수명상지속

질병은 육체적, 정신적, 영적 질병으로 분류할 수 있다. 혈액(血液), 뼈, 두뇌(頭腦), 신경(神經), 세포조직에 영향을 주는 병은 육체적이다. 정신적 질병은 공포(恐怖), 근심, 분노(憤怒), 방탕(放蕩), 탐욕(貪慾), 나쁜 습관의 정신적 세균의 침입에서 발생한다. 우주생명에 대한 무지(無知), 그분과 우리의 관계에 대한 무지는 영적 질병의 원인이다. 힌두경전에 의하면, 그것은 모든 죄 중의 죄(罪)인데, 다른 모든 불행(不幸)이 발생하는 뿌리이다.

내적 평화의 부족, 동료들과의 융화와 결핍, 인생의 의미와 목적에 대한 당혹감은 영적 질병의 일부이다. 그러나 관심사는 육체적 치유 방법에 대한 것이다. 모든 치유방법은 조건적이며, 질병의 존재에 부수적이다. 질병의 치료보다는 예방이 인류의 요망이다. 건강을 보살펴주는 대가를 의사에게 지급하였다가 앓게 되면 의사가 그 비용을 물어내도록 했다는 고사를 기억한다. 이런 방식을 채택하면 질병의 예방과 치유는 진보를 확보하게 될 것이다.

정신적 치유

마음은 살아있는 모든 세포의 지배자이므로 정신력은 치유방법으로서 극히 중요하다. 마음이 없으면 세포들은 존재(存在)할 수 없는데, 이는 세포들이 음식 없이는 살 수 없는 것과 같다. 의식이 내내 없는 사람은 인위적으로 영양을 공급하고 운동을 해주더라도 살 수 없었다. 그러므로 보통 사람은 (1) 음식 없이는 그리고 (2) 의식 없이는 살 수 없다고 우리는 말할 수 있다. 물론 예외적인 경우도 있는데, 기리 발라와 다른 성자들은 음식 없이도 산다.

요기들은 외적 의식이 존재하지 않는 차별삼매 상태에서 오랫동안 살 수 있는 것으로 알려졌다. 그러나 보통 사람은 음식 없이는 그리고 자신의 의식적 마음을 발휘하지 않고는 살 수 없는 것이 사실이다. 이 단계에서 의식적 마음의 사용이란 우리가 지상에 와서 배우기로 한 교훈대로 "살거나" 그 교훈을 성취하는 것을 의미한다. 의식없는 사람은 "살아있다고" 말할 수 없다.

보통 사람이 혼수상태에 빠져들고 상당한 기간 혼수상태에 있다면, 그의 의사는 그 사람의 최후가 가깝다는 것을 안다. 가끔 예외적으로 두뇌의 특정 부위에 어느 정도의 손상이 있으면, 그 사람은 몇 년 동안 혼수상태에 빠져 있게 된다. 이것은 질병이 두뇌의 어떤 급소도 침범하지 못하기 때문이다,

생명력은 여전히 강하지만 의식적 마음을 지배하는 영역은 손상된 것이다. 그러나 이런 경우는 드물다. 무의식에 오래 빠져든다는 것은 죽음을 의미한다. 지적 마음은 장기들과 그 불수의(不隨意) 기능들, 두뇌와 그 활동 등 육체의 모든 부위의 제조를 감독했다. 각각의 조직은 본능적이고 지적인 마음의 지령에 순종하는 세포들로 만들어졌다. 게를 포함한 다른 많은 형태의 생명이 집게발이나 육체의 다른 부위를 잃은 다음에도 그 부위가 새로 자란다는 사실을 자연과학자들은 발견하였다.

그러나 인간의 경우 기본 세포들이 자신만의 분화된 습관을 형성하고 마음에 복종하기를 거부한다는 사실을 우리는 발견한다. 인간이 팔을 잃은 다음에도 그 팔은 왜 다시 자라지 않는가? 육체의 손상이 영구적으로 된 것은 완고한 기본 세포들이 마음을 지배하도록 여러 세대 동안의 잘못된 정신적 습관이 허용하였기 때문이다. 마음은 손상된 육체 부위를 모두 치유할 선천적인 힘을 지니고 있지만, 자신이 발달시킨 세포들에 대한 주권을 발휘하는 데 실패한다. 때가 되면, 과학은 기본 세포들을 유연한 상태로 복원하는 법을 우리에게 보여줄 것이다.

그런 유연한 상태에서 세포들은 육체에서의 다양한 변화를 초래하도록 마음의 지령에 복종할 것이다. 그러므로 육체의 창조자, 설계자, 건축가, 그리고 최고 건설자, 마음은 치유를 초래할 궁극적인 힘이다. 자동차를 구성하는 자재와 부품은 외부에서 제조되어 조립되지만, 우리의 육체 부품은 모두 내부에서 자라난 것이다. 자동차 수리는 다른 곳에서 만들어지고 구입된 부품들로 이루어질 수 있다. 손상된 육체 부품의 수리는 거의 내부에서 이루어진다.

정신적 치유는 네 방법으로 분류할 수 있다. 자기암시 또는 상상에 의한 치유, 추론에 의한 치유, 정감에 의한 치유, 의지에 의한 치유이다. 서양에서 정신적 치유는 상당히 증가하였고, 그들은 많은 성공을 누린다. 그렇지만 현대의 진보적 의료인이 자신의 전공인 육체를 과학적인 방식으로 아는 것과는 달리, 마음을 과학적 방식으로 알지 못한다.

프로이트, 융, 그리고 다른 정신요법들의 연구는 정신적 치유를 더욱 과학적으로 만드는 데 발판이 되었다. 육체와 마음, 그리고 그들의 상호의존성을 철저하게 알 필요가 있다. 여러 종류의 정신적 치유가 다양한 유형의 사람들에게 적용될 필요가 있다. 자기암시는 논리적이고 추론적인 유형의 마음에는 별 효과가 없다. 그렇지만 여기서 설명되는 모든 치유방법은 환자의 신념과 정신적 습관 및 육체적 습관에 따라서 유익하게 사용할 수 있다.

그 방법들에는 우월의 서열이 존재한다. 약물과 수술에 의한 치유는 가끔 사용되지만, 이런 수단에 습관적으로 의존하는 것은 육체를 약물과 외과 수술에 예속시킨다. 그러면 육체는 진정한 치유자이며 자연의 법칙을 수립한 자연, 즉 우주생명에게 의지하는 대신에 언제나 약물과 수술을 요구할 것이다. 어떤 사람들은 다음과 같은 추론으로 질병을 제거할 수 있다. 육체적 감각은 마음에서 그 감각을 받아들일 경우에만 통증이나 발병할 수 있다.

마취제 투여로 마음이 "떠나면" 칼은 육체에 상해의 감각을 생성할 수 없다. 칼에 베인 통증은 마음에만 존재한다. 강한 마음과 분별력 있는 이성을 지닌 사람들은 이런 생각만으로 충분(充分)히 질병을 치유할 수 있다. 정감을 통한 치유는 깊은 감정이 질병의 잠재의식적 암시와 습관을 제압할 때 달성된다. 언어장애인이 갑자기 화재나 다른 위험에 직면한 경우 등에서 자신의 감정이 극도로 고조되었을 때 갑작스레 말문이 트였다는 사례도 나타난다.

정감의 자극은 어떤 유형의 사람들에게서는 질병 의식을 상쇄할 수 있다. 일하기를 싫어하는 정신적 무의지(無意志)에는 무의욕(無意欲)과 무기력이 뒤따른다. 열의)와 의욕은 에너지의 신선한 공급을 동반한다. 우리는 이런 사실에서 의지와 에너지의 미묘한 관계를 볼 수 있다. 의지가 커질수록 에너지는 무진장 많아진다. 의지를 발휘하지 않으면 우리는 어떤 동작도 할 수 없으며 생각도 할 수 없다. 왜냐하면, 우리는 생각하기 전에 생각하려는 의지를 발휘해야 하기 때문이다. 일하거나 움직이거나 생각하기를 싫어하는 완전한 무의지는 매우 이른 죽음을 초래할 것이다.

마찬가지로 "살고자 하는 의지"가 존재하는 한 죽음이 발생할 수는 없다. 인간이 질병과의 소모적인 투쟁을 한 다음에 삶에 대한 자신의 의지 끈을 늦출 때만 죽음이 승리할 수 있다. 인간의 의지는 그토록 전능하다! 육체를 무한정 갱신하기 위하여 육체로 생명 에너지가 계속 공급되도록 의지를 훈련하고 개발할 수 있다. 다짐은 영혼이 이미 가진 것과 망각으로 잠시 잃어버린 것을 영혼에 상기시켜 준다.

다짐은 진리선언이며 구걸하는 기도와 다르다. 거지는 아버지에게서 자신이 원하는 바를 거의 얻지 못하지만, 자신이 "하느님의 아들"임을 기억하려고 노력하는 아들은 다짐이라는 수단에 의해서 진동의 법칙을 적절히 응용해서 어떤 것이든지 가질 수 있다. 먼저 지혜(智慧)와 지복(至福)을 위한 다짐을 한다. 그다음 조화를 위한 다짐, 그다음 건강을 위한 다짐, 그다음 모든 인류의 진정한 행복과 성공을 위한 다짐을 한다.

바라는 바의 어떤 목적(目的)을 위해서 다짐을 할 때, 자신은 모든 파괴적인 부정적 생각을 제거해야 한다. 생각은 인간운명의 기계장치와 전 우주의 기계장치는 물론이고 육체의 복잡(複雜)한 세포 기계장치를 가동하는 힘이다. 일반 대중의 생각과 특히 정치인들의 생각이 국가 기계장치의 운명을 성형하는 것처럼, 생각은 육체의 모든 화학기능, 심리기능, 물질대사 기능을 수행한다.

우주생명의 생각은 우주의 균형과 율동을 유지해준다. 올바르게 발음된 말에서 표현된 인간의 올바른 생각은 또한 율동적인 에테르 진동을 일으키며, 그 진동이 그 사람의 직분에 적절한 행위를 개시(開始)하고 바라던 결과의 달성과 관련된 모든 상황을 조화롭게 한다. 의식이 다짐하느라 자신을 잊을 때까지 시간을 잊고 점증하는 헌신으로 우주생명을 거듭 발음하면, 그 시점에 우주생명의 현존을 느낄 것이다. 말은 생각의 진동이다. 생각은 힘과 에너지의 진동이다.

"깨어나라"와 같은 강한 말이나 명령(命令)도 잠재적이고 활기(活氣)찬 정신력의 뒷받침 없이 미약하게 발언하면 무의미하다. 밤에 잠자리에 들기 직전, 그리고 아침에 잠에서 깨어난 직후, 자기 자신의 마음에서 모든 산만(散漫)한 생각을 비워라. 아래에 나오는 다짐 중에서 적당한 것을 선택한 다음, 두 눈을 감고 배운 바대로 집중하면서 그 다짐을 복송(復誦)하는데 처음에는 큰 소리로 그다음 마음속으로 실천한다.

1. 시각(視覺)과 감정(感情)을 미간(眉間)에 집중하고서 다음과 같은 다짐을 세 번 음송한다. "나는 신성한 의지(意志)에서 흘러나오는 나 자신의 의지로 건강(健康)할 것을, 좋아질 것을, 번창(繁昌)하면서 영적(靈的)일 것을, 좋아질 것을, 좋아질 것을 의지(意志)한다."
2. 심장박동에 집중하면서 헌신과 감정으로 다음을 복송하라: "당신은 사랑입니다. 당신은 사랑입니다. 저는 당신의 것이고 당신은 저의 것입니다. 저는 당신의 것이고 당신은 저의 것입니다. 저는 사랑입니다. 저는 사랑입니다. 사랑은 건강하고 사랑은 완벽합니다. 저는 건강하고 저는 사랑입니다. 저는 온전하고 저는 완벽합니다."
3. 배꼽에 집중하면서 거기에 빛나는 에너지가 있다고 상상한다. 이 생명을 배꼽에서 감지하는 동안 상상과 헌신으로 다음을 음송한다. "당신은 생명이고, 당신은 활력이며,

당신은 마음이고 상상이며, 당신은 생각이고, 당신은 환상입니다. 저는 생각이고 저는 환상입니다. 모든 면에서, 모든 면에서, 저는 당신 같습니다. 저는 당신 같습니다. 저는 온전하고, 저는 당신 같습니다.

4. 연수에 집중하고서 거기에 빛이 있다고 느끼거나 표상하면서 다음을 복송하라: "당신의 우주생명 전류는 흘러들어옵니다. 저에게 흘러들어옵니다. 저의 연수를 통하여 저에게 흘러들어옵니다. 흘러들어옵니다. 전류가 흘러들어오도록, 저의 온몸으로 전류가 흘러들어오도록 저는 생각하고 의지(意志)합니다. 저는 충전되고, 저는 치유됩니다. 저는 충전되고, 저는 치유됩니다. 번개의 섬광(閃光)이 저를 뚫고 지나갑니다. 저는 치유됩니다. 저는 치유됩니다!"

건강은 인간의 신성한 생득권(生得權)이다. 질병은 인간이 만드는 것이다. 눈먼 상태로 태어나는 아기나 어떤 형태로든 정신적 장애나 육체적 장애를 갖고 태어나는 아기는 전생에서 그런 상태의 정신적 원인의 씨앗을 가져온다. 모든 질병의 성향은 전생에서 이월된 것이든 현생에서 자연법칙을 위반함으로써 새로 생긴 것이든 인간의 잘못으로 인한 결과이다.

우주생명은 자신의 모든 자녀가 건강과 행복을 즐기기를 바라지만, 인간은 우주생명 법칙을 어김으로써 스스로 질병과 슬픔을 빚는다. 50년 동안 좋은 건강을 즐긴 다음에 이제 3년 동안 앓고 있으면서 치유할 방법(方法)이 전혀 없다고 하자. 아마 앓을 수 있다는 생각은 웃음으로 흘려보내면서 좋은 건강을 즐겼던 긴 시간에 대해서는 잊어버렸을 것이다. 이제 상황은 반대다. 3년 동안이나 앓고 있었기에 다시는 회복되지 않을 것 같다는 생각을 하게 될 것이다. 정신태도는 일시적인 육체적 상태에 영향을 미친다. 육체적 위생의 법칙을 어김으로써 발생하는 세균 침범으로 발병하는 질병이 존재한다.

정신적 생존법칙을 따르지 않음으로써 발생하는 공포(恐怖), 분노(憤怒), 근심, 탐욕(貪慾), 유혹(誘惑), 자제력(自制力) 부족과 같은 정신적 세균 침범으로 발병하는 질병이 존재한다. 영적 무지에서 발생하는 질병이 존재한다. 신에 대한 무지가 모든 육체적, 정신적, 영적 질병의 어머니이다. 영성 무지를 철폐하면 육체와 마음과 영혼의 모든 질병은 치유될 것이다. 외적 삶의 부서지기 쉽고 부조화 발현물이 내면에 있는 신성한 영혼의 조화라는 석벽과 충돌할 때 질병이 초래된다.

그리고 인간이 부조화 삶을 영위하고자 할 때 그는 상처를 입는다. 석벽을 치는 사람의 주먹을 석벽이 고의로 해치지는 않는다. 주먹으로 석벽을 치는 사람은 그 결과를 이해하지 못하기 때문에 상처를 입는 것이다. 그와 마찬가지로 영성을 처벌하는 것은 아니다. 몸소 생성한 잘못된 행위 결과를 거두어들일 때마다 인간은 그 자신을 처벌하는 것이다. 평화로운 행위는 깊은 명상의 침묵에서 발견되는 평화에 마음을 동조시키는데, 그 결과는 행복이다.

인간치료 방법

육체적, 정신적, 영적 질병을 항구적(恒久的)으로 치료하는 확실한 방법을 추구하는 것은 명백하게 필요하다. 모든 질환을 항구적으로 치료한다는 것은 세균에 의한 질병, 사고에 의한 육체적 상해, 또는 정신적 원인이나 영적 원인에서 발생하는 어떤 장애도 재발하지 않도록 완전히 방지하는 것을 의미한다. 항구적인 건강은 우리가 육체 사원에서 신을 볼 때만 가능하다. 그러면 우리는 육체 안에 신이 있다고 단순히 느끼는 대신에 실제로 영혼과 마음과 육체를 신 자신의 완벽한 발현물로 생각하여 치유된 상태로 남게 된다.

의심의 여지없이 어떤 약물은 치유력을 갖고 있다. 우주생명이 인체에 영향을 줄 만한 힘을 약초와 광물질에 주었기 때문이다. 청산가리 한 병을 마셔도 아무런 해를 입지 않을 수 있는 사람만이 약물이나 물질의 미망 성질에 대하여 당당하게 말할 수 있다. 좋은 약이 발휘하는 놀라운 치유와 훌륭한 의사들이 베푸는 치료에서 실증되는 바와 같이, 약물에 치유력이 있다는 것을 우리는 경험을 통하여 안다. 그러나 약물과 의사는 그 힘에 한계가 있고 어떤 만성질환에 대항할 때에는 무력함을 드러낸다는 점을 명심해야 한다. 무제한적 치유력보다 약물을 전적으로 신뢰하는 것은 환멸을 불러일으킬 게 분명하다.

의학은 육체적 질병의 재발 방지를 보장할 수 없을 뿐만 아니라 정신적 질병과 무지라는 영적 질병의 완전한 치유를 약속할 수도 없다. 일반인이 책을 읽거나 친구들의 권고를 따름으로써 정신적 또는 영적 치료를 추구하는 것으로는 정신적 질환과 영혼의 질환의 항구적 치유를 보증하지 못한다. 온갖 약물을 복용하고 온갖 수술을 받고 또는 세상의 모든 성스러운 책을 읽어도 여전히 일시적인 위안만을 얻을 뿐인데, 이는 이 방법들의 어떤 것도 육체와 마음과 영혼에서 발생하는 인간의 삼중고(三重苦)의 재발 가능성을 실질적으로 분쇄하지 못하기 때문이다.

기도를 통한 치유

약물을 복용한다는 생각만으로는 육체의 질병이 치유될 수 없는 것처럼, 맹목적인 기도(祈禱)를 통하여 신과 접촉한다는 상상만으로는 원하는 치유가 산출되지 않는다. 그러나 빛이 있는 곳에 어둠이 머물 수 없는 것처럼, 신의 완벽한 현존의 빛이 실제로 육체에서 느껴지고 지각될 때 질병의 어둠은 추방된다.

오오하시 켄지(大橋健二)는 동양일보 기고문에서 이렇게 밝힌다.[188] 현대 일본은 세계 최

188) http://www.dynews.co.kr/news/articleView.html?idxno=454580.

첨단을 가는 '초고령사회(超高齡社會)', 이른바 '노인대국', '노인선진국'이다. 그런데 겉으로는 부유하고 넉넉하게 보이는 생활의 뒷면에서 잘 들어나지 않는 사태가 진행되고 있다. 노인의 주위에 둘러싸인, 어떤 계기로 누구나 떨어질 수 있는 '고독', '고립'의 문제가 바로 그것이다. 그것은 젊은 층에도 점차 확산할 추세를 보이고 있다. 고령자의 경우는 고독사(孤獨死)·고립사(孤立死)라는 끔찍하고 비참한 사태에 이르기 쉽다. 이 '고독'은 인류가 걸어왔고, 앞으로도 계속 걸어갈 것으로 생각되는 '근대'의 업보이다. 근대란 보통 '서양근대'를 의미한다. 서양근대에는 두 가지 특징을 가지고 있다. 경제사회와 자아의 발견이 그것이다. 이 둘에 공통된 정신은 모두 전진과 확대와 경쟁, 합리화와 효율화를 '재촉하는' 점에서 어디까지나 남성적·약년적(若年的)이다. 완만하게 쇠약해 가는 노인의 세계와는 상반된다. 여기에 현대일본의 노인들이 느끼는 불편함, 살기 힘듦의 근원이 있다.

여기서 요구되고 출현된 근대자아, 철두철미 자기에게 의존하는 '강한 개인'이란 타자·주위와의 관계를 곧 필요로 하지 않고 내면자기로 폐색되어가는 '아톰적인 자기'로서 원자화된 개인일 따름이다. 인간 본래의 '상호의존적 자기interdependent self'는 전시대적(前時代的)인 것이 되어버리고 그 연장선상에 현대일본의 고령자들이 직면하고 체험하고 있는 '고독'이 출현했다. 최근에 사회문제가 되고 있는 젊은층의 '등교거부', 청장년층에도 파급되어 온 '은둔 외톨이'도 이와 같은 '근대적' 세계와 무연일 수 없다.

메이지유신 이래 아시아에서 서양문명을 적극적이고 무조건적으로 수용하는 데에 앞장서고 경제발전을 이룩한 일본을 지금 일본과 함께 '동아시아 서양근대 수용 공동체'를 형성하는 한국, 중국이 뒤쫓고 있다. 한중일 3국이 직면하는 고령자문제는 '서양근대'에 필연적으로 내포하게 된 암부(暗部)를 드러내고 있다. 인생 80년보다 더한 '인생 100년 시대'에 들어가고 있는 현대세계에서 고령자 문제는 한중일 세 나라뿐만 아니라 현대문명이 공유하는 가장 중요한 문제가 되고 있다. 노년기에는 의존적이고 약한 '약한 개인'임을 자각하고 타자에게 신세지기를 각오하면서 다시 "인생을 어떻게 살아야 되는가?"를 생각할 시간이 된다. 노년기에 해야 할 일은 다음 세대의 일자리·지위를 빼앗을 수 있는 '노동'따위가 아니다. 다시 "어떻게 살아야 되는가?"를 탐구하여 '철학'을 공부하고 잘 살기 위한 지혜를 닦아야 한다.

세계 속에서 스스로 인간적으로 성장하는 것과 조금이나마 보다 나은 사회와 미래를 창조하는 일에 참여하는 것이야말로 노년에게 요구되는 최대의 과제이다. 오늘날 요구되고 그것을 구할 수 있는 것은 노인과 어린이에게 공통되는 '약한 개인'의 논리, '약함'의 철학이다. 거기에는 먼저 노인 개개인이 거듭나야 된다. 자각적으로, 각오를 해서 '약한 개인'을 사는 주체가 될 수 있는 것은 어린이들이 아니라 노인들이기다. 그러한 의미에서 오오하시 켄지는 '다시 공부하기' 혹은 '다시 살기'를 위해 필요한 것이 철학이라고 하였다.

충분히 오랫동안 끈질기게 추구하면, 그 여정의 끝에서 반드시 우주생명을 발견할 것이다. 분출하는 영혼으로 마음속으로 한다. 최대한의 헌신으로 기도하면서 마음속으로 다짐하고 있는 모든 것을 듣는 것을 알도록 한다. 모든 육체 세포와 모든 생각을 통하여 삐져나오는, 끝없이 분출하는 기쁨의 명료한 목소리를 통하여 대답을 받을 때까지 기도한다. 해야 할 일을 묘사하는 진정한 환시(幻視)를 통하여 대답 받을 때까지 기도한다. 우주생명과의 접촉을 절대적으로 확신할 때까지 끊임없이 기도한다. 상제(上帝, the Most High)에게 자신의 육체적, 정신적, 또는 영적 필요를 신성한 '생득권'을 요구한다. 자신의 난폭한 정열의 소음과 물질계에서의 무거운 발걸음의 분주(奔走)함 때문에 내면에서 부르는 소리를 들을 수 없게 되었다.

행동을 멈추고 차분해진 다음 기도한다. 그러면 침묵 속에서 신성한 현존이 부상(浮上)할 것이다. 잠자리에 들기 전 그리고 잠에서 깨어날 때, 내적으로 그리고 깊이 이 같이 메시지를 방송하려고 노력한다. 망가진 송화기가 전갈을 방송할 수 없는 것처럼, 산만한 마음은 신에게 기도를 전송할 수 없다. 탕아가 되어서 물질적 한계의 땅에서 방랑하고 있었기에 그리고 우주생명 아들로서의 자신의 몫을 요구하는 대신에 거지처럼 기도하기 때문에 그 기도는 응답받지 못한다.

치유가 자연적인 원인에 의한 것인지 또는 약물에 의한 것인지 분명하지 않을 수 있다. 또한 기도와 치유 사이에 인과관계가 없는 경우도 있다. 기도하지 않았는데도 치유된 것일 수 있다. 기도를 통하여 인과응보의 법칙을 과학적으로 적용할 수 있는지를 발견해야 한다. 물리적 법칙들은 육체적 감각기관에 의하여 해석되어야 하고 그 이해로 판단되어야 한다. 신성법칙들은 집중과 명상과 각성한 직관에 따라 파악한다. 노인에게 직관의 힘과 지혜를 모으면, 난제를 돌파할 힘을 발견하게 될 것이다.

천상노래

구도자들의 가슴의 문이 내면에서 신에게 열려있다는 것을 신이 발견한다면, 그리고 영혼의 고무를 받은 진정한 집중이나 명상으로 신을 환영한다면, 신은 모든 사원으로 들어올 것이다. 신은 교회의 신도 수가 많다는 것으로 매수될 수 없으며, 교회의 재산이 많다는 것으로도 매수될 수 없고, 잘 짜인 설교에 의해서도 매수될 수 없다. 신은 헌신의 눈물로 정결(淨潔)해지고 영혼을 감동하게 하는 사랑으로 불 밝힌 가슴들의 제단만을 방문한다.

의식의 첫 번째 상태는 물질적 만족(滿足)과 육체적 만족을 위한 투쟁(鬪爭)과 획득(獲得)에 자신과 자신의 안녕(安寧)을 완전히 동일시(同一視)하는 것이 특징(特徵)이다.

두 번째 상태는 고차원적인 일에 집중함으로써 감각적 세계에 몰입(沒入)해 있는 자신의 상태로부터 가끔씩 벗어나려고 노력할 때 달성(達成)된다. 세 번째 상태는 더욱 깊은 집중으로 달성되는데, 내적 지복을 어렴풋이나마 즐기게 되는 중간(中間) 지점에 도달(到達)한다. 그의 영적 성향(性向)과 물질적 성향은 이제 균형을 이루게 되는데, 그것은 집중하려는 꾸준한 노력결과이고 고요한 집중의 습관에 대한 적절한 훈련을 받은 결과이다.

네 번째 상태는 의식이 유일선(唯一善)이나 우주생명과 동일시될 때 오며, 선악의 대립상태(對立狀態)를 넘어서게 된다. 의식이 깨어난 요기는 선악의 이원상태가 사라졌음을 깨닫는데, 잠에서 깨면 경험이 사라지는 것과 같다.

식이요법 활용

식이요법과 단식은 적절한 의학적 관리를 받아 시행될 경우 기술된 상황에서 유용한 것으로 밝혀질 것이다. 채소(菜蔬)를 주로 먹고 삶은 달걀노른자를 하루에 한 개씩 먹는다. 녹말(綠末) 음식, 튀긴 음식, 사탕종류를 멀리한다. 식사할 때 물을 마시지 않는다. 3일마다 하루를 오렌지 과즙(果汁)으로 단식한다. 극히 뚱뚱한 사람들은 7일간 오렌지 과즙으로 단식한 다음 9일간의 세정(洗淨) 식이요법을 진행하면 많은 혜택을 입을 수 있다. 다음 식품은 영양가(營養價)가 높은 것들이며 체중을 늘리고자 하는 사람들에게 유익하다.

크림을 바른 바나나	달걀 2개
크림을 넣은 오트밀	올리브유 한 숟갈
크림 1/4잔	버터 3과 1/2온스(99그램)
통밀 빵 2조각	

바나나를 충분히 먹으면서 한 달 동안 식사할 때마다 두 잔 물을 적당히 따뜻하거나 시원하며, 얼음이 들어있지 않은 상태에서 마셔도 체중은 증가하였다. 마음을 통한 신의 치유력에 대한 신념을 갖고서 식이법의 법칙을 준수하는 것이 마음에 대한 신념을 갖고 있지만 식이요법 법칙을 무시하는 것보다 낫다. 유익한 결과를 위해서 매일 당근을 포함한 푸른 잎 채소를 먹고 곱게 간 견과류(堅果類) 한 숟갈을 곁들인 오렌지 과즙 한 잔을 마신다. 완전히 간 견과류, 크림, 몇 방울의 레몬 과즙, 오렌지 과즙과 꿀로 만들어진 좋은 샐러드드레싱을 모든 샐러드와 섞어 복용한다. 아일랜드 드레싱이 좋다.

삶은 달걀이나 채소로 만든 약간의 카레 맛깔 장은, 가끔 먹을 경우, 훌륭한 식욕 유발제이다. 닭고기, 양고기, 또는 생선을 먹는 것도 습관화하지 않는다. 견과류, 코티지치즈, 아보카도, 달걀, 우유, 크림, 바나나는 고기 및 생선 대용식으로서 매우 좋은 것들이다. 여러분이 닭고기, 양고기, 또는 생선을 먹는다면, 많은 양의 채소 샐러드를 함께 먹어라. 백설탕을 너무 많이 먹지 않는다. 흑설탕이 더 좋고, 꿀은 가장 좋은 것이다. 가황(加黃)되지 않은 무화과(無花果), 건자두, 건포도(乾葡萄)와 같은 자연의 사탕을 먹어라. 사탕을 지나치게 많이 섭취하는 것은 장내발효(腸內醱酵)를 일으킨다.

튀긴 음식과 흰 밀가루로 만든 음식을 자주 즐기는 것은 건강에 해로울 수 있다는 것을 가슴에 새겨둔다. 백미(白米)와 같이 고도로 정제된 식품은 영양가 대부분이 벗겨져 나간 것이다. 자연식품은 대체로 건강에 더 좋은 것이다. 일상적인 식사에 생과일과 생채소가 많이 포함되도록 하라. 식사가 주로 화식(火食)으로 구성되어 있다면, 생식을 도입해서 신체 변화에 적응하도록 한다. 익힌 채소는 조리될 때 생기는 국물과 함께 먹어야 한다.

제시된 지침에 따른 적절한 식이요법을 가장 잘 골라서 규칙적으로 단식하라. 소식한다. 식사할 때 식이법의 규칙을 따른다. 햇빛, 산소, 에너지 충전 체조를 규칙적이고 일상적인 식이법의 일부로 삼아라. 매일 섭취하는 식품은 육체를 적절하게 유지하는 데 필요한 모든 원소를 함유하는 아래의 식품 목록에서 가능한 한 많은 항목을 포함한다고 할 것이다. 언급된 모든 과일을 하루의 식사에 포함하지 못한다면, 마련하는 과일의 양을 늘린다. 날마다 다른 과일을 마련한다.

사과 1개	굽거나 찐 황색 채소 또는 녹색 채소 3개와
자몽 1개	국물
레몬 1개	생당근 1개
라임 1개	생시금치 6장
오렌지 1개	양상추 1/4통
오렌지 과즙 1잔(과육 포함)	올리브유 1 찻숟갈
견과류 가루 1숟갈	우유 1잔
파인애플 1조각	코티지치즈 1숟갈
무화과, 대추야자	달걀 1개
건포도 한 줌	꿀 1찻숟갈

"일상적인 식이요법" 아래 열거된 식품을 적어도 일부라도 매일 먹는데, 세끼에 골고루 분배해서 먹는다. 예를 들면, 아침에는 우유, 점심에는 빵과 달걀과 채소 샐러드, 밤에는 견과류와 과일을 먹으면 된다. 소화관(消化管) 염증(炎症)은 종종 야간 과식에서 초래되며, 위장(胃臟), 십이지장(十二指腸) 등의 점막(粘膜)에 자극효과를 주는 사탕이나 다른 식품을 지나치게 많이 먹을 때도 초래된다. 개인적인 식습관은 고려되어야 하겠지만, 나쁜 습관이라면 서서히 바꿔야 한다. 어쨌든 여러분이 일상적으로 먹는 음식에 "일상적인 식이요법"

목록에 있는 식품을 일부라도 추가(追加)하라. 위에 언급된 식품 중에서 맞지 않는 것들은 빼고, 영양공급의 필요성을 느낄 때는 아주 조금만 먹는다. 목록에 제시된 양을 개인적 필요에 맞추어서 늘이거나 줄여도 된다. 물론 사무직 종사자보다는 힘든 육체노동을 하는 사람이 더 많은 음식을 먹어야 한다는 것은 분명하다. 목이 마르면 한 잔의 오렌지 과즙이나 물을 복용하되, 생수가 없으면 증류수나 끓인 물도 좋다. 그렇지만 자연의 증류수 또는 희석되지 않은 과즙이 좋다. 식사할 때 물을 너무 많이 마시지 않는다. 얼음물은 언제든 매우 적게 먹어야 하지만, 특히 식사 중이나 식후에는 얼음물이 위장 온도를 낮추고 소화액)을 희석해서 소화를 지체시키기 때문에 삼가야 한다.

자기(磁氣) 식이요법: 대체로 "식품"이란 단어(單語)는 육체적 영양과 관련해서만 사용되지만, 다른 종류의 식품도 존재하는데, 즉 정신적 에너지, 또는 집중, 그리고 신성한 지혜가 그런 것들이다. 첫 번째 것은 육체 전지를 충전한다. 두 번째 것은 마음 전지를 충전한다. 세 번째 것은 영혼 전지를 충전한다. 자신의 자기(磁氣)의 정신적 식이요법을 분석해 본 적이 있는가? 그것은 보통 여러분이 생각하고 있는 생각과 여러분이 친구들과의 밀접한 접촉으로부터 받고 있는 생각으로 구성된다. 평화로운 친구들은 언제나 건강한 자기(磁氣)의 마음에 이바지한다. 어떤 사람이 분쟁 환경 또는 평화로운 환경에 의지하며 사는지 알아내기 쉽다.

그릇된 부류 친구들이나 감사할 줄 모르는 직계 친족으로 인한 내적 조바심과 근심은 불건전하고 음울한 마음을 생성한다. 자기 식이요법은 또한 광선과 산소와 같은 식품 대체물로 구성되는데, 그런 것들은 잠재적인 생명력에 의하여 쉽게 동화되고 에너지로 변환될 수 있다. 자기적 식품은, 생명력으로 쉽게 변환되지 않는 고체와 액체보다 더 빨리 에너지를 제공한다. 비타민은 여러 종류의 광선으로 식사할 때 에너지를 섭취하는 장점이 있다. 태양에서 흡수하는 자외선(紫外線)은 유익한 활력(活力) 효과를 육체에 발휘한다. 대부분의 염증과 상처치유는 매일 30분씩 햇빛에 노출함으로써 증진될 수 있다.

적절한 의학적 관리에 그런 치료를 받을 경우 많은 혜택을 얻을 수 있다. 에테르로부터 전자 에너지를 받으려면, 똑바른 자세로 앉아서 숨을 내쉬고 차분하게 유지한다. 그리고 육체를 둘러싸고 있고 여러분의 육체 세포를 통하여 들어오고 있는 전자 에너지를 느낀다. 또는 두 손을 머리 위로 쳐들고 있는 동안 손가락을 타고 내려오는 에너지를 받는다. 목욕하기 전에 벌거벗은 온몸을 손바닥으로 활발하게 그리고 빠르게 문지르면 생명력이 생성되며 유익하다. 가끔 전지의 두 전극을 잡고서 전기로 육체를 충전하는 것은 육체에 자유 에너지를 공급하는 좋은 방법이다. 전류는 약해야 한다.

햇볕으로 데워진 물이나 자외선이 밴 물에 목욕하는 것 또한 매우 유익하다. 육체의 환부에 태양등을 쬘 때 자신의 온 생각을 따뜻한 느낌에 집중한다. 그리고 여러분은 육체의 원자 구성물로 에너지를 흡수하고 있으며 그리하여 자신의 세포 전지들을 충전하고 있다는 것을 기억한다. 먹는 음식 종류는 좋은 기질이나 나쁜 기질의 발달에 지대한 영향을 미친다. 않는다면 좋은 기질을 갖기는 쉽지 않다.

육체는 생존을 위하여 어떤 원소들이 필요하지만, 많은 사람이 매일의 식사에서 이 원소들의 일부를 빠뜨린다. 바로 그런 이유로 질병이 곳곳에서 기승을 부리는 것이다. 신은 질병을 창조하지 않았다. 인간이 그릇된 생활을 지속함으로써 질병을 창조한다. 집을 덮고 있는 회벽(灰壁)은 기후 열화(劣化)의 영향을 통하여 구성 성분의 일부를 잃는다.

육체에서는 세포들이 늘 붕괴하고 있으며, 그런 이유로 육체의 집은 새로운 세포의 성장과 유지를 위하여 올바른 종류의 음식물로 적절한 수리를 할 필요가 있다. 매일 세포조직은 올바른 종류의 육체 조성 물질을 공급받는다. 집에 회칠할 때, 모래에 석회(石灰)를 충분히 섞지 않는다면, 또는 그저 모래와 물의 반죽을 만들어서 벽에 바른다면, 떨어져 나가기 시작할 것이다.

마찬가지로, 육체 조성 원소들의 정확한 종류와 양을 포함하는 올바른 종류의 혈액(血液)으로 "회칠"되지 않으면 우리 육체는 붕괴된다. 육체는 활기를 잃기 시작하고, 세포조직은 늘어지며, 피부는 주름지기 시작하고, 세포들은 자신의 조성 능력을 잃기 시작한다. 육체에 적절한 음식물을 공급하고 있는지를 확인하는 방식으로 준비하는데 주의를 기울여야 한다. 올바른 음식을 체내에 도입하는 것이 중요한 것처럼, 소화(消化), 산소화(酸素化), 화학화(化學化), 배설(排泄), 결정화(結晶化), 물질대사(物質代謝), 동화(同化) 같은 능력을 개발(開發)하고 유지하는 것이 중요하다. 섭생(攝生)과 관련하여 고려한다.

a) 적절한 음식물의 선택(選擇).

b) 적절한 운동(運動)에 의한 생명력(生命力)의 각성(覺醒).

다음의 정보(情報)는 식이법 권위자(權威者)들의 연구(研究) 성과(成果)와 힌두 요기들의 가르침에 기초(基礎)한 것이다. 모든 적절한 음식물은 단백질, 지방, 탄수화물, 물, 무기염(無機鹽), 비타민과 같은 주요 항목(項目)으로 분류(分類)될 수 있다. 하루에 섭취하는 음식은 이 성분들이 적당한 비율로 섞는다.

이 범주들에 속하는 음식과 특정한 영양가(營養價)를 제공하는 음식의 사례는 이와 같다. 단백질은 주로 탄소(炭素), 수소(水素), 질소(窒素), 산소, 유황(硫黃)을 함유하는 아미노산이 매우 복잡하게 조합되어 있는 복합체이다. 단백질은 동물성이나 식물성이 있는데 모든 살아있는 세포의 조성에 필요하다. 동물 단백질의 원천은 고기, 생선, 우유, 치즈, 달걀이다. 식물성 단백질은 단백질 가루, 콩류, 견과류(堅果類)에서 발견된다. 단백질 공급원으로서 고기, 생선, 가금류(家禽類)를 먹는 데 익숙하다면, 식사할 때 고기를 조금 먹는다.

신체가 고기를 요구한다는 생각이 들면, 가끔 양고기, 닭고기, 생선을 먹는다. 이 식품(食品)들의 고단백 영양가는 그 식품들의 육체 퇴화 효과에 의하여 상쇄된다. 그러므로 생명 유지에 필수적인 이 식품 성분을 얻으려면 치즈, 달걀, 우유 등과 같은 다른 원천에 의존하는 것이 좋다.

지방은 에너지를 생산하는 것이고 식물성 식품과 동물성 식품에서 발견되는 유지로 구성되어 있다. 이 지방은 세포들을 윤활하며 관절과 수족이 닳아서 불쾌하게 삐걱거리는 것을 방지하도록 관절과 수족에 기름칠하는 데 극히 필요하다. 식물성 지방은 올리브유, 옥수수유, 견과류(견과류 기름), 콩류(땅콩기름 및 콩기름), 아보카도에서 발견된다. 동물성 지방은 버터, 크림, 돼지기름, 지방질 고기에서 발견된다. 탄수화물은 연료로 사용되며, 탄소, 수소, 산소의 화합물로 구성되고, 당분, 녹말, 섬유소를 함유한다.

탄수화물은 곡물, 감자, 콩류(완두콩과 강낭콩), 옥수수, 늙은 호박, 타피오카, 꿀, 설탕, 단맛 과일에서 발견된다. 물은 음식 성분을 세포로 운반하고 노폐물을 실어내는 운반자이다. 무기염은 세포조직을 조성하는 큰 능력을 갖추고 있다. 무기염은 모든 과일과 채소(菜蔬), 특히 잎줄기채소에서 발견된다. 비타민은 다양한 물질대사 과정을 조절하며 척추동물(脊椎動物)의 영양에 필수적이다. 비타민은 모든 생과일과 신성한 채소에 풍부하게 들어있다. 이 형태(形態)로 된 비타민의 모든 소중(所重)한 성분은 손실 없이 혈액으로 곧바로 들어간다.

채소를 약하게 찌는 것은 가끔 권장되기도 하지만, 자연이 최상의 요리사이다. 자연은 모든 채소와 과일을 자외선(紫外線)과 증류수(蒸溜水)로 조리한다. 토마토, 자몽, 바나나, 생시금치, 가황(加黃)되지 않은 무화과(無花果), 당근, 사과(沙果), 레몬, 오렌지, 버터, 통밀빵, 올리브유, 견과류 또는 견과류 버터, 상추, 대추야자, 달걀, 우유, 크림이 육체에 소중하다. 토마토 액즙(液汁), 레몬 과즙(果汁) 또는 라임 과즙. 또한, 오렌지 과즙과 자몽 과즙. 레몬은 최상의 살균제이다.

레몬은 위장(胃臟)의 많은 세균을 죽인다. 이들은 혈액 조성 및 정화 식품이다. 우유, 코티지치즈, 코코넛, 매로우 호박(애호박), 파인애플, 견과류가 뼈 조성 식품이며, 윤활성 식품은 올리브유, 아몬드 버터, 견과류 마가린, 견과류 버터, 크림, 버터이다. 이들은 육체의 관절을 윤활 하는데 매일 한 숟갈 이하의 올리브유를 섭취해야 한다. 샐러드에 올리브유를 너무 많이 사용하면 샐러드가 기름져서 소화하기 어렵게 된다.

두뇌 식품으로는 모든 형태의 견과류, 우유, 생선이다. 신경을 살리는 식품은 아몬드 우유, 특히 곱게 간 아몬드 가루 한 숟갈과 물 한 잔, 다른 견과류 가루와 오렌지 과즙, 희석된 버터 우유로 버터 우유와 물을 절반씩 섞은 것이 좋다. 얼음과 설탕을 탄 레몬차 또는 라임 차로서 너무 시거나 너무 달지 않게 한 것으로 한다.

신경 이완의 음료로서는 한 잔의 찬물에 신선한 라임 반 개의 과즙과 설탕을 탄다. 설탕과 라임의 맛이 고른 균형을 이루어야 한다. 언제나 얼음조각을 넣어라. 이것은 특별한 영적 진동을 갖고 있다. 피부미용을 위한 치유 식품이 중요하다. 잠자리에 들기 직전에 신선하고 깨끗한 크림을 모공에 공급하거나 코코넛 기름을 얼굴, 손, 팔에 바르는 것은 홍역, 천연두 및 다른 질병으로 생긴 얼굴 흉터를 치유(治癒)하는데 놀라운 효과가 있는 것으로 밝혀졌다.

몸매유지 위한 식사

물이나 다른 액체를 너무 많이 마시지 않는다(하루에 6~8잔). 식사할 때 액체를 매우 적게 마신다. 끼니마다 과식하면서 운동 부족(不足)이 이어지면 육체의 맵시가 파괴(破壞)된다. 녹말과 설탕의 과잉섭취(過剩攝取)를 피하고 또한 기름진 튀긴 음식의 과잉섭취를 피한다. 미각(味覺)의 유혹(誘惑)으로 먹기는 쉽지만 에너지를 파괴하는 축적된 지방을 제거하기는 어려울 것이다. 육체를 날씬하게 유지하면 심장(心臟)은 좋은 상태를 유지하는 것이다.

당근 액즙을 마시고, 신선한 코티지치즈를 먹고, 또는 생당근을 먹는 것은 눈을 강화(强化)하는 것으로 밝혀졌다. 녹말 식품을 적게 먹고 생식품을 먹는 것은 거의 전적으로 귀를 강화한다. 염소젖을 마시고 염소 치즈를 먹는 것은 폐(肺)에 유익하다. 위장은 가끔 생식품의 도움을 받기도 하고 소금이나 향신료(香辛料)를 사용하지 않은 살짝 찐 채소 도움을 받는다. 설탕을 타지 않은 따뜻한 물 한 잔에 레몬이나 라임 하나를 희석해서 단독으로 마시면 간장(肝臟), 비장(脾臟), 창자, 신장(腎臟)에 매우 좋은 것이다.

레몬 과즙은 육체의 장기를 살균하는 것이다. 레몬의 산(酸)이 체내로 들어오는 게 달갑지 않은 세균을 파괴한다. 적절한 의학적 관리에 일주일에 하루 동안 무가당 과즙만을 마시거나 2개월에 한 번씩 2일이나 3일 연속해서 과즙만을 마시는 것은 체내에서 많은 독소를 제거할 것이다. 과즙 단식하는 동안 적절한 '천연' 완하제(緩下劑)를 사용한다. 흰 밀가루로 만든 식품은 회피한다. 흰 밀가루 식품은 아교)처럼 창자에 들러붙어서 육체 노폐물의 배출을 방해하기 때문이다. 창자의 관이 쉽게 과민반응하지 않는다면 밀기울과 같은 거친 식품이 변비 예방에 좋다.

순수한 활력 성분을 지닌 음식물에서 육체적 에너지를 더 많이 추출함으로써 육체와 마음의 영적 품성을 개발하는 데 도움을 받을 수 있다. 바나나, 견과류, 버터, 우유, 크림, 생과일과 건과일 등이 그런 식품이다. 토마토, 견과류, 오렌지 과즙, 아몬드, 염소젖, 코티지치즈, 통곡식품, 생과일과 건 과일을 먹음으로써 활력을 개발한다. 부적절한 자세 때문에 산소에 굶주린다면, 깊이 그리고 적절하게 호흡할 필요가 있다. 등을 구부리고 앉거나 가슴을 웅크리고 걷는 사람은 횡격막과 폐를 압착하는 것이고, 생기 잃은 모든 혈액을 폐에서 정화(淨化)하는 데 필요한 산소량을 받아들일 수 있도록 횡격막과 폐가 적절하게 확장되는 것을 방해한다.

폐와 횡격막이 적절하게 확장되지 않으면, 충분한 산소가 혈액으로 반입되지 않는다. 그렇게 되면 폐의 폐포낭(肺胞囊) 칸막이 속에 있는 독소가 쌓인 정맥혈은 정화되지 않고 남아 있다가 그 상태 그대로 체내로 환송된다. 가슴을 펴고 복부를 들이민 자세로 앉거나 걸으면, 적절한 양의 산소를 흡입하게 될 것이다. 신선한 생기가 체내로 공급됨에 따라 탁한 정맥혈은 선홍색 혈액으로 변할 것이다. 육체의 휴식을 취하고 싶다면, 푹신한 의자에 파묻혀 앉아서 척추가 구부정하고 폐가 압착되도록 하는 것보다 단단한 침대에 등을 대고 눕는 것이 좋다.

침대에는 용수철 대신에 판자를 사용하고, 위에는 용수철 매트리스를 깔도록 한다. 너무 부드럽고 탄력이 많은 침대는 척추가 구부러지게 함으로써 건강을 해칠 가능성이 크지만, 똑바르지만 부드러운 침대는 그럴 위험이 없다. 음식에 굶주려 있다면 식사가 필요하다. 여러분이 산소에 굶주려 있다면 심호흡이 필요하다. 뱃속에 이미 음식이 차있으면 계속 먹을 필요가 없는 것처럼, 신선한 과일과 채소를 많이 먹고 녹말을 최소한 먹는 습관 때문에 혈액 속에 불순물이 최소한으로 들어있다면 계속해서 숨 쉴 필요는 없다.

많은 사람은 자신의 체내에 노폐물이 많이 들어있기 때문에 거칠게 숨을 쉰다. 차분한 사람들은 숨을 적게 쉬지만 산만한 사람들은 녹말과 고기를 지나치게 많이 먹기 때문에 풀무처럼 숨 쉬는 경향이 있다. 그들의 생명력과 마음은 호흡의 물리적인 기능으로 그리고 육신의 육중함과 산만함으로 끊임없이 분주하다. 차분하면 육체는 움직임이 적어진다. 그 결과 육체에서는 세포 붕괴가 적어질 것이고 호흡할 필요성이 매우 적어질 것이다. 가쁜 숨을 쉬면 심장박동은 매우 빨라질 것이다. 달릴 때는 가쁜 숨을 쉬게 되고 심장박동은 빨라진다. 육체를 움직이지 않으면 근육과 몇몇 장기에서의 세포 붕괴는 부분적으로 억제될 수 있지만, 동화활동과 순환활동과 배설활동과 다른 활동들은 내부 장기에서 여전히 진행된다.

무호흡과 내부 장기들의 이완은 마음을 해방해서 영혼에 집중할 수 있도록 해준다. 호흡은 영혼을 육신에 묶어두는 끈이다! 폐가 완벽하게 건강할지라도 불쾌감을 느낄 정도로 폐에 숨을 참는 것은 매우 어리석은 짓이다. 산소 공급이 소진되면, 갇힌 이산화탄소는 헛되이 탈출할 길을 찾는다. 산소 공급이 소진되었으므로, 밀려오는 탁한 혈액은 정화될 수 없고 그리하여 폐의 모세관(毛細管)에 계속 쌓이므로, 모세관은 계속 팽창하여 터질 지경이 되는 것이다. 그 결과는 질식하는 고통이 된다. 억지로 숨을 참는 것은 해롭다.

탁한 정맥혈이 폐를 수용 한도까지 채웠을 때, 그 정맥혈은 폐동맥을 통하여 심장으로 밀고 들어가려고 한다. 이것은 심장의 통증(痛症)이나 심장 판막 누설을 초래할 수 있고, 또는 과도하게 팽창된 폐에 손상을 초래할 수 있다. 그러므로 폐에 숨을 오랫동안 참으라고 하거나 격렬한 호흡 수련을 수행하라고 하는 사람이 있으면 그 말을 듣지 않는 것이 바람직하다.

황진수 한성대 명예교수는 '노년철학을 생각한다.'는 동양포럼 기고문에서 이렇게 밝힌다.[189] 성공적 노화는 '잘 늙는 것(well-aging)'을 의미한다. 이미 오래 전부터 미국의 중산층을 중심으로 한 노화 모델이 새로운 '노년학(New Gerontology)'으로 자리 잡았고, 대중매체에서도 노년의 긍정적 부분에 초점을 맞춘 '신 노년 담론'을 제기한다. 이 담론의 밑바닥에 깔려있는 공통적 견해는 나이가 들면 병들고 허약하며 가난한 모습의 노인이 아니라 노년에게 부여된 잘못된 기회와 공평하지 않은 대우가 사회에서 제공되기 때문에, 노년의 모습이 그렇게 될 수밖에 없다는 주장이다.

'신 노년담론'은 크게 세 가지로 집약되고 있다. 첫째, 신 노년은 활동적 노인으로 바쁜 노인이다. 이 경우 활동성 · 생산성으로 평가된다. 그러나 참여하지 못하는 노인은 주변인물로 고착화시키는 경향이 있다.

둘째, 성공적 노년의 책임을 전적으로 개인에게 귀속시키는 것으로 모든 역량과 활동을 '사사화(私事化)' 시킨다. 이 경우 노년기의 휴업상태의 노인에 대한 불평등을 악화시킨다.

셋째, 결과적으로 신 노년에 대한 찬사와 긍정적 의미부여는 반대로 저 소득층, 장애노인, 무능한 처지의 노인을 더욱 주변으로 내몰고 이들에 대한 사회정책의 대상으로 고착화시키는 경향이 뚜렷하다.

노인이기 때문에 갖는 다양한 아름다움과 가치를 찾아내어 젊은 세대의 그것과 조화를 이룰 수 있도록 해야 한다. 봄철에 피는 아름다운 꽃과 안개도 아름답지만, 가을의 바위와 어울리는 단풍의 모습 또한 아름답지 아니한가. 모화상이 말한 것처럼 아침의 태양도 눈부시지만 저녁놀의 해지는 모습도 아름답다고 한 것과 일맥상통하는 말이다.

젊음의 연장이 아닌 노년기 지혜를 인생의 한 과정으로 인정하고 풍요롭게 만드는 것, 노인이 그 과정의 주체가 될 수 있도록 사회가 지원해주는 것이 노년철학 과제이다. 행복은 정상에 올랐을 때 느끼는 것이 아니다. 행복은 항상 '지금 여기(here and now)'에 있기 때문이다.

189) http://www.dynews.co.kr/news/articleView.html?idxno=451938

제8장

장수안전인성

〈장수생존교양, 장수안전훈육, 장수애정역량을 다룬다.〉

8-1. 장수생존교양

모든 생존개념 중에서 막연한 것은 수명이다. 음식(飮食), 재정(財政), 건강(健康), 가족관계 등의 요소들이 영향을 미친다. 수명은 눈에 보이지 않지만, 가시적 우주에 징표를 나타낸다. 파도는 바다 전체는 아니다. 바다와 파도를 모두 합친 것이 대양이다. 그와 마찬가지로 발현된 세계와 발현되지 아니한 순수 우주생명 의식을 합친 것이 한얼이다. 한얼은 유한성의 파도로 진동하는 무한성 바다이다. 우리는 우주생명 의식의 바다에서 뿜어져 나온 인간 의식의 파도이다. 인간의 불완전성을 분쇄하는 유일한 방법은 일시적으로 분리된 인간 의식을 편재(遍在)하는 우주생명 의식과 합일하는 것이다.

우주생명 바다에서 떨어져 나온 인간의 파도는 근본적으로 불행하다. 변화법칙인 마야의 지배(를 받는 인간은 태어나고 살다가 죽는다. 그러나 인간 파도가 자기실현 때문에 자신이 실제로는 바다라는 것을 발견할 때, 바다가 자기의식의 파도로 되어있다는 것을 깨닫게 될 때, 그는 자신이 수없이 변화하는 상태를 통과할지라도 자기의식의 파도는 결코 소실되거나 멸절되지 않으리라는 점을 이해하게 된다. 따라서 인간의 유한 생명은 무량수 생명바다에 근거하고 있다고 말할 수 있다.

한국인의 기대수명은 1985년 68세에서 2000년 76세, 그리고 2017년 82세로 늘어났다. 경제협력개발기구(OECD) 평균보다 여자는 2.4년, 남자는 1.7년 긴 수준이다. '100세 시대'가 눈앞에 다가왔다고 해서 장수시대에 진입했다고 말한다. 그런데 수명이 길어진 만큼 노후 준비도 잘 되고 있는 것이 아니다. 나이가 들수록 소비 여력은 줄고 살림살이는 더욱 팍팍해지는 가운데, 실제로 급속한 고령화 속도에 미처 대비하지 못한 고령층이 점차 늘어나는 추세다. 60세 은퇴 이후 평균수명 82세까지, 노후 생활비 얼마나 필요할까?

적정 노후생활비는 부부는 월 243만 3,900원, 개인은 월 153만 7,100원이 필요할 것으로 나타났다. 적정생활비는 특별한 질병 등이 없는 건강한 노년을 가정할 때 표준적인 생활을 하는데 흡족한 비용을 의미한다. 성별로는 여성보다 남성이 생각하는 최소 노후생활비 수준이 높았고, 나이가 많을수록 필요하다고 느끼는 최소 생활비 수준이 낮아졌다. 또한, 학력이 높을수록 최소 생활비 수준이 높게 나왔다. 부부가 60세에 은퇴해서 평균수명인 82세까지 22년간 생활한다고 하면, 약 6억 2,568만 원의 돈이 필요하다는 것이다.

미래 평균수명이 조금 더 늘어날 수 있다는 점을 감안하면 은퇴준비자들은 7억 원 이상의 돈이 필요하다고 할 것이다. 죽음 이후에도 생명이 지속한다는 것을 이해해야 의식을 우주생명과 합일할 수 있고 합일하는 한 생명, 한 법칙, 한 율동, 한 지혜의 끈을 발견할 수 있다. 무덤의 관문을 넘어서 불멸성의 저택으로 계속 진군해야 한다는 것을 느끼기 전까지,

진정한 세계 통일성을 추구할 수는 없다. 모든 사람이 신성의 주주생명이라는 하나의 끈으로 묶여 있는 형제가 아니라면, 세계 통일성을 추구하는 것은 쓸모없는 일이다. 세계 통일성의 초래를 바라는 모든 사람은 삶과 죽음의 의미에 대한 상호이해를 추구하여야 한다.

여기에 배려의 장수생존교양이 요청된다. 수명의 연장선에서 이해하기보다 수명의 근원에 대한 통찰이 이루어져야 한다. 먼저 의지력이 장수생존 교양의 핵심요소이다. 여러 형태의 의식은 여러 형태의 에너지를 발흥시킬 능력을 지니고 있다. 다른 사람을 도우려고 장수생존 교양을 높이기 위해서는 상상력을 활용할 필요가 있다. 자신에게 흐르는 치유력을 확신할 때까지 이성, 자기암시, 또는 의지력을 적당하게 활용할 필요가 있다.

자신의 정신적 암시나 의지력을 강하게 도입하면 환자에게 활발한 반응을 보게 될 것이며, 그 치유의 관념은 자라나서 결실을 맺을 것이다. 이러한 힘에 감응하기 쉬운 사람에게 치유 암시를 여러 차례 제공한 다음에, 치유가 실제로는 내면에서 나온다는 것을 깨닫기 시작할 것이다. 환자는 다른 사람의 마음이 자신의 육체를 치유할 수 있다는 것을 알게 되고, "다른 사람의 마음이 나를 치유할 수 있다면, 나도 나 자신을 치유할 수 있다."는 진리를 깨닫기 시작한다.

그런 사람은 육체에 대한 극기를 되찾는 길로 들어선 사람이라고 말할 수 있다. 근육을 움직일 때마다, 의지를 사용하고 있다. 의지를 사용하지 않는다면, 생각하거나 사는 것을 중지하게 될 것이다. 우주생명의 의지는 독재적인 것이 아니며, 지혜의 인도를 받는 것이다. 자신의 의지를 우주생명 의지에 동조한다면, 그 지혜가 개체생명의 의지를 인도할 것이다. 인간 의지는 우주생명의 지혜 인도를 받을 때, 개체생명은 우주생명 의지와 합일이 이루어진다. 환자를 치유하기 위해서 강한 의지를 느낀다. 사랑하는 매우 소중한 사람이 죽어가고 있을 때만큼이나 여러분의 의지, 감정, 관심은 고조되어야 한다. 다른 사람에게 그와 동일한 정도의 관심을 느낀다. 아픈 아이를 치유하고자 하는 어머니의 욕구는 강하지만, 역경을 만나면, 불안감 때문에 포기한다.

영성 인간은 어머니와 같은 정도의 치유 의지를 갖고 있지만, 환자에게 어떤 역경이 일어나더라도 절대로 낙담하지 않는다. 다른 사람들에게 치유의 도움을 주고자 하는 사람은 환자의 용태가 악화할 조짐을 발견하더라도 조금도 낙담을 느끼지 않도록 자신의 의지를 지탱해야 한다는 것을 상기할 필요가 있다. 환자의 용태가 어떠하든, 아무리 많은 의사와 다른 사람이 그를 포기하든, 치유 효과가 나타나도록 꾸준히 의지를 발휘해야 한다. 환자가 어떤 종류의 치료에도 반응을 나타내지 못하고 죽더라도, "나의 의지가 충분히 강하지 못한 탓이야."라고 말해야 한다. 불굴의 의지를 지닐 때, 치유할 수 있다.

영적 감수성

영성은 영적 감수성으로 모든 사람이 개발하려고 노력해야 한다. 영적 감수성이 증가함에 따라 의식은 우주공간으로 투사되고 다른 인간의 가슴속으로 투사된다. 먼저 인간에 대하여, 그다음에는 식물과 동물에 대하여 더 많은 정감을 갖도록 노력한다. 나무와 식물은 말대꾸하지 않기 때문에 그들을 사랑하는 것은 쉬운 일이다. 그러나 우리가 행하는 가장 좋은 일까지도 종종 오해하는 인간을 사랑하는 것은 어려운 일이다.

자신에게 동정을 느끼는 것처럼 다른 사람들에게 동정을 느끼기 위해서 그 영적 감수성을 투사할 필요가 있다. 그렇지만 감정이 상하게 해서는 안 된다. 다른 사람들에게 치유 도움을 제공하고자 하는 사람은 다른 사람들의 관점과 필요를 느끼고 이해할 수 있어야 하지만, 정서적 영향을 받지 않고도 자신의 영적 감응을 투사할 수 있어야 한다. 만일 영적 감수성이 있는 사람이 다른 사람들의 상태에 영향을 받는다면, 그는 자신을 치유할 필요가 있으며 다른 사람들을 치유하려고 해서는 안 된다.

그럼에도 영적 감수성은 치유하는데 근본적인 요소이다. 영적으로 진보한 사람들은 자신의 감수성의 탐조등을 다른 사람들에게 비추어서 그들의 병을 진단할 수 있으며 치유법도 처방할 수 있다. 라히리 마하사야는 이런 방식으로 많은 사람에게 도움을 주었다. 영적 지각을 통하여 나오는 그런 진단은 의사들이 내리는 어떤 과학적인 결정보다 훨씬 더 훌륭하고 정확한데, 의사들은 육체의 어떤 상태로부터 판단할 수 있을 뿐이고 따라서 가끔 잘못된 결론을 끌어낼 수도 있다. 환자와 영적으로 동조하는 사람들은 어느 부위에 발병한 것인지를 직관적으로 느낄 수 있다. 다른 사람들의 질환을 진단하고자 하는 사람은 예민한 영적 감수성을 반드시 지녀야 한다.

그렇지 않으면 그는 질병의 성질을 실제로는 알지 못하면서 환자 상태에 대하여 선고를 내리게 될 것이다. 그 사람이 어떤 특정한 질병을 가졌는지를 발견해내는 것이 필요하다. 그가 두통, 척추 통증, 육체의 다른 부위의 동통(疼痛)에 대하여 호소한다면, 이런 것들은 쉽게 치유될 수 있다. 그러나 통증이 신경이나 어떤 장기 질환으로 발생하는 것은 아닌지를 먼저 확인하여야 한다. 장기의 질환이면 암시로 환자의 통증을 제거할 수 있어도 질병은 실제로는 확산하는 일이 가끔 발생한다. 다른 사람들을 치유하고자 하는 것은 큰 책임을 지는 것이다. 그러므로 능력부족이든 환자의 감응부족이든 어떤 원인으로 실패하면, 그다음에는 그 환자를 다른 사람에게 보내서 치유하도록 하는 것이 좋다.

음식과 건강관계

먹는 음식의 세포를 포함한 모든 세포는 잠재적으로 지성을 지니고 있으며 우리의 마음과 두뇌 세포에 영향을 미칠 수 있다는 것이다. 별다른 어려움 없이 소화 흡수할 수 있는 사람들에게는, 생과일, 채소류, 견과류와 같은 자연식품은 마음에 조화와 강화 효과를 주며 생명 에너지가 방해받지 않고 육체를 통하여 흐르도록 허용한다. 죽어가던 동물의 고통(苦痛), 공포(恐怖), 분노의 진동이 함유된 고기와 같은 음식, 그리고 부적절(한 요리 방법을 통하여 자연적 영양소들이 파괴된 변성 식품은 마음의 평정을 자극하고 교란해서 마음에게서 마음의 생득권(生得權)을 빼앗는데, 그 생득권이란 육체의 어떤 부위도 치유할 생명 에너지를 각성시키고 조종하는 힘이다. 음식 자체로는 치유할 수 없지만, 자연식품은 마음을 차분하게 해주어서 생명 에너지의 정상적인 흐름이 방해받지 않고 진행하도록 허용함으로써 간접적으로 건강을 창출한다. 부자연스럽고, 부적절하게 요리되고, 거친 음식은 반대 효과를 지닌다.

육체에서 불편이나 불쾌감을 느낀 최초의 사람들은, 동물의 행동에서 보는 바와 같이, 먹는 것을 즉각 중단할 것이다. 그러므로 최초 치유방법은 단식, 즉 인간기계에 휴식을 주는 것이었다. 원래는, 환자들은 소화하기 어려운 어떤 음식을 식이요법에서 배제하고 어떤 식물 뿌리나 풀과 같이 소화하기 쉬운 음식을 추구하는 쪽으로 본능으로 이끌렸을 것이다. 이런 행동은 여러 약초의 특정용도를 발견하기에 이르렀다. 세 번째 치유방법은 약초의 약물을 통하여 혈액에 화학변화를 일으키는 것이다.

신성치유 법칙

건강은 인간의 신성한 생득권(生得權)의 일부로서 우주생명이 부여하는 것이다. 질병은 인간이 만드는 것이다. 눈먼 상태로 태어나는 아기나 어떤 형태로든 정신적 장애나 육체적 장애를 갖고 태어나는 아기는 전생에서 그런 상태의 정신적 원인의 씨앗을 가져온다. 모든 질병의 성향은 전생에서 이월(된 것이든 현생에서 자연법칙을 위반함으로써 새로 생긴 것이든 인간의 잘못으로 인한 결과이다. 신은 자신의 모든 자녀가 건강과 행복을 즐기기를 바라지만, 인간은 신의 법칙을 어김으로써 스스로 질병과 슬픔을 창조한다.

50년 동안 좋은 건강을 즐긴 다음에 이제 3년 동안 앓고 있으면서 치유할 방법이 전혀 없다고 하자. 아마 앓을 수 있다는 생각은 웃음으로 흘려보내면서 좋은 건강을 즐겼던 긴 시간에 대해서는 잊어버렸을 것이다. 이제 상황은 정반대다. 3년 동안이나 앓고 있었기 때문에 다시는 회복되지 않을 것 같다는 생각을 할 것이다. 정신적 태도는 이처럼 일시적인 육체의 상태에 영향을 받는다. 육체적 위생 법칙을 어김으로써 발생하는 세균 침범으로 발병하는 질병이 존재한다. 공포, 분노, 근심, 탐욕, 유혹(誘惑), 자제력(自制力) 부족과 같은 정신적 세균 침범으로 발병하는 질병이 존재한다.

그리고 영적 무지에서 발생하는 질병이 존재한다. 우주생명에 대한 무지가 모든 육체적, 정신적, 영적 질병의 어머니이다. 우주생명과의 접촉으로 무지를 철폐하면 육체와 마음과 영혼의 모든 질병은 즉각 치유될 것이다. 외적 삶의 부서지기 쉽고 부조화의 발현물이 내면(內面)에 있는 신성한 영혼의 조화라는 석벽과 충돌할 때 질병이 초래된다. 우주생명은 조화이다. 석벽을 치는 사람의 주먹을 석벽이 고의로 해치지는 않는다. 주먹으로 석벽을 치는 사람은 그 결과를 이해하지 못하기 때문에 상처를 입는 것이다. 그와 마찬가지로 우주생명이 인간을 처벌하는 것은 아니다. 몸소 생성한 잘못된 행위 결과를 거두어들일 때마다 인간은 자신을 처벌하는 것이다.

항구적이지 않은 치료

육체적, 정신적, 영적 질병을 항구적으로 치료하는 확실한 방법을 추구하는 것은 명백히 필요하다. 모든 질환을 항구적으로 치료한다는 것은 세균에 의한 질병에 의한 육체적 상해(傷害), 또는 정신적 원인이나 영적 원인에서 발생하는 어떤 장애도 재발하지 않도록 완전히 방지하는 것을 의미다. 건강을 표상하는 것이 일시적인 위안을 줄 수는 있어도 항구적 건강을 초래하지 않는다. 항구적 건강은 우리가 육체 사원에서 우주생명을 볼 때 가능하다. 그러면 우리는 육체 안에 우주생명이 있다고 단순히 느끼는 대신에 실제로 영혼과 마음과 육체를 우주생명의 완벽한 발현으로써 지각한다. 좋은 약이 발휘하는 놀라운 치유와 훌륭한 의사들이 베푸는 치료에서 실증되는 바와 같이, 약물에 치유력이 있다는 것을 우리는 경험을 통하여 안다. 그러나 약물과 의사는 그 힘에 한계가 있고 어떤 만성질환에 대항할 때에는 무력함을 드러낸다는 점을 명심해야 한다.

그러므로 의학은 육체적 질병의 재발 방지를 보장할 수 없을 뿐만 아니라 정신적 질병과 무지라는 영적 질병의 완전한 치유를 약속할 수도 없다. 온갖 약물을 복용하고 온갖 수술을 받고 또는 세상의 모든 성스러운 책을 읽어도 여전히 일시적인 위안만을 얻을 뿐인데, 이는 이 방법들의 어떤 것도 육체와 마음과 영혼에서 발생하는 인간의 삼중고(三重苦)의 재발 우려를 실질적으로 분쇄하지 못하기 때문이다. 고통과 상해와 무지를 영원히 분쇄함으로써 육체와 마음과 영혼이 한얼의 완벽한 형상대로 재등장하게 하는 만병통치약은 무엇인가?

기도를 통한 치유

약물을 복용한다는 생각만으로는 육체의 질병이 치유될 수 없는 것처럼, 맹목적인 기도를 통하여 신과 접촉한다는 상상만으로는 원하는 치유가 산출되지 않는다. 그러나 빛이 있는 곳에 어둠이 머물 수 없는 것처럼, 우주생명의 완벽한 현존의 빛이 실제로 육체에서 느껴지고 지각될 때 질병의 어둠은 추방된다. 이런 진리를 깨닫는 사람은 거의 없다. 대부분 사람이 치유에 대한 압도적 욕구를 느낀다고 생각할 때, 그들은 소원을 빌고 있다. 그들은 가슴 속에 불신을 품거나 절망감을 품고 기도하면서 우주생명이 자신의 기도에 귀를 기울이지 않을 것으로 생각한다.

모든 인간적 치료방법은 그 치유력에 한계가 있다는 것을, 그리고 모든 곳에 스며있는 신의 전유의 힘만이 한계가 없다는 것을 우선적으로 마음에 새겨두어야 한다. 아침과 저녁에 침묵 속에 앉아 있는 동안, 그리고 낮에 시간이 날 때마다 내적으로 다음과 같이 다짐하라: "우주생명의 무한한 전유의 힘이 저의 내부(內部)에 있습니다. 당신의 빛이 저의 무지의 어둠을 뚫고 발현하게 하소서." 개인적인 열성이 계속 발휘되어야 한다. 우주생명이 응답하는 것으로 보이든 아니든, 우주생명에 대한 사랑의 생각을 방송한다.

헌신의 초보자는 자신의 즉각적이고 강렬한 요구에 우주생명이 응답하지 않는다고 해서 낙담해서는 안 된다. 우주생명은 모든 영혼의 호소를 듣는 데 실패하는 일이 절대로 없지만, 우주생명은 우리가 원하는 방식으로 언제나 응답하는 것은 아니다. 그분은 그분 나름의 신비스러운 방식을 갖고 있다. 게다가 그분은 구도자가 자신을 원하고 자신만을 원한다는 확신(이 들 때만 의식적으로 응답한다. 그런 까닭으로 어떤 성자들은 질병이나 극심한 가난이나 유혹의 시험을 받은 것이다. 건강과 생명과 풍요 또는 유혹보다 우주생명을 선호한다는 것이 판명될 때, 그들은 시험을 통과하였다. 그때야 우주생명에 대한 확신이 왔다. 충분히 오랫동안 끈질기게 추구하면, 그 여정의 끝에서 반드시 우주생명을 발견할 것이다.

분출하는 영혼으로 지능적 기도를 한다. 소리를 내어서 하는 일은 거의 없도록 하고 주로 마음속으로 한다. 내면에서 발생하는 것을 누구에게도 표출하지 않는다. 최대한의 헌신으로 기도하면서 마음속으로 다짐하고 있는 모든 것을 우주생명이 듣고 있다는 것을 알도록 한다. 모든 육체 세포와 모든 생각을 통하여 삐져나오는, 끝없이 분출하는 기쁨의 명료한 목소리를 통하여 우주생명이 대답할 때까지 기도한다. 또는, 자신이 해야 할 일을 묘사하는 진정한 환시(幻視)를 통하여 자신에게 대답할 때까지 기도한다. 우주생명과의 접촉을 절대적으로 확신할 때까지 끊임없이 기도한다. 그 다음 우주생명, 상제(上帝, the Most High)에게 자신의 육체적, 정신적, 또는 영적 필요를 여러분의 신성한 생득권으로서 요구한다.

망가진 송화기가 전갈을 방송할 수 없는 것처럼, 산만한 마음은 우주생명에게 기도를 전송할 수 없다. 탕아(蕩兒)가 되어서 물질적 한계의 땅에서 방랑(放浪)하고 있었기 때문에 그리고 우주생명의 아들로서의 자신의 몫을 요구하는 대신에 거지처럼 기도하기 때문에 여러분의 기도는 응답받지 못한다. 자신이 치유를 위한 기도를 하여 완쾌되었다고 가정하면, 자신의 치유가 자연적인 원인에 의한 것인지 또는 약물에 의한 것인지 또는 우주생명의 도움을 이끌어낸 것인지를 알기가 어렵다. 그러나 시간이 지나면, 우주생명 법칙에 응답한다는 것을 발견할 수 있을 것이다. 이런 응답을 경험한 사람들은 법칙에 순응하는 모든 사람이 그것을 몸소 시험하고 경험할 수 있다고 말한 경우가 많다. 물리적 법칙들은 육체적 감각기관에 의하여 해석하고 그 이해에 의하여 판단한다. 신성법칙들은 집중과 명상과 각성한 직관(直觀)에 따라 해석하고, 그 이해에 따라 판단한다.

8-2. 장수안전훈육

자신의 정신적 창발력(創發力)을 계속 활용하고 의욕적(意慾的)으로 일하려는 태도를 항상 유지한다면, 자신의 혈액이 생명 전류로 충전되어서 세균 침범에 대항하는 면역력을 갖게 된다는 것을 알게 될 것이다. 내면으로 계속 미소 지으면서, 깊은 기쁨으로 고동치고, 다른 사람들을 돕겠다는 영적 야망을 나타낸다. 목구멍의 다섯 번째 차크라는 예수말씀과 행위들이 영원한 천국을 표상하는 것으로 인생이 일시적이라는 것을 일깨운다.[190] 연수라는 문을 통하여 체내로 들어오는 신선한 우주 에너지가 육체에 공급하기 때문이다.

강한 의지력은 연수라는 문을 통하여 주변의 의식적인 우주 광선으로부터 에너지를 체내로 끌어들인다. 그러므로 여러분은 모든 훌륭한 활동에서 자신의 의지력과 결의를 강화(强化)해야 하며, 그렇게 하면 여러분의 육체는 생명 전류로 끊임없이 채워지고 진동할 것이다. 강한 의지력을 지닌 사람은 자신 마음의 고도로 진동하는 전류에 의하여 질병과 실패와 무지(無知)의 생각 씨앗들을 떨쳐낼 수 있다.

그러나 의지의 진동은 육체적 질병이나 정신적 부조화의 진동보다 더 강해야 한다. 고질적 질병일수록, 낫고자 하는 의지의 결의와 신념과 노력이 강해야 하고 굳세어야 한다. 사람이 빵으로만 사는 것이 아니요, 연수를 통하여 의식적인 우주 생명 원리가 인체로 들어오는 말씀, 생명 에너로 산다.

---

190) 아놀드 비틀링어, 최여원 역, 『칼 융과 차크라』 (슈리 크리슈나 다스 아쉬람, 2010), p. 160.

인간생명의 창문

인간의 생명은 육체와 마음과 영혼(靈魂)이라는 세 개의 창문이 나 있는 집에 비유될 수 있다. 이 구멍들을 통하여 신의 하나의 완벽한 빛에서 갈라진 세 가지 다른 광선이 체내로 유입되는데, 그 광선들은 건강의 광선, 재능의 광선, 그리고 지혜의 광선이다. 이 삼중(三重)의 광선들은 인간의 완벽한 건강, 정신적 평정, 그리고 영혼의 깨달음을 책임진다. 인간은 신의 완벽한 빛이 삼중으로 발현한 것이므로 진정으로 신의 형상대로 창조된 것이다. 그러나 그렇다면 다음과 같은 의문이 생긴다. 인간이 신의 모습대로 만들어진 것이라면 왜 인간은 그토록 많은 고통을 겪는 것인가? 그에 대한 답은 이러니, 신성한 자녀로서의 인간은 신성한 존재의 독자성을 공유하기 때문이다.

인간은 자유선택권을 갖고 있다. 그러므로 하고자 한다면 자유선택권을 발휘하여 신성한 영혼의 형상을 잘못으로 흐리게 할 수도 있고 건강과 권능(權能)과 평화(平和)의 광선으로 눈부시게 할 수도 있다. 인간은 건강을 주는 창문과 활력을 주는 창문과 빛을 주는 창문이 각각 열려있거나 닫혀 있는 생명의 집에서 살 수 있는 고유한 독자성과 권능을 갖고 있다. 인간이 생명의 창문들을 닫을 때 그는 의식적인 우주 자외선을 차단하고서 육체적 질병과 정신적 불안과 심연 같은 영혼의 무지의 어둠 속에서 살게 된다.

대부분의 사람은 수년 동안 자신의 생명의 창문들 중에 하나 이상의 창문이 닫히고 막힌 채로 내버려둔다. 그런 까닭으로 그들은 만성적인 질병에 시달리는 것이다. 그들을 구출할 방법은 육체와 마음과 영혼의 창문을 열어서 다시 전유(全癒)의 의식적인 우주 광선으로 목욕할 수 있게 해줄 법칙을 알아내서 적용하는 것이다. 인간은 병이 나면 본능적으로 신의 권능에 의한 즉각적인 치유를 원한다. 그가 이해하지 못하는 것은 치유를 초래(招來)하는 힘은 내면에 있고 그 힘을 작동시키는 일은 자신에게 달려있다.

우주생명은 인간의 병고(病苦)에 대한 책임이 없고 그를 치유해 줄 책임도 없다. 우주생명의 전유 광선을 받아들이거나 배척할 자유 선택권을 인간에게 부여하였기 때문이다. 인간이 선택한 결과는 우주법칙의 지배를 받는다. 신은 자신의 법칙에 임의의 변화를 초래하려는 특별한 의식에 매수당하지는 않을 것이다. 또한, 그분은 맹목적인 기도에 응답하지 않으며 편애(偏愛)로도 응답하지 않는다. 그분은 인간이 법칙에 협력(協力)하는 것에 의해서만 그리고 사랑에 의해서만 움직여질 수 있다. 사랑은 법칙이다. 인간이 자신 생명의 창문들을 신의 빛에 대하여 무한정으로 닫아 두었으면, 그 창문들을 다시 열어서 치유의 빛이 들어오도록 노력해야 할 것이다.

모든 육체적 질병, 심리적인 부조화, 그리고 무지에서 생겨난 영적 질병은 신의 광선을 차단한 인간 자신의 잘못으로 오는 것이다. 그러므로 논리적이고 적법한 결론은 다음과 같으니, 건강을 주는 생명의 창문들을 닫은 사람은 알고 했건 모르고 했건 자신의 노력으로 그 창문들을 다시 열어야 한다는 것이다. 법칙을 몰랐다고 해서 법칙을 위반한 결과에서 도망칠 수 있는 핑계가 될 수는 없다. 세 개의 막힌 생명의 창문들을 여는 방법은 많이 있다. 그 모든 방법은 일반적으로 "치유"로 분류될 수 있으며, 육체적 치유, 근심과 공포와 신경과민(神經過敏) 등의 심리적인 치유, 영혼의 무지에 대해서는 영적 치유와 상관 연동된다.

영적 질병

영적 질병은 우리의 내면에 있는 신의 완벽한 형상을 보존하는 기술을 모르기에 발생한다. 영적 질병은 영혼의 평화의 부족, 평정심 결핍, 불만, 산만함, 불균형, 부조화, 불친절, 명상 회피, 명상을 미루는 습관에서 발현한다. 영적 질병을 제거하는 방법은 이와 같다.

1. 절제(節制)
2. 위생적(衛生的)인 생활(生活)
3. 올바른 자세(姿勢)
4. 적절(適切)한 호흡(呼吸)
5. 영적 수련 및 육체 수련
6. 자제력(自制力)
7. 생명력 통제
8. 감각기관에서의 철수(撤收)
9. 자기인식(自己認識)
10. 초월적인 법열(法悅)
11. 명상 및 생명력 반전(反轉)

심리질병

심리질병은 무지, 좋은 교우의 부족, 좋은 판단 부족, 나쁜 카르마, 나쁜 유전, 그릇된 본능이 그 원인이다. 심리적 질병은 유혹(誘惑)에의 취약성(脆弱性), 공포, 분노(憤怒), 탐심(貪心), 질투(嫉妬), 근심, 복수심(復讐心), 탐욕(貪慾), 증오(憎惡), 잡담(雜談), 불친절, 정신적(精神的) 및 육체적 나태(懶怠), 불만, 방심(放心), 신뢰성(信賴性) 부족, 우울증(憂鬱症), 편협심(偏狹心), 성찰 부족, 자기분석 등의 부족으로 이루어져 있다. 심리질병 치유는 이와 같다.

1. 집중(集中)
2. 자제력
3. 좋은 교우(交友)
4. 의지력(意志力)
5. 의지로 습관을 창조하고 제거하는 힘
6. 성찰적인 판단

육체질병

육체질병은 많은데 주로 생명력의 약화(弱化)로 발생한다. 자제력에 의해서 그리고 마음을 유혹에서 해방(解放)함으로써 두뇌 전지로부터 생명력의 전류를 흡수(吸收)하는 것을 배워라. 육체질병의 다른 원인 들은 이와 같다.

1. 자제력 결핍과 그로 인한 활기(活氣) 상실
2. 적절한 운동(運動) 부족
3. 적절한 식사(食事) 부족
4. 과식(過食)
5. 정신적 평화의 결핍
6. 적절한 명상의 결핍

생명치유

모든 치유방법은, 그 방법들 배후에서 작용하고 있는 우주생명의 무한하고 유일한 권능에서 그 효능(效能)이 나온다는 사실을 알지 못한다면 그리고 그분의 치유 권능은 전능하고 그 자체로 충분하다는 사실을 알지 못한다면, 그 효과가 제한적이다. 생명력의 치유력을 어떤 육체 부위로 보내려면, 먼저 숨을 들이쉬고 폐에 숨을 참으면서 그 숨이 에너지로 변환되는 것으로 표상한다. 그 에너지가 연수의 에너지를 강화하는 것으로 표상한다. 그다음 미간에 집중하고 거기에 에너지를 모으면서 그 에너지를 따뜻한 힘으로써 느낀다. 에너지를 미간에서 환부로 보내면서 그 힘이 질병을 태워 없애는 것으로 느껴라. 숨을 내쉰다.

운동기구를 사용해서 운동하면 주로 그 운동기구를 의식하게 되며 근육을 의식하는 일은 부차적인 일이 된다. 게다가 아령으로 "보건체조"를 수행할 때 마음은 토스트와 커피에 집중되는 것처럼 체조의 활력적 측면과 정신적 측면을 의식하는 사람은 거의 없다. 근육 운동에서, 즉 근육이 행위를 통제할 때, 의식은 근육의 동작에 두어진다. 에너지는 부차적인 요소로서만 역할(役割)하게 되며, 마음은 배경(背景)에서 사용된다. 정신적 운동에서 소량의 활력이 근육이나 육체 부위들로 주입(注入)될 수 있는데 주로 의지력과 상상을 통해서이다. 아픈 사람들, 환자들, 또는 집중을 개발하기를 원하는 사람들은 정신적 치유 수련을 수행한다.

정신치유

양발에 집중하면서 발바닥 전체에서 스멀거리는 따뜻한 전류를 상상한다. 똑같은 일을 종아리, 넓적다리, 엉덩이, 복부(腹部), 장(腸), 배꼽, 위(胃), 간(肝), 신장(腎臟), 척추(脊椎), 심장(心臟), 왼쪽 폐와 오른쪽 폐, 각각의 손가락, 손바닥, 전완(前腕), 상완(上腕), 목구멍, 눈, 귀, 콧구멍, 입, 뒤통수, 정수리에 행한다. 자신의 육체의 모든 부위에서, 특히 아픈 곳이나 허약한 곳에서 얼얼한 활력의 감각을 느낀다. 모든 육체 부위에 대해 집중한 다음에는, 허약한 부위나 병든 부위에 다시 마음을 집중하면서 내적으로 한얼소리명상의 "옴"을 음송한다. 마음으로 하는 "옴"의 음송에 따라 따뜻한 전류가 생성되고 있다는 것을 느끼려고 노력한다.

각각의 허약한 곳이나 육체 부위에 여러분이 집중할 때 옴 음송을 15회 행한다.

법칙이 충족될 때, 전술한 방법들을 전적으로 기꺼이 그리고 틀림없이 열성적으로 수행하면서 신에 대한 완전한 믿음을 갖고 있을 때, 즉각적인 치유가 일어날 수 있다. 치유는 적절히 준비된 토양에 파종된 씨앗처럼 발아(發芽)해서 성장할 것이다. 마음을 집중의 쟁기로 갈고 그 안에 영적 수련의 씨앗을 뿌려라. 그 씨앗에 규칙적으로 신념의 물을 주어라. 그러면 영성 풍요를 수확할 것이다.

신성치유

모든 물질의 생명과 모든 생물의 생명은 내재하는 우주 생명 에너지와 외부에서 들어오는 햇볕에 주로 의존한다. 이 두 개의 위대한 에너지가 좋은 건강을 유지하기에 충분한 힘으로 체내에 들어오지 못할 때 질병이 발생한다. 그러므로 이들 에너지가 가장 효과적으로 육체에 침투할 수 있는 다양한 길을 알아야 한다. 생명력과 햇볕의 개별적인 효능 이외에 그들 사이에는 상당한 반응이 존재한다.

인체를 지탱하는 데 도움이 되는 것은 햇볕과 생명력의 혼합되는 힘들 사이의 반응이다. 회의, 정신적 피로, 근심, 무관심, 권태, 공포, 산만함, 소심증, 정신적 나태 및 육체적 나태, 뭔가에 대한 과도한 탐닉, 무절제한 생활, 관심 부족, 창발력의 부족은 우주 에너지가 인간과 동조하는 것을 불가능하게 만드는 상쇄적인 공전(空電) 유발제(誘發劑)이다. 다른 사람들을 돕겠다는 욕구(欲求)와 관심을 가지고 일하는 것, 창의적 야망, 차분함, 용기, 불굴의 태도, 관용, 인내, 그리고 평화는 우주 에너지가 자신을 도울 때 사용할 수 있는 통로이다. 위대한 법칙을 아는 사람은 있지만, 실천하는 사람은 드물다.

자신의 육체가 활력으로 충만하다는 생각을, 특히 육체가 허약할 때마다 그런 생각을 계속 고수(固守)한다면, 자신을 활력 있게 만드는 새롭고 은밀(隱密)한 무형의 수단을 개방하는 것이 될 것이다. 성서와 다른 세계적 경전들은 "인간은 신의 형상(形象)대로 만들어졌다."라는 말을 우리에게 들려준다. 직관을 개발해주고 실상의 직접적인 경험을 구도자에게 수여하는 명상에 따라 육체와 마음과 영혼의 생명과 활력은 전혀 감소하지 않고 남는다는 것을 깨닫는다. 생각과 의식이 영구적인 실체로 존재한다. 물질은 관념을 통해서만 인지될 수 있다. 일할 때 에너지를 소모하는 것이 아니라 에너지의 생각 또는 구현된 관념을 소모하고 있다는 것을 깨닫는다. 자기 생각에서 에너지와 의욕을 계속 끌어낸다면 여러분은 육체적 허약을 결코 느끼지 못할 것이다.

주의집중

숭고한 야망을 성취하려면모든 훌륭한 노력을 신이 인도하고 격려하고 있다는 것을 명심하면서, 중요한 의무는 물론이고 사소한 의무도 언제나 주의 깊게 실행한다. 모든 행위에 신의 의식을 갖고 임하며 숭고한 행위를 실행하면, 신의 끊임없는 우주생명 에너지가 육체에 들어올 것이다. 그분의 힘은 혈액순환(血液循環)과 창의적인 활동을 보이지 않는 가운데 격려한다. 생명력은 흥미 있고 기쁜 태도라는 매체를 통하여 육체에 들어오며, 죽은 거나 마찬가지인 의지에는 반응하지 않는다! 내면에서 솟아 나오는 용기 있는 쾌활함으로 모든 의무를 실행한다.

그러면 일상 활동을 실행할 때 홍수 같은 활력이 모든 근육을 통하여 그리고 온몸을 통하여 흐른다는 것을 알게 될 것이다. 일상적인 의무를 매우 깊은 행복감을 지니고 실행한다. 자신만을 위해서 일하는 것이 아니라 신과 그분의 자녀를 위해서도 일하는 것이고, 모두를 인류와 동떨어진 것이 아니라 인류의 일부로 생각하라. 이렇게 하면, 꿈꾸지도 못했던 힘과 행복이 여러분에게 올 것이다.

육체의 근육과 수족이 자신 의무를 실행하는데 바쁘게 종사하는 동안, 우주생명 에너지의 후광(後光)이 자신의 육체를 감싸는 장면을 표상한다. 세포조직이 음식이나 산소에서만이 아니라 그 에너지에서 나오는 전류를 공급받고 갱신(更新)되고 있으므로 자신이 다시 지치는 일은 결코 없다는 것을 느껴라. 육체적 에너지를 아무리 많이 소모하여도 자신은 평화에서 생기는 미소로 그 에너지를 되찾을 수 있다는 생각을 고수하라. 어떤 상황에서도 평화로운 상태에 머물려고 노력하라. 그리고 평화의 "식물(植物)"이 미소의 꽃으로 피어나도록 한다. 다른 사람들이 미소 짓기를 기대하면 그들에게 미소를 보낸다.

일광요법

태양 에너지를 활력으로 변화시키고 화학변화를 나타내도록 하는 것은 바로 육체의 생명력이므로 육체의 생명력을 기민하게 보존해야 한다는 점에 유의한다. 치유를 위해 생명력과 햇볕을 동시에 사용하는 방법은 일광요법(heliotropic method or heliotherapy method)이다. 다음에 나오는 각각의 방법은 생명력을 태양광선과 결합해서 여러 육체 부위들의 치유를 위한 큰 힘을 생성함으로써 생명력을 증진하도록 고안(考案)되어 있다.

일반적인 일광욕은 부분적인 효과를 지니지만, 치료용으로 생명력에 햇볕을 활용하는 것에 대해서는 아직 배워야 할 것들이 많다. 다음 방법들을 아침이나 늦은 오후 시간에 수행한다. 태양광선의 세기와 피부의 민감성에 좌우되는 것이므로, 한낮의 태양은 회피하는 것이 좋다. 매일 햇볕이 드는 곳에 모직 담요를 깔고 등을 대고 누워라. 가슴과 넓적다리와 발을 드러내어라. 입을 크게 벌리고 턱을 치켜들어서 햇볕이 입과 콧구멍으로 들어올 수 있도록 한다. 수행하는 동안, 머리를 긴장시켜서 부드럽게 떨리게 하고, 코와 목구멍의 점막에 집중(集中)한다. 떨리는 진동에 의하여 보내는 에너지는 햇볕을 흡수해서 뜨거운 치유력으로 변환하고, 뜨거운 치유력은 점막과 나란한 이 통로들을 통과해서 병균을 추방하는 데 이바지한다. 15분 동안 수행한다.

앉거나 누운 자세에서 햇볕이 가슴에 비치도록 한다. 가슴을 빠르게 그러나 부드럽게 문지르면서 여러분의 손을 통하여 가슴에 에너지를 주입한다. 손에 있는 생명력이 자신의 가슴에 쏟아지는 햇볕에 반응해서 호흡기관(呼吸器官)의 병균을 멸균(滅菌)하는 데 매우 효과적인 새로운 힘을 생성(生成)하고 있다고 표상한다. 이 수련은 30분 정도 지속(持續)한다. 아침과 오후에, 그리고 식전(食前)에 또는 공복(空腹)일 때에 수행한다. 일주일에 한 번 저녁에는 과일과 견과류(堅果類)만을 먹으면서 오렌지 과즙(果汁)으로 단식(斷食)하는 것이 효과 있다는 사실이 밝혀졌다. 콧물로 고통을 받는 사람들에게 특히 유익하다.

햇볕이 여러분의 머리와 얼굴에 마음껏 쏟아지게 하라. 눈을 감고 있어라. 손가락으로 두피(頭皮) 전체(全體), 이마, 뒤통수, 옆통수를 빠르게 문질러라. 문지르는 동작(動作)을 수행하면서 여러분의 손가락을 통하여 흐르는 생명력을 햇볕과 혼합하고 있다는 생각을 하고, 이렇게 혼합된 치유의 빛의 용액을 자신의 머리에 붓고 이 용액을 모공들에 적시고 있다고 생각한다. 이것을 10분 동안 수행하면, 이 수련이 큰 힘을 발휘한다.

태양에서 나오는 빛에는 상당한 치유의 광선이 들어있는데, 매우 파괴적인 광선도 들어있다. 한낮에 태양을 바라보는 것은 눈을 멀게 할 수 있는데, 그 시간에는 광화학선(光化學線) 및 다른 파괴적인 광선이 치유의 광선을 압도하기 때문이다. 일출 후 한 시간과 일몰(日沒) 전 한 시간을 제외한 다른 시간대에는 어떤 경우에도 태양을 바라보아서는 안 된다고 요기들은 권고한다. 이른 아침 일출 후 한 시간 동안 그리고 이른 저녁 일몰 전 한 시간 동안에는 태양의 파괴적인 광선이 지구대기로 걸러지면서 치유 광선은 통과한다.

눈을 뜨고 태양을 응시(凝視)하면서 불편을 느끼지 않을 만큼 오래 눈을 깜박이지 마라. 이 수련을 처음에는 30초에서 1분 정도 수행하고, 점차로 시간을 늘리되 9분을 넘지 않도록 하라. 위에 지시(指示)한 대로 눈을 크게 뜨고 태양을 응시한 다음에는 1분 동안 눈을 빠르게 깜박인다. 형상에 집중하면서 감은 두 눈으로 보고 있는 그 태양을 통하여 두 눈으로 들어오는 태양의 모든 치유 광선을 표상한다. 그것은 실제로 발생하는 일이다. 양손을 계속 눈에 대고 있어라. 태양의 형상이 희미해지기 시작할 때, 안구를 위로, 오른쪽으로, 아래로, 왼쪽으로 움직이는데, 약간의 긴장을 가하면서 이 회전운동을 반복하면서 태양에너지가 눈으로 흘러들어와 눈을 강화하는 장면을 표상한다.

그다음 손을 치우고 눈을 찡그려 감고, 12회를 셀 때까지 감고 있다가 이완(弛緩)하라. 12회를 셀 때까지 긴장하였다가 이완하는 것을 2회 더 반복해서 총 3회를 채운다. 이 수련을 하루에 한 번만 아침이나 저녁에 수행하라. 류머티즘에 걸린 부위를 햇볕에 노출하라. 그 부위를 부드럽게 수축시킨다. 수축(收縮)을 유지한 다음, 그 부위가 수축하여 있는 동안 손가락을 사용하여 그 부위를 빠르게 문지른다. 이것을 2분 동안 행하면서 수축된 육체 부위와 손가락에 들어있는 생명력과 햇볕이 여러분의 질환을 제거하는 데 이바지하고 있다고 생각한다. 그다음 그 육체 부위를 이완시킨다.

빈혈과 신경과민의 치유를 위해 가슴과 팔과 넓적다리를 노출하고 햇볕을 향해서 앉는다. 온몸을 부드럽게 긴장시키고 에너지 충전하라. 긴장을 이완시키고 손바닥으로 2분 동안 이마와 목구멍과 가슴과 복부와 넓적다리를 빠르게 문지른다. 몸을 돌려서 햇볕이 등에 쏟아지도록 한다. 발을 햇볕에 노출하면서 발을 수축시키고 발바닥을 문지르면 혜택을 볼 수 있다.

환부나 다친 부위를 햇볕에 노출하고, 그다음 10분 동안 그 부위를 부드럽게 수축시키고 이완시켜라. 이 수련을 하는 동안 생명력이 염증(炎症)을 치유하고 있다고 생각한다. 유리창문: 닫힌 창문을 통하여 들어오는 햇볕은 활력 광선이 차단되므로 아무런 가치가 없다. 태양의 직사광선을 사용하는 것이 필요하다. 의복도 햇빛의 방해물이다.

현대인은 실내생활과 과도한 의복착용으로 자신의 육체 사원에 어둠을 생성하고 세균의 악귀들을 끌어들여서 질병과 파괴의 춤을 추게 한다. 치유의 활력 일광요법에 대한 가르침을 따르는 사람은 내면으로부터 쾌활한 활력으로, 외부로부터 방해받지 않은 햇볕으로 자신의 육체 모공을 흘러넘치게 한다. 그렇게 활력이 넘치는 사람은 살아있는 에너지사원에 거주하는 셈이다.

8-3. 장수애정역량

치유를 위해서는 명상하고 차분하고 평화로운 잔존효과를 유지하도록 한다. 호흡이 차분해지자마자, 의식 수준은 고양된다. 명상은 한얼의 힘으로 자신을 치유하는 방법이다. 영혼의 힘이 없는 말은 탄약 없는 대포와 같다. 평화의 파도는 은밀한 생각의 왕좌에서 미세한 행위를 지휘할 것이다. 차분함의 문을 열어서 침묵의 발걸음이 조용히 모든 활동 사원으로 들어오게 한다. 모든 의무를 평화에 흠뻑 젖어서 침착하게 실행한다. 심장 고동 배후에서 우주생명의 평화 고동을 느낄 것이다. 가슴을 명상의 평화로 채운다. 좋은 책이나 철학이나 내적 행복 등의 모든 경험에 관한 성찰에 몰입하는 법을 터득한다. 깊은 사색의 골방으로 물러나서 침묵 원천에서 스며드는 평화를 즐긴다.

감각전화 통제

명상 동안에는 오감의 전화들은 모두 차단한다. 침묵은 온 세상에 필요한 것이고, 명상의 길을 가면서 더 큰 영성을 향해 진보하고자 노력하는 사람들에게 필요하다. 침묵하려는 어떤 시도)도 일반적으로 수행되는 비효율적인 기도보다 더 낫다. 왜냐하면, 그런 기도에서는 육체의 동작은 정지될지라도 생각은 산만함의 춤을 지속하기 때문이다. 명상할 때 눈을 감은 결과로 시각의 감각은 두뇌에 도달하는 것이 차단되고, 조용한 곳에 앉은 결과로 어떤 소리도 두뇌에 도달하지 않기 때문에 매우 바쁜 청각의 전화도 조용하게 할 수 있다. 그리하여 시각과 청각이라는 두 개의 가장 중요한 감각기관의 전화들이 명상 중에 차단되면, 후각과 미각과 촉각이라는 다른 전화들도 차단된다. 시각과 청각이라는 두 개의 가장 바쁜 전화들의 보고에 끊임없이 주의(注意)를 기울이는 상태에서 해방되고 이완된다.

영혼 편재성

적절한 토양에 파종된 씨앗에서 나무가 자라나듯이 영혼에 주입된 적절한 명상에서는 편재(遍在)의 의식이 발현할 것이다. 영혼은 육체에 오랫동안 집중한 탓으로 자신의 편재하는 본성을 잊어버리고 말았다. 우주생명은 편재한다. 우주는 근원적 생명력의 신체이다. 그분 형상대로 만들어진 인간의 영혼은 자기 안에 편재의 씨앗 경험을 지니고 있다.

편재의식은 나무가 씨앗에 숨겨져 있는 것처럼 영혼 안에 숨겨져 있다. 육체를 끊임없이 바라보는 것은 마음으로 하여금 자신이 육신에 갇혀있는 것으로 생각하게 한다. 무한에 대한 명상이 깊어지면 명상하는 자와 명상과 명상의 대상이 하나가 된다. 그러면 마음은 자신이 육체에 갇혀 있는 것이 아니라 우주생명이 깃든 만물에 들어있다는 것을 확신하게 된다. 육체에 대해서 끊임없이 생각하는 마음은 그 육체에 제한된다. 무한의 우주생명에 대하여 명상하는 마음은 무한해진다.

명상은 유한 사물의 '필멸자(必滅者)'로서의 신분에서 벗어나 무한자, 우주생명에게로 주의를 전이(轉移)하는 기술을 말한다. 자신의 의식을 모든 것에 스며있는 신의 의식으로 확장하기를 열망한다면, 우주생명에 대하여 명상하는 것을 배워야 한다. 명상이란 내면과 외부의 광대함에 대하여 끊임없이 생각함으로써 영혼이 제한적인 육체에 대한 집착을 잊어버리고 자신의 광대(廣大)한 신체를 우주생명으로서 기억하게 하는 것이다. 바다는 파도(波濤)이고, 파도는 바다이다. 바다는 자신이 파도라는 것을 알고, 파도는 자신이 바다라는 것을 이해한다.

한얼 바다는 자신이 영혼 파도들이 되었다는 것을 알고 있다. 그러나 영혼 파도들은 자신이 한얼 바다라는 것을 명상에 따라 기억해 낼 필요가 있다. 작은 영혼 파도는 육체에 대한 집중에서 생겨난 정신적 개념에 지나지 아니하다는 자신의 왜소함을 잊어야 하고, 우주의 작은 부분에 지나지 않는 육체보다는 자신의 큰 신체로서의 우주에 집중해야 한다. 세속적 인물은 육체를 돌보고 몇 명의 다른 인간들과 답답한 관계를 유지하느라 바쁘다. 그러한 사람의 의식은 자신의 안식처의 울타리 너머로 뻗어 나가지 못한다. 영적 사람은 공감과 명상이라는 퍼져나가는 빛을 통하여 다른 사람들의 비애와 고통을 감지한다. 그는 세상 또는 우주생명을 자신의 안식처로 느낀다.

이런 까닭으로 명상하는 구도자는 작은 육체에 대한 집착을 없애야 한다. 그는 너무 덥거나 너무 추운 날씨에 대한 내성을 키우는 것을 배워야 한다. 그는 허기와 고통을 극복하는 것을 배워야 한다. 그는 작은 육체를 지배하는 모든 욕구와 집착을 정복하는 것을 배워야 한다. 왜냐하면, 마음이 육체와 그에 관련된 것들에 쏠려 있는 한 영혼은 자신의 편재하는 본성을 기억할 수 없기 때문이다. 우주생명 의식을 획득하는 방식에는 세 가지가 있다. 사회적인 방식, 수양 방식, 그리고 영적인 방식이 있다. 먼저 사회적인 방식은 영혼의 내면에서 신성한 사랑의 싹을 확장하는 것이다.

자신에 대한 지나친 사랑은 영혼을 육신자아 영역으로 한정한다. 영혼은 모든 것에 스며있는 한얼의 편재하는 반영이다. 자아는 육체에 속박된 영혼의 의식이다. 에고로서의 영혼은 자신의 에테르의 편재를 잊고 자신을 육체에 한정된 것으로 간주한다. 모든 인간 에고는 자신이 우주 공간에 퍼져있는 것으로 상상할 수 있지만, 자신을 육체로서만 느낄 수 있다. 에고가 실제적 공감을 통하여 자신을 다른 육체들에서도 느끼기 시작할 때 자아는 자신의 망각된 편재를 되찾기 시작하는 것이다. 소견이 좁은 세속적 사람과는 달리 신성한 사람은 하나의 육체로서의 자신을 위해서만 일하는 것이 아니라 자신의 더 큰 자아를 위해서도 일하는데, 더 큰 자아가 다른 모든 사람에게 구현되어 있다는 것을 알기 때문이다. 하나의 육체에 있는 자신을 위해서 허기를 느끼고, 부유해지기를 바라고, 치유되기를 바라고, 지혜를 갈망하기도 해야겠지만, 모든 생명에 모든 영혼에 들어있는 자신에게 공감하는 것도 배워야 한다.

그러므로 우주생명 의식을 개발하는 사회적인 방식은 가족을, 이웃을, 국가를, 전 세계를 자신)처럼 사랑하는 것이다. 세상을 자신의 사랑에 포함(시키고 자신을 우주 시민으로 동일시한다. 사랑의 왕국에 모든 인간뿐만 아니라 동물과 꽃과 창공의 긴 초원에서 방목하는 별의 무리를 포함한 모든 생물을 포함한다. 모든 남자를 형제처럼 사랑하고, 모든 여자를 자매처럼 사랑하고, 모든 나이 지긋한 분들을 자신의 부모처럼 사랑하고, 피부색이 검거나 희거나 갈색이거나 황색이거나 홍색이거나 녹갈색인 인종을 포함한 모든 인간을 자신의 친구와 형제처럼 사랑한다. 이것은 우주생명 의식을 획득하는 사회적 방식이다.

또한 우주의식을 개발하는 방식에는 수양방식이 있다. 정신적 및 육체적 수양으로 카스트, 피부색, 교리, 가족, 인종, 국가, 가난의 의식을 초월한다. 유쾌하게 생활하고 자제력을 발휘하는 것을 생활화 한다. 친절하고, 금욕하고, 절제한다. 지속적인 행복을 주는 일을 한다. 거짓을 말하지 아니한다. 절도, 방탕, 근심, 공포, 분노, 탐욕, 질투, 그리고 산만함을 배척한다. 더위와 추위를 견디고, 정신적 흥분 없는 행복을 감수하는 것을 배운다. 비록 감각에 휘둘릴지라도 감각을 초월한다. 주의를 감각기관의 대상에서 철수하고 근육과 폐와 호흡과 심장에서 철수함으로써 그리고 그렇게 해방된 주의를 척추에 집중함으로써 명상한다. 그 다음 연수를 통하여 나가서 무한한 우주공간으로 들어가도록 한다. 그리고 우주생명 의식을 개발하는 방식에는 영적 방식이 있다. 우주생명 의식을 개발하는 내적 방식은 감각계에서 사는 기술이다.

감각을 통제하는 기술이며, 감각기관에서 감각을 가동 또는 차단한다.

1. 심장과 호흡과 폐로부터 생명 전류를 차단하였다가 연결하는 것을 배운다.
2. 생명력을 모든 근육에 두었다가 이완한다.
3. 척추로부터 의식과 의지력(意志力)을 차단하였다가 연결(連結)한다.
4. 의식을 미저골(尾骶骨), 천골(薦骨), 요추(腰椎), 흉추(胸椎), 경추(頸椎), 연수(延髓)의 여섯 개의 신경총(神經叢)으로부터 그리고 대뇌(大腦)와 소뇌(小腦)로부터 차단하였다가 연결한다.

파탄잘리는 신과의 합일(合一)은 의식의 산만한 생각의 물결과 욕망의 물결을 중화(中和)함으로써 수립된다고 말하였다. 바람으로 수면이 출렁이는 호수의 물에 달이 비치면 그 형상은 일그러지지만, 바람이 잠잠해지면 물결은 사라지고 달의 깨끗하고 일그러지지 않은 완벽한 반영이 보인다. 하나의 달이 수백만 개의 호수에 반영되는 것처럼, 수많은 인간의 의식이라는 호수에 영혼으로 반영된다. 주의라는 호수에 호흡(呼吸)과 정신적 산만함이라는 폭풍이 일으킨 감각과 생각으로 파문이 일기에 영혼형상은 일그러진다.

반면에 집중하면, 감각물결과 산만한 생각의 물결이 주의의 호수에서 사라지고, 영혼의 교란되지 않은 반영이 보인다. 파탄잘리는 집중의 소극적인 측면을 강조하였는데, 손전등의 렌즈 앞을 가리고 있던 손을 치우면 어둠에 잠겨있던 그 앞의 사물이 드러나는 것처럼, 주의산만 대상으로부터 주의가 해방되는 순간 영혼이 드러날 수 있다는 점을 강조한 것이다. 예수는 다음과 같이 말하였다. "네 손이나 발이 너를 거스른다면, 그것들을 잘라내서 버려라. 두 손과 두 발을 모두 갖고서 영원한 불 속으로 던져지느니 절름발이나 불구가 되어서 영생으로 들어가는 것이 너에게는 더 좋으리라. 그리고 네 눈이 너를 거스른다면, 그 눈을 뽑아버려라"(마태복음 18: 8, 9).

구도자는 촉각("네 손")과 시각("네 눈")과 같은 감각들의 모든 주의산만에서 벗어나서 집중하는 법을 알아야 한다는 것이 예수의 참뜻이다. 구도자는 감각기관을 차분하게 하는 법, 즉 감각기관으로부터 의식을 분리하는 법을 알아야 하고, 그리고 교란하는 감각들을 끌어들이는 감각신경과 운동신경으로부터 생명력을 철수하는 법을 안다. 영생으로 들어가는 법을 알게 되는데, 언제나 의식하고 언제나 존재하고 언제나 새로운 지복(至福)이다. 신경(神經)의 생명력은 눈과 귀와 손 등에서 나오는 감각들의 전갈에 영혼을 계속 매이게 하지만, 생명력이 눈에서 뽑히고, 손에서 잘리고, 모든 육체 의식에서 차단되면, 영혼의 주의는 감각기관의 심란한 전갈로부터 해방된다.

그러면 영혼은 자신의 신성한 본성을 인식하게 된다. 그때야 비로소 완벽한 집중의 상태에 도달하게 된다. 집중이란 소극적으로는 주의산만의 대상으로부터 주의를 해방하는 데 적용하고, 적극적으로는 한 번에 단 하나의 사상(思想)이나 대상에 주의를 쏟는 데 적용할 수 있는 힘이다. 사소한 주의산만으로부터 해방된 주의는 그 광선을 어떤 종류 문제나 신에 집중함으로써 적극적으로 행위를 하도록 인도할 수 있다. 어떤 사람이 사업으로 돈을 더 많이 버는 법에 대하여 집중하고 있다거나 또는 신에 집중하고 있다고 말하는 것은 괜찮다.

그러나 "그는 자신의 사업 문제에 대하여 명상하고 있다."라고 말해서는 안 된다. 명상은 우주생명을 아는 것에만 적용되는 특별한 형태의 집중이다. 명상하고 우주생명에 대하여 생각하려고 헛되이 노력하지만, 그들은 여전히 산만함에 최면이 되어있고 주위환경을 잊을 수 없다. 결과를 얻기 위해서는 심란한 생각과 감각으로부터 주의를 분리하여 우주 생명에게서 적용하는 법을 배운다.

집중의 기술을 알지 못하면 어떤 명상도 불가능하다. 기도와 찬송과 가창(歌唱)은 집중과 명상의 적극적인 요소와 소극적인 요소들이 적용되지 않으면 모두 헛수고가 되고 만다. 모든 사람은 각자 자신의 분야에서 진정한 성공을 얻으려면 집중의 기술을 알 필요가 있다. 먼저 외적 주의산만과 내적 주의산만으로부터 자신의 주의를 해제하지 않으면, 신이나 예술이나 사업 등의 그 어느 것에도 깊이 집중할 수 있는 사람은 없다. 그러므로 자신의 주의를 주의산만의 대상으로부터 해방하는 과학적 기법이 좋은 결과를 얻을 수 있는 유일한 방법이다. 기분전환이라는 대중적(방법을 사용함으로써 집중하려고 하는 가정주부나 사업가나 영적 구도자에게는 그것이 그 얼마나 가망이 없는 일인가! 진정한 집중을 배우고 싶어 하는 사람은 두 가지에 유의한다.

1) 주의산만의 대상은 어떤 것들인가?

2) 어떻게 하면 그 대상들로부터 과학적으로 주의를 차단할 수 있는가.

기도가 강렬하면, 자동적으로 주의는 주의산만의 대상으로부터 해제되어 신에게 집중된다. 그러면 그는 진정한 집중을 갖는 것이다. 그러나 대부분은 예배 프로그램은 찬송가를 부르고 설교를 듣고 하는 식의 다양한 물리적 의식으로 구성되어 있으므로, 주의는 깊이 들어갈 기회를 얻지 못한다. 그런 사람들에게도 드러내지 않지만, "어린아이처럼" 전심(全心)으로 그리고 충분한 주의를 기울여서 그분을 경배하는 사람들에게는 자신을 드러낸다.

"다른 곳으로는 눈을 돌리지 않고, 마음을 단단히 먹고서, 나를 경배하는 그런 축복받은 자들에게는 나는 초월적인 완전한 지복을 보장한다."

사람들은 성공이나 건강을 열심히 추구하지만, 그것을 얻더라도 그들은 여전히 산만(散漫)하다. 영혼의 허기(虛飢)는 물질적 대용물이나 신학적 껍데기들로는 충족될 수 없다. 현대의 일부 종교단체에서는 일요 예배 프로그램 속에 "침묵의 시간"을 채택하고 있다. 그러나 "침묵시간"은 평화(平和)를 가져다주기는 하지만 탐색하는 영적 구도자에게 신과 교류하는 법을 가르쳐 주지는 못한다. 생각을 전환해서 침묵시키는 "침묵의 시간"은 집중의 소극적인 요소(要素)일 뿐이며 신과 접촉하는 느린 방법이다. 말로 하는 기도와 침묵의 차이는 상당하다. 들리게 하는 기도에서는 마음이 소리와 육체의 움직임과 산만한 생각들로 바쁘다.

일반적인 침묵에서는 육체를 움직이지 않게 함으로써 마음은 부분적으로 조용해지고, 눈을 감음으로써 시각의 전화가 차단된다. 그러나 내면 생각은 여전히 날뛰고 있을 것이다. 어떤 사람들은 자신의 생각을 얼마간 침묵시키는 데 성공해서 산만함이라는 벽에 생긴 이 일시적인 틈을 통하여 신의 평화로운 얼굴을 얼핏 보기도 한다. 그러나 실제의 구도자는 종종 어둠과 대면하고, 아주 가끔 평화를 얼핏 보기도 하지만, 곧 산만한 생각의 교란으로 깨진다.

그가 눈을 뜨고 이 소극적인 침묵에서 빠져나올 때, 햇빛의 장관(壯觀)과 광대함을 보면서, 전차를 여기저기로 움직이게 하는 전기의 신비스러운 힘을 보면서, 경탄스러운 마천루(摩天樓)들을 보면서, 하늘을 태우는 번개를 보면서, 강력한 달빛을 보면서, 새로운 경이감으로 충만해진다. 그러나 침묵 속에서 아주 가끔만 평화를 경험하면서 점차 자연의 힘과 발현에서 위안을 더 적게 느끼게 된다. 침묵의 기간에 더 많은 영성(靈性)과 내적 경험을 쌓고자 했던 그의 분투는 곧 시들해지고 만다. 우주생명 힘의 창조주(創造主)는 침묵 속에서 처음에 인식되는 어둠의 배후에 숨어 있지만, 소극적 침묵의 어둠에 잠겨 있는 사람들은 결코 그것을 파악하지 못한다.

모든 생각과 감각을 고요하게 할 수 있다. 집중에는 고차원적인 상태들이 있으며, 구도자가 그것들을 하나씩 올라가면 그는 형언할 수 없는 기쁨과 고양된 경험과 환시(幻視)의 더 높은 차원들로 들어서게 된다. 그는 지복(至福)으로 가득 차서 깨닫는다. 침묵 속에서,

어둠의 장벽 바로 뒤에서, 나는 흠모하는 마음으로 그분을 자각한다. 우주생명을 자각하기 위해서는 침묵의 적극적인 요소와 소극적 요소를 체득한다.

자신의 주의를 그 정신적 목표를 향하여 진군하게 하고자 할 때에 침묵을 침해하는 주의 산만의 결정적인 정신 물리학적 요인들을 분석하는 것이 필요하다. 예를 들면, 사무실(事務室)에 앉아서 자신의 업무에 집중하려는 순간, 컴퓨터와 다른 사무실 장비들의 소음(騷音)이나 바깥의 거리에서 나는 전차와 자동차들의 우레 같은 소리가 청각신경 전선을 타고 의식으로 밀려올 때 주의력은 산만해진다.

또는, 사무실 비품이나 다른 사람들의 옷차림을 보는 것과 같이 시각 신경의 전화를 통하여 여러분의 두뇌로 보고되는 시각적 감각들로 여러분의 주의가 바쁠 수도 있다. 박하사탕의 맛이나 껌의 맛이나 흡연 후의 맛이나 좀 전에 마신 찬물의 남아 있는 맛과 같이 미각으로 느껴지는 유쾌한 감각이나 불쾌한 감각들로 여러분의 주의가 바쁠 수도 있다. 어떤 문제나 사업이나 신에 줄곧 주의를 집중하기를 원하더라도, 그 주의는 시각과 청각과 미각과 촉각과 후각과 같은 감각들이 일으키는 많은 주의산만과 마주친다는 것을 안다.

그러나 열거한 다섯 종류의 주의산만만이 여러분의 주의를 빼앗는 것이 아니다. 이 감각들은 집중을 추구하지 못하도록 주의를 꾀어내는 생각을 일으킨다. 집중하려고 하는 방의 밖에서 시끄러운 자동차 소리가 들리면, 각기 다른 차종에 대하여 생각하게 될 것이다. 입안에서 씹는 껌의 맛이 여러 껌의 맛에 관한 생각을 일으킬 수도 있다. 방 안에 있는 꽃의 향기는 꽃가게를 생각나게 하거나 할머니가 가꾸던 즐거운 정원을 생각나게 할 수 있다. 자신의 사무실을 바라보면 자신이 입주해 있는 더 웅장한 사무실이 생각날 것이다.

이렇게 감각은 생각을 일으킨다. 감각에서 발생하는 새로운 생각은 다음으로 여러분의 잠재의식적 기억에 있는 관련된 생각을 일으킬 수 있다. 예를 들면, 주위에서 일어나는 자동차 소리는 다른 차종의 자동차에 대한 많은 생각을 일으킬 뿐만 아니라, 나아가서 지금까지 운전했던 많은 차종의 차에 대한 잠재적인 생각을 여러분의 의식에 떠오르게 하거나, 또는 어떤 강력한 차로 당했던 나쁜 사고를 상기시켜 주기도 할 것이다. 그러므로 주의는 먼저 감각과 마주치고, 그다음에는 밀려오는 새로운 생각과 마주치고, 마지막으로 잠재의식적 잠에서 깨어나는 기억 속의 생각과 마주친다. 주의의 적(敵)인 주의산만은 다음과 같이 세 겹으로 되어 있다. 그것은 감각, 감각이 일으키는 새로운 생각, 그리고 현재의 생각이 일으키는 오래된 기억 속의 생각이다. 명확한 목표를 향하여 집중의 통로를 따라 진군하려고 하는 순간, 주의산만이라는 이 무형의 산적(山賊)들에게 습격을 당한다.

제9장

장수사회복락

〈장수사회정서, 장수사회장엄, 장수사회행복을 다룬다.〉

9-1. 장수사회정서

【Story-Telling】

숲 속에 사는 거룩한 한 성자는 큰 나무의 그늘에 앉아서 깊은 명상에 잠기곤 하였다. 동이 트면서 성자는 자신의 잠자는 정신을 일깨워서 신에게 바치는 것이었다. 어느 날 아침 이슬방울들이 흐느끼면서 가녀린 풀잎들에게 임종의 고별을 하고 있고 성자는 방금 마친 명상의 기쁨에 잠겨있었을 때, 그는 갑자기 자신에게 빠르게 다가오는 발걸음 소리에 주의를 약간 빼앗겼다. 성자는 차분하여 소음의 원인을 알기 위하여 돌아볼 생각조차 하지 않았다. 그러나 얼마 지나지 않아서 극심한 공포로 얼굴이 일그러진 사나이가 성자 앞에 잠시 서있더니 애원하는 목소리로 말하였다. "영예로운 성자님, 진리와 진실한 행위들을 최고로 사랑하는 분이여, 제가 당신 위에 있는 나무에 숨어 있을 것인데 저를 쫓는 산적들에게 제가 숨어 있는 곳을 말하지 마소서. 그러지 않으면 그들은 저를 죽일 겁니다." 겁에 잔뜩 질린 사나이는 이렇게 말하고서 나무 꼭대기까지 뛰어오르다시피 하면서 올라가서 나뭇잎들 속에 숨었다.

성자는 침묵을 지키면서 겁에 질린 사나이의 애원에 가타부타 아무런 말도 하지 않았다. 그러자 그 사나이는 자연스럽게 그 침묵은 동의를 의미하며 배신을 하면 그 불청객이 죽게 될 것을 아는 고결한 분이 자신을 배신하지는 않을 것으로 생각하였다. 그러나 사나이가 나무 꼭대기에 숨어 있는 동안, 경전을 매우 엄격하고 철저하게 따르고 있었던 성자는 사나이를 쫓는 자들에게 경전의 가르침에 일치하는 말로서 무슨 말을 할 수 있을지에 대하여 마음속으로 갈등을 겪고 있었다. 그렇게 그는 속으로 생각하면서 다음과 같이 추론하였다. 경전에서는 거짓을 말하지 말라고 한다. 그러므로 나는 쫓기는 사나이의 적들이 질문하면 그가 어디 있는지 나는 모른다고 말할 수 없을 것이다. 그래. 거짓말을 범하느니 차라리 혀를 잘라버리는 편이 낫지.

그다음에 그는 쫓기는 사나이의 애원에 대하여 생각하였고 자신이 진실을 말할 때 결과적으로 발생할 살인에 대하여 생각하였다. 거짓을 말함으로써 경전을 위반하는 것과 진실을 말함으로써 결과적으로 발생할 살인 사이에서 어떤 것을 선택해야 할지 당혹해하던 성자는 마침내 마음속으로 결심하였다. 산적들이 자신들의 사냥감을 보았는지를 나에게 묻는다면 나는 다음과 같이 대답할 것이다.

"나는 그가 어디 있는지 알지만, 당신들에게 말하지는 않을 것이오." 성자는 이렇게 생각하면서 조용히 앉아서 어려운 곤경을 맞이할 준비를 하였다. 마침내 사악한 산적 두목이 부하들을 데리고 나타났다. 시야에서 성자만을 발견한 그는 퉁명스럽게 말하였다. "수행자여, 우리가 찾고 있는 사나이가 숨어 있는 곳을 당신이 아는지 말해주기만 하면 우리는 당신을 괴롭히지 않겠소." 성자는 자신이 대답하지 않으면 산적이 다시는 묻지 않으리라고 희망하면서 침묵을 지켰다. 그러나 계획대로 이루어지지 않았으니, 산적 두목은 자신의 의사를 관철하려고 들면서 그를 때리기 시작하였다. 심하게 때려도 소용이 없자 산적 두목은 칼집에서 칼을 뽑아 들고는 성자 앞에서 휘두르면서 말을 할 것인지 결심하는데 5분을 주겠노라고 하였다.

성자가 말을 듣지 않으면 그의 몸은 머리 없이 나무 아래에 영원히 앉아있게 될 것이라고 산적은 선언하였다. 심한 정신적 갈등이 성자의 마음속에서 잇달았다. 제한 시간이 만료되자 그는 신중하게 대답하였다. "나는 당신들이 찾고 있는 사람이 숨어있는 곳을 알지만 말하지는 않을 것이오." 산적이 빈정거리며 말하였다. "흥! 때리고 칼을 빼서 휘두르니까 당신이 침묵을 깬 것이지! 자 내가 하는 것을 잘 보라구. 당신은 입을 열게 될 걸." 산적은 그렇게 말하고 성자의 한 손을 잘라버리고 나서 비웃으며 말하였다.

"당신에게 진실을 말할 시간으로 5분을 더 주겠소. 그러지 않으면 당신의 머리도 땅바닥에 뒹굴 것이오." 성자는 자신이 무슨 일을 해야 하는지에 대한 단서를 제공할 경전 상의 권고를 마음속으로 찾기 시작하였다. 그는 한 구절을 기억했다. "무엇보다도 자신을 보호하라. 그것이 가장 중요한 일이기 때문이다. 신을 발견한다는 최고의 야망을 획득하기 위해서 먼저 살아야 한다. 진실을 말해야 할 때 진실을 말하지 않아서 죽게 되면, 바보이다." 그래서 5분이 지나고 산적 두목이 그의 머리를 베려고 했을 때, 성자는 불운한 도망자가 숨어있는 곳을 산적에게 알려주려고 손가락으로 위를 가리켰다.

즉시 산적들 중의 한 명이 나무로 올라가서 불운한 그 사나이를 끌고 내려와서는 성자 앞에서 그의 사지를 난도질하여 조각내버렸다. 이 사나이는 살해당하면서 성자에게 소리를 질렀다. "당신은 이 일로 지옥에 가게 될 거요!" 그러나 성자는 동요되지 않았고, 쫓기던 사나이 영혼의 수레보다 자기 자신의 진보한 영혼의 수레를 구하기 위해서 의무를 다한 것으로 생각하였다. 그는 죽어가는 사나이의 저주를 어리석은 짓으로, 그리고 진실만을 따른 자신에게는 일어날 가능성이 없는 것으로 무시하였다.

몇 년 후 성자는 우주의식의 법열(法悅)을 느끼며 의식적으로 자신의 육체를 이탈한 다음 유체형체로 천국으로 올라갔다. 지옥의 수호신인 야마가 즉각 천국에 있는 그를 방문하여 그에게 말하기를, 그는 천국에 머무르라는 옥황상제(Supreme Spirit)의 최종적 판결을 획득하기 전에 역겨운 지옥을 참관해야 한다고 통보했다. 당황한 성자는 이의를 제기하였다. "영예로운 야마이시여, 이건 너무 하십니다. 저는 진리 관점에서 저의 모든 행위를 수학적으로 정확하게 평가하면서 도덕적인 삶을 살았습니다. 저는 언제나 진리를 따랐고 진실하고 올바른 행위들을 행하였습니다. 저는 아주 잠깐이라도 지옥을 참관하는 벌을 받을 이유가 없다고 확신합니다."

위대한 야마가 대답하였다. "영예로운 선생. 의심할 바 없이 당신은 하나의 행위만을 빼고는 모든 면에서 당신 자신에 대하여 올바릅니다. 당신은 진실하고 올바른 것 이외의 다른 것은 전혀 행하지 않았다고 말합니다. 그렇다면 당신은 왜 사실대로 말하는 바람에 당신의 손이 잘려나가고 한 사람의 머리도 잘려나가게 하는 고통을 겪을 만큼 어리석었는지요? 당신은 정의와 진리 그리고 사실의 공개의 차이를 혼동한 것으로 보입니다. 올바르고 진실한 행위는 언제나 좋은 결과를 가져옵니다. 당신이 사실을 고백한 것은 당신 자신과 그 사람에게 큰 해를 끼쳤으므로 궁극적 진리와 정의와는 거리가 멀었습니다."

"당신이 손가락으로 다른 곳을 가리켰다면 당신 자신도 손상을 안 입었을 것이고 한 사람의 생명도 구했을 것이 아닙니까? 당신이 거짓말을 한 것이 된다고 하더라도, 자신을 안전하게 보호해 줄 것으로 믿고 당신을 찾아온 무고한 사람이 살해당하는데 당신이 결정적 제보가 되기보다 훨씬 덜 끔찍한 죄를 범한 셈이 되었을 겁니다. 당신이 침묵을 지키는 바람에 달아나던 사람은 당신이 자신을 보호해 줄 것으로 믿게 되었습니다. 그렇게 해서 당신은 그가 당신이 모르는 다른 은신처를 찾아갈 기회조차 빼앗은 것입니다."

영성 스스로 '텅 빈 알아차림'이 가능한 공적영지(空寂靈知)는 '진여를 신묘하게 알아차리는' 성자신해(性自神解)와 상관관계에 있다. 이를 통해 '지 · 덕 · 체'를 구공(俱空)하기 위한 장수시대 장수윤리가 가능하다. 공(空)했다는 생각까지도 없어져서 비로소 마음자리의 본성에 계합(契合)한다. 이를 통해 하루 동안 배고 픈 줄 알고 목마른 줄 알며 추운 줄도 알고 더운 줄도 알며 혹 성내거나 혹 기뻐하기도 한다. 색신의 지수화풍 사대는 인연 따라 모인 것이다. 그 양태는 진여작용에 둔하기 때문에 어찌 보고 듣고 깨닫고 알아차릴 수 있겠는가? 보고 듣고 깨닫고 아는 작용이 텅 빈 고요와 반연한 영성이다.

붓다는 보살 시절 완전한 깨달음을 터득하기에 앞서 보살도를 수행하였다.191) 임제대사(臨濟大師) 이르시되 "사대(四大)는 법을 설하거나 듣지 못하며 허공도 법을 설하거나 듣지 못하나니 다만 그대의 눈앞에서 역력히 홀로 밝아서 형상할 수 없는 것이라야 비로소 법을 설할 줄도 알고 법을 들을 줄 안다."라고 법문을 하시니 형상할 수 없는 것은 이 모두가 붓다의 법인(法印)이자 '본래심(本來心)'이라고 했다.

어떤 것이 붓다인가? 귀종화상께서 이르시되 "내가 지금 그대에게 일러주고자 하지만 그대가 믿지 아니할까 염려 하노라." 스님이 이르되 "화상께서 하시는 진실한 말씀을 어찌

191) 사다티사 지음 조용길 편역, 『근본불교윤리』(서울: 불광출판부, 1994), p.127.

감히 믿지 아니하오리까?" 대사께서 이르시되 "그대가 붓다니라." 스님이 이르되, "어떻게 보림(保任) 하오리까?" 대사께서 이르시되 "눈에 흐려짐이 있으면 허공 꽃도 어지러이 흩어지며 떨어지니라" 하신다. 그 스님은 이 말씀에 단박 깨닫게 되었다. 실제로 "헛된 마음이 없는 무심이란 마음 가운데 번뇌를 모두 내보낸 것이다."[192]라고 하였다.

장수시대의 노인배려는 감성 수동성에서 출발한다. 향유주체는 확보하는 물질성과 내면성만으로 말미암아 있음의 존재 익명성, 즉 존재자가 없는 존재가 주는 불안을 제대로 극복하지 못한다. 이에 향유로서 홀로 선 주체는 타자와의 관계를 맺음으로 인하여, 이기적 자아세계와 죽음의 비극을 피하고 시간성에서 벗어나게 한다.[193] 타자에 대한 환대는 나의 죄책을 통해 타자의 무한성을 발견하는 감수성으로 바뀐다. 대속의 주체성에서 이러한 감수성은 타인에게 나를 노출하고 타인을 위해 자신의 살갗을 내 놓는 수동성이자 모성성이라고 할 수 있다.[194]

그것을 통해 향유 주체는 타자를 받아들이는 환대 너머 타자를 자신의 존재 주인으로 모시고 그의 고통을 대신 속죄 시킬 수 있는 사랑과 책임 주체가 되고, 끊임없이 타자를 위해 자신을 개방하는 시간 주체로서 새로운 정립이 이루어진다. 비극성을 극복하는 데 있어서 멈추지 않으며 능동적으로 자신의 살갗을 타인의 고통을 대신하여 내어놓는 일종의 개방성으로 나아간다. 이러한 타자와의 가까움으로 타자를 위한 윤리적 주체성은 진정한 책임과 사랑의 주체성으로 심화된다. 도덕적 감수성으로서 상처받을 가능성은 타자에게 사로잡힘을 의미한다.[195]

타인을 나의 주인으로 모시고 내가 그의 인질이 됨으로써 그의 박해와 고통을 수용하는 모성적 감수성이다.[196] 타자의 타자성을 하나의 무한으로 사랑하는 책임윤리가 작동한다. 그것은 일종의 '사랑의 윤리'이다. 또한 이것은 '친밀성의 상냥함 혹은 따뜻함(la douceur ou la chaleur de l'intimité)'안에서 생성된다.[197] 무엇보다도 배려에 근거함으로 도덕적 심정을 회복할 수 있게 한다. 타자의 타자성을 환대하고 고통을 수용하는 감수성에서 이성중심의 동일성 논리와 전체성의 사유에서 드러나는 폭력성을 추방할 수 있다.

의식철학에서도 타자를 말하지만, 근본적으로 동일자 철학으로 회귀한다. 그런데 동일자는 자신의 내부에 시작과 종말을 모두 포섭하려는 점에서 자기 완결적 운동으로 나아가 전

---

192) 보조지눌 지음, 원순 역해, 『절요: 선의 종착지로 가는 길』(서울: 법공양, 2017), p.69.
193) 강영안 역 시간과 타자 문예출판사 1996, p. 66.
194) Levinas, E., *Autrement qu'être ou au-de là de l'essence* (Martinus Nijhoff, 1974), p. 114.
195) 위의 책, p. 175.
196) 위의 책, p. 298.
197) 우치다 타츠루, 이수정 역, 『레비나스와 사랑의 현상학』, (갈라파고스, 2013), p. 162.

체성을 이룬다. 동일자 운동은 외부를 자기화하는 과정으로 이루어지기에 그 외부는 동일자의 자기 변형에 불과하다. 이에 외부는 동일자의 전체성에 포섭될 가능성을 갖는다. 존재체계에서 자아는 다시는 개별자로서 머물 수 없고, 단지 체계 내의 작용에 불과하다. 타자와 개체의 차이는 타자가 가져오는 다른 의미 차원을 통해 규정된다. 따라서 타자의 출현과 그 의미성은 상관연동으로 함께 연결되어 있다. 존재를 확대하고 보존하려는 주체적인 욕구는 긍정된다. 그런데 자신에게 낯선 존재와의 만남, 자신의 지배와 향유의 가장자리에 있는 이러한 존재자와의 대면은 자신에게 권능의 한계를 체감한다. 자신 힘의 전체적 확대와 타자 등장으로 인해 자아는 타자를 인정하기보다 제거하려는 욕구를 갖는다. 이에 타자 살해와 타자성의 '무화(無化)'를 떠올리게 된다.

그렇지 않은 경우에는 타자응답에 진실로 접근하려는 선택을 고민한다. 타자와 관계는 보편법칙으로 매개되지 않는 직접적 관계이며, 이 직접성을 통해 자신에게 타자의 타자성을 알린다. 이는 곧 타자에 대한 생명차원이 열림이다. 의심할 수 없을 정도로 타자에게 열리면서 환대하려는 심정으로 전환은 자신의 이기심과 자신의 존재에 대한 염려에서 벗어나게 하고, 타자에게 마음 놓고 접근할 수 있는 통로를 열어둔다. 레비나스에 따르면, '존재 너머'는 얼굴과 얼굴의 만남으로서 대면 관계와 직결된다. 대면의 특수성이 붕괴되는 첫 계기는 제삼자의 출현이다. 레비나스가 주장하는 '존재와 다르게'는 보편언어 인식에 기반을 둔 일상담론과 다르게 접근함을 말한다. 타자 담론은 타자에 대해 부름을 듣고, 그의 존재에 대해 열림을 의미한다고 할 것이다.

레비나스는 향유를 위한 주체성과 환대의 주체성을 동시에 말한다. 앞의 것이 즐김과 향유에 토대를 둔 욕망의 주체성이라고 한다면, 뒤의 것은 타자와의 윤리적 관계에 의한 주체성으로 절대적 외재성으로 다가오는 주체성이다. 또한 욕망의 주체성이 거주와 노동을 통해 자신의 욕망을 무한대로 확장하는 특징을 갖는다고 한다면, 환대의 주체성은 노동하는 자신에게 윤리적 요구로 임하는 절대 외재성으로 말미암은 주체성이다.[198] 삶은 무수한 상처의 흔적들로 채워져 있다. 노인으로서 상처에 취약한 몸을 가진 경우는 더욱 그러하다고 말할 수 있다.

감수성의 수동성에서 정서의 촉발성으로의 변용은 이기적 자아가 타인을 존중하면서 이타적인 관계를 맺게 되는 탈자(脫自)의 이론적 근거가 되기도 한다. 감성 교육은 타인의 타자성을 인정하는 공동체 안에서 도덕실천과 연관된다. 노인윤리는 그들의 고통을 어루만지고 그들 얼굴이 우리에게 호소하는 윤리명령에 응답함이 그 요체이다. 수동적이면서 동시

---

198) 강영안, 『타인의 얼굴: 레비나스의 철학』(서울: 문학과 지성사 2005), pp. 40-41.

에 능동적 감수성을 파악하면서 감정에 따른 변용을 이해하게 된다. 공동체 안에서 이타적 실천으로 이어주고 매개하는 도덕적 감수성의 새로운 가능성을 모색하게 만든다.

사랑은 외부의 대상으로부터 시작된다. 사랑하는 자와 사랑받는 자는 주체의 수동성이다. 레비나스는 타자의 타자성을 '여성성'으로 규정함으로써, 자신내면의 정체성으로부터 나오지 않으며, 오히려 외부에서 자신의 정체성을 구성하게 만든다.[199] 자아와 타자의 에로스 관계에서 욕망은 주체로 돌아오지 않고 자아의 바깥, 타자에게로 향한다. 에로스 관계에서 자신이 만나는 타자 얼굴은 자식일 수 있다. 자식의 타자성은 다른 자아 타자성이 아니다.[200] 동일자에게서 동일자를 넘어선다.

감성수용성이 교육관점에서 몇 가지 의미 있는 방향을 제시함을 발견하게 된다. 먼저 주체중심의 교육관을 전복(顚覆)시킬 수 있는 가능성을 탐색할 수 있다. 레비나스의 타자책임 노인윤리는 자아를 모든 행위에 중심에 두고 타자를 도구화 대상화하는 데서 야기되는 폭력을 제거할 수 있다. 존재 익명성을 말함으로써 주체지향의 교육목표를 타파할 수 있다. 새로운 의미질서는 '있음'의 복수성에 근거하며 계몽적 교육에서 벗어나서 타자지향 교육을 기대하게 만든다. 또한 교육적 응답 가능성을 모색할 수 있다. 고독한 단독자로서의 모습에서 벗어나 타자에게로 다가서려는 태도로 타자 부름에 응답한다.

교육은 지식체계나 행위지침에 따라 일사불란하게 주입되는 행위가 되어서는 아니 된다. 이러한 관점에서 교육과 윤리학이 따로 존재하기보다 교육은 윤리학과 소통한다고 할 것이다. 지도에서 이루어지는 일방 대화는 교육이 근대성에 묶인 소치이다. 상호주관을 전제하지 않는 교육은 폭력의 반복이고, 도구 관계를 이루기에 인격함양 교육은 요원해진다. 아울러 책임은 타자와 마주하는 각자의 몫이 될 것이다.

책임의 비대칭성은 타자와의 관계에 있는 실존방식이다. 오늘날의 교육은 얼굴과 얼굴을 마주하는 교육이라기보다 얼굴을 측면에서 바라보는 교육이 드러나고 있다고 할 것이다. 이론과 실천의 괴리, 지식과 실행의 어긋남을 바로 잡으려는 실천방안을 모색해야 한다. 실용주의 사고가 팽배한 교육현장에서 충족이 어려운 노인윤리의 실천과제들을 역설적 난제로 재구성하여 탈 역설의 전략으로 수립해야 할 것이다.

현대교육이 회피할 수 없는 타자중심의 교육으로 선회하기 위해서는 노인윤리에 근거한 개신교육을 현장에서 살려나가야 될 것이다. 장수시대 노인윤리는 시대적인 도전이다. 감성에서 영성응답으로 전환하는 책임윤리의 새로운 모색이다. 이러한 책임은 자신이 행할 모

199) Levinas, E., *Totalité et infini,* Martinus Nijhoff, 1961. p. 281.
200) 레비나스, 강영안 옮김 『시간과 타자』 (서울: 문예출판사, 1996), p. 113.

든 결정보다 우선으로 타자에게 접근하여, 보이지 않는 타자에게 자신을 던져놓는 것이다. 노인에 대한 응답의 책임윤리는 더 이상 자아와 다른 자아의 상호 주관적 대칭성이 아니라 비대칭적 응답에 토대를 두고 있는 것이라고 할 것이다.

응답의 책임윤리는 자아에 대해 가혹하면서 동시에 타자로서 타인에 대해 보다 너그러워지는 길의 모색이다. 응답의 책임윤리는 이방인에 대한 무한 책임과 상통한다. 자아는 자기 안의 타자를 받아들이기에 윤리적 자아로 발전하고, 타자를 통해 자신을 발견함으로 유한성에서 벗어나 타자의 무한성에 접근하게 된다. 자신의 의미는 타자를 통해 응답하는 과정에 주격의 자아가 목적격의 자아로 전환함에 있다.

외재성의 타자는 나보다 높은 곳에 있는 주인처럼 윤리적으로 행동하기를 명령함으로 자신은 그 명령에 순응한다. 어떤 방식으로 규정하지 않지만, 자신의 힘을 무력화시키고 명령하는 타자얼굴은 무소 편재의 신을 닮아 있다.[201] 탈주체화 흐름에서 타자에 대한 응답을 근거로 삼아 윤리주체를 재정립하기에 실천윤리의 지표를 마련할 수 있고, 사회연대성을 창출한다.

심신노약의 고통에 귀를 기울이는 노인윤리는 윤리주체로서 응답하기에 윤리상대주의 관점을 초극한다. 레비나스의 타자책임 노인윤리는 생명으로서 자기보존성, 자아 내면을 향유하는 데 그치지 않고 타자와 평화로운 관계를 끊임없이 모색한다. 타자에 대한 평화로움 추구는 자아 닫힘의 폐쇄성을 극복하고 타자 보살핌의 정서 촉발로 이어진다. 이기성과 결별하고 노인 목소리를 있는 그대로 지각하여 무한자기를 성찰하는 계기로 나아갈 수 있다.

일찍이 에릭슨(Erik Homburger Erikson, 1902-1994)은 80대에 들어 『노년기의 적극적인 삶』을 출판했다. 에릭슨은 노년기의 사람들의 '고립화'가 사회적으로 만들어진 것이라는 현실인식에서 출발하여, 노년기의 사람들과 다른 세대의 사람들과의 활기찬 관계를 되찾는 것이 미국사회의 주요 과제이며, 노인의 사회정서 함양을 위해 활기찬 관계를 필요로 한다고 할 거시다.

기타지마 기신(北島義信, 욧카이치대학(四日市大學)은 일본민화, '우바스테야마(姥捨て山)'도 '어머니를 갖다 버리는 산'이란 뜻으로 일본에 전해 내려오는 노인 유기설화를 소개했다. 아들이 어머니를 업고 산길을 걷는 동안 어머니는 갈림길마다 작은 가지를 부러뜨리고 있었다. 아들은 깊은 산속에 들어가고 유기 장소에서 모친을 내리면서 이 같이 말했다. '어머니, 중간에서 나뭇가지를 부러뜨리고 있었지요. 마을로 돌아가는 기표로 삼으려는 것이었

201) 서동욱, 「주체의 근본구조와 타자-레비나스와 들뢰즈의 타자 이론」 『차이와 타자』 (서울: 문학과 지성사, 2000), p. 143.

지요.' 그러자 어머니는 아들에게 이와 같이 말했다. '나는 마을로 돌아갈 생각은 없다. 여기서 죽을 마음을 먹고 있다. 도중에 나뭇가지를 부러뜨렸던 것은 네가 갈 길을 잃지 않게 기표를 해둔 것이야.' 이 말을 듣고 아들은 버리려고 했던 어머니를 등에 업고 집으로 돌아와 오두막집에 남몰래 숨겼다.

얼마 후 이웃나라에서 선전포고하러 왔다. '가까운 시일에 이 나라를 쳐 멸망시키겠다. 한 가지 살 길이 있다. 재로 줄을 꼬아서 나에게 보이는 것이다. 일주일 뒤 다시 이 성을 찾아올 테니 그때 재로 만든 줄을 보여라. 못하면 바로 이 나라를 몰살시킬 것이다.' 싸우면 패배할 것을 알고 있는 영주는 난처해하며 재로 만든 줄을 바치도록 명을 내렸다. 그것을 알고 아들은 숨겨놓은 어머니에게 물었다. 그러자 어머니는 아들에게 다음과 같이 말했다. '짚을 가져다가 그것을 소금물에 담근 후 말려서 새끼를 꼬아라. 그 새끼줄을 불태우면 무너지지 않는 재의 줄을 만들 수 있다.' 그 말대로 따라하고 기일 안에 영주에게 바쳤다. 덕분에 평화를 유지할 수 있었다. '재의 줄'을 바친 아들에게 영주는 감사하며 잘못을 인정하고 노인을 갖다버리는 법을 철폐했다.

9-2. 장수사회장엄

【Story-Telling】

인도의 어떤 산기슭에 아름다운 꽃들로 뒤덮인 계곡을 굽어보고 있는 아늑한 암자가 있었다. 이 암자는 사실상 산의 바위 턱을 깎아내서 만든 동굴이었다. 이곳에 위대한 스승과 헌신적인 제자가 거주하였다. 동이 트면서 언덕들의 얼굴로부터 어둠이 씻겨날 때, 산비탈들은 다채로운 꽃들로 환한 미소를 지었다. 태양이 떠오를 때 스승과 제자는 함께 찬송가를 불렀는데, 그것은 오랜 무지의 잠을 잔 후에 각성되는 지혜를 그들에게 상기시켜 주었다. 자연이 밤의 침묵을 깨고 미소 지을 때 그들도 미소 지었다.

여명이 여전히 계곡에 남아 있는 동안 스승은 제자에게 완벽한 명상 자세로 똑바로 앉아서 주의를 집중하여 자신의 가르침을 듣도록 하였었다. 제자는 매일 자신의 스승의 입에서 쏟아져 나오는 가르침들을 열성적으로 받아먹었다. 그러나 어느 날 스승은 자신의 젊은 제자가 방심하고 산만하다는 것을 알아챘다. 그래서 그는 제자에게 부드럽게 말하였다. "아들아, 오늘 너의 마음은 내 말에 귀를 기울이지 않고, 언덕들 너머의 어딘가를 방황하고 있는 것 같구나. 말해 보아라. 너를 방심하게 만드는 것이 무엇이냐?" 제자가 공손히 대답하였다. "존경하는 스승님, 저는 오늘 당신의 가르침에 집중할 수 없습니다. 저의 마음은 계곡의 푸른 초원에서 풀을 뜯고 있는, 새로 길들여진 물소에 대하여 생각하고 있기 때문입니다."

스승은 제자를 꾸짖는 대신에 차분한 말로 침묵의 방으로 물러나서 문을 닫고 오직 물소에 대한 생각만을 하라고 권하였다. 하루가 지나고 다음 날 아침, 스승은 침묵의 방에 나 있는 작은 창문으로 들여다보았다. 제자는 여전히 물소에 대해 집중을 하고 있었다. 그래서 스승이 물었다. "아들아, 무얼 하고 있느냐?" 제자가 대답하였다. "선생님, 저는 물소와 함께 풀을 뜯어먹고 있습니다. 당신한테로 갈까요?" 스승이 대답하였다. "아니다. 아들아. 아직은 아니다. 네 물소와 함께 계속 풀을 뜯어 먹어라."

세 번째 날 아침, 스승은 다시 침묵의 방의 창문을 통하여 들여다보면서 물었다. "사랑스러운 아이야, 무얼 하고 있느냐?" 제자는 대답으로 황홀경 상태에서 말하였다. "하늘같은 스승님, 저는 제 방에 있는 물소를 보고 있고, 그에게 먹이를 주고 있습니다. 저의 물소를 데리고 당신한테로 갈까요?"

"아직은 아니다. 나의 아들아. 물소를 보면서 그 물소에 먹이를 주는 상상을 계속하여라." 다섯 번째 날, 스승이 물었다. "이제 말해보아라. 나의 아들아. 지금 무얼 하고 있느냐?" 제자는 물소 같은 목소리로 울부짖었다. "그게 무슨 말씀인가요? 저는 당신의 아들이 아닙니다. 저는 물소입니다!" 이 말에 스승은 미소를 지으며 응수하였다. "좋아요. 물소 양반, 당신은 침묵의 방에서 나오는 것이 좋겠소." 제자는 나오려고 하지 않았다. "제가 어떻게 저 좁은 문을 통하여 나갈 수 있겠어요?"라고 투덜거렸다. "제 뿔이 너무 커요!" 그러자 스승은 침묵의 방으로 들어가서 "물소"를 무아경에서 빠져나오게 하였다. 제자는 자신이 집중하던 대상을 모방하려고 애쓰면서 네발로 걷고 있는 자신의 모습을 발견하고 미소 지었다. 그러고 나서 제자는 가벼운 식사를 한 다음 자신의 스승의 말씀을 들으러 갔다. 그는 많은 심오한 영적 질문들을 받았고, 그 모든 것을 전례 없이 정확하게 대답하였다.

"이제 너의 집중은, 너와 너의 마음이 공부의 대상과 하나가 될 수 있는 완벽한 상태에 도달하였구나."

Point Up: 집중할 대상과 일치하고자 하는 노력을 지금부터 시작할 수 있다. 끊임없이 수행한다. 위대한 사업가와 그의 능력에 대해서 생각하든 신에 대하여 생각하든, 깊이 생각한다. 사업가가 된 것으로 또는 신과 하나가 된 것으로 느낄 때까지 깊이 집중한다. 물소가 된 사람처럼 꿈이 실현된 사람으로서의 몰입과 성찰을 한다.

침묵 사원에서 영성차원을 설득(說得)해서 평화제단으로 오도록 할 수 있다. 침묵의 기술을 실천한다. 침묵의 관문 배후에서 걱정거리와 병고(病苦)와 죽음에서 벗어나서 행복과 안식처(安息處)를 발견할 수 있다. 자신을 차분함이라는 외투로 감싸고 사람들과 어울리면서 생활할 때 그 외투 없이 지내는 일이 없도록 한다. 언제나 평화롭게 유지해야 한다. 생명력은 눈에서 가장 강하다. 깊은 집중에 의해서 시선을 미간에 고정함으로써, 거기서 지각되는 빛을 붙들고 의식과 생명력을 그 지점을 통하여 무한으로 보내는 것을 익힌다.

병아리가 자신의 껍질을 벗기고 나오는 것처럼, 영혼은 영안에 대한 집중과 직관의 부리로 쫌으로 우주 껍질을 깬다. 명상할 때 미간에 집중함으로써 우리는 초의식을 야기한다. '그러므로 너의 눈이 하나라면 너의 온몸은 빛으로 가득 찰 것이요'(마태복음 6:22)라고 한다.

명상 중에 영안(靈眼)의 빛을 보는 사람은 성령, 또는 성스런 진동의 세례를 받는 셈이다. 영안은 색깔로 음미할 수 있다. 바깥쪽의 황금색 고리, 그 안쪽의 암청색(暗青色) 구체(球體), 청색 안쪽의 오각형의 별이 음미 된다. 이 별은 비둘기의 입을 상징하고, 청색과 황금색 후광은 비둘기의 양 날개를 펼친다. 이 영의 비둘기를 흔히 '성령(聖靈)'에 비유하기도 한다. 빛나는 눈을 통하여 신의 빛으로 인도될 것이다. 죽음은 호흡의 사슬로부터의 자유일 뿐이며 호흡 없는 한얼의 영성으로 인도된다.

한얼 품에서 벗어나 유랑하던 방탕한 영혼은 방랑하며 경험들을 수집(蒐集)한다. 광물계의 어둠을 통과하고, 계속해서 식물 생활의 회랑(回廊)들을 통과하고, 새와 짐승의 살아 있는 전당으로 갔다가 거기서 인간 육신 옷으로 들어간다. 자신의 편재(遍在)가 감금되게 한 얼은 수많은 육화를 통하여 죽음과 춤을 추지만, 마침내 깨어나서 자신의 불멸성을 깨닫는다.

편재 속의 저택으로 돌아온 방탕한 영혼은 유랑하는 자신의 모든 형제들을 완전한 자유의 집으로 불러들이려는 목적으로 육화되기를 원한다. 탕아(蕩兒)로서 평화의 집에서 벗어나 멀리 유랑하였다. 아버지가 기다리고 있으니 구걸할 필요는 없다. 생득권리를 찾는다. 아버지는 그분과 하나가 되기를 원하는 영성 자녀의 최상의 요구를 즉각적으로 받아들인다.

윌버(Ken Wilber)는 1973년, 『의식의 스펙트럼』에서 서양심리학과 동서의 신비사상을 통합하는 포괄적인 이론모델을 구축했다. 밀접하게 상호 연결된 네 가지 형식, 개체적 · 내면적, 개체적 · 외면적, 집합적 · 내면적, 집합적 · 외면적 위계들로 우주 회로망을 구획짓는다. 진리의 사상한은 통합모형을 이루고 과학사상, 통합심리, 통합과학의 밑바탕을 이룬다. 의식 스펙트럼의 수준은 대응하는 학문의 장(場)을 갖추고 있다.[202]

수준 1의 학문은 무생물을 연구대상으로 삼는 화학분야이다. 수준 2는 생명과정을 연구대상의 생물학 영역이다. 수준 3은 자각의식의 심리학, 그것을 배제한 철학수준이다. 수준

202) 켄 윌버 지음, 박정숙 옮김 『의식의 스펙트럼』 (서울: 범양사 2006). 참조.

4는 경건한 성자의 종교영역이며, 계시와 '신인합일(神人合一)', 원형의 직관영역이다. 영성 차원은 직관으로 신성의미를 깨닫게 한다.[203] 인과수준 5는 신비주의 영역으로 경험 해체(dissolution)와 주관·객관 이원성을 초월한다. 궁극수준 6은 진여자성으로 다른 수준의 원천이 되며 모든 존재의 본성, 또는 '이(理)', '도(道)'의 경지라고 말한다.

신앙으로 통합사상에 근거하여 설교한 길선주(吉善宙, 1869~1935)는 조국을 빼앗긴 슬픔의 민족 앞에 메시지를 던졌다. 그는 강단에서 시작해서 강단에서 마친 강단의 사람이었다. 육신의 눈은 상해서 앞을 못 보았으나 영안이 밝아 겨레의 장래를 직시하고 교회의 신앙을 정도로 세워주며 한국교회의 일대의 사람이다. 그의 설교는 민족의 문제와 아픔을 신앙으로 극복하려고 했다. 기독교 복음 전파를 통한 민족운동가로서 구국 운동에 몸 바친 인물이었다. 「해타론(懈惰論)」과 「말세학(末世學)」에서 그는 내세적 삶을 강조했다.

그의 말세론은 억압과 가난에 눌려서 신음하고 있는 사람들에게 말할 수 없는 큰 희망과 용기를 주었다. 그는 1907년, 성신의 불을 받고 계시록을 만 번 독해함으로 하늘나라 비밀이 밝혀졌다. 그의 도교에 대한 체험이 영계(靈溪)의 호에 맞는 영성 목회자로 집중할 수 있었다. 부흥운동을 통해 성령의 부흥역사가 임하도록 노력하였다. 연극과 성화(聖畵)에도 관심을 두어, '성극의 밤'을 열기도 하였다. 1910년 제4회 노회에서 1백만 구령 운동을 제창하여, 국권 상실의 수치와 비운에 빠진 민족을 구령으로 위로하고 민족의 최후 보루를 교회에 구축하고자 하였다.

애국정신으로 1912년 105인사건 때에는 많은 애국지사와 함께 수난하였고, 장남을 잃는 고통을 겪은 뒤 성서연구에 몰두, 신·구약성서의 주석서를 많이 남겼다. 교육 사업에 힘써 숭실학교(崇實學校)·숭덕학교(崇德學校)를 설립하였고, 3·1운동 때는 기독교를 대표하여 33인의 한 사람으로 독립선언서를 공포하여 2년의 옥고를 치르기도 하였다. 석방된 뒤로는 북간도를 비롯하여 전국을 순회하면서 부흥집회를 인도하였다.

또한 장자는 전국시대 중기 송나라(B. C.369-286) 왕족의 후예로 본명은 장주이다. 춘추전국시대 당시에는 전쟁이 끊이지 않았고 살육과 권모술수로 뒤덮인 엄청난 혼란기였다. '장자'는 책 이름이기도 하며 주로 이야기 형식을 띠며 전체적으로 문학적 상상력으로 표현한다. 후대 당나라 현종은 장주를 매우 높이 평가하여 그와 그 책을 『남화진경』이라고 불렀다. 기원후 4세기 북송의 곽상이 33편으로 편집한 것이 오늘에 이른다고 한다.

「내편」은 7편, 「외편」은 15편, 「잡편」은 11편인데 이 중 「내편」만이 장자의 독창적 사유

---

203) Paramahansa Yogananda, *The Science of Religion*(Los Angeles: Self Realization Felloship, 1974), p.82.

라고 추정된다. 내편 제1편의 제목은 「소요유」이다. 큰 물고기 곤이 큰 새인 붕이 되어 때를 기다리다 대해인 남명으로 날아간다는 스토리가 멋지게 펼쳐진다. 장자의 자유정신은 자기와 사물을 잊고 삶을 통 큰 정신으로 향유하는 것이다.

친구인 혜자와의 조롱박 이야기가 나오는데 '무용지용' 즉 세상에 쓸모없는 것은 없다는 메시지를 전한다. 제2편 제물론에는 유명한 나비의 꿈. 조삼모사 등의 사연이 등장한다. 여기에서는 잡다한 세상 이야기들, 땅의 소리에 대한 분별심(機心)을 버린 망아(忘我)의 길, 하늘 소리를 권유한다. 이 세상 모든 물적 변화란 상대주의(相對主義)이다. 다시 말해, 옳고 그름의 표준이란 것은 없다. 이 나비가 장주의 꿈인지 이 장주가 나비의 꿈인지조차 모르며 무엇이 참 존재인지 우리는 알 수가 없다는 주장을 폈다.

제3편은 「양생주편」인데 소를 잡는 천민 포정의 이야기다. 도는 멀리 대단한 곳에 따로 있는 것이 아니다. 달인경지에 오른 포정의 기묘한 손길에도 도가 있음이다. '순리대로 처신하며(安時處順)' 욕심을 버림으로 천성을 보존하는 '전생보신(全生保身)'을 권한다. 제4편 「인간세편」에서는 쓸모없는 상수리나무 이야기와 기형인 '지리소' 이야기가 등장한다.

『장자』 전편에는 만물제동(萬物諸同)의 평등정신이 드러난다. 공명심 높은 사람들은 자기 재주를 과시하고, 다른 사람의 잘못을 지적한다. 스스로 깨끗이 하고 삼가되(齋戒), 나서지 않고 자기를 비우는 '좌망(坐忘)'과 '심재(心齋)'를 권유한다. 제5편 「덕충부」는 개인의 물욕, 옳고 그름, 나아감과 물러섬의 분별망상을 버려 덕이 내면에 충실하면 유형세계서도 유유자적할 수 있으므로, 본성이 온전하면 안과 밖이 다르지 않고 덕을 외부에 드러내지 않아도 온갖 공덕이 이루어진다고 할 것이다.

성인은 소요함에 있어서 알음알이 지식을 재앙의 근원으로 여기고, 도덕규범조차 속박으로 간주하며, 덕은 교제 수단으로, 기교는 장사 수완으로 여긴다. 하늘이 나를 먹여 살리는데 인위를 취하지 않으며 크고 큰 천덕을 이룬다. 제6편 「대종사(大宗師)」에는 도가 온전하고(道全), 덕이 갖춰지며(備德), 크게 자유 자재하여(大而化), 망기(忘己), 망공(忘功), 망명(忘名)을 체득한 지인(至人), 신인(神人), 성인(聖人)의 총괄인물이 펼쳐진다. 이 사람을 대종사라 부르며, 이 사람이 때를 만나면 세상을 다스리는 「성제명왕(聖帝明王)」이 될 수 있음인데, 이것이 노장 사상의 핵심이라고 할 수 있다.

제7편 「명왕」은 천하를 유심조작으로 다스리지 않으며 무의 세계를 소요하므로(虛無大道) 그 가르침이 만물에 미치지만 백성은 그런 줄 모른다. 마지막 글에서는 중앙의 임금 '혼돈'에 구멍이 없어 남해 임금 '숙'과 북해 임금 '홀'이 궁리하여 사람처럼 일곱 구멍을 하나씩 뚫어주었더니 혼돈이 그만 죽어버렸다는 스토리를 전한다. 인위적인 지식은 생명을 해친다는 교훈을 준다.

장자는 전편을 통하여 우주만물의 근원은 도이며 자연의 본성, 순리를 따르는 무위(無爲)를 추구함으로서 생명을 보전하고 세상을 온전하게 할 수 있다고 보았다. 사실 장자는 우리에게 도가 무엇이고 어떻게 도를 터득해야 하는지를 체계적으로 가르치는 책은 아니다. 군데군데 우리의 얼굴을 씻겨주는 대신 그저 우리 앞에 슬그머니 거울을 들어준다.

그리하여 진정한 자기를 깨닫게 하고, 절대적 자유와 생명력이 약동하는 삶, 호쾌한 삶을 묘사한다. 도가 사상의 선구자 격인 노자의 도덕경에 비하면 장자는 노자의 주석 정도로 여기는 일도 있지만, 사실은 노자 철학과 장자 철학이 따로 발전해오다가 기원전 2세기쯤 한 학파 체계로 다루어졌다. 이 과정에서 장자 사상 중심에 노자 사상이 첨가된 것으로 보면 장자를 노장철학의 주축으로 봐야한다는 주장도 제기되었다.

장수사회장엄은 정서 촉발성에 의한 노인 보살핌이 요체이다. 레비나스의 정의는 권한을 가진 '자아'에 나타나는 것이 아니라 세계에서 자리를 박탈당한 '타자'에게서 출발하기 때문이다.[204] 실리를 염두에 두면 두려움으로 보살핌이 제대로 이루어지기 어려울 것이다. 정서 촉발성은 노인 보살핌의 동기부여로 자리매김한다. 심신이 허약한 노인 보살핌의 정서 촉발성은 노인의견을 잇는 그대로 경청하게 만든다. 의사결정에 어려움이 나타나서 자율판단이 어렵다고 한다면, 누적된 정서 촉발에 비추어 사전의사 결정을 고려한다.

노인에 대한 치료지속이 불가능할 경우, 대리인이 사전의사 결정을 내리고, 생명연장이 어려우면, 치료를 중단한다. 타자에 대해 열림이 삶을 변화시키는 새로운 결단의 출발점이 된다.[205] 이 경우 생명연장술 중단이 보살핌의 형태로 이루어진다. 현대의학 기술발달로 죽음에 대한 기준이 생명연장술이 모호할 경우라도, 보살핌에 비추어 판단하면 타자중심 윤리실천이 가능하다. 레비나스가 인권을 국가너머에 정초하려는 것도 정치적인 한계를 깊이 자각함에 있다고 할 것이다.[206]

또한 『존재와 다르게-본질의 저편』에서, 레비나스는 '삼자(tiers)' 등장을 문제시 삼는다. 삼자는 이웃과는 다르지만 여전히 이웃이다. 그는 타자의 이웃이지 타자의 이웃이지 동료는 아니다. 그렇다면 타자와 삼자는 서로에 대한 무엇인가? 그들은 서로에게 무엇을 했는가? 타자 앞에 무엇이 지나가는가?[207] 삼자의 등장은 비교와 판단, 계산과 조정을 요구한다.

책임을 져야 하는 타자가 한 명으로 제한되지 않는다면, 타자에 대한 책임은 제한될 수 밖에 없다.[208] 삼자 등장은 동등성과 상호성의 관계를 고민하게 만든다. 타자의 외재성과

204) 김도형, 『레비나스와 정치적인 것』, (그린 비, 2018), p. 101.
205) 위의 책, pp. 190-191.
206) 위의 책, p. 107.
207) Levinas, I., *Autrement qu'être ou au-de là de l'essence* (Martinus Nijhoff, 1974), p. 200.

초월성은 그의 부름에 대한 즉각적인 응답으로 나타난다. 그러나 삼자의 등장으로 말미암아 비교할 수 없던 타자를 비교 대상으로 놓을 수 있게 만든다. 결국 레비나스는 정의의 문제는 재현의 동시성을 요구한다고 고백하기에 이른다.[209] 타자들은 이해 가능성 안에서 가시적이고 동시적이다. 여기서 책임의 직접성이 연기되는 사태를 초래한다.

삼자에 대한 공평성은 물음의 시간을 갖는다. 즉각적 책임을 중단하고 의식지평에서 책임을 사유하기 시작한다. 레비나스에게 타자책임은 자신의 중심을 깨뜨리고 나의 경계를 허무는 역할을 한다. 책임은 나의 열림으로 이어진다. 삼자 등장은 나에게 다른 타자와의 관계형성을 제공하고, 다른 차원의 열림을 예비한다. 삼자를 배제하고 둘로 고립된 상황과 구별된다.

그렇지만 보편성의 문제를 생각하는 순간에도 레비나스는 나와 타인의 관계가 모든 관계 근원이라는 생각을 포기하지 않았다. 따라서 레비나스는 "이웃으로서의 타인과 맺는 관계가 모든 다른 관계들과 맺는 나의 관계에 의미를 부여한다."[210]고 말함으로써 일상으로 타자중심의 윤리실천을 부각시키게 된다. 그런데 타자의 보편성에 대한 레비나스의 주장은 실정법 아래에서는 존재하는 자기충족을 만족시키며, 동시에 제도화가 인정하는 범위를 전제한다.

그것은 다수성의 우위와 전체성의 폭력을 경계하고 타자의 유일성에 대한 인정을 우선시하는 비대칭 공간을 지시할 때 성립된다. 레비나스에 따르면, 타자권리는 상호성의 계기로서 계약에 앞선다.[211] 그런데 자신의 자리를 고수하고 유지하려는 개인, 자신의 당파적 이익을 대변하려는 계급구조의 갈등에서는 이러한 전망은 실효성을 상실한다.

결국 존재와 다르게 존재하려는 노력과 타인의 벌거벗음에 대한 존중이 동시에 충족될 때, 그 비전이 현실화될 수 있을 것이다. 타자에 대한 무관심성과 자기보존에 대한 가치를 우선시하는 사회에서는 이러한 이상을 구현하기가 결코 쉽지 않을 것이다. 안으로 향하여 자기중심의 내면성을 유지하는 동시에 밖으로 타자를 향한 초월성을 동시에 갈망한다. 윤리적 주체의식은 자기 근원적 자발성보다 감성응답에 따른 책임부채를 드러낸다.

이를 통해 보다 분명하게 자리매김한다고 말할 수 있을 것이다.[212] 타자는 동일자의 기억과 자아의식 전개의 내재성으로 포착되지 않고, 오히려 전개너머의 바깥에서 생각이 이

208) 위의 책, 165.
209) 위의 책, 202.
210) 위의 책, 같은 면.
211) Levinas I., *Entre nous* (Paris, Bernard Grasset, 1991), p. 111.
212) 김연숙, 『레비나스 타자윤리학』 (고양: 인간사랑, 2002), pp, 222-223.

루어진다. 타자와의 관계 속으로 들어감은 동일자의 과거, 또는 현재의 기억영역에서 등치시키는 습관의 질곡에서 벗어나게 하는 마력을 발휘한다. 그러므로 레비나스가 말하는 타자의 타자성과 의식영역 차원의 기억 동일선상은 존재하지 않으며, 변화를 유도하고 상황을 새롭게 개신하게 되는 '새로움(novelty)'의 영역, 영성에 가까운 근접성으로 다가선다.

『도마복음』에는 죽음을 맛보지 않아도 되는 다섯 경우가 제시되어 있다. 다시 말하면, 천국복음의 말씀을 이해하는 길, 끝과 함께 시작으로 바라볼 수 있는 길, '참나'의 영성을 자각하는 길, 죄의식에서 벗어나는 길, 참생명을 얻는 길의 다섯 가지 경우이다. 이를 달리 말하면, 끊임없는 영성탐구와 실존의 빛을 발견하려는 길이 죽음을 맛보지 않는 진리추구의 모습이다. 이는 타인을 추종하는 것이 아니라, 주체의 개벽으로 영성차원의 자신을 발견하는 참여에서 비롯한다. 『도마복음』의 천국복음은 시공개념으로서의 천당을 말하는 것이 아니다. 오히려 주체의 개벽이자 결단이다. 『도마복음』의 예수가 보여준 구원의 길은 해탈이었다. 그것은 고독한 단독자로서 실존심연을 살펴서 영성으로 깨치고 전관(全觀), 합일(合一), 융합(融合)으로 나아가 모든 분별조차 사라진 '자웅동체의 원초성(androgynous primodiality)'[213]이다.

예수에게 종말의식이 있었다면 그것은 묵시주의에서라기 보다도 "오히려 살아 있는 예수가 그러한 종말론적 분위기를 창출함에서이다"[214] 따라서 도마복음의 종말론은 실존사태에 관여한 개체로서의 죽음이다. "종말이란 시간의 종료가 아니라 나의 삶의 완성"[215]이다. 영어 표현에서 종말(end)은 삶의 목적(end)과 상관 연동되어 있다. '회개하라 천국이 가까웠느니라'는 천국복음의 선포에서 나타난 '하느님 나라'는 일상성과 평범함으로 나타난다.

지금 이곳에서 드러나는 천국복음으로서 하느님 나라는 현재성이며, 끝에 있는 것이 아니라 시작에 있다. 천국복음에서 지금 여기 천국이 임재하기에, 하나님 나라는 들어가는 것이 아니라 구하는 것으로 내재 측면과 외재 측면이 융합되어 있다. 『누가복음』에서도 『도마복음』의 영성해석과 상통하는 내용이 나타난다.

하느님 나라를 내세나라 또는 미래사건이라고 말한다면, 오류를 범하는 것으로써 생명을 맛봄으로 죽음 대신에 삶의 환희를 느낌을 말한다.[216] 따라서 신성을 발견하고 현재 누리는 것과 상통한다. 이는 신의 내재만을 강조하는 범신론과 신의 초월만을 강조하는 초월주의 신관을 동시에 배격하는 고도의 은밀한 상징체계라고 할 것이다.

---

213) 김용옥, 『도마복음한글역주 2』(서울: 통나무, 2010), p. 203.
214) 위의 책, p. 94.
215) 위의 책, p. 328.
216) 위의 책, p. 131.

'하느님 나라'는 '내재하면서 초월'하는 것으로 느끼는 영성이해이다. 자기의 참을 아는 것은 영성의 앎이고, 그 앎은 종말이 아니라 생명을 먹고 마시면서 삶의 희열을 재차 확인하는 가운데, '참나'를 역설적으로 실현하는 것이다. 신성을 현재성으로 깨닫는 것이 중요하다. 무리 중 제일 큰 한 마리가 길을 잃었다. 목자는 아흔아홉 마리 양을 놓아두고 그 한 마리를 찾아 나서게 된다. 이런 어려움을 겪지만, 그는 양들에게 '나는 아흔아홉 마리보다 너를 더 귀히 여긴다.'고 말한다. 죽음 대신에 생명의 환희를 이어가는 실존적 체험을 통해 아버지의 나라가 이 땅에 널려 있음을 자각하게 된다.

> 인간이란 자기 그물을 바다에 던져 바다에서 작은 물고기들을 잔뜩 잡아 올린 지혜로운 어부와 같습니다. 그 지혜로운 어부는 작은 물고기들 중에서 좋고 큰 고기 한 마리를 찾아내고, 다시 작은 고기들을 모두 바다에 던졌습니다.[217]

『도마복음』의 구원론과 관련하여 예수 말씀에 대한 새로운 해석과 실존적 깨달음이 그 자리를 대신해야 한다는 것이다. 이러한 해탈로의 구원을 가르친 예수는 구약의 하나님과 결별을 선언하고, 새로운 '아버지의 나라'를 복음천국으로서 선포함으로 말미암아 예수는 니체보다 더 본질적인 무신론자이다. 메시아사상의 기독론은 유대교 전통이지만, 종말론은 조로아스터교의 영향을 받은 것으로 재림사상으로 이어진다. 역사적 예수는 이러한 틀에서는 제대로 포착이 되지 않는 동방사유에 해당한다.[218]

도마복음이 제시한 역사 속의 원형적인 예수는 바리새파와 달리 헬레니즘 문명이 번성한 갈릴리 풍토에서 자라났다. 아울러 레바논·시리아 지역의 개방된 동방사유에서 깊은 영향을 받았다. 예수는 종말론의 종말을 선포함으로 오히려 시작에 서는 개신가치와 죽음을 맛보지 아니하는 영성체험의 가능성을 제시하였다.[219] 그가 가르친 안식은 구원의 해탈이다.

안식할 장소조차 필요 없다는 실존적 고백이 되어 지금 여기에서 천국복음의 하느님 나라가 열린다는 것이다. 복음천국은 『금강경』의 무주(無住)와 상통하며, '해탈마저 거부한 보살의 대승정신'의 발로이다. 여우도 굴이 있고 공중의 새에게도 쉴 수 있는 안온한 보금자리가 있는 데 반하여 인자에게는 머리 둘 곳조차 없다는 탄식은 이러한 맥락에서 상통한다.[220]

천국복음의 사상적 정수를 발견하고 예수의 원형신학을 조명하기 위해 동양인의 풍모를 띤 예수는 노장과 공자의 영성인문학에 접속되며, 고독한 초월자의 구원에 이르러서는 『숫

217) 오강남, 앞의 책, p.61
218) 김용옥, 앞의 책, p. 325.
219) 김용옥, 앞의 책, p. 329.
220) 김용옥, 『도마복음한글역주 3』(서울: 통나무, 2010), p.267.

타니파타경』의 홀로 가는 '코뿔소'와 만난다.221) 『도마복음』에서 은밀한 말씀을 강조하는 특성은 비의의 속성과 구별되며, 난해한 상징의 증거이다. 예수를 선지자와 의사로 인정하면서도 문자체계보다 소리체계로서 이해함으로서, 예수는 기적을 다반사로 행하는 초자연적 '마술'이라기보다 상식에 바탕을 두고 역사를 변혁시키는 힘의 상징으로 이해하는 것이 바람직하다.

이와 같은 독법을 통해 『도마복음』 주해가 의도하는 실천적 메시지는 오늘날 신화화되고 교조적인 이 땅의 기독교를 개신하여 자유롭고 포용적인 자기 수행의 기독교로 거듭나길 바라는 보살염원과 상통한다. 마치 인도불교가 선불교로 변형되듯 서구기독교가 동방의 선불 기독교로 변형되는 과정이 "하나의 역사적 필연"으로, 도마복음서 없이 공관복음서를 이해하는 것은 문헌비평학적으로 불가능에 가깝다고 할 것이다.222)

『도마복음』의 산출 연대는 Q문서와 같은 예수어록이 편찬되기 시작한 1세기 중반에서 파피루스 '옥시린쿠스(Oxyrhynchus)' 사본과 히폴리투스(Hippolytus)에 의한 언급을 증거로 2세기 중반까지 다양하게 흩어져 있다. 영지주의 산물로 보는 일부 시각에서는 이 자료를 훨씬 후대로 내려 잡아 3세기의 편집물로 추정한다. 더구나 『도마복음』이 Q(quality)자료와 동시대이거나 더 선행하며 역사적 예수의 본래적 원형을 담아내고 있다는 주장은 크로산을 비롯한 예수 세미나 팀의 주장이었다.223) 이는 자유주의 신학의 역사적 예수모습의 탐구와 그 맥을 같이 한다. 이 해법은 예수행적을 둘러싼 구체적 역사적 관계망과 실천내용이라기보다 오히려 실존적 참여(engagement)의 모습에 근거한 것이라고 할 것이다.

진리를 추구하는 자들에게 있어서는 사회적 관심과 사회적 무관심은 궁극적으로 통합되어야 하는 공공가치라는 견해이다.224) 『도마복음』에는 익숙하지 않았던 예수 전승의 또 다른 궤적이 담겨 있음을 인정한다. 그것은 기독교는 인류문명의 소중한 유산이고, 헬레니즘 문명권 속의 인도사유와 팔레스타인 사유의 거리가 멀지 않다는 것을 확인시켜 준다.225) 비록 콥트어 원문에 대한 전문적 분석과 이해가 담고 있지는 아니지만 그의 역주에 담긴 도전정신에서 우리는 『도마복음』의 사상에서 '자각적 해탈론'과 '선적 회향'의 요소를 함께 포착할 수 있다.226)

『도마복음』이나 예수어록의 요체를 '참나'의 영성추구로 발견하려는 구도적 탐구방식은

---

221) 위의 책, p. 106.
222) 위의 책, p. 383.
223) 위의 책, p. 191.
224) 위의 책, p. 79.
225) 위의 책, p. 108.
226) 위의 책, pp. 85-86.

이미 다석 유영모와 함석헌으로 소급되고 있다. 또한 『도마복음』을 묵상으로 풀어놓은 오강남 교수, 『도마복음』과 Q자료 등의 문헌을 토대로 동양예수의 모습을 그린 김명수 교수의 학문적 시도와도 연계된다. 그러나 『도마복음』 과 『금강경』은 동서사상의 융합과 소통을 도모하고 인류 문명의 패러다임 전환을 기획하는 시도로서 공공가치가 크다고 할 것이다. 종교의 본질을 부정에서 긍정으로, 저주에서 격려로, 율법에서 사랑으로, 사망의 위협에서 생명의 환희로 전환시킬 필요가 있다.[227]다.

뱀처럼 지혜로운 견자는 독조차 약으로 바꾸어 쓸 줄 알지만, 어리석은 자는 약까지 독으로 만들어 폐기해버린다. 『도마복음』은 서사체로 되어 있으며, 『금강경』의 불교지혜와 상관연동을 이룬다. 『도마복음』에서는 천국복음으로서 천국의 일상성과 평범함을 토로한다. 형이상학적 하느님의 나라를 구하기보다 일상에서 마주하는 천국복음으로 『금강경』의 장엄정토와 영성차원에서 상관 연동되어 있다. 따라서 종말은 반야와 상통하며, '지금 여기'에서 향유하는 새로운 '쉼(rest, stop)'에 대한 알아차림으로, 지혜 소통의 지점이다.

장엄정토는 유위법의 세계가 아니라 무위법의 세계를 지칭한다. 현상계의 정토는 온갖 구분과 분별로 지어진 상대세계라고 한다면, 정토는 상념으로 만들어지고 언어로 구축되는 세계이다. 진여법계의 장엄정토는 마음을 밝히며 마음의 본성을 증득한 명심견성(明心見性)이다. 따라서 "모든 유위법은 꿈, 허깨비, 물거품, 그림자, 이슬, 번개 같으니 이렇게 관하라."[228]고 하였다.

9-3. 장수사회행복

【Story-Telling】

싸움닭 기질의 여자가 있었던 데, 그녀 이름은 써움을 일삼는 칼라하였다. 칼라하는 사소한 구실로 다른 사람들과 말싸움을 하고, 다른 사람들이 선한 행위를 하는 것도 참지 못하였다. 마침내 죄의 짐이 엄청 무거워졌을 때 그녀를 지탱하던 삶의 다리들이 무너졌고, 죽음의 천사인 야마가 그녀를 육체적 천국에서 추방하였다. 그다음 그녀의 유체는 어둠의 나선형 계단을 따라 내려가기 시작하였는데, 아래로, 아래로 삼도내 어둠이 지배하는 가장 깊은 지역으로 내려가서 드디어 그녀는 증기가 뿜어 나오는 지옥의 바닥에 털썩하고 내려앉았다. 공포에 질려 있던 그녀는 죽음의 천사가 죄인들이 고통과 절망 속에서 사는 곳인

227) 위의 책, p. 258.
228) 一切有爲法 汝夢幻泡影 如露亦如電 應作如是觀

음울한 땅에 그녀를 남겨두려고 하는 것을 보고는 자비를 베풀어 달라며 울부짖었다.

사악한 여자의 폐부를 찌르는 애처로운 울부짖음은 여하튼 야마의 마음을 움직여서 그가 그녀에게 돌아서게 하였다. 그는 그녀에게 물었다. "당신이 지상에 체류하던 동안에 선한 행위를 하나라도 한 것이 있는지 기억할 수 없겠소? 당신이 스스로 저지른 잘못들 때문에 내려앉은 이 무시무시한 장소에서 당신을 석방할만한 명목이 하나라도 있어야 하지 않겠소?"

그녀는 생각에 잠기며 머리를 긁적거렸다. 한참동안 마음속으로 생각하던 그녀가 외쳤다. "아 예. 존경하는 야마님. 제가 친절한 행위를 하나 한 것이 생각납니다. 언젠가 제가 당근 한 다발을 하고 있었는데 모두 먹어치우려고 했었지요. 그런데 한 당근에 벌레 한 마리가 들어있지 않겠어요. 그래서 저는 하자가 있는 그 당근을 다른 사람에게 주면서 벌레 먹지 않은 부분만을 먹고 나머지는 버리면서 벌레는 죽이지 말라고 하였지요."

"그거면 충분하오."라고 야마가 대답하였다. 그가 손으로 주문을 외는 동작을 취하려고 하자 그 당근이 칼라하에게로 공중에 떠서 날아왔다. 그러자 야마가 계속해서 말하였다. "사악한 여자여, 이 당근을 움켜쥐고서 매달리시오. 움켜쥔 힘을 풀지 않고 있으면 당신은 천국에 도달할 것이오." 칼라하는 당근을 붙잡고서 지옥의 바닥에서 떠오르기 시작하였다. 이것을 본 다른 죄인이 그녀의 다리를 붙잡았고, 두 번째 죄인이 첫 번째 죄인의 다리를 붙잡았고, 세 번째 죄인이 두 번째 죄인의 다리에 매달렸다.

이런 식으로 계속되어서 사슬처럼 연결된 백 명의 죄인들이 사악한 여자의 발에 매달리게 되었다. 야마 명령에 따라 당근은 사악한 칼라하와 사슬처럼 연결된 백 명의 죄인들을 끌고서 천국을 향하여 하늘로 치솟는 로켓처럼 오르기 시작하였다. 여자는 자신이 사후의 심판 손아귀에서 그토록 쉽게 벗어나는 것을 보고는 너무나 기뻤다. 바로 그 때 그녀는 자신의 발을 뭔가가 잡아당기는 것을 느꼈다. 아래를 내려다본 그녀는 그 모든 다른 죄인들이 자신과 함께 천국을 향하여 날아오르는 모습을 보았다.

다른 사람들이 야마의 은총을 받는다는 것은 미처 생각할 수 없었던 그녀는 소리 질렀다. "이 자격미달의 죄인들아, 내 발을 놓아라! 어찌 감히 너희들이 나의 마법의 당근의 도움으로 천국으로 날아오르려 하느냐?" 다른 죄인들이 그녀의 발을 잡고 있던 손을 놓자마자 당근은 그녀의 손에서 빠져나갔다. 그녀는 공중에서 곤두박질쳐서 지옥의 바닥으로 또 떨어졌다. 그녀의 사악한 동료들은 칼라하 같은 파렴치한 악행 자마저 신뢰하였기 때문에 신비스럽게도 첫 번째 남자의 손 근처에 와있던 당근을 잡았고, 그리하여 사슬처럼 연결된 그들은 모두 위로 오르고 또 올라서 천국의 불멸 문에 도달하였다.

Point Up : 여기서 교훈은 조그마한 선행조차 안심할 수 없는 죄의 심연을 건너는 구원의 뗏목이 될 수 있음이다. 이기심의 술을 들이켜고 비열함의 배에서 무모하게 춤을 추는 사람은 무지의 바다에 가라앉는다. 다른 사람들의 안녕을 외면하고 목격하고 싶어 하지 않는 이기적 행복은 불행을 당한다. 다른 사람들이 행복해하는 꼴을 여러분이 차마 볼 수 없어 한다면, 우주법칙은 여러분이 다른 사람들로부터 불행을 당하도록 확실히 준비할 것이다. 깊은 밤중에 소리 없이 울부짖는 여러분의 영혼으로부터 꾸준히, 깊이, 결연히 신에게 말을 하라. 끈질긴 울음 때문에 아파트에서 용납되지 않는 말썽꾸러기 아기들과 같이 되는 것이 중요하다. 현실적으로 보이는 모든 지상의 친구들은 언젠가 비현실적인 것이 될 것이다. 우주생명을 제외한 모든 것을 밤낮으로 추구하는 사람들은 인생의 노고가 헛됨을 알게 될 것이다.

의식 상태를 확인하려면, 모르는 마음이 되어 자신을 이완(弛緩)하고 외부의 소리와 감촉(感觸) 등에 무심하여 언제든 어디서든 마음대로 잠들 수 있는 것이 중요하다. 반쯤 잠들었다가 반쯤 깨어나는 것을 번갈아 하면서 마음대로 깨어나는 것을 반복 할 필요가 있다. 그 다음 5분간 깊이 잠들었다가 5분이 지나면 잠에서 깨어나도록 마음으로 유도한다.

밤에 잠들기 전에, 잠재의식에게 다음 날 아침 특정 시간에 자신을 깨우라고 명령하거나 나쁜 습관을 제거하라고 명령한다. 특별하고 강렬하게 실시한다. 숨을 열두 번 헤아리며 들이쉬었다가 내쉰 다음 호흡을 잊어버리고, 그동안 미간을 응시하면서 마음대로 법열(法悅)로 들어가는 것을 닦는다. 잠은 자신이 남자도 아니고 여자도 아니며 신의 형상대로 만들어진 영혼이라는 것을 알게 해주는 소극적 방식이다. 죽음은 더 깊은 잠일 뿐이며, 다른 장소와 육체에서 깨어나는 것이다.

법열은 편재(遍在)하는 영성이라는 것을 알게 해주는 의식적이고 긍정적 방식이다. 영(靈)은 한 도시의 발전기이고 개별 혼은 등불에 비유될 수 있다. 또는 가스 연소기 아래의 화염에, 혼들은 연소기의 구멍에 비유된다. 또는 하늘의 달이 영이라면, 혼들은 많은 물 항아리에 비치는 달에 비유될 수 있다. 영은 편재하고, 언제나 의식하고, 언제나 새로운 지복(至福)이다. 개별화된 혼은 자신의 진정하고 완벽한 성질을 지니며 영의 형상이지만, 미혹(迷惑)되고 육체에 매인 성질을 지니면 의사(擬似) 혼으로 자아가 된다.

반드시 멸하게 되어있는 자아는 잠자는 동안에 부분적으로 망각되거나 법열 동안에 완전히 사라진다. 매일 밤, 잠이 들려고 할 때, 잠과 법열 경계에 머무는 연습을 하는데, 눈을 반개(半開)하고 그 상태를 연장하고자 하는 수동적 의지만을 사용한다. 자신의 눈을 치켜뜨고서 미간의 지점, 초의식 자리를 유지(維持)하라한다.

눈을 반개하면, 어두운 상부(上部)의 공간은 잠재의식을 나타내고, 밝은 하부는 각성상태를 나타내며, 둘 사이의 수평선은 초의식을 나타낸다. 영안이 보이면, 황금색 원반으로 둘러싸인 유백색(乳白色) 원반에 들어있는 흰 별을 조견한다. 이들은 편재하는 우주공간을 들여다보는 세 가지 망원경(望遠鏡)이다. 황금색 원반을 관통하면 모든 진동하는 물질의 환시(幻視)가 드러난다. 파란 원반을 관통하면 모든 진동하는 창조물에 있는 그리스도 지성(知性)의 환시가 투시된다. 별을 관통하면 성부(聖父), 또는 모든 진동하는 창조물을 초월한 우주의식의 환시가 성성적적하다.

세 의식 상태를 수행하는데, 의식적으로 그리고 마음대로 잠에서 각성 상태로 그리고 법열로의 전이(轉移)를 체험한다. 앞을 똑바로 응시하면서 주위의 세상에 집중한다. 시선(視線)을 내리고 잠의 잠재의식 세계로 들어간다. 눈을 치켜떠 미간의 지점을 응시하면서 초의식에 도달한다. 진보한 상태에서는 두 눈을 전방(前方)을 향해 유지하고 있으므로 여러 날을 깨어 있을 수 있다.

장수사회행복은 노인치유의 영성 접근성이 요체이다. 타자에의 근접성으로 말미암아 자신의 감수성과 촉발성은 타자와 혼연일체가 되어 이성 중심의 규범윤리학을 대체하는 치유윤리로 다가선다. 전통적 규범윤리학에서 간과한 인간 심성 문제를 윤리적인 근원으로 재조명하고, 노년을 위한 영성 근접을 중시한 점에서 레비나스의 노인윤리는 개신윤리이다. 자아 상호성에 입각한 윤리가 아니라 타자에 대한 책임을 떠맡으며 그 고통을 대신 짊어지는 대신 속죄다. 이에 생각으로 배려하고 몸으로 보살피며 영성으로 치유하기에 치료 차원을 넘어서는 미래 공감의 노년윤리를 새롭게 정립할 수 있다.

동일자에 의해 포섭되거나 환원되지 않는 타자의 절대적 타자성의 계기들이 존재하고, 이를 통해 기존의 주체 중심의 사유를 전복할 수 있음이다. 타자를 자아 전체성의 외부에 둠으로써 자아와 타자 사이의 평면적 단절과 타자의 타자성이 주요문제로 부상한다. 이는 관념 대상이 아니라 구체적인 대면 관계 속에서 살아 있는 타자로서 노인을 조망한다. 의식은 타자를 자아 내재성으로 포섭하는 점에서 의식과 상관하여 인식된 타자는 주체에 의한 지배를 받는다.

대면하는 타자 얼굴은 몸짓이나 형상화될 수 있는 것이 아니라, 윤리적 요청을 지시한다. 타자는 자신의 힘에 의해 파괴될 수 있는 존재이지만, 타자성은 폭력과 힘으로 지배할 수 없는 한계의 벽이다. 타자는 연약함으로 저항하며, 이 저항으로 초월지평을 연다. 윤리의미의 초월성은 이념적인 것이 아니라 초월지평에서 이루어진다.

연약함과 권력적 초월성으로 인한 타자와 대면은 힘과 힘의 충돌에 따른 전쟁으로 귀착하는 것이 아니라, 책임의 일깨움으로 전환된다. 결국, 자신은 타인을 환대할 수밖에 없다는 사실에 봉착하게 되는 것이다. 그리고 타인의 부름 앞에서 응답하는 자로서 주체성을 획득한다. 윤리적 관계에서 타인은 자신과의 비대칭 속에서 자신에게 일방적으로 요구하게 된다.

이 비대칭성은 '높음'의 위상으로 자리매김 한다. 타자의 높음은 미천함, 빈곤과 같은 연약함이 보여주는 윤리요구의 우위성이다. 이는 타자에 대한 전면 수용으로 이행된다. 자신을 방어하고 정당화하기 이전 자신의 능력 한도를 지속해서 넘어서면서 자신을 그 앞에 불러 세운다. 이를 통해 자신이 수용할 수 없는 책임성에 붙잡혀 윤리의 주체성으로 전환한다. 상처에 남은 것은 흔적으로, 이 흔적에 대한 해결책이 '초월' 방향이다. 초월은 존재와는 다른 것으로 이행, 너머에로 이행, 존재보다 선한 것으로의 영성 근접성 의미를 표상한다.

이들이 구체적으로 가리키는 것은 바로 타인의 얼굴로 향함이며, 발가벗은 타자의 얼굴에로의 이행을 의미한다고 할 것이다.[229] 레비나스의 초월을 나타내는 용어는 '아듀(adieu)'에 나타나 있다. 어원적으로 '신에게로 가다(A Dieu)'에서 아듀는 무한자에게로의 초월이고, 세상을 떠날 때 하는 인사로서 존재의 타자로서 죽음과 직면함이며, 타자와 헤어질 때 하는 작별인사이다. 그 의미는 타자와의 만남에 의해 성립되는 것이다. 이는 보이는 이웃을 사랑함으로 보이지 않는 신에게로 나아감이 된다. 따라서 자신이 윤리적 책임을 진다는 것과 주체로 선다는 것 그리고 초월할 수 있다는 것은 맥락구조의 동질성을 보여준다고 말할 수 있다.

윤리적 책임성은 주체성의 본질적 구조를 이루면서 동시에 타자에 대한 무제약적인 책임성으로 이어진다. 무제약적인 책임성은 존재조차도 넘어 존재와 다른 차원에서 신을 사유할 가능성을 함축하고 있다. 이는 곧 윤리를 토대로 신을 사유함이다. 레비나스에게 윤리는 타인 또는 이웃과의 관계이다.[230] 이웃과의 관계는 공간적 인접성으로 규정되지 않고, 오히려 이웃에 대해 자신이 인질로 사로잡힌 관계이며, 타인을 위한 책임의 관계이고, 부름에 응답하는 영성관계이다.

이 책임은 나의 중심, 존재의 중핵을 완전히 비우는 책임이라고 할 것이다. 바로 여기서 나의 주체됨은 모든 이를 위해 나의 '종(從)' 됨이다. 레비나스는 이 주체를 '대속' 개념으로 다루고 있다.[231] 여기서 우리는 자신을 비우고 낮춘 '케노시스(kenosis)'의 예수와 십자가에 못 박힘으로 만인을 위한 '대속(代贖, hilasterion)'의 제물로 희생된 그리스도 모습을 발견한다. 자신을 비우고 종의 모습을 취할 뿐만 아니라 자신을 죽음에 내몰면서까지 만인을 위한 사랑의 자기, 그리스도 모습에서 레비나스는 타자를 위한 종으로서의 자신과 참된 주체로서의 자기의 모습[232]을 영성 차원에서 발견하게 된다.

---

229) 김연숙, 『레비나스의 타자윤리학』 (고양: 인간사랑, 2001), p. 116.
230) Levinas I., *Dieu, la mort et le temps*, p. 155.
231) 강영안, 『타인의 얼굴: 레비나스의 철학』 (서울: 문학과 지성사 2005), pp. 184-193.

이웃의 부름에 응답하는 자신은 타인을 위해 아무런 방비나 보호 없이 완전히 발가벗은 얼굴이다. 이렇게 노출된 얼굴은 존재의 조건을 넘쳐흐르는 지점에 이르기까지 질문을 받고 응답을 요구하는 상황에서 크게 흔들린다. 바로 이러한 흔들림, 이웃과의 관계에서 일깨움에서 의식의 지향성에서 겨냥되지 아니하는 초월적 경험을 스스로 체화하게 된다.[233]

여기서 지극히 멀리 계시는 신이 지극히 가까이 나타나는 모습은 버림받은 사람들의 얼굴 가운데서 그 모습을 드러낸다. 이 때 나타난 신은 영성 차원의 '그 분(Il est Il)이 된다. 신과 접할 수 있는 통로는 얼굴로 마주할 수 있는 우리 이웃, 우리의 타자들이다..[234] 신의 이념에서 발생한 초월이 유한자와 절대적으로 다른 초월의 신을 향하는 것이 아니라 이웃에게로 타자에게로 향하는 새로움 윤리, '개신윤리(開新倫理)'로 드러난다.

레비나스의 신의 초월개념은 어디에서 비롯된 것일까? 레비나스는 존재와 다른 차원의 의미 가능성을 모색한 철학자로 키에르케고어, 포이어바흐, 마르틴 부버, 가브리엘 마르셀, 장 발 등을 지목하였다.[235] 존재 너머 존재와 다른 차원에서의 새로운 의미의 가능성을 제시한 철학자로는 데카르트를 들 수 있다. 데카르트는 신은 '무한하고 의존적이지 아니하며, 전지전능하고, 나 자신을 창조하였다고 말했다.

만약 또 다른 것이 존재한다면, 그것은 이 모든 것을 창조한 실체'[236]로서 파악되었다. 무한자 이념을 진실로 무한한 어떤 실체가 내 안에 주입하지 않았다면 그 이념을 결코 가질 수 없다.[237] 이와 같이 무한자의 이념에 비추어 볼 때, 자신의 유한성을 깨닫게 되는 것이고, 이렇게 무한자를 통해 유한자의 한계를 자각하게 되기에 온 지성과 온 마음을 다해서 그 분을 찬양하고 예배하게 된다. 우리는 바로 이러한 영성의 성찰을 총해 현세에서 가질 수 있는 가장 큰 기쁨을 누리고 있음을 경험한다.[238] 데카르트가 발견한 신은 자기원인으로서의 신, 최종 원인으로서의 신, 그리고 기도하고 예배하며 찬양할 수 있는 신을 의미한다.

레비나스가 데카르트의 말을 인용할 때도 추상적 개념에서가 아니라 우리가 구체적으로 예배하고 기도할 수 있는 신을 인정한 것이라고 말할 수 있을 것이다.[239] 그런데 레비나스가 의식한 신은 데카르트와 동일한 신이 아니다. 오히려 데카르트가 보여준 신은 자신 의

232) Levinas I., *Entre nous* (Paris, Bernard Grasset, 1991), pp. 69-71.
233) Levinas I., *Dieu, la mort et le temps*, p. 158.
234) 같은 책, p. 77. 이웃이 나와 절대 그 분 사이에 끼어듦이다.
235) 같은 책, p. 157.
236) Rene Descartes, *Oeuvres de Descartes* (Paris: Vrin, 1982), p. 35.
237) 위의 책, p. 36.
238) 위의 책, p. 44.
239) Levinas I., *Dieu, la mort et le temps*, p. 163.

식의 '노에시스(noesis)'와 의식이 지향하는 '노에마(noema)' 사이의 불일치 포착에서 발견된 신이다. 데카르트가 레비나스에게 준 선물은 신에 대한 존재증명이 아니라 의식파열에 가까운 것이었다.

무한자 이념은 자기 자신 속의 표상이지만, 무한자는 이 의식을 깨워 나에게 들어온 타자이기 때문이다. 깨어진 의식은 외상에 의해 일깨움을 받은 의식이다. 이는 욕망과 다른 차원의 환대의 주체성으로 초월이자 선을 향한 사랑이다. 그런데 이 사랑은 무한자의 이념을 통하지 않고서는 생길 수 없다.[240] 무한자의 이념을 통해 비로소 사랑하는 이와 사랑받는 이 사이에 서로가 합일할 수 없는 거리가 생긴다. 이 거리로 인해 의식은 타자로부터 일깨움을 받고 대속에 이르기까지 책임을 떠맡는 위치에 안착할 수 있다.

레비나스에 있어 고통에 대한 감수성은 나와 타인의 다름을 인정하는 타인의 타자성을 그대로 받아들임에 주목하게 된다. 타인의 얼굴은 동정심이라는 도덕적 감정에 근거한 친밀한 관계에서 나오는 것이라기보다 오히려 타인과의 차이를 인정한 완전한 비대칭성으로 응답하는 존재의 또 다른 모습이다. 얼굴이라는 외부적 사실에 의해 촉발되는 수동적 감수성은 나아가서 타인을 운명적으로 도울 수밖에 없는 자발적 정서로의 변용을 거친다. 타인의 타자성을 나와 구별되는 차이로 인정하면서 타인의 고통을 배려하고 기꺼이 그를 고통에서 벗어나게 해주려고 최선의 노력을 이행하게 된다.

얼굴에는 정직함과 가난이 깔려 있다고 할 것이다. 위험 앞에 노출되어 폭력을 저지르도록 우리를 끌어들이는 듯하다. 동시에 얼굴은 살인을 금지한다.[241] 타인얼굴은 동정을 호소하는 것이 아니라 윤리실천을 촉구하며, 우리에게 그 행동을 요구한다. 얼굴은 사물과 달리 계시를 알려주며 살인을 금하는 명령을 드러낸다. 얼굴과 얼굴의 관계는 책임의 관계이다.

말보다 많이 섬김을 실천하도록 계시하고 명령한다. 다른 사람을 떠받치고 책임지는 것은 바로 나 자신이라고 말할 수 있다. 거기서 주체가 생기고 그 주체 안에서 종이 된다. 종이 되는 가운데 나 자신은 제일인자로 탄생한다. 나의 책임은 끝이 없고 아무도 나의 책임을 대체할 수 없다.[242]

만약 노인이 말기 암환자라면, 노인이 예전 했던 이야기나 죽음에 관한 생각을 상기할 수 있다. 이는 예전 이야기에 비추어 추정함으로 노인의 주체적 입장을 되살려 현실적으로 올바르게 결정한다. 혼자서 보살핌이 어려울지라도 노인 생각을 떠올리고 반추함으로 바르게 실행할 수 있다. 노인윤리는 동일자 철학의 인식토대를 무너뜨리고, 타자의 타자성이 어

240) 위의 책, p. 252.
241) 레비나스, 양명수 옮김 『윤리와 무한』 (서울: 다산글방, 2000), p. 110.
242) 위의 책, p. 131.

떻게 시간적 절대간격 속에서 동일자의 전체성과 내재성을 파괴시킬 수 있는지에 관심을 둔다.

동일자의 현전에 대한 대립적 관점은 레비나스에게 있어서는 질서거부의 '아나키(anarchy)'로 나타난다. 이에 대한 강조는 타자성과 직결되는 문제이다. 레비나스에게 윤리관계를 밝힌다는 것은 동일자 철학과는 다르게 타자성을 생각하게 함으로 실천의 동기부여를 제공한다. 아나키는 아르케(arche, 원천)처럼 전권의 모습을 취하지 아니한다. 그것은 어떤 긍정도 없이 부정을 가능하게 함으로 국가를 혼란에 빠뜨린다. 국가는 전체성으로 세워지기 어렵다.

오히려 아나키를 소재로 삼는다. 무질서는 종합거부로서 환원하거나 축소될 수 없다.[243] 아나키는 동일질서가 유지될 수 없다는 생명분출과 약동의식에 근거한다. 레비나스 아나키는 지속적 현전형태에 대한 일종의 거부이다. 이는 질서와 무질서의 대립과 양자택일 너머의 초월과 연동된다. 동일자의 전체성을 해체할 수 있는 가능성이 아나키에 있다. 이는 곧 현존과 본질 속에 타자를 현존으로 규정하거나 본질의 변형으로 포섭하려는 방식을 거부함이다. 이러한 관점에서 타자와 자아를 연결시킬 수 있는 매개나 종합을 거부하고 비판하는 것이 중시된다고 할 것이다. 질서의 부재는 결핍이 아니다. 그것은 원리로 환원도리 수 없는 의미의 증대, 의미의 과잉이다.[244]

선도 존재의 질서에 머무는 것이 아니다. 또한, 선은 예외적으로 기준을 벗어나고, 일상을 너머서고 그리고 정상마저도 초월한다. 이것은 초월이 그 '너머로'와 그 '아래로'의 양방향으로 드러나며 친숙한 자아를 현저하게 교란시킨다.[245] 타자의 타자성은 외재성으로 동일자가 자신을 재발견하고, 자신의 현재 속에 기억하고, 현전하는 일상의 것으로 넘어선다. 의식의 동일성에 머문다면 의식하는 자아는 자신과 일치하는 자기만을 중시하게 된다.

일치하지 않는 자기가 자신에게 함께 함을 알아차리기 어렵다. 아나키의 외재성은 객관적이거나 공간적이거나 의식질서 속에 놓임으로써 내재성 속에서 회수할 수 있는 것이 아니다. 오히려 그것은 강박적인 사로잡힘이며, 주제화할 수 없는 것이다.[246] 여기에서 자신을 대상으로 자각하는 '자아(the moi)'와 구별되는 무한을 향한 '자기 회귀(return to Self)'의 가능성을 토로한다.[247] 정신은 동일자의 대상의식에서 벗어나 자기 자신을 통합하

243) Levinas I., *Autrement qu'être ou au-de là de l'essence* (Martinus Nijhoff, 1974), p. 160.
244) 위의 책, p. 36.
245) 위의 책, p. 24.
246) 위의 책, p. 161.
247) 위의 책, p. 164.

고 무한자기로 돌아갈 수 있기에 동일성 세계를 내려놓아야 된다. 의식은 기억을 통해 시간을 현재 속으로 돌이키는 구조화를 회피하거나 벗어날 수 어렵다.

따라서 아나키(anarchy)는 현실성에서 벗어나도록 하며, 타자의 타자성을 발견하게 함으로 근원적 생명력으로 인도하는 변양의 계기로 작용한다. 시간의 근원적 간극성은 근원적 생명력과 상관되며 현재 속에 포착할 수 있는 과거가 아니라 절대 과거로 결코 기억될 수 없는 특징을 나타낸다.[248] 한쪽에서 타자성의 시간적 비동등성과 비현재성이 강조된다면, 다른 쪽에서는 시간적 성격과 책임성을 부각시킨다.

윤리적 부름은 타인의 얼굴로 드러나고, 그의 얼굴에 있는 연약함과 죽음의 공포를 통해 나에게 가까이 다가온다. 이는 강박적 책임성에 사로잡히게 함으로 자신은 책임성의 포로가 된다. 책임성의 부여는 부담이 되고 괴로움이 되어 자의식 속에서 자신을 방어하려는 기도를 포기하게 만든다. 이는 타자성이 일으키는 근원적 파열음으로 그 책임성에 자아가 마침내 열리도록 한다. 자신은 타자성이 야기하는 근원적 파열음으로 말미암아 자기보존에 머무는 것이 불가능해진다.

의식의 반성적 성찰은 극치로 나아가면서 자아는 열려 윤리적 자각을 만나고, 의무를 수행하면 할수록 의무는 증대한다.[249] 이러한 채무의식은 종교적인 죄의식과 연동되는 것이 아니라 윤리적으로 타자와 맺고 있는 관계 속에서 '서로 마주봄'으로 비로소 제대로 표출하게 된다. '서로 마주봄'은 자신을 '절대적 단독'으로서 불러 세움으로 자신의 능력과 인식한도 너머의 책임과잉으로 작용한다. 이 과잉은 교환성의 법칙에 따르기보다 윤리성을 앞지른다. 레비나스는 존재에 대한 예외성으로 영성의 근접성과 다가옴을 강조한다. 자신은 타자에게서 오는 요구로서 무제한으로 자신의 결핍을 보충한다.[250] 그 결과로 말미암아 의식은 기억을 통해 상실한 부분을 회수할 수 있도록 균형을 취한다.

반면에 타자성에 기반을 두고 있는 외재적 책임성은 절대적 열림으로 인도하며 의식 이전의 근원적 생명력으로 자신이 열린다. 남김없이 타인에게 열린다는 사실은 이러한 열림이 언제나 모든 계산 너머의 절대적 선물이라는 점을 환기시켜 준다. 자신을 잃고 반성적 성찰극치에서 자신을 자신 속에 가두거나 강박관념에 노예가 된 상태를 풀어헤치고, 의식적 자아와는 절대적으로 구별되는 영성 가까움의 윤리실천 주체로서 자기를 마침내 의식 현전으로 내세운다.

결국 레비나스가 말하는 윤리적 주체성은 타자성에 열림에 의한 자기성찰이자 모성성이

248) 위의 책, p. 26.
249) 위의 책, p. 149.
250) 위의 책, p. 199.

다. '모성성(母性性: maternité)'은 이기성의 중단이자 책임지는 무대가성이다. 타인에 대한 책임을 조건 없이 실천에 옮김으로써 극단적인 민감성으로 타인을 배려하고 보살피고 치유하는 자로 드러나게 한다. 타인을 내 속에 품는 형태의 모성성은 모든 상황과 절대적으로 단절된 상황에서 자기 자신은 타인과의 열린 관계로 되돌아가게 된다. 이는 자신과의 분리가 이루어진 상태이자 '자기 회복(récupération de soi)'이다.[251]

윤리적 책임성을 자아의 능력 혹은 자유, 또는 내재성의 영역으로 한정시키지 않기 위해서 레비나스는 '사로잡힘(captation)'이라는 표현을 사용하였다. 이는 근원적 생명력의 타자성에서 나온 것으로 책임의식이 나에게서 출발하지만, 자신의 반성능력과 연결되는 것이 아니라 타자의 부름과 나의 응답 사이의 비대칭성으로 현전함이다. 타자성이 자신을 완전히 드러내는 지점을 레비나스는 근접성의 표현으로서 '가까움(proximité)이라는 용어로 표현하였다. 이 가까움은 타자와 마주함이며 기억의 자아와 아나키로 벗어남이기에 영성 근접성이다. 또한 이것은 근원적 생명력에 접근함으로써 절대적 타자와 마주함이다. 두 주체가 마주함과 다르고 근원적 생명력에서 나옴이라는 의미가 있기에, 이 가까움은 오히려 '높음'에 비유된다.

자신이 타자성에 가까이 다가섬은 근원적 생명력으로서 타자에게 열림이 되기에 자신의 내재성이 아래, 혹은 그 너머로 열리는 것을 포함하게 된다. 이를 통해 동일자의 전체성을 파괴시키고 균열시킬 수 있다. 레비나스는 자아와 타자 사이의 일체 화해를 거부하고, 자아의 타자에게로 가져올 의무이행을 통한 화해와 조화 속에서 대칭성 회귀조차 거부한다. 이는 기독자의 대속으로 말미암은 죄와 벌의 탕감과도 거리가 있다고 할 것이다.

타자가 끊임없이 내재성을 파열하고, 균열을 이루는 관점에서 설명하기에 자아 무화에 따른 자기 회귀에 가까운 것이라고 말할 수 있다. 양심가책의 회귀, 지속적 경련, 한계로서 어떤 무엇도 도달하거나 포섭할 수 없는 '단일자(l'un)'에 도달한다.[252] 윤리적 부담의 증대는 자아에게 책임증대의 결과를 초래한다. 타인에 대한 짊을 부담함으로써 자신 능력 너머로 절대타자로서의 타자를 만나고 필연적으로 자아균열을 촉발시킨다. 마음 고통 이외에 레비나스는 윤리부담을 통해 자아와 타자 사이의 근원적 비대칭성을 강조한다.

타자가 타자로 머물기 위해서 언제나 낯설고, 불편한 존재로 머물게 된다. 타자의 가까움은 공간 의미의 인접성이 아니라 영성책임에 근거한 의미의 가까움이라고 할 것이다.[253] 윤리적 책임성은 언제나 수동적으로 나에게 부여되고, 자율성 속에서 자신의 능력아래 책

251) 위의 책, p. 147.
252) 위의 책, p. 138.
253) Levinas, I., *Dieu, la mort et le temps*(Paris: Le livre de Poche, 1993), p. 157.

임성을 한정시키려는 자아를 타자와의 만남을 통해 해결한다. 자아 중심의 책임성에서 타자중심의 책임성으로 전환된다. 타자중심의 책임성은 자신의 의지, 능력, 판단에 기반을 두고 자신을 현재 의식으로 환원되는 것이 아니라, 기억 없는 현재 이전 사태로 돌리며, 윤리 주체화 이전의 책임성을 호출함이라고 할 것이다.

이러한 부름이 나를 일깨워 나의 의식을 근원적으로 전환한다. 이를 통해서 신체적 자아는 살과 피를 가진 구체적인 주체성이지만 타자 부름에 열림의 가능성을 통해서 비대칭적 관계를 형성한다. 비록 감성적 열림과 연결되지만, 타자와 나의 영성상통으로 나아감으로 무한의 자기에로 다가선다. 신체적 자아는 윤리적 비대칭적 관계로 나아감으로 근대의식의 자아와 결별한 가운데 현대윤리의 주체성을 이끌어 내고 있다. 이는 다시 주체로 환원되지 않는 영성 근접성으로 나아간다.

영성 근접성 또는 도덕 책임성에 의해 맺어진 나와 타자 사이의 대면관계 배후에는 타자에게서 고통을 말할 수 있는 조건과 자격을 근본적으로 빼앗는, 특정 형태의 언어로 자신의 고통을 말하도록 강요받는, 타자가 자신의 고통을 말할 수 없도록 만드는 권력의 힘이 작용한다. 오래전부터 변하지 않은 교육제도와 계급 불평등이 견고한 벽이 되어 일상에 만연해있는지 알고 있다. 아울러 어떤 한 단면이 옳지 않고 그것을 바꾸어야 함을 목소리 낸 이후에 그 다음을 어떻게 해야 하는지에 대하여 제대로 알지 못한다.

사회에서 공적 담론이 사라진 이유는 힘없는 개인으로 나락함으로 심정으로 미안한 마음에 도리어 문제를 회피하는 것이 더 속편한 일이 아닌가하고 자문하기에 이르렀다. 개인이 나치에 적극적으로 저항하다가 투옥되어 고초를 겪었다고 하더라도 나치 체제의 등장과 만행에 대한 정치적 책임을 회피할 수는 없다. 정치대결은 담론혁신이다. 제도권 안과 밖에서 이루어낼 수 있는 변화와 담론에는 차이가 있다. 옳고 그름 이전에 무엇이 우리 사회에 필요한지 판단해야 할 때이다. 지속적으로 담론을 만들어내고, 그것이 현실정치에서 논의되도록 만드는 것이 권력회복이자 담론의 혁신이다. 이는 또한 시민의 윤리책임 의식에 근거한 사회적 역할이라 말할 수 있다.

제10장

장수상생평화

〈삼재와 상생하면, 장수로 이어지고, 장수는 상생을 낳는다.〉

10-1. 장수상생의식

장수상생의식은 천지인 삼재소통과 연동되어 있다. 『천부경』은 천리(天理)와 지전(地轉), 인물(人物)을 다루면서 천지인삼재 회통원리를 제시한다. 이 원리는 생성과 조화, 윤리실천을 통해 생명조화 원리를 제시한다. 『천부경』의 이치를 명상하면, 심신이 밝은 에너지로 전환한다. 『천부경』의 천지인삼재 회통원리는 재세이화, 생명화육, 홍익인간 가치를 일상으로 구현함으로써 우주생명과 개체생명이 상통한다는 한국의 '시원사상(始元思想)'이다. 또한 『천부경』은 대립과 경쟁의 이원을 극복할 수 있도록 조화와 생성과 조화의 철학정신을 품부한다. 『천부경』은 '한'에서 시작하여 '한'으로 돌아가는데, 사람은 하늘과 땅 사이를 이어주고 매개한다.

『천부경』 상경은 '천리이화(天理理化)'를 다룬다. 생명은 죽음과 함께 시작하는 '한(一)'이지만 죽음과 함께 끝나는 '한'이기에 한사상은 생사일여 관점이다. '한'은 하늘과 땅과 사람의 삼극으로 나뉘지만, 근원적 생명력에는 다함이 없다. 근원적 생명력의 다함없는 가운데 생사일여 파도가 일어났다가 사라진다. 근원적 생명력의 '한'은 개신의 첫째 고리를 통해 하늘, 둘째 고리를 통해 땅, 셋째 고리를 통해 사람을 형성하였다. 만유의 근원생명력으로서 '한'을 쌓다보면, 열에 이르기까지 커지겠지만 부족함 없는 생성의 셋으로 바뀐다.'[254]

'한'에서 만유가 비롯하지만, '한'보다 앞선 비롯함이 없기에 생명실상은 불생(不生)이다. 이는 『천부경』의 하경과 대구(對句)를 이루어 '한'은 불생불멸의 진여실상임을 드러낸다. 또한 『천부경』의 상경은 근원적 생명력의 재세이화 이치를 '한'으로 집약한다. '한'의 천리이화는 만물의 재세이화(在世理化) 되어 풀 한 포기, 물방울 한 방울까지 '한'의 이치를 담아 작용으로 조화와 균형을 유지한다. 생명은 생각이화로써 '한'의 이치를 깨닫는 데 그 요체가 있다. 한민족은 천지인삼재 회통을 '한'으로 표상한다.

『천부경』 중경은 생명화육의 지전기화(地轉氣化)를 다룬다. '한울 음양은 셋 상수로 이루어졌고, 땅 음양도 셋 상수로서, 사람 음양도 셋 상수로서 이루어졌다. 삼극의 셋 상수를 모두 합하면 육대 여섯이며, 이 여섯에서 일곱과 여덟과 아홉이 발생한다. 셋과 넷으로 한울 땅이 운행하며 여섯으로 앞뒤 다섯과 일곱으로 고리를 이룬다.'[255]

땅이 운행하는 수리는 3과 4이고, 고리를 이루는 수리는 5와 7이다. 3과 4를 곱하면 12이고, 5와 7을 더하면 12이다. 이는 시간과 공간이 지전(地轉)으로 형성되는 생명기화의 이치를 보여준다. 1년은 춘하추동으로 각각 석 달로 구성된다. 5와 7은 공간을 표상한다.

254) 『天符經』, '一始無始一 析三極 無盡本 天一一 地一二 人一三 一積十鉅 無匱化三'
255) 『天符經』, '天二三 地二三 人二三, 大三合六 生七八九 運三四 成環五七'

5는 오방이니 사방에 중앙을 포함하고, 7은 칠방이니 육합에 중앙을 포함한다. 오방과 칠방이 고리를 이루어 공간을 형성하면서 생명기화로써 생명을 화육하는 데, 그 형상은 '천지상감(天地相感)'의 홀로그램으로 끊임없이 재현된다.

고리는 서로 떨어질 수 없는 상관연동 작용을 한다. 공간의미를 칠정(七政)으로 새기면, 일월에 오성을 합하여 나온 상수와 일치한다. 이는 곧 하늘의 칠정이 운행하듯 정치함으로 생명화육의 혼원일기(混元一氣)를 '한'으로 표상한다. 3과 4는 시간, 5와 7은 공간을 표상함으로 지전기화의 이치를 표상한다. 천지인삼재 회통의 공공원리가 작동하게 되면, 자타가 역지사지(易地思之) 관점에서 서로서로 도움이 되도록 상호 호혜로서 서로를 살리는 상생윤리(相生倫理)가 자리 잡는다.

상극을 유발시키는 요소는 원한(怨恨)이고, 그것이 누적되면 재앙으로 바뀌게 된다. 인간뿐만 아니라 자연환경까지 투쟁과 모순을 드러내는 상극이 되면, 역사적 흐름은 갈등과 투쟁으로 이어진다.

『천부경』 하경에서는 홍익인간의 인물덕화(人物德化)를 다룬다. '이 근본과 비롯함을 이루는 한은 오묘하게 작용하여 우주 사이를 수만 번 오고 가며 그 쓰임은 변하지만, 그 근본은 움직이지 아니한다. 이 근본은 마음으로 태양에 근본을 두되 사람 마음의 중심에 비치기에 그 인물이 하늘과 땅 사이를 이어주고 매개함으로 '한'을 이룬다. '한'이 근본으로 돌아가면 끝말이 되겠지만 실상 끝난 바가 없는 '한'이다.'[256)]

'한(桓)'은 하늘의 밝음이요, '단(檀)'은 땅의 밝음이다. 신단수는 밝음을 표상하는'광휘목(光輝木)'이다. 사람이 이 빛과 상통하면, 광명본심을 회복한다. 성품이 광명에 통하면, 홍익인간 인물덕화를 구현한다. 마음에 빛이 발하고, 세상이 '한'으로 비치면, 상황에 따라 감화시키는 인물덕화가 이루어져서 '본심본태양앙명(本心本太陽昂明)'을 이룬다. 사람은 우주생명의 개신질서에 참여하기에, 상호호혜 인물덕화는 응분책임으로 귀착한다. 이는 『천부경』 하경에서 본연의 도와 합쳐, '인중천지일(人中天地一)'의 '한'으로 드러난다.[257)]

'한'으로 마쳤지만 결코 '한'으로 마친 바가 없다는 생명의 복음은 근원적 생명력을 '불멸(不滅)'의 '한'으로 밝힌 것으로써, 무극과 법신, 한얼과 상통하기에, 사람은 우주생명 활동의 공공참여자로 활동하는 '한'이다.[258)] 『천부경』의 한사상에서 바라본 생사는 삶과 죽음이 동시성 원리로 작용함을 알 수 있다. 그리고 생명현상 배후의 근원적 생명력을 자각하면, 생사 파도가 사라진 무궁무진의 '한'에 도달할 수 있다.

---

256) 『天符經』, '一妙衍 萬往萬來 用變不動本 本心本 太陽光明 人中天地一 一終無終一'.
257) 석명수, 『증산 천지공사와 천부경』(고양, 지시공감, 2017), p.217.
258) 大山 金碩鎭, 『天符經: 하늘 땅 사람 이야기』(동방의 빛, 2009), p. 86.

또한 생각을 천리로 이화하고, 생명을 기화로 전환시켜, '한'을 일상생활의 삶 속에서 덕으로 구현하는 것이 그 요체라고 말할 수 있다. 생활의 실제화를 통해서 인물 사이 상호 호혜의 덕을 구현함으로써 이 세상을 공공행복으로 바꿀 수 있기에, 미래공창 가능성을 확인할 수 있다. 이와 대비되는 동아시아 장수상생의식을 살펴본다.

공자의 인(仁)과 예(禮)

춘추 시대의 사회, 정치적 혼란과 규범을 상실하던 때, 공자의 논어는 유가(儒家)의 성전(聖典)이 되었다. 공자와 그 제자와의 문답을 주로 하고, 공자의 발언과 행적, 그리고 고제(高弟)의 발언 등 인생의 교훈이 되는 말들이 간결하고도 함축성 있게 기재되었다. 그 윤리적 담론에서, "아침에 도를 들으면 저녁에 죽어도 좋다.(朝聞道 夕死可矣)"는 구도의 신념을 유지하면서, 도덕성 회복을 위해 효제(孝悌)의 교육과 인(仁)을 강조하였으며, 건전한 사회 질서를 유지하기 위해 예(禮)를 강조하였다.

인의 실천 덕목으로서, 부모님을 섬기는 효와 형제간의 우애를 부각시켰다. '번지가 인(仁)'을 물으니, 공자 말씀하시길, "사람을 사랑하는 것이오." 또, 지(知)를 물으니, 공자 말씀하시길, "사람을 바로 아는 것이라."고 하셨다. 그것은 목적적, 조건적 사랑(맹목적이며 무조건적 사랑이 아님)으로 "主忠信하고, 克己復禮하라."(주충신, 극기복례) 하고, '자기가 바라지 않는 바를 남에게 베풀지를 말라.'는 서(恕)를 강조하였다.

'이기심을 버리고 예를 따르는 것이 곧 인(仁)이니라.'에서 편협한 혈연, 지연의 이기주의가 나타날 가능성을 배제하여야 하며 그 대안의 성격으로 자기억제(극기와 忠)의 겸허, 너그러움(관용과 恕)의 사람됨도리, 다른 사람을 다스리는 도리-수기치인(修己治人)을 부각시켰다.

노자의 무위자연과 소국과민(小國寡民)

노자(성은 李, 이름은 耳, B.C. 604?-531)는 중국 춘추시대 말기의 사상가이다. 이름은 이이(李耳). 자는 담(聃). 초(楚)나라 사람으로 주왕(周王)을 섬겼으나 주의 쇠망을 예견하고 주나라를 떠날 때, 함곡관(函谷關) 관령 윤희(尹喜)의 간청으로 5,000언(言)으로 이루어진 책을 지어 주었는데, 이것이 《노자서》 또는 《도덕경》으로도 불리는 《노자》로, 도가사상(道家思想)의 대표적인 저서이다.

노자는 이 저서에서 전체적으로 무위(無爲)의 인격적 주체로서 자연의 삶을 살아가는 것이 책임을 다하는 길임을 역설하였다. 천도(天道)의 형이상학적 견지에서는 유가(儒家)나 도가(道家)는 같으나, 천도를 인간 땅에 구현하는 덕(德)의 실현 면에서는 유가는 인위적인 수양과 노력을 강조한 반면, 도가는 무위 자연(無爲自然)을 강조하였다.

《도덕경》34장, '대도는 흘러 넘쳐 왼쪽으로도 오른쪽으로도 두루 흐를 수 있다. 만물이 그에 의지하여 생겨나지만 간섭하지 않고, 공이 이루어져도 그 공이 자기에게 있다고 하지 아니하며 만물을 입히고 기르면서도 주재하지 않는다.'라는 부분이 무위자연에 대한 표현이다. 왕필에 의하면, 진정한 도와 더불어 만물의 시원인 무는 유(有)와 상대성에 의해 발생되는 규정된 개념으로서의 무가 아니라 그러한 상대성을 뛰어넘어 규정을 위한 기반, 조건이 없는 초월적 개념, '계곡의 여인'이라는 은유에 걸맞을 생성의 자리로서의 무라 보아야 한다고 주석을 달았다.

인간은 개념정의를 내리는 취미가 있는데, 그러한 취미에서 벗어나 세계를 있는 그대로, 자연의 모습으로 바라본다면, 상대성에 의해 지배되고 있는 것이 아니라 스스로 그러하도록 자리하고 있다는 사실을 알 수 있다. 무위자연은 지칭의 한계에서 벗어나 실체를 인식하기 위한 노력이 성공할 때 이루어지는 최상의 단계로 간주된다.

자연의 일부로서 자연적 본성을 지닌 존재로 보고, 사회 혼란의 원인이 선(善)하게 살아야 한다는 도덕적 명령이나 규범, 그리고 그 규범을 제도적으로 강제하는 국가 권력 자체(인간 본성에 위배됨)로 간주하였다. 당연히 상대적 인식과 인위적 가치 판단은 도나 자연에서 멀어지게 하여 사회적 갈등을 발생하기 때문에 사회 질서 회복을 위하여 '무위자연(無爲自然)'의 도의 원리를 좇아 삶을 영위하는 것을 강조하였다.

장자의 진인(眞人)과 제물(齊物)

장자는 중국 전국시대 말의 도학자로서, 본명은 장주(莊周)이며 만물을 끊임없이 유동변화 하는 것으로 보고, 그 유동변화를 도(道)라고 하는 만물일원론(萬物一元論)을 주장하였다. 이는 '자연과 나는 하나'라는 물아일체 사상이다. 인생관을 사생(死生)을 초월하여 절대무한의 경지에 소요(逍遙)함을 목적으로 하였고, 또한 인생은 모두 천명(天命)이라는 숙명설(宿命說)을 취했으며 노자에 비해 탈속한 정신적 절대 자유를 추구하는 경향이 있다. 저서인 《장자(莊子)》(내편 7, 외편 15, 잡편 11)는 장주학파(莊周學派)의 논설로, 기발한 우언(寓言)과 비유로 문명을 날카롭게 비평하였다.

장자는 노자(老子)와 마찬가지로 도(道)를 천지만물의 근본원리라고 본다. 도는 일(一)이며 대전(大全)이므로 그의 대상이 없다. 도는 어떤 대상을 욕구하거나 사유하지 않으므로 무위

(無爲)하다. 도는 스스로 자기존재를 성립시키며 절로 움직인다. 도는 있지 않은 곳이 없다. 거미·기왓장 에도 있으므로 일종의 범신론(汎神論)이다. 도가 개별적 사물들에 전개된 것을 덕(德)이라고 한다. 도가 천지만물의 공통된 본성이라면 덕은 개별적인 사물들의 본성이다. 인간의 본성도 덕이다. 덕을 회복하려면 습성에 의하여 물들은 심성(心性)을 닦아야 한다. 이를 성수반덕(性脩反德)이라고 한다.

장자는 그 방법으로 심재(心齋)와 좌망(坐忘)을 들었다. 덕을 회복하게 되면 도와 간격 없이 만날 수 있다. 도와 일체가 되면 도의 관점에서 사물들을 볼 수 있다. 이를 '이도관지(以道觀之)'라고 한다. 인간은 도와 하나가 됨으로써 자연에 따라 살아갈 수 있으며 자유를 누릴 수 있다. 이러한 자유는 천지만물과 자아사이의 구별이 사라진 지인(至人)이라야 누릴 수 있다. 이 지인은 사람들과 조화를 이루고 천지만물들과도 사이좋게 살아갈 수 있다.

장자는 인간을 일상적인 사람과 이상적인 사람으로 나눈다. 이상적인 사람은 도를 깨달은 사람으로서 진인, 지인으로 표현된다. 반면 일상적인 사람은 공간적, 시간적으로 제한되어 있는 미미한 존재이다. 이러한 일상인은 환경과 교육에 얽매여 있기 때문에 더불어 도를 논할 수 없다고 했다. 장자는 이를 우물 안 개구리에 비유한다.

장자는 이상적 사람이 되기 위한 방법으로, 마음을 비워 깨끗이 하는 심재(心齋)와 마음을 오로지 한뜻으로 모으는 전심일지와 세계를 잊는 좌망(坐忘)을 제시한다. 마음의 재계는 마음과 정신을 깨끗이 씻고, 사려 분별하려는 지적 활동을 신중히 하고, 오로지 구도자의 자세를 취하는 것이다.

심지를 전일 하게 하는 공부는 분산된 의식을 하나로 집중하는 수양이다. 천지 만물의 뿌리는 둘이 아닌 하나이기 때문이다. 좌망은 정좌한 자세에서 자아·사회·자연 등 일체의 현상을 잊어버리는 정신의 경지이다. 물아일체(物我一體)의 경지를 추구하는 절대 자유의 경지를 지인(至人), 진인(眞人) 인격체를 이상적 인간형의 목표로 삼게 된다. 진인은 참된 도를 깨달은 사람으로 『태평경(太平經)』에서는 신선을 구별하여 신인(神人)은 천(天)을, 진인은 지(地)를, 선인은 풍우(風雨)를, 도인은 길흉(吉凶)을, 성인(聖人)은 서민을 다스리는 일을 각각 맡는다고 했다.

붓다의 사성제(四聖諦)와 팔정도(八正道)

붓다 생존 당시 유행하던 육사외도(六師外道)는 삶의 당면 문제 해결보다는 우주와 인생의 본질 등의 문제를 사유할 것을 주장하는 초현실적 사변 철학이 유행하였다. 이에 불교의 창시자 고타마 싯다르타(Gautama Siddhartha)는 생후 7일 만에 어머니와 사별하고 왕자로서 교양을 쌓다가 16세에 결혼했다. 이 후 아들을 낳았으나 무상(無常)을 느끼고 29세에 출가하여 6년간의 고행생활에 들어간다. 35세 때 고행은 깨달음의 길이 아님을 알게 되어 이를 버리고 보리수 아래에서 명상에 들어가 연기(緣起) 도리를 깨달았다.

이후 갠지스 강을 사이에 둔 2대국(大國) 마가다와 고사라 국왕을 신자로 얻고 수도를 각각 근거지로 하여 45년 동안 설법· 교화하여 10대 제자를 비롯한 수많은 제자를 얻었다. 80세 때 쿠시나가라의 사라쌍수(沙羅雙樹) 숲 속에서 입적하였다. 그의 연기사상은 '이것이 있기 때문에 저것이 있다.'는 것으로 연계성과 상호의존성(내가 소중하듯 남도 소중함)을 강조하고, 자비(慈悲)의 실천을 표방했다. 자비는 자타불이(自他不二)정신의 구현으로 타인과 기쁨을 같이하고(慈), 슬픔도 같이 함(悲)이며 무조건적, 절대적 사랑에 해당한다.

불교의 인격은 생명의 실상을 총체적으로 파악하는 발보리심에 있고 발심의 대상은 사성제이다. 먼저 고성제(苦聖諦) - 인생 그 자체는 모두 고통이라는 진리이며, 현실 세계 결과의 의미를 갖는다. 여덟 가지 고통으로는, 애별리고(愛別離苦), 원증회고(怨憎會苦), 구부득고(求不得苦), 오취온고(五取蘊苦) + 4苦이다. 집성제(集聖諦)는 마음속의 번뇌와 갈등이 쌓여 고통이 생긴다는 진리이며 현실 세계의 원인의 의미이다. 정감(情感)의 측면은 애욕(愛慾)이며, 이지(理智)의 측면은 무명(無明)이다. 멸성제(滅聖諦)는 고통의 원인이 소멸된 상태로서 불교의 궁극 목적으로 이상 세계의 결과에 해당한다.

절대 자유와 절대 평화 세계이다. 도성제(道聖諦)는 열반 경지에 도달하는 수행 방법으로, 이상 세계의 원인에 속한다. 사성제를 아는 인격이 소승에서는 아라한이며 대승에서는 보살이 된다. 사정제를 알면, 팔정도와 육바라밀을 실천하게 된다. 팔정도는 지나친 쾌락과 지나친 계율, 고행을 금지한 중도(中道)로서의 8가지 수행 방법이 강조되며, 正見(바른 견해), 正思惟(바른 의사), 正語(바른 말), 正業(바른 행위), 正命(바른 생활), 正精進(바른 노력), 正念(바른 의식), 正定(바른 명상, 바른 정신통일)을 말한다.

육바라밀은 '아뇩다라삼막삼보리'의 최고 깨달음 세계에 나가기 위한 여섯 가지 실천 방향이다. 보시와 지계를 통한 복을 짓는 도리, 인욕과 정진을 통한 복을 받는 도리, 지혜와 반야를 통한 복을 누리는 도리를 일상생활에서 구현함이다. 생명실상의 자각으로 삼법인설이 세존 담론에서 부각된다.

① 제행무상(諸行無常) - 모든 것은 변한다. 변화의 만물유전 세계관이다.
② 제법무아(諸法無我) - 모든 현상은 인연으로 고정된 실체(實體)가 없다.
③ 일체개고(一切皆苦) - 인생 그 자체가 고통과 번뇌이다. 자아(自我)가 실재하며 현실 세계가 실체하는 것으로 착각하여 집착함으로써 고뇌가 생긴다.

또한 만물은 불변의 실체가 없다는 공의 원리에 의해 너와 내가 본질적으로 다른 존재가 아니라고 하여 서로 사랑하고 봉사하도록 인격적 '무아를 강조하며, '나'라는 아집을 비울 때 '너'라는 세상을 담을 수 있으므로 공은 허무가 아니라, '나'를 비워가는 자각의 도리이다. 삶의 순간마다 순간이 의미가 있다. 그러나 대부분은 고통이라는 괴로움에 낙인찍힌 것으로 보여 진다는 것이 불교의 출발점이다.

불교는 괴롭다는 것에서 끝나지 않는다. 사성제(四聖諦)라는 도식에 훌륭하게 정리되어 있듯이, 삶을 괴로움으로 진단한, [苦聖諦]와 더불어 그것의 원인과 그것의 소멸과 소멸에로 이끄는 방법으로서의 멸도성제(滅道聖諦)를 말한다. 따라서 괴로움이 소멸된 경지로서의 열반을 말하고 그것에 이르는 구체적인 방법을 제시하고 있는 한, 불교는 단순히 염세적인 윤리관이 아니다.

'열반에 들었다'고 말할 때, 그가 누리는 경지는 괴로움이 아니다. 집안이라든지 국가라든지 사회라든지 자기가 만들어 놓은 그 어떤 울타리 속에 안주해 버리면 인생이 괴로움이다. 붓다한테 '당신의 가르침을 한마디로 요약한다면?'이라고 묻는다면, "이 세상은 괴롭지만, 그것을 벗어나는 방법이 있다. 바로 그 괴로움을 벗어나는 길이다."고 하셨으니, 일미관행(一味觀行)이다. 일미(一味), 즉 한 가지 맛이란 다름 아닌 고와 해탈의 맛을 말한다.

폭력이 증가하면서 교육이 지향하는 전인교육(whole-man education)이 침해를 받고, 학생들이 사회에 진출했을 때 사회적 '무규범(anomie)'을 야기할 수 있다는 우려에서 2015년 7월 21일부터 「인성교육진흥법(법률 제13004호)」를 시행하게 되었다. 동법 제2조는 인성교육에 대한 정의, 핵심가치 · 덕목, 핵심역량, 교육대상 등을 규정하고 있다. 이 중에서 인성교육의 내용에 해당되는 핵심가치 · 덕목 편에서는 예 · 효 · 정직 · 책임 등을 제시하고 있지만, 이는 예시 수준에 불과하기에 장수사회의 시대적 배경과 가치규범에 적합한 실천적 덕목을 정립할 필요가 있을 것이다. 노인 인성과 책임의 담론이 보다 구체화되어야 할 것이다.

〈 인성체계와 구성 〉

차 원	영 역	핵심요소	조작적 정의	구성요소
개인 성품 (핵심 덕목)	감 성	가치	- 개인적 마음가짐 · 자기인식 능력 · 자기관리 능력	예 · 정직 · 책임
	도덕성	덕목	- 타인과 관계성 · 대인관계 형성능력 · 공동체 유지 능력	관심 · 존중 · 배려
사회적 행동 양식 (핵심역량)	실천성	역량	- 핵심 덕목 체험과 실천 · 의사소통 능력 · 갈등해결 능력	소통 · 교류 · 협력

「인성교육진흥법」 2조도 인성을 핵심가치 · 덕목과 핵심역량으로 구분하고 핵심가치 · 덕목을 예 · 효 · 정직 · 책임 · 존중 · 배려 · 소통 · 협력 등의 마음가짐이나 사람됨과 관계된 핵심적인 가치와 덕목으로 규정하고 있다. 장수상생의식의 핵심역량은 이러한 핵심가치 · 덕목을 능동적으로 실천 또는 실행하는 데 필요한 지식과 의사소통능력, 갈등 해결 능력 등을 의미하는 것으로 정의한다. 인성은 핵심덕목과 핵심역량이라는 두 차원으로 이루어져 있다. 핵심덕목은 인성의 내용을 구성하고 핵심역량은 핵심 덕목을 실행하는 단계이다. 핵심덕목은 시간과 공간이라는 환경요인에 의해 영향을 주고받기에 다원주의 측면을 내포한다.[259]

핵심역량은 핵심 덕목을 실천하는 측면으로서 '가치중립적인(value-free) 성격을 띠고 있으며 다분히 기술적이고 정형화할 수 있는 부분이기 때문에 일반화된 지식과 기술에 의해 영(靈)을 프로그램화될 수 있는 영역이다. 신명은 장수 시대를 맞이하여 신원일가 공부를 호위하고 있다고 말한다.[260]

10-2. 장수상생문화

따뜻한 마음을 가지고 따뜻하게 보살펴준다면 장수는 상생문화를 낳는다. 아무리 따뜻하고 보살핌이 지극하다고 생각하지만, 장수를 타자의 간섭만으로 생각한다면, 상생문화로 나아갈 수 없다. 우주생명의 한얼은 발현되지 않은 절대자로서, 진동하지 않고, 시작이나 끝도 없고, 언제나 존재하며, 언제나 의식하고, 언제나 새로운 기쁨으로 존재할 것이다. 성부(聖父)는 발현된 절대자이고, 한얼의 첫 번째 진동하는 투영물(投影物)은 그리스도 지성이며, 이 그리스도 지성은 더 나아가서 우주지성 진동, 또는 성령(聖靈)으로 나타나고, 이어서 우주의 지적 에너지, 또는 우주음(宇宙音), '옴'으로 나타난다. "충실하고 참된 증인(證人)"은 이 지적인 우주 진동은 침묵에서 들리는 우주음, '옴'으로서, 그리고 명상 중의 영안(靈眼)으로서 인지(認知)된다. 진동은 힘이며, 우주지성으로 조직되어 물질로 발현한다.

창조 내 의식은 "그리스도 의식"이다. 인체는 축소판(縮小版) 우주생명이다. 우리 의식은 그리스도 의식의 소우주(小宇宙)를 반영한 것이다. 우리의식은 육체와 속계(俗界)의 일로 바쁘기에 그 소리를 듣지 못한다. 그렇지만 우주 에너지로부터 방사(放射)되고 있는 우주음을 듣게 되면, 의식은 그것과 하나가 된다. 그런 접촉으로 의식은 모든 것을 볼 수 있도록 확장된다. 그리스도 의식을 획득하는 접근법은 성령, 즉 "충실한 증인"을 통하는 길이다. 우

259) Robert A. Segal, *The Study of Religion*(Atrium: Wiley-Blackwell, 2009, p.143.
260) 『전경』, 교운 제1장 63절.

주음을 들을 때, 의식이 그것과 하나가 될 때, 그러면 그리스도와 일치한다. 그 소리를 통하여 신의 빛을 받는다. 생명의 작은 거품은 생명의 커다란 바다에 포용(包容)이 된다.

상념우주는 정묘(精妙)한 유계우주의 원인이고, 정묘한 유계우주는 더욱 거친 파동의 물질우주의 원인이다. 우주는 신성한 지성으로 주조(鑄造)된 물질이다. 성령은 그리스도 증인으로서 특별한 은총이자 은혜이다. '하느님의 영이 그 위에 내린다. 지혜와 슬기를 주는 영, 경륜과 용기를 주는 영, 야훼를 알게 하고 그를 두려워하게 하는 영이 내린다.'(이사 11,2). 그래서 '성령칠은(聖靈七恩)'이 중시된다, 먼저 '지혜(Sapientia)'는 구원에 필요한 일에 이끌리는 은혜이며, '깨달음(Intellectus)'은 지력이 미치는 데까지 믿음의 오묘한 이치를 깨닫는 은혜이고, '일깨움(Consillium)'은 마땅히 행할 선과 피해야 할 악을 분별케 하는 은혜이다.

또한 '용기(Fortitudo')는 '삼구(三仇)'와 싸우면서 순교할 수 있는 은혜이며, '앎(Scientia)'은 영생을 얻기 위해 믿을 것과 믿지 말 것을 분별하는 은혜이다. 그리고 '섬김(Pietas)'은 하느님을 아버지로 사랑하는 은혜이고, '두려워함(경외, Timor)'은 하느님의 전능하심에 경외감을 가지며, 죄를 범하여 하느님의 뜻을 거스를까를 두려워하는 은혜이다.

'성령칠은(聖靈七恩)' 가운데 슬기, 통달, 의견, 지식은 믿음을 굳게 해 주는 은혜이고, 굳셈, 효경, 경외는 사랑을 길러 주는 은혜이다. 또한, 성령의 아홉 열매는 '사랑, 기쁨, 평화, 인내, 친절, 선행, 진실, 온유, 절제'이다(갈라디아서 5,16-26). 첫 열매는 사랑이다. '원수까지 사랑하라'는 아가페 사랑을 말한다. 둘째 열매는 기쁨이다. 하느님의 현존을 체험하면서 느끼는 기쁨이다. 셋째 열매는 평화이다. 온갖 고통을 받더라도 평정을 유지하는 평화이다.

넷째 열매는 인내이다. 늦더라도 짜증을 내지 않고 때를 기다릴 줄 아는 힘이다. 다섯째 열매는 친절이다. 용서와 자비를 베풀게 됨으로 이루어지는 열매이다. '너희가 여기 있는 형제 중에 가장 보잘 것 없는 형제에게 해준 것이 곧 내게 해 준 것이다.(마태 25.40) 여섯째 열매는 선행의 착함으로 적극적인 선행은 남이 곤경에 처할 때 호의적으로 관여하고 적극적으로 도와주는 마음이며, 소극적 선행은 남에게 해를 주지 않는 것이다.

일곱째 열매는 진실이다. 신뢰 · 믿음 · 충실은 진실의 열매를 성장시키기 위한 요건이다. 여덟째 열매는 온유이다. 지혜 표징으로 이웃에게 화를 내지 않으며 화나 분노를 가라앉힌다. 아홉째 열매는 절제이다. 하느님께 순종하는 힘이자 죄로 접어드는 집착에서 벗어나는 것이다.

서양의 에마뉘엘 칸트(I. Kant: 1724-1804) 사상은 세 분류로 나뉜다. 인식론으로 "나는 무엇을 알 수 있는가?", 윤리학으로 "나는 무엇을 해야 하는가?", 종교철학으로 "나는 무엇을 희망해도 좋은가?"이다. 칸트의 입장을 먼저 정리하고자 한다. 종교철학의 핵심문제는 신의 문제이다. 칸트가 신에 관하여 언급하고 문제 삼는 것은 그의 전 철학에 걸쳐서이다.

「제1비판」(1781)에서는 초월론 원리론 초월론 방법론, 순수이성의 최후목적의 규정근거인 최고선의 이상에 관해 논의한다. 그리고 「제2비판」(1788)에서는 순수 실천이성의 변증론, 순수 실천이성의 요청으로서의 신의 존재, 「제3비판(」1790) 목적론적 판단력 방법론을 다룬다. 인간지성의 각 영역에서 그것을 빼고서는 전체를 마무리할 수 없는 신의 문제를 결국에는 지향하고 있다고 할 것이다.

『종교철학』 제 1권은 선과 악의 두 원리에 관하여 논하고 있다. 선에 관한 논의는 부분적이며, 악의 논의가 내용에 있어서나 분량에 있어서 중요성을 차지한다. 우선 칸트는 선의 근원적 소질에 대하여 말하는데, 생물로서 인간의 동물성, 이성적 존재자로서의 인간성, 책임을 질 수 있는 존재로서의 인격성을 들고 있다. 이러한 소질들 가운데 선에의 적극적인 소질은 책임질 수 있는 존재의 소질이다. 칸트는 이를 정의하여 "그 자체에 있어서 선택의지의 충분한 동기가 되는 도덕 법칙을 존경하는 '감응력'이라고 한다.

이러한 선의 원리가 기초가 되어 실천이성의 최고 이상인 최고선을 생각하며 그의 실현기반을 구상할 때, 선의지가 근간이 되고 바탕이 되어 그 적극적 실현을 기대할 수 있었을 것이다. 그러나 인간의 또 다른 부정적 소질의 가능성이 드러날 때 이러한 이상의 완전한 실현가능성에 회의적이다. 칸트는 악의 원리에 대해 "인간 본성 안에 있는 악의 성향에 대하여" 에서 '악의 성향'이라는 표현을 하여 앞에서의 '선의 소질'과 구별하고 있다. 이 양자는 생득적이라는 점에서 비슷한 공통점을 가지지만, '악의 성향'은 인간이 스스로의 선택의지에 따라 자기에게 초래한 악한 결과를 야기하는 성향이기 때문에 인간이 스스로 그 결과에 책임져야 하는 특성을 가진다.

그리고 그것은 모든 인간에게 일반적으로 존재하며 선의 소질에 적대적이며 그것을 타락하도록 하는 힘을 가진 악한 인간성인 것이다. 이러한 악한 성향에 지배되어 도덕률을 격률로 채택할 수 없게 된 인간의 마음을 악한 마음이라고 하였다. 칸트는 그 근거가 되는 세가지 단계를 구분한다. 첫째, 인간적 심정의 연약함 또는 본성의 허약성, 둘째, 비도덕적 동기들과 도덕적 동기들을 혼합시키려는 경향, 셋째, 악한 격률을 채택하려는 사악성이다.

전체적으로 칸트 첫째 질문을 다룬 제1비판은 『순수 이성 비판』, 둘째 및 셋째 질문은 제2비판, 『실천 이성 비판』에서 다루어진다. 제1비판의 경우, 『형이상학 서설』, 제2비판의 경우 『윤리형이상학 정초』, 『윤리형이상학』, 『이성의 한계 안에서의 종교』에서 다룬다. 그가 말하는 선의지는 윤리학의 핵심이며, 인간을 도덕적으로 만드는 요소이다.

그에게 '선'이란 '도덕 법칙을 따르는 것'이다. 정언명법은 그 자체의 무조건적, 절대적 가치 때문에 그 행위를 명령하는 것이다. 합리적 인간으로서 우리는 일정한 의무를 가진다.

이 의무는 정언적(categorical)이다. 즉 절대적이고 무조건적이다. 이를테면, '너는 언제나 진실을 말해야 한다. 너는 결코 누구도 죽여서는 안 된다.'이다.

도덕규칙은 보편화하여야 한다는 형식이다. 보편법칙의 정식으로 "너의 준칙이 보편적 법칙이 되도록 행동하라"이다. 윤리적 규칙이 보편적 규칙으로 만들어질 수 없다면, 그것은 타당한 규칙이 아니다. "네가 동시에 그것이 보편법칙이 될 것을 욕망할 수 있는 그러한 준칙에 따라서만 행동하라"이다. 도덕규칙은 인간존재를 목적 자체로서 존중해야 한다.

다른 사람들을 그들 자신의 목적으로 대하라, 결코 목적을 위한 수단으로 대하지 말라. 다른 사람을 이용해서는 안 되며 언제나 인간성을, 의지와 욕망을 가진 개인들이라는 사실을 인정하고 "인간성을 단지 수단으로서가 아니라 항상 동시에 목적으로서 대우하도록 행위 하라."고 한다. 그리고 무신론적 실존주의자, 장 폴 사르트르(Jean-Paul Sartre: 1905-1980)의 책 중에는 『구토(Nausea)』, 『존재와 무(Being and Nothingness)』, 『나쁜 신앙과 자유(Bad faith and freedom)』가 있다.

이는 실존주의 사상을 표현한 것으로 '본질보다는 존재가 우선'이라는 관점에서 논의를 전개한다. 우리가 무엇을 생각하고 감지하는 주체(사람), 사유의 대상인 객체(인간을 포함한 이미 그 존재가 있는 것들)의 관계를 파고 들 때, 그것의 관계를 맺어주는 가장 중요한 것은 '존재'이다. '인간이란 어떤 존재인가?'와 같이 플라톤식의 형이상학 사고를 탈피해 사유를 하는 자기 자신, 본인의 존재를 앞에 두고서 생각하는 것이다. 이미 존재하는 이 순간 숨을 들이쉬고 내 쉬는 삶에서 존재자 체가 있다는 원리에서 출발한다는 것이다.

실존주의의 실존 개념에서 대표적 특징은 그 실존을 자각하기 위해서는 자신의 죽음을 자각하고 죽음은 온전히 남과 관련이 없는 자신만의 것이기에 자신의 개별적인 것으로 자각하게 된다. 그러므로 실존주의 입장에서는 인간은 스스로 고독과 허무를 자각하게 되는 것이다. 자신이 홀로 있음을 자각하지 못하고 다른 사람들과의 일상적인 관계에 매몰되어 있을 때는 고독과 허무를 느낄 겨를도 없다. 이것을 그의 소설에서 보면 불확실성에 따른 연구를 그만두는 것은 자신에 대한 존재적 물음에 대해 적용되는 이치와 같다.

자신의 감각적 지각을 통해 파악되는 부분적인 자신은 대상과 독립적으로 존재하며 그 대상과 다르고 대상을 인식하는 자신이 고립해서 존재한다는 사실에 당혹감을 느낀다. 주인공은 자신이 아무것도 아니며 단지 세상에 내던져진 존재라는 것을 깨닫는다. 세상을 인식하고 변화시키는 주체라기보다는 단지 낯설고 새로운 환경 속에 아무런 준비 없이 던져진 존재, 존재 당혹감이 세상에 대해 반응하는 방식이 '구토'이다.

의식은 본질로 비판적이며 안다는 것은 이제까지 인식하지 못했던 영향으로부터 분리되는 것이다. 주관성의 허위로부터 격정적이고 주관적인 것을 회복해야 한다. 그 길은 실존적 자각의 토대위에 몸과 마음과 영혼의 에너지가 조화를 이루는 길이다.261) 따라서 고통이 인간 삶의 목적이 될 수 없다.

'카발라(Kabbalah)'는 '유대교 신비주의' 또는 '유대 신비 교의'로 명명되며, 히브리어로 '전승(傳承)'의 뜻을 갖는다. 모세가 시나이 산에서 받은 것이 카발라 전통이다. 당시 하느님으로부터 받은 신성한 전통이 성경으로 장착되었고, 나머지는 세대에서 세대로 비밀리에 전승되었다. 카발라가 세상에 알려진 것은 13세기다. 레오나르도 다빈치, 뉴턴, 카를 융 등 당대의 유명한 예술가나 과학자, 철학자들은 카발라에서 영감을 발견했다. 카발라는 21세기에 들어와서 서구문화의 영성 담론에서 핵심위치를 차지하고 있다.

카발라를 다룬 책자는 '창조의 서' '바히르 서' '조하르' '루리아 카발라' 등 방대하다. 성경, 탈무드와 함께 유대교 신앙의 세 번째 기둥으로 꼽히는 '조하르' 만해도 수십 권이다. 종교적 신비체험에서 뜻하지 않게 알 수 없는 소리가 들렸다. 그것은 우주음(Cosmic Sound)이다. 물론 처음에는 그 정체를 알기 어려웠지만, 그 소리는 더욱 더 지속적으로 다가온다. 인도성자, 요가난다(Paramahansa Yogananda) 자서전은 경천명상의 우주음을 우리에게 구체적으로 들려주고 있다.

탐욕이 사라지고 지혜가 증진되면, 우주음은 현전하지만, 온갖 욕망과 사념에 둘러 쌓여 들을 수 없다. 사념이 적어질수록 그 소리는 자명하고 분명하게 들린다. 우주음은 명상을 통해 조용한 곳에 있으면 어김없이 들린다. 우주음은 양미간 사이의 제3의 눈 반대 지점의 연수로부터 온다. 우주음은 새벽의 고요처럼, 함박눈같이 포근하게, 그리고 점점 더 강렬하게 들리게 기도 한다. 우주음을 우주생명 소리로써 '옴(Aum)'이다. 영성한얼은 창조 밖에 있으며, 언제나 존재하고, 언제나 의식하고, 언제나 새로운 기쁨의 진동을 방사한다.

한얼은 우주생명 차원의 지성 진동, 또는 창조원리를 방사한다. 한얼은 초월이지만 창조와 상관연동 되어서는 '성부(聖父)'이다. 성부는 처음 우주생명의 지성 진동으로서 발현한다. 이 우주차원의 지성 진동은 세 형태로 발현한다. 먼저 진동하는 물질우주를 인도하는 지성의 힘으로서 언제나 존재하고, 언제나 의식하고, 언제나 새로운 기쁨으로 표현된다. 또한, 지성의 우주생명력으로서 기(氣)로 작용한다. 그리고 지성의 우주음, '옴'으로 작동한다.

명상 중에 다음과 같은 형태로 신명세계와 자명하게 접촉한다. 먼저 언제나 존재하고, 언제나 의식하고, 언제나 새로운 기쁨이다. 또한 전자와 원자와 분자와 물질의 모든 조직을 창조한, 눈에 보이는 지적인 우주생명 에너지로서 '기(氣)'이다. 그리고 영안에 밀집되어 응축된 영안으로 오팔의 파랑색 바탕의 가운데 고동치는 은별과 가장자리에 고동치는 황금빛

261) 무명선사, 『지구 행성 영성 현장 아이너스 아이어라』(영암, 창조출판사, 2010), p.103.

고리로 둘러싸여 있음을 선명하게 '조견(照見)'한다.

세 가지 빛은 영성의 세 거소(居所)를 표상한다. 먼저 우주생명의 지성 고동은 황금색 고리로 비친다. 또한 구세의 그리스도 의식은 오팔의 파랑으로 비친다. 그리고 우주생명 의식에 들어가는 방편 길은 은색별로 반짝인다. 그러므로 영성으로 영안을 조견하고, 영안을 한눈에 쉽게 보다가 은색별의 문의 안내를 받아 우주생명 의식계로 들어간다. 어떠한 산만한 생각에도 교란되지 않고, 법열에 싸여있을 때, 그의 의식과 유체는 영안의 망원경과 같은 황금색 고리를 뚫고 들어가서 물질우주의 거친 양태들이 다양하게 폭발하는 근본생명력을 보고 느낀다.

황금색 고리의 신비를 아는 것은 물질의 신비를 가로질러 창조성의 장면으로 들어가는 형상이다. 파랑의 망원경 눈으로 들어가는 것은 우주생명 에너지에 존재하는 구세의 그리스도 또는 반야의 의식을 자명하고 분명히 느낀다. '옴'은 호흡이 부분적으로 정지할 때 느껴진다. 옴이 들릴 때 산만한 생각이 철회되면, 영안도 동시에 조견이 이루어진다. 그러면 우주음이 뇌척추 신경다발의 각기 다른 빛과 각기 다른 소리의 진동들로 나타나서 화엄장엄을 이룬다. 화엄장엄은 보살들이 육바라밀로 장엄한 꽃을 피워야 한다고 보기에 여섯(보시, 인욕, 지계, 정진, 선정, 반야)장의 꽃잎 모양으로 그 모습을 드러냈다.

신경다발에는 척추의 밑동에서 시작하여 '미저골(尾骶骨)' 중추는 흙을, 천골(薦骨) 중추는 물을 나타낸다. 요추(腰椎) 중추는 불을, 흉추(胸椎) 중추는 공기를 나타낸다. 경추(頸椎) 중추는 에테르를, 두개골의 밑동의 연수는 '신의 입'으로 우주에너지의 배급소이다.

극성(極性)에 의하여 연수 중추와 직접 연결되어 상관연동을 이루는 영안은 반야의식의 중추이며, 미간의 지점에 자리 잡고 있다. 흙의 중추는 땅벌 소리로 진동하여 '아기 옴'에 해당한다. 물의 중추는 크리슈나의 피리 소리로 진동하고, 불의 중추는 거문고 소리로, 공기 또는 생명력 중추는 깊은 종소리로, 에테르 중추는 바다의 포효소리로 웅장하게 진동한다. 무의식의 단계에서 상대적인 의식단계를 거쳐 우주의식에 이르는 상승 단계를 보여준다.[262]

늙음은 육체 노쇠(老衰)를 전제로 한다. 육체적 노쇠현상은 기술문명의 발달로 극복의 가능성을 여러 측면에서 가시화 하고 있다. 또한 늙음은 정신적 성숙(成熟)을 표상하고 있다. 장수시대의 늙음은 정신적 자각과 성숙으로 황혼기를 황금기로 전환시키는 미래공창의 가능성을 높인다. 늙음은 영혼의 밝음으로 인도함으로 죽음 지평 너머의 근원적 생명력과의 합일을 가능하게 한다. 한사상에서는 생사 파도의 배후에 근원적 생명력을 제시하고 있다.

또 다른 한사상 경전, 『참전계경(參佺戒經)』에서는 이화세계 참전사상을 366가지 일, 8가

---

262) 아지트 무케르지, 『쿤다리니(Kundalini)』(서울: 동문선,1992), p.95

지 항목으로 분류하였다. 한웅은 366가지 일로 인간을 교화하고자 노력했으며, 인간뿐만 아니라 짐승들까지 교화하였다. 한웅이 짐승까지 교화한 까닭은 한인이 전해준 천부인 3개의 공공작용이 있었기 때문이다. 거울·방울·칼로서 나라를 재세이화로 다스릴 수 있었다. 농경을 맡은 풍백·우사·운사를 관리로 등용하여 우순풍조를 이루게 함으로 백성들의 의식은 풍족하였고, 농사·생명·질병 등 5사(五事)를 맡은 관리들이 홍익인간 이념으로 366가지 일을 바르게 다스린 데 그 원인이 있다.

‘성신애제(誠信愛濟)’는 하늘 섭리를 반영하며, ‘화복보응(禍福報應)’은 개개인의 응답으로 나타났다. 성(誠)은 충심에서 우러나오기 때문에 모든 행동의 지침은 이 성(誠)에서 출발한다. 신(信)은 믿게 하는 마음으로 신뢰성과 관련되기에 삼신 섭리에 부합한다. 애(愛)는 자비스런 마음이 우러나는 것으로 착한 마음씨가 기본이다. 제(濟)는 구하거나 건짐으로 덕을 갖춘 선행으로 표상된다. 사람은 인물덕화로 은혜를 입게 된다. 화(禍)는 악으로 말미암아 재앙을 초래하게 되니, 나쁜 행위를 하지 말아야 함이다. 복(福)은 행운이자 착함으로 받는 경사(慶事)이다. 보(報)는 응보로서 착한 마음으로 복의 갚음이 따르고, 악한 마음으로 재난을 수반한다. 응(應)은 순응함이니, 악함은 상응하는 벌, 착함에는 필적하는 은혜로운 축복을 받는다.[263)]

‘한인의 아들 한웅이 지상에 뜻을 두어 인간세상을 내려 보고 다스릴만한 것이라고 판단하여 천부인 3개를 신표로 주었다. 천부인은 ‘거울·방울·칼’인데, 거울은 지상을 다스릴 때 하늘 광명을 상징하는 빛처럼 밝게 다스리라는 뜻이다. 방울은 대지의 리듬을 나타내므로 절도에 맞게 바르게 다스리라는 뜻이다. 칼은 사람이 쓰는 도구이므로 사리가 분명하게 일올 집행하여 덕을 실천하라는 뜻이다.

『천부경』 뜻을 받들어 한웅은 한인이 내린 신표를 금과옥조로 선용하여 나라를 바르게 다스릴 수 있었다. 결국 ‘성신애제(誠信愛濟)’는 하늘섭리와 타자지향의 공적 의식을 반영한다면, ‘화복보응(禍福報應)’은 인간행위를 통한 사적 응답의 개체의식을 표방한 것이라고 말할 수 있다.

공(公)과 사(私)의 공공작용을 드러내는 가운데, ‘성신애제(誠信愛濟)’와 ‘화복보응(禍福報應)’은 『성경팔리』를 이루어 상관연동 관계를 제시하고 있다.[264)] 충심(忠心)에서 우러나와 응답하는 성(誠)은 응(應)과 상관하면서 건(乾)곤(坤)과 연동하여 ‘천지정위(天地定位)’ 괘를

263) 八理訓 綱領 次例는 第一章 誠, 第二章 信, 第三章 愛, 第四章 濟, 第五章 禍, 弟六章 福, 第七章 報, 第八章 應으로 이루어져 있다.

264) 『聖經八理』는 2002년 韓國精神文化研究院 藏書閣에서 『檀君教五大宗旨佈明書』를 열람할 때 마이크로 필름에 이어져 있기에 세상에 알려졌다. 1921년 筆寫本은 표지에 ‘檀君教八理’, 또는 ‘聖經八理’로 되어 있다. 1926년 판본에는 ‘聖經八理’로만 표기되어 있다.

이룬다.[265] 늙음은 하늘과 땅이 그 위치를 보전하고 안정하는 천지정위 형태로서 지정(至精)과 지미(至微)를 시도할 수 있는 새 계기로 작동함이다.

노년기에는 젊을 때보다 영혼의 차원을 우선적으로 생각하고 천지 일월의 정위(定位)를 거울삼아 하늘섭리에 따른다. 이를 벗어나면, 화를 입는다. 선심(善心)의 공공작용은 축복을 담보한다. 무슨 일에나 함부로 참견하는 습관을 버린다. 불평을 늘어놓기보다 아량을 베풀면, 노년기가 황금기로 전환한다.

신(信)은 신심으로 보(報)와 상관하며 믿음으로 보답받기에 태(兌)간(艮)과 연동하여 '산택통기(山澤通氣)'괘를 이룬다. 서북간에는 간위산(間位山)이 있고 동남간에는 태위택(兌爲澤)이 있기에, 동남 해상의 수기가 서북 산지대 화기와 상교 변화하여 산택통기(山澤通氣)를 일으킨다. 산택(山澤)이 교기(交氣)하여 만물을 생양(生養)하는 양상을 드러낸다. 의심하지 말고 삶의 여유를 갖는다. 의심은 절망을 낳고 노년의 얼굴을 일그러지게 한다. 절망하지 말고 믿음을 유지하면서 용서를 일상으로 실천한다.

사랑한 만큼 복이 충만하기에, 애(愛)는 복(福)과 상관하며 리(離)감(坎)과 연동하여 '수화불상사(水火不相射)'괘를 이룬다. 사랑은 부드러움으로 나타난다. 부드러움은 흉하게 늙는 것을 방지한다. 경계하지 않고 상대를 사랑하고 배려함으로 우아하게 늙는 묘약이 된다. 하루하루가 처음이고 끝이다. 오늘 부드럽게 그리고 최선을 다한다. 상대를 구하거나 건짐에 있어서 속이거나 숨김으로 말미암아 수반되는 재앙을 감수해야 되기에 제(濟)는 화(禍)와 상관하며, 진(震)손(巽)과 연동하여 '뇌풍상박(雷風相搏)'괘를 이룬다. 죽음의 공포를 여유로 다스린다.

한 사람이 탄생한다는 것은 우주생명이 특정개인으로 이 세상에 태어나는 것이고, 죽는다는 것은 다시 우주생명으로 돌아간다는 것이며, 태어나서 죽을 때까지의 기간을 생애라고 말한다. 사람이 거기서 와서 거기로 돌아가는 본원을 노자는 '도(道)'라 했고 장자는 '원기(元氣)'라 했고 수운은 '지기(至氣)'라고도 했다. 우주생명이 한사람의 몸으로 이 세상에 태어나서 일정기간 생명으로 차원 전환하다가 마침내 죽어 이 세상을 떠나 귀천하는 관점이다. 모든 것이 끝나 아주 없어지는 것이 아니라 새로운 차원의 생명이 시작된다고 본다.

따라서 육체보다 마음이 녹슬지 않도록 유지하는 것이 장수비결이다. 늙은 나무에 더 좋은 열매가 맺을 수 있다. 삶의 독약을 치유하고 영혼이 평안과 안식으로 이어지도록 해야 한다. 이를 통해 이화세계의 팔리는 노년의 삶에도 그대로 적용될 수 있으며, 4쌍의 공공작용을 여실하게 표상하여 삶의 독을 치유하여 영혼의 약이 되도록 하는 데 장수 비결의

265) 金容煥, 「檀君 366事에 나타난 天地定位」『古朝鮮檀君學』 24호, 2011, pp.47-76 참조.

요체가 있다.

따라서 이화세계의 괘상(卦象)은 만물생성의 자양분이 되어 공공작용을 일으키는 가운데 자연적 본상(本象)을 구족하고 있다. '한'을 본받아 옳고 착하게 닦으면 하늘의 무궁한 은혜를 받는다고 한다. 하늘을 본받아 수신하면 '한'으로 수렴된다.266) 『참전계경』 팔괘는 늙음에 수반되는 지혜가 현재와 미래를 풍요롭게 하는 소중한 보물임을 일깨워주며, 늙음 가치를 존중하는 사회기풍을 확립하도록 해야 할 것이다.

삼계 육도의 유위법 세계는 업력이 만들어 낸 소작(所作)이다.267) 장엄정토는 집착이 사라진 마음으로 반야바라밀 실천으로써 깨끗한 청정심(淸淨心)으로 이루어진 정토이다. 따라서 청정심 유지가 관건이다. "항상 청정한 마음을 가져야 한다. 색에 머물러 마음을 일으키지 말며, 소리, 냄새, 맛, 접촉과 법에 기인한 마음도 내지 말고, 머문 곳 없이 그 마음을 내어야 한다."268) 이 청정한 마음은 12처를 부수는 마음이며, 무위의 있는 그대로 진실한 참 모습을 회복하여 영성의 '참나'의 참 모습이다. 장엄정토는 법신(法身) 장엄으로 '생명자기'와 연동시켜 개체생명 그대로 우주생명의 '있는 그대로의 모습'을 깨달아 자유롭게 이어지는 데 관건이 있다.

10-3. 장수상생보람

원효(元曉)는 치유를 위해 '무애행(无涯行)'을 실천하였다. 그는 조롱박 모양의 도구를 만들어 '무애'라고 이름하고 이를 두드리며 춤추었다. 원효의 무애무(无涯舞)는 신라·고려·조선에 까지 전승되었다. 불교실천은 조직으로부터의 해방 또는 해탈이다. 그는 『이장장(二障場)』을 통해 일정한 범위나 틀 속에 안주하기를 거부하였다. 수행 중에 나타나는 미혹한 번뇌장(煩惱障)과 소지장(所知障)의 두 장애를 해설한 원효의 저술이다. 번뇌장(煩惱障)은 아집(我執)으로 인해 생겨나는 열반장애 번뇌이고, 소지장(所知障)은 법집(法執)으로 인해 생겨나는 보리(菩提) 발현장애이다. 번뇌장은 해탈을 방해하는 번뇌이고 소지장은 깨달음을 방해하는 번뇌이다.

그런데 근본번뇌는 모든 번뇌의 몸이 되는 근원적 번뇌이다. 근본번뇌에는 탐(貪, 욕심),

266) 金泰昌, 「한사상· 한철학과 公共倫理」 『倫理教育研究』 26집 2011, p. 175. 『天符經』 '人中天地一', '사람은 하늘과 땅 사이에서 하늘과 땅 어느 한쪽에 기울러지지 않고 양쪽을 적절하게 매개해서 하나로(一), 여럿으로(多), 크게(大), 밝게(明), 옳게(正), 맺기(結)도 하고 열기(開)도 하면서 새롭게(新)도 하지만, 언제나 어디서나 하나의 모습으로 '굳어지거나 매이지 않는 여유(凡)를 갖는다.'

267) 탄허, 『탄허록』(서울: 한겨레출판사, 2012), p. 105.

268) 應如是生淸淨心 不應住色生心 不應住聲香味觸法生心 應無所住 而生其心

진(瞋, 성냄), 치(癡, 어리석음), 만(慢, 거만), 의(疑, 의심), 견(見, 삿된 소견)의 6번뇌가 있다. 이 중 견(見)은 나와 나의 것이 있다고 집착하는 견해(有身見), 편벽된 극단에 집착하는 견해(邊執見), 인과의 이치를 부정하는 견해(邪見), 잘못된 것을 진실이라고 착각하고 집착하는 견해(見取見), 잘못된 계율이나 수행법을 깨달음에 이르는 길이라고 집착하는 견해(戒禁取見)의 5견으로 나누어 앞의 5번뇌와 합하여 10번뇌 또는 10사(十使)라고 말한다. 10번뇌 가운데 말나식(末那識, 자아의식)에 상응하여 일어나는 번뇌를 아치(我癡), 아견(我見), 아만(我慢), 아애(我愛)의 4혹(四惑)이라 했다. 아치는 자아의 실상에 무지하여 무아의 진리를 깨닫지 못하는 것, 아견은 자기의 심신이 5온(五蘊)이 화합해 연기(緣起)한 것임을 망각하고 실체라고 집착하는 것, 아만은 자아에 집착하여 거만한 마음을 갖는 것, 아애는 자아에 대한 애착을 말한다.

번뇌종류는 망상(妄想)만큼 다양하고 폭넓다. 망상을 잡아야 번뇌를 끊을 수 있다. 『마하지관』 9권에 "만일 이와 같이 관찰하여 활연히 깨달음을 얻는 사람이라면 이 말씀을 듣는 순간 번뇌라는 병이 치유되므로…무명 그대로가 곧 법성이며 번뇌 그대로 보리"라고 했다. 망상으로 번뇌하는 자신을 발견하고 돌이켜 성찰할 때 번뇌는 지혜의 싹을 틔우는 자량이 되는 것이다. 『유식론』 1권 서두에 논을 지은 목적을 서술하면서, "아공(我空)과 법공(法空)을 모르는 자들에게 유식에 대해 설명하였다.

이를 통해 번뇌장(煩惱障)과 소지장(所知障)의 장애를 끊어 대보리(大菩提)와 대열반을 증득하도록 한다. 인도 부파불교시대의 자아를 인정하고 법을 인정하던 일체유부 등 여러 분파 설을 정면으로 비판한 말이다. 아비달마불교는 업(業, Karma) 위주의 설명이었으므로 모는 것을 유(有)의 견지에서 보는 경향이 있다. 원효는 명의를 해석하고(釋明), 체상을 논하고(出體), 장애의 공능을 말하고(明障功能), 제문의 상섭을 밝히고(明諸門相攝), 다스려 끊음을 밝히고(明治斷), 총괄하여 결택함(總決擇)에 대한 해설 6문으로 구성되어 있다. 이 저술은 『기신론』과 밀접한 관계를 맺고 있어, 『기신론이장장』(起信論 二障章)이라고 말한다.

원효의 논지를 살펴보면, 모든 교설을 '은밀문(隱密門)'과 '현료문(顯了門)'으로 나누어 설명하지만, 모두가 진실이므로 전체 경론(經論)을 회통(會通)시켜 사상의 본체가 화쟁으로 '총화(總和)'임을 밝히고 있다. 그는 『대승기신론』을 통해 성스러움과 세속, 깨끗함과 더러움의 원융무애(圓融无涯)를 강조하였고, 이분법으로 나누는 것을 일컬어 잘못된 집착에 의한 것으로 풀이하였기 때문에, 일심으로 이를 다스려야 한다고 주장하였다.[269)]

원효는 일시에 몸을 백 곳에 나타내기에, '분백신(分百身)'으로 무애 자유인으로 행동하였

269) 고익진, 「원효의 기신론소별기를 통해 본 진속원융무애관과 그 성립 이론」 『불교학보』 10 (서울, 동국대 불교문화연구소, 1973), p.318.

다. 고려시대에 이르면서 원효사상의 핵심을 '화쟁사상'이라고 하였다. 그는 화쟁을 '개합(開合)과 종요(宗要)', '입파(立破)와 여탈(與奪)', '동이(同異)와 유무(有無)', '이변이비중(離邊而非中)', '일미(一味)와 절언(絶言)' 등에 관하여 논의하였다. 이러한 사유의 논리를 '융이이불일(融二而不一)'의 묘합이라고 하였다. 화쟁사상은 원효사상의 중핵으로, 여러 대립적 이론들을 조화시키려는 쟁론 조화사상이다.

특정 종파를 고집하지 않고 전체 불교를 하나의 진리에 귀결시켜 자기 분열 없는 불교사상체계를 정립한 것이다. 당시 신라에는 각각의 이론가들이 다른 이론들을 배척하며 자신의 이론만이 옳다는 주장을 펴는 등 논쟁이 극심하였다. 이 상황에서 원효는 여러 이설(異說)을 열 개의 글로 모아 정리하고 다시 이에 대해 답변함으로써 회통사상으로 자리 잡았으며, 고려시대 대표적인 사상가 의천(義天)과 지눌(知訥)에게도 큰 영향을 미쳤다. 대상세계를 아전인수식으로 곡해하지 않기 위해서 무념무심이 필요하다. 무념을 얻으면 상대방과 더불어 평등하다.270)

잣대 밖의 큰 것을 얻기 위해서 고정된 잣대를 버려야 한다. 원효는 출가 수행자이며 동시에 환속한 거사였다. 그는 성과 속의 두 가지 모습 어디에도 메이지 않았다. 그는 세속의 진리와 출세간의 진리 사이의 모순에 대한 문제를 깊이 인식하고 그 모순의 극복을 위하여 성(聖)과 속(俗)이 원융무애임을 강조하였다. 성과 속을 품으면서 성과 속에 자유로운 그의 삶 자체가 대승과 소승을 함께 공공으로 중시하는 관점이었다. 원효의 원융무애 사상은 인간과 성스러움과의 긴밀한 관계를 의미하는 '종교적 인간(Homo religiosus)' 이라는 미르체아 엘리아데(M. Eliade)의 주장과 상통한다.

엘리아데는 루돌프 오토(R. Otto)의 성스러움의 내부적 계시로부터 유래된 종교적 선험성과 칼 구스타브 융(C. G. Jung)의 집단무의식을 비교하면서, 인간의 종교적 본성은 선험적으로 규정이 되는 것을 의식과 무의식의 상관연동으로 규명하였기 때문이다. 성스러움이 자신을 나타내는 이유는 성스러움에 대한 인간 인식의 기원과 존재방식과 성스러움을 향한 인간행위의 기원과 존재방식과 상관연동을 이룬다. 엘리아데에게 있어서 하느님 신앙은 직접적으로 드러나지 않고, 감추어져 있지만 그의 사상에서 효과적이고 활력적으로 움직인다. 그의 성스러움의 의미는 힘, 능력, 진리, 궁극적인 의미와 실재로서 신성(神性)과 긴밀한 상관연동의 관계를 갖고 있다고 할 것이다.

메타인지는 배후에서 자명한지를 아는 영성능력이다. 이는 영성지수를 높인다. 메타인지는 자신이 아는지 모르는 지를 명확히 아는 능력인데, 선명한 인지를 방해하는 것은 주로

270) 이기영, 『원효사상』 (서울: 홍법원, 1967), p.161.

선입견에 의한 무지이거나 아집에 의한 것이다. 시대 편견까지 자명함에 비추어 거부하거나 자신의 고집으로부터 벗어나게 되는 작용을 한다. 영성은 많은 사항에 대해 자명함을 아는 능력으로 자기가 자기에게 속는 마탈심으로부터 해방시켜 영혼의 영토화에서 벗어나게 한다.

『아함경(阿含經)』에서 연기(緣起)를 보는 자는 법(法:진리)을 보고, 법을 보는 자는 연기를 본다기에 연기를 보는 자는 불(佛)을 본다고 설(說)한다. 일체현상의 생기소멸(生起消滅)의 법칙을 연기라고 한다. 그 자명한 형태는 "이것이 있으면 그것이 있고, 이것이 생기면 그것이 생긴다. 이것이 없으면 저것이 없고, 이것이 멸하면 저것도 멸한다."이다. 이와 같이 중생이 생사·유전(流轉)의 고통을 받는 경우의 연기를 유전연기, 수행하여 해탈로 향하는 연기를 환멸(還滅)연기라고 말한다. 사제(四諦:네 가지 근본진리)도 연기설로서 고(苦)·집(集)의 2제는 유전연기를 말하고, 멸(滅)·도(道)의 2제는 환멸연기를 나타낸다.

연기설의 일반 형태는 무명(無明)·행(行)·식(識)·명색(名色)·육입(六入)·촉(觸)·수(受)·애(愛)·취(取)·유(有)·생(生)·노사(老死)의 12종이 순차적으로 발생·소멸하는 것을 나타내는 십이연기이다. 의사소통 문제는 주요한 문제로서, 세계시민성 함양을 위한 관건이 된다. 근대이후 과학기술의 발달로 시공 제약을 극복하고 언제 어디서나 매체접근이 가능해짐으로 의사소통이 다양하게 되었다.

인터넷을 이용하여 멀리 떨어져있는 타자와 대화를 나누며, 여론을 형성한다. 윤리교육에서도 청자·화자 상통, 주관·객관 상화를 통하여 차이를 아우르는 의사소통을 중시한다. 의사소통 방안 개선을 위해서는 윤리교육 현장에서 화쟁회통으로 이루어질 필요가 있다. 바른 언어를 파괴하면서 새로운 인터넷 언어를 만들어 사용하는 과정에서 계층 간, 세대 간, 가족 간의 갈등을 조장한다.

인터넷의 익명성은 의사소통을 왜곡하며 자기중심적으로 바꾸어 놓아 타자지향의 윤리교육이 원천적으로 파괴된다. 의사소통이 가족 간, 지역 간, 계층 간, 민족 간, 국가 간, 세대 간의 갈등과 간격을 기술발달로 말미암아 멀어지게 만들기에, 다툼을 공평성으로 수정하는 개신담론이 이루어져야 한다. 윤리교육의 의사소통 방안을 개선하기 위한 원효의 화쟁회통 담론을 오늘의 윤리교육 현장에서 살려, 청화상통(聽話相通), 주객상화(主客相和), 일심상달(一心相達)의 의사소통 범례를 마련할 수 있다.[271]

서구중심의 이항 대립적 사유체계가 지난 세기 동안 세계를 지배한 결과 갈등과 대립이 화해되지 못한 채, 의사불통이 누적되었다. 대립구도가 동어시아 문화권에도 계속 유지되기

271) 김용환, 「원효의 화쟁회통 담론범례」, 『윤리교육연구』 23권, 2010, pp.91-110.

에, 상생범례 관점에서 담론범례를 고려하게 된다. 화쟁회통 의사소통 범례는 이항대립의 한계를 넘어선 사유체계이다. 원효가 제시한 화쟁회통 의사소통 범례는 매체기술이 발전된 오늘날에도 청자와 화자, 주관과 객관, 일심상달의 범례를 통하여 다문화사회에서 갈등을 대화, 협력, 개신의 방안으로 해결할 수 있는 새로운 지평을 열어준다. 원효의 화쟁회통의 의사소통 범례를 통해 전통윤리가 살아 숨 쉬는 동아시아 문화권에서의 심층적 담론범례로 모색하면서 살려갈 필요가 있다. 모든 생명은 공성(空性)이지만 업보(業報)로 살아간다. 이것이 생명실상이다[272]. 건강의 광선들, 재능의 광선들, 지혜의 광선들은 삼중으로 이루어져 있다고 할 것이다.

이것들은 육체적 건강, 정신적 평정, 그리고 영성 자각에 영향을 미친다. 영성 무지는 파괴되어야 할 장벽이다. 마음을 집중의 쟁기로 갈고 좋은 씨앗에 신념의 물을 주고, 사랑이라는 생명의 빛으로 보존하고 노력을 다하여 그 법칙을 충족시키면 질병은 사라지고 치유는 이루어질 것이다. 어둠은 빛이 있는 곳에 존재할 수 없다. 자제력을 키우고, 쟁론을 떠난 '화쟁(和諍)'을 향유한다. '일심'으로 부정과 긍정의 상대적 대립을 지양하고 통합계기를 마련하였다.[273]

중국의 한의학(漢醫學)과 구별되는 한국의 한의학(韓醫學)의 생명유지의 기본은 '정기신혈(精氣神血)'이다. 최근 유전공학의 발달로 인간 형질마저 변경하려는 욕망을 나타냈다. '양의학(洋醫學)'에서 자랑하는 항생제는 정상생리가 유지되는 한 어떠한 세균도 체내에 질병을 야기할 수 없음에 근거한다. '의철학(醫哲學)'은 건강이 약품개발에 있는 것이 아니라, 인간의 '예지력(睿知力)'의 개발과 생리기능의 올바른 이해에 있음을 강조한다. '의철학(醫哲學)'을 통해 한의학(韓醫學)의 수용과 확산이 새로운 미래전망으로 이어지고 의료발전 기대와 함께 동서의학의 융합철학을 요청한다.

『동의보감』은 허준(許浚: 1546-1615)이 간행한 조선중기의 한의서(韓醫書)이다. 허준은 도교 관점을 나타내면서도 한사상에 근거하여 '형기신일(形氣神一)'의 치유를 강조하였다. 여기서 말하는 '형기신(形氣神)'은 심신작용을 '한'으로 일컫는 개념이다. 신(神)은 형기(形氣)에 나아가 존재하며, 이를 떠나 따로 존재할 수 없다는 사실에서 '한'의 관점을 취한다고. 『동의보감』에서는 '오운육기(五運六氣)' 변화를 '운기학(運氣學)'으로 체계화하고, 천지자연과 상응하는 내단(內丹) 형성을 중시한다. 또한 가장 건강한 상태를 건괘의 순양으로 보고 점차 소멸되다가 곤괘 순음에 이르러 마침내 죽음에 이른다.

272) 이중표 역해, 『니가야로 읽는 반야심경』(서울: 불광출판사, 2017), p.166.
273) 고영섭, 「원효의 통일학」『한국의 사상사 10인, 원효』(서울: 예문서원, 2003), p.194.

『동의보감』에 나타난 ‘정기신(精氣神)’에 있어, 원정(元精)은 근원적 생명력을 의미하고 원기(元氣)는 근원적 생명력의 흐름이며, 원신(元神)은 시공을 넘나들며 자유자재하는 정신 광명이다. 따라서 ‘정기신(精氣神)’은 개체생명 구성요소이면서 동시에 우주생명까지 소통이 가능한 ‘한’의 개념이라고 말할 수 있다. 만물은 삼(三)을 포함하는 데, 그 삼(三)은 이(二)로 돌아가고 이(二)는 일(一)로 돌아가기에, ‘정기신(精氣神)’은 허(虛)로 환원된다는 입장을 취한다. 정이 가득하면 기가 활발해지고, 기가 활발해지면 신(神)이 왕성하게 된다. 신(神)이 왕성하면 건강하고 병이 적어진다.[274]

내단(內丹)의 형성에서처럼, 대기를 바르게 호흡함으로 양생이 가능하다. 호흡의 중요성을 ‘천인상응(天人相應)’ 관점이 강조되면서, 태식방법을 양생법으로 제시하였다. 아울러 양형(養形)보다 양심(養心)을 중시하고 정기신의 ‘한’ 수렴을 통해, 허준은 한사상의 맥을 살려 양생법에 적용하였다.

『동의보감』 양생법은 ‘정기신(精氣神)’의 양생에 초점을 둔다. 정(精)의 양생은 몸의 수행이다. 이는 신장 및 오장육부를 튼튼하게 하는 수행이다. 기(氣)의 양생은 기혈순환을 원활하게 하는 기의 수행이며, 신(神)의 양생은 마음을 다스려 근원적 생명력을 튼튼하게 하는 정신활동으로 ‘한’으로 회통하는 마음수행이다. 『동의보감』에서 마음수행은 신(神)을 저장하며 심신의 주인이 되게 하고, 칠정(七精)을 제어하면서 혼백과 신(神), 의지(意志)를 다스리기에 이들을 통괄하여 신(神)을 함양한다고 말한다.

마음은 신(神)이 머무는 곳이다. 마음을 고요하게 함으로 근원적 생명력의 원기를 튼튼하게 할 수 있다. 이를 통해 병균 침입으로부터 자신을 보호하게 된다. 따라서 허균의 양생법은 신(神)을 함양하는 것이 그 요체이다. 또한 『동의보감』에서는 명상수행을 통해 신(神)을 함양하는 양생이 가능하다고 주장하였다. 따라서 삶은 정기신이 ‘한’을 이루는 상태이고, 죽음은 정기신이 뿔뿔이 흩어지는 상태라고 할 것이다. 명상을 통해 몸의 긴장을 이완시키면 자율신경 가운데 부교감신경이 활성화되며 심신이 평화로워지고 면역력도 강화된다. 또한 정기신은 상호작용을 통하여 신(神)이 머물게 되는 마음을 고요하게 하고, 원기를 튼튼하게 하면서, 이를 통해 어떠한 질병침투도 막을 수 있다는 입장을 취하는 것이 『동의보감』 양생법의 진단이다.

『동의보감』은 인간생명 원천을 근원적 생명력에 대한 이해에 근간을 두고 정신적 성숙이 상중하의 삼단전 개발, 정기신의 삼요(三要)와 척추의 삼관(三關: 尾閭關, 轆轤關, 玉枕關) 그리고 오장육부가 밀접한 상관연동을 가진 것으로 파악하였다. 이를 통해서 개체생명과

274) 『東醫寶鑑』「內景編」, ‘氣壯卽神旺 神旺卽身健 神健而少病’

우주생명의 상관연동을 설명한다. 아울러 마음의 '허심합도(虛心合道)'와 몸의 '현빈(玄牝)'을 관통하는 영성이 심신과 결합하는 '한'의 요체를 밝혔다.

노쇠하되 심신의 영성 균형이 유지되면 성숙하되 병들지 아니한다고 말한다. 질병 치유도 정기신 전체를 '한'으로 조망함에 관건이 있다. 정기(精氣)를 헛되이 소모하지 않고 영성의 신(神)으로 함양하는 것이 『동의보감』의 생명치유의 요체이다.

하단전은 정(精)을 저장하고, 중단전은 기(氣)를 간직하여 신명이 활동하는 곳이다. 상단전은 뇌에 기거한다. 원신(元神)이 영성근원이라고 한다면, 중단전은 신명작용의 모태이다. 『동의보감』의 '신형장부도(身形藏府圖)'는 세 단전 작용을 구체적으로 제시하고 있다. 심신영성은 정기와 신기가 삼단전과 삼관을 순환하여 막힘없이 근원적 생명력으로서 우주생명과 소통하는 상태에서 드러난다. 『동의보감』에서 '현빈(玄牝)'은 두 관문으로, 정기가 드나들며 하나로 관통하게 함으로 곡신(谷神)이 불사할 수 있음이다. 곡신(谷神)의 곡(谷)은 천곡(天谷)이고, 신(神)은 원신(元神)이다. 이는 하늘과 땅뿐만 아니라 인간에게도 천곡이 품부되었기에, 각기 다른 성질을 상통시키는 천지인삼재 회통을 위한 한사상의 계승이라고 할 수 있다.

하늘의 곡(谷)은 조화와 허공, 땅의 곡은 만물과 산천, 인간의 곡은 진일(眞一)과 원신(元神)을 품부한다. 『동의보감』의 현빈(玄牝)은 곡신이고, 정기가 넘나드는 관문은 현빈의 문호(門戶)이다. 니환(泥丸) 곡신이 불사하기 위해서 코와 입의 두 관문으로 정기가 부단히 순환하며, 천곡, 응곡, 허곡의 세 단전에 신기가 막힘없이 통해야 한다. 이 가운데 어느 곳이라도 결핍이 나타나면 곡신은 불사의 밝음에 들 수가 없다. 상단전의 진일과 원신, 중단전의 원기와 신명, 하단전의 원정이 '한'으로 관통함으로 신기가 오르내리고, 천지기운이 감통하여 니환궁(泥丸宮)에 깃든 '허(虛)'의 영성과 계합함으로, 곡신불사의 현빈은 완성되고 '밝음(明)'의 진신(眞身)이 구현된다. 영명도야(靈明陶冶)를 통한 정기신 합일의 '환단구현(還丹具現)'이 『동의보감』 양생법의 요체이다. 형기신일의 '한'으로 밝음으로 전환되어 장수상생보람을 드러낸다.

『천부경』 삼경이 집약된 한사상에서 바라본 생사의 문제는 삶과 죽음이 동시성 원리로 작용함을 여실하게 인식할 수 있다. 생명현상 배후의 근원적 생명력을 자각하면, 생사파도가 사라진 무궁무진의 '한'에 도달할 수 있는 새 길이 존재한다는 사실을 깨닫게 된다. 생각을 천리로 이화하고, 생명을 기화로 전환시키며, '한'을 일상생활에서 덕으로 구현하는 것이 그 요체이다.

생활실화를 통해 인물 사이의 상호 호혜의 덕을 구현함으로써 이 세상을 공공행복으로 바꿀 수 있기 때문에 미래공창의 새로운 가능성을 모색할 수 있다. 『참전계경』의 팔괘는 음양이 마주보는 형상의 공공작용을 표상한다. 이화세계에서 하늘섭리에 벗어나면, 화를 입는다. 반면에 선심(善心)에 기반을 둔 공공작용은 생활축복의 은혜를 담보한다. 정성스러운 공공심으로 이화세계를 펼치게 되면, 늙음도 황금기로 전환하는 새 길로 전환된다.

늙음에 수반되는 지혜와 경험은 현재와 미래를 풍요롭게 하는 소중한 보물이다. 늙음은 하늘과 땅이 그 위치를 보전하고 안정하는 천지정위에 동참함으로 지정(至精)과 지미(至微)를 시도할 수 있는 계기로 작용한다. 『동의보감』은 허준(許浚: 1546-1615)이 간행한 한의서이다. 허준은 한사상에 근거하여 '형기신일(形氣神一)'의 생명치유를 강조하였다. '형기신(形氣神)'은 '한'으로 천지자연과 상응하는 내단(內丹) 형성의 초석이다. 또한 마음의 '허심합도(虛心合道)'와 몸의 '현빈(玄牝)'을 관통하는 영성이 심신을 결합하는 '한'의 요체임을 밝혔다. '영명도야(靈明陶冶)'를 통한 정기신 상통의 '환단구현(還丹具現)'에서 『동의보감』 양생법의 핵심요체를 발견할 수 있다.

형기신일의 '한'으로 늙음이 밝음으로 전환되는 새 길이 열려 있음으로 장수상생보람을 나타낸 것이다. 『동의보감』은 병의 종류와 치료 방법을 다섯 가지로 구분하여, 총 25권의 책에 담고 있다. 「내경」편은 몸을 구성하고 있는 기본적 요소인 오장육부에 관한 사항을 자세히 말한다. 「외형」편은 눈에 보이는 몸 부위에 관한 기능과 질병을 구체적으로 작성하여 놓았다. 「잡병」편은 몸에 생기는 여러 가지 병 원인과 증상과 함께 치료 방법을 명시했다. 「탕액」편은 약재를 쉽게 구하는 방법과 처방하는 요령을 자세하게 적어 놓았다. 「침구」편은 침과 뜸을 활용하도록, 침과 뜸 이론과 시술 방법을 기록하였다.

초창기에 이 책은 세 원칙을 세웠다. 먼저 병을 고치기에 앞서 수명을 늘이고 병이 안 걸리도록 하는 방법을 중시했다. 몸을 잘 지키고 병을 예방하는 것이 병 걸린 후 치료하는 것보다 더 낫다고 보았기 때문이다. 또한 무수히 많은 처방들의 요점만을 간추렸다. 중국에서 수입된 의학책이 서로 맞지 않는 경우가 많았기 때문이다. 그리고 국산 약을 널리, 쉽게 쓸 수 있도록 약초 이름에 조선 사람이 부르는 이름을 한글로 쓰서 약초 이름을 기록했다.

이는 곧 청정심으로 장엄하게 하는 장엄정토 처방이다. 이 장엄은 약초의례를 통한 치유로 이루어진다. 유위법의 행위이기에 장엄정토가 이루어진다. 보다 근본적이고 위대한 장엄은 약초처방보다 스스로의 영성에 의한 법성장엄이라고 할 것이다. 청정심으로 하는 장엄정토는 영성을 밝혀 환하고 밝게 유지하는 것이다. 사상(四相)을 여읜 우주생명으로서 일체중생을 존중한다. 약초처방에 따른 몸은 실체가 아니라 '상의상관(相依相關)'하는 가립(假立)의 존재이다. 무소득심(無所得心)으로 대할 수 있어야 여유를 잃지 않고, 일심을 유지할 수 있으며, 아무데도 머무는 바 없이 마음을 일으킬 수 있기 때문이다.

제11장

장수시민성 함양

〈홍익인간은 세계시민성, 장수시민성, 삼일정신과 연관된다.〉

11-1. 장수시민성과제

배려하기 위한 장수시민성 과제는 국가시민성에서 벗어나 서로를 여는 '개심(開心)의 열린 태도에서 출발한다고 할 것이다. 서로의 차이를 인정하고 존중하는 상호호혜의 열린 태도로 임함으로써 경제 · 문화 · 사상교류가 활발하게 이루어지도록 '상호주관성'의 배려덕목을 발휘할 수 있다. 아울러 인연이 가까운 동아시민 공동체에 대한 장수시민성의 '책임의식' 함양이 요청된다. 동아시아 시민공동체를 체험하는 장수시민성 함양에는 '이체동심(異體同心)'의 형성도 가능하다. 무엇보다 직지무심에 근거한 '생명존중' 실천으로 동아시아 장수시민성 함양하면, 깊은 시민성에 이른다. 위대한 생명일수록 포용력이 넓고 깊어지기 마련이다.

개체생명과 우주생명 계합이 직지무심이며 이 묘리를 실천함이 동아시아 장수시민성 새 방향이다. 동아시아 장수시민성에 대한 믿음을 원인으로 삼고 우주생명의 용현을 결과로 삼는 인과공덕을 생명 골수로 확립함이 직지무심이다. 만물을 포용하고 지탱하는 묘법이 동아시아 장수시민성에 있음을 파악하는 실심양지의 실천이다. 유한자기를 벗어나 우주생명과 공공작용으로 그 힘을 충분히 발휘한다. 개체생명의 자력과 우주생명의 타력을 분리하여 한쪽으로 치우치는 자세를 가다듬어 공공무심으로 돌아간다.

동아시아 장수시민성 시민교육이 협동학습 활동과 교육훈련을 통해 교육공동체의 형성이 가능하다. 공공단체와 언론기관, 민의 자발적 참여에 의한 상호 협조체제 구축은 동아시민 장수시민성 교육의 발전과제이다. 자발적 참여자를 대상으로 배려연대성을 확장한다. '공공이익에 대한 상호고려의 규범'이라는 사유형식이 동아시아 장수시민으로서 공유할 수 있는 기본 틀이다. 동아시아 장수시민성은 동아시아 시민공동체 품격과 미래비전을 포함한다.[275)]

그 정당화는 합당성의 잣대를 이루지만, 품성의 규정성이나 사회적 공공성도 함께 고려해야 상황에 맞는 합당성의 추론이 가능해진다. 향토문화 공동체와 국가국민 공동체에서 벗어나 동아시아 장수시민성 자각으로 거듭나며 상호소통으로 고통을 치유하고 경감시킨다. 한 · 중 · 일을 포함하는 동아시아 장수시민성 함양으로 국경을 넘어 공공소통하는 가운데 동아시아 미래 창조의 공창(共創)으로 개신가치를 발견한다.

21세기 장수시민성 함양은 영성인문학에 토대를 두면서 내면을 성찰하면서 인문학으로 '회광반조(回光返照)'하여 개신한다. 영성(靈性)을 직시하되, 인문학의 언어나 문자도 활용하여 성인 자질(胎)을 키우며 공관병수(公觀併受)로 활용하여 '공평무사한 눈으로 장점을 실천

275) 김용환, 「유불회통의 동아시민성 함양」『한국사회와 종교학』(서울:서울대 출판문화원, 2017), pp.311-13.

으로 매개하고 살려 홍익인간 이념을 공공으로 구현할 수 있다. 장수시대를 맞이하여 인생 주기에서 노년 기간이 길어지면서, 노인으로서 상실감을 치유하는 윤리가 필요한 시점이다.

그런데도 이에 대한 연구는 본격적으로 이루어지지 않았다.[276] 그런데 레비나스는 타자 책임 장수윤리 장수시민성 과제를 제공하고 있다고 할 것이다. 나이 듦에 따라 수동성에 내몰리는 장수자는 타자로서 성찰을 요청한다. 수동적 주체성과 사회적 관계성을 고려하고, 자기몰입에서 벗어난 책임범위 확장을 요구한다. 나이 듦은 표상적인 자아와 대비되는 관계로서 노화(老化)에 속한다. 노화는 시간을 되돌릴 수 없음이며, 흩어지고 소실되는 시간의 '통시성(diachronie)'이 노쇠함을 초래한다.[277]

레비나스는 표상적인 자아의 능동적 종합과 대비되는 이 관계를 '수동적 종합'이라고 말하였다.[278] 신체성의 주체는 자신의 동일성을 유지할 수 없게 만든다. 노화는 시간성의 지배 아래 놓이면서 의식 지향성과 구별되는 시스템이다. 늙어 감의 인내는 죽음에 대해 취하는 입장이 아니라 일종의 피로감이자 좌절에 속한다.[279] 레비나스가 말하는 고통의 수동성은 감각의 수동성보다 더 깊은 의미의 수동성이다. 이 수동성은 상처에 노출되는 약점을 수반한다. 수동적 정체성을 자각하고 타자를 성찰함으로 그 깊이를 통찰할 수 있다.

신체를 가짐으로 외부에 노출되는 한계를 의식하는 노인에게 폐쇄적 자아로 치닫기가 훨씬 용이해진다. 나이 듦의 자아는 직전의 자신과 생이별하는 셈이다. 결국 노인은 신체 한계로 말미암아 고독할 수밖에 없다고 할 것이다. 시간 흐름 속에서 늙어감의 주체성은 복종으로 매몰되고, 어떤 수동성보다 더 수동적인 상태로 전락한다. 타자에 대한 민감성은 부자유로 노출되며 정서 촉발성을 계기로 타자 책임으로 전가된다. 장수자는 타인의 얼굴을 통해 깨닫는 사회관계로서 윤리실천에 대한 시대적 요청을 수용한다. 유한 생명으로 장수자는 노화, 고통 그리고 죽음을 반드시 겪게 된다. 이에 따라 주체적 자기 정립보다 타인과의 관계, 책임 윤리가 중시될 수밖에 없다.

레비나스는 자신의 후두부에 있는 또 하나의 얼굴, 주님의 얼굴 아래서 그 '타자'를 짊어지는 가능성을 나타냈다. 어떠한 근접성보다 가까운 장소에 있지만, 자신은 타자를 바라볼 수는 없다.[280] 외부로 노출은 상처 흔적이 된다. 자아가 상처받는 민감성으로 말미암은 고통 가능성은 자신의 '신체 살아 있음'으로 입증할 수 있게 된다.

---

276) 레비나스 관한 기존연구는 타자윤리와 책임윤리에 초점을 두고 다양하게 이루어졌지만, 노인윤리 연구는 아직까지 제대로 시도된 적이 없다.

277) 김연숙, 『레비나스의「존재와 다르게-본질의 저편」읽기』(세창 미디어, 2018), p. 45.

278) Levinas, E., *Autrement qu'être ou au-de là de l'essence* (Martinus Nijhoff, 1974), p. 66.

279) 레비나스 저, 김연숙, 박한표 역, 『존재와 다르게-본질의 저편』(인간사랑, 2010), p. 109.

280) 우치다 타츠루, 이수정 역, 『레비나스와 사랑의 현상학』, (갈라파고스, 2013), p. 245.

장수윤리는 인내와 함께 책임 응답을 요청한다. 내면으로 끝없는 고독과 폐쇄성에서 벗어날 필요가 있기 때문이다. 이질적 바깥의 타자에게 손을 내밀게 됨으로 초월 방향으로의 전이가 가능하며 영성 조망이 이루어진다. 영성은 눈먼 이성이 아니라, 근원적 생명력과 상관연동 함으로, 무한자기의 '그(Soi)'와 소통할 수 있다. '자아(Moi)'가 강화되는 것이 아니라 근원적 생명력의 무한자기와 소통함으로 '손해를 감수하는 탈자적 '탈존(exicidence)'이 가능하다. 인간에게 '인간으로서의 인간' 차원과 '성화된 인간차원'이 가능하다고 할 것이다. 레비나스는 성화된 인간영역을 살지 않은 인간은 없다고 말한다.[281]

성화(聖化)된 영역의 초월(超越)로서 '존재와 다르게 됨'이 가능해진다. 타자출현으로 자신은 동일성 궤적에서 벗어나 무한자기 소통에 따른 윤리 주체화가 이루어진다. 나와 타자 소통은 자신과 무한자기의 만남으로 나아간다. 이는 자아보존의 '코나투스(conatus)'의 능동성이 아니라, 복종할 수밖에 없는 수동의 수동성이다. 레비나스에게 '타자' 개념이 어려운 것은 '타자'가 그때그때 '나'와 동시에 무한자기와 연계된다는 상관연동 의식과 관련 된다.[282]

책임으로 인하여 시간의 폭력성을 수용함으로써 자신은 수동적 주체로 바뀐다. 무한은 타인얼굴로 비추어져서 자신을 유지하려는 전체성의 자기와 구별된다. 타자로서 노출은 영성 근접성으로 다가가며, '휴머니티(humanity)'를 전제한다. 전체성을 지향하는 향유주체로서의 '전체성 자기'와 달리 절대타자를 지향하는 모험주체로서 '무한자기'가 존재한다.[283] 타자를 마음껏 향유하며 전체를 추구하는 전체성 자기는 변신의 명수, '프로테우스(Proteus)'를 닮아 있다. 반면에 오디세우스와 달리 아브라함은 무한의 자기로서 절대타자를 만난다.[284] 아브라함처럼 전체성의 자기가 아닌 무한자기를 추구하면, 절대타자에 책임지는 자신이 되어 무한자기와의 끝없는 소통을 모색한다. 자신 경계를 초자아의 영성영역으로 확장함이 장수윤리의 본질적 과제를 이룬다.

윤리적 성찰로서 이를 이행함은 나이 듦의 미학이라고 할 것이다. 이는 자아집착에서 벗어남으로, 자기동일성의 추구에서 벗어나 자아 생각을 근본적으로 내려놓게 된다. 이를 통해 장수의 삶은 탈출의 변화로 나아갈 수 있다. 타인 익명의 '탈존'에 손을 내밂은 타자 책임이자 자연 순리이다. 아브라함의 경험에서처럼 나타나듯이 타자생성과 자아 동일성과 구별이 되는 무한자기 생성은 동시적으로 이루어진다.[285]

---

281) 위의 책, p. 247.
282) 위의 책, p. 75.
283) 위의 책, p. 76.
284) 위의 책, p. 80.
285) 위의 책, p. 84.

동시성은 생명윤리 실천으로 나아가 타자성 수용이 되어 인간본연의 도리를 드러낸다. 또한 감각 연습은 원 초감각으로 인도한다. 원초 감각으로의 귀환은 감성의 수동성과 정서의 촉발성에 근거한다. '전체성과 무한'에서 레비나스는 감각적인 것을 복원하고자 노력하였다. 아울러 전통 사유체계를 깨뜨리며 원초적 감각을 제시하고자 했다. 원초적 감각으로의 귀환은 감각 구체화로 일종의 향유이다.

감각적인 것이 그 자체대로 드러나는 지점에서 타자의 타자성은 감수성 촉발로 이어지게 되기에 감수성은 이중적이라고 말할 수 있다. 향유 감각과 구별되는 타인 얼굴과 만남은 감성 수동성이다. 말해진 것으로서가 아니라 말함으로 인한 촉발성이다. 상처받기 쉬운 감수성은 떠밀리는 감수성이다. 고통을 감각으로 느끼고, 상처를 여과 없이 받아들이는 상처받기 쉬운 감수성은 '정서(affectivity)' 촉발로 말미암아 공포, 두려움, 불안 등의 감정을 수반한다.

레비나스에게 감각과 정서로서의 감정은 분리되지 않는다. 그 감정은 타자의 윤리 얼굴로 생생하게 드러난다. 인간의 영성으로 말미암아 타자얼굴에 비치는 신성한 기미를 알아차린다. 타자는 얼굴을 통해 고결함, 하강의 고귀함과 신성한 차원을 함께 드러낸다.[286] 신은 일종의 타자이다.[287] 초월성은 개체영혼의 초월이 아니라 신성 초월이 이편세계에서 편재하게 드러남이다.

타자성은 영성 근접성의 응답으로, 초월 형상의 내재성을 수반한다. 자손과 관계도 타자 관계이며 권력보다 생산성으로 드러나기에 절대적 미래 또는 무한시간과 관계를 형성한다.[288] 레비나스에게 있어 영혼 발생과 운동은 일종의 계시라고 할 것이다.[289] 초월자와 소통을 가능하게 함으로 절대타자의 은총으로 구현되는 데, 이는 영성으로 다가감이며 그것에게 사로잡힘이다.[290]

모든 살아 있는 개체들이 지향하는 우주생명 차원의 무한자기 실현은 우주생명과 조화로운 삶을 통해 가능하다고 말할 수 있다. 장수시대 장수운명에 대한 사랑은 생명의 경외, 타자와 관계, 그리고 실존적 삶의 가치를 함께 포함시킬 수 있을 것이다. 장수윤리에서는 '이웃과 더불어 살기 학습(Learning to Live Together)'를 위해 평생 학습할 계획이 이루어져야 된다. 이는 곧 '타자와 더불어 살기 학습(Learning to Live with Others)이다. 당

---

286) Levinas, E., *Totalité et infini,* Martinus Nijhoff, 1961. p. 240.
287) 위의 책, p. 232.
288) 위의 책, p. 300.
289) 위의 책, p. 61.
290) Levinas, E., *Autrement qu'être ou au-de là de l'essence* (Martinus Nijhoff, 1974), p. 137.

연히 도덕윤리 실천요소와 함께 '이웃과 더불어 살기'를 내면화한다. 아울러 '존재하기 위한 학습(Learning to Be)을 이룬다. 장수 세대들의 자기실현 욕구 같은 당위의 삶, 무한지향의 천국의 복음을 배운다.

천국복음은 겨자씨처럼, 처음에는 작지만 점점 커진다는 것이다. 변화의 가능성이 일단 실현되면, 엄청난 위력이나 위용을 발휘할 수 있다. 누룩이야기는 공관복음에 나온다. 공관복음에서는 아버지의 나라를 누룩에 비유했다면, 『도마복음』에서는 누룩을 가져다가 반죽으로 빵을 만들고 곡식이 가득한 항아리를 이고 가는 여인에 비유하였다. "아버지의 나라는 작은 양의 누룩을 가져다가 반죽에 넣어 큰 빵을 만드는 여인과 같습니다."291) "아버지의 나라는 곡식이 가득한 항아리를 이고 가는 여인과 같습니다."292)

천국복음에서 아버지의 나라는 힘센 자를 죽이는 영웅적인 용기와 불굴의 의지가 필요하다. 『금강경』의 무아와 상통한다. 이기적 자아, 육적 자아를 굴복시켜야 복음천국에 들어가서 참된 자유를 성취한다. 영성 부활에 의한 새로운 '참나'는 옛날의 자아를 쳐 죽이는 것이다. 칼리 신이 한 손에 칼을 들고 다른 손에 피가 흐르는 원수의 목 잘린 머리를 들고 있음과 같다. 그 싸움은 처절하여 육신의 자아를 낳은 부모와도 거리를 두고 혈연관계를 끊어버리기 때문에 출가(出家: leaving home)이다. 혈연관계를 끊고 영성 길을 함께 가는 길벗들과 영성공동체의 새로운 가족의 일원이 되는 것이다. 이러한 깨달음을 열 때, 복음천국이 열려 아버지 나라에서 하나 됨을 체화한다. "아버지의 나라는 힘센 자를 죽이기 원하는 어느 사람과 같습니다. 그는 손수 그 일을 해낼 수 있을까 시험 삼아 자기 집에서 그의 칼을 뽑아 벽을 찔러보고 나서야 그 힘센 자를 죽였습니다."293) "누구든지 나의 아버지의 뜻을 행하는 사람이 내 형제들이요 내 어머님입니다. 그들이 내 아버지의 나라에 들어갈 사람들입니다.294)

11-2. 장수시민성실천

세계의 모든 국가들은 경제적이며 법적인 질서를 가지고 있지만, 어떠한 나라도 이러한 질서가 윤리적 일치와 민주주의적 법률이 살아 있는 국가 시민사이에서 도덕적 관심이 없이는 제 기능을 발휘하지 못하게 될 것이다. 만약 하나의 새로운 세계질서가 유지되려면,

---

291) 오강남, 앞의 책, p.379

292) 위의 책, p. 381.

293) 위의 책, p. 383.

294) 위의 책, p. 386.

최소한의 공통된 가치, 규범과 기본적인 태도가 필요하다. 시간적 제약을 지닌 성격이지만, 인류가 공감할 수 있는 단어로 묶을 수 있는 윤리가 세계윤리이다. 지구화의 시대에 가장 중요한 요건이다. 경제, 기술, 통신의 지구화는 또한 재정과 노동 시장으로부터 환경과 조직적 범죄에 이르기까지 문제들의 세계화를 의미한다. 따라서 필요로 하는 것은 윤리차원의 세계화이다.

인간을 위해 하나의 공유된 기본윤리는 필요 불가결하게 공유된 최소한의 도덕가치, 기본 태도와 규범을 동의할 수 있어야 한다. 진정 하나의 윤리, 세계윤리가 없어서는 어떠한 새로운 세계질서도 가능하지 않다고 할 것이다. 상호간에 많은 구체적인 문제에 있어서는 서로 다르다. 반면에 인간의 위대한 도덕적, 종교전통들의 바탕에는 공통된 것이 있음을 발견한다.

1993년 9월 4일에, 시카고에서 열린 세계종교의회 대표들은 종교 역사에 있어서는 처음으로 "지구윤리를 향한 선언(Declaration Toward a Global hic)"을 채택하였다. 또한 1997년 9월 1일에, 전임 대통령들과 수상들의 국제행동위원회(Inter Action Council)에서 처음으로 세계윤리가 요청된다고 하였고 UN에 "인류책임에 대한 세계 선언(Universal Declaration of Human Responsibilities)"이라는 제안을 제출하였다. 이러한 두 선언문은 서로 분리된 문서가 아니다.

이들은 세계윤리 규범을 제시하기 위한 영향 있는 국제조직의 긴급한 요청에 대한 반응들이다. UN의 지구통치 위원회(Commission on Global Governance)와 문화 발전 세계위원회(World Commission on Culture and Development)등의 두 기구에서 1995년의 보고서에서 이러한 이슈들에 대해 장(章) 전체를 할애하기도 하였다. 이와 같은 이슈들이 다보(Davos)에서 열린 세계경제 포럼과 유네스코에서 세계윤리 계획에 대한 새로운 계획들을 다루었다. 동아시아에서 이러한 이슈에 대한 관심도 증대하고 있다.

제안된 인류책임에 대한 세계 선언은 서언에서 밝힌 바와 같이, 세계윤리 관점에서 '세계인권선언(Universal Declaration of Human Rights)'을 지지하고 토대를 보강하려는 것이다. "우리는 모든 사람들의 존엄성을 완전히 받아들이며, 그들의 분리할 수 없는 자유와 평등, 상호간의 연대성 등에 대한 우리의 헌신을 다시 새롭게 하고 강화하고자 한다." 만약 인권이 보장되어질 수 있는 곳에서조차 인권이 보장되어지지 않는다면, 이것은 필요 불가결한 정치적, 윤리적인 의지가 결핍된 것을 말한다. 인권의 법률적 유효성이 반드시 인간의 책임의 실질적 이행에 달려있다고 제안하는 것은 잘못일 지도 모른다.

이것은 공동체 속에서 책임을 완수함으로써 자신들의 가치를 보여준 사람들만 그러한 권한을 즐길 자격이 있다는 것을 의미하기 때문이다. 바꿔 말하면, 이것은 권리와 책임에 대한 전제조건인 개인의 절대적 존엄성에 대한 인식과 배치된다. 어떠한 주장도 인권에 속할 수 있는 것이라 생각하기 전에는 누구도 인간의 책임이 개인 또는 공동체에 의해 반드시 수행되어야 한다는 것을 제안하지 않는다. 어떠한 주장도 인권에 속할 수 있다는 생각은 권리뿐 아니라 언제나 책임을 지고 있는 개인이 한 영역이다. 모든 인권은 정의된 바와 같이 인권을 존중할 의무와 직접적 관계를 지니고 있다고 할 것이다. 이러한 두 선언문의 기본적인 원칙은 과연 무엇인가?

"모든 인류는 인간답게 대접받아야 한다."라는 것과 황금률인 "당신이 당신에게 하여주기를 바라지 않는 것을 다른 사람에게 하지 말라"는 것이다. 긍정적인 표현으로 바꾸자면, "당신이 당신 자신에게 해주기를 바라는 그대로 다른 사람에게도 행하라"라는 것이다. 이것을 바탕으로 네 가지의 변경할 수 없는 방향으로 발전하였다.

① 비폭력문화와 생명존중에로 헌신. 모든 "생명을 존중하자!"

② 연대성문화와 공정한 경제체제에 대한 헌신, "성실하고 정당하게 대하라!"

③ 관용문화와 신뢰의 삶에 대한 헌신, "진실하게 말하고 행동하라!"

④ 평등권리문화와 남녀협력헌신, "다른 사람을 서로 존중하고 사랑하라!"

세계질서가 평화를 증진시키고, 자연 친화적이고 종교일치(ecumenical)의 공동동반 관계의 다원적 세계사회에서 도출된다면 더 나은 질서가 구현될 수 있다고 확신한다. 1899년의 인류 희망은 위대한 것이었다. 19세기의 신은 '발전(Progress)'이었으며, 사람들은 발전이 20세기에도 있을 것이라고 확신하였다. 그러나 20세기에 두 세계 전쟁과 '대학살(Holocaust)', 원자폭탄 등을 경험하였다. 21세기는 더 좋아질 것인가?

공산주의, 파시즘(fascism), 나치즘 등은 진정 "극단의 세기"의 결정적인 거대한 반동이념이 되었고 1989년에 마침내 그 막을 내리게 되었다. 1945년, 새로운 세계질서는 UN 헌장에 마련되었지만, 스탈린(Stalin)의 "현실정책(Realpolitik)에 의해 황폐하게 되었다. 하나의 새로운 세계질서 대신 세계분리가 이루어졌다. 하나의 새로운 세계질서가 걸프 전쟁(Gulf War)이후 그 의미가 무엇인지를 직시하지 못한 조지 부시 대통령에 의해 발표되었다. 이제 문제는 "인류는 이번 세기의 이러한 세 번째 기회를 잃을 것인가?"이다.

종교 간의 대화 없이는 종교 평화는 있을 수 없다. 우리의 지구를 위한 공통의 윤리규범을 고려하지 않고는 종교의 성공적인 대화는 있을 수 없다. 그러므로 하나의 세계윤리가 존재함이 없이 우리의 지구생존은 낙관할 수 없을 것이다. 21세기 지구는 근본적인 위기에 봉착해 있다. 세계윤리에서는 근본적인 위기 원인을 도덕성 상실에서 찾고 이를 치유하기 위하여 최소한의 '근본적인 합의점'fundamental consensus)을 모색하게 되었다. 도덕태도에 근거한 교육기본원리를 두 가지로 집약할 수 있을 것이다.[295]

① 새로운 세계윤리를 정립하지 않고서는 새로운 세계질서를 기대할 수 없다. 지구에 존재하는 모든 사람이 보다 나은 지구질서 구현에 책임이 있으며, 서로 다른 종교와 문화적 전통이 이러한 질서구축에 더 이상의 걸림돌로 간주하지 아니한다. 세계윤리는 21세기에 새롭게 출현한 신생 이념이 아니라 다양한 가치관을 결속시킬 수 있는 세계 공동체 구성원들의 윤리적 합의를 근거로 삼고 있다.

② 새로운 세계윤리에서는 '모든 인간이 인간답게 대우를 받아야 한다.(every human being must be treated humanely)'는 윤리 가치를 기본원리로 삼는다. 이기주의 형태의 모든 신념들은 그것이 개인 차원이든, 집단 차원이든 배격을 받는다. 당연히 인종주의, 민족주의, 성 차별, 연령차별 등은 자율과 책임을 근간으로 삼는 세계윤리 규범을 벗어나 있다고 할 것이다. 세계윤리는 지구의 모든 인간이 인간다운 보호를 받을 수 있는 새로운 질서구현 위한 세계 공동체 의식에 토대를 둔다. 인류공동 문제 증가의 원인은 개인과 집단 이기주의 확산이다. 개인 또는 집단 이기주의를 타파하기 위해, 서로서로 돕고, 아끼는 공동체의식이 끈끈해야 해결되기에 21세기는 세계 공동체 의식을 절실하게 요청하게 되었다.

앞서처럼, 세계공동체의식 함양을 위한 세계윤리 기본방향은 이와 같다.296)

① 세계윤리는 비폭력문화와 생명존중의 실천정신을 추구한다. 전통적으로 생명을 살상하는 행위는 악한 행위로 규정되어 있지만, 이제는 적극적 의미에서 생명존중에 대한 실천정신을 윤리적 합의로 도출해내는 것이 필요하게 되었다. 이러한 정신은 인간 중심적 윤리의식에서 벗어나 생명 중심주의로 전환되면서 동식물에 이르기까지 광범위하게 확대되고 있다. 이에 따라 세계윤리에서는 생태 지혜의 요소를 존중하며 모든 생명체들이 조화를 이루어 살아가도록 실천지침을 모색한다.

② 세계윤리는 연대성문화와 공정한 경제 질서의 실천정신을 추구한다. 전통적으로 훔치는 행위는 악한 행위로 규정되어 있지만, 이제는 적극적 의미에서 공정하고 공평한 경제정신을 문화적 합의로 도출해가는 것이 필요하게 되었다. 이에 따라 세계윤리에서는 공정한 기준의 경쟁을 통한 자본주의적 장점과 공평한 분배의 질서를 추구하는 사회주의적 장점을 함께 살려내도록 실천지침을 모색한다 .

③ 세계윤리는 관용문화와 진실추구의 정신을 추구한다. 전통적으로 거짓말하는 행위는 악한 행위로 규정되어 있지만, 이제는 적극적 의미에서 진실로 말하고 행동함으로써 지구의 정의를 실현해가는 것이 필요하게 되었다. 이에 따라 세계윤리에서는 지구 공동체 구성

295) Küng Hans. "The Declaration Toward a Global Ethic", in *A Global Ethic* :The Parliament of the World's Religions. New York:Continuum. 1995,pp.18-24.
296) 위의 책, pp. 24-34

원 간의 언론매체에 의한 왜곡, 이념적 편견, 정치적 술수를 거짓으로 배격하고 항상적으로 진실을 추구하도록 실천지침을 모색한다.

④ 세계윤리는 평등문화와 남녀 간의 동반자 정신을 추구한다. 전통적으로 부적절한 관계행위는 악한 행위로 규정되어 있지만, 이제는 적극적 의미에서 상호간의 존경과 사랑을 돈독히 함으로써 일방적인 지배가 아니라 동반자 관계를 확산시켜가는 것이 필요하게 되었다. 세계윤리에서는 소유를 위한 탐욕과 성적 탐닉을 배격하고 상호 관심과 화해를 구현하는 실천지침을 모색한다.

세계윤리는 이념쟁론에서 탈피하고 세계 공동체의 윤리적 합의하기 위한 기본방향을 유지하고 있다.297) 이를 통하여 개개인의 심정변화를 통한 집단변화, 그리고 지구촌 구성원의 '의식변용(consciousness transformation)'에 의한 삶의 질 개선에 그 주안점을 두고 있다. 장수사회에서 이러한 세계윤리 개념에 근거한 장수시민성 함양은 시대적인 과제이다.

장수시민성 개념형성 범례

장수시민성 개념형성 범례는 교육과정으로서 많은 장점을 지닌다. 무엇보다도 인지적 도덕기술을 함양시킬 뿐만 아니라 비판적인 추리 기능을 증진시킬 수 있다. 아울러 이들은 다양한 사회 도덕적 문제와 직면하여 자기성찰의 가치관을 개발시킬 수 있다. 게다가 이러한 과정을 통하여 다양한 종교전통에 함축된 윤리적 지침들을 비교하고 이해할 수 있는 능력을 개선시켜 주고 있다. 이러한 장점이 있음에도 운영에 있어서는 몇 가지 취약점이 드러나고 있다. 서양의 합리적 개념을 토대로 도덕적 사유방식이 형성되기 때문에, 동양 문화권에서 나타나는 자연 친화적 관점에 대해 취약할 뿐만 아니라 인간 중심적 사유를 형성하기 쉽다.298)

또한 윤리실천 영역에 까지 인지 추리 능력 중요성을 지나치게 강조할 위험성이 도사리고 있다. 이에 따라 도덕적 인식과 실천 행위의 차이점을 소홀히 다룰 뿐만 아니라 감정이입이나 상상적 기교를 지나치게 강조한 나머지 합리적 의사결정의 중요성을 간과하기 쉽다. 결과적으로 문화의 차이에 따른 장수시민성의 다양성은 이해시키되, 세계화에 편승하거나 전통도덕 체계의 역사적 특수성을 간과하기가 쉽다.299)

---

297) 한스 큉(Hans Küng)은 인간의 내면적 가치, 양도할 수 없는 권리, 회피할 수 없는 책임의식은 윤리와 가치영역에서 이루어지지 않으면 인류의 미래가 결코 밝지 않다고 주장한다.

298) Lovin, Robin W., and Frank E. Reynolds. "In the Beginning." In *Cosmogony and Ethical Order: New Studies in Comparative Ethics. Chicago:* University of Chicago Press,1985.pp.1-5.

299) Schweiker, William. "The Drama of Interpretation and the Philosophy of Religion: An Essay on

결과적으로 이러한 범례에서는 사실과 가치의 관계, 종교적 믿음과 도덕적 논증과의 관계를 다루지만 이들 관계의 상호적 연관성이나 변증법적 긴장관계를 구체화하는 데는 한계가 있다고 할 것이다.[300] 지성적 훈련을 체계적으로 받아 본 경우가 아닌 경우에는 오히려 개념형성범례로써 교육을 받게 되면 윤리적 인식의 왜곡 현상을 초래할 수가 있다. 생태위기에 관한 문제에 대처하기 위한 윤리개념형성의 경우, '교차 문화 접근방법'이 부각 되고 있다. 다시 말하면, 기독교 윤리적 입장, 불교 윤리적 입장, 유교 및 도교의 윤리적 입장 등 다양한 관점을 활용함으로써, 문화적 편견에서 일어나는 개념의 고착화 현상을 근본적으로 극복할 필요가 제기되는 것이다. 자연계에서 교차적 해석을 통하여 자연을 친화대상으로 삼아 폭넓은 생태윤리 개념이 강조된다. 생태지혜의 관점과 도덕적 상상력이 결합되어 생태윤리 개념의 정당화에 대한 새로운 안목이 요청되기에 이르렀다. 이를 테면, 온실효과와 오존층 파괴 문제를 함께 사유함으로써 자연을 정복대상으로 삼기보다 오히려 환경보존에 대한 인식지평을 확대할 수 있다. 이제는 종교적 세계관에 함축된 환경 보존의 함축의미와 도덕적 상상력을 자극하는 세속적 관점 등을 다양하게 결합함으로써 환경위기에 대한 대안적 윤리개념이 요청되기에 이르렀다 .

장수시민성 해석담론 범례

해석담론 범례에서도 장점과 함께 단점이 드러난다. 그 장점으로는 장수시민성 관련의 도덕적 덕성함양과 기술문제에 관하여 균형 잡힌 영역을 개발함에 있다. 이해의 차이점과 유사성에 대한 공감대를 통하여 문화적 편견에 대한 깊은 통찰을 낳게 되며 일종의 간주간적 이해를 유도할 수 있다. 아울러 현대사회에서 종교다원주의(religious pluralism)를 이해하고 명확한 도덕적 전망을 확보하게 한다. 실제적 삶에 있어서 문화적 차이점을 능동적으로 찾고 내재하는 보편성에 대해 눈뜰 수 있는 계기를 찾을 수 있게 된다.

해석 담론 범례는 대화를 통하여 서로 다른 의견을 갖춘 사람들에 대해 존경과 이해를 돈독히 해나가는 계기를 마련해 주게 된다. 도덕이상을 갖춘 다양한 인류문화의 폭을 충분히 가늠하지 못할 경우에는 해석적 일탈현상을 야기할 수도 있다. 해석담론 범례 경우, 지나치게 포괄적 시각을 강조함으로써 상대 문화적 특색을 왜곡시키거나 이론적 일관성에 매달려 개별요소를 발견하기가 어렵게 된다. 교차 해석방법론의 장점으로 말미암아 비판적

Understanding in Comparative Religious Ethics." *In Discourse and Practice,* edited by Frank E. Reynolds and David Tracy, Albany: State Univ. of New York Press. pp.263-267

300) Sizemore, Russel F. "Comparative Religious Ethics As a Field: Faith Culture and Reason in Ethics." In *Ethics, Wealth, and Salvation*, Columbia: University of South Carolina Press.1990.pp.87-89.

성찰을 도와주는 측면도 있다. 비교안목을 통하여 광범위하면서도 깊은 이해를 가능하게 한다.301)

실천적이며 실존적인 윤리문제 보다 추상적 틀에 얽매여 해석을 강조하다가 보면 결과적으로 윤리적 문제 전반에 대해 왜곡된 렌즈를 쓰게 될 위험성을 드러내게 된다. 사회문화적 관점에서 이러한 범례와 연관된 주제를 열거해 보면, 사회정의의 실현, 성차별과 연령차별의 극복, 재화의 효율적 배분, 물리 폭력의 효율적 대처 방안 등에 대한 해석의 틀이다. 폐쇄 관점에서 문제를 해석하기보다 오히려 열린 관점에서 문제를 파악하는 것에서 해석담론 범례의 장점을 유지할 수 있을 것이다 .

장수시민성의 체계이론 범례

체계이론 범례는 장수시민성에 대해 체계적 이해를 돈독하게 한다. 철학적 성찰을 통해 다양한 종교전통에 내재하여 있는 윤리적 가르침에 눈뜰 수 있게 된다. 막스 베버, 론 그린, 테일의 이론 등이 방법론과 연관성이 있다고 할 것이다.302) 이러한 관점에서는 절대주의에 사로잡힌 편협한 근본주의 입장을 배격한다. 반면에 다양한 종교전통간의 소통만을 위한 상대주의 관점에도 사로잡히지 아니한다.

이는 곧 서로 다른 신념체계를 윤리체계로 흡수함에 있어 선택적 입장이 아니라 보완적이며 초월입장에서 다루어 가는 태도라고 말할 수 있다. 체계이론 접근 방법에 대해 존 리드(John Reeder)는 '관점변형 (transformation of view)'을 통하여 '미래세대에는 규범가치체계가 다시 새로운 의미를 지닐 때가 도래할 것'이라고 역설한 바 있다.303) 탈현대사회의 병폐들이 더해갈수록 이러한 가치는 규범적 선언으로서 강조될 필요가 있다. 현대 경험적 검증원리에 따라 이들의 중요성을 객관적으로 이행할 필요가 있다.

각각 범례는 장단점을 갖추고 있기에 교육 현장에서 적절한 장점을 살려나가야 될 것이다. 먼저 개념 형성 범례는 주관적인 개념의 정립이라 한다면, 해석담론 범례는 우리자신들과 함께 타인을 배려하는 대화의 방법이며, 체계이론 범례는 자신과 타인을 동시에 벗어날

301) Yearley, Lee H. "Bourgeois Relativism and Comparative Study of the Self." In *Tracing Common Themes: Comparative Courses in the Study of Religion*. Atlanta: Scholars Press.1991.pp.165-168.

302) 체계이론의 정립에 있어 우리는 종교와 사회분야(Max Weber를 필두로 Ranciman, Zeitlin, Little), 종교와 윤리분야(Ron Green을 필두로 Kant, Stendahl, Zaehner), 세계종교와 윤리분야(P.Taylor을 필두로 Streng)을 손꼽을 수 있을 것이다.

303) Yearley, Lee H. "Education and the Intellectual Virtues." In *Beyond Classics? Essays in Religious Studies and Liberal Education*, edited by Frank E. Reynolds and Sheryl L. Burkhalter, Atlanta: Scholars Press. 1990. pp.89-92

수 있는가에 초점을 맞추고 있다. 해석담론 범례에서는 주 · 객관의 상호작용에 강조점을 두고 있음에 반해, 체계이론 관점에서는 우리자신과 타인의 경계를 넘어서서 형이상학적 관점을 어떻게 제대로 확립하는가에 주요한 관심을 둔다.

개념형성 범례에 사로잡히면 상대방 문화를 우리 자신의 문화로 비추어 보기 때문에 다양한 문화의 우수성을 왜곡시킬 위험이 있다. 해석담론 범례에서는 문화왜곡 현상을 피할 수는 있지만, 객관적 안목을 지속하기 어렵다. 문화적 특수성을 간과하여 우리 문화 범주에서 다른 문화와를 공유함에 관심이 집약된다. 이 과정에서 윤리적 실천과 다원성 가치를 체계적으로 모색할 수 있는 체계이론 범례가 궁극적으로 요청된다고 할 것이다.

장수시민성 범례를 통해 개인차원에서, 몸과 마음에 대한 배타적인 이분법적 데카르트학파 사유는 바뀌어 인식범위를 통합하고 건강한 몸은 마음에 대한 적절한 집이 된다는 인식모델로 전환되어야 한다. 사회차원에서, 개인의 창조적 추진력과 공동체의 공감대 사이에 상호작용이 이루어져야 될 것이다. 아울러 세계차원에서, 안정되고 조화로운 세계와 인간과의 관계를 재정립하기 위해 토착의 정신적 전통들로부터 많은 것을 배울 수 있다. 인간의 가슴과 마음, 하늘의 길(天道, Way of Heaven) 사이 상호 감통에 감성을 느낀다.

다변화되어 가는 세계서 종교전통, 이념, 가치, 주장 등을 달리하는 인간들이 서로의 차이점에도 불구하고 평화롭게 공존하고 상생할 수 있는 가능성을 모색함에 있어 영성차원이 열리고 새로운 영성가치에 근거하여 종교가 앞장서야 하는 한다. 지금까지 대립과 반목을 탈피하여 상호 이해와 대화로써 종교평화와 나아가 세계평화에 기여할 구상을 우리는 세계윤리의 개념 틀로서 발견할 수 있다.

모든 '차축 시대(axial-age)' 문명들은 힌두교, 불교, 자이나교, 시크교, 동아시아의 유교와 도교, 그리스 철학, 중동의 유대교, 기독교와 이슬람 등을 포함하는 생태 인식을 공유하며, 여권운동, 종교다원주의, 그리고 지구윤리에 대한 도전에 직면한다. 지역적, 토착적, 공동적인 환경에 뿌리박고 있는 종교와 정신지도자들은 환경파괴, 핵 위협, 빈곤 등 주요한 위협에 대응하여 사회적, 문화적, 도덕적, 정신적 에너지를 전략적으로 결집해야 될 것이다.

대중지식인도 학계, 정부, 대중매체, 경영, 전문직, 노동직, 비정부기구, 그리고 사회 운동 사이에 적절히 부응해서 인간의 새로운 과정을 변화시키고 풍요롭게 만들기 위한 노력을 경주해야 될 것이다. 인생의 남은 날들을 세며 지혜를 배우는 일은 노년을 맞이하는 장수자들이 누리는 특권이다. 실제로 한스-게오르그 가다머(Hans-Georg Gadamer)를 세계적 철학자로 알린, 『진리와 방법』은 그가 60세 되던 해에 출판한 첫 저서였다. 그가 20세기 지적 사건이라 할 만한 여러 논쟁에 참여한 것도 그의 나이 60을 넘어서였다.

칸트가 유명한 『인간학』을 썼을 때 나이는 74세였다. 미켈란젤로가 성 베드로 성당 둥근

천정의 구상에 몰두한 것은 팔순을 넘기고서였다. 독일 안과 의사, 히르슈베르크는 75세에 현역을 은퇴한 뒤 아랍어 공부를 시작하였다. 결실이 7권짜리 연구서 『안과의학의 역사』였다. 당시 평균수명은 40세에 불과하였다. 블레이크는 단테를 연구하기 위해서 60세에 이태리어 공부를 시작했다. 장수인생은 보통사람에게 많은 감동과 희망을 자아내게 한다.

그러나 젊음 하나에 가능성을 걸었던 청춘마저 가고, 병고와 외로움에다 OECD 최고 빈곤을 매일 몸으로 살아내는 한반도의 장수자들에게 장수자로서의 경이감은 낯선 한담일 수도 있을 것이다. 가난은 위대한 꿈에 대한 상상의 잠재력을 질식시킬 수가 있다. 물질과 정신이 고갈된 곳에 남는 것은 오로지 '권태(ennui)'이기에, 이 권태를 추방하는 것이 세계윤리에 토대를 둔 장수시민성 함양의 과제라고 할 것이다.

한국전통의 홍익인간 정신은 넓게는 세계시민성과 연결되고, 깊게는 장수시민성, 그리고 높게는 삼일정신성과 관계를 맺는다. 이는 세계윤리와 접목한 상태에서 널리 이웃에 접근하고 보살피며, 장수세대에 대한 깊은 관심을 몸으로 실천하며, 한인과 한웅, 한검이 군사부일체가 되어 이 땅에 펼친 한님을 향한 한사상의 높이를 오늘의 4차 산업혁명 시대에 올바로 구현해야 할 것이다. 장수시대의 육체적 한계는 4차 산업혁명이 가능하게 만든 초능력의 일상생활 활용이 장수시민성을 깊게 구현할 수 있는 새 길이 될 것이다.

장수시민성 함양에서 주목을 받은 문헌이 『도마복음』이었다. 여기서 예수는 스스로 깨친 이로서 제자들에게 '깨침'을 가르친 분으로 묘사되었다. 또한 공관복음서보다 10년 내지 20년 정도 더 오래된 전승을 포함한 것으로 드러나고, 114절에서 예수복음의 말씀만 기록해 놓았다. 재림, 종말, 부활, 심판 대속 등에 대한 언급이 일체 나타나지 않았다. 영성 통찰로 내 안에 빛으로 계시는 하느님을 아는 깨달음이 새 사람이 되는 통로이기에 이 길을 통해서 죽음조차도 극복할 수 있다고 천국복음을 제시하였다.

늙은 사람도 갓난아기에게서 배워야 한다는 데, 그 배움은 '어린아이와 같이 자기를 낮추는 것', '할례받기 이전의 남녀 미분화 상태라는 것'이다. 이는 『금강경』의 불이(不二)의 경지와 상통하는 것이라고 할 것이다. 현상계 너머의 진여와 둘이 아니기에 술 취한 상태, 잠든 상태에서 깨어나 영성을 개안하면, 완전한 의식의 변화를 맛볼 수 있다고 한다.

그리스 말로 '메타노이아(metanoia, 의식변화 또는 회개)라고 한다. "회개하라. 천국이 가까웠느니라."고 외치며, 천국복음을 강조했을 때, 그 원리는 '의식(noia)'의 '변화(meta)'에 역점을 두었다. 의식의 변화는 이분법적 의식에서 영성의 '참나'를 깨달아 주체의 변혁을 체험하는 변화이다. 아브라함 이전부터 있었던 우주생명을 내재하는 참된 생명으로 자각하여 인간존엄을 회복하는 길이다. 이 빛의 길이 『금강경』에서는 무아체득에 의한 장엄정토 구현과 상관 연동을 이룬다.

11-3. 장수시민성향방

심신 치유(治癒)는 심리적 안정감을 주는 것이다. 동시에 그것을 주는 능력을 갖춘 존재 속성을 말한다. 반면에 치료는 심리적으로 안정감을 준다는 의미는 없다고 할 것이다. 장수시대 장수시민성의 방향은 인권침해 않기, 문화규범과 법률존중, 건강과 안전보호, 환경보호, 합법적인 기본제도 조성, 비례하는 책임부담하기, 엄격과 방종 사이에서 선택하기 등이 고려된다.304)

인권침해 않기

인권은 침해해서는 안 된다. 노인인권도 마찬가지이다. 많은 문화권의 사람들은 생활의 최소 기준에서 고문이나 정치적인 억압으로부터의 보호에 이르기까지 모든 것을 위해서 인권에 호소한다. 여러 권리들은 개개인의 도덕적 힘을 보호하도록 도와주기에, 여러 권리가 인간존중의 윤리에 의해 정당화될 수 있음을 알 수 있다.

공리주의자들은 흔히 개인의 권리를 존중하는 것이 또한 인간의 행복이나 복지를 증진시킨다고 주장한다. 사람들은 자기의 기본권이 존중받을 때 더 행복한 삶을 영위하게 된다. '권리 회담'의 문화교차의 성격에 대한 척도는 1948년 UN에 의해 채택된 국제인권협정과 이후 문서, '경제 사회와 문화적 권리에 관한 국제 협약' 및 '시민 및 정치적 권리에 관한 국제 협약'에 근거하여 이 같은 권리를 부여한다.

- 삶
- 자유
- 개인의 안전
- 노예 상태에 붙잡혀 있어서는 안 됨
- 고문을 받거나, 비인간적이거나 수치스런 벌의 대상이 되지 아니함
- 법 앞에서 인정을 받음
- 공정한 재판과 임의 체포로부터 보호
- 이동(거주 이전 포함)의 자유
- 결혼
- 자유의사가 아닌 결혼을 하지 않음

304) 김용환, 『공학윤리와 역사』 (청주: 충북대출판부, 2019), p.173.

- 재산의 소유권
- 사상의 자유
- 평화로운 집회와 공직활동에의 참가
- 사회보장과 노동
- 교육
- 노동조합의 결성과 참여
- 비차별
- 삶의 최소한의 기준

실제로 많은 국가에서 벌어지고 있는 주어진 조건에서, 위의 권리들을 희망 사항의 목록이다. 몇 가지 권리는 적극적 권리라고 부르는 것, 즉 노예 상태나 고문당하지 않을 권리와 같이 다른 사람들로부터 간섭을 받지 않을 권리일 뿐만 아니라, 교육, 사회보장, 노동권과 같은 어떤 이익에 대한 권리를 포함한다. 이들은 다른 사람으로부터 간섭해서 안 되는 소극적 의무뿐만 아니라 다른 사람이 이러한 권리를 실현하도록 도우는 적극적 외무를 요구한다.

대부분은 이런 모든 권리가 노인에게도 주어지는 것이 바람직하다. 문제는 이것들이 단순히 가질 만한 바람직한 것이라기보다 오히려 권리로서 생각해야 하는 가에 있다. 예를 들면, 사람은 생활의 최소 표준에 관한 권리를 가지고 있다고 말하는가? 이 권리 중 어느 것이 과연 일하는 직업인들이 존중해야 하는 것들인가? 제임스 닉클(James Nickel)은 우리가 국제적 권리라고 부르는 것을 받아들이는 데 대해서 몇 가지 조건을 세워서 이 질문에 답하도록 도와준다. 국제적 권리는 자원과 조건이 허락한다면 모든 국가가 자기네 국민에게 부여해야 하는 구체적 권리이다. 일반성과 추상성의 관점에서 볼 때, 국제적 권리는 추상적 권리와 개별 정부에 의해 법률과 헌법에 보장된 더 구체적인 권리 사이에 놓인다고 할 것이다. 여기에 닉클이 제안한 조건 중 노인권리 목적에 적절한 조건을 열거할 수 있다.

첫째, 노인권리는 일반적으로 중요한 것을 보호해야 한다.

둘째, 노인권리는 본질적이고 재발위협을 받기 쉬운 것이어야 한다.

셋째, 노인권리에 의해 부과된 의무나 부담은 국가자원, 국가가 수행해야 하는 다른 복지의무들과 시민들에게 그 부담을 분배하는 데 있어서 공정함과 관련해서 감당할 수 있어야 한다. 만약 닉클의 기준에 의해 UN의 인권 리스트를 판단한다면, 몇 가지 권리 들을 문제시할 이유를 제기할 수도 있다. 어떤 국가들은 최소한의 노인교육과 생존에 대한 요구를 지원해줄 경제자원을 확보하고 있지 않을 수도 있다.

우리는 노인권리들에 대하여 국가가 그것들을 지원해줄 수 있는 한 유효하다고 말할 수 있다. 사람들이 어떤 권리를 가졌는지 결정하는 다른 방법은 더욱 더 추상정인 권리의 리스트를 작성해보는 것이 바람직하다. 알란 게워스(Allan Geworth, 1912-2004)는 사람이 도덕적 힘을 행사하기 위해 무엇이 필요한지 고려하여 그의 권리 리스트를 도출해냈다. 게워스는 UN문서에 의해 제공되지 않은 권리의 계층을 목록으로 만들지만 두 문서 사이에는 일치하는 것이 많다.

일반적으로 게워스 권리 목록은 UN의 목록과 재산을 소유할 권리 같은 것이거나 아니면 게워스 권리들은 더 구체적인 권리들을 함축한다. UN의 문서에 의해서 제안된 다른 권리들이 어떻게 게워스의 계층구조로부터 도출 될 수 있는지 보는 것은 흥미로운 일이다. 권리에 대한 설명들 중 몇 가지의 일치가 진리를 보장하지 않지만, 그 권리들이 실제로 존중되든 그렇지 않든 간에 인간 존재는 어떤 권리들을 가져야 하는지에 대해 높은 정도의 합의가 있다는 것은 보여준다.

몇몇 비판적 사람들은 권리이론이 서구 문명과 지나치게 밀접하게 연관되어 있다는 이유로 권리에 대한 호소를 반대한다. 서구에서조차 권리들은 최근의 발명품이라고 비판적인 사람들은 주장한다. 18세기 이전에는 권리들은 서양 도덕 담론의 중요한 부분이 아니었다. 왜 서구 사회에서 도덕성에 대한 그러한 최근의 혁신이 보편적인 중요성이 있어야 한다고 생각해야 하는가?

게워스는 권리가 많은 사람들이 그렇다고 여기는 것보다 서양과 다른 도덕 전통들에서 더 오랜 어원을 가지고 있다고 주장했다. 비록 권리라는 용어가 최근의 발명품이다 할지라도, 전근대적 사회들에서는 재산과 계약의 이행, 물리적 공격으로부터의 보호 및 기타에 관련된 자격을 가진 사람의 개념이다.

플라톤과 아리스토텔레스에서 계층적인 정치적인 질서는 더 현명한 사람이 덜 현명한 사람을 지배하는 자연적 권리를 내포하고 있는 것으로 해석될 수 있다. 오늘날 소위 "법 앞에 평등"설은 "법 앞에 평등에 대한 권리를 내포하는 것으로 해석할 수 있다. 로마법의 계명은 권리에 따라서 설명될 수 있다.

봉건시대에 영주와 봉신 간의 계약은 쌍방권리와 의무로 부르는 것을 만들어냈다. 권리에 대한 다른 논쟁은 권리이론이 개인보다 집단이 더 중요한 비서구적 문화 가치에 상충하는 서양의 개인주의를 내포하고 있다. 권리이론을 채택하는 것은 사회적 집단보다도 개인을 더 중요하게 만든다는 비판이 포함된다.

비록 많은 국가들이 공식적으로 UN의 인권문서에 서명을 하고 있지만, 그들은 그들 자신의 문화적, 윤리적인 전통을 부인하는 대가를 지급하면서 그렇게 한다. 예를 들면 많은 문화에서 결혼은 개인의 동의에 근거하기보다는 가족에 의해 마련되고 정부의 비민주적인 전통은 단일 지도자나 조직에게 개인 의견의 종속을 강조한다. 이의 제기에 대한 대답은 서구의 기술이 전 세계로 퍼져 나가듯이 서구 개인주의가 전 세계로 퍼져 나가고 있다는 것이다. 서구적인 가치들이 때때로 전통문화를 파괴하기도 하지만 사실은 서구적인 방법들이 지구를 휩쓸고 있다는 것이다.

보편적으로 받아들여지는 가치들은 더욱 더 서구적인 가치가 되는 경향이 있을 것이다. 그러나 다른 대답은 인간 권리이론이 수용될 수 없는 개인주의로 인도될 필요는 없다는 점이다. 왜냐하면, 권리들은 보통 다른 사람들 편에 대한 상호 관계적 의무들을 함축하기 때문이다. 우리가 보았듯이 권리에 의해 내포된 어떤 의무들은 '소극적'이고, 다른 것들은 '적극적'이다. 특히 공동체의 구성원들을 서로 묶어 주는 것은 특히 이러한 적극적 의무이다. 공동체의 구성원이 되는 것은 다른 사람들을 간섭하는 것을 단순히 삼가는 것 이상이다. 공동체의 각각의 구성원들은 공동체의 다른 구성원에게 무엇인가 적극적 방식으로 어떤 것을 빚지고 있다.

어떻게 이러한 적극적 의무들이 생겨나는지 살펴보자. 몇몇은 심지어 소위 많은 소극적 권리조차도 다른 사람들 편에 대한 소극적인 것만 아니라는 적극적 의무들 을 내포한다고 어떤 사람들은 믿고 있다. 확실히 육체의 안전에 대한 권리는 무엇보다도 먼저 우리에게 육체적인 해를 가하는 것을 삼가도록 하는 다른 사람들의 의무를 내포하고 있다.

그러나 어떤 이론가들은 그것은 또한 보호를 제공해야 할 국가나 공동체의 적극적 의무도 포함한다고 믿고 있다. 최소 교육과 삶의 최소 기준에 대한 권리들은 적극적 권리들이고 심지어는 더욱 명확하게 공동체의 편에서 어떤 적극적인 권리들을 포함한다. 정치 참여에 대한 권리는 이 권리의 자유로운 행사에 있어 불간섭의 소극적 의무뿐만 아니라 이러한 권리를 보장하는 공동체의 편에서 적극적 의무들을 포함한다.

그러나 몇몇 사회에서 권리와 규범 이론 사이에 대립이 있는 것으로 보인다. 준비된 결혼식에 들어가지 못하는 권리는 많은 사회의 집단 지향보다는 오늘날 서구적인 개인주의에 더 일치한다. 재산의 소유권에 대한 권리는 개인의 소유가 규범이 아닌 많은 문화들의 관점과 충돌한다.

차별 없는 대우에 대한 권리는 많은 사회에서 규정된 성 역할과 충돌을 겪는다. 정부에 참여하는 권리는 많은 사회의 비민주적인 전통과 충돌을 겪는다. 많은 다른 예들이 있다. 그래서 우리는 UN의 문서에 보고된 권리들은 헌장을, 특히 복지에 대한 요구를 적용하는 데 있어 중요한 지침이라고 결론 내릴 수 있을 것이다. 그럼에도 권리이론을 법-특히 복지 요구--을 적용할 때에 종종 유용한 지침을 제공하더라도 완전히 자유로운 것은 아니다.

문화규범과 법률존중

다른 지침과 양립하는 한, 호스트 국가의 문화적 규범과 법률을 존중하라. 많은 회사들이 사업을 하고 있는 국가의 법을 인식할 필요성에 대하여 명확하게 인식하고 있다. 인간존중을 적용하여 개인의 도덕적 힘을 존중하는 것은 다른 지침, 특히 인권과 관계있는 지침들과 양립할 수 있는 한에 있어서 문화적 규범과 법률을 존중하는 것이다.

황금률을 적용하자면 호스트 국가의 시민으로서 우리는 일반적으로 외국인들이 우리 고유의 가치나 관습을 깨뜨리는 것을 원치 않을 것이다. 황금률은 우리 자신에게도 역시 적용되는데, 자기 자신의 양심에 위배되는 행위를 하고 싶어 하지 않는 것은 정당화된다. 예를 들어, 노예제도와 고문의 사용을 인가하는 문화적 규범을 존중하기는 어려운 일일 것이다.

다른 하나의 복잡한 요인은, 어떤 경우에는 호스트 국가의 많은 사람이 자기네의 전 통적인 규범을, 경제개발에 방해가 될 때, 바꾸고 싶어 한다는 것이다. 그러나 다른 경우에는 호스트 국가의 국민들이 설사 경제개발이 털 되더라도 자기네 고유규범과 생활양식을 보존하고자 한다. 경제개발은 유일의 혹은 최고의 인간적 선은 아닌 것이다. 주어진 상황에서 호스트 국가의 규범을 따를지, 따른다면 어느 정도 따를지에 대한 결정은 어려울 수 있다.

설계사례를 모델로 만든 다음 사례를 살펴본다. 당신은 인도에 있는 철강회시를 위해 일하고 있는데 이 회사는 피고용인의 자식 중 한 명 을 고용한다는 약속으로써 피고용인들에게 약간의 보상정책을 가지고 있다. 이러한 정책은 고용인의 지식이나 방계가족의 구성원들에게 직업을 제공하는 것이 전통인 국가에서는 매우 흔한 일이다. 황금률의 요구와 인간존중의 윤리가 주어질 때, 우리는 만약 그것을 거부할 합당한 이유가 없다면 호스트 국가의 관습을 준수하는 것이 더 좋다는 가정을 가지고 시작해야 한다. 그것을 거부할 마땅한 이유가 있는지를 결정하기 위해 몇 개의 지침을 적용하는 것이 유용하다. 관습은 비록 어떤 사람들에게는 이용 가능한 직업을 위한 동등한 고려가 주어지지 않는다고 할지라도, 이것이 심각한 인권침해를 구성하는 것으로 보이지 않는다. 관습은 허용할 수 없는 온정적 가부장주의나 착취에 연루되지 않는다. 관습은 그 직업에 가장 적합한 사람이 그 직업을 갖지 못하게 될 수 있다는 사실을 제외한 다른 어떤 고의적이거나 회피 가능한 해악에 연루되지 않는다. 이 관습을 따르는 것이 아마도 국가 전체의 복지를 증진시키는 것이다. 왜냐하면 이 관습을 거부하는 것은 소속된 피고용인들의 삶뿐만 아니라 충성이 부분이 되는 가족 시스템을 붕괴시킬지도 모른다.

다른 한편으로는 관습은 항상 최고의 사람이 그 직업을 갖는다는 보장이 없기에 전반적인 경제 효율성을 극대화하는 데는 도움을 주지 못할지도 모른다. 규범을 따른다면 아마도 심각하게 당신의 양심에 어긋나는 일은 일어나지 않을 것이다. 관습이 아버지가 아들에게 유산을 주는 것을 허용하는 우리의 관습과 같은 특징을 가진다는 것을 유념해야 할 것이다. 마지막으로 이 관습은 홈 국가나 호스트 국가의 법을 위반하게 하지 않는다.

자질이 부족한 사람이 직업을 가지는 것을 허용하고, 몇몇 지원자에 대한 부정이 생겨날 수 있으므로 비록 이 관습이 경제개발에 최고로 도움을 주지는 못할지라도, 우리는 이 관습이 더 큰 가족의 충성 전통과 관계되어 있으며 우리 자신의 문화에도 다소 유사한 관습이 있다는 사실을 고려하여 균형을 맞추어야 한다.

국제적 상황에서 도덕적인 문제들을 해결하는 데 있어 지나치게 엄격할 필요가 없다는 것을 보여준다. 족벌주의의 관습을 따르는 것은 대부분의 미국 공학자들을 불편하게 만들지도 모른다. 그러나 호스트 국가의 규범을 존중하는 데 찬성한다는 가정-황금률로부터 생겨나는 가정-과 지침의 위반이 최소한인 것으로 보인다는 사실이 확인된다면, 이 규범을 따르는 것이 더 나을 것이라는 확신이 들 것이다. 문화초월 규범 사이에도 갈등이 생길 수 있다.[305]

안전보호

호스트 국가 국민의 건강과 안전이 보호받도록 하는 것이 요체이다. 이것은 모든 공학 헌장에서 명시적으로 인식되는 요구이며 따라서 공학자들에게는 보편적인 지침의 지위를 가져야만 한다. "공공은 자신의 홈 국가뿐만 아니라 호스트 국가의 국민을 포함해야만 한다.

황금률을 적용하여 만일 우리 자신을 호스트 국가 국민의 입장에 세우려고 시도한다면, 확실히 외국 공학자나 사업가들이 우리 건강이나 안전을 위험 하게 하고 싶어 하지 않을 것이다. 그러나 건강과 안전을 위협하는 일을 삼가야 하는 요구조건은 어떤 경우에는 매우 해석하기 어려울 수 있다. 아마도 대부분의 기술혁신은 건강과 안전에 어떤 위험을 산출한다. 모든 피할 수 있는 위험이 제거되었는지를 결정하는 한 가지 방법은, '그 상황의 위험성을 제거하기 위해 합리적으로 행해질 수 있는 것은 어떤 것인가?'를 묻는 것이다.

305) 김용환, 『개신공학윤리』(청주: 충북대출판부, 2009), p.222.

환경보호

환경을 보호해야 할 의무를 인식해야 한다. 여러 공학협회들이 그들의 헌장에 환경에 관한 관심을 표현하는 조항들을 도입하기 시작하였으며, 궁극적으로는 모든 사회가 그런 조항들을 가지게 될 것이다. 데이비드 도날드슨(David Donaldson)은 환경에 대한 관심을 부상하는 규범으로 인식한다. 여러 대등한 고려에 직면하여, 환경에 대해 우리가 어떤 의무를 가져야 하는가를 말하기는 항상 쉬운 일은 아니다. 다음의 사례를 생각해보자.

조이스는 X국에 있는 비료공장에 고용된 토목 공학자이다. 그의 공장은 그 나라에서 허용되는 것보다 훨씬 더 높은 수준의 아황산 오염물을 배출한다. 회사는 비료를 생산하기 위해 영양실조의 사람들로 연장근무를 하고 있다. 엄격한 기준을 부여하는 것을 생산을 급격하게 줄이게 될 것이다. 조이스의 공장이 보다 엄격한 기준을 부과해야 하는지 결정하기 전에 더 많은 사실이 알려져야만 할 것이다. 그러나 공학자는 환경을 배려하는 의무를 인식해야 한다. 비록 공학자가가 환경 자체를 위한 환경 보호 의무를 인식하지 않는다고 하더라도, 환경 일반은 인간의 복지를 향상시킨다.

합법적 제도조성

민족적으로 허용될 수 있는 곳에서는, 사회의 기본제도는 지원되어야 한다. 우리가 용어를 사용할 때 기본제도란 그 사회의 법, 관습과 경제적 번영을 위해 꼭 필요한 제도 등을 말한다. 여기에는 상행위와 계약을 규제하는 법률, 본질적인 소득을 제공하는 세금 시스템, 은행 시스템, 법을 효율적이고 공정하게 집행하는 사법 시스템 등이 포함된다. 이러한 제도는 안정과 경제적 번영이라는 행복을 쉽게 해줌으로써 기본제도는 국민의 복지를 향상한다. 따라서 그러한 향상은 전문직 공학헌장이나 공리주의에 따라 정당화된다.

대다수 사람들이 이러한 행복을 바람직하게 생각하기 때문에 효과적인 기본제도를 키우는 것은 황금률에 의해서도 역시 정당화될 수 있다. 세금은 국가의 수입원이기 때문에 어느 나라에서든 세금 징수 방법은 어느 사회나 기본제도 일부분이다. 그러나 많은 나라에서 세금 징수 방법은 도덕적인 딜렘마를 만들어 낼 때가 있다. 다음 경우를 생각해보자.

제임스는 X국의 미국회사에서 일하는데, 회사들이 실제 수입의 절반 정도만 신고한다고 믿기 때문에 정부가 세금을 터무니없이 높게 부과하는 것이 관례이다. 만약 회사가 실제 수입을 그대로 보고한다면 그러한 세율은 사업을 계속할 수가 없도록 강요하는 것이 된다. 제임스의 회사도 현지의 관행에 맞추어 실제 수입을 줄여서 신고하기를 채택했다. 그러나 제임스는 이러한 행위가 과연 윤리적으로 용납될 수 있는 것인지 의문시한다.

제임스의 회사가 X국 정부에 실제 수업을 줄여서 신고한 것은 그 행위가 회사 자체의 윤리 헌장을 위반하지 않고 또한 미국 정부에는 줄여서 신고하지 않은 한 그 행위는 도덕적으로 용납될 수 있는 것이라는 강력한 주장이 제기될 수 있다. 그 행위는 어떤 CT 규범도 위반하지 않았다. 그 행위는 비록 미국에서는 용납되지 않지만 X국 에서는 일반화된 관례에 부합하는 것이다. 더구나 그 관례는 비록 세금을 징수하는 데 가장 바람직한 형태는 아니다. 왜냐하면 비효율적일 뿐만 아니라 부정직과 속임수를 조장하는 것이기 때문이다. X국의 본질적인 기본제도에 재정지원할 세원을 제공한다. 모든 윤리적인 원리처럼 CT규범도 적용하기 어려운 때가 자주 있다. 적어도 특정한 도덕적 딜레마에 그것들을 적용하는 자동적이고 쉬운 길은 없다. 다음에 제안하는 것들이 도움이 될 것이다.

비례하는 책임부담

그들의 회사의 결정에 개인적 그리고 전문직 책임을 단지 합당한 정도로만 져야 한다. 스스로 거의 혹은 전혀 통제할 수 없는 결정에 대해 책임질 필요는 없다. 노인들은 경영자가 아니며 그들은 경영적 결정에 충분한 책임을 질 필요가 없다. 예를 들면 노인들은 보통 공장이 어디에 위치해야 하는지, 어떤 제품을 만들지, 지방 정부와 어떻게 상호 작용하는지, 만약 그 지역 법으로 요구되지 않는다고 하더라도 새로운 오염 통제 장비를 설치할 것인지, 피고용인을 위해 회사숙소를 제공할지, 지역 자선 기업에 기부할 것인지 등을 결정하지 않는다.

그들의 책임은 그들이 영향을 미칠 수 있는 것의 범위를 넘어서는 안 된다. 다른 한편으로 노인들은 종종 이런 영역에 있어 충고를 해주도록 요구받을지도 모르거나 의견을 표현할 기회를 가질지도 모른다. 그들은 호스트 국가에서의 회사의 정책과 관습들이 도덕적으로 문제가 있다고 생각해서 그들을 수행하는 것을 거절해야 하거나, 회사의 국제적인 운영의 부분이 되는 것을 거절하거나 회사를 사임해야 할지도 모른다. 그들은 전문직의 우수성과 일치해서 또 호스트 국가의 필요에 책임감 있게 기술을 설계할 책임을 진다.

엄격과 방종사이 선택하기

노인은 두 가지 극단을 피해야 한다. 도덕적 방종주의와 도덕적 엄격주의가 그것이다. 국제적인 영역에서 여러 가지 상황들은 이상적인 해결책을 쉽게 따르지 않는다. 그러한 상황에서는 두 가지 방법의 하나를 사용하도록 유혹하지만, 양쪽 모두 도덕적 관점에서는 불

만족스럽다. 한 가지 반응은 도덕적으로 느슨하고 아마 심지어는 냉소적이다. 이것은 도덕적 방종주의로 알려진 윤리적 사고의 입장과 유사하다. 우리가 이 입장을 해석하면, 한 도덕적 입장이 엄격하고 분명하게 상황에 적용되지 않을 때, 이 도덕적 방종주의자들은 그 행위가 전통적 도덕성으로부터 얼마나 떠나 있는지에 상관하지 않고 노인이 원하는 것을 할 수 있다고 말한다.

이에 대한 논증은 "이 상황에서 나에게 이상적인 도덕적 방법으로 행동하도록 허용하는 어떤 선택 가능성이 없기에, 간단히 나의 도덕적 숙고는 포기하고 나 자신의 이익 혹은 내 회사의 이익과 가장 양립할 수 있는 방식으로 행동할 것이라는 점이다. 이 선택은 윤리적이고 전문직업적인 숙고를 거절하는 것과 관련되며, 어떤 경우에서는 불법적 선택을 포용하도록 이끌지 모른다. 또 다른 반응은 옳은 것을 한다는 것에 깊이 관련되어서, 지나치게 도덕적으로 될 수 있고 일종의 도덕적 엄격 주의를 채택할 수도 있다.

도덕적 엄격 주의자는 도덕원칙은 모든 상황에서 어떤 환경에서든지 엄격하게 적용되어야 한다고 말한다. 도덕적 엄격주의자는 비록 주어진 행위과정이 이상적이지 않을지라도 상황에서 사람이 할 수 있는, 최선이 될 수 있는 사실을 받아들이려고 하지 않는다. 어느 정도의 착취에 연루되는 행동에 참여하는 것조차 최선의 행위과정일 수도 있다. 공장을 잃게 되는 호스트 국가에 미치는 영향을 고려해 볼 때, 공장을 건설하고 가동하는 것은 여전히 정당화될 수 있을 것이다.

장수시대에는 기술자가 나이 듦에 관계없이 호스트 국가에 파견될 수 있다. 새로운 인생설계를 꾀함에 있어 장애가 되는 요소들을 거론하고 그 대비책을 마련하는 길이 지혜로울 것이다. 지방주민, 국가국민의 한계에서 벗어나 세계시민으로 살아가려면, 지나친 엄격주의도 극복해야 되지만 무절제한 방종상태로 전락해서도 아니 될 것이다. 이른바 중도를 일상의 삶 속에서 지속적으로 구현해야 할 것이다. 고도의 기술을 필요로 한다면, 세계 어디에나 가서 봉사할 수 있다는 자긍심을 살리되, 호스트 국가의 문화규범을 익혀서 현지 적응에 지혜를 모아나가야 될 것이다.

은(殷)나라를 세운 성탕(成湯) 임금은 세숫대야에 '진실로 새롭고자 하거든 나날이 새롭게 하고 또 날로 새롭게 하라(湯之盤銘曰 苟日新 日日新 又日新)'고 하였다. 대야에 좌우명을 새기고 수신하는 지도자 모습을 장수시대에 살릴 필요가 있다. 장수시대일수록 공자의 '일이관지(一以貫之)'가 '충서(忠恕)'에 있음을 상기할 필요가 있다. 공자가 증참(曾子)에게 한 이 말씀은 뜻깊은 술회이다. '참아, 나는 일이관지하였느니라.'하시니, 증참이 '예, 그러셨지요.' 하고 대답하였다.

공자가 잠간 자리를 비우자, 제자들이 증자에게 우르르 몰려와서, '스승님의 말씀이 무슨 뜻이냐?'고 되물었다. '스승께서는 평생을 '충서(忠恕)'로 일관하셨다는 말씀을 하신 것이다.'라고 설명하였다. 공자는 평생을 '올곧게(忠)' 남을 '헤아리며(恕)' 사셨다는 것을 확인할 수 있다. 장수시대일수록 이웃을 자기 자신의 한마음으로 헤아리고 배려하며 생활함은 귀감이 되는 모습이다.

붓다는 『대반열반경(大般涅槃經)』에서 상락아정(常樂我淨))이 존재하고 있다고 하면서, 최후설법에서는 자등명(自燈明)·법등명(法燈明)이라고 하여 열반적정(涅槃寂靜)을 증득하도록 밝혔다.[306] 현상계를 말할 때 무아(無我)로서 말함은 방편이 되어 깨달음을 성취하는 명약(名藥)이 된다. 무아(無我)는 '개체생명으로서 나(我)라는 생각이 실체가 없음이다.

『금강경』의 무주(無住)는 이를 반영한다. 장수시대 장엄정토 구현은 인간 마음에서 생겨나는 온갖 생각들, 일체욕망 그리고 아상 등의 사상(四相)에서 야기되는 관념 모양에 빠지지 말고, 일체번뇌와 망상을 버리도록 정진(精進)함으로 구현된다. 맑은 거울처럼 깨끗한 마음을 증득하여 반야지혜로써 중생을 화육하고 돕자는 무주가 그 요체로 작용한다.[307]

사회보장제도는 맥락에 따라 배제의 논리를 함축한다. 사회보장제도는 중장년세대에서 노인을 포함한 소외계층에 대해 위안과 배제의 논리를 함께 담고 있다. 따라서 잘 운영하지 못하면, 배제의 아픔을 수반한다. 우리는 '마음의 결'을 유지하기 위해 무심의 관조세계를 일상에서 이어나갈 필요가 있다고 할 것이다. 고려 보조국사 지눌에 의하면, '공적영지(空寂靈知)'를 살리면, 노인의 삶이 정신적 풍요로움을 향유할 수 있다. 평소에 설명의 언어가 아닌 고백의 언어로서 자기체험을 텅 빈 충만의 고요와 연결하는 작업을 지속할 필요가 있다는 것이다. 생활 속에 텅 빈 충만을 알아차릴 수 있는 방법이 '간화경절(看話徑截)'이었다. 이는 자신의 깊은 의문을 지켜보면서 절실하게 생활화하는 것이다. 생활에서 중요한 의문을 늘 유지하고 집중하면서 살아갈 때 비로소 그것에서 벗어나는 순간이 찾아오며, 마음의 결을 유지함으로 자유로울 수 있다는 것이다. 노인일수록 배움의 깊이를 통해 즐거움으로 삼아 자기 인생체험을 그 배움과 연결시켜 고백적으로 표현하는 기회를 많이 가지는 것이 영성차원의 자양분을 충분히 들이키는 태도라고 말할 수 있다.

306) 이대성, 「금강경 경구(經句)의 올바른 해석」『선학』 30집(한국선학회, 2011), 311쪽.
307) 위의 글, 327쪽.

제12장

장수노인상사례

〈장수노인상사례를 남명, 우암, 다산, 해월에서 찾다.〉

12-1 남명장수

조선의 남명 조식(南冥 曺植, 1501~1572)은 연산군 7년 조언형의 둘째 아들로 태어났다. 5세 때까지 외가에서 살다가 아버지 조언형(曺彦亨)이 문과에 장원급제하여 벼슬길에 나가자 아버지를 따라 한양으로 이사하였다. 20세에 생원 진사 양과에 급제하였다. 25세, 『성리대전』을 읽다가 원대 학자 허형이 말한 다음과 같은 구절을 읽고 크게 깨우쳐 사서육경을 비롯하여 송대 여러 성리학자들의 저서를 탐독하였다.

"이윤의 뜻을 뜻으로 하고 안연의 학을 학으로 하여, 벼슬에 나가면 유익한 일을 하고 재야에 처해서는 지조를 지킨다. 대장부가 마땅히 이와 같이 할 것이니, 벼슬에 나가서도 하는 일이 없고 산림에 처해서도 지킨 것이 없다면, 뜻한 것 배운 것은 무엇에 쓸 것인가?"

30세에 그는 모친을 모시고 처가가 있는 김해에 이주하여 산해정을 짓고 학문에 정진하면서 후학들을 지도하였다. 18년 동안 이곳에서 그는 많은 후학들을 길러 기묘사화 이후 저상했던 사림들의 사기를 진작시켰다. 조정에서는 이러한 사림세력을 다시 끌어들이기 위하여 중종은 그의 나이 38세, 이언적(李彦迪)과 이림(李霖)의 천거를 받아 그를 헌릉참봉(獻陵參奉)에 제수 받았고, 그 후로도 여러 벼슬을 제수 받았지만 나아가지 않았다. 1555년, 그의 나이 55세 때 명종은 그를 단성현감(丹城縣監)에 임명하였으나 불응하고 소를 올려 국정을 비판하고 왕정폐해를 진언하여 조정에 커다란 파문을 일으켰다.

성리학은 사물들의 개별성을 긍정했다. 주희에 의해 집대성된 성리학은 자연·사회의 발생·운동을 '이기(理氣)'의 개념으로 설명한다. 기가 모이고 흩어지는 것에 의해 우주 만물이 생성되며, 그런 점에서 기는 만물을 구성하는 요소가 된다. 그런데 기는 맑음과 흐림에 따른 차이가 있으며, 기에 의해 구성되는 우주 만물은 차별성을 드러낸다. 자연·인간·사회가 위계질서를 갖는다. 천리(天理)는 만물 생성의 근원이 되는 정신적 실재로서 기의 존재근거이며, 만물에 내재하는 원리로서 기의 운동법칙이다. 만물의 존재 근거라는 점에서, 만물에 이가 내재한다는 점에서 '이(理)는 인간과 사물의 원리적 보편성을 의미한다. 당시의 인간이해는 본연지성(本然之性)과 기질지성(氣質之性) 중심의 인성론으로 체계화되었다. 본연지성은 모든 인간의 마음에 본래 존재하는 '이'로서, 도덕본성이다.

이에 반해 기질지성은 인간형성에 관여하는 기에 의해 형성되는 것으로 감각작용으로 나타나는 인간 본능이다. 이 가운데 본연지성에 따른 행위는 선하며, 기질지성에 따른 행위는 인욕에 의해 악으로 흐르는 경향을 갖기에 인욕을 없애고, 천리를 보존하는 도덕 실천을 통해 본연지성에 따르는 생활방식을 중시하였다. 사물에 존재하는 천리를 인식하는 궁리와 인욕발동을 억제하는 내면수양으로서 거경(居敬)이 실천적 방향으로 제시되었다

그런데 성리학에서 강조하는 내용은 삼강오상의 유교도덕이었으며, 관료제의 통치 질서, 신분계급의 사회질서, 가부장제·종법제도를 포함하는 명분질서였다. 성리학은 이러한 보편성을 통해 질서 보편성을 교설하고, 명분질서 유지를 위해서 각각의 계층에 합당한 일을 성실하게 수행하는 존재론을 강조하였다. 결국 성리학은 명분론적 질서를 합리화하는 사상체계였으며, 명분론적 질서에 맞는 생활을 하는 것이 인간의 도덕의무라고 주장하기에 이르렀다.

조식은 선비의 모범으로 경남 합천 외가에서 태어났다. 18년간 김해에 '산해정(山海亭)'이라는 집을 지어 후진을 양성한 까닭에 '산해선생'이라고도 한다. 이익도 조선기개와 절조의 최고봉으로 남명을 칭송하였다. 남명은 퇴계와 동시대인으로 경상좌도와 경상우도를 대표하는 선비이다. 도덕적 각성을 유지하기 위하여, 남명은 '성성자(醒醒子)'라고 명명한 방울을 항상 갖고 다녔다.

불의를 끊어버린다는 상징으로 '내명자경(內明者敬)', '외단자의(外斷者義)'라는 명문을 새긴 '경의검(敬義劍)'을 차고 다녔다. 임진왜란 때 의병을 일으킨 의병장은 대부분 그의 문하생이었다. 그의 부친, 조언형(曺彦亨)은 생원시와 전시에서 장원하여 이조정랑을 지내면서 가문이 창성하기 시작하였다. 조식의 숙부 조언경은 기묘사화에 연루되어 목숨을 잃었고, 부친도 말년에 모함을 받아 관직을 삭탈 당하였다.

벼슬살이를 했던 부친 덕분에 남명의 어린 시절은 경제적으로 궁핍하지 않았다. 어린 시절 그의 스승은 부친이었다. 남명은 서울에 올라와서 연화방(蓮花坊)에 살면서 부친으로부터 글을 배우기 시작하였다. 부친은 언론과 감찰 업무를 담당한 사간원 정언과 사헌부 지평을 역임하였다. 조선시대에 언론과 감찰 업무를 맡은 사간원과 사헌부의 관원은 엘리트 중의 엘리트로서 우대를 받았다. 국왕에게 직언을 하는 사간원은 언론대상이 국왕이었다. 남명은 정암 조광조를 존경하였는데, 기묘사화로 실각된 뒤 사약을 받는 모습과 백부, 조언경 일가가 이 정변에 연좌되어 일족이 몰살당하는 엄청난 참화를 목격하게 되었다.

1538년, 사림파의 관료, 이언적의 천거로 헌릉참봉에 임명되었으나 끝내 출사하지 않았다. 선조로부터 특지를 받았으나 응하지 않고, 달빛 어스름한 밤이 되면 홀로 앉아 슬픈 노래를 부르며 몰래 눈물을 흘리는 등, 남보다 우국충정의 뜻과 백성을 연민하였다. 1572년, 임종을 맞이한 남명에게 어떻게 칭하면 좋을까 묻자, 남명은 '처사로 부르는 것은 좋지만, 유자로 부르지는 말라'는 답변을 하였다. 그는 「신명사도(神明舍圖)」를 사용하여 자기 수양에 상관연동으로 활용하였다. 남명의 '성찰극치(省察克治)' 방법은 내성과 극복의 수양으로 불퇴전의 각오를 결심하였다. 사욕(私欲)과 불선(不善)의 기미를 차례로 근절시켜 가는 방법이다.

참된 수행은 자기를 응시하고 주의를 집중하여 조금이라도 사욕이 나타나면 극복하여 숨는다거나 달아날 여지를 차단하는 수행이다. 남명은 정신적 도덕적 본성을 '태일군(太一君)'으로 부르고, 성내는 총재가 경에 의해 '태일군'을 섬기고 각성된 백관을 이끌며 상황에 대처하였다. 사물에 대해서는 부정한 사욕이 생기지 않았는지를 성찰하는 '치찰(治察)'과 사물과 마음이 접하여 생겨나는 사욕을 극복하는 '극치(克治)'를 실천하는 모습이 그려져 있다.

사상으로 남명과 양명은 상관연동을 이루지만, 남명은 조정으로부터 거듭된 출사 요청을 거부하고 평생을 처사로 살았다. 올바른 처세술은 백성들을 최고 가치로 섬기면서 공부하는 것이다. 남명이 존경한 선비는 조선 중기의 정암 조광조(靜庵 趙光祖, 1482~1519년)이다. 그는 선비가 이 세상에 나서 학문을 본업으로 삼는다는 것은 포부를 펴서 백성이 살아가는 데 보탬이 되기 위해서라고 밝혔다. 정암은 학문을 통해 내면의 인격적 덕을 축적하여 이를 백성을 위해 발휘하는 사회적 실현을 강조하였다.

예법의 '예(禮)'와 의리의 '의(義)'는 도학에 기초한 조선성리의 핵심이며 동시에 우리 문화의 전통이다. '원기(元氣)'는 개인의 생명력과 같이 국가의 생명력이며, 국가는 원기가 있을 때 강건하게 유지되고 번영할 수 있다. '선비'를 국가의 원기가 나오는 원천으로 생각하게 된 것은 정암 같은 선비의 인격이 사회체제를 지탱하는 원동력이기 때문이다.

조선의 도학자들 사이에는 두 흐름이 있다. 하나는 조선왕조 건국에 적극적으로 참여하여 도학이념을 통치원리로 정립하는 데 기여하였던 인물로 국가의 원기가 된 인물이다. 정도전 · 권근이 여기에 속하며, 이들은 '훈공파(勳功派)'라고 하는 데 권력에 깊이 관여하면서 세속화되어 도학이념을 상실하고 권력에 집착하였기에 나중에 '훈구파(勳舊派)'가 되었다.

반면에 왕조에 절의를 지킨 정몽주 · 길재의 이른바 절의파(節義派)를 이어 의리의 정당성을 중시하고 도학이념의 실천을 강조한 도학자들이 있다. 이색(李穡) · 김숙자(金叔滋) · 김종직(金宗直) · 김굉필(金宏弼) · 정여창(鄭汝昌)이 여기에 속하며, 이들을 '사림파(士林派)'라고 부른다. 사림파는 초야에서 학문적 연마와 실천에 힘쓰면서 의리의 신념을 엄격하게 내세워 도학의 정통성을 확보하게 되었다. 따라서 정도전 · 권근도 사림파들 사이에서는 도학의 정통으로 인정받지 못하였다. 여기서 '사림파'가 추구하는 도학이념의 실천주체는 '선비'이다. 이 선비들의 공동체를 '사림(士林)'이라고 한다.

'선비'는 도학이 지향하는 유교적 인격주체이며, 남명과 같이 조선시대 유교사회에서 강력한 영향력과 독특한 위상을 확립하였다. 인간의 무지는 세계의 평화와 화합의 적이다. 무지는 마음에서 제거되어야 하며, 모든 것을 합일하는 생명, 법칙, 율동의 상관연동을 지혜의 끈으로 매게 된다. 남명의 '경의'에서 나타난 것처럼, 개인의 도덕적 실천으로 국가에 발현된다. 사림파의 도통의 기준은 '절의'를 높이 평가하는 것이며 '의리'를 중시하는 것이다. '절의파' 인물들은 의리정신에 따라 역사적 위기 속에서 권력과 힘에 의해 압박을 받으면서도 생명을 바치며 대의를 지키거나 초야에 묻혀 의리정신에 따라 지조를 지켰다.

정몽주와 길재는 '절의파' 인물로서 단종의 복위를 꾀했던 사육신과 생육신에 영향을 미쳤다. 사육신과 생육신의 경우는 도통에 넣지 않지만 '절의파'에 속한다. 도학의 도통을 확인하는 사건은 '사화'이다. 연산군 때의 무오사화에서 김종직과 김일손이 희생되고, 갑자사화에서 김종직의 제자, 김굉필과 정여창 등이 희생되었다. 이 인물이 도통에 연결되는 인물이다. 기묘사화에서 정암을 중심으로 새로 등장한 선비들이 희생되고, 을사사화와 정미사화에서 유관·이언적 등이 희생되었다. 남명이 존경한 인물이 정암 조광조인 것은 그가 '성찰극치'의 도통을 계승하였기 때문이다. 그의 을묘사직소로 말미암아 조정은 발칵 뒤집히는 일이 일어났다.

"지금의 형세가 극에 달해 더 이상 지탱할 수 없으며 사방을 둘러보아도 손을 쓸 수 없는 지경에 있음을 알고 어찌할 바를 모르겠습니다. 소관들은 아래에서 히히덕거리고 주색이나 즐기고, 대관은 위에서 거들먹거리면서 오직 재물과 뇌물을 모으기만 합니다. 외방에 나가있는 관리들은 백성의 껍질 벗기기를 이리가 들판에서 날뛰듯 하는데, 가죽이 다해지면 털도 붙을 데가 없다는 것을 알지 못합니다.

신은 이 때문에 오랫동안 생각하며 계속 탄식하여 낮에는 하늘을 우러러 쳐다보는 것이 한 두 번이 아니며, 밤에는 탄식을 감추고 억제하면서 집을 지킨 지 오래되었습니다. 자전(慈殿)은 외부 소식이 막혀있는 깊은 궁궐의 일개 과부에 지나지 않고, 전하는 나이가 어려 다만 선왕의 일개 '외로운 후사', '고사(孤嗣)'일 뿐이니 백 천 가지의 하늘의 재앙과 억만 갈래로 흩어진 인심을 무엇으로 수습하겠습니까?"

윤원형(尹元衡) 일당의 정치 행태를 비방했을 뿐만 아니라 문정왕후(文定王后)를 일개의 과부로 지칭하고, 명종을 중종의 일개 고사(孤嗣)라고 하였기 때문이다. 문종은 대노하여 군상불경죄로 다스리려고 하였지만. 당시 조정에 포진했던 대신들과 사관들이 남명의 뜻을 살피고 적극 변호하여 진정 될 수 있었다. 65세 때 문정왕후가 죽고 윤원형일파가 명종에 의하여 실각하자 사림세력이 다시 등장하게 되었다. 남명은 그 이듬해에 명종의 부름에 응하여 왕과 치도를 논했으나 8일 만에 다시 귀향하고 말았다. 67세 때, 명종이 승하하고 선조가 즉위하여 여러 차례 그를 불렀으나 모두 응하지 않았다. 그가 72세에 운명하자 조정에서는 예관을 보내어 제사를 지냈고, 선조는 그에게 '대사간(大司諫)'을

〈 남명 근영 〉

추증하였다. 광해군 때는 그의 제자들이 주도하던 북인정권에 의하여 영의정에 추증되고 문정(文貞)이라는 시호를 받았다.

그는 여러 차례의 관직의 제수에도 불구하고 모두 거부하고 처사로서의 일생을 마쳤다. 그는 많은 제자를 길러 남명학파를 이끌었다. 처사로서 일생을 보냈지만 그가 올린 상소나 저서에는 놀랄만한 경세사상이 들어 있다. 경상도 학자들은 남명 조식과 퇴계 이황을 모두 존경하여 두 사람을 번갈아 찾아가며 가르침을 얻고자 했다. 이리하여 학문적으로 더 많은 교류가 이루어졌다. 남명은 주체성의 노년철학 가치를 몸소 체화한 삶을 살았다고 할 것이다.

12-2 우암장수

충청북도 옥천 출신의 우암 송시열(尤庵 宋時烈, 1607~1689)은 우리나라에서 유일하게 성씨에 '자'를 붙여 '송자'로 불린 '대로(大老)'의 성리학자이다. 조선왕조실록에 3000번이나 회자되었던 성리학자이며 봉림대군 스승이다. 노년기 우암이 시골 초려에서 보낸 삶은 넉넉한 삶이 아니었다. 그러나 우암은 자급자족 생활을 이어가는 용기를 보여주었다. 노욕을 줄이면서 '올곧음'에서 벗어나지 않고 일관된 태도를 보여주었기에 우암을 통해 늙음의 의미와 가치를 새 밝힘 할 수 있다. 공공재산으로 환원함으로써 우암은 주변에 풍요로움을 선사하였다.

먼저 우암은 노년에 접어들면서 '주경(主敬)'의 수양공부를 이어갔다. 우암에게 늙음은 회피의 대상이 아니라 적극적 수용의 의미로 나타났다. 흔히 늙어가면서 스스로 젊었던 시절을 회상하거나 되돌아가서 현재의 늙은 모습을 부정하는 경향이 많아진다. 그러나 우암은 자신의 늙어가는 모습과 정반대의 현실로 투영되어 있는 손자의 모습에서 마음의 평상심을 회복하면서 자신의 늙음을 적극적으로 수용하게 되었다. 우암에게 '주경'공부는 우주생명이치를 탐구하며 인간본성을 회복하고, 생명이치에 따름으로써 생명을 사랑하고 공경하는 공부를 적극적으로 실천함을 의미한다.

또한 우암은 노년기에 이르러 '옳음(義)'의 사색을 지속하였다. 점차 쇠약해진 자신의 건강으로부터 스스로의 학문적 고립과 나태함을 절감하면서 옳음의 의미를 성찰하고 반문하였다. 그에게 옳음의 반대 의미는 '그름'이라기보다 '자신의 이익을 구함'이다. 그는 '옳음'의 원칙으로부터 '이익'을 마주대하고 '이익'을 앞세워 이익을 탐하는 도리를 사색으로 경계하였다. 특히 제도적 모순과 그 역할의 회복을 마음에 두면서 경직된 판단과 편견에서 벗어나 시의적절한 생각을 파고들면서 심사숙고하였다.

주자가례에서 보면, 당일 제사지낼 한 분의 위패만을 모시고 제례를 치르는 것이 원칙이다. 우암은 주자가례 원칙에서 한 발자국 나아가 돌아가신 부모님을 한 자리에 모시는 파격으로 정감을 살리면서 배려의 폭을 넓혀갔다. 장수 우암은 나이가 들수록 일에 대한 반응, '응사물(應事物)'로서 '올곧음(直)'의 실천을 강조하였다. 흔히 옳은 생각은 하기 쉽지만, 이를 실천으로 옮기기는 어렵다고 할 것이다.

인간 마음이 욕심으로 치달아 올곧음은 왜곡되고 굴절되기 쉽다. 늙음이 깊어 갈수록 노회하게 되고 그 굴절이 심각해지기에 편파적이며 굽은 노인이 되기 쉽다. 그래서 노인을 '꼰대'라는 표현을 사용하여 비꼬기도 한다. 노인이면서 '꼰대'가 되지 않고자, 우암은 인욕과 천리 사이를 '올곧음'으로 매개하는 방안을 모색하였다. 우암에게 '올곧음'은 노년기 빈곤에서 풍요를 누릴 수 있는 실천적 처방이다. 노년에 들면서 우암은 '늙음', '병듦', '죽음에 다가섬'이라는 세 고통에 직면하였다. 그는 과거시절로 회귀하기보다 노년으로 살아가는 대안을 모색했다. 초라하고 불쌍하며 외로운 늙은이로 자신을 바라보기보다 일상을 '올곧음'으로 매개하려고 노력하였다.

남인 출신, 장희빈이 아들을 낳자 숙종은 원자로 책봉하고 종묘에 고하였다. 우암은 인현왕후가 젊은데, 후궁 아들을 원자로 책봉하는 것은 시기상조라며 반대 상소를 올렸다. 숙종은 화가 났다. 종묘에 고한 것을 번복하라는 주장은 대역죄에 해당하기에, 우암을 제주로 유배 보냈다. 남인들은 송시열을 국문해야한다며 한양으로 압송할 것을 고하였다. 숙종은 국문으로 인한 정치 파장을 우려하고, 금부도사를 보내 우암이 정읍에 도착했을 때 사약을 내렸다. 사약을 받은 송시열은 금부도사가 건넨 사약, 세 사발을 마시고선 83세 일기로 숨을 거두었다. 노년기가 깊어 갈수록 노욕이 나타나서 천리보다 인욕에 사로잡히기가 쉽다. 우암은 이에 대한 실천철학으로써 '생명 사랑-옳은 생각-올곧음 실천'의 삼원사유를 이어갔다.

생명 사랑으로 자신의 기운도 활성화하면서 생각을 할 때마다 옳음의 기준에 두고 옳음의 생각과 이익을 향하는 경계선에서 일상에서 올곧음으로 실천하는 삶을 자신에게 주문하고 실천했다. 스스로 이 실천에 앞장섰기에 우암은 '송자'로서 회자되었다. 송자는 주자와 대비된다. 격물궁리가 독서이다. 주자는 독서 가운데서 사서(四書)오경(五經)을 중심으로 하는 유가경전을 읽을 것을 권장하였다. 독서를 통해 성현말씀을 배우고 익혀서 점차 지식이 쌓여지면, 마음속에 갖추어진 본성을 온전히 실현해나갈 수 있다는 것이다.

이러한 연유로 주자는 죽기 전까지 노쇠한 육신을 이끌고, 유가경전에 대한 주석 작업을 멈추지 않았다. 이 점은 송자의 경우와 유사하다. 우암뿐만 아니라 주자가 '격물치지'를 강조한 이유는 무엇인가? 이는 격물치지를 통해 먼저 정확히 알아야 제대로 실천할 수 있다고 보기 때문이다. 배우는 목적은 진실로 실천에 있으니 알고서 행하지 않는 것과 배우지 않는 것은 서로 다르지 않다고 할 것이다.

그러나 비록 행하고자 하여도 이치에 밝지 않으면 실천하는 것 또한 어떠한 결과에 이를지를 알 수가 없다. 그러므로 『대학』의 도가 성의(誠意), 정심(正心)을 근본으로 삼는다고 하더라도 반드시 격물치지를 우선으로 삼아야 한다고 했다. 배우는 목적은 실천에 둔다. 그렇지만 제대로 알지 못하면 옳고 그름을 정확하게 판단하지 못하여 행동한 것이 좋은 결과에 이르지 못할 수 있다. 따라서 격물치지를 통해 사물의 이치를 정확히 알아야 행동의 준칙이 서게 되고, 그 다음 그 이치에 합당한 행동을 할 수 있다. 주자는 사서(四書) 가운데 가장 먼저 읽을 책으로 『대학』을 지목하였고, 『대학』의 핵심 내용이 '격물치지'에 있다고 강조하였다.

우암의 삶을 통해 볼 때, 노년으로서 극복해야 할 것은 끊임없는 자기 성찰에 있다. '자기 성찰'은 늙고 병들어 막바지에 이르러서도 게으름을 피우지 않고 끊임없이 자신을 계발하고 성장시켜 나가는 노력을 의미한다. 노년으로 진입할수록 삶에 대한 경계를 한시도 늦추지 않고 더욱 철저히 자신에 대한 성찰이 이루어질 때, 노년으로서의 자기완성이 자연스럽게 이루어진다. 철저한 자기 성찰만이 노년의 넉넉한 삶의 공간을 마련할 수 있으며, 이것은 밖에서 저절로 주어지는 것이 아니라 노인 스스로 끊임없이 자신을 계발하고 노력하는 과정에서 조우하게 된다고 할 것이다.

이러한 과정에서 하늘로부터 부여받은 타고난 자신의 본성을 회복하게 되고, 이 본성회복에 근거하여 천리에 순응하는 노년다운 삶을 살 수가 있었다. 우암에게서 우리는 노년기가 더 이상 뒤로 물러나서 관조하는 촌로(村老)가 아님을 알 수 있다. 참 노인은 노년기를 회피하지 않고 적극적으로 노년기를 수용하는 자세가 요체이다. 이에 주자는 '격물치지'라는 수양 방법을 통해 노년의 넉넉한 공간을 마련해나갔을 뿐만 아니라, 또한 노년기의 주자를 괴롭혔던 정치 탄압이나 각종 질병 등 현실의 많은 어려움을 극복할 수 있었다.

또한 이를 통해 노년기의 심약해질 수 있는 내면적 한계를 극복할 수 있었으며, 새로운 세상으로 떠나가는 마지막 순간조차도 자신에 대한 경계와 긴장을 늦추지 않을 수 있었다. 이렇게 볼 때, 송자는 주자와 마찬가지로 격물치지의 공부를 통해 노년을 준비하였고, 격물치지 공부를 통해 노년의 삶을 넉넉하게 마무리할 수 있었다. 이들을 통해 격물치지의 공부는 노년기의 준비이자 노년기 삶의 충실한 내용이 된다고 말할 수 있다. 사약을 받은 우암과 대비되는 죽음 직전의 주자의 모습을 살펴본다. 주자의 죽음은 1200년 3월 9일이었다.

제자이며 사위인 채침(蔡沈)이 주자가 죽기 7일전 일을 기록한 「몽존기(夢奠記)」에는 이같이 말한다. "3월 2일, 이날 밤에 『시집전』을 보시고 수십조에 걸쳐 의견을 말씀하시고 나라장래에 관해서 상세히 논의하셨다. 3월 5일, 선생께서는 조금씩 설사를 하셨다. 지사인 장규(張揆)가 찾아와 선물을 했다. 선생께서는 이를 거절하시고 말씀하시기를, '당신이 한 가지 선정을 베풀면 백성은 한 가지 은혜를 입는 것이지요.'

장규는 당시 재상 위세를 등에 업고 가혹한 정치를 행했으며 백성은 고통을 겪고 있었다. 밤에 「서명(西銘)」을 설명하셨다. 3월 6일, 『대학』 성의장(誠意章)을 개정하시고 『초사(楚史)』 한 단락을 고치셨다. 오후에 심하게 설사를 하시므로 방으로 들어가셨다. 그 이후 두 번 다시 서원으로 나오시는 일은 없었다. 3월 8일, 정사에 여러 문생들이 병문안을 왔다. 선생이 말씀하시기를, "잘못하여 여러분을 먼 곳에서 여기까지 오게 했다. 하지만 도리라는 것이 원래 그런 것이다. 여러분, 모두 힘을 모아 열심히 공부하기 바란다. 발을 굳게 땅에 붙여야만 진보할 수 있다." 문생들이 물러갔다. 선생께서는 범백숭(范伯崇)에게 편지를 쓰시어 『예서』의 필사를 부탁하시고 손자 배필을 정하셨다.

3월 9일, 붓을 잡는 것은 평소와 다름이 없었지만 붓을 옮길 힘이 남아 있지 않으셨다. 조금 있다가 붓을 놓고 침상에 기대려 하시다가 잘못하여 손이 두건에 닿았으므로 내게 눈짓을 하시어 바로잡게 하셨다. 선생께서는 위아래를 둘러보셨고, 눈동자는 여전히 타는 듯이 빛나고 있었지만 천천히 눈을 감았다 다시 눈 뜨기를 몇 번 하시고, 숨소리가 끊어질 듯 희미해지시더니 마침내 숨을 거두셨다."

주자는 죽음의 순간까지 붓 잡는 것을 멈추지 않았다. 마찬가지로 죽음을 의연하게 맞이했던 송자도 올곧음의 가치를 마지막까지 고수하였다. 현실에서 맛있는 것을 선호하고, 즐거운 것을 보고지고, 남녀 애욕에 이끌리더라도, 탐닉 대상을 향해 오감을 사용하기보다 '올곧음'을 매개하다보면, 죽음의 순간에 이르기까지 인욕과 천리 갈등에서 벗어나 올곧음을 유지할 수 있다.

우암은 조선조 행한 주자의 사창제도에서 하급관리가 원칙에 매달려 충실하면 할수록 때에 맞추어 적합성을 찾는 '시중(時中)'의 묘책을 함께 살리는 것이 필요하다고 하였다. 조선의 곡물대여 기관으로서 알려진 '사창(社倉)'은 노년에게 도움을 주는 곳이면서 동시에 나라가 관할하는 곳으로 사회적 공공성이 있는 '관아'로서 역할을 하였다. 우암은 백성에게 보다 많은 혜택을 줄 수 있는 여지를 사창제도를 통해 살리고자 하였다.

말년의 우암은 나라가 자신에게 부여한 봉록까지 반납하면서 노욕으로 이익을 취하려는 자신의 경향성을 '올곧음'으로 성찰하고, '서추'로부터 과분하게 받았다고 생각한 봉록마저 되돌려주는 결단을 실천에 옮겼다. 우암이 백성을 살피는 심정을 짐작하게 한다.

노년기 우암을 통해서, 노년의미와 가치를 살릴 수 있는 실천철학을 생각한다. 무엇보다도 생명을 사랑하고 공경하는 마음가짐을 갖추는 태도가 필요함을 일깨워 주었다. 또한 생각이 일어나면 날 때만다 항상 '옳음'의 기준을 염두에 두고 옳지 않은 생각을 멈추거나 폐기할 필요성을 일깨워준다. 그리고 생활실천으로 이어가고자 '올곧음'을 실천 잣대로 삼아 풍속을 고려하면서 경직되지 않도록 항상 살피도록 함이다. 아울러 '이익'을 택하기보다 '올곧음'을 택하는 일관성을 견지함으로 노인 주체성을 스스로 살림을 일깨워 주었다.

우암이 '올곧음'을 향심으로 삼아 공부한 일상을 『송자대전』에 나타난 다음 구절을 통해 대략 짐작할 수 있다. "내 일생동안 착하지 않은 점이 있었지만, 이를 일찍이 다른 사람에게 알리지 않은 경우는 거의 없었다. 비록 밖으로 드러내지 않았지만, 진정으로 착하지 않은 점이 발견되면 다른 사람에게 모두 보여주려고 노력하였다. 오로지 이 마음을 체득하는 것이 필요할 것이다.

이 마음은 '올곧음'으로 주자가 전수받은 것이며 공자가 말씀하신 바이다. 이에 따라 사람이 살아가는 원칙은 '올곧음'' 이고, 이것 없는 삶은 다행스럽게 죽음을 면할 뿐이다. 맹자가 말한 바이지만, '스스로를 돌이켜 반성하여 거짓이 없으니 비록 천만 사람이 있을지라도 나는 그 앞에 당당하게 나가겠다.'고 다짐한 호연지기(浩然之氣)는 '올곧음으로 기르며, 해가 없더라도 천지에 가득 찬다.' 주자가 공맹 도통을 계승한 것은 오직 이 한 글자뿐이다." 하였다.

〈 우암 생시도사본상(生時圖寫本像) 〉

우암이 은거하며 주자의 '무이구곡'을 본받아 화양동 구곡을 '화양구곡'이라고 이름 붙였다. 이 화양동 계곡은 괴산 선유동 계곡과 7㎞거리에 있으며 푸른 산과 맑은 물을 함께 즐길 수 있는 곳이다. 화양 제1곡은 '경천벽(擎天壁)'으로 산이 길게 뻗히고 높이 솟은 것이 마치 하늘을 떠받들고 있는 듯 하며 우암의 '주경'을 닮아있다. 이 바위에 '화양동문(華陽洞門)'이라는 우암글씨가 새겨져 있다. 또한 화양 제4곡은 금모래 '금사담(金沙潭)'으로 화양구곡 중심으로 우암이 바위 위에 '암서재(巖棲齋)'를 새겨 '옳음'을 바로 세우고자 학문을 연마하였고 후진을 양성한 곳으로 알려졌다. 화양 제9곡은 '파천(巴串)'으로 개울 복판에 흰 바위가 펼쳐 있으니 티 없는 옥반과 같아서 산수경관을 찾아 이곳을 찾은 사람이면 누구나 이 넓은 반석 위에 앉기를 원한다.

이 반석은 우암의 '올곧음'을 표상하기에 오랜 풍상을 겪는 사이에 씻기고 갈리고 많은 세월을 견디며 반석이 되어서 명맥을 유지하게 된다. 노년기 우암을 통해, '늙음'은 '생명을 깊이 사랑하자는 의미'로 다가오며, '올곧음'은 '그것의 실천가치'로서 체화되어 갔다.

오늘날까지 『우암연보 尤庵年譜』에 수록된 우암의 「생시도사본상(生時圖寫本像)」이 전해온다. 이 그림은 송시열 사후 정조연간(18세기 후반)에 모사한 것이라고 할 수 있다. 성리학의 보급과 함께 서원이나 사당이 지역별로 늘어나면서 봉안할 인물들의 초상이 요청되었다. 우암상도 이런 맥락에서 이해할 수 있다.

비단바탕에 옮겨 그려진 것이라고 하더라도 강한 눈매와 숱 많은 눈썹, 붉은 입술 등에서 그의 과격한 성품이 보인다. 깊게 패인 광대뼈의 주름에서는 학식의 깊이를 느끼게 하며, 복건(幞巾)에 유복차림의 반신상으로 사대부 초상으로 손꼽힌다. '전신사조(傳神寫照)'를 통해 인격, 기질, 품성 등 내면정신까지 묘사하고 있다고 할 것이다.

12-3 다산장수

조선의 다산 정약용(茶山 丁若鏞, 1762~1836)은 퇴계 이황(退溪 李滉, 1510~1570) 및 율곡 이이(栗谷 李珥, 1536~1584) 등과 더불어 조선을 대표하는 유학자이다. 다산이 남긴 '여유당전서(與猶堂全書)'에는 육경(六經)과 사서(四書)에 관한 경학(經學) 관련 저술과 일표이서(一表二書)로 널리 알려진 '경세유표(經世遺表)'·'목민심서(牧民心書)'·'흠흠신서(欽欽新書)'의 경세학(經世學) 관련 저술, 그리고 역사·지리·문학·과학·공학·의학·천문학·음악 등의 다양한 분야에 이르는 저술이 수록돼 있다.

다산은 학문을 연구하던 수학기(修學期)와 벼슬을 하던 사환기(仕宦期)에 남긴 저술보다 유배기 동안 저술 작업에 집중하여 대단한 분량의 저서를 남겼으며, 해배 후 생을 마칠 때까지의 정리기(整理期)에도 연구와 집필활동을 계속했다. 그는 억울하게 18년의 유배생활을 했으나 좌절하지 않았고, 벼슬길을 차단당한 그 시기에 오히려 "이제야 겨를을 얻었다"고 말하며 학문을 연구하는 데 전념했다. 그가 유배지에서 두 아들 학연과 학유에게 보낸 편지에는 부모님을 섬기는 법과 어른들을 모시는 법, 형제나 친구들과 지내는 법, 그리고 학문에 대한 권고 등이 담겨 있으며, 결혼하는 딸을 위해 유배지에서 보낸 그림과 시에는 자상한 아버지로서의 면모가 드러나 있다.

다산은 노년에 이르기도 전에 누구보다 많은 아픔을 경험해야 했다. 유배지에서 어린 막내아들의 죽음을 듣고 한없이 목메어 울었고, 흑산도에서 외롭고 쓸쓸하게 귀양을 살다가 세상을 떠난 둘째 형의 죽음에 통곡하며 그리워했다. 또한 병들거나 굶어서 죽어 가는 백성들의 참담한 모습에 삶의 의욕마저 상실할 지경에 이르기도 했으나, 낯선 땅에서 고단한 시골사람들과 어울려 지내며 그들의 아픔을 위로해 주었고 그들에게 학문은 가르쳤다. 그리고 백성들의 더 나은 삶을 고민하던 다산의 인간적인 면모는 그가 남긴 저술 속에 고스란히 남아서 그의 인간다운 면모를 오늘날까지 전해주고 있다.

다산의 노년기는 해배 이후의 시기라고 볼 수 있으며 이 시기는 다음의 여서 가지 측면에서 조망할 수 있다. 먼저 다산은 백성을 위하는 마음을 지속하고자 했다. 1818년(순조 18년) 8월 이태순(李泰淳)의 상소로 해배 명령이 내려지던 때, 다산의 나이는 57세였다. 그해 봄에 그가 '목민심서' 48권을 완성한 점을 보면 그의 애민사상의 간절함을 엿볼 수 있다. '목민심서'는 주권재민(主權在民)과 위민(爲民)의 철학으로 점철된 고전이다.

다산이 "심서(心書)"라고 한 까닭은 목민(牧民)할 마음은 있으나 그가 정치현실로부터 소외되어 있어서 몸소 실행할 수 없기 때문에 이름붙인 것이다. '목민심서'의 내용은 부임(赴任) · 율기(律己: 자기 자신을 다스림) · 봉공(奉公) · 애민(愛民) · 이전(吏典) · 호전(戶典) · 예전(禮典) · 병전(兵典) · 형전(刑典) · 공전(工典) · 진황(賑荒) · 해관(解官: 관원을 면직함)의 12편으로 구성돼 있으며, 지방의 관리로서 수령이 임명을 받은 이후로 벼슬을 떠날 때까지 행해야 될 일들에 관하여 자세히 기술하고 있다.

부임시의 행장이나 실무처리, 단정한 몸가짐과 청렴한 마음가짐, 교화, 공문서 작성, 세금 징수와 납부, 아전 단속, 토지 행정, 부역, 권농, 제사, 교육, 병무, 송사, 산림행정과 수리사업, 흉년 구제와 벼슬의 교체에 관한 일들이 그 내용이다. 이 가운데 4편 '애민(愛民)'에 주목할 필요가 있다. 「애민편」은 노인을 봉양하며 어린이를 돌보고 가난한 사람을 구제하며, 상(喪)을 당한 이를 보살피고 병든 이를 돌보며 재난을 구제하는 일에 대해 설명하고 있다. 특히 「애민편」에서는 양로(養老)를 가장 첫 번째 조목으로 밝히고 있는데, 양로 예를 통해 백성들의 효심을 진작시키려는 의도를 반영한다.

또한 양로사례를 통해서, 노인들에게 반드시 좋은 말씀을 구하라고 했는데 이는 백성의 괴로움과 질병을 물어서 예에 맞도록 하라는 뜻이다. 대접을 받은 나이든 이들은 목민관의 눈치를 크게 보지 않고 말할 수 있으므로 목민관이 그들의 말에 귀를 기울이는 것이 그 지역민의 애환을 알 수 있도록 하는 가장 좋은 방법이 되는 것이기에 다산은 양로를 권장한 것이다.

둘째, 다산은 노년기까지 실천을 중시하는 삶을 살아간다. 다산이 양로를 통해 효도의 예를 진작시키려는 것도 그의 실천적인 철학을 바탕으로 한다. 다산에 따르면 사람의 성(性)은 선(善)을 좋아한다. 마치 배추의 성은 오줌을 좋아하고, 마늘의 성은 닭똥을 좋아하며, 벼의 성은 물을 좋아하고, 기장의 성은 건조함을 좋아함과 같다는 것이다. 이러한 다산의 성에 대한 이론을 '성기호설(性嗜好說)'이라고 하는데, 이는 맹자의 성선설을 빌려 밝힌 것이다.

사람의 본심은 선을 즐거워하고 악을 부끄러워하는데, 오늘 마음에 걸리는 일 하나를 하고 내일 또 마음에 걸리는 일 하나를 하여 우러러 하늘에 부끄럽고 아래로 사람에게 수치스러워 겉으로 숨기고 가책을 느끼면 머리가 수그러들고 눈동자가 흐릿해져서 몸의 정기가 막혀서 사람의 모습이 되지 않는 것이라고 했다. 사람은 효(孝) · 제(弟) · 자(慈)를 통해 인(仁)을 실천함으로써 비로소 인간다운 삶을 영위할 수 있다고 본 것이다.

주자가 송나라 불교문제를 지적하고, 유학본령을 지키면서 우주론과 형이상학을 아우르는 새롭고 혁신적 대안을 마련했지만, 다산은 주자의 리(理)가 '실체'(自由之物)가 아니라 존재의 '속성'(依附之品)이라고 했다. 다산은 '효경(孝經)'에서 "부자(父子)의 도는 천성(天性)이다"라고 한 것과 '맹자(孟子)'에서 "형체와 용모는 천성이다"라고 했다. 이것들이 기호(嗜好)를 성(性)으로 말하는 사례이다. 다산의 성(性)에 대한 고증학적 접근은 당시 기질지성(氣質之性)과 본연지성(本然之性)으로 나뉘어 이념화된 성리학의 성 개념에 대한 접근을 근본적으로 재고함으로써 효(孝) · 제(弟) · 자(慈) 실천을 이끌어내기 위함이다.

셋째, 다산은 노년기에도 나이나 당색, 학문적 계파를 넘어선 열린 마음으로 학자들과 교유했다. 문산 이재의(文山 李載毅, 1772~1839)와의 교유가 대표적인 예이다. 문산은 다산보다 10살 연하이며 노론 가문의 선비였고, 다산은 유배형에 처해 있는 남인이었다. 다산의 유배기(1801~1818)에 문산은 강진으로 다산을 찾아왔고, 그 시기 다산은 주자학에 대한 철저한 반성과 더불어 '맹자요의(孟子要義)' 저술을 마칠 무렵이었기에, 두 사람 사이에 주고받은 서신은 인성론에 관한 논의가 주류를 이루었다.

문산은 사단(四端)이나 성(性)의 개념에 있어서 당시의 해석을 따르는 입장이었고, 다산은 천명(天命)으로 부여받은 본성으로서의 선(善)을 실현하려는 개인의 자주권과 실천력을 극대화하고자 하는 입장에 서 있었다. 또한 다산은 문산과의 인연으로 문산 아들, 영암군수 이종영(李鍾英)에게도 글을 보내어 관리의 자세에 대하여 자상하게 말해주었다. 다산은 고향인 경기도 마재로 돌아온 1818년 이후에도 문산 뿐만 아니라 수도권에 살던 김매순(金邁淳), 신작(申綽) 등 당시 중앙학계 학자들과 활발하게 교유했다.

넷째 다산은 노년기에 '흠흠신서(欽欽新書)'를 저술함으로써 생명존중사상을 천명했다. '흠흠신서'는 1819년에 30권으로 완성되었는데, 부당한 죽음과 억울함이 없는 형정을 위한 조선시대의 인명사건 판례집이다. 본래는 '명청록(明淸錄)'이었으나 후에 '서경'의 "흠재흠재(欽哉欽哉)", 형벌을 신중하게 하라는 구절을 따라 '흠흠신서'로 그 이름을 고쳤다. 다산이 제시한 재판 원칙과 규범을 밝힌 '경사요의(經史要義)', 중국의 모범적인 판결문과 사건 보고서를 소개한 '비상준초(批詳雋抄)', 법이 잘못 적용되는 것을 경계하도록 한 '의율차례(擬律差例)', 형벌을 신중하게 내리기 위해 첨삭 논의로서 정조(正祖)의 어판(御判)과 다산의 비평을 담은 '상형추의(祥刑追義)', 관리로 재직할 때 다산이 경험한 사건을 소개한 '전발무사(剪跋蕪詞)'로 구성되어 있다.

「흠흠신서」의 제목이 보여주듯이 조심하고 삼가야 하는 관리의 흠휼(欽恤)과 애경(哀敬)의 자세는 다산이 백성의 인권과 생명을 소중히 여긴 예이다. 다산이 '서경'과 '주례'를 인용하며 판관의 흠휼을 강조한 것은 유교적 사법체계에서 범죄성립과 재판을 결정하는 것이 범죄행위 자체가 아니라 행위자의 고의성 여부에 있었고, 그런 심리상태와 심증(心證)을 밝히기 위해서는 판관의 신중함이 무엇보다 중요하다고 본 것이다.

다산은 과오인지 고의인지 여부가 살옥(殺獄)을 다루는 큰 원칙이라고 말한다. 과오살(過誤殺) 여부와 심증(心證)을 중시했던 것은 유교적 형법과 형벌이 지향한 최종가치가 윤리덕목이었기 때문이다. 또한 유교사회의 강상윤리는 군신(君臣)·부자(父子)·부부(夫婦)·노주(奴主) 간의 명분을 기반으로 하며, 법으로 단죄하는 행위란 것은 결국 예와 명분이 지향하는 위계질서를 거스른 행위를 말한다. 당시 유학자들이 명분을 내세운 밑바탕에는 도덕적 우월성이 자리 잡고 있었다. 다산이 유학자로서 추구했던 이상도 결국 도덕성에 기반한 정당한 차별과 위계질서를 수립하는 것이었는데, 이는 백성생명을 존중하여 판결함과 더불어 '흠흠신서'의 한계이자 가능성이었다고 볼 수 있다.

다산이 「흠흠신서」를 저술하면서 판결에 있어서 신중하고 또 신중을 기하라고 당부한 것은 그의 유배경험과 무관할 수 없을 것이다. 정조 사후 정순왕후(貞純王后, 1745~1805)의 천주교 탄압은 종교적 명분을 앞세워서 남인 세력을 축출하기 위한 정치적 계략이었다. 이에 다산은 '흠흠신서'를 통해 치자의 잘못된 판결이 사상의 자유를 억압하거나 사형 제도를 악용하여 생명을 함부로 대할 가능성이 있음을 지적한 것이다.

다섯 째, 다산은 해배 이후에도 끊임없이 연구하는 학자적 자세를 견지했다. 다산은 유배시절(1801~1818) 동안 육경(六經) 사서(四書)에 대한 주석서를 저술하는 경학 작업을 완료했고, 이를 토대로 하여 1818년 가을 직전까지 경세학적 저작 활동을 했는데, 국가의 경제·사회·정치 개혁론인 '경세유표(經世遺表)'와 지방관의 역할과 지방 정 운영 개선안인 '목민심서(牧民心書)'가 그 대표적인 저술들이다. 해배 이후 서거 직전까지도 그의 저작 활동은 계속되었는데, 주로 강진 시절의 저작을 수정 보완하여 완성하는 작업이었다.

경학저술로는 동아시아 역학사를 정리한 '역학서언(易學緖言)'과 국학 관련 저술로는 '이담속찬(耳談續簒)'과 '사대고례산보(事大考例刪補)'가 있다. '아언각비'는 1819년 겨울에 3권으로 완성했는데, 다산의 언어학 관련 저술이며 다산학의 절정기의 풍부한 지식을 바탕으로 한 200여 항목을 서술한 것이다. 또한 '산수심원기(山水尋源記)'나 '산행일기(汕行日記)', '천진소요집(天眞逍遙集)'을 저술했고, '아방강역고(我邦疆域考)'를 증보했다. 만년에는 '상서(尙書)' 관련 저작들을 개정했는데, 강진 시기의 초고본 '매씨서평'을 개수했고, 유배기의 초고본 '상서고훈'과 '상서지원록'을 합편하여 '상서고훈'을 개정 증보했으며, '매씨서평(속)'과 '상서고훈서례'를 편찬했다. 다산이 '상서'에 관심을 가진 것은 규장각 초계문신(抄啟文臣)으로 선발된 1789년 이후였다.

정조가 주도하던 '상서' 강의에 참여하던 도중 부친의 상을 당했고, 삼년상을 치르느라 강의에 참석할 수 없었으나, 그 시기에 '상서'를 깊이 고찰하면서 고문상서와 금문상서의 차이를 인식하게 되었다. '상서(尙書)'는 공자가 중국의 요순시대부터 주나라까지의 정사(政事)에 관한 문서를 수집해서 편찬한 책인데, 다산이 이를 해배 이후에도 중시한 것에서 그가 말년까지 새로운 국가체제를 열망했음을 알 수 있다.

여섯 째, 노년의 다산은 존엄한 죽음을 위한 준비를 했다. 다산은 1822년(순조 22년)에 61세의 나이로 '자찬묘지명(自撰墓誌銘)'을 지었으며, 해배 이후에 윤서유, 윤참의, 권철신, 이가환, 정약전 등의 묘지명도 지었다. 그의 '자찬묘지명'은 자신의 삶을 되돌아보면서 품위 있고 존엄한 죽음을 맞기 위한 준비였다.

자찬묘지명을 저술함으로써 자신의 삶을 돌아보고, 자신의 저술에 대한 체계와 요지를 설명하고 유명을 남김으로써 그는 깨닫지 못한 사이에 죽어가는 삶을 선택하지 않았고, 죽음을 자각하는 사람으로서 본질적 고독을 체험하면서도 담담하게 죽음을 대면할 채비를 했다. 다산은 그의 나이 75세에 회혼일(回婚日)을 맞이하여 친족과 제자들이 모인 고향 마재에서 생을 마쳤으며, 장례 절차는 '유명(遺命)'과 '상의절요'를 따라 진행되었다. 그의 유명대로 여유당 뒤편 광주(廣州) 초부방(草阜坊) 마현리(馬峴里) 정남향 언덕에 장사 지냄으로 한 생을 마감했다.

다산은 고향에서 평화롭고 아름답게 죽음을 맞이하는 행복을 누렸다. '예기' 단궁상편(檀弓上編)에 '수구초심(首丘初心)'이라는 말이 나온다. '여우는 죽을 때 구릉 향해 머리를 두고 초심으로 돌아간다.'라는 뜻으로, 근본(根本)을 잊지 않으며, 죽어서라도 고향(故鄕) 땅에 묻히고 싶어 하는 마음을 나타낸 것이다. 강태공(姜太公)은 제(齊)나라 영구(營丘)에 봉해져 계속해서 오대(五代)에 이르기까지 살았으나 주(周)나라에 와서 장례(葬禮)를 치렀다는 것이며, '여우가 죽을 때 언덕에 머리를 바르게 하는 것은 인(仁)이다.'라고 했다.

오늘을 살아가는 우리는 대부분 바쁜 일상 속에서 죽음을 잊고 살아간다. 그러나 누구나 죽는 순간은 홀로 맞이할 수밖에 없고, 죽어가는 과정도 외로울 것이다. 인간은 태어난 순간 죽음을 향한 여정을 시작한다고 할 수 있기에 산다는 것은 죽어간다는 것과 동일한 의미일 수 있다. 그리고 죽음은 준비하는 자만이 존엄하게 맞이할 수 있는 종착지이다.

무의미한 연명의료를 중단하고자 한다면 '사전 의료 의향서'를 써 놓고, 한 번쯤 자신의 삶을 돌아보며 「자찬묘지명(自撰墓誌銘)」처럼 유언장을 써보는 것도 죽음을 품위 있게 준비하는 작업이 될 것이다. 임종직전이 아니더라도 남길 말을 미리 해두는 것, 자신의 영혼과 몸, 재산처분에 대한 개인적 소망이나 의지를 유언을 통해 표현해두는 일은 죽음에 이르러야할 인간의 운명에 슬기롭게 대처하는 방법이 될 것이다.

다산의 노년은 참으로 아름답게 마무리됐다. 그는 마지막까지 수기치인(修己治人)의 정신을 가진 유학자로 살면서, 백성에 대한 사랑과 공직자의 윤리관을 '목민심서'를 통해 드러내었으며, 실천성의 강조를 통해 인(仁)의 본래적 의미를 회복하고자 했다. 그는 인(仁)을 두 사람 사이의 관계에서 '행사(行事)'를 통해 실천할 때에만 성립된다고 했다. 이를 통해 서로를 위하는 노력과 성의가 필요하다는 주장을 담았다.

다산은 노년임에도 불구하고 항상 나이나 당색, 계파에 구애되지 않고 누구에게나 열린 마음으로 대화하는 자세를 견지했으며, 생명의 존엄성을 깊이 인식하여 판결에 있어서 한없이 신중할 것을 당부했다. 또한 연구와 저술에 몰두하며 학문의 완성을 위한 열정을 마지막 순간까지 불태웠다. 그는 당대 서학, 고대유학, 훈고학, 양명학, 고증학, 일본고학, 그리고 주자학적 요소를 포함한 당대 주요사상들을 비판적으로 숙고하여 종합했으며, 시대의 모순과 비리를 직시하여 현실문제에 대한 해결책을 제시하면서 지식인으로서의 책임감과 사명감을 보여주었다.

다산의 『심경밀험』은 자신이 경험한 것으로써 스스로 경계하고, 마음 다스리는 방법을 통해 수양하고자 저술하였다. 그런데 『소학』이 몸을, 『심경』은 마음을 다스리는 책이라고 평가한다. 따라서 『심경』은 마음공부를 위해 성현들의 말을 선택적으로 편집한 마음 수양의 지침서로 간주되었으며, 실학 역시 근본적으로 유학적 인간상 추구의 한 양태로 파악하였다. '도덕적으로 완성된 개인으로서 성인(聖人)이 되기 위해서는 마음 수양을 통한 인격적 단련을 중시할 수밖에 없기에, '실심'을 중심으로 한 '마음공부' 중시하였다.

다산은 『심경밀험』 서론, 「심성총의(心性總意)」를 통해 마음과 성품에 대해 기술하였다. 『심경부주』는 북송시대 성리학자들의 견해를 맹자와 같은 '성인의 말씀'과 같은 수준에서 이해하였다.

또한 『심경밀험』은 그들의 말을 주석으로 이해하며 서술한 것으로, 성리학을 비판하고 '원시유학'을 강조하였다. 「심성총의」에 나타난 다산의 심성관은 성(性)은 순선한 이(理)가 아니며, 사람의 기호(嗜好)에 속한다. '기호의 성'은 선행을 기뻐하고 악행을 근심스러워함. 사람이 본래 선을 좋아하고 악을 싫어하는 경향성을 말한다. 맹자의 성선설과 맥을 같은 입장이다.

반면에 주희의 심성론은 '이'는 성이고 '기'는 마음으로 '이'가 성선의 근거가 된다는 주장이다. 마음을 기로 파악하면 도심은 '이'인가 문제가 불거진다. 퇴계는 사단(四端)을 이(理)와 관련시키고 칠정(七情)을 기(氣)와 연관시키고, 칠정(七情)안에서 선한 정(情)만을 사단(四端)으로 간주하였다. 무엇보다도 다산은 고증학적 입장에서 『상서』의 공자가 저술 부정하였다. 『상서』 속 16자 심법을 성인의 말씀으로 여기는 성리학자들의 견해 부정하였다고 할 것이다.

다산은 심성수양을 통해 성인에 도달할 수 있다고 보는 입장은 성리학과 같지만, 도문학 일변도의 문제점을 지적하면서 마음공부 강조하였다고 할 것이다. 성인의 경서를 공부하면서 선을 좋아하는 경향을 잃지 않도록 공부를 지속하는 것이 성품을 함양하고 성인이 되는 길이라고 생각한 것이다. 무엇보다도 인간다운 삶의 실현을 위해 노력하는 인간 '의지'로서의 '권형(權衡)'이 중요하다.

선을 지향하는 '경향성'이 '선행(善行)'으로 이어지기 위해서는 바람직한 판단과 선택인 권형을 전제로 하기 때문이다. 이를 통하여 본성에 깃들어 있는 선한 경향성도 중시하지만, '인식'의 중요성도 역설하였다고 말할 수 있다. '앎'과 '실천'의 문제를 별개로 나눠지 않고 밀접한 상관 연동관계로 파악하였던 것이다.

다산의 노년윤리도 성리학적 관점에서 벗어난 점이 있지만, '수기'와 '치인'을 기반으로 하는 유학 사유의 궤도에서 크게 벗어나지 않으면서 인간과 세계를 해석하고 조망하려는 특징이 강하다고 할 것이다. 특히 '수기'는 영성 측면에서 접근이 가능하며, '치인'은 사회정치적 측면에서 접근이 용이하다고 할 것이다. 결국 영성차원의 고뇌로서 '수기'와 윤리적 실천으로서의 '권형'을 제기하면서 동시에 사회적 개인, 공동체의 일원으로서의 책임과 역할에 대한 문제를 중점적으로 부각시켰다고 여겨진다.

나이 듦과 무관하게 '성인(聖人)'을 지향하려는 이상은 노인에게도 삶의 목표와 지향가치가 있음을 의미하며, 권형에 대한 긍정과 믿음을 실천으로 옮기며, 긍정적 마음에서 실천적 노년을 보내는 것이 바람직한 노인상이라고 할 것이다. 그의 강진 유배기는 관료로서는 암흑기였지만, 학자로서는 알찬 수확기였다. 많은 문도를 거느리고 강학과 연구, 저술에만 전념할 수 있었다. 이 기간 동안 중국 진나라 이전의 선진(先秦) 시대에 발생했던 원시 유학을 집중적으로 연구함으로써 이를 기반으로 성리학적 사상체계를 극복하고자 하였다.

그는 조선왕조의 사회현실을 반성하고 이에 대한 개혁안을 정리하였다. 그의 개혁안은 『경세유표』·『흠흠신서』·『목민심서』의 일표이서를 통해 제시되고 있다. 이들은 육경사서에 대한 연구와 사회개혁안을 정리한 것으로 주목받고 있다. 다산의 기록에 의하면 그의 저서는 연구서들을 비롯해 경집에 해당하는 것이 232권, 문집이 260여 권에 이른다고 한다. 대부분 유배기에 쓰여졌다.

다산의 노년기는 1818년 57세 되던 해에 유배에서 풀려나 생을 마감하게 되는 1836년까지의 기간이라고 할 것이다. 그는 이 시기에 향리에 은거하면서 『상서(尙書)』 등을 연구했다. 노녕기임에도 불구하고 강진에서 마치지 못했던 저술작업을 계속 추진하였다. 매씨서평(梅氏書平)의 개정 · 증보작업이나 아언각비(雅言覺非), 사대고례산보(事大考例刪補) 등이 이때 만들어졌다.

그는 자신의 회갑을 맞아 자서전적 기록, 「자찬묘지명(自撰墓誌銘)」을 저술하였다. 그 밖에도 자신과 관련된 인물들의 전기적 자료를 정리하였으며, 500여 권에 이르는 저서를 정리하여 『여유당전서(與猶堂全書)』를 편찬하였다. 그는 생애를 통해 위기에 처한 조선왕조 현실을 개혁하고자 했으며, 그 현실 개혁의 이론적 근거를 확보하기 위해 선진유학을 비롯한 여러 사상에 대한 연구를 게을리 하지 않았다. 유배과정에서 불교와 접촉했고, 유배에서 풀려난 후에는 다시 서학에 접근했다. 그는 당시 사회에 대한 성찰을 통해서 실학사상을 집대성함으로 노년기를 황금기로 활용한 지성인이었다고 할 것이다.

〈 다산 근영 〉

12-4 해월장수

21세기의 바람직한 노인상의 정립을 위해 장수해월 최시형의 삶과 사상을 고찰하고자 한다. 21세기의 우리나라 사회는 정보화, 세계화, 개방화라는 과제를 갖고 세계시민과 더불어 경쟁하는 나라가 돼 가고 있다. 사회적 변화로서 21세기는 저출산과 고령화 사회가 돼 가고 첨단 과학기술의 발달로 고도의 정보화 사회로 바뀌어 간다. 국내적으로 남북통일의 과제를 갖고 있고 산업사회에서 강조됐던 대량생산의 효율성에서 비롯한 획일주의, 권위주의가 사라지고 개성을 추구하면서 전문성을 다양하게 인정하는 전문화 사회가 돼 가고 있다. 고령화 사회로 진입할수록 보건의료에 대한 욕구와 복지사업에 대한 요구는 증대하는 추세이다.

바람직한 노인상의 정립을 위해 우리는 동학의 2세 교주이자, 동학농민혁명의 실질적인 영도자, 해월신사(海月神師) 최시형(崔時亨, 1827~1898)을 떠올리게 된다. 그는 조선조 조정으로부터 세 번이나 집중적 지명수배를 받은 인물이다. 또한 36년간을 태백산맥과 소백산맥이 어우러지는 강원도, 충청도, 경상도의 산간 마을 50여 군데를 전전하며 살아갔다. 산간을 전전하는 해월신사는 한 생애를 걸쳐 분노와 좌절을 쌓아 가는 대신, 다시 개벽의 미래공창으로 세상에 대한 비전을 제시하면서, 몸소 그것을 구현하고자 끊임없이 노력했다. 우리 시대가 그리워하는 스승의 모습을, 해월 최시형을 통해 그려볼 수 있을 것이다.

1864년 3월 10일, 동학 창시자 수운 최제우 선생의 대구참형은 한 사람의 목숨을 빼앗은 결과였지만, 그 가르침은 사라지지 않고 도통을 계승한 해월을 통해 부활해 새로운 불씨를 지펴나갔다. 태백산맥 오지의 험난함이 어우러진 산간마을, 용화동에서 해월은 동학재건을 위한 꿈을 펼치기 시작했다. '나도 다른 사람과 같이 오장(五臟)이 있으므로 정욕(情慾)이 있다.'라고 고백했듯이, 해월신사는 자신의 욕망을 인간적으로 솔직하게 인정했다. 그러나 혈기를 다스리지 못하면 한울님 마음을 상하게 할 것이며, 정욕에 매달리면 한울님을 공경하는 데서 멀어지기에 스스로 도력으로 다스리며 올바른 수행자 길을 걸어 나갔다.1875년 10월 18일, 해월이 펼친 '용시용활(用時用活)'의 설법은 '때를 살려서 쓸 것'을 강조한 가르침으로 삶 속에서 도를 실천하는 바탕이자 때를 기다리는 지혜의 원천이 됐다.

장수해월은 1864년, 대신사(大神師) 수운 최제우(水雲 崔濟愚)가 순도하자 관의 지목을 받았다. 1871년, 신미교조신원운동을 비롯해 1892년, 공주와 삼례 교조신원운동을 전개했으며, 1893년 광화문 앞 교조신원운동을 이끌고, 보은과 원평에서 '척왜양창의운동(斥倭洋倡義運動)'을 전개했다. 1894년 동학혁명운동을 지도하면서 근대사회의 물줄기를 바꾸어 놓았다.

54세인 1880년 '최선생문집도원기서(崔先生文集道源記書)'와 '동경대전', 56세의 1881년 '용담유사'를 간행했다. 1893년 동학의 단위조직에 해당하는 포(包) 제도를 공식화했고 의례행사를 새로이 정비했다. 해월신사는 1827년 3월 21일(양력 4월 16일)에 외가, 경주 동촌 황오리에서 태어났다. 6세 때 모친은 병으로 돌아가고 영일 정씨를 계모로 섬겼다. 해월신사 이름은 경상(慶翔)이며 자는 경오(敬悟)지만 시형(時亨)으로 고쳤으며 호는 해월(海月)이다.

해월이 68세인 1894년 1월, 동학농민 운동으로 무력투쟁을 전개하고, 1897년, 손병희(孫秉熙, 1861~1921)에게 도통을 전수했으며, 1897년, 이천시 설성 수산리와 여주 강천 도전리 등에서 도피생활을 했다. 72세인 1898년 3월, 원주에서 체포돼 서울로 압송돼, 교수형에 처했다. 1907년, 9년의 세월이 흐르자 고종 특지(特旨)로 신원(伸冤)이 이루어졌다. 해월의 인생행로가 고달픔의 연속이었지만 노년기에 이르기까지 구도자의 삶을 유지했기에 자발적으로 양생(養生)하는 노인상의 귀감(龜鑑)이 된다.

해월은 34년 동안을 봇짐 하나로 이 동네 저 동네, 이 골짜기 저 골짜기를 숨어 다니며 포교하고 동학을 이끌었다. 36세부터 도피생활이 시작돼 72세, 원주 호저면 송골에서 관헌에게 체포될 때까지 36년 동안 보따리 하나 가지고 노년기를 보냈으니 안식을 취할 겨를조차 없었다. 해월신사께서 36년 동안 도망 다니면서 숨었던 장소는 200군데로 추정되고 있다. 숨어 지내지만 뜻을 펼친 인생항로는 미륵산의 사자암, 마곡사 가섭암, 영월 적조암·직동, 영양 일월산 용화동, 단양 영춘면 노루목, 여주 전거론, 이천의 앵산동, 그리고 마지막으로 체포된 원주 송골 등 다양하다.

피신처마다 하룻밤 머물기도 하고, 이삼일도 있었고, 상황이 안전하다고 판단되면 반년도 머물렀다. 항상 휴대하던 보따리 안에는 스승의 유저, 동경대전과 용담유사의 필사본 그리고 짚신이 여러 켤레 들어 있었다. 피신처에서 해월은 꽃과 나무를 부지런히 심었다고 한다. 송골에서 체포되기 전날에도 새끼 꼬는 일을 계속했다. 숨 막히는 도피생활을 영위하며 노년기를 보냈으니 해월신사는 자강불식(自强不息)으로 스스로 기운을 재충전했다.

해월신사의 묘는 원적산(圓寂山) 천덕봉(天德峰, 630m)중턱에 자리 잡고 있다. 사형집행 후 가매장된 시신을 교도 이종훈(李鍾勳, 1855~1931)등이 수습해 여기에 안치했다고 한다. 여러 번 꿈에서 수운을 만나는 체험을 통해, 해월신사는 자신의 활동이 헛되지 않았음을 확인했고 새 세상을 만들기 위한 미래공창의 다짐을 키워나갔다. 동학 도인들의 경제적 부담을 목격하면서 해월은 의례를 간소화하고 제례명칭도 '소인등제(小引燈祭)'로 고쳤다.

의례에 사용한 생쌀은 밥이나 떡을 지어 먹었고, 무명은 옷감으로 사용됐다. 점차로 동학의례에서 제물은 사라지고 청수 한 그릇만 남았다. 여러 차례 의례를 바꾸고 간소화한 것은 백성과 함께하려는 그 마음이 컸기 때문이었다. '인등제'의 보급으로 신앙심의 진작시키면서 해가 진 밤중에 행했으며 장독대처럼 단(壇)이 있는 곳에서 주로 이루어졌다.

1879년, 가을에 이르러 도원(道源)을 잇겠다는 뜻이 확립되면서, 수운의 행적을 정리하고자 '도원기서' 편찬에 착수했다. 그러나 이 책이 발간되자 굳게 봉한 후 날인해 정선군 유시헌에게 맡기면서 다른 사람의 눈에 띄어서는 안 된다고 당부했다. 이는 해월신사의 활동과 도인들의 이름들이 상세히 적혀있는 도원기서를 관가에서 입수하게 되면 큰 곤경에 빠질 수 있기 때문이었다. 영해교조신원운동에 관한 내용이 상세하게 기록하고 있어 당시에는 공개할 수 없었다. 특히 해월신사는 자신이 믿을 만한 인물인 도접주, 유시헌에게 맡겼다. 이렇게 봉인됐던 도원기서는 저술된 지 100년만인 1978년에 세상에 공개됐다. 이를 통해 구전에 의존했던 초창기의 동학 성립과정을 밝힐 수 있는 근대사상사의 주요자료가 형성됐다.

1894년, 전북 고부의 접주 전봉준이 주도한 동학농민운동에도 동참하고 지지를 표하며 활동했다. 이듬해 전봉준이 체포돼 사형언도를 받자, 충남 논산에서 남접군과 합세해 공주에서 교전했지만 참패하고, 전북 장수전투에서도 참패했다. 1898년, 강원도 원주에 머물던 중 반역 죄목으로 체포됐다. 이때 해월신사에게 사형선고를 내린 자는 고부봉기를 유발한 고부군수 조병갑이었다. 이처럼 해월신사의 노년기는 지목을 피해 도피하는 고난 속에서 스승의 유훈을 방방곡곡 퍼뜨리며 동학조직을 전국으로 확산시키는 계기로 삼았다.

해월의 가르침을 집약한 사상은 '사인여천(事人如天)'이다. 누구나 한울님을 모셨으니 사람을 한울님처럼 잘 섬겨야 한다는 가르침으로, 인간의 존엄성을 중시하며 모든 인간을 본질적으로 동등하고 평등한 존재로 인식해야 한다는 의미를 지닌다.

'집에 손님이 오거든 손님이 오셨다 하지 말고, 한울님이 내 집에 오셨다고 말하십시오. 부인 동덕들은 함부로 아이들 때리지 마십시오. 아이를 때리는 것은 곧 한울님을 때리는 것입니다.'라는 법설을 남긴 해월신사는 타인용서와 자기성찰을 함께 강조하면서, 모심과 섬김 그리고 존중과 배려를 실천했다.

'교만하고 자기를 과시하는 마음을 가지고 무엇을 할 수 있겠습니까? 자기를 과시하는 사람은 진리와는 거리가 멉니다. 진실해야 진리에 가까이 갈 수 있습니다.' '악한 사람이라도 선하게 대하는 것이 좋습니다. 우리가 가는 길이 바르면 그도 반드시 스스로 바르게 됩니다. 사람과 물건을 대할 때 악한 것은 숨겨주고 좋은 것은 드러나게 하십시오. 저 사람이 나에게 포악하게 하더라도 나는 그를 사랑과 용서로 대하고, 그가 나에게 거짓으로 말을 꾸며도 나는 정직하고 순수하게 대하면 자연히 마음이 돌아오게 됩니다.'라고 설파했다.

또한 해월은 사람과 한울님의 공경과 함께 물건마다 하늘이고 일마다 하늘이라는 관점에서 천지인삼재를 모두 공경하자는 삼경(三敬) 사상으로 생태계 살림의 중요성을 선구적으로 가르쳤다. '세상 만물 중에서 한울님을 모시지 않은 것이 있습니까? 이것을 알면 생명 있는 것을 죽이는 일은 굳이 금하지 않더라도 스스로 하지 않게 됩니다. 제비의 알을 깨지 않아야 봉황이 날아오고 풀과 나무의 어린 싹을 꺾지 않아야 산이 무성해집니다. 쓸모가 다해 못 쓰게 된 물건이라며 함부로 버리고 어떻게 부자가 될 수 있겠습니까? 날아다니는 3000종의 새도 다 자기 부류가 있고, 땅을 기어 다니는 3000종의 벌레도 다 자기 생명을 가지고 있습니다. 자연과 생명을 공경하십시오.'라고 설파했다.

이러한 삼경(三敬)의 사상과 법설은 먼저 나를 변화시켜 우리를 바꾸자는 것이며, 생명운동과 평화운동 구리고 노동운동이었다. 여성과 노인 그리고 어린이 존중 법설은 오늘날에도 세대 상생의 시대 과제를 해결하는 귀감이 되는 가르침이다. 해월을 따르는 어느 제자가 물었다. "사람의 도 닦는 것이 마음 닦기를 주로 합니다. 마음을 닦는 데는 재난과 고통이 많으므로 능히 마음을 닦을 수 없습니다. 어떻게 닦는 것이 옳습니까?" 이에 해월신사는 동학의 창도자, 수운 최제우 선생의 '수심정기(守心正氣)'로 응답했다. '수심정기'는 동학 공부의 방법이다. '수심(守心)'은 마음을 지킨다는 뜻이며, 내 몸에 모셔져 있는 한울님을 체험하면서, 한울님께 받은 본래 마음을 회복하고, 영성을 회복한 마음을 지키고 살리는 영성운동이었다. 해월은 한울님 마음을 회복해 몸에 모신 한울님을 만나는 영성체험을 하고서 비로소 모든 의심을 떨쳤다. 그리고 스승께서 한평생 한울님을 두려워하고 공경하는 마음의 '경외지심(敬畏之心)'이었다. 이를 계승함으로, 비록 노년기에 처해서도 해월신사는 이 자세를 경건하게 유지했다. 수심정기의 깨달음과 실천으로 노인존엄을 지속한 경로의 실천이다. "어떻게 닦는 것이 옳습니까?"는 물음에 대해 해월은 이렇게 대답했다. "평생을 고생이라고 생각하면 괴롭고 어려운 일 아닌 것이 없고, 즐거움으로 생각하면 편안하고 즐거운 일 아닌 것이 없습니다. 고생이 있을 때는 도리어 안락한 곳을 생각할 것입니다. 만사의 성취는 정성에 달려 있습니다. 정성을 지극히 하는 마음에는 즐겁지 않은 것이 없습니다." 결국 바람직한 노년상의 요건으로서는 고생할지라도 즐거움으로 생각하는 영성 자각이 필수적이라고 할 것이다.

해월이 사형에 처한 이유는 '주문'과 '부적' 때문이었다. 동학혁명 이후 고부 군수 조병갑은 판사로서 해월에게 사형을 선고했다. 판결문에서 언급한 '주문'은 동학의 21자 '주문', '지기금지 원위대강 시천주 조화정 영세불망 만사지'였으며, '부적'은 영부(靈符)의 신령스런 만다라였다. 동학의 창도자 수운선생이 득도한 후 제자들에게 가르친 수행과목은 주문과 영부가 전부였다. 영부를 그려 불에 태워 물에 타 마시는 그 사람의 정성에 따라 병이 낫기도 하지만 차도가 없는 경우도 나타났다. 영부는 마음을 형상화한 만다라로 정성의 집약이었다.

동학의 핵심은 평등의식을 고취하는 영성의 알아차림이다. 불평등한 신분 질서가 강하게 뿌리내렸던 조선 사회에서 동학은 무엇보다도 평등을 중시했다. 양반과 상놈, 남자와 여자, 노인과 어린이, 부자와 가난한 자의 평등을 중시했다. '모든 사람이 하늘'이라는 영성의 알아차림이 평등의식의 구현으로 이어졌고 이에 대해 많은 사람이 공감대를 나타내며 참여했다.

동학의 또 다른 핵심은 자주의식을 고취하는 영성구현이다. 서양과 일본에 대한 자주 의식도 내포한다. 나라 사이의 자주의식은 외세에 대한 평등이기 때문이다. 동학혁명이 터지자 동학군을 이길 수 없었던 조선정부는 청군을 불러들였고 일본군도 이 땅에 발을 들여놓는 계기가 됐다. 한반도는 청일전쟁으로 몸살을 앓았고 중국을 이긴 일본군은 조선을 삼키려 했다. 그해 가을, 추수를 끝낸 동학군은 침략에 항거해 전국 각지에서 죽창 들고 일어났다. 신분차별의 철폐를 외치며 평등을 요구한 동학군에 우호적인 유림 선비 세력은 극소수에 불과했다. 권력 유지에 관심이 있었던 임금과 조선 정부에 항거해 동학군은 외롭게 싸웠다.

동학혁명의 좌절을 겪은 10여 년 후, 조선 왕조는 멸망했다. 동학혁명 당시 여성도 다수 참여했다. 관작리 전투에서는 관군의 밥을 해주던 노파가 농민군에 내응해 관군이 잠든 사이에 포신에 물을 붓고 도망쳤다. 관군은 대포를 쏠 수가 없었다. '동학군은 비바람을 부르고 신비한 술수가 있어 능히 대포 구멍에 물이 나게 한다.'는 소문이 그 주변으로 떠돌았다. 동학군이 신출귀몰한다는 소문의 이면에는 이름 없는 여성들의 헌신이 있었다. 해월신사의 저술, '내수도문 · 내칙(內修道文 · 內則)'을 통해 해월신사의 여성존중 사상을 살필 수 있다. 당시 아무도 비참한 여성의 삶에 관심조차 기울이지 않았던 1890년 해월신사는 수도의 근본이 여성에게 있음을 깨닫고 여성이 수도하는 길을 열어주었다.

해월은 생활이 내 몸에 모신 한울을 길러내는, 양천주(養天主)의 과정임을 깨닫고 '일상의 성화(聖化)'를 통해, 세상이 개벽될 수 있다고 믿었으며, 일상의 힘이 여성으로부터 비롯된다고 생각했다. 또한 여성은 생명잉태의 포태(胞胎)로서 새 인간, 한울을 길러내는 바탕으로서 주요의미를 나타냈다. 그럼에도 당시 여성들은 남존여비에 사로잡혀 자기비하 의식에 내몰렸다. 노동력의 착취로 말미암아 여성은 노예의 삶을 영위했다. 해월신사는 「내수도문 · 내칙」을 통해 당시 여성들에게 여성도 한울님을 모신 한울과 같은 평등한 존재이며, 일상생활의 수도와 포태를 통해 한울을 길러내는 위대한 존재임을 각성해 자존감을 회복하도록 했다. 전통태교와 달리, 해월신사는 여성과 태아를 한울로 존중했다.

포태를 양천주의 시작으로 파악해 포태한 여성은 새 인간이자 한울을 이 땅에 출산하는 막중한 책임의식과 함께, 스스로 '태교' 수도를 거쳐 '양천주의 당체'로 존중받을 가치가 있음을 설파했다. 해월의 여성존중은 농민운동 당시의 '폐정 개혁안'에 드러났고, 여성 농민운동가, '이소사(李召史)'의 활약으로 입증됐다. 이는 '이종일'의 여성개화운동, 천도교 여성운동으로 이어졌다. 해월의 '여성존중' 사상은 여성의 상품화에 경종을 울리면서, 양천주사상에 입각한 잉태가치를 천명함으로 저출산과 고령화 사회에도 생명력을 발휘한다.

해월은 노인철학의 방향을 암시함으로 바람직한 노인상의 모습을 떠올리게 한다. 먼저 국가중심의 경로실천이다. 공적 차원의 경로실천은 노인존엄의 평등의식을 고취한다. 성차별 못지않게 심각한 연령차별을 제도적으로 철폐시킨다. 사회에 기여하는 노인들에게 정년추방의 문제는 평등의식 구현으로 전환시킨다. 또한 시민사회와 연대하는 양로방안이다.

세대상생을 이루는 다양한 프로그램을 개발해 공공부조를 성취토록 한다. 혐로(嫌老) 분위기를 양노(養老)의 공감대로 전환시킨다. 그리고 노인 스스로 자주 의식을 고취해 자존감을 회복하는 양생실천을 생활화 한다. 하늘은 스스로 돕는 자를 돕는다는 속담처럼, 노인 스스로 양생을 실천하는 자주의식 고취는 바닥난 노인재정을 재충전시키는 돌파구가 될 것이다.

조선 정부가 그를 떠돌이의 신세로 전락시켜 감시했지만, 해월은 혐오정책에 굴하지 않고 '스승을 보은하는 삶', '양천주로 양생하는 삶', '보은 장내리를 개벽 요람으로 살리는 삶'으로 전환시키고자 노력했기에, 영성모심과 사람 섬김 그리고 생명살림의 주체가 됐다. 해월은 '인간이 한울님을 모시고 있는 존재'라는 '시천주(侍天主)'를 자각하는 것만으로는 큰 의미가 없으며, 이러한 자각을 실천하는 단계로 나아가야 삶의 변화를 이끌어낼 수 있다고 생각하였다.

노인의 경우에도 자신이 모시고 있는 한울님을 각자 길러 나가는 '양천주(養天主)'의 생활태도가 중요하다고 할 것이다. 노인으로서 단순히 한울님을 깨닫는 것으로는 한울님을 자신의 내면에 모실 수 없다. 노인의 일상생활에서 한울님을 길러나가는 수행을 통해서만이 한울님을 모실 수 있다는 '지행합일(知行合一)' 원리를 제시하고 있다. 이러한 점에서 실심양지(實心良知)의 태도와 일맥상통하고 있다.

양천주의 결과로서 노인은 자기와 한울님과 우주 자연이 하나임을 온전히 깨닫는 자각이 이루어진다. 해월에 따르면 모든 것의 근본이 하나임을 깨닫는 순간, 나와 다른 것들 간의 차별성이 사라져 모든 것을 평등하게 대할 수 있는 생명의식의 일대전환이 가능하다고 할 것이다. 그는 양천주를 위한 구체적 실천방법으로서 '향아설위(向我設位)'를 제시하였다. 벽을 향해 절을 하는 전통적인 제사 형식을 극복하고, 귀신 존재를 인정하는 순간 인간이 한울님과 동격이라는 원칙에 위배되기 때문에 한울님을 모시고 있는 자기 자신을 향해 제위를 올리는 의미를 새롭게 강조한 것이라고 할 것이다.

양천주를 통해 실천적으로 한울님을 자각할 수 있게 된 노인은 어떤 방식으로 세상과 접해야 하는지를 제대로 알 수 있다. 이 지각에 근거한 것이 대인접물이다. 양천주가 사인여천의 근거가 되는 이념이라면, 대인접물 사상은 사인여천의 실천 작용을 위한 원칙에 해당된다고 할 수 있다. 이는 두 방식으로 구분되는데, 대인(待人)과 접물(接物)이다. 먼저 대인은 타인을 대하는 방식을 말한다.

일본의 기타지마 기신 욧카이치대학 명예교수는 속리산 숲 체험 휴양마을에서 개최한 한일세미나에서 정토진종 다카다파 쇼센지의 전 주지로서 '노인과 어린이와 미래공창'을 언급하였다. '무시오쿠리' '벌레 쫓기' 행사를 통해 문명사회에서 아이와 노인이 마을에서 자연스럽게 서로를 행복하게 바라보는 축제를 소개한녔다. '무시오쿠리'행사는 풍작을 기원하여 해충쫓는 행사이다. 횃불을 써서 벌레를 다른 지역으로 쫓는으며 불살생 종교의식을 실천한다.

인간과 자연의 상생뿐만 아니라, 지역공동체에서 축제처럼 벌이는 과정 속에서 노인, 아이, 여자, 장년층 등이 각자 역할을 분담하여 충실히 자기 몫을 다한다. 동참의식을 통해서 아이들은 자아중심주의라는 어리석음에서 벗어나 지혜를 노인에게서 배운다. 풍작을 기원하며 사자춤을 추는 아이, 그것을 지도하는 청장년층, 식사를 준비하는 여성들, 전통적으로 내려오는 '무시오쿠리' 행사의 주체로서 노인들은 행사의 대부분을 준비한다. 아이들은 '무시오쿠리' 행사를 주관하는 노인들에게서 지혜를 배운다.

일본 도미다 지역에서 실행하는 '무시오쿠리' 행사는 노인과 아이들을 포함하여 전 구성원을 활발하게 교류한다. '무시오쿠리' 축제처럼, 지구촌 어딘가에 이렇게 노인이 주축이 되고 아이가 행복해하며 모든 세대가 즐길 수 있는 축제가 존재한다고 생각하니 경이로움을 자아낸다. 우리나라에서는 점차적으로 노인을 요양원이나 특수한 거주지에서 활동하는 존재로 고착시키고 있다. '무시오쿠리' 행사에서 노인은 일상보다 행복한 공간과 시간에 모든 공동체 구성원에게 공개된다. 갓난아이 마음은 순일하고 무위하다고 한다.

대인(大人)으로서 노인은 순수하고 한결같아 거짓이 없다. 아이와 노인의 공통점은 순수함에 있다. 거짓을 부정하는 참 마음을 읽을 수 있다. 세상의 흐름에 따라 이익의 흐름에 따라 가는 오염된 모습과는 사뭇 다르다. 대쪽 같은 인품을 존경할 수 있겠지만, 고지식하고 융통성 없는 인물로 비칠 수도 있다. 아이의 마음, 동심(童心)이 참마음이며 한결같은 마음이다.

이러한 맥락이 '사람이 곧 한울님'이라는 '인즉천(人卽天)' 사상을 낳았다. 아울러 모든 사람을 한울님 대하듯 대하기에 신분과 성별에 의해 인간을 차별하는 문화를 극복할 수 있다. 해월이 말한 접물(接物)은 인간과 자연 간의 올바른 상통관계를 제시한다. 해월은 사람만이 한울님을 모시고 있는 존재라고 생각하지 않으며, 우주 만물이 모두 한울님이 기화되어 이루어진 결과물로 간주하였다. 해월은 우주만물을 마치 한울님 대하듯이 존중하고 아낄 것을 주장하였고 말할 수 있다.

해월이 한울님 모심의 시점은 대체로 두 가지로 나타난다. 하나는 사람이 포태되는 때가 한울님의 모심이 시작이다. 해월은 '이 몸은 천지부모(天地父母)가 주신 바요 나의 사사로운 물건이 아니니'라든가 '천포지태(天胞地胎)'를 통해 한울님 모심이 포태 순간 시작되니, 존재론적 시천주이다. 포태 순간부터 시천주의 거룩한 생명체가 시작된다. 또 다른 하나는 인식론적 시천주이니 '입도의 날'이다. 이는 시천주를 깨닫는 수행이라고 할 것이다.

해월은 주문수행으로 각자 마음에 한울님이 작용하는 것을 인식할 때, 시천주를 체험한다고 하였다. 이 경험이 양천주(養天主)이다. 내 몸에 모신 한울님을 체험하면 한울님을 어린아이 기르듯 하는 양천주가 이루어진다. 의암은 양천주가 각천주(覺天主)와 체천주(體天

主)로 이어진다고도 했다. 시천주를 깨달았을 때, 시천주를 체화하고, 사인여천(事人如天)을 실현할 수 있다. 시천주 사상에 의하면, 사람은 누구나 하느님을 모시고 있는 존재이기에 사람을 대할 때는 언제 어디서나 하늘처럼 섬겨야 한다. 해월은 자주 '도인의 집에 사람이 오거든 사람이 왔다고 하지 말고 하느님이 강림하셨다고 말하라'[308]라고 했다. 또한 '아이를 때리는 것은 곧 하늘을 때리는 것이니라.'[309]라고 했다.

청주의 서택순 집을 지나다가 그 집 며느리 베 짜는 소리를 듣고, '그대 며느리 베 짜는 것이 참으로 그대 며느리가 베를 짜는 것인가?'[310]라고 반문함으로 하느님이 베를 짜는 소리임을 암시하였다. '사람을 대하거나 물건을 접할 때에는 반드시 악을 숨기고 선을 드는 것을 주로 하라. 저 사람이 사나운 악으로 나를 대하거든 나는 어질고 충서(忠恕)로써 대하고, 저 사람이 간교함과 거짓으로 말을 꾸미거든 나는 정직으로써 순히 받으면 자연히 돌아와 감화되리라.'[311]라면서, 노인철학으로 요긴한 사인여천 실천을 강조하였다.

해월의 사인여천 윤리는 오늘날에도 귀감이 되는 장수시대 장수윤리 요소를 반영하고 있다. 오늘날 노인 불행은 노인에 대한 시각에 그 원인이 있다. 해월을 통해 이에 대한 코페르니쿠스적 인식 전환의 필요성을 모색할 수 있다. 일상을 새롭고 거룩하게 보려는 그의 시각을 확인할 수 있다. 또한 노인질병이 조섭(調攝)을 잘못하는 데서 생기므로, 수양(修養)을 일상으로 되살려야 한다는 관점이다. 따라서 양생 관점이 그대로 해월의 양천주에 나타나 있다. 양생은 병의 치료보다 병의 예방을 우선시하는 의학입장이다. 예방으로 수양만 한 것이 없다는 생각은 일상생활을 잘 관리하라는 장수윤리 입장이다. 실제적으로 현대인의 실존고민과 원인불명이 마음의 질병이고, 관계에서 비롯한 고립감정을 풀어가는 고리가 대인접물이기에, 오늘날에도 통용되는 장수윤리의 생활지혜라고 할 것이다.

〈 해월 근영 〉

---

308) 「海月神師法說」, '道家人來 勿人來言 天主降臨爲言'
309) 「海月神師法說」, '打兒 卽打天矣'
310) 「海月神師法說」, '君之子婦織布 眞是君之子婦織布耶'
311) 「海月神師法說」, '待人接物 必隱惡揚善爲主 彼以暴惡對我則 我以仁恕待之 彼以狡詐飾辭則我以正直順受之則 自然歸化矣'

장수시대 장수윤리

저　　자 : 김 용 환
발 행 처 : 충북대학교 출판부
발 행 인 : 김 수 갑
주　　소 : 28644 충북 청주시 서원구 충대로 1
전　　화 : (043) 261-2952, 3014
팩　　스 : (043) 274-1256
이 메 일 : presscbu@chungbuk.ac.kr
등　　록 : 제1983-2001-7호
초 판 1 쇄 : 2019.08.30
인 쇄 처 : 삼성디자인기획 042)221-3111

ISBN 978-89-7295-952-6 93190

값 25,000원

* 이 저서는 2019년 충북대학교 국립대학 육성사업에 의해 지원 발행되었음.